DINOSAURES
ET AUTRES ANIMAUX
DE LA PRÉHISTOIRE

UNE ENCYCLOPÉDIE ILLUSTRÉE

DINOSAURES ET AUTRES ANIMAUX DE LA PRÉHISTOIRE

UNE ENCYCLOPÉDIE ILLUSTRÉE

Consultant Dr Douglas Palmer

Professeur Barry Cox, Professeur R.J.G. Savage,
Professeur Brian Gardiner, Dr Colin Harrison, Dr Douglas Palmer

KÖNEMANN

The Orangery
161 New Bond Street
Londres W1Y 9PA

Titre original : *The Marshall Illustrated Encyclopedia of Dinosaurs and Prehistoric Animals*

Bonner Str. 126, D-50968 Cologne

Traduction de l'anglais : Sébastien Pessey, pour Les Cours, (p. 1-101),
Sophie Guyon (p.102-221) et Anne Collas (p. 222-297)
Mise en page : Les Cours, Caen
Révision : Cécile Capilla
Fabrication : Ursula Schümer

Impression et reliure : Brepols Graphic Industries, Turnhout
Imprimé en Belgique

ISBN 3-8290-6573-6

10 9 8 7 6 5 4 3 2 1

SOMMAIRE

6 Avant-Propos

8 Introduction

18 Poissons
22 Poissons sans mâchoires
26 Poissons cartilagineux
30 Requins épineux et poissons cuirassés
34 Poissons à nageoires rayonnées primitifs
38 Poissons à nageoires rayonnées modernes
42 Poissons à nageoires charnues

46 Amphibiens
50 Les premiers tétrapodes
54 Lépospondyles

58 Reptiles
62 Reptiles primitifs
66 Tortues
70 Reptiles semi-aquatiques et marins
74 Reptiles marins
82 Diapsides primitifs
86 Serpents et lézards

90 Reptiles dominants
92 Reptiles dominants primitifs
98 Crocodiles
102 Reptiles volants
106 Dinosaures carnivores
122 Dinosaures herbivores primitifs
126 Dinosaures brouteurs à long cou
134 Fabrosaures, hétérodontosaures et pachycéphalosaures
138 Hypsilophodontes
142 Iguanodons
146 Dinosaures à bec de canard
154 Dinosaures à armure
162 Dinosaures à cornes

170 Oiseaux
174 Oiseaux primitifs et coureurs
178 Oiseaux aquatiques et terrestres

182 Reptiles mammaliens
186 Pélycosaures et thérapsides
190 Thérapsides

194 Mammifères
198 Mammifères primitifs
202 Marsupiaux
206 Glyptodontes, paresseux, tatous et fourmiliers
210 Insectivores et créodontes
214 Mustélidés et ours
218 Chiens et hyènes
222 Félins et mangoustes
226 Phoques, otaries et morses
230 Baleines, dauphins et marsouins
234 Ongulés primitifs
238 Éléphants primitifs et mastodontes
242 Mastodontes, mammouths et éléphants actuels
246 Ongulés d'Amérique du Sud
254 Chevaux
258 Tapirs et brontothères
262 Rhinocéros
266 Porcs, pécaris et hippopotames
270 Oréodontes et cervidés primitifs
274 Camélidés
278 Girafes, cerfs et bovins
282 Rongeurs, lapins et lièvres
286 Lémuriens et primates inférieurs
290 Grands singes
294 Hommes

298 Glossaire

300 Classification des vertébrés

304 Bibliographie

305 Musées internationaux

306 Index

AVANT-PROPOS

Ce livre est une histoire naturelle des temps anciens, présentant des créatures qui vécurent, respirèrent et se reproduisirent pour finalement disparaître de la surface de la Terre. Le fait qu'elles aient été ramenées à la vie de manière aussi convaincante est à mettre au crédit d'une équipe de paléontologues, d'écrivains et d'artistes qui ont accompli un vrai travail de détective, scientifique et minutieux.

Des décisions ont dû être prises quant aux animaux à sélectionner. Afin de recréer quelques animaux préhistoriques véritablement intéressants, il était vital d'inclure non seulement les dinosaures et les reptiles qui leur sont affiliés, mais également des espèces représentatives de tous les autres groupes majeurs de vertébrés.

Le résultat est un fascinant inventaire de créatures comprenant des poissons, les premiers amphibiens, les reptiles mammaliens, les anciens maîtres des airs, qu'il s'agisse de reptiles volants ou des premiers oiseaux et finalement les mammifères qui furent nos prédécesseurs.

Les reconstitutions ont été réalisées grâce à la combinaison des connaissances des paléontologues et le talent des artistes. Les créatures qui en résultent peuvent paraître surprenantes mais ne sont en aucun cas le fruit de l'imagination. En recréant chaque animal, les artistes ont soigneusement pris en compte les études des fossiles et l'anatomie des animaux. Ils ont aussi étudié l'apparence et le comportent d'animaux modernes, ce qui leur a permis « d'habiller » le squelette de chaque animal et d'obtenir ainsi des reconstitutions réalistes de leurs caractéristiques physiques.

La vie apparut il y a plus d'un demi-milliard d'années. Bien qu'étant nouvellement venue sur Terre, l'espèce humaine

en a radicalement changé la face. Nous sommes responsables de l'extinction – ou de la quasi-extinction de bien des espèces. C'est pourquoi, alors que vous vous émerveillerez devant le spectacle de la vie passée, il serait bon de se souvenir que bien des espèces avec qui nous partageons cette planète, pourraient dans le futur ne plus apparaître que dans les pages d'un livre ou exposées sous forme d'ossements dans des musées. En rendant hommage à la beauté et à la diversité de la vie passée, ce livre nous rappelle nos responsabilités face à notre héritage commun.

Barry Cox, professeur de biologie, King's College, université de Londres, éditeur consultant pour la première édition.

L'observation des roches et des fossiles offre plus d'interrogations que d'informations. On découvre constamment de nouveaux fossiles dont l'étude nous offre à chaque fois une nouvelle vision de notre passé. Ce livre a été actualisé afin d'offrir le panorama le plus complet possible de la fantastique diversité des animaux vertébrés qui vivaient sur terre lors des 500 millions d'années, tout en tenant compte des changements perpétuels de la pensée scientifique.

La classification des fossiles est extrêmement difficile. Les schémas de classifications changent constamment. L'apparition de la classification moléculaire, basée sur les analyses d'ADN a, par exemple, entraîné un réexamen complet de la classification traditionnelle des fossiles qui s'appuyait sur la morphologie des os. Le passé demeure très mystérieux et malgré près de 200 ans d'investigations scientifiques intensives, l'étude des fossiles n'en est qu'à son commencement. En conséquence, cette discipline (la Paléontologie) garde un potentiel énorme en se qui concerne les découvertes futures.

La somme des 500 000 espèces aujourd'hui répertoriées ne représente peut-être que 0,1 % des espèces ayant vécu sur Terre. Toutefois, nous savons désormais que la plus grande partie de cette biodiversité est désormais introuvable, certains organismes ayant du mal à fossiliser. Certains types particuliers de sites préservent particulièrement bien les fossiles les plus communs, les coquillages et les os – ainsi que des échantillons de tissus musculaires, de la peau et des plumes. Une nouvelle compréhension du processus de formation et de conservation de ces dépôts permet aux paléontologues de rechercher activement de tels sites.

Les découvertes effectuées lors de ces dix dernières années ont permis de révolutionner notre approche du passé. Il y a ainsi eu de nouvelles découvertes sur l'origine des vertébrés remontant au Cambrien, il y a plus de 530 millions d'années, sur l'origine des vertébrés à quatre pattes (les tétrapodes) ainsi que de nouvelles interrogations sur la relation entre les dinosaures et les oiseaux. Plus récemment, la découverte en Chine de dinosaures à plumes a totalement stupéfié les paléontologues qui savent pourtant qu'il faut s'attendre à l'inattendu lorsque l'on travaille sur les fossiles.

Dr Douglas Palmer, éditeur consultant pour la deuxième édition.

INTRODUCTION

De nos jours, les fossiles sont considérés comme étant les restes d'organismes autrefois vivants. Notre perception du passé a été transformée par les découvertes de fossiles lors des dernières décennies. Les informations brutes sur lesquelles la reconstruction d'anciennes créatures est basée ne sont souvent que des os pétrifiés, cassés et tordus. Ces fossiles sont ensuite ramenés à la vie par des paléontologues, des modeleurs et des illustrateurs scientifiques. Ce livre vous montrera comment l'on découvre des fossiles et comment on peut obtenir une reconstitution de l'animal. Les recherches sur les fossiles n'en sont encore qu'à leur début.

Chaque année, des découvertes importantes révèlent des aspects nouveaux et souvent insoupçonnés de notre lointain passé. Nous n'avons encore vu que la partie émergée de l'iceberg en ce qui concerne l'histoire de la vie sur Terre.

Science et fossiles

L'étude académique des fossiles (la paléontologie) et plus largement, l'étude des roches dans lesquelles on les trouve (la géologie) ne commencèrent qu'au XIXe siècle.

Le processus de fossilisation ne préserve que les structures dures comme les os ou les dents et malgré cela, bien des créatures ne furent pas conservées, leurs os étant soit trop petits, soit trop fragiles. On a, par exemple, peu de fossiles de mammifères et bien souvent, les dents sont tout ce qui en reste. Toutefois, même d'aussi petits fragments peuvent contenir des informations. En étudiant les schémas des cuspides et des arêtes des dents, les paléontologues peuvent identifier les espèces ainsi que leurs habitudes alimentaires, mais ils n'arrivent cependant pas reconstituer la forme de l'animal avec aussi peu d'éléments.

De tels restes sont trouvés de temps à autres et sont souvent le résultat d'une mort soudaine où les cadavres ont été protégés de toute dégradation. Les avalanches de boue sous-marine qui ont enseveli la faune du Cambrien à Burgess, les tempêtes de sables du Crétacé qui ont enterré dans les déserts de Mongolie des dinosaures, leurs nids, leurs œufs ainsi que de petits mammifères, la période glaciaire qui a congelé des mammouths et des humains pour des milliers d'années, tous ces événements ont fourni aux paléontologues des fossiles étonnamment bien conservés.

La paléontologie reste très limitée et nous n'avons découvert qu'un faible pourcentage des espèces qui ont foulé le sol de cette planète. On estime à 10 millions le nombre d'espèces vivant à l'heure actuelle. La vie a été abondante sur Terre depuis au moins 500 millions d'années et l'on estime la durée de vie d'une espèce à 10 millions d'années. Suite à un simple calcul, on s'aperçoit que sur 500 millions d'années, on devrait avoir des fossiles de 500 millions d'espèces différentes. Aujourd'hui seules 500 000 espèces ont été répertoriées, soit un échantillon de 0,1 %.

Rassembler les preuves

La science de l'anatomie comparée, crée par le chirurgien écossais John Hunter et par le français Georges Cuvier, a permis aux scientifiques de

FOSSILISATION D'UN ICHTYOSAURE

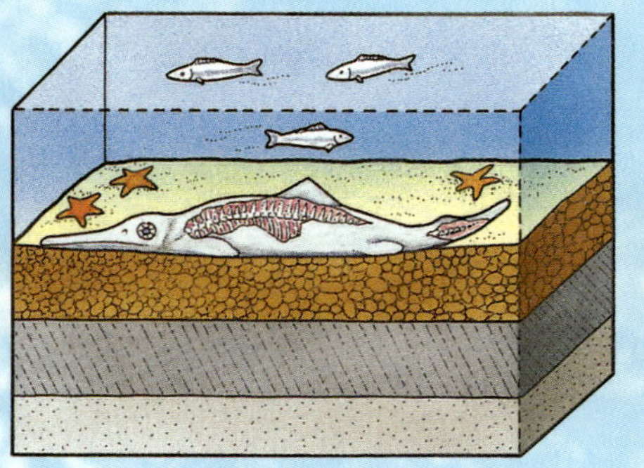

Un animal sera plus à même d'être fossilisé s'il est enterré dans des sédiments tendres. Le corps d'un Ichtyosaure (illustré ci-dessus) est tombé au fond de la mer sur un lit de sédiments tendres. Le corps est dépecé et se décompose sauf les os et les dents.

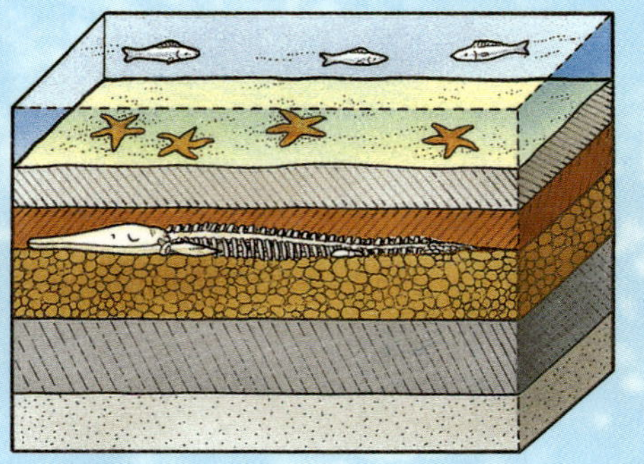

Des couches de sédiments s'empilent au-dessus du corps. Des minéraux provenant de l'eau de la mer s'insèrent dans le squelette et se déposent dans les os, remplissant tout espace laissé libre. Peu à peu, ils remplacent les composants des os.

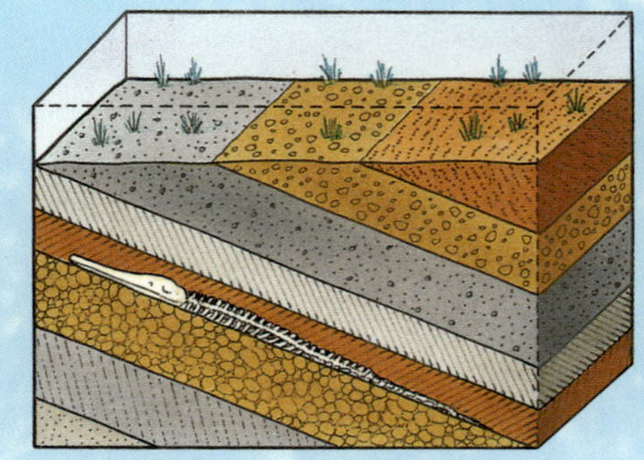

Le squelette fossilisé est compressé et distordu par l'accumulation des couches de sédiments et par les mouvements du terrain. Ici, la roche a été soulevée si bien que les strates ont été inclinées et exposées à la terre ferme.

rassembler des os fossilisés d'espèces disparues, le plus souvent incomplets ou fragmentés, afin d'avoir une idée de leurs anatomies. Derrière ces « reconstructions » se trouve l'idée que tous les vertébrés ont le même schéma squelettique, hérité de leur ancêtre commun. Cuvier a fait quelques-unes des reconstitutions les plus innovantes de mammifères disparus, comme un paresseux géant d'Afrique du Sud (*Megatherium*) datant de l'ère glaciaire, ou ce qui fut considéré alors comme les premiers mammifères, trouvé dans le Bassin parisien.

L'interprétation changeante des fossiles

Aujourd'hui, peu de monde met en doute la théorie de l'évolution, un développement sur plus de 3,8 milliards d'années allant des microbes aux mammifères. Cependant, la compréhension des informations offertes par les fossiles date d'à peine 100 ans.

Premières interprétations

Les premiers grands os fossilisés à avoir été découverts étaient généralement considérés comme appartenant à des créatures mythologiques. De plus, dans la tradition judéo-chrétienne, on trouvait dans la Bible une explication toute faite face à de tels restes : le Déluge. Cette explication était si forte – même pour d'éminents géologues – qu'elle ne fut pas mise à mal avant la fin du XIXe siècle. Lorsque les os de grands animaux, tels les éléphants, étaient trouvés bien au-delà de leurs emplacements géographiques, il semblait raisonnable de conclure qu'ils avaient été poussés là par les eaux du Déluge. Cette théorie ne fut mise en doute que lorsque des trouvailles géologiques la contredisant abondèrent. Des calculs basés sur les témoignages bibliques estimaient l'âge de la Terre à environ 6000 ans mais, comme on prenait peu à peu conscience de la lenteur du taux d'accroissement des couches géologiques, l'âge de la Terre dut être revu de quelques millions d'années.

Les géologues découvraient que tout au long de l'histoire de la planète, des couches de sédiments, contenant des restes d'organismes, avaient été continuellement enterrées. Il devint clair également que le type de créatures fossilisées changeait suivant les couches rocheuses (strates). Au début des années 1800, de nombreuses couches de roches contenant des fossiles furent découvertes et il devint évident qu'ils ne pouvaient tous avoir été engendrés par une simple inondation, aussi catastrophique fut elle.

Au même moment, des études démontraient que la Bible n'était pas un tout mais une accumulation complexe de narrations historiques qui demandaient des interprétations. Toutefois, pour bien des chrétiens, ces découvertes pouvaient toujours être considérées comme « l'œuvre d'un dieu bienveillant et magnifiant ». Cependant, même ces visions libérales allaient bientôt se lézarder.

Un nouveau problème fut posé lorsque les restes fossilisés ne purent être identifiés. En 1786, un énorme crâne, armé de dents aux allures féroces, fut trouvé à Maastricht dans une carrière de craie. Les scientifiques ne purent se mettre d'accord quant à savoir à quel type d'animal il avait appartenu car il ressemblait à un croisement entre un crocodile et une baleine à dents, si bien qu'il fut considéré comme un crocodilien. Bien qu'un tel animal ne fût pas connu à l'époque, rien n'excluait qu'il vive encore quelque part sur Terre. En 1795, la « bête » fut capturée par les armées napoléoniennes et transportée à Paris où elle fut enregistrée comme étant un mosasaure, une espèce de lézard marin géant.

Les naturalistes devaient faire face au fait que de telles créatures pouvaient être éteintes, sans savoir que de plus grands problèmes suivraient bientôt. Il y eut de plus en plus de preuves que des espèces ou groupes de plantes et d'animaux apparaissaient à des époques

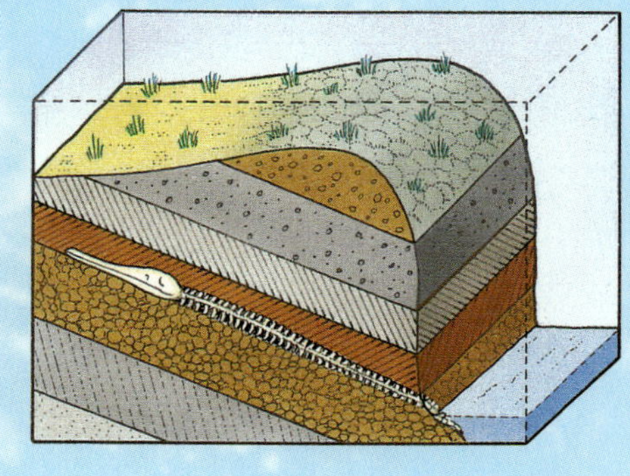

Les forces érosives usent la surface du terrain. L'action érosive du courant a créé une falaise abrupte (à droite) exposant ainsi la queue de l'ichtyosaure et laissant tomber des ossements dans le lit du courant.

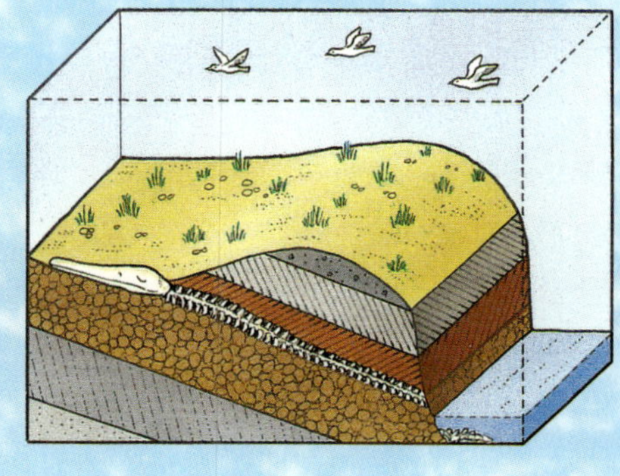

Avec l'avancement de l'érosion, la queue de l'ichthyosaure devient de plus en plus visible, comme Le crâne fossilisé grâce à l'action de l'érosion sur la surface du terrain.

géologiques différentes et l'on commença à douter du fait que les espèces soient figées. Après tout, si de nouvelles variétés de vie pouvaient être créées par l'homme grâce à des croisements d'espèces, on pouvait concevoir le fait qu'une espèce se « transmute » ou se change en une autre à travers le temps.

La révolution darwinienne

La publication de la théorie de l'évolution de Charles Darwin et d'Alfred Wallace en 1858, intitulée « De l'origine des espèces par voie de sélection naturelle » eu un effet si grand que les répercutions se font encore sentir dans le monde occidental. Cette théorie controversée offrit des explications sur le rôle de l'extinction des espèces dans l'évolution de la vie sur Terre. Elle introduisit également le fait que des « liens d'évolution » ou des formes de transition pouvaient être découverts parmi les différents groupes d'organismes lorsque l'un évoluait vers l'autre. Toutefois, Darwin comprit que les fossiles découverts ne représentaient qu'un très faible échantillon des créatures ayant vécu sur Terre et qu'ainsi, ces formes de transitions auraient peu de chance d'avoir été conservées ou d'être découvertes. Le nombre de fossiles trouvés augmentait cependant régulièrement et allait bientôt donner des preuves soutenant sa théorie.

C'est tout particulièrement la découverte d'un fossile en 1860 qui permit une avancée majeure. Une plume fut découverte dans du calcaire lithographique datant du Jurassique en Bavière. Six mois plus tard, des recherches continues sur ce même site permirent de reconstituer un squelette complet d'oiseau avec des marques de plumes asymétriques sur les os des ailes.

Thomas Henry Huxley réalisa que cette nouvelle découverte, nommé *Archaeopteryx* (du grec signifiant « vieille plume ») présentait un mélange de caractéristiques d'oiseaux et de reptiles. Il servit alors de premier et d'étonnamment bon exemple à une forme de transition, rattachant clairement un groupe actuel (les oiseaux) à un groupe fossile (les dinosaures) à partir duquel il a évolué. La théorie fut ensuite renforcée par la découverte d'un petit dinosaure bipède (*Compsognathus*) dans le même gisement, et ressemblant étroitement à *Archaeopteryx*.

En 1997-1998, les relations existant entre oiseaux et dinosaures furent renforcées par la découverte en Chine de deux petits dinosaures théropodes, *Protarchaeopteryx* et *Caudipteryx* portant sur le corps des traces de plumes. Toutefois, ces animaux n'étaient pas des oiseaux mais bien des dinosaures.

En 1996, un autre spécimen chinois de la même époque fut découvert et nommé *Sinosauropteryx*. Cet animal ressemble à la fois au *Compsognathus* et à *Archaeopteryx* et possède des filaments dont la structure rappelle celle des plumes. Il devient donc clair que les dinosaures carnivores évoluèrent, via les dinosaures coelurosaures (incluant les formes dotées de plumes) vers les véritables oiseaux. L'apparition de plumes chez *Archaeopteryx* n'était plus problématique puisqu'une structure comparable était déjà présente chez les ancêtres des oiseaux.

Une autre preuve, et d'une certaine manière encore meilleure qui étaye la démonstration du processus d'évolution grâce aux fossiles, vint de la découverte par une expédition française dans les années 1850 d'un grand nombre d'os de membres de cheval dans des dépôts continentaux de Grèce. Lorsque les restes des chevaux fossilisés furent décrits dans les années 1860 par Albert Gaudry, il fut capable de tracer un arbre généalogique provisoire de l'évolution du cheval, en s'appuyant sur les restes trouvés en Grèce et sur d'autres découvertes préalablement faites en France.

La subdivision du temps

Vers le milieu du XIXe siècle, le temps géologique, représenté par le découpage des roches ou strates, était suffisamment compris pour permettre une subdivision. Des ensembles de roches particulières comprenant des fossiles caractéristiques étaient parfaitement reconnus. Les strates contenants du charbon, avec leurs fougères et leurs mousses fossilisées bien distinctives, furent désignées comme appartenant à la période Carbonifère (*carbon* étant le mot latin pour charbon).

De la même manière, les roches calcaires d'Europe, plus jeunes et abondantes, avec leurs ammonites et autres coquillages familiers fossilisés furent désignées comme appartenant à la période du Crétacé (*creta* voulant dire craie en latin). Les strates carbonifères et crétacées furent considérées comme une partie de ce que l'on appelle les séries primaires et secondaires. En dessous, nous trouvons les séries de transitions et les roches premières alors qu'au-dessus se trouvent les jeunes séries tertiaires et les sédiments diluviens et post-diluviens.

En quelques décennies, l'ensemble des périodes géologiques, allant du primaire au post-diluvien, avec ses subdivisions relativement bien marquées, fut décomposé en 16 périodes comme le Carbonifère ou le Crétacé. Chacune de ces périodes contenait des restes fossilisés caractéristiques, l'ensemble étant précédé par une phase dite azoïque c'est-à-dire dénuée de toute vie. Toutefois aucune date précise ne pouvait être donnée à ces périodes, les méthodes concluantes de datation des roches n'étant pas mises au point avant la fin de ce siècle.

Ces 16 périodes furent ensuite regroupées en trois ères distinctes, le Paléozoïque (du grec *palaios* voulant dire ancien, *zoos* voulant dire vie), le Mésozoïque (*meso* pour moyen) et le Cénozoïque (*ceno* pour récent).

L'ère paléozoïque

Le fond des océans au Paléozoïque était occupé par des invertébrés aujourd'hui disparus tels que les arthropodes trilobites ou les euryptérides ainsi que par d'étranges organismes coloniaux : les graptolites. Tous ces animaux, étranges à nos yeux, côtoyaient déjà des formes qui nous sont plus communes comme les premiers représentant des escargots, des oursins, des étoiles de mer ou des crevettes.

Ces océans hébergeaient aussi les premiers vertébrés, d'étranges poissons sans mâchoires dont les uniques représentants actuels sont les lamproies ou les myxines. Le Paléozoïque annonçait aussi l'un des plus grands événements de l'Histoire de la vie sur Terre : l'invasion de la terre ferme. Les premières plantes terrestres évoluèrent et se diversifièrent de telle sorte qu'à la fin de cette ère, on trouvait de grandes forêts de fougères et de mousses, occupées par une faune de vertébrés amphibiens, les premiers tétrapodes, et par un grand nombre d'invertébrés.

LA FACE CHANGEANTE DU MONDE

1

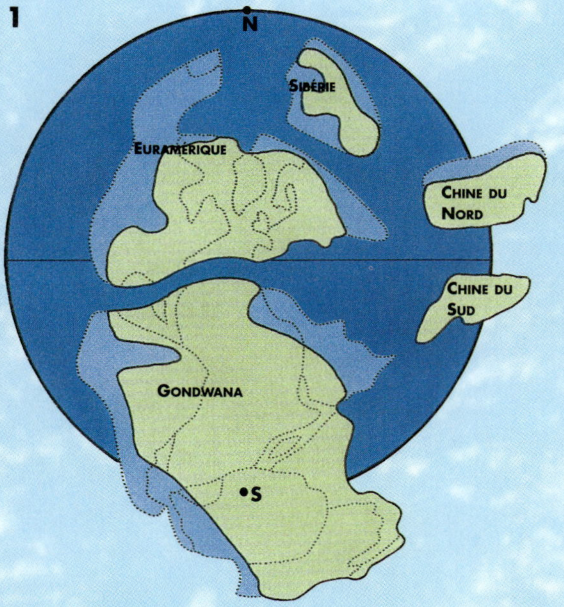

2

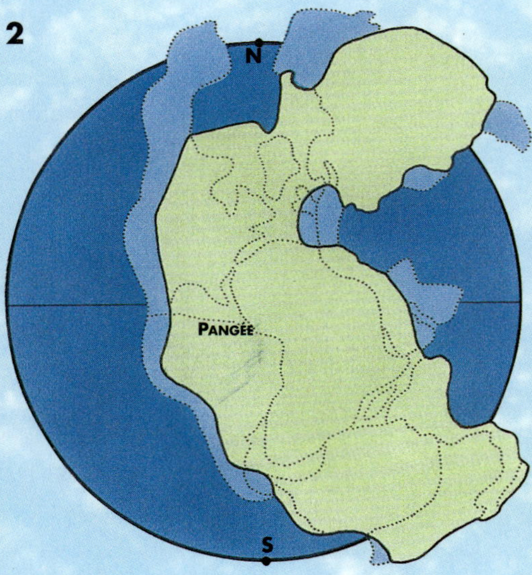

3

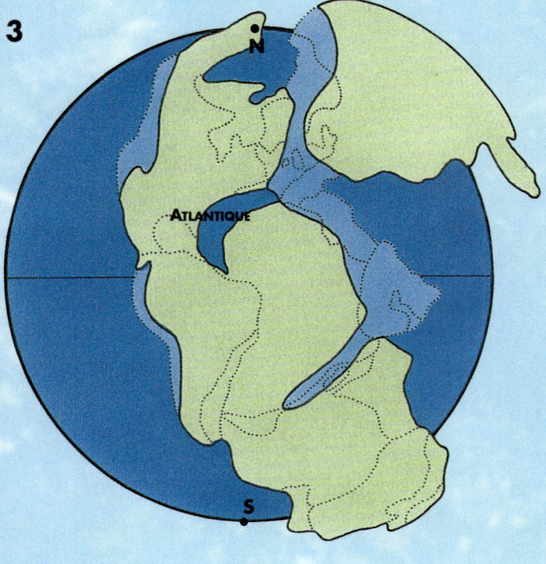

Cette série de dessins nous montre comment la face de la Terre a changé au cours des millénaires. Sur ces cartes, les zones situées sur la face « cachée » du globe ont été rabattues. Les lignes en pointillé indiquent les emplacements des cotes de nos continents modernes. Les eaux peu profondes apparaissent en bleu clair au contraire des eaux profondes qui sont en bleu foncé.

1. Du Carbonifère supérieur au Permien inférieur, il y eut deux grands continents, la L'Euramérique au nord et le Gondwana au sud. Trois autres parties de terre constituaient les prémices de l'Asie.

2. Au Permien supérieur, tous les continents étaient unis en un seul bloc continental appelé Pangée.

3. La Pangée commença à se séparer si bien qu'au Jurassique moyen, des couloirs maritimes se formèrent le long des cotes est de l'Afrique. L'océan Atlantique apparu alors que l'Amérique du Nord commençait à se séparer de l'Europe.

4. Au Crétacé inférieur, la mer s'était répandue autour de la pointe sud de l'Afrique. L'Amérique du Nord et du Sud se séparèrent. Des mers apparurent au nord et séparèrent l'Europe de l'Asie. L'Inde s'était détachée du Gondwana et commençait son long périple vers le nord.

5. Au Crétacé supérieur, Il y avait deux blocs continentaux dans l'hémisphère Nord. L'un comprenait l'Asie et la partie ouest de l'Amérique du Nord alors que l'autre regroupait l'Europe et la partie est de l'Amérique du Nord.

6. À l'Éocène, les continents modernes avaient presque pris forme. L'Inde avait quasiment accompli son périple vers le nord et l'Australie et l'Antarctique s'étaient détachés de la pointe de l'Amérique du Sud.

4

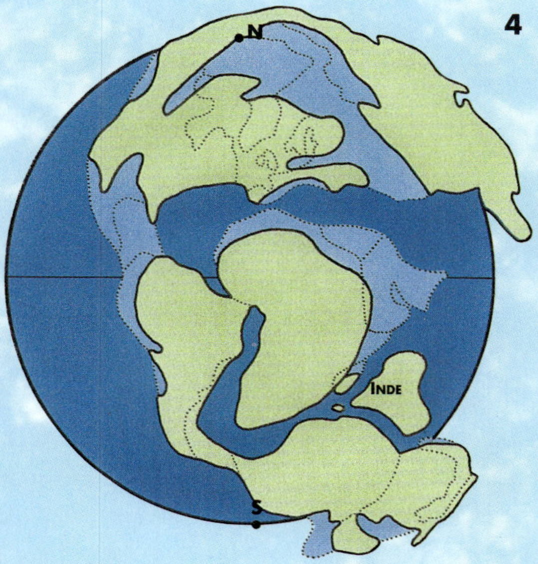

5

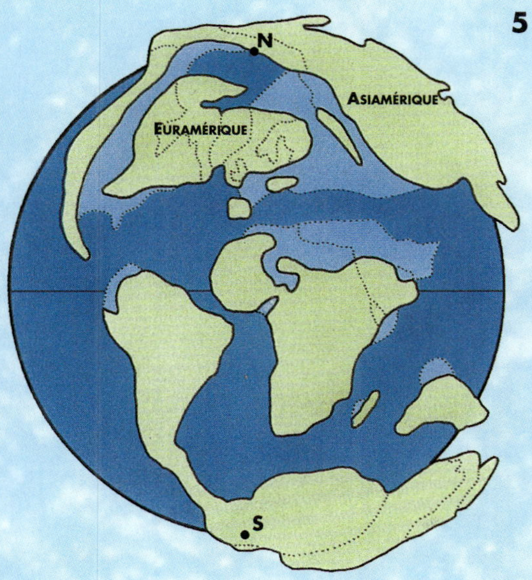

6

Les tétrapodes incluent les amphibiens, les reptiles et les reptiles mammaliens. Les invertébrés, dont ils se nourrissaient, appartenaient essentiellement au groupe des arthropodes tels que les mille-pattes, cafards, scorpions et libellules (qui furent les premiers êtres vivants volants).

L'ère mésozoïque

Le Mésozoïque conserva quelques vestiges des anciennes formes de vie, mais fut surtout le témoin des origines des formes de vie actuelles. Les cycas constituaient les principales sources de nourriture pour les reptiles terrestres, dont certains retournèrent à l'océan. Le royaume océanique possédait ses reptiles marins, comme les plésiosaures ou les ichthyosaures, la plupart se nourrissant d'amanites ou de bélemnites. Les airs étaient dominés par des reptiles volants. Toutefois, ces ptérosaures n'étaient pas seuls, on trouvait déjà des dinosaures à plumes attendant de prendre leur envol. Ce sont les oiseaux modernes. Deux autres grandes innovations du Mésozoïque furent l'apparition de petites créatures poilues aux allures de musaraigne, les mammifères et les premières apparitions des plantes à fleurs (angiospermes).

L'ère cénozoïque

Le Cénozoïque, la période géologique s'étendant de 65 millions d'années à nos jours, contient les fossiles les plus courants, la plupart existant encore aujourd'hui. Le Cénozoïque est souvent appelé Tertiaire (troisième âge) mais les deux termes ne sont pas réellement synonymes. Il regroupe, en fait, le Tertiaire et le Quaternaire (le quatrième âge). Un paysage du Cénozoïque inférieur aurait comporté de nombreux mammifères étranges. La végétation était, elle, plus familière (plantes à fleurs allant des herbes aux arbres et pour la première fois de grandes prairies), de même que la faune : amphibiens, reptiles et oiseaux ayant survécu à la grande période d'extinction.

La première partie du Cénozoïque, également connue sous le nom de Diluvien, a abrité des herbivores géants et des prédateurs carnivores. Leurs restes, abondants et bien préservés, ressemblant quelque peu à des animaux actuels, furent considérés comme ceux d'animaux victimes du Déluge. Avec le temps, il devint clair que des animaux comme le mammouth s'adaptèrent et survécurent à l'ère glaciaire.

Périodes d'extinction

Nous savons que des périodes d'extinction ont séparé le Paléozoïque du Mésozoïque et ce dernier du Cénozoïque.

L'extinction du Permo-Trias

L'extinction du Permo-Trias, qui marque la fin du Paléozoïque, est considérée comme la plus grande ayant jamais eu lieu sur Terre. On pense que 95 % de toutes les espèces disparurent. Les plus touchées furent celles que l'on retrouve aujourd'hui communément fossilisées, les brachiopodes (coquillages), les bryozoaires et les crinoïdes (les lis de mer). La faune terrestre souffrit aussi et si des espèces ont continué à proliférer et à se développer, c'est à cause de leur grande capacité d'adaptation.

On considère que cette disparition est due à l'environnement mais on a suggéré que l'impact d'un corps extra-terrestre aurait pu en être la cause. Toutefois, il n'y aucune preuve accréditant cette théorie, que ce soit un grand cratère ou des débris datant de cette période. L'extinction semble s'être étirée sur près de 10 millions d'années et il y a des preuves d'un refroidissement général associé à une glaciation et à une baisse significative du niveau de la mer. Les mers qui entouraient les continents se retirèrent et l'environnement de toutes les créatures changea de manière si abrupte que beaucoup d'entre elles, notamment celles vivant dans les profondeurs, ne purent s'adapter.

L'extinction de masse du Mésozoïque supérieur

Cette grande extinction marque la séparation entre le Mésozoïque et le Cénozoïque. Bien que seul 15 % des espèces marines disparurent, cette période d'extinction retint l'attention des scientifiques car on en attribut la cause à un impact extra-terrestre et on lui impute la disparition des dinosaures.

Le mystère de cette disparition a occupé les scientifiques depuis des années et plus de 200 théories ont été avancées, allant du ridicule au peu probable. Bien que nous sachions que les dinosaures ont disparu il y a 65 millions d'années, l'un des principaux problèmes reste le fait que nous n'avons pas encore retrouvé assez de fossiles pour connaître la date exacte de leur extinction. Toutefois, on trouve des traces de cet événement tout autour du globe dans des strates de fine couche argileuse contenant un taux de métaux rares anormalement élevé. Ces métaux seraient une preuve de l'impact d'un corps extra-terrestre, comme une grande météorite ou un astéroïde. Un cratère de 100 km de large causé par l'impact a été trouvé à Chicxulub, dans la péninsule du Yucatan au Mexique. Les scientifiques pensent que l'impact fut la cause de gigantesques incendies qui ravagèrent l'Amérique, obscurcissant le ciel avec des cendres et provoquant une chute rapide de la température. Après quelques heures, la région côtière des Caraïbes fut dévastée par des raz de marée qui balayèrent l'intérieur des terres, anéantissant le peu de vie ayant survécu à l'explosion. Après une semaine, les espèces les plus vulnérables, dont la population était faible, (les grands sauropodes et les dinosaures carnivores), avaient disparu. Les effets d'extinction immédiate se prolongèrent pendant environ un an jusqu'à ce que des pluies aient nettoyé l'atmosphère des cendres qui y résidaient. On considère toutefois que les effets secondaires se firent sentir dans la chaîne alimentaire et sur l'écosystème pendant au moins 30 000 ans. À la fin de cette période, les dinosaures étaient non seulement éteints mais la cendre en suspension dans l'atmosphère avait fait chuter la température du globe, perturbant sérieusement l'écosystème.

La question est désormais de savoir pourquoi l'extinction fut si sélective? Si les dinosaures et les reptiles volants ont disparu, leurs autres cousins reptiles, comme les crocodiles et les lézards furent à peine touchés, tout comme les plantes, les mammifères et les oiseaux.

Il y eut sans aucun doute un fort impact, mais d'autres événements majeurs : éruptions volcaniques dans la région du Dekkan en Inde changeant les conditions climatiques ou la chute rapide du niveau de la mer, ont pu également gravement perturber l'écosystème. Ces autres hypothèses n'ont peut-être pas l'attrait de la météorite, mais elles ont pu avoir des effets aussi drastiques.

La période glaciaire

La période d'extinction la plus récente a été associée avec la dernière glaciation. Alors que les zones gelées en permanence allaient du pôle nord et recouvraient le nord de l'Asie, de l'Europe et de l'Amérique du Nord, les glaciers se développèrent dans les montagnes et l'Atlantique commença à geler. Les grands mammifères durent se retirer plus au sud, mais beaucoup s'adaptèrent au froid et survécurent dans les steppes et toundra balayées par les vents en Asie et en Amérique du Nord. Nous savons que ces régions furent occupées par des mammouths laineux, des rhinocéros, des ours, des servals, des loups, des cerfs géants, des chevaux, des grands chats et bien d'autres mammifères dont on a retrouvé les os fossilisés ou le dessin, car tous côtoyaient les humains. Le changement rapide de climat et de végétation à la fin de l'ère glaciaire fut sans doute responsable de leur disparition. Toutefois, dans l'hémisphère Nord, la chasse a dû sérieusement réduire la population animale.

Système de classification

Depuis 1735, l'année où le naturaliste suédois Carl Linné publia son Système de la nature, les scientifiques ont utilisé sa méthode de classement des plantes et des animaux. Linné croyait que les espèces étaient figées et ne montraient aucune habilité spécifique pour évoluer. Son système hiérarchique comportait 4 niveaux : l'espèce la plus spécifique, puis le genre, l'ordre et la classe. C'est Linné qui désigna les espèces par des noms latins, le premier nom désignant le genre, le second l'espèce. Pour la première fois, le genre *Homo* fut groupé dans l'ordre des primates avec les singes et les lémuriens, eux même dans la classe des mammifères, comme faisant partie du règne animal. Critiqué pour cela, il mit au défi ses détracteurs de trouver une quelconque caractéristique physique permettant de les séparer.

Le biologiste allemand Ernst Haeckel développa le concept de Phylum, un nouveau rang de classification dans lequel toutes les classes descendant d'un ancêtre commun étaient regroupées. Ainsi, Haeckel introduisit la notion de temps et le concept d'évolution dans la classification linnéenne. Haeckel, parmi d'autres, présenta la succession des changements à travers les âges sous la forme d'un arbre généalogique dans lequel les humains occupent le premier rang. Les scientifiques modernes sont moins enclins à considérer toute évolution comme un progrès ou à considérer l'homme comme le meilleur produit de celle-ci.

Le cladisme

Un développement récent de la classification fut l'analyse cladistique des informations morphologiques des êtres vivants et fossilisés. En utilisant cette méthode, l'importance de la dimension du temps est nulle. L'étroitesse des relations entre les groupes est prise en compte et leur ancêtre commun le plus proche est relié par un diagramme à un embranchement appelé cladogramme. Ce diagramme est construit à partir d'une évaluation des caractéristiques partagées par deux espèces et par aucune autre (ce que l'on appelle caractères dérivés communs ou synapomorphie). Une succession de points d'embranchement (nœud) montre l'ordre relatif dans lequel les synapomorphies apparaissent. On distingue ces caractères de ceux, primitifs, qui peuvent être répandus à

CLASSIFICATION DES ANIMAUX

Les animaux sont classés en groupes de diversité décroissante. La plus petite unité de classification est l'espèce. Les espèces possédant plusieurs caractères communs sont groupées en genres, les genres en familles et ainsi de suite. Le plus grand groupe, le règne animal, comprend les animaux de toutes sortes, incluant les tribolites et les autres créatures invertébrés. Ce diagramme montre la classification du mammouth empereur, Mammuthus imperator.

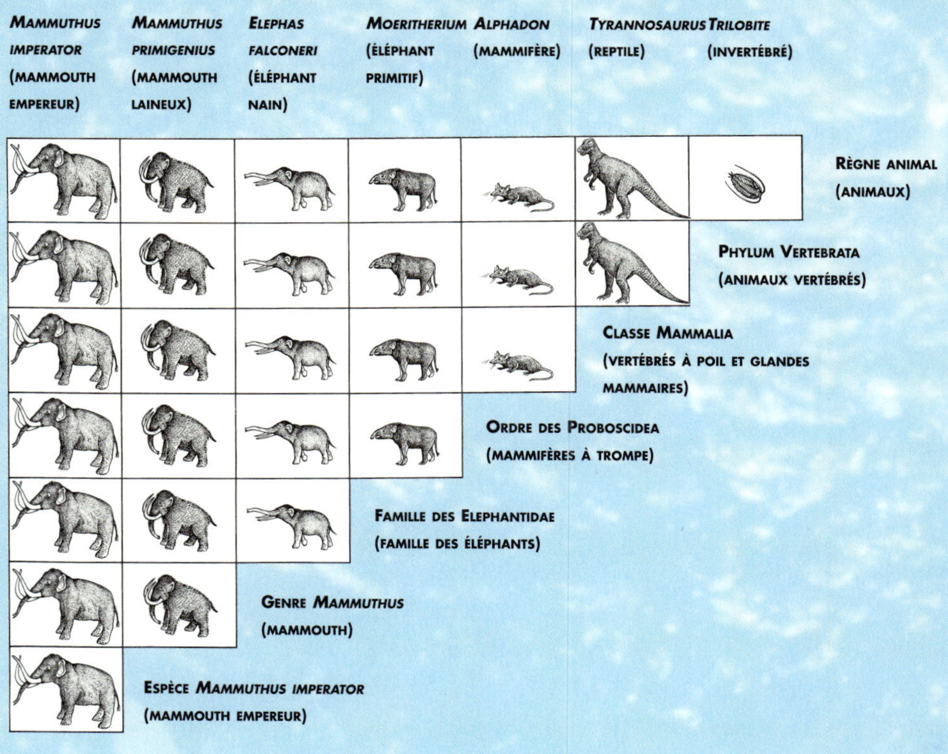

l'extérieur des groupes étudiés. Les synapomorphies devant être choisies comme étant les plus utiles pour une étude et conduisent à l'élaboration de cladogrammes alternatifs qui doivent être alors évalués de manière critique. La sélection des synapomorphies est effectuée à partir de comparaison entre des « groupes extérieurs », ceux-ci étant très proches les un des autres afin que des comparaisons judicieuses puissent être effectuées. Dans ce livre, on se référera à l'analyse cladistique lorsqu'un groupe sera discutable mais on utilisera des diagrammes phylogénétiques pour la classification et les interconnections entre espèces.

L'ÉVOLUTION CONVERGENTE

L'évolution convergente apparaît quand différents groupes d'animaux ne sont pas apparentés et qu'ils se sont adaptés indépendamment dans un même environnement. Cette illustration montre l'évolution des nageoires postérieures de trois groupes de vertébrés : les poissons (un requin), les mammifères (un dauphin) et les reptiles (un ichthyosaure).

Preuve génétique

Le mécanisme génétique sous-jacent qui permet à des changements de se produire au travers de générations successives ne fut pas bien compris avant le début du siècle. Une espèce est déterminée par la capacité de ses individus à se croiser et à obtenir une descendance viable. Il doit donc y avoir quelque chose qui contrôle la manière dont les cellules reproductives sont capables de se combiner entre elles et d'échanger des informations qui déterminent l'héritage des caractères parentaux chez la progéniture.

Des expériences menées par le zoologiste britannique William Bateson (1861-1926) et le botaniste hollandais Hugo de Vries (1848-1935) ont montré la répétition de certains caractères dominants dans des générations successives de petits. De plus, la relation entre caractères dominants et récessifs demeure la même, démontrant ainsi que des mécanismes régulateurs sous-jacents doivent être à l'œuvre lors des croisements. Ce mécanisme fut trouvé en 1953 par l'américain James Watson (1928-) et par l'anglais Francis Crick (1916-) en se basant sur le travail d'autres scientifiques et en travaillant vers le même but. Le code génétique de chaque cellule détermine le caractère unique d'un organisme et la similitude entre les codes génétiques conditionne les possibilités de croisement. Le code est présent dans chaque chromosome et est copié lors de la division cellulaire par duplication de la structure en double hélice des acides nucléiques (ADN).

Cette capacité à analyser et à lire les séquences détaillées d'informations génétiques a offert aux scientifiques une nouvelle méthode pour déterminer l'étroitesse des relations évolutives entre les organismes vivants. On inventa, de plus, l'idée « d'horloge moléculaire ». En étudiant la vitesse des mutations génétiques et à partir d'embranchements bien établis dans l'évolution d'une espèce, les scientifiques sont capables d'estimer le point du temps où des espèces ont divergé, en mesurant le nombre de différences génétiques entre elles.

De telles analyses ont permis de justifier l'idée de Linné sur la parenté entre l'homme et le singe. Dans les années 1960 et 1970, les biologistes moléculaires furent capables de démontrer que les gènes des chimpanzés étaient encore plus proches que prévu de ceux des humains. Avant cela, l'étude des fossiles semblait indiquer que la séparation entre les grands singes et les humains s'était produite il y a quelque 15 millions d'années. Si tel avait été le cas, il y aurait eu une plus grande différence génétique entre les deux groupes que celle constatée. Si l'on se base sur l'horloge moléculaire pour l'évolution des primates, la séparation entre l'homme et le singe ne se serait produite qu'il y a 5 millions d'années. De nouvelles découvertes de fossiles tendent à confirmer cette idée.

Le problème de l'analyse génétique est que, contrairement à ce qui a pu être dit récemment, il est impossible d'extraire l'ADN de fossiles très anciens. Les protéines essentielles se décomposent très rapidement après la mort d'un organisme, à moins que les tissus ne soient conservés de manière exceptionnelle comme par exemple pour la peau des mammouths laineux qui restèrent dans la glace de l'époque glaciaire. Leur ADN a été préservé et analysé mais les cadavres n'étaient vieux que de quelques milliers d'années.

L'analyse génétique des relations entre les organismes vivants a révolutionné la classification des espèces et a conduit à une réévaluation majeure des informations obtenues grâce aux fossiles. Même si ceux-ci ne peuvent fournir des informations détaillées sur les relations entre espèces, ils sont la seule preuve directe que nous ayons de la vie à travers les âges. Toutefois, la nature de ces sources reste un problème car les informations contenues dans les fossiles sont assez minimes. Le plus vieux fossile connu, représentant un groupe particulier, ne nous dit pas quand ce groupe est apparu mais quand un de ses membres a été fossilisé pour la première fois. Néanmoins, les fossiles sont essentiels pour nous informer sur les créatures disparues, notamment les dinosaures.

Une esquisse de l'évolution des vertébrés

Les fossiles ont changé notre perception de l'Histoire de la vie. Ses origines ont été repoussées à quelque 3,6 milliards d'années et notre vision des premiers 3 milliards a été transformée. L'évolution d'organismes pluricellulaires est supposée avoir commencé il y a 1 milliard d'années et divers organismes à corps tendre, appelés Ediacariens, (dont les relations biologiques sont très incertaines) étaient présents dans l'eau il y a 600 millions d'années. À l'époque du Cambrien, il y a 550 millions d'années, des groupes d'animaux invertébrés clairement identifiables comme les mollusques, les vers annelés et les arthropodes, ont commencé à évoluer.

L'ÉVOLUTION DES VERTÉBRÉS

Les animaux sont classés dans des groupes de diversité décroissante. La plus petite unité de classification est l'espèce. Les espèces partageant des caractéristiques communes sont regroupées en genres, les genres en familles et ainsi de suite. Ce diagramme présente l'évolution des groupes majeurs de vertébrés au travers du temps, allant des poissons sans mâchoires (les agnathes) aux mammifères.

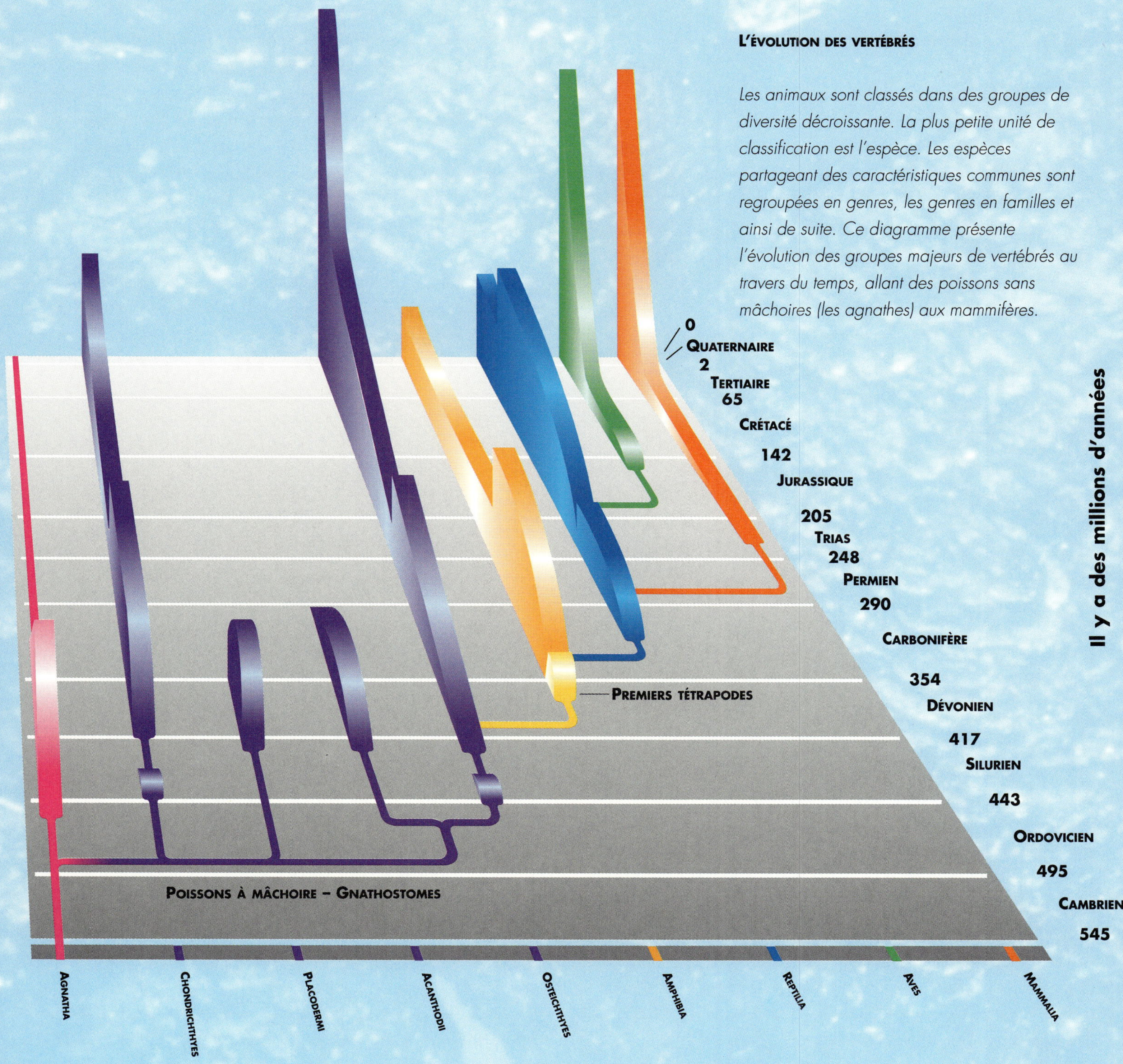

Les débuts des vertébrés

Le premier fossile à attester de la présence des vertébrés est le *Pikaia* qui date du Cambrien moyen, il y a 535 millions d'années. Considéré comme similaire à l'actuel *Amphioxus* (*Branchiostoma*), le corps de ce petit animal, qui ressemblait à une anguille, était raidi et allongé par une tringle rigide mais flexible appelé notochorde. On pense que c'est à partir de ce chordé peu prometteur que les vertébrés ont évolué, le notochorde se développant en une colonne vertébrale sur laquelle des hanches et des épaules ont pu s'accrocher. Par la suite, une paire de membres vint se fixer sur les hanches afin de faciliter le mouvement et la locomotion. Le développement d'un « devant » et d'un « derrière » conduisit à la concentration des organes sensitifs sur le devant afin de faire face à l'environnement. De manière surprenante, les fossiles révèlent un autre groupe de chordés primitifs, les conodontes (voir *Promissum* page 23). On trouvait les tissus osseux dans leurs rangées de petites dents.

Les fossiles ont également révélé une grande diversité d'animaux marins aux formes étranges qui ressemblaient à des poissons dénués de dents et de mâchoires. Les poissons sans mâchoires (les agnathes) avaient des écailles et des plaques osseuses enfoncées dans la peau et se nourrissaient en suçant et filtrant des micro-organismes dans l'eau de mer ou dans des dépôts sédimentaires. Les agnathes, comme le montrent les roches stratigraphiques, furent rapidement rejoints par des poissons pourvus de mâchoires.

Préparation pour la vie sur Terre

L'un des événements le plus important dans l'Histoire de la vie fut lorsque les animaux furent préparés pour la vie sur la terre ferme. L'eau de la mer est un environnement relativement dense et fluide qui ne change généralement pas de température rapidement et dans lequel il est facile de nager, de trouver de l'oxygène, de ressentir les vibrations et de voir à travers. En comparaison, l'air est un gaz léger et sec, n'offrant aucun soutien, avec de grands et rapides changements de température, déshydratant et ne protégeant pas des dangereuses radiations solaires. Pour faciliter le passage de l'eau à la terre ferme, de grandes modifications durent avoir lieu avant que cela soit possible. Les premiers tétrapodes – les premiers vertébrés pourvus de quatre membres – n'étaient ni des amphibiens – au sens où on l'entend aujourd'hui – ni des créatures adaptées à la vie sur terre. Il semble maintenant que la différenciation entre reptiles et amphibiens n'était pas clairement établie. Les membres des premiers tétrapodes étaient probablement adaptés des nageoires des poissons. On sait maintenant que ces membres avaient des doigts et des orteils, bien qu'ils aient possédé des branchies et une queue semblable à celle des poissons. Cette « préadaptation » aurait servi à équiper leurs descendants pour la vie sur la terre ferme.

Même au Carbonifère inférieur, la situation de l'évolution prête à confusion. On a décrit récemment un tétrapode vieux de 334 millions d'années appelé *Eucritta*. Ce fossile, de la taille d'une salamandre, avait des traits communs aux reptiles et aux amphibiens.

Amphibiens et reptiles

Au Carbonifère supérieur, les véritables amphibiens et les reptiles avaient divergé de leurs ancêtres tétrapodes. Même alors, beaucoup de ces amphibiens fossiles ressemblaient plus à des crocodiles qu'aux amphibiens actuels. Il y avait parmi eux de grands prédateurs parfaitement adaptés à la vie sur la terre ferme, si ce n'est qu'ils devaient retourner dans l'eau pour se reproduire. On trouvait également au Carbonifère les premiers reptiles, dont la plupart devaient être des consommateurs de poissons. Mais leur capacité à produire des œufs, protégés par une coquille, signifiait qu'ils seraient bientôt capables de quitter le milieu aquatique et de changer leur régime alimentaire.

La diversification de ses tétrapodes terrestres alla encore plus loin lors du Permien lorsque les premiers reptiles mammaliens évoluèrent. Ils présentèrent pour la première fois des différences de dents pour des fonctions aussi variées que capturer, tenir, tuer et découper des proies comme moyen de prédigestion. De plus, on a noté chez eux les premiers mécanismes de régulation de la température corporelle.

Les mammifères

Une définition simple des mammifères les décrit comme étant des vertébrés poilus à sang chaud et possédant des glandes mammaires qui produisent du lait. Malheureusement, on ne peut constater ces caractéristiques qu'au moyen des tissus, ceux-ci n'étant pas préservés lors de la fossilisation, sauf cas exceptionnels. Les dents étant généralement les parties du squelette les mieux conservées, ce sont elles qui permettent de différencier les fossiles des vrais mammifères de ceux des reptiles mammaliens à partir desquels ils ont évolué il y a environ 225 millions d'années. Bien que les mammifères aient coexisté avec les dinosaures tout au long du Mésozoïque, leurs fossiles sont généralement éparpillés. Il faut attendre le Tertiaire pour que les mammifères se diversifient, notamment grâce à l'évolution rapide des plantes à fleurs et de l'herbe. Au bout d'une dizaine de millions d'années, plusieurs milliers d'espèces de mammifères étaient apparues.

Dinosaures : la création d'une icône

Au Permien supérieur, il y a 230 millions d'années, un groupe de reptile pondeur à la peau écailleuse évolua et domina peu à peu la planète pendant 155 millions d'années. Ces reptiles, qui seraient désignés plus tard par le nom de dinosaure, étaient répandus de l'Alaska à l'Antarctique. Dans toute l'Histoire de la vie, aucun autre groupe d'animal n'a dominé le monde aussi longtemps. Il y a aujourd'hui 6500 espèces de reptiles dont la plupart sont des lézards. En comparaison, il n'y a que 4000 espèces de mammifères dont plus de la moitié sont des rongeurs. Les mammifères ne dominent le monde que depuis 65 millions d'années.

Le mot dinosaure a presque faussé la vision que nous avons du passé. Bien que ceux-ci soient une invention datant du XIXe siècle, époque où la paléontologie naissait, on possédait déjà des fossiles prouvant l'existence d'animaux vertébrés dans notre lointain passé.

Premières découvertes

Entre 1811 et 1830, Mary Anning découvrit dans des roches vieilles de 200 millions d'années, situées à Lyme Regis dans le Dorset, des squelettes complets de créatures de 4 m de long, avec un bec denté, proche de celui des dauphins, mais dotés de caractéristiques reptiliennes. Ces ichtyosaures (ce qui veut dire poisson-lézard) et plésiosaures (presque lézard), comme les scientifiques de l'époque les nommèrent, vivaient dans la mer puisque l'on retrouva avec eux des coquilles d'animaux marins, des étoiles de mer et des céphalopodes. Ces découvertes enflammèrent l'imagination du public. Ils furent les premiers animaux éteints à être représentés sur des illustrations.

En 1825, des os fossilisés furent trouvés près de Cuckfield, dans la région du Sussex, au sud de l'Angleterre. Les fossiles avaient des dents bien particulières en forme de feuille et une corne conique de 15 cm. L'animal fut reconstitué et appelé *Iguanodon* par Georges Mantell qui fut le premier à étudier les fossiles de Cuckfield. Il plaça l'os conique comme chez un rhinocéros, au bout du nez. Plus on trouvait de fossiles, plus la compétition grandit entre Mantell (un médecin plus intéressé par les fossiles que par ses patients) et le professeur Richard Owen.

L'invention des dinosaures

En 1842, Richard Owen reconnut que les fossiles de *Iguanodon* et de *Megalosaurus* étaient ceux d'espèces disparues. Il inventa alors le terme de *Dinosauria,* voulant dire « terrible lézard », pour les différencier des reptiles modernes. Sa création allait devenir une icône universelle dont l'image se transformerait régulièrement pendant 150 ans.

Owen réussit peut-être le plus grand coup publicitaire scientifique de son siècle, redéfinissant le concept et l'apparence de sa nouvelle invention, transformant les serpents effrayant de Mantell en quelque chose de beaucoup plus noble. Owen calcula que ses dinosaures pouvaient avoir jusqu'à six fois la taille d'un éléphant. Il présenta une exposition de modèles grandeur nature au Crystal Palace de Sydenham à Londres où se pressèrent des milliers de personnes.

La chasse aux dinosaures aux États-Unis

En 1802, un jeune homme du nom de Pliny Moody découvrit des empreintes fossilisées dans la ferme familiale du Massachusetts. Un naturaliste local, Edward Hitchcock finit par les décrire en 1836. Étant donné que les traces avaient été faites par un animal doté de trois orteils, Hitchcock conclut qu'elles étaient l'œuvre d'un oiseau géant. Il s'agissait en fait des empreintes d'un dinosaure et ce fut la première preuve que certains dinosaures n'étaient pas quadrupèdes comme on l'avait jusqu'alors pensé. L'image des dinosaures était de nouveau en mouvement. En 1858, Joseph Leidy trouva un squelette partiel dans le New Jersey qu'il reconstitua dans une posture debout, un peu comme un kangourou et, en 1878, il apparut que *Iguanodon* était l'un de ces dinosaures à trois orteils lorsque des mineurs découvrirent en Belgique les squelettes quasi-complets d'une quarantaine de spécimens.

Les recherches se déplacèrent plus à l'ouest et décolèrent vraiment dans les années 1870. Deux maîtres d'école, Arthur Lake et O. W. Lucas trouvèrent des fossiles de dinosaure dans le Colorado et envoyèrent leurs trouvailles à des experts plus à l'est. Les deux amateurs ne savaient pas qu'ils avaient déclenché sans le vouloir une grande rivalité entre le professeur Othniel Charles Marsh de Yale et Edward Drinker du New Jersey. Mais, cette soi-disant « guerre des dinosaures » conduisit à la découverte et la description de 130 nouvelles espèces.

Les dinosaures géants

Dans les années 1880, Marsh présenta la première reconstitution d'un un dinosaure herbivore géant qu'il baptisa *Brontosaurus*, signifiant lézard du tonnerre. Les os de ses pattes faisaient plus d'un mètre de long et il possédait un très grand nombre de vertèbres. Il devint clair que cet animal était le plus grand à avoir foulé le sol de cette planète. L'image d'un herbivore géant de plus de 20 m de haut s'empara de l'imaginaire collectif. Ces dinosaures géants étaient si impressionnants que l'on chercha leurs restes tout autour du monde. L'une des plus belles découvertes fut celle, en 1907, d'un *Brachiosaurus* de 22 m de long dans l'est de l'Afrique. Il pesait environ 50 tonnes et mesurait 12 m de haut.

La première indication que les dinosaures étaient des animaux non seulement gigantesques mais aussi terriblement dangereux vint en 1908 lorsqu'une expédition pour le Musée d'histoire naturelle américain de New York trouva le crâne et le squelette presque complet d'un nouveau dinosaure dans les roches du Crétacé au nord du Montana. Ce carnivore bipède géant, *Tyrannosaurus Rex*, était si impressionnant qu'il a fini par symboliser le mal à l'état pur. Il mesurait plus de 6 m de haut pour 12 m de long et devait peser 20 tonnes environ. Avec des dents tranchantes de plus de 20 cm, *T. Rex* était une créature face à laquelle aucun des carnivores actuels ne pourrait rivaliser.

Malgré plus de 140 années de recherche depuis leur « invention », il reste de grandes failles dans notre connaissance des dinosaures, de leurs parents reptiles et de tous les animaux disparus qui peuplèrent la Terre pendant quelque 500 millions d'années. Les dernières décennies furent témoin d'une révolution dans l'étude des dinosaures, la principale préoccupation étant maintenant de savoir comment ils « fonctionnaient » durant leurs vies. De quoi avaient-ils vraiment l'air? À quelle vitesse pouvaient-ils courir? En combien de temps grandissaient-ils? Comment communiquaient-ils entre eux? Prenaient-ils soins de leurs petits? Et enfin, pourquoi, alors qu'ils semblaient si brillants, eux et beaucoup de leurs parents, ont-ils disparu?

Le texte de ce livre résout certaines de ces questions en se fondant sur les connaissances actuelles. Mais la paléontologie n'en est qu'à ses débuts, comparé à la biologie. Les réponses à beaucoup de questions sont toujours enfouies dans la roche. Elles n'attendent que d'être révélées.

LES PREMIERS VERTÉBRÉS

La plupart des premiers animaux à vertèbres étaient des poissons. Non pas des poissons tels que nous les connaissons, comme les requins ou les saumons mais des poissons sans mâchoires, les agnathes et les lamproies (pétromyzontiformes). Bien que peu ordinaires, les agnathes possèdent néanmoins toutes les caractéristiques des vertébrés, c'est-à-dire une épine dorsale articulée allant de la tête à la queue avec des muscles couplés de chaque côté, des muscles se contractant pour faire onduler le corps pendant la nage, un nerf dorsal passant au-dessus les vertèbres, s'étirait jusqu'à l'avant de l'animal et était relié aux organes sensoriels. Ce « cerveau » antérieur est protégé à l'intérieur d'une boîte crânienne.

Les vertèbres et la boîte crânienne ne sont pas forcément composées de matériaux osseux, les poissons cartilagineux comme les agnathes et les requins étant des vertébrés bien que leur squelette soit composé de cartilage. Le cartilage est plus primitif que les os, mais il ne fossilise généralement pas.

Les agnathes étaient autrefois très répandus. Beaucoup de groupes évoluèrent dans les mers anciennes avant de passer dans les eaux douces pour finalement disparaître au dévonien supérieur. Pour la plupart, les agnathes fossiles ne ressemblaient pas à leurs descendants actuels dont le mode de vie est beaucoup plus spécialisé. Un grand nombre de formes fossilisées possédaient une peau cuirassée faite de plaques et d'écailles osseuses, spécialement dans la région crânienne. Mais même ces formes fossiles n'étaient probablement pas les premiers vertébrés.

Les conodontes

Certains indices suggèrent fortement que les conodontes furent les premiers vertébrés. Ils furent pendant longtemps, un groupe d'animaux marins aux affinités taxonomiques inconnues. Leurs restes fossilisés se

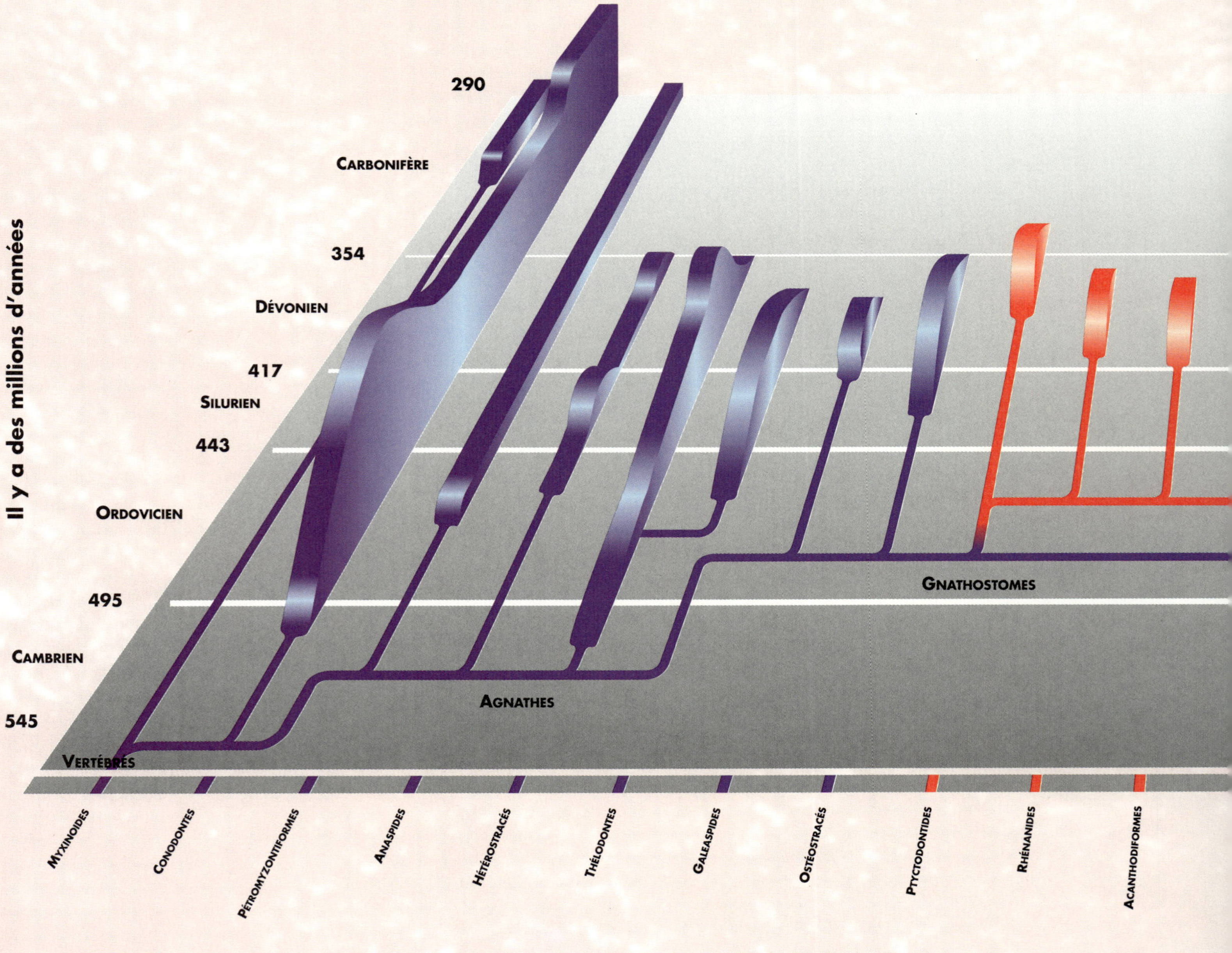

limitent généralement à de petites dents. On sait peu de chose sur eux, si ce n'est qu'ils étaient très communs et largement répandus dans les mers anciennes. Des découvertes en Écosse ont montré que ces petites dents fossilisées étaient issues de la bouche de petits animaux sans mâchoires, à la forme d'anguille. Ces dents ont une structure détaillée et une composition proche de celle des vertébrés. Les yeux des conodontes étaient dotés de muscles comparables à ceux des vertébrés et leur corps était fléchi par des paires de muscles groupés, appelés myotomes, permettant d'obtenir les ondulations qui caractérisent la nage des poissons.

On discute encore beaucoup sur la relation entre les conodontes et les agnathes, et sur leur ascendance.

Le schéma de l'épine dorsale

Le schéma de base pour une épine dorsale est une corde dorsale rigide, appelée notochorde, que l'on trouve chez un petit groupe d'animaux marins : les céphalocordés. Ceux-ci, tout comme les vertébrés, font partie d'un plus grand groupe taxonomique : le *Phylum chordata.* Jusqu'à une date récente, aucun céphalocordé fossile n'était connu, leurs notochordes non minéralisées ayant du mal à fossiliser. Toutefois, on a trouvé dans les schistes du Cambrien de Burgess, en Colombie-Britannique, une créature fossilisée appelée *Pikaia* qui est certainement un céphalocordé fossile.

Si la diagnose de ces anciennes créatures s'avère correcte, l'origine des premiers vertébrés remonte alors à bien plus longtemps que ce que l'on avait pensé jusqu'alors.

Les mâchoires qui révolutionnèrent la vie

Le développement de poissons à mâchoires (les gnathostomes) signifie que les poissons ne dépendaient plus de micro-organismes pour s'alimenter. Les gnathostomes pouvaient poursuivre et attraper des proies de manière active. Ils pouvaient atteindre une taille supérieure et adopter des comportements et des régimes alimentaires plus spécifiques. Les mâchoires constituent une innovation majeure dans l'évolution qui conduisit à une plus grande diversification et à la disparition des gnathostomes.

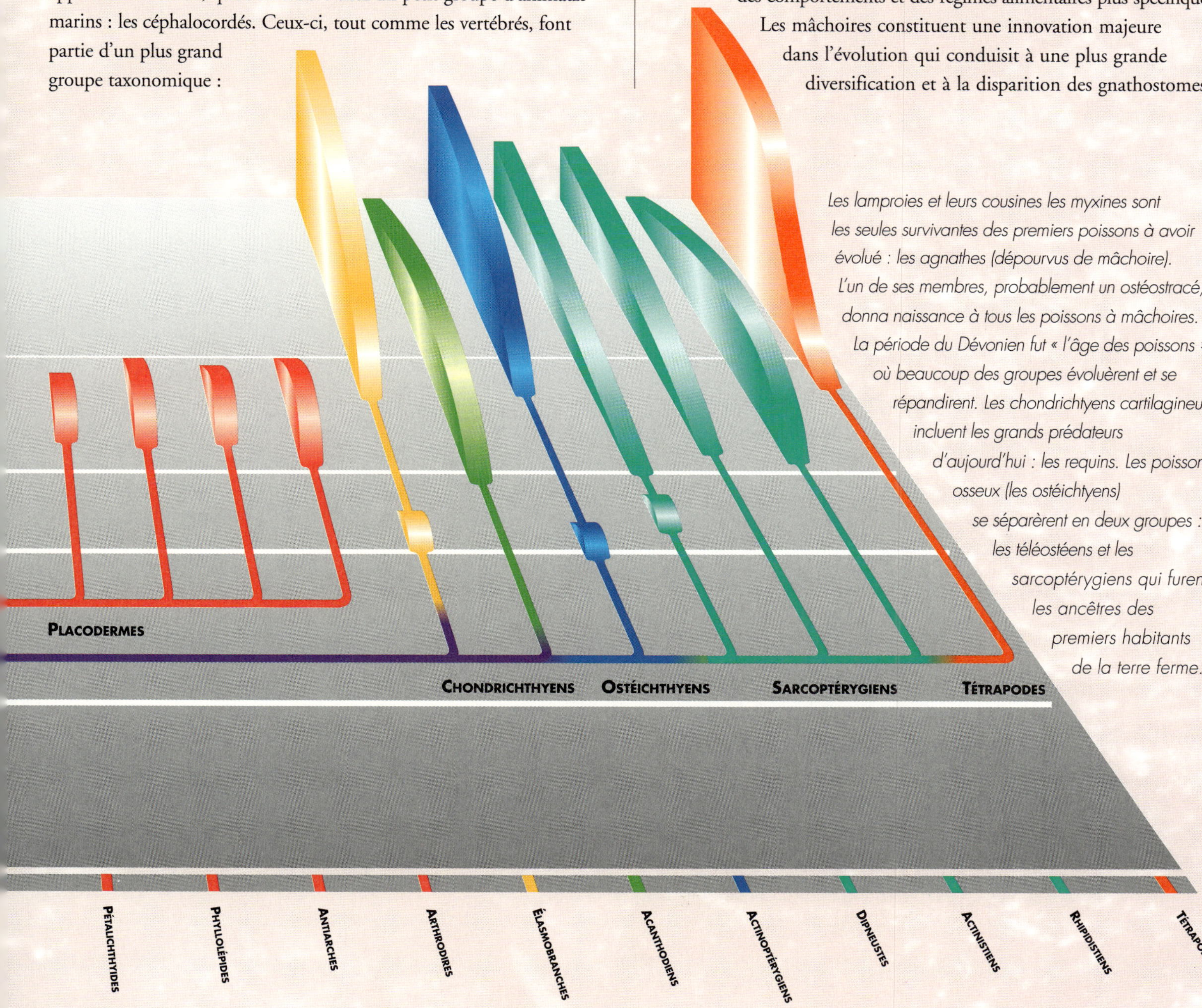

Les lamproies et leurs cousines les myxines sont les seules survivantes des premiers poissons à avoir évolué : les agnathes (dépourvus de mâchoire). L'un de ses membres, probablement un ostéostracé, donna naissance à tous les poissons à mâchoires. La période du Dévonien fut « l'âge des poissons » où beaucoup des groupes évoluèrent et se répandirent. Les chondrichtyens cartilagineux incluent les grands prédateurs d'aujourd'hui : les requins. Les poissons osseux (les ostéichtyens) se séparèrent en deux groupes : les téléostéens et les sarcoptérygiens qui furent les ancêtres des premiers habitants de la terre ferme.

Les chondrichtyens (les requins, les raies et les chimères) conservent le squelette cartilagineux de leurs ancêtres. Les os remplacèrent le cartilage chez les autres poissons pour donner naissance aux poissons osseux (les ostéichtyens). Deux types de poissons osseux évoluèrent à partir d'un ancêtre commun, les poissons osseux à nageoires rayonnées (actinoptérygiens) et les poissons à nageoires charnues (sarcoptérygiens).

Les vertébrés les plus prospères

Les poissons à nageoires rayonnées évoluèrent et donnèrent naissance au groupe de vertébrés actuels le plus prospère, les téléostéens (voir pages 38-41). Les 21 000 espèces vivantes font des téléostéens le groupe de vertébrés le plus abondant (pour comparaison, il existe environ 4000 espèces de mammifères, 8600 espèces d'oiseaux, 4000 espèces de reptiles et 2500 espèces d'amphibiens).

En terme de diversité de forme et de mode de vie, les téléostéens surpassent toutes les autres créatures aquatiques (que ce soit celles vivant en eau douce ou en eau de mer, vertébrés ou invertébrés). Ils vont du prédateur rapide, comme le barracuda ou le marlin, aux habitants des fonds marins, comme *Stargazer* et les poissons plats; à la forme typique des poissons, comme le maquereau ou la perche, aux formes bizarres et irréelles, comme l'hippocampe ou le poisson-lune. On en trouve à la surface des océans, avec les poissons volants de l'Atlantique, jusque dans les grandes profondeurs avec la lotte de mer.

Les téléostéens modernes se situent au plus haut niveau d'une grande échelle de l'évolution, constituée d'une série de degrés allant d'un groupe de poissons osseux à nageoires rayonnées à un autre (voir pages 34-41). Cette progression commença au Silurien supérieur avec l'apparition des paléoniscides. Leurs grandes écailles, leurs nageoires non flexibles et leur queue asymétrique ouvrirent la voie aux écailles plus fines des néoptérigiens, aux mâchoires flexibles et à la queue quasiment symétrique. Ces poissons furent ensuite remplacés par les téléostéens, aux écailles encore plus fines, à la queue symétrique et aux mâchoires et nageoires extrêmement mobiles. Les téléostéens proches des harengs furent les premiers à évoluer. Le groupe éclata en deux branches évolutives majeures. La première apparue avec l'avènement du groupe des saumons et des truites, au Crétacé moyen. La seconde émergea vers le Crétacé supérieur ou le début du Tertiaire, lorsque les téléostéens proches des perches évoluèrent. Ils représentent aujourd'hui 40 % des espèces de téléostéens.

La fin de l'ère mésozoïque, il y a environ 65 millions d'années, vit l'avènement des téléostéens dans les mers, et celui des mammifères sur la terre. Des bouleversements majeurs se produisirent dans la faune et la flore mondiale. Les reptiles piscivores, comme les plésiosaures, les ichthyosaures et les mosasaures, s'éteignirent. Les dinosaures et les ptérosaures disparurent de la surface du globe. Un grand nombre de petits organismes planctoniques disparurent sans laisser de traces, probablement à cause de la chute d'une météorite qui marque la frontière entre le Crétacé et le Tertiaire.

Ces extinctions semblent avoir été un signal pour les téléostéens et les mammifères qui entrèrent alors dans leur dernière phase d'évolution et se développèrent pour devenir les créatures dominant le monde aujourd'hui.

Les ancêtres des animaux terrestres

L'évolution des téléostéens, étant exclusivement liée au milieu aquatique, pourrait être considérée comme un cul de sac évolutif. S'il n'en est rien, il faut néanmoins reconnaître que seuls leurs cousins, les poissons à nageoires charnues, donnèrent naissance aux premiers vertébrés terrestres. Cette transition fut accomplie assez rapidement dans leur évolution, les premiers poissons à nageoires charnues apparaissant au Dévonien inférieur alors qu'à la fin de cette période, quelque 20 millions d'années plus tard, les tétrapodes avaient déjà posé pied sur la terre ferme.

ANATOMIE D'UN REQUIN

Le requin est un poisson typique. Il a une nageoire anale, des pectorales et pelviennes couplées sur la surface ventrale; une nageoire caudale, ou queue, où le lobe supérieur est souvent plus grand que le lobe inférieur. Toutes les nageoires sont constituées de rayons cartilagineux. La colonne vertébrale d'un requin est faite de cartilage calcifié avec d'une fine couche d'os. Chez les poissons osseux, les os remplacent le cartilage.

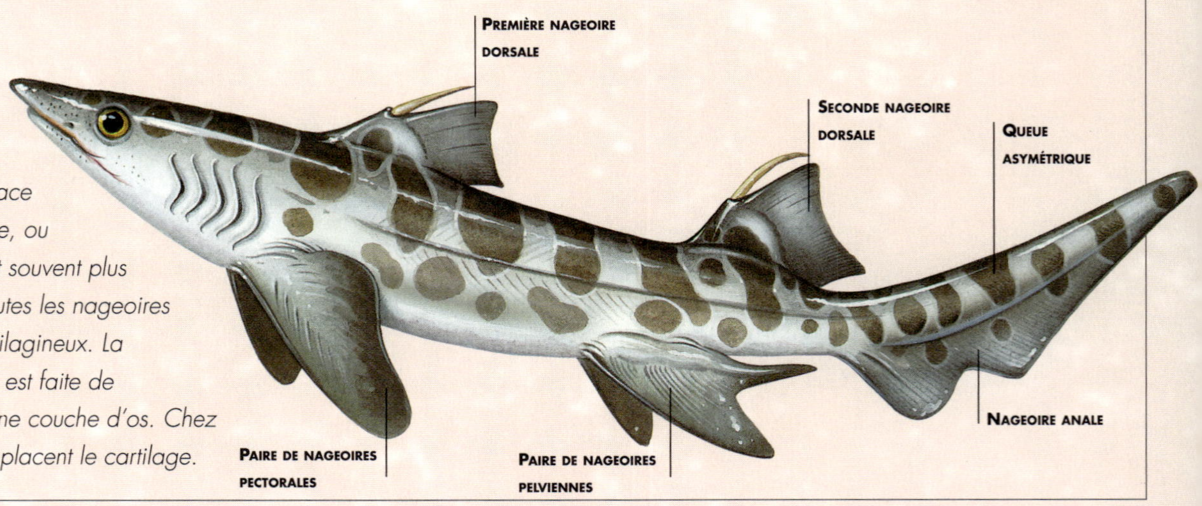

Évolution des poumons et des vessies natatoires

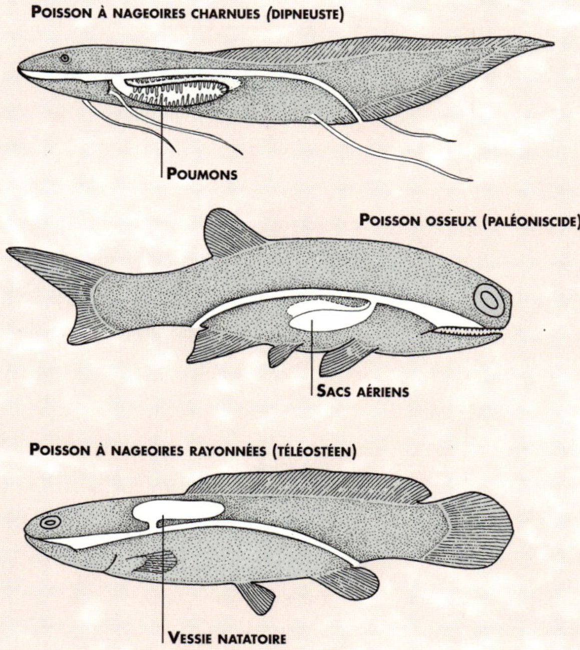

Les premiers poissons osseux (les paléoniscides), aux écailles lourdes et épaisses, possédaient une paire de sacs aériens reliés au tube digestif. Remplis d'air, ils permettaient au poisson de flotter. Au cours de l'évolution, les poissons osseux se séparèrent en deux groupes. Les dipneustes développèrent des poumons (tout en gardant leurs branchies) dont les tissus se dépliaient afin d'augmenter l'absorption en oxygène. Les téléostéens, la majorité des poissons actuels, en firent une vessie natatoire au-dessus de la gorge, afin de contrôler leur flottabilité. Chez les téléostéens les plus évolués, la vessie natatoire est isolée de la gorge et sécrète et absorbe son propre gaz.

Tendances évolutives générales chez les poissons

Les premiers poissons, les ostracodermes, étaient protégés par une lourde armure osseuse, développée comme un bouclier facial, et par de fines écailles de forme carrée. De telles protections faisaient de la nage une activité extrêmement coûteuse en énergie, si bien que beaucoup de ces poissons vivaient et se nourrissaient sur les fonds marins. Le lobe supérieur de leur queue était souvent plus long que le lobe inférieur, ce qui inclinait le corps du poisson vers le bas, mouvement des plus pratiques lorsqu'on se nourrit sur le fond.

Les autres ostracodermes développèrent d'autres nageoires en formes d'épines ou de projections qui leur servaient de soutiens hydrodynamiques. Tout cela combiné au fait que le lobe inférieur de la queue était élargi (ce qui tendait à emmener le poisson vers le haut) laisse à penser que de tels poissons pouvaient nager et se nourrir de planctons situés en surface.

La tendance générale chez les poissons osseux était de développer des écailles plus petites et plus fines, de forme ronde et plus hydrodynamique. La queue devint symétrique avec des lobes de taille égale pour permettre au poisson d'aller droit. Des paires de nageoires se développèrent à l'avant (les pectorales) et à l'arrière du corps (les pelviennes). Cela permettait non seulement de le stabiliser mais aussi de lui faire changer de direction lors de la nage, comme le ferait une paire de rames.

Complétant ces changements dans la forme de la queue, la longueur et le poids des nageoires, les poissons osseux se dotèrent d'un moyen plus efficace pour contrôler leur position dans l'eau. Les premiers poissons osseux possédaient encore des paires de sacs aériens sur le dessous du corps. En contrôlant la quantité de gaz de ces sacs, ils pouvaient contrôler leur flottaison dans l'eau.

Chez les poissons osseux à nageoires rayonnées, les sacs aériens évoluèrent en une vessie natatoire, placée au-dessus de la gorge. Chez la plupart des téléostéens, elle reste connectée à la gorge, mais chez les formes avancées comme la perche,

la connexion est rompue et la vessie natatoire fonctionne de manière indépendante, comme un système de flottaison sophistiqué, générant et absorbant son propre gaz.

Chez les dipneustes, les vessies natatoires évoluèrent en de véritables poumons reliés au système sanguin, tout comme chez les animaux terrestres. Les parois des poumons devinrent fortement plissées afin d'augmenter l'absorption d'oxygène. Se nourrir et respirer va de pair chez les actinoptérygiens. Leurs mâchoires eurent tendance à devenir de plus en plus mobiles et flexibles, leur permettant de se prolonger et de former un tube. En même temps, leurs branchies, situées derrière la mâchoire, devinrent dilatables, afin que plus d'eau puisse y pénétrer. Cela augmenta l'absorption en oxygène et donc l'activité du poisson. Dès lors, les proies pouvaient être aspirées.

Évolution de la mâchoire

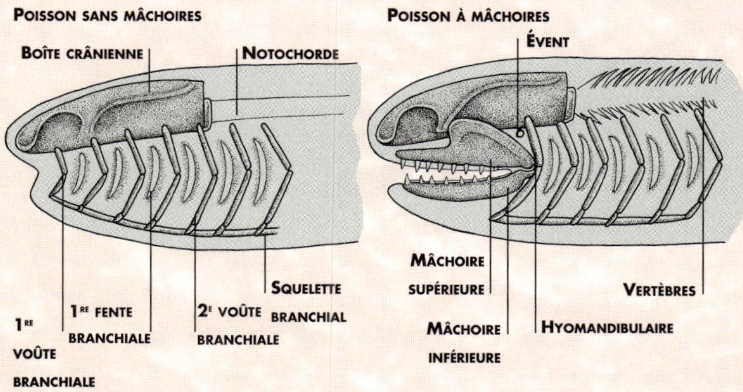

Les premiers poissons n'avaient ni mâchoires ni dents. Leurs branchies, situées derrière la bouche, étaient soutenues par une série de voûtes cartilagineuses entre lesquelles s'ouvraient les fentes branchiales. Les mâchoires sont une évolution de ces deux voûtes branchiales. Celles-ci se replièrent et se rejoignirent pour former la mâchoire. La deuxième voûte branchiale, la Hyomandibulaire se déplaça pour soutenir la mâchoire par-derrière et des ligaments l'attachèrent à la boîte crânienne. La première fente est devenue un évent.

POISSONS SANS MÂCHOIRES

PHYLUM CHORDATA

La plupart des animaux vertébrés, ainsi que quelques animaux moins communs, font partie d'un grand groupe, celui des chordés. Ils partagent des caractéristiques primitives, dont la plus évidente est une corde dorsale rigide, la notochorde qui s'étire de l'avant à l'arrière de l'animal. Chez les vertébrés la corde dorsale est ossifiée et forme la colonne vertébrale. Le plus vieux chordé est un céphalocordé de plus de 535 millions d'années appelé *Pikaia* provenant des schistes de Burgess du Cambrien moyen.

SUBPHYLUM CEPHALOCHORDATA (ACRANIATA)

Du point de vue de l'évolution, le groupe de chordés non-vertébrés le plus important est celui des céphalochordés (également connu sous le nom d'acraniates) et qui comprend le remarquable lancelet (*Branchiostoma)* marin. Cette petite créature longue de 5 cm, aplatie, enfouissait sa queue dans les fonds marins. Sa partie antérieure possède un pharynx perforé de trous à travers lesquels l'eau de mer était filtrée afin d'obtenir de l'oxygène et de la nourriture microscopique. Les données fossiles sur ce groupe sont extrêmement minces.

NOM : *Pikaia*
ÉPOQUE : Cambrien moyen
RÉPARTITION : Canada
TAILLE : 5 cm de long

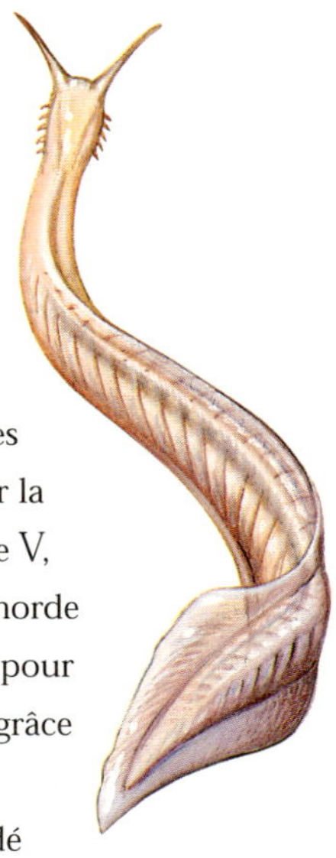

La qualité de préservation des schistes de Burgess, vieux de 535 millions d'années, est si grande, que l'on a même retrouvé des traces de tissus sur le fossile de *Pikaia.* On peut voir la notochorde ainsi que les muscles en forme de V, caractéristiques des céphalocordés. La notochorde était rigide mais flexible et pouvait être pliée pour obtenir les mouvements sinueux de la nage, grâce aux impulsions des muscles situés de chaque côté de celle-ci. *Pikaia* est le plus vieux chordé connu. C'est donc, en quelque sorte, l'un de nos ancêtres.

SUBPHYLYUM VERTEBRATA (CRANIATA)

Les vertébrés ou craniates sont le sujet principal de ce livre. Les plus caractéristiques sont les chordés. On trouve chez certaines espèces des organes sensoriels et leurs connexions neurologiques concentrés à l'avant du corps. Cet ensemble forme ainsi la base du cerveau (*cranium*) et une partie de la région de la tête.

CLASSE DES AGNATHA

Les premiers animaux vertébrés à avoir évolué furent les agnathes, ou « poissons sans mâchoires ». On en trouve des traces fossilisées dans les roches du Cambrien, vieilles de plus de 510 millions d'années. Ces premiers poissons n'avaient pas de mâchoires. Ils ne possédaient pas non plus de nageoires paires pour stabiliser leur corps dans l'eau. Attraper et manger des proies aurait constitué pour eux un problème. En conséquence, ces poissons avaient tendance à être petits et ne dépassaient que rarement les 30 cm de long. Ils ne pouvaient que sucer des particules de nourriture microscopique situées sur le fond ou du plancton situé en surface.

Le squelette interne était constitué exclusivement de nerfs ou de cartilage. Cette matière, contrairement aux os, se décompose après la mort de l'individu. Les paléontologues ne connaissent donc l'existence de ces créatures que parce qu'elles possédaient une carapace osseuse qui, elle, fut préservée. Elle était généralement constituée de plaques osseuses, parfois soudées pour former un bouclier facial, et d'écailles osseuses qui recouvraient le corps. Cette armure était leur seule défense face aux prédateurs comme le scorpion de mer qui hantait les mers du Paléozoïque.

Cette armure osseuse a été préservée dans la roche et donne aux agnathes leur désignation d'ostracodermes, signifiant « peau cuirassée ». Malgré leur absence de mâchoires, les ostracodermes dominèrent les eaux de l'hémisphère Nord pendant 130 millions d'années, de l'Ordovicien inférieur au Dévonien supérieur.

Deux types d'agnathes en forme d'anguilles survivent aujourd'hui, les myxines et les lamproies parasitaires.

SOUS-CLASSE DES CONODONTA

Les affinités zoologiques des conodontes ont été un mystère pendant plus de 130 ans, qui n'a finalement été résolu qu'en 1993, quand des tissus fossilisés furent retrouvés. Jusqu'alors, les conodontes n'étaient connus que grâce à des petites structures semblables à des dents que l'on trouve principalement dans les roches du Paléozoïque allant du Cambrien supérieur au Trias supérieur (d'il y a 540 à 210 millions d'années). Les dents sont faites de phosphate de calcium et formaient des assemblages symétriques bilatéraux, constitués de plusieurs éléments de formes différentes, constituant un petit appareil nourricier.

Cette découverte d'un conodonte dans les roches carbonifères d'Écosse montra que l'appareil nourricier était positionné sous une paire d'yeux bien développés. Sa céphalisation accrue, dépassant celle des céphalochordés, indique un degré d'organisation avancé, proche de celui des myxines actuelles. La minéralisation de leurs dents les place parmi les vertébrés, ce que certains experts contestent encore.

NOM : *Promissum*

ÉPOQUE : Ordovicien supérieur

RÉPARTITION : Afrique du Sud

TAILLE : 40 cm de long

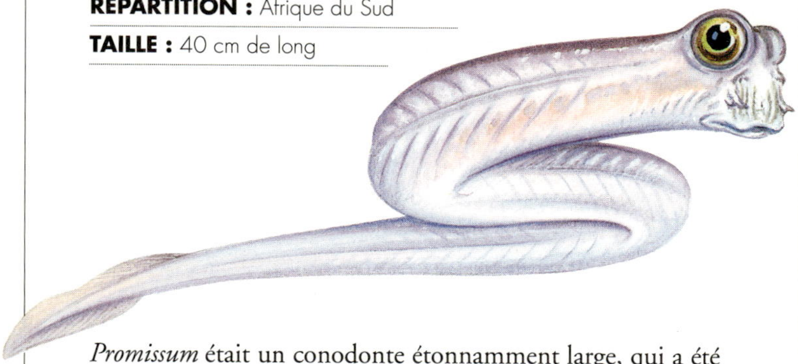

Promissum était un conodonte étonnamment large, qui a été trouvé dans les dépôts marins de la fin de l'Ordovicien, datant de 500 millions d'années. En 1994, des spécimens furent découverts avec l'appareil nourricier préservé sous les capsules oculaires et en avant des traces de muscles et de la notochorde. Cela confirma la forme de l'animal conodonte, observé dans les strates carbonifères d'Écosse.

Ordre des Heterostraci

Les hétérostracés furent les premiers poissons et parmi les vertébrés les plus anciens à évoluer. Sans aucun doute possible, le plus vieux reste date de l'Ordovicien inférieur, il y a 500 millions d'années. Ces poissons furent les agnathes les plus abondants et les plus diversifiés. Ils atteignirent leur zénith au Silurien supérieur et au Dévonien inférieur, quand une variété de forme marine évolua, passant des fonds marins à la surface, se nourrissant ainsi de planctons. Plus tard, les hétérostracés envahirent les eaux douces, gardant leurs carapaces osseuses, celle-ci grandissant tout au long de leur vie.

NOM : *Arandapsis*

ÉPOQUE : Ordovicien supérieur

RÉPARTITION : Australie (nord du territoire)

TAILLE : peut être 15 cm de long

En 1959, les restes fossilisés de quatre types distincts de poissons furent trouvés au sud d'Alice Springs, en Australie, dans des grès marins, formés ainsi dans des eaux peu profondes il y a quelque 500 millions d'années. Il fallut attendre le début des années 1960 pour que les restes soient identifiés comme ceux des plus anciens vertébrés.

Le nom d'*Arandapsis* fut donné au spécimen le mieux conservé. *Arandapsis* possède un corps hydrodynamique adapté aux profondeurs. N'ayant pas de nageoires pour se stabiliser dans l'eau, il devait nager par à-coup, comme un têtard. Le bas de son corps est recouvert de petites écailles osseuses et pointues, chacune d'entre elles ressemblant à un cauri, et donnant ainsi à la peau une texture abrasive. L'avant du corps de *Arandapsis* était encastré dans un bouclier facial, constitué de deux plaques osseuses. L'une, large et ronde, était située sous le ventre, l'autre étant placée sur le dos. Le bouclier facial possédait des ouvertures de chaque côté pour les yeux, les narines et les branchies. De profondes rainures dans le bouclier marquaient l'emplacement des canaux sensoriels, organes dont les poissons se servent pour ressentir les vibrations.

La bouche de *Arandapsis*, dépourvue de mâchoires, est placée sous sa tête, une position qui laisse à penser qu'il devait se nourrir sur les fonds. Comme les autres hétérostracés, il devait posséder de petites plaques mobiles à l'intérieur de la bouche, équipées de rangées de dentines. Ces plaques ont dû former une paire de lèvres flexibles, qui devaient lui permettre de s'emparer et de sucer de petites particules de nourriture dans la vase des fonds marins.

NOM : *Pteraspis*

ÉPOQUE : Dévonien supérieur

RÉPARTITION : Europe (Angleterre et Belgique)

TAILLE : 20 cm de long

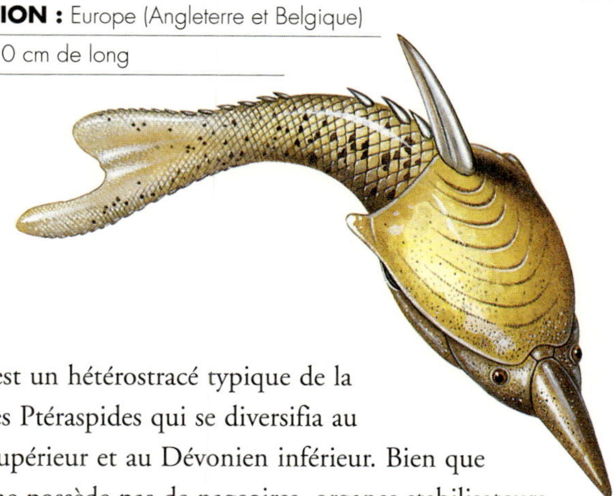

Pteraspis est un hétérostracé typique de la famille des Ptéraspides qui se diversifia au Silurien supérieur et au Dévonien inférieur. Bien que *Pteraspis* ne possède pas de nageoires, organes stabilisateurs dans l'eau, c'était un grand nageur, à en juger par les caractéristiques hydrodynamiques de son corps. La stabilité lui était donnée par des excroissances osseuses situées à l'arrière de son bouclier facial – une grande pointe lui servant de nageoire, alors qu'une paire « d'ailes rigides » fonctionnait comme un hydrofoil.

Pteraspis possédait une longue queue flexible aux formes également hydrodynamiques, et dont le lobe inférieur était allongé pour soulever pendant la nage. Une portance supplémentaire était garantie par le museau, allongé en un rostre, placé au-dessus de la bouche.

On pense que *Pteraspis* et ses cousins se nourrissaient de crustacées planctoniques semblables aux crevettes près de la surface.

POISSONS SANS MÂCHOIRES SUITE

NOM : *Doryaspis*
ÉPOQUE : Dévonien inférieur
RÉPARTITION : Spitzberg
TAILLE : 15 cm de long

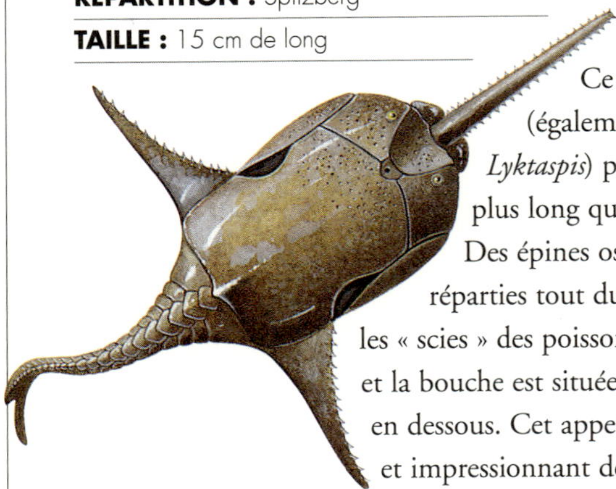

Ce *Pteraspis* (également appelé *Lyktaspis*) possède un rostre plus long que son cousin. Des épines osseuses sont réparties tout du long (comme les « scies » des poissons scies actuels), et la bouche est située au-dessus et non en dessous. Cet appendice étrange et impressionnant devait avoir une fonction hydrodynamique, puisque les formes de *Doryaspis* laissent à penser qu'il s'agissait d'un bon nageur, se nourrissant sans doute de planctons à la surface des eaux.

Son rostre devait avoir une fonction supplémentaire par rapport aux autres ptéraspides, celle de remuer les fonds pour y déloger des crustacés.

Ses appendices latéraux, prolongeant le bouclier facial, sont anormalement allongés. Leur bord antérieur est armé de petites épines pointues. Ces appendices devaient lui servir à planer et, grâce à l'action complémentaire de son rostre et de sa queue, lui offrir une portance à l'avant du corps lorsque la créature nageait.

NOM : *Drepanaspis*
ÉPOQUE : Dévonien inférieur
RÉPARTITION : Europe (Allemagne)
TAILLE : 30 cm de long

Un certain nombre d'hétérostracés, tel *Drepanaspis*, étaient parfaitement adaptés aux fonds marins, fouillant la vase à la recherche de nourriture.

Le devant de son corps est large et aplati, lui permettant de longer les fonds pendant la nage. De chaque côté de sa grande bouche se trouvent ses yeux, afin de lui offrir un plus grand champ visuel.

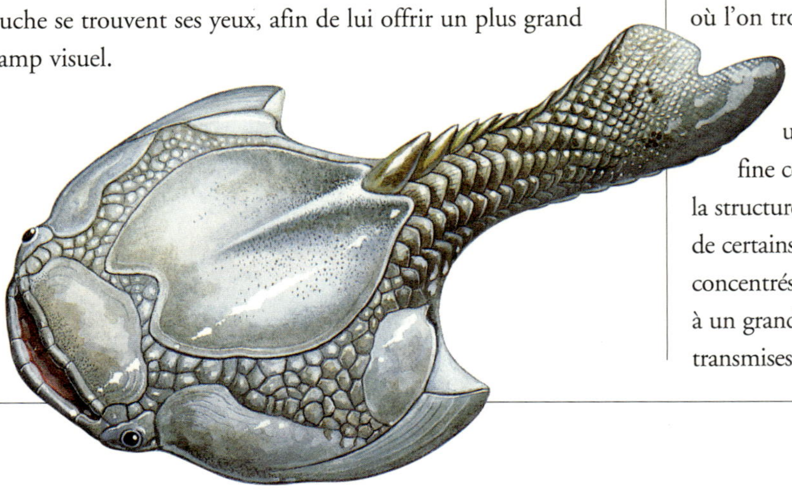

ORDRE DES THELODONTI

Les thélodontes étaient de petits poissons sans mâchoires et sans bouclier facial. Seuls les restes de leurs petites écailles attestent aujourd'hui de leur existence au Silurien supérieur et au Dévonien inférieur. On en trouve souvent, isolés, dans les sédiments anciens qui se déposèrent sur les fonds marins durant ces périodes. Ces écailles peuvent être très utiles aux scientifiques qui essaient de retrouver l'âge des roches.

NOM : *Thelodus*
ÉPOQUE : Silurien supérieur
RÉPARTITION : mondiale
TAILLE : 18 cm de long

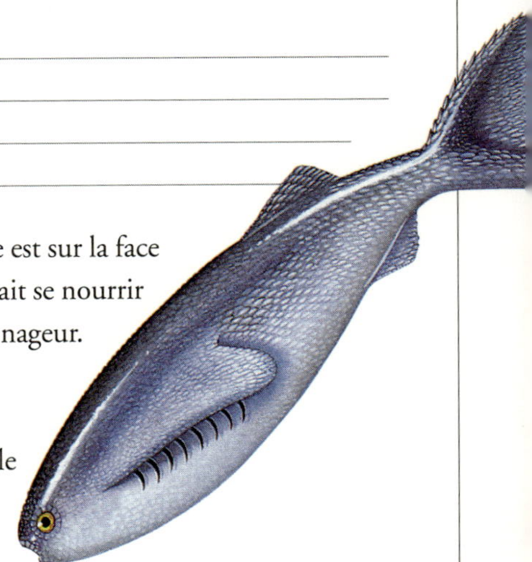

La bouche de ce petit thélodonte est sur la face ventrale, ce qui suggère qu'il devait se nourrir sur les fonds. Ce devait être bon nageur. Le lobe inférieur de sa queue est allongé, des nageoires assurant la stabilité de la nage : une dorsale et une anale en arrière, et deux pectorales en avant.

ORDRE DES OSTEOSTRACI

Les ostéostracés (également appelé céphalaspides, ce qui signifie « tête bouclier ») apparurent au Silurien supérieur, 80 millions d'années après les premiers hétérostracés. Cet ordre évolua dans la mer pour envahir ensuite les eaux douces.

Les ostéostracés étaient des créatures plates suçant leur nourriture au fond des mers grâce à leur bouche ronde située sur le dessous de la tête. Leur bouclier facial est formé par un os unique qui ne grandissait plus une fois atteint l'âge adulte (contrairement à celui des hétérostracés).

Les ostéostracés étaient des bons nageurs puisqu'ils possédaient une nageoire dorsale ainsi que deux « ailes » couvertes d'écailles là où l'on trouve généralement les nageoires pectorales, et une forte queue au lobe supérieur proéminent.

Leur anatomie est bien connue pour leur développement unique. Le squelette cartilagineux était recouvert d'une fine couche osseuse. Grâce à ces os fossilisés, on a pu retracer la structure du cerveau, des branchies, de la bouche et même de certains nerfs et vaisseaux sanguins. Les organes sensoriels, concentrés au dessus et sur les côtés du crâne, étaient connectés à un grand nombre de nerfs. Ils devaient détecter les vibrations transmises par l'eau ou constituer des électrorécepteurs.

NOM : *Trematapsis*
ÉPOQUE : Silurien supérieur
RÉPARTITION : Europe (Estonie)
TAILLE : 10 cm de long

Cet ostéostracé possède un bouclier facial de taille peu commune, quasiment circulaire en coupe. Les yeux et la narine unique sont centrés sur le dessus de la tête.

Le bouclier facial de *Trematapsis* était fait d'une unique plaque osseuse. Il est donc peu probable qu'elle ait grandi avec l'animal. Les paléontologues pensent que les ostéostracés avaient une larve sans armure et que la plaque osseuse ne se développait que lorsque l'animal était arrivé à maturité.

NOM : *Dartmuthia*
ÉPOQUE : Silurien supérieur
RÉPARTITION : Europe (Estonie)
TAILLE : 10 cm de long

La seule partie connue de *Dartmuthia* est son large bouclier facial. Il se nourrissait dans les fonds grâce à sa bouche ronde qui aspirait la nourriture, tout comme son contemporain, *Trematapsis.* On trouve une petite nageoire sur la moitié du dos et des organes sensoriels bien développés sur sa tête et en arrière des yeux.

NOM : *Hemicyclaspis*
ÉPOQUE : Dévonien inférieur
RÉPARTITION : Europe
TAILLE : 13 cm de long

Cet ostéostracé était un nageur plus puissant et plus mobile que ses compatriotes *Trematapsis* et *Dartmuthia* qui étaient habitués aux fonds marins. Ses caractéristiques hydrodynamiques comprennent une nageoire dorsale, pour stabiliser le corps dans l'eau, une paire d'appendices recouverts d'écailles, en lieu et place des nageoires pectorales, assurant l'ascension et la permanence de la nage. Les coins du bouclier facial de *Hemicyclaspis* sont dessinés à la manière d'une quille, pour fendre l'eau. De plus, le lobe supérieur de la queue est élargi, donnant de la portance à l'arrière du corps. Cette caractéristique devait permettre au poisson de garder la tête vers le bas lorsqu'il aspirait des particules de nourriture sur le fond.

NOM : *Boreaspis*
ÉPOQUE : Dévonien inférieur
RÉPARTITION : Spitzberg
TAILLE : 13 cm de long

On connaît au moins 14 espèces de *Boreaspis,* trouvées dans les grès de Spitzberg du début du Dévonien. Ils diffèrent par la largeur de leur bouclier facial triangulaire et par la longueur des pointes osseuses situées de chaque côté de la tête. Le museau est allongé, formant une corne semblable à une épée. Malgré ses caractéristiques hydrodynamiques, *Boreaspis* devait généralement sonder le sol boueux des lagons à la recherche de proies.

ORDRE DES ANASPIDA

Les anaspides ne possèdent pas de lourd bouclier facial. Leur corps, mince et flexible, est recouvert de fines écailles et de nageoires stabilisatrices. Fréquents dans les mers d'Europe et d'Amérique du Nord au Silurien supérieur, ils envahirent les eaux douces au cours du Dévonien et survécurent jusqu'à la fin de cette période.

NOM : *Jamoytius*
ÉPOQUE : Silurien supérieur
RÉPARTITION : Europe (Écosse)
TAILLE : 27 cm de long

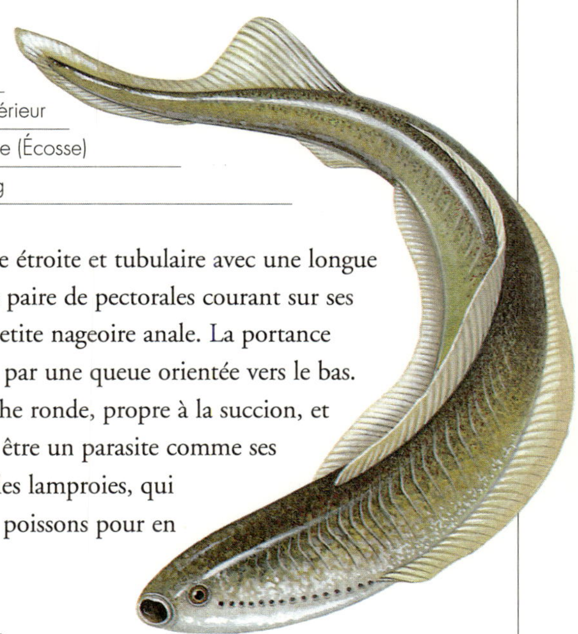

Jamoytius a une forme étroite et tubulaire avec une longue nageoire dorsale, une paire de pectorales courant sur ses flancs, ainsi qu'une petite nageoire anale. La portance verticale était assurée par une queue orientée vers le bas. *Jamoytius* a une bouche ronde, propre à la succion, et on pense qu'il devait être un parasite comme ses descendants actuels, les lamproies, qui s'attachent à d'autres poissons pour en sucer le sang.

NOM : *Pharyngolepis*
ÉPOQUE : Silurien supérieur
RÉPARTITION : Europe (Norvège)
TAILLE : 10 cm de long

Pharyngolepis devait être un mauvais nageur car il n'a pas de nageoires stabilisatrices. Une paire d'épines osseuses sort de ses flancs et sa nageoire anale est bien développée. Cependant, aucune de ces caractéristiques n'était de nature à le stabiliser. Il devait se nourrir en aspirant de petites particules de nourriture dans les sédiments des fonds marins.

POISSONS CARTILAGINEUX

CLASSE DES CHONDRICHTHYES

À quel animal, mieux qu'au requin, peut être associé le mot « mâchoires » ? En fait, les requins et leurs proches parents, les raies et les chimères, furent parmi les premiers vertébrés à développer des mâchoires et des dents osseuses (voir page 21). Les dents sont normalement les seules parties de ces animaux à se fossiliser.

Ces poissons à mâchoires ont un squelette entièrement composé de cartilage, ce qui en fait des chondrichtyens ou poissons cartilagineux (les agnathes possèdent également des squelettes cartilagineux, mais sont dépourvus de mâchoires). Leur squelette est « calcifié », c'est-à-dire qu'il est renforcé par des granules de carbonate de calcium de forme prismatique déposés sur la couche externe du cartilage. Ces granules sont disposés en un schéma de mosaïque, propre à ce groupe. Une fine couche osseuse recouvre ensuite le cartilage.

Les poissons cartilagineux ont également des nageoires en nombre pair, renforcées par des rangées de cartilage. Les pelviennes sont, chez le mâle, modifiées en un appendice en forme de pénis afin de faciliter le transfert du sperme lors de la fécondation (caractère unique à ces poissons.). La peau est hérissée de petites écailles dentées qui lui donnent une texture râpeuse, semblable à du papier de verre (on notera que les menuisiers du XIXe siècle utilisaient la peau des requins, ou « peau de chagrin », pour polir le bois). Tout comme les dents, les écailles sont perpétuellement remplacées au long de la vie de l'animal.

Deux groupes de poissons cartilagineux évoluèrent à partir d'un ancêtre commun au Dévonien inférieur, il y a 400 millions d'années (voir pages 18-19). Représentatifs des deux groupes, les élasmobranches et les holocéphales ont survécu jusqu'à aujourd'hui, se distinguant par leurs dents et leurs habitudes alimentaires.

SOUS-CLASSE DES ELASMOBRANCHII

Les élasmobranches – les requins, les roussettes et les raies – évoluèrent à partir d'un ancêtre commun au Dévonien inférieur, il y a 400 millions d'années. Les requins ont très peu changé durant cette longue période de temps. Ils se diversifièrent sous plusieurs formes au Carbonifère et, après une période de déclin, évoluèrent de nouveau au Jurassique, quand les groupes modernes apparurent. Tout comme aujourd'hui, les requins étaient alors les prédateurs marins dominants, supplantant d'autres créatures comme les ichthyosaures ou les plésiosaures. Les raies et les poissons-scies évoluèrent au début du Jurassique, quelque 200 millions d'années après les requins. Ce sont des requins qui se sont aplatis, s'adaptant à une vie sur les fonds marins.

NOM : *Cladoselache*
ÉPOQUE : Dévonien supérieur
RÉPARTITION : Amérique du Nord (Ohio)
TAILLE : 1,80 m de long

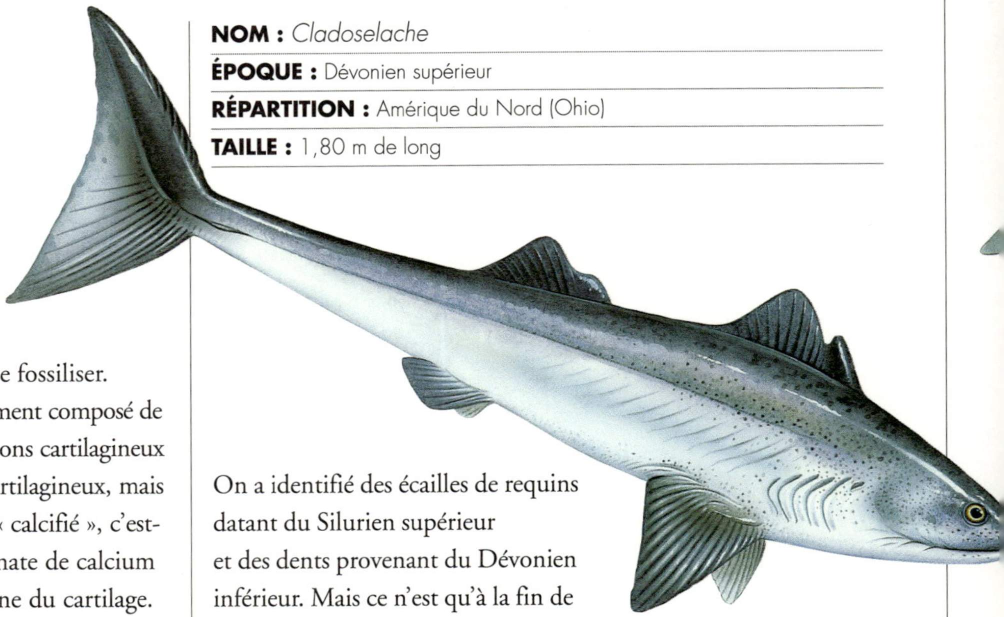

On a identifié des écailles de requins datant du Silurien supérieur et des dents provenant du Dévonien inférieur. Mais ce n'est qu'à la fin de cette période que l'on en retrouve des spécimens reconnaissables.

Cladoselache a été particulièrement bien conservé dans les schistes de la région de Cleveland, dans l'Ohio, aux États-Unis. Les contours charnus de son corps ont été conservés dans la roche, et l'on peut même y voir des traces de sa peau, de ses muscles et de ses intestins.

Cladoselache possède un corps en forme de torpille avec deux nageoires dorsales d'égale longueur, une paire de nageoires pelviennes plus petites, une grande queue avec des lobes de tailles égales. Sa tête était effilée avec de grands yeux. On trouve 5 à 7 branchies à l'arrière de sa mâchoire dentée.

La morphologie de cet ancien requin de 400 millions d'années est quasiment identique à celle d'un requin actuel comme le grand requin blanc. Les principales différences tiennent au fait que les requins modernes ont un museau pointu, un grand aileron dorsal, une queue dont le lobe supérieur est beaucoup plus allongé que l'inférieur, et une nageoire supplémentaire, la nageoire anale.

Comme beaucoup des anciens requins, *Cladoselache* possède une épine à l'avant de chaque nageoire dorsale. Ces épines en dentine étaient sans doute recouvertes de peau quand l'animal vivait, puisqu'elles n'étaient pas garanties par la couche protectrice d'émail que l'on trouvera plus tard chez les requins modernes. Un autre trait peu commun de *Cladoselache* est qu'il est dépourvu d'écailles sur le corps. Les seules écailles étaient concentrées autours des yeux et à la base des nageoires.

Bon nageur, *Cladoselache* était aussi un carnivore exceptionnel. Sa bouche est remplie de dents acérées, chacune possédant une longue cuspide centrale entourée de plusieurs autres, plus petites.

NOM : *Stethacanthus*

ÉPOQUE : du Dévonien supérieur au Carbonifère supérieur

RÉPARTITION : Europe (Écosse) et Amérique du Nord (Illinois, Iowa, Montana et Ohio)

TAILLE : 70 cm de long

Le trait le plus remarquable chez cet ancêtre des requins était cette étrange adaptation de la première nageoire dorsale. Celle-ci était en forme d'enclume (ou de T) et la surface supérieure, plate, grouillait de petites dents. Le dessus de son crâne en était également recouvert.

La fonction de ces structures reste incertaine. Certains paléontologues avancent l'hypothèse d'un dispositif d'intimidation face aux autres prédateurs, en donnant peut-être l'impression d'une mâchoire gigantesque. Une autre théorie suggère que ces parties dentées étaient connectées à un dispositif sexuel, formant peut-être un appareil d'accouplement.

NOM : *Cobelodus*

ÉPOQUE : Carbonifère moyen à supérieur

RÉPARTITION : Amérique du Nord (Illinois et Iowa)

TAILLE : 2 m de long

Ce requin à l'aspect étrange avait un museau en forme de bulbe et un profile bosselé. Il ne possède qu'une seule nageoire dorsale, sur l'arrière du corps, au-dessus des nageoires pelviennes. Il a également des yeux étonnamment grands, ce qui laisserait à penser qu'il chassait des crustacés et des calamars dans les sombres profondeurs de l'océan.

L'un des rayons cartilagineux supportant les nageoires pectorales était séparé en deux tiges de 30 cm de long. Ces appendices étaient très certainement mobiles puisqu'articulés.

NOM : *Xenacanthus*

ÉPOQUE : du Dévonien supérieur au Permien moyen

RÉPARTITION : mondiale

TAILLE : 75 cm de long

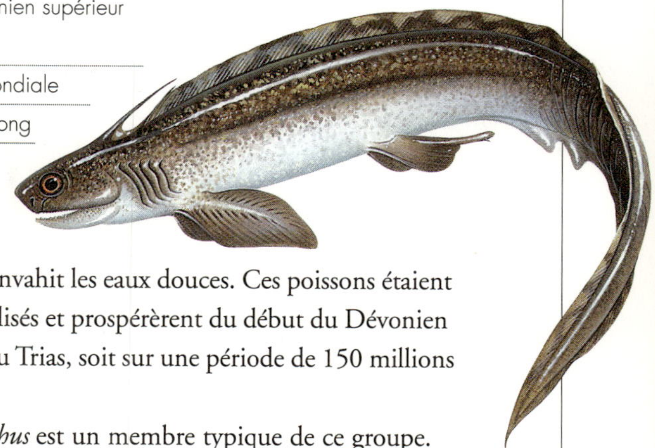

Tôt dans leur évolution, un groupe de requin envahit les eaux douces. Ces poissons étaient grandement spécialisés et prospérèrent du début du Dévonien jusqu'à la fin du Trias, soit sur une période de 150 millions d'années.

Xenacanthus est un membre typique de ce groupe. Une fine épine sort de l'arrière de son crâne. La nageoire dorsale forme un « ruban » tout au long de son dos, en continuité avec la nageoire anale, comme chez les dipneustes australiens. Il devait d'ailleurs nager comme ces poissons, grâce aux mouvements sinueux de son corps effilé, une paire de nageoires pectorales et pelviennes le stabilisant.

La denture de ces poissons d'eau douce est inhabituelle, chaque dent étant en forme de V et formée de deux cuspides proéminentes. Les petits crustacés en forme de crevette devaient être ses proies de prédilection, ainsi que les paléoniscoïdes (voir pages 34-36).

NOM : *Tristychius*

ÉPOQUE : Carbonifère inférieur

RÉPARTITION : Europe (Écosse)

TAILLE : 60 cm de long

Tristychius ressemble à une roussette actuelle. C'était un requin hybodontoïde, groupe qui allait dominer les mers du Carbonifère supérieur au Crétacé supérieur, soit sur une période 300 millions d'années. Quelques améliorations se produisirent dans leur métabolisme durant cette période, mais on peut dire que ces requins étaient déjà « bien équipés » depuis 40 millions d'années.

Comme tous ses parents, *Tristychius* a une paire de grandes épines placées en avant de chaque nageoire dorsale. Les nageoires pectorales et pelviennes possèdent une attache plus étroite et constituent de ce fait des appendices natatoires plus flexibles que ceux, rigides, des premiers requins comme *Cladoselache*. Le lobe supérieur de la queue s'est développé en une nageoire puissante et propulsive, orienté vers le haut comme chez les requins océaniques actuels.

POISSONS CARTILAGINEUX SUITE

NOM : *Hybodus*
ÉPOQUE : du Permien supérieur au Crétacé supérieur
RÉPARTITION : mondiale
TAILLE : 2 m de long

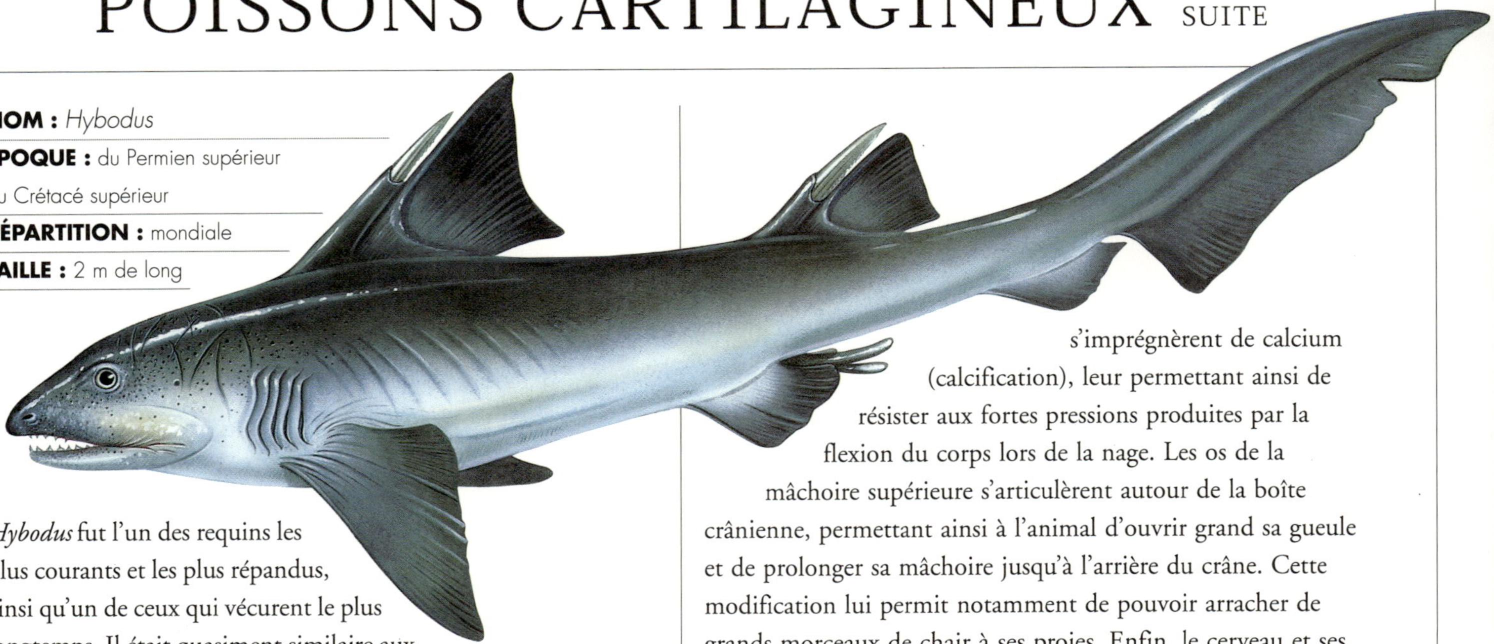

Hybodus fut l'un des requins les plus courants et les plus répandus, ainsi qu'un de ceux qui vécurent le plus longtemps. Il était quasiment similaire aux requins bleus actuels, si ce n'est qu'il était deux fois moins grand et avait un nez plus pointu.

Hybodus possède deux types de dents dans sa puissante mâchoire, ce qui suggère un régime alimentaire varié. Les dents pointues, à l'avant de la mâchoire saisissaient et perçaient sa proie, alors que ses dents en forme de couronne, situées à l'arrière de la mâchoire, lui servaient à broyer les os et la carapace des crustacés, oursins et autres poissons qui composaient son alimentation.

Hybodus et ses cousins développèrent un appareil avantageux pour la reproduction (que ses descendants ont d'ailleurs gardée). Une partie de la nageoire pelvienne se changea en un organe érectile en forme de pénis. Il lui suffisait alors d'insérer l'organe dans le corps de la femelle pendant la copulation et le sperme y était directement transféré. Cette méthode de fertilisation des œufs est supérieure à celle pratiqué par la plupart des poissons osseux, chez qui le sperme se disperse dans l'eau.

NOM : *Scapanorhynchus*
ÉPOQUE : Crétacé
RÉPARTITION : mondiale
TAILLE : 50 cm de long

Une ultime divergence dans l'évolution des élasmobranches au Jurassique supérieur conduisit au développement des requins modernes et des raies, connus sous le nom de néosélaciens (nouveaux requins). Plusieurs améliorations furent apportées à leurs squelettes. Les vertèbres cartilagineuses, par exemple, s'imprégnèrent de calcium (calcification), leur permettant ainsi de résister aux fortes pressions produites par la flexion du corps lors de la nage. Les os de la mâchoire supérieure s'articulèrent autour de la boîte crânienne, permettant ainsi à l'animal d'ouvrir grand sa gueule et de prolonger sa mâchoire jusqu'à l'arrière du crâne. Cette modification lui permit notamment de pouvoir arracher de grands morceaux de chair à ses proies. Enfin, le cerveau et ses zones sensorielles s'agrandissent, en particulier les lobes olfactifs.

Scapanorhynchus fut l'un des premiers néosélaciens, même si ce n'était pas un membre caractéristique du groupe. Il a un nez allongé et ses dents sont totalement adaptées à une alimentation piscivore.

NOM : *Spathobathis*
ÉPOQUE : Jurassique supérieur
RÉPARTITION : Europe (France et Allemagne)
TAILLE : 50 cm de long

De tous les élasmobranches, ce sont les raies qui ont évolué en premier. *Spathobathis* est la première raie connue, et elle ressemble étonnamment à la guitare des mers que l'on croise dans les eaux atlantiques, au large de l'Amérique du Nord.

Le corps de *Spathobathis* ressemble à celui d'un requin mais aplati, étant ainsi mieux adapté à la vie sur les fonds sous-marins. Les yeux se trouvent sur le dessus de la tête alors que la bouche et les branchies sont sur le dessous. Les

nageoires pectorales s'allongèrent pour former des sortes d'ailes. Les dents de cette ancienne raie sont plates et donc parfaites pour broyer des coquillages. Son nez allongé devait lui servir à fouiller les fonds pour y trouver sa nourriture.

NOM : *Sclerohynchus*

ÉPOQUE : Crétacé supérieur

RÉPARTITION : Afrique (Maroc), Asie (Liban) et Amérique du Nord (Texas)

TAILLE : 1 m de long

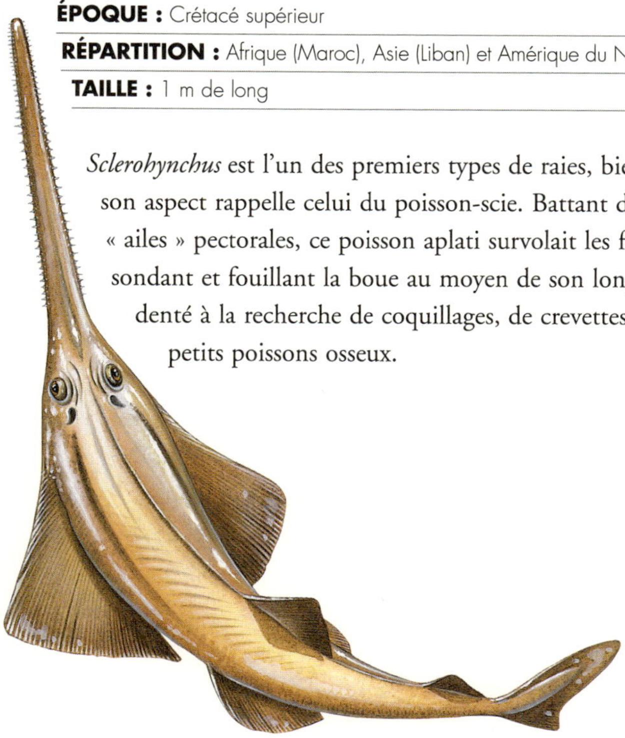

Sclerohynchus est l'un des premiers types de raies, bien que son aspect rappelle celui du poisson-scie. Battant de ses « ailes » pectorales, ce poisson aplati survolait les fonds, sondant et fouillant la boue au moyen de son long nez denté à la recherche de coquillages, de crevettes et de petits poissons osseux.

Sous-classe des Holocephali

Le second groupe majeur de poissons cartilagineux est celui des holocéphales, ou chimères. Les holocéphales apparurent au Carbonifère inférieur lorsque plusieurs formes, comme *Deltoptychius*, acquirent leur forme particulière et leur longue et fine queue. Ce n'est cependant pas avant le Jurassique supérieur, et l'apparition de poissons comme *Ischyodus*, que les chimères devinrent courantes. Les mâles possèdent un organe semblable au pénis.

De nos jours, 25 espèces de cette sous-classe peuplent les océans, vivant et se nourrissant généralement sur les fonds marins.

NOM : *Deltoptychius*

ÉPOQUE : Carbonifère

RÉPARTITION : Europe (Irlande et Écosse)

TAILLE : 45 cm de long

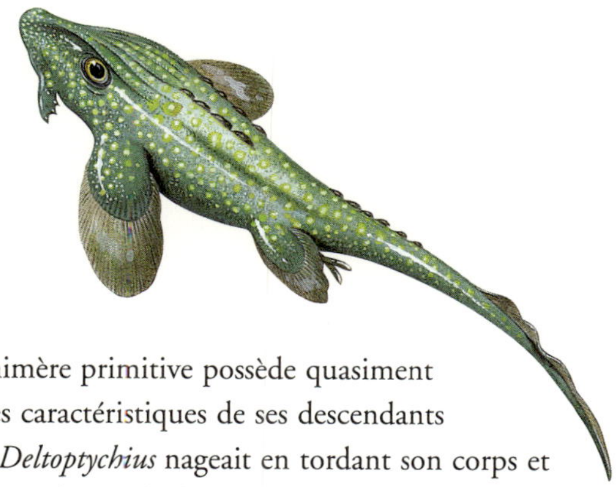

Cette chimère primitive possède quasiment toutes les caractéristiques de ses descendants actuels. *Deltoptychius* nageait en tordant son corps et sa queue en forme de fouet, en un mouvement de va et vient, et en se maintenant en suspension grâce à ses nageoires pectorales en forme d'ailes.

Les grands yeux de *Deltoptychius* lui permettaient de voir dans les profondeurs de l'océan, et ses larges plaques dentaires (car il n'avait pas de dents) lui servaient à broyer les crustacés.

NOM : *Ischyodus*

ÉPOQUE : du Jurassique moyen jusqu'au Paléocène

RÉPARTITION : Europe (Angleterre, France et Allemagne) et Nouvelle-Zélande

TAILLE : 1,5 m de long

Ischyodus, qui vivait il y a 150 millions d'années, est quasiment semblable, en taille et en forme, à *Chimaera monstrosa*, la chimère que l'on trouve de nos jours dans les fonds de la Méditerranée et de l'Atlantique. *Ischyodus* possède les mêmes grands yeux, les mêmes lèvres, cette même grande nageoire dorsale, ces mêmes nageoires pectorales semblables à des éventails, et cette même grande queue qui caractérisent ses descendants. Il possédait même la grande épine, située devant la nageoire dorsale, qui, chez les espèces actuelles, est connectée à une glande vénéneuse et sert de moyen de défense à la créature face à ses prédateurs.

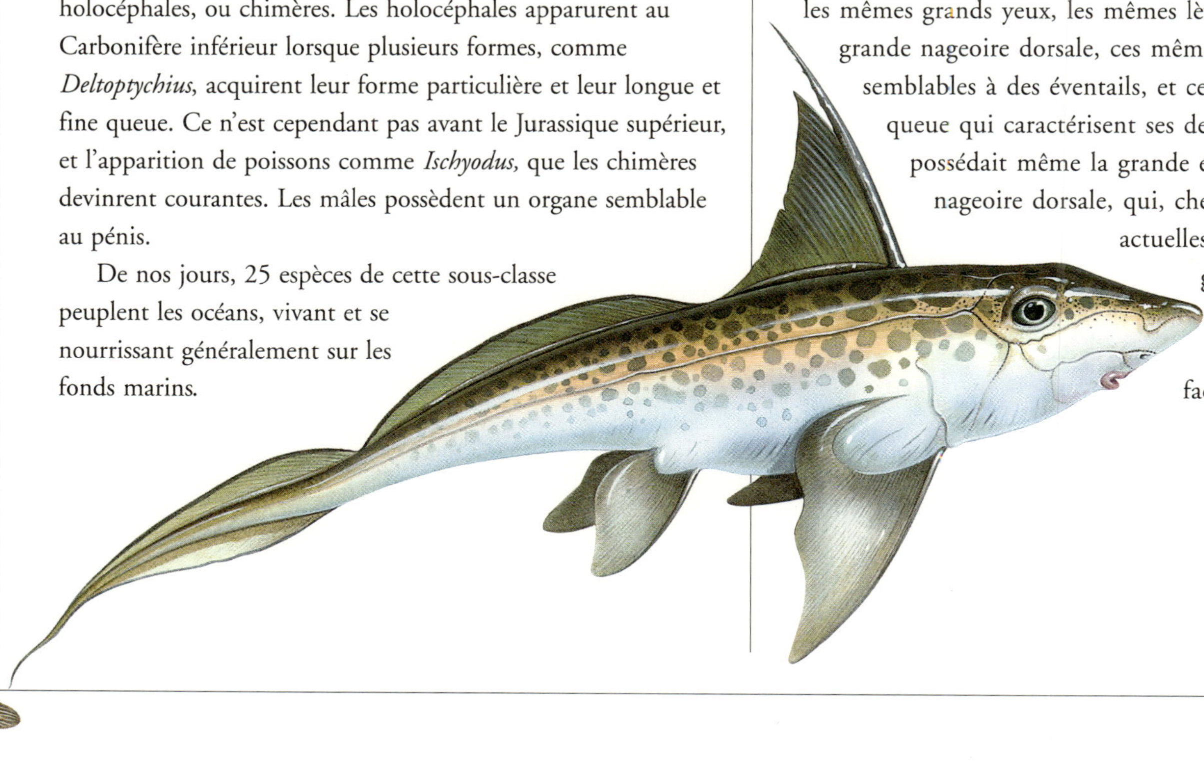

REQUINS ÉPINEUX ET POISSONS CUIRASSÉS

CLASSE DES ACANTHODII

Les acanthodiens – communément appelés requins épineux – sont les premiers vertébrés à mâchoires connus. On présume que ces structures sont une évolution des arcs branchiaux des poissons sans mâchoires, dont le squelette était constitué de d'éléments cartilagineux (voir page 21).

Le nom de « requins épineux » est véritablement un faux ami pour désigner ces premiers poissons à mâchoires. Ce nom leur fut donné car ils possédaient un corps effilé, des nageoires en nombre pair et une queue hétérocerque. Des épines osseuses soutenaient toutes les nageoires, à l'exception de la caudale. On ne retrouve généralement que ces épines fossilisées dans les roches sédimentaires anciennes.

Les acanthodiens étaient en fait un groupe bien plus ancien que celui des requins. Ils évoluaient en mer au Silurien inférieur, quelque 50 millions d'années avant que n'apparaissent les requins. Par la suite, les acanthodiens colonisèrent les eaux douces, se développant dans les rivières et les lacs durant le Dévonien et dans les marais du Carbonifère. C'est à cette époque que les premiers poissons osseux apparurent et commencèrent à démontrer leur potentiel pour dominer les eaux du globe, si bien que les poissons épineux disparurent durant le Permien.

Beaucoup de paléontologues considèrent que les acanthodiens sont assez proches des ancêtres des poissons osseux. Bien que leur squelette soit composé de cartilage, ils développèrent un matériau osseux sous la forme d'écailles. Certaines, élargies, formaient une couverture osseuse sur le dessus du crâne et sur le bord des fentes branchiales (les opercules chez les poissons osseux).

NOM : *Climatius*
ÉPOQUE : du Silurien supérieur au Dévonien inférieur
RÉPARTITION : Europe (Angleterre) et Amérique du Nord (Canada)
TAILLE : 7,50 cm de long

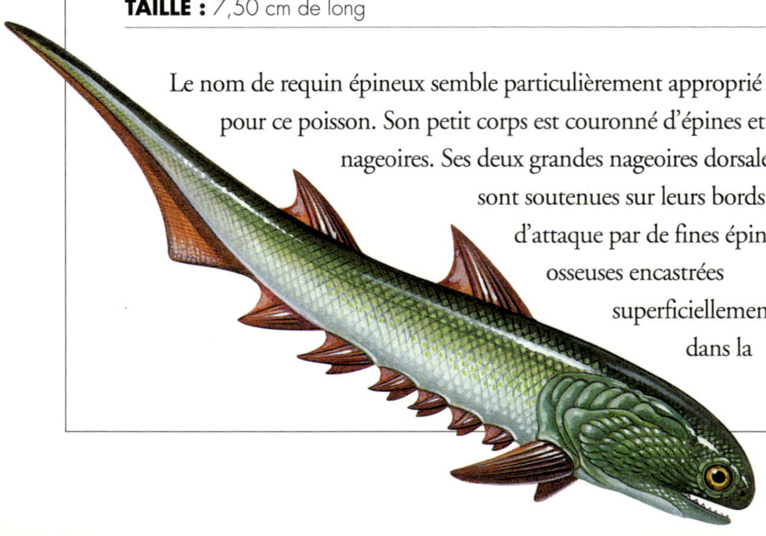

Le nom de requin épineux semble particulièrement approprié pour ce poisson. Son petit corps est couronné d'épines et de nageoires. Ses deux grandes nageoires dorsales sont soutenues sur leurs bords d'attaque par de fines épines osseuses encastrées superficiellement dans la peau. Il possède une longue nageoire anale à épine postérieure et une paire de grandes nageoires pectorales à épines, cette fois, antérieures.

Le dessous de son corps est constellé d'épines mais ne possède pas de nageoires. Il a, enfin, une paire d'épines pelviennes et quatre autres paires ventrales pointues.

Climatius était sans aucun doute un grand nageur grâce à ses nageoires stabilisatrices et à sa queue puissante, au lobe supérieur proéminent. Comme beaucoup des acanthodiens, il ne possède pas de dents sur la mâchoire supérieure alors qu'il en a un grand nombre, spiralées, sur l'inférieure. Celles-ci étaient continuellement remplacées (autre point commun avec les requins). Ses grands yeux laissent à penser que la vue était son sens le plus aiguisé pour localiser ses proies. Il se nourrissait certainement de crustacés et d'alevins à la surface ou en eaux peu profondes.

Ses capacités natatoires, ainsi que son armure d'écailles osseuses, devaient le protéger des attaques de plus grands poissons ou de prédateurs comme le calmar. Les 15 épines qui constellaient son corps étaient sa principale défense, le rendant difficile à avaler.

NOM : *Acanthodes*
ÉPOQUE : du Carbonifère inférieur au Permien supérieur
RÉPARTITION : Australie (Victoria), Europe (Tchécoslovaquie, Angleterre, Allemagne, Écosse et Espagne) et Amérique du Nord (Illinois, Kansas, Pennsylvanie et Virginie)
TAILLE : 30 cm de long

Acanthodes est un membre du dernier groupe de requins épineux à avoir évolué. Il ne possède pas de dents mais ses branchies sont équipées de petites piques osseuses. Il se nourrissait certainement en filtrant des animaux planctoniques par l'intermédiaire de ses branchies. Comme tous les acanthodiens dérivés, *Acanthodes* est plus grand que ces prédécesseurs, certains membres de son groupe pouvant atteindre les 2 m. Il possède également moins d'épines. Sa paire de nageoires pectorales a encore de minces épines, tout comme sa nageoire anale. Cependant, il n'en a qu'une sur le dos, située juste avant la queue et sa paire de nageoires pelviennes, qui s'étendent comme des rubans, n'en possède également qu'une. En somme, *Acanthodes* ne dispose que de six épines, ce qui est bien moins que son cousin *Climatius.*

Classe des Placodermi

Les placodermes constituent un groupe étrange de poissons à mâchoires possédant de lourdes cuirasses. De larges plaques entrelacées forment un bouclier facial osseux alors qu'une autre série de plaques protège l'avant du tronc. Le reste du corps est généralement nu, sans couverture écailleuse.

Les placodermes représentent une ramification toute particulière dans la branche de conduisant aux poissons osseux (voir pages 34-45). Ce fut un groupe à la durée de vie limité, apparaissant au Dévonien inférieur et disparaissant au Carbonifère inférieur.

La plupart des placodermes passaient leurs vies à fouiller les fonds sablonneux pour y trouver leur nourriture, leur corps plat alourdi par leur imposante armure osseuse. D'autres, à l'armure plus légère, devinrent de bons nageurs. Les mâchoires de ces poissons sont équipées de plaques (plutôt que de dents individuelles) qui leur servaient à broyer leurs proies.

Des individus représentatifs des quatre groupes de placodermes (les rhenanides, les ptyctodontides, les arthrodires et les antiarches) sont décrits ci-après.

NOM : *Gemuendina*

ÉPOQUE : Dévonien inférieur

RÉPARTITION : Europe (Allemagne)

TAILLE : 30 cm de long

Le corps plat et arrondi de ce placoderme (de l'ordre des rhénanides) est similaire à celui d'une raie actuelle. Les nageoires pectorales de *Gemuendina* sont des lobes, comparables à des ailes, positionnés de chaque côté de son corps. Ses yeux et narines sont situés sur le dessus de son crâne. On retrouve ces traits 260 millions d'années plus tard dans un groupe non affilié à celui-ci, les raies et les torpilles qui peuplèrent les fonds marins du Jurassique. C'est un excellent exemple d'évolution convergente, où deux créatures sans relations aucunes évoluent de la même manière, développant le même mode de vie face à un environnement similaire (voir page 14).

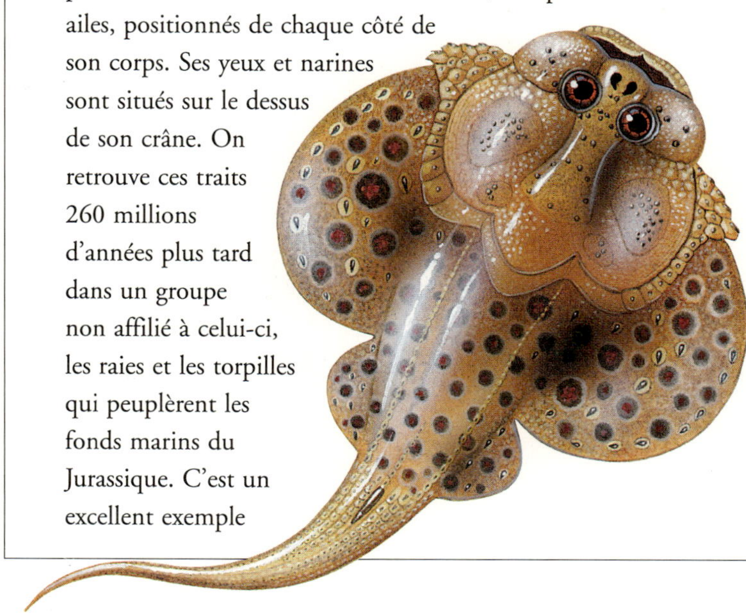

Gemuendina n'est pas équipé de l'armure imposante de ses descendants. À la place, son corps est recouvert d'une mosaïque de petites plaques osseuses, décorées de minces denticules défensifs aiguisés. Quelques grandes plaques peuvent cependant se développer sur le dessus et le dessous de la tête.

Ce placoderme ne possède pas non plus les plaques osseuses dentaires tranchantes de ses descendants. La mâchoire était en effet équipée de protubérances en forme d'étoiles faisant office de dents. Il pouvait faire saillir sa mâchoire de sa gueule afin de saisir des oursins ou des coquillages sur les fonds sablonneux. Ces créatures étaient alors broyées par les tubercules de *Gemuendina.*

NOM : *Ctenurella*

ÉPOQUE : Dévonien supérieur

RÉPARTITION : Australie (occidentale)

TAILLE : 13 cm de long

Ctenurella est un petit placoderme (l'un des ptyctodontides) dont la carapace se limite au-dessus de sa tête et à un anneau autour de la ceinture pectorale. Il possède deux nageoires dorsales, l'une verticale et l'autre longue et basse. De larges paires de pectorales et de pelviennes servaient à le stabiliser et sa queue ressemblait à un fouet.

Ce placoderme était équipé d'une plaque osseuse dentaire en guise de mâchoire, dont la partie supérieure était soudée à la boîte crânienne. Il se nourrissait sur les fonds, broyant coquillages et oursins. Tout comme *Gemuendina* (à gauche), il représente un excellent exemple d'évolution convergente. Comme dans le cas des raies rhénanides, *Ctenurella* et ses cousins prirent une forme qui réapparaîtrait dans le futur groupe de poissons cartilagineux représenté par les chimères (voir page 29).

Ces placodermes possédaient même une sorte de pénis comme dans le groupe des poissons cartilagineux.

REQUINS ÉPINEUX ET POISSONS CUIRASSÉS SUITE

NOM : *Groelandaspis*

ÉPOQUE : Dévonien supérieur

RÉPARTITION : Antarctique (Terre Victoria), Australie (Nouvelle-Galles du Sud), Europe (Angleterre, Irlande et Turquie) et Groenland

TAILLE : 7,50 cm de long

Ce petit poisson à armure, que l'on a retrouvé aux quatre coins du monde, est l'un des membres du groupe de placodermes le plus abondant et le plus diversifié, les arthrodires. Ils représentent 60 % des placodermes connus.

Groelandaspis est un poisson plat qui vivait dans les fonds, broyant ses proies à l'aide de ses plaques dentaires. Étant donné que la mâchoire inférieure ne pouvait être relâchée lorsque le poisson était sur les fonds, il évolua, tout comme la plupart de ses parents, et acquit une mâchoire avec un ingénieux système de charnière lui permettant d'ouvrir celle-ci en grand pour y engouffrer ses proies. Le bouclier facial est attaché au bouclier corporel par une paire de charnières placées de chaque côté du corps. Il pouvait, grâce à ces charnières, incliner la tête de haut en bas pendant que la mâchoire inférieure descendait, ce qui permettait à la bouche de saisir ses proies.

NOM : *Coccosteus*

ÉPOQUE : du Dévonien moyen à supérieur

RÉPARTITION : Europe (Écosse et Russie) et Amérique du Nord (Ohio)

TAILLE : 40 cm de long

Coccosteus est un prédateur rapide et charognard qui vivait dans les fonds marins. Son corps lisse et effilé (dépourvu d'écailles), hautement hydrodynamique grâce à ses paires de nageoires, sa queue au lobe supérieur proéminent et sa nageoire dorsale à vocation stabilisatrice, en faisait un très bon nageur.

Il dut aussi être un carnivore redoutable grâce à l'amélioration de l'articulation du cou. La tête et le corps sont articulés extérieurement, comme chez *Groenlandaspis* (à gauche), mais une articulation interne s'est également développée entre le haut des vertèbres et la base du crâne, lui offrant ainsi une plus grande inclinaison de la tête. Cela lui procura une plus grande ouverture de bouche que la plupart de ses congénères. Ses mâchoires sont également plus grandes que celle de *Groenlandaspis*, ce qui étendit son pouvoir de prédation. Autre avantage de ce système d'articulation, ce mouvement vertical de la tête lui permettait une plus grande aspiration d'eau vers les branchies, celles-ci s'écartant lorsque la bouche est ouverte. *Coccosteus* complétait probablement son alimentation en avalant de la boue et en digérant les matières organiques s'y trouvant.

NOM : *Dunkleosteus*

ÉPOQUE : Dévonien supérieur

RÉPARTITION : Afrique (Maroc), Europe (Belgique et Pologne) et Amérique du Nord (Californie, Ohio, Pennsylvanie et Tennessie)

TAILLE : 3,50 m de long

Certains arthrodires pouvaient atteindre des tailles énormes. Celui-ci en particulier devait être capable de disputer des proies aux requins tel *Cladoselache* (voir page 26). *Dunkleosteus* est l'un des géants du groupe avec un crâne de plus de 65 cm de long. Certains de ses contemporains, tels *Dinichtys* et *Titanichthys* avaient une taille similaire : 2,10 m pour l'un et 3,40 m pour l'autre.

Le bouclier corporel osseux de *Dunkleosteus* s'étendait jusqu'aux nageoires pectorales, les libérant pour un meilleur contrôle et une plus grande maniabilité. Des mouvements sinueux de son corps lisse et dépourvu d'écailles, ainsi que de sa queue semblable à celle d'une anguille, lui permettaient de se propulser à la recherche de ses proies.

Le fait que le cou et le bouclier facial soient articulés lui conférait une morsure puissante. Une fois la victime capturée, ses dents entraient en action, ses crocs pointus retenant et perçant sa proie alors que ses pavés dentaires acérés à l'arrière de sa mâchoire la broyaient.

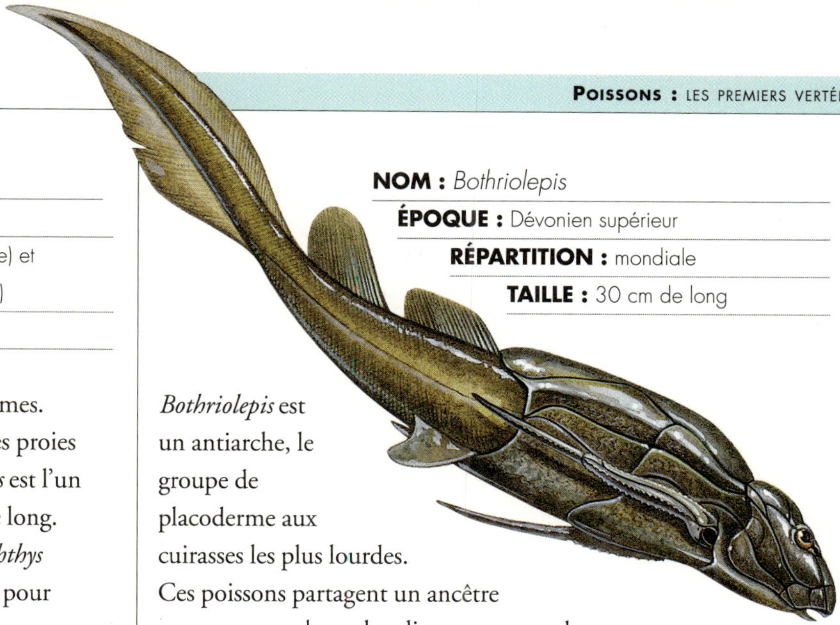

NOM : *Bothriolepis*

ÉPOQUE : Dévonien supérieur

RÉPARTITION : mondiale

TAILLE : 30 cm de long

Bothriolepis est un antiarche, le groupe de placoderme aux cuirasses les plus lourdes. Ces poissons partagent un ancêtre commun avec les arthrodires et, comme beaucoup d'entre eux, sont des poissons plats – bien que les antiarches, soient des poissons d'eau douce. La tête est protégée par un petit bouclier osseux qui se prolonge sur le corps.

Les nageoires pectorales de *Bothriolepis* et de ses parents ne sont en fait que des épines osseuses qui ne peuvent avoir aucun rôle durant la nage. Elles sont rattachées au tronc de l'animal grâce à un système d'articulation complexe. Une articulation située en leurs milieu suggère qu'elles devaient pouvoir se plier et servir d'échasses à leur lourd propriétaire pour qu'il se soulève au-dessus du niveau de l'eau. La queue, orientée vers le haut, devait soulever l'arrière du corps, permettant au poisson de garder la tête vers le bas lorsqu'il fouillait la boue ou le sable du fond à la recherche de nourriture.

NOM : *Palaeospondylus*

ÉPOQUE : Dévonien moyen

RÉPARTITION : Europe (Écosse)

TAILLE : 6 cm de long

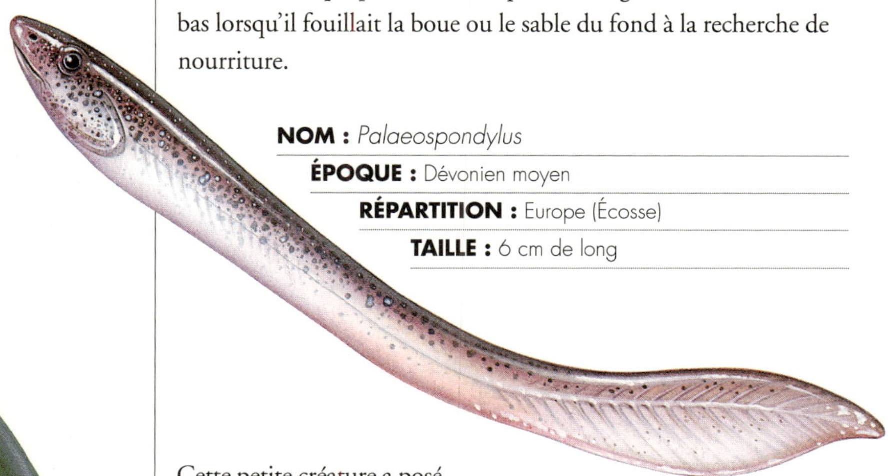

Cette petite créature a posé problème aux paléontologues depuis sa découverte en 1890. Des centaines de spécimens ont été trouvées au même endroit, en Écosse. Tous consistaient en une vertèbre dotée d'épines à l'une de ses extrémités, certainement l'ossature d'une nageoire caudale. On trouvait un crâne aux formes étranges à l'autre bout. Celui-ci était, semble-t-il, dépourvu de mâchoires et de paires de nageoires.

Au fil des années, *Palaeospondylus* a été considéré comme un agnathe, un placoderme sans armure, une sorte de chimère, voire un poisson à poumon. Certains ont même suggéré qu'il s'agissait de la larve d'un amphibien. Enfin, comme pour augmenter le côté énigmatique de la créature, les paléontologues n'ont pas pu déterminer si son squelette était composé d'os ou de cartilage.

POISSONS À NAGEOIRES RAYONNÉES PRIMITIFS

CLASSE DES OSTEICHTHYES

Si l'on raisonne en termes d'abondance et de diversité, les poissons osseux, ou ostéichthyens, sont le plus grand succès de l'évolution des vertébrés. Il en existe plus de 20 000 espèces actuellement, ce qui représente la moitié des vertébrés vivants. En un sens, les poissons osseux sont également le groupe de vertébrés le plus répandu puisque leurs descendants, les tétrapodes, héritèrent de la terre ferme et évoluèrent pour donner naissance aux amphibiens, aux reptiles, aux oiseaux et aux mammifères.

Tous les ostéichthyens, anciens ou actuels, sont caractérisés par un squelette interne entièrement ossifié. Le remplacement du cartilage par des os intervient brutalement dans leur évolution. Il fut précédé par l'apparition d'une fine couche osseuse sur le crâne et les vertèbres chez les agnathes et les poissons cartilagineux. Le squelette osseux de ces poissons augmenta incroyablement leur potentiel de préservation, si bien que leurs restes fossilisés sont beaucoup plus nombreux que ceux des poissons cartilagineux.

Deux groupes majeurs (ou sous-classes) de poissons osseux évoluèrent il y a 400 millions d'années. Leur principale originalité se situe au niveau de la partie du squelette soutenant les nageoires. Les poissons à nageoires rayonnées, ou actinoptérygiens comprennent la plupart des poissons osseux actuels, à savoir les téléostéens (voir pages 38-41). Les poissons à nageoires charnues, ou sarcoptérygiens (voir pages 42-45) sont les ancêtres des premiers animaux terrestres.

SOUS-CLASSE DES ACTINOPTERYGII

Les actinoptérygiens à nageoires rayonnées sont les premiers poissons osseux à apparaître. Une grande diversité d'individus évolua il y a 400 millions d'années, d'abord en eau de mer puis en eau douce. Aujourd'hui, ce groupe est toujours présent au sein du groupe vaste et varié que représentent les téléostéens, mais également sous des formes plus rares comme les esturgeons, les spatules, les amies, les lépisostées et les polyptères.

Le trait caractéristique des actinoptérygiens, que ce soit les espèces fossiles ou actuelles, est ces rayons osseux qui soutiennent et renforcent chaque nageoire, d'où leur nom de poissons à nageoires rayonnées. Chez les premiers actinoptérygiens, les nageoires étaient quasiment rigides. Plus tard, chez les espèces plus avancées, elles devinrent plus flexibles et donnèrent les nageoires extrêmement mobiles des poissons osseux actuels.

D'autres améliorations eurent lieu lorsque les actinoptérygiens évoluèrent vers leur forme actuelle de téléostéens. Une vessie natatoire remplaça la paire de sacs à air des premiers poissons, offrant à l'animal un meilleur contrôle de sa flottaison (voir page 21). Leurs lourdes écailles furent remplacées par des plus légères, flexibles, et la queue devint symétrique, avec des lobes de même taille pour obtenir une meilleure propulsion.

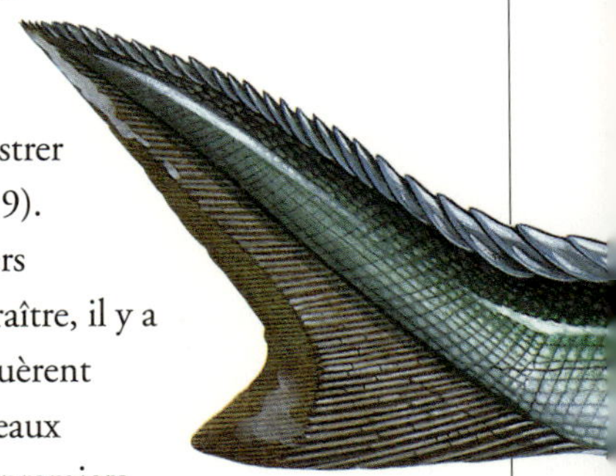

La classification des poissons osseux est extrêmement complexe, avec une douzaine d'ordres impliqués. Cinq d'entre eux ont été ici choisis pour illustrer l'évolution du groupe (voir pages 18-19).

Les paléoniscides furent les premiers poissons à nageoires rayonnées à apparaître, il y a plus de 400 millions d'années. Ils évoluèrent rapidement et se répandirent dans les eaux douces. Au Paléozoïque supérieur, ces premiers poissons (parfois appelés chondrostéens) donnèrent naissance à de nouveaux types (les néoptérygiens, voir page 37) à partir desquels apparaissent les téléostéens.

Le trait caractéristique des premiers poissons à nageoires rayonnées était des fines écailles osseuses, une seule nageoire dorsale à l'arrière du corps et une queue asymétrique à la manière des requins.

NOM : *Cheirolepis*

ÉPOQUE : Dévonien moyen et supérieur

RÉPARTITION : Europe (Écosse) et Amérique du Nord (Canada)

TAILLE : 55 cm de long

Cheirolepis était un prédateur vif vivant en eaux douces, ainsi que l'un des plus grands paléoniscides. Son corps effilé est recouvert de petites écailles rectangulaires, disposées diagonalement, tout comme celles des poissons épineux (les écailles étaient recouvertes d'un type d'émail unique appelé « ganoïde », ce qui donna aux paléoniscoïdes leurs noms de poissons ganoïdes). Une rangée de grandes écailles recouvre le dessus du lobe supérieur de la queue, permettant ainsi des mouvements puissants lors de la nage. Ces écailles sont caractéristiques des premiers poissons à nageoires rayonnées. Alors que la queue, au lobe supérieur proéminent tendait à incliner le poisson, les paires de nageoires pectorales et pelviennes contrebalance cet effet en soulevant le poisson par l'avant. La stabilité lui était conférée par ses grandes nageoires dorsales et anales. Comme tous les paléoniscides, *Cheirolepis* a de grands yeux qui lui servaient à chasser. Ses mâchoires sont dotées de nombreuses dents pointues et pouvaient s'ouvrir suffisamment pour qu'il dévorât des proies faisant les deux tiers de sa taille.

NOM : *Moythomasia*
ÉPOQUE : Dévonien moyen et supérieur
RÉPARTITION : Australie (territoires de l'Ouest) et Europe (Allemagne)
TAILLE : 9 cm de long

Les paléoniscides évoluèrent en une grande diversité de formes durant le Dévonien pour devenir les poissons les plus abondants et diversifiés au Paléozoïque supérieur. Contemporain de *Cheirolepis*, *Moythomasia* développa un nouveau type d'écailles ganoïdiennes, unique chez les premiers poissons à nageoires rayonnées. Elles possèdent toutes une cheville, située sur le haut, qui s'emboîte dans une encoche du bord inférieur de l'écaille voisine, créant ainsi une sorte de cote de maille flexible protectrice.

NOM : *Canobius*
ÉPOQUE : Carbonifère supérieur
RÉPARTITION : Europe (Écosse)
TAILLE : 7 cm de long

Un nouveau développement apparut dans le crâne de poisson. Les os des joues et les os hyomandibulaires (qui rattachaient la mâchoire supérieure à la boîte crânienne) devinrent droits. Cela signifiait que la mâchoire de *Canobius* était suspendue verticalement sous la boîte crânienne (plutôt que de manière oblique comme chez les autres paléoniscides). Cette nouvelle disposition permettait une plus grande ouverture de la bouche et des branchies situées derrière la mâchoire.

Cette innovation eut des répercussions sur la respiration et sur le régime alimentaire. La respiration fut améliorée car la bouche s'ouvrant plus grand, une quantité d'eau supérieure arrivait aux branchies, ce qui permit une plus grande absorption d'oxygène et donc une activité supérieure. *Canobius* pouvait désormais exploiter une source de nourriture plus abondante et plus variée. De petites créatures planctoniques étaient absorbées pour être aussitôt prises au piège dans la mâchoire.

NOM : *Platysomus*
ÉPOQUE : du Carbonifère inférieur au Permien supérieur
RÉPARTITION : mondiale
TAILLE : 18 cm de long

L'une des familles de paléoniscides prit la forme de disque (comme les téléostéens modernes : saint-pierre de nos côtes, par exemple). C'est le cas de *Platysomus*, qui vivait aussi bien dans les eaux de mers que dans les eaux douces. Son corps épais est étiré vers l'arrière par ses nageoires dorsales et anales allongées. Les pelviennes et les pectorales sont très petites. *Platysomus* devait nager en pliant son corps. Il se maintenait droit avec sa queue symétrique en forme de fourche, mais sa principale force propulsive était produite par le lobe supérieur, recouvert d'une couche d'écailles sur sa partie supérieure comme chez tous les poissons à nageoires rayonnées primitifs. Comme chez *Canobius*, la mâchoire de *Platysomus* était suspendue verticalement sous la boîte crânienne, afin qu'il puisse ouvrir la bouche en grand pour se nourrir de plancton.

POISSONS À NAGEOIRES RAYONNÉES PRIMITIFS
SUITE

NOM : *Palaeniscum*
ÉPOQUE : Permien supérieur
RÉPARTITION : Europe (Angleterre et Allemagne), Groenland et Amérique du Nord (États-Unis)
TAILLE : 30 cm de long

Avec son corps en forme de torpille, sa grande nageoire dorsale et sa queue puissante en forme de fourche, *Palaeniscum* semblait être fait pour la vitesse. Ce devait être un prédateur féroce pour les autres poissons osseux vivant dans les eaux douces. Sa mâchoire est équipée de nombreuses dents pointues qui étaient constamment renouvelées

Comme tous les poissons à nageoires rayonnées, *Palaeniscum* a une paire de sacs aériens connectés à sa gorge qui pouvaient être dilatés afin de servir de système de flottaison (voir page 21).

NOM : *Saurichthys*
ÉPOQUE : Trias inférieur et moyen
RÉPARTITION : mondiale
TAILLE : 1 m de long

Le corps long et effilé de ce paléoniscide d'eaux douces rappelle celui des brochets modernes, tout comme la position des nageoires dorsales et anales, placées tout à l'arrière du corps, près de sa queue symétrique aux lobes de même taille.

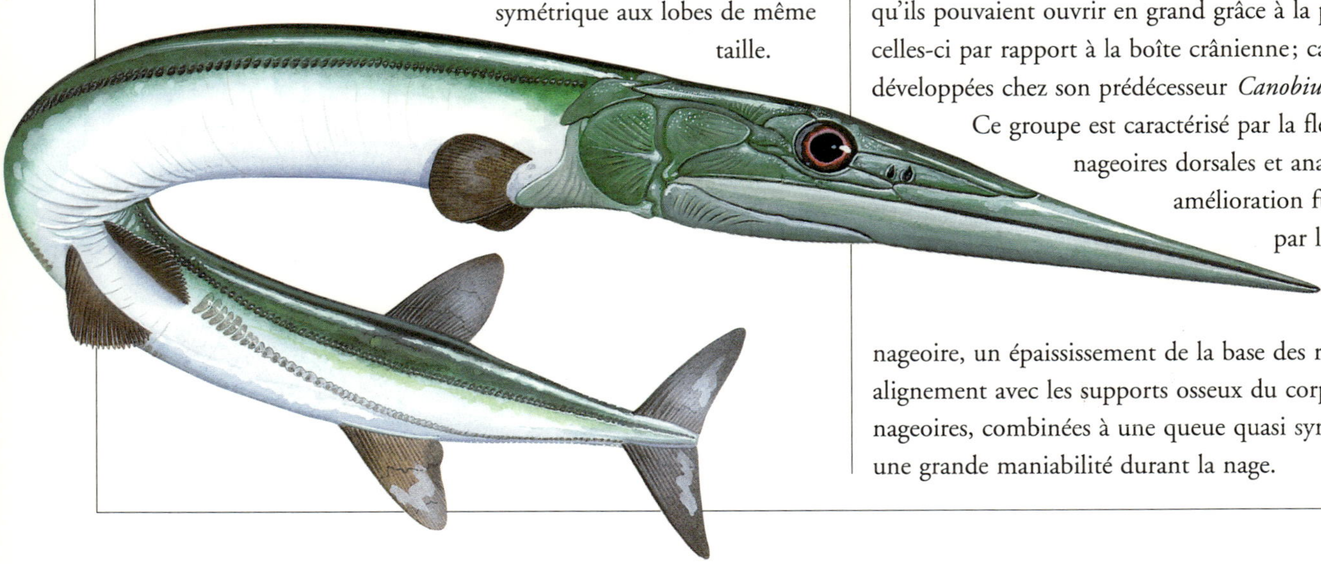

Il y a de fortes chances pour que *Saurichthys* se soit comporté comme les brochets. Il devait guetter ses proies en se cachant au milieu des racines aquatiques ou en se couchant, immobile sur le fond de la rivière, attendant que passent des poissons pour les saisir de ses mâchoires dentées.

Celles du *Saurichthys* sont allongées et ressemblent à un bec représentant un tiers de son corps (ce qui, tout en lui donnant son aspect distinctif, étendait grandement la gamme de ses proies). Le positionnement symétrique des nageoires du *Saurichthys* ainsi que la forme de son corps et sa couche d'écailles réduite devaient faire de lui un puissant nageur.

NOM : *Perleidus*
ÉPOQUE : Trias inférieur et moyen
RÉPARTITION : mondiale
TAILLE : 15 cm de long

Perleidus et ses cousins sont des paléoniscides qui vécurent pendant 35 millions d'années au Trias. Ce sont tous des prédateurs d'eau douce équipés de puissantes mâchoires dentées qu'ils pouvaient ouvrir en grand grâce à la position verticale de celles-ci par rapport à la boîte crânienne; caractéristiques développées chez son prédécesseur *Canobius* (voir page 35).

Ce groupe est caractérisé par la flexibilité de ses nageoires dorsales et anales. Cette amélioration fut rendue possible par la réduction du nombre de rayons osseux dans chaque nageoire, un épaississement de la base des rayons restants, et un alignement avec les supports osseux du corps. De telles nageoires, combinées à une queue quasi symétrique, proféraient une grande maniabilité durant la nage.

NOM : *Lepidotes*
ÉPOQUE : du Trias supérieur au Crétacé inférieur
RÉPARTITION : mondiale
TAILLE : 30 cm de long

Vers la fin de l'ère primaire, un grand nombre de nouveaux poissons à nageoires rayonnées évoluèrent à partir des paléoniscides marins. Regroupés sous le nom de néoptérygiens, ces poissons présentent beaucoup de traits communs avec les poissons osseux modernes, leurs descendants.

Lepidotes, un membre des semionotidés, présente l'un de ces traits. Il développa un nouveau mécanisme de mâchoire, ce qui lui permit de se nourrir différemment des autres poissons. Sa mâchoire supérieure se raccourcit et devint indépendante des os de la joue auxquels elle était jusqu'alors soudée. Cette mobilité nouvelle permit à la bouche de prendre une forme de tube, les proies pouvant alors être aspirées à distance plutôt que d'être ingurgitées par petits quartiers comme le faisaient les poissons primitifs.

NOM : *Dapedium*
ÉPOQUE : du Trias supérieur au Jurassique inférieur
RÉPARTITION : Asie (Inde) et Europe (Angleterre)
TAILLE : 35 cm de long

Le corps large et rond du *Dapedium* (qui est, comme *Lepidotes*, un membre des semionotidés) était stabilisé par ses longues nageoires anales et dorsales, situées à l'arrière du corps. Celui-ci est recouvert de lourdes écailles protectrices dotées d'une légère couche d'émail.

Dapedium a de longues dents en forme de piques sur la mâchoire et des dents en forme de crochets sur le palais. Tout ceci, combiné avec la forme de son corps, laisse à penser qu'il se nourrissait de mollusques en nageant lentement au travers des récifs coralliens des mers du Secondaire.

NOM : *Pycnodus*
ÉPOQUE : du Crétacé moyen à l'Éocène moyen
RÉPARTITION : Asie (Inde) et Europe (Belgique, Angleterre et Italie)
TAILLE : 12 cm de long

Bien qu'appartenant à un autre groupe (les pycnodontidés), *Pycnodus* développa le même schéma corporel et dentaire que *Dapedium*, sans doute parce que l'un et l'autre vivaient dans le même environnement (les récifs coralliens) et qu'ils avaient le même régime alimentaire (mollusques, corail et oursins)

NOM : *Aspidorhynchus*
ÉPOQUE : du Jurassique moyen au Crétacé supérieur
RÉPARTITION : Antarctique et Europe (Angleterre, France et Allemagne)
TAILLE : 60 cm de long

Aspidorhynchus était un prédateur féroce. Son corps allongé, protégé par d'épaisses écailles, était parfaitement adapté pour une nage rapide. Sa queue symétrique le propulsait et ses paires de nageoires pectorales et pelviennes le stabilisaient. Ses mâchoires sont équipées de dents pointues et se prolongent en un museau dépourvu de dents. *Aspidorhynchus* et ses cousins, les aspidorhynchidés, doivent avoir un ancêtre commun avec les téléostéens actuels (voir pages 38-41). Il ne reste de nos jours qu'une seule espèce d'aspidorhynchidé, *Amia calva* d'Amérique du Nord.

POISSONS À NAGEOIRES RAYONNÉES MODERNES

ORDRE DES TELEOSTEI

À la fin de l'ère secondaire, il y a 65 millions d'années, les téléostéens étaient les poissons osseux dominant dans les mers, lacs et rivières du monde.

Les téléostéens évoluèrent quelque 150 millions d'années avant la fin du Secondaire. Ils apparurent pour la première fois dans les mers du Trias supérieur. Ils étaient, à l'origine, des poissons du type du hareng avec une queue symétrique et des mâchoires flexibles, un peu comme les néoptérygiens avancés tel *Aspidorhynchus* (voir page 37). Mais au milieu du Crétacé, les téléostéens connurent une phase de radiation et des poissons semblables aux saumons et aux truites actuels apparurent. Ils se diversifièrent rapidement et, vers le Crétacé supérieur et le début de l'ère tertiaire, une seconde branche donna naissance aux téléostéens actuels les plus avancés, les perches (voir page 41).

NOM : *Hypsocormus*

ÉPOQUE : Jurassique moyen et supérieur

RÉPARTITION : Europe (Angleterre et Allemagne)

TAILLE : 1 m de long

La séparation entre les néoptérygiens (voir page 37) et les téléostéens primitifs est plus que floue. *Hypsocormus* nageait rapidement et se nourrissait de poissons, ce qui aurait pu en faire un membre des deux groupes car il possédait des caractères aussi bien évolués que primitifs. Ainsi, s'il avait la lourde carapace de ses ancêtres, les paléoniscidés, des écailles lourdes, rectangulaires et recouvertes d'émail, elles étaient plus petites et flexibles durant la nage.

Sa queue est symétrique, et en croissant, un peu comme nos maquereaux actuels, bien qu'elle ait possédé bien plus de rayons osseux que chez les téléostéens actuels. Ses nageoires, elles aussi, sont disposées de manière différente. Malgré sa longue nageoire anale, on ne trouvait qu'une seule nageoire dorsale. Ses nageoires pectorales, extrêmement longues, étaient placées assez bas sur son ventre (contrairement aux poissons osseux modernes chez qui elles sont placées quasiment sous les branchies). Les nageoires pelviennes étaient étonnamment petites et placées au milieu du ventre.

Hypsocormus a, en revanche, une mâchoire assez perfectionnée. Elle était flexible et mobile, parfaitement équipée en points d'attache musculaire pour fournir une morsure puissante. Elle est longue et dotée de dents sur toute sa longueur.

NOM : *Pholidophorus*

ÉPOQUE : du Trias moyen au Jurassique supérieur

RÉPARTITION : Afrique (Kenya et Tanzanie), Europe (Angleterre, Allemagne, Italie et ancienne URSS) et Amérique du Sud (Argentine)

TAILLE : 40 cm de long

Pholidophorus est l'un des premiers téléostéens connus. Il ressemble, en gros, à un hareng, avec une queue symétrique, une nageoire dorsale placée au milieu du dos, une paire de nageoires pectorales et pelviennes située sous son ventre et une nageoire anale placée juste avant la queue. Doté de grands yeux et d'une mâchoire flexible équipée de petites dents rondes, c'était sans doute un prédateur rapide qui devait se nourrir de petits crustacés planctoniques. Certains spécimens de *Pholidophorus* ont également été retrouvés dans leur estomac avec des restes de poissons osseux.

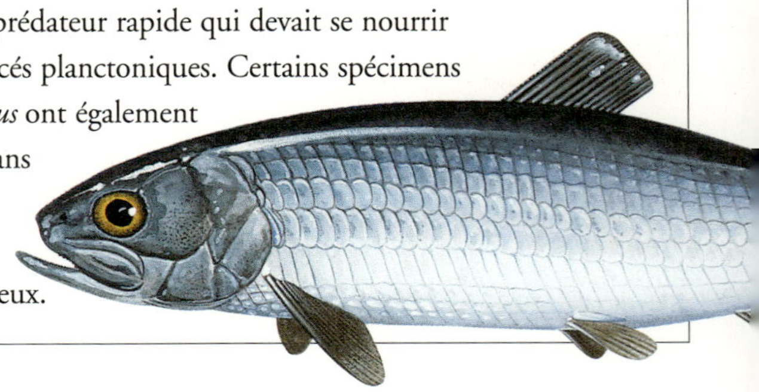

Malgré son apparence moderne, *Pholidophorus* et ses parents sont des poissons osseux primitifs. Leur corps est prisonnier des mêmes écailles que les poissons ganoïdiens, les paléoniscides (voir pages 34-36). Leurs vertèbres ne sont recouvertes que de matière osseuse. Leurs successeurs, les leptopidés seront les premiers téléostéens à avoir un squelette exclusivement composé de matière osseuse.

NOM : *Leptolepis*

ÉPOQUE : du Trias au Crétacé inférieur

RÉPARTITION : Afrique (Tanzanie), Australie (Nouvelle-Galles du Sud), Europe (Autriche, Angleterre, France et Allemagne) et Amérique du Nord (Nevada)

TAILLE : 30 cm de long

Leptolepis et ses parents ressemblent à des harengs, comme les pholidophoridés. Mais contrairement à eux, *Leptolepis* vivait en banc, se sécurisant par le nombre et se nourrissant de plancton en surface. Ce mode de vie grégaire a pu être déduit grâce aux fossiles de ces poissons que l'on retrouve par centaines dans les mêmes dalles de calcaire. *Leptolepis* était également plus avancé que les pholidophoridés : son squelette était entièrement composé d'os mais, surtout, son corps était recouvert de fines écailles rondes dénuées de couche d'émail. Ces deux développements faisaient du *Leptolepis* un meilleur nageur. Les vertèbres formaient un axe solide, mais néanmoins flexible, capable de résister à la pression créée par la forme en « S » que prenait le corps pendant la nage. Les fines écailles réduisaient le poids du corps, et leur forme ronde rendait celui-ci plus hydrodynamique.

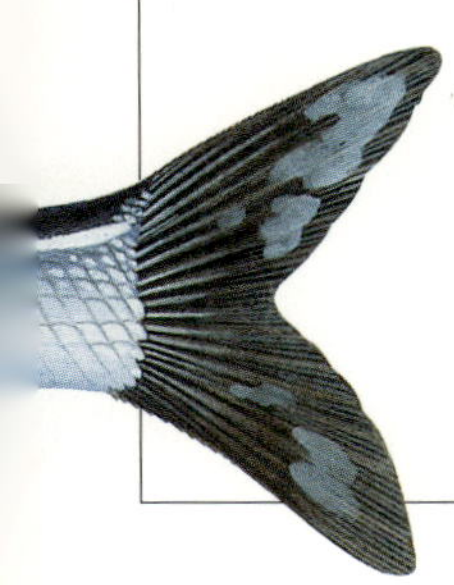

NOM : *Thrissops*

ÉPOQUE : du Jurassique supérieur au Crétacé supérieur

RÉPARTITION : Europe (Allemagne, Angleterre et France)

TAILLE : 60 cm de long

Thrissops (ci-dessus) était un prédateur aux lignes profilées qui chassait ses congénères dans les eaux chaudes et peu profondes des mers du Mésozoïque, il y a 140 millions d'années. Sa queue est divisée en deux grands lobes égaux, ce qui améliorait sa vitesse. Ses nageoires pelviennes sont petites et ne devaient donc jouer un rôle que très limité dans la stabilisation du corps. C'est peut-être par effet compensatoire que la nageoire anale formait une longue frange sous son corps.

Thrissops est petit si on le compare à ses cousins tel *Xiphactinus*. Ce poisson fossilisé pouvait atteindre une taille de 4 m, soit aussi grand que n'importe quel requin du Crétacé. Un spécimen a même été retrouvé avec un poisson de 1,80 m dans l'estomac.

Un seul groupe actuel de poissons d'eau douce pourrait descendre du *Thrissops*. Ces poissons sont appelés « langue osseuse » (et sont regroupés sous le nom d'ostéoglossoformes) à cause de leurs dents incrustées dans leur langue épaisse. La langue vient s'encastrer sur les dents situées sur le palais, maintenant et broyant ainsi la proie. Un membre de ce groupe, le pirarucu (*Arapaima gigas*) des rivières d'Amérique du Sud est le plus grand poisson d'eau douce connu. Il peut atteindre une taille de 4 m pour un poids de 200 kg.

POISSONS À NAGEOIRES RAYONNÉES MODERNES
SUITE

NOM : *Protobrama*
ÉPOQUE : Crétacé supérieur
RÉPARTITION : Asie (Liban)
TAILLE : 15 cm de long

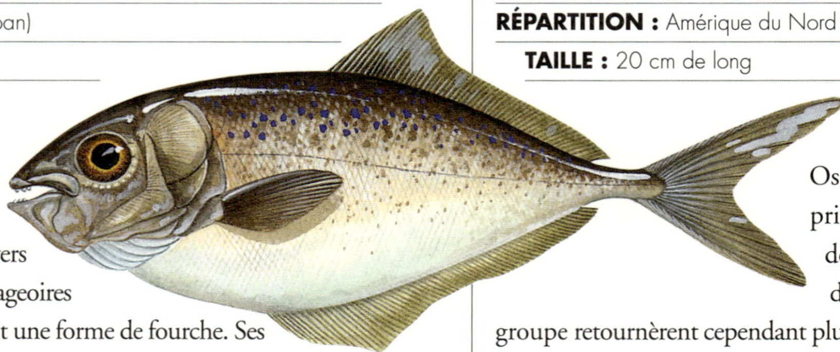

Ce petit parent de *Thrissops* a perdu ses nageoires pelviennes. Son corps large est étiré vers l'arrière par de longues nageoires dorsales et la caudale avait une forme de fourche. Ses nageoires pectorales, placées sur ses flancs, augmentaient sa maniabilité.

La taille de *Protobrama*, ainsi que la forme de son corps, laissent à penser qu'il vivait dans les récifs, zigzagant entre les coraux à la poursuite de ses proies.

NOM : *Enchodus*
ÉPOQUE : du Crétacé supérieur au Paléocène
RÉPARTITION : mondiale
TAILLE : 18 cm de long

Au Crétacé supérieur et durant l'ère tertiaire, une seconde branche de l'évolution conduisit aux poissons osseux avancés. Les saumons et les truites sont des survivants de cette phase évolutive, et c'est de ces ancêtres que dérivent tous les téléostéens actuels.

Enchodus était l'un de ces premiers téléostéens proches du saumon. Sa grosse tête et ses grands yeux, ainsi que son corps léger et effilé laissent à penser qu'il devait être un prédateur marin des plus agiles. Ses écailles étaient réparties en bande le long de chaque flanc, les nageoires pelviennes étaient placées à l'arrière du corps, juste en dessous de sa grande nageoire dorsale stabilisatrice. Ses nageoires pectorales étaient, quant à elles, disposées sur ses flancs, facilitant changements d'orientation et freinage.

Toutefois, le trait le plus notable de *Enchodus* était ses grandes dents légèrement incurvées qui s'imbriquaient lorsque la bouche était fermée, formant ainsi un piège parfait.

NOM : *Hypsidoris*
ÉPOQUE : Éocène
RÉPARTITION : Amérique du Nord (Wyoming)
TAILLE : 20 cm de long

Au début du Tertiaire, les Ostariophysi, divergèrent de la ligne principale des téléostéens et devinrent des poissons d'eaux douces. Certains membres de ce groupe retournèrent cependant plus tard dans l'océan. Plus de 6000 espèces ont survécu, notamment les carpes, les vairons, les poissons rouges, les loches, les piranhas et les poissons-chats.

Hypsidoris était en tous points semblables à un poisson-chat moderne. Il vivait dans les rivières subtropicales et les lacs d'Amérique du Nord il y a plus de 50 millions d'années. Beaucoup d'excellents spécimens ont été retrouvés dans les dépôts de la Green River au Wyoming datant de l'Éocène.

La structure des vertèbres de *Hypsidoris* laisse croire qu'il possédait l'acuité auditive qui caractérise les ostariophyses actuels, notamment sur les sons de hautes fréquences. La sensibilité aux sons est due à une spécialisation unique des vertèbres antérieures. Celles-ci ont été modifiées en une chaîne de petits os mobiles qui transmettaient les vibrations captées par la vessie natatoire (qui servait à la fois d'hydrophone et de résonateur) jusqu'à l'oreille interne. Ces vibrations permettent de détecter soit des proies, soit des prédateurs potentiels. Ces os, appelés chez les poissons, les osselets de Weber, ont une fonction similaire aux os de l'enclume et de l'étrier chez les mammifères (voir page 184).

Comme ses parents actuels, *Hypsidoris* possédait une épine solide à l'avant de chaque nageoire pectorale. Celles-ci avaient une vocation défensive et pouvaient être érigées par de puissants muscles en cas de besoin. Il pouvait sentir ses proies ou localiser le danger grâce à son acuité auditive, une faculté d'autant plus pratique qu'il vivait dans les eaux sombres des rivières, chargées en sédiments.

Une fois qu'il s'était approché de sa proie, la comestibilité de celle-ci était vérifiée par les grands filaments sensoriels qui entouraient sa gueule. Ces filaments étaient sensibles au toucher et aux substances chimiques contenues dans l'eau. Les poissons, les écrevisses et les autres habitants des fonds constituaient les proies de prédilection de *Hypsidoris.*

NOM : *Sphenocephalus*
ÉPOQUE : Crétacé supérieur
RÉPARTITION : Europe (Angleterre et Italie)
TAILLE : 20 cm de long

Deux groupes de téléostéens évolués émergèrent du groupe ancestral des saumons et des truites. Il y eut le groupe des morues et des haddocks (les paracanthoptérygiens) et les poissons du type de la perche (les acanthoptérygiens). *Sphenocephalus* semble intermédiaire entre les deux groupes. Il ressemble tout à fait aux truites et perches d'Amérique du Nord, car il possède à la fois des caractéristiques communes aux truites primitives et aux perches, plus évoluées. En plus de sa grande tête, le trait distinctif du *Sphenocephalus* concerne ses nageoires pelviennes qui se sont déplacées, pour s'implanter juste en dessous des nageoires pectorales, situées sur les flancs. La disposition de ces nageoires améliora grandement l'agilité du poisson. Dans le groupe des morues modernes, les nageoires pelviennes sont placées devant les pectorales.

NOM : *Berycopsis*
ÉPOQUE : Crétacé supérieur
RÉPARTITION : Europe (Angleterre)
TAILLE : 35 cm de long

Berycopsis fut l'un des premiers acanthoptérygiens à apparaître. Ce groupe, qui pourrait être fier d'une évolution de plus de 70 millions d'années, est aujourd'hui le plus prospère et le plus varié de tous les poissons osseux, représentant plus de 40 % des espèces vivantes. Les membres actuels de ce groupe vont des barracudas aux espadons, des perches aux poissons tropicaux des barrières de corail, des poissons plats aux hippocampes.

Berycopsis possédait tous les traits typiques du groupe. Le premier rayon des nageoires dorsales et anales était élargi en forme d'épine qui pouvait être érigée de manière défensive (d'où le nom de poissons à épines). Ses nageoires pectorales avaient une position haute sur ses flancs. Afin de gagner un meilleur contrôle de l'orientation et du freinage, les nageoires pelviennes avancèrent pour contrebalancer les pectorales. Le corps de *Berycopsis* possédait une couche d'écailles rondes et minces, dont la surface était rendue abrasive par de petites dents. Sa vessie natatoire n'était plus connectée à la gorge et le poisson utilisait les gaz sécrétés par celle-ci et ses glandes absorbantes pour assurer son équilibre.

NOM : *Eobothus*
ÉPOQUE : Éocène moyen
RÉPARTITION : Asie (Chine) et Europe (Angleterre et France)
TAILLE : 10 cm de long

Étant des nouveaux venus dans l'histoire de l'évolution, les poissons plats comme *Eobothus* prirent l'une des dernières places parmi le groupe des poissons à rayons épineux. Ils se spécialisèrent dans la vie et la chasse sur les fonds sous-marins. Contrairement aux raies qui s'aplatirent de haut en bas, la compression se fit ici à partir des côtés tout au long de leur développement. Les jeunes ressemblaient aux autres poissons à nageoires rayonnées mais, alors qu'ils grandissaient, l'œil, se trouvant sur ce qui allait être le ventre du poisson, migrait vers le dos. Ce mouvement s'accompagnait de modifications complexes dans la structure du squelette, des muscles et des nerfs. Comme chez tous les poissons plats, les nageoires dorsales et anales de *Eobothus* formaient une frange quasi-continue autour de son corps de forme ovale. Le succès de cette forme particulière de poisson est démontré par les 570 espèces vivantes de poissons plats. La plupart vivent en mer mais 3 d'entre elles vivent en eaux douces. Les carrelets, les soles, les turbots, les flétans et les flets sont tous des descendants de *Eobothus*.

POISSONS À NAGEOIRES CHARNUES

CLASSE DES SARCOPTERYGII

Au Dévonien inférieur, il y a 390 millions d'années, les premiers poissons à nageoires charnues (les sarcoptérygiens) apparurent dans les mers. Il n'en reste plus aujourd'hui que sept espèces – une espèce de cœlacanthe et six espèces de dipneustes (voir page 45). Quelque 10 millions d'années avant cela, les premiers poissons à nageoires rayonnées (les actinoptérygiens, voir pages 34-41) évoluèrent et leur destin fut totalement différent puisqu'il en existe 21 000 espèces vivantes aujourd'hui, qui témoignent de leur succès.

Ces deux types de poissons sont des poissons osseux (ostéichthyens) ; tout deux possèdent un squelette constitué d'os et sont recouverts d'écailles osseuses. Leur différence fondamentale se situe au niveau des nageoires.

Celles des actinoptérygiens sont composées de minces rayons osseux parallèles (d'où le nom de poissons à nageoires rayonnées). Ils ne possèdent pas de muscles à l'intérieur des nageoires, celles-ci étant mises en mouvement par des muscles situés à l'intérieur du corps.

À l'opposé, les paires de nageoires pectorales et pelviennes des sarcoptérygiens sont formées de longs lobes musculaires. Les lobes sont soutenus par un axe central d'os et s'articulent entre eux. Le premier os de chaque série s'articule avec une épaule (pour les pectorales), ou une hanche (pour les pelviennes). On peut voir un rapport direct entre ces os et ceux qui constitueront les pattes des premiers animaux terrestres (voir page 49).

La pointe arrondie de chaque nageoire est renforcée par des rayons osseux rattachés au squelette interne. Les muscles à l'intérieur de chaque lobe peuvent mouvoir les rayons de manière indépendante.

La structure de ces lobes musculaires était d'une importance capitale pour l'évolution car certain de ces poissons à nageoires charnues (les paléontologues discutent d'ailleurs toujours vivement pour savoir lesquels [voir pages 47-49]) allaient évoluer pour devenir les premiers tétrapodes (voir pages 48-50) ; tétrapodes qui, à leur tour, allaient donner naissance aux amphibiens.

Les poissons à nageoires charnues sont divisés en deux types, chacun possédant des représentants vivants à l'heure actuelle, mais extrêmement rares. Il y a tout d'abord le groupe fossile des rhipidistiens (les porolépiformes et les ostéolépiformes, [voir pages 42-44]) et leurs parents les cœlacanthes ou actinistiens, représentés aujourd'hui par une seule espèce marine. Ces deux groupes sont classés sous le nom de crossoptérygiens. Le second groupe majeur de poissons à nageoires charnues est celui des dipneustes.

ORDRE DES ONYCHODONTIFORMES

Les onychodontiformes formaient un groupe étrange de rhipidistiens du Dévonien. Ils étaient, sans aucun doute, à nageoires charnues, et constituaient certainement la forme la plus primitive du groupe. Cependant ils ne possédaient pas de nageoires musculaires.

NOM : *Strunius*
ÉPOQUE : Dévonien supérieur
RÉPARTITION : Europe (Allemagne)
TAILLE : 10 cm de long

Strunius avait un petit corps, compressé latéralement et recouvert de grandes écailles osseuses de forme ronde. Il possédait le crâne soudé caractéristique des rhipidistiens et des cœlacanthes (mais pas des dipneustes). Ce schéma fut l'aboutissement d'une adaptation renforçant la force de la mâchoire. Elle leur fut nécessaire pour nourrir de leurs proies de prédilection, les poissons à nageoires rayonnées, qui étaient recouverts de fines écailles osseuses (voir page 34).

L'os de la voûte crânienne était divisé sur sa moitié par une articulation séparant l'avant et l'arrière du crâne. La boîte crânienne était soudée à la voûte et devait être pareillement articulée, un grand muscle joignait sans doute les deux moitiés (on retrouve cette disposition chez *Eusthenopteron* et les cœlacanthes). Lorsque ce muscle se contractait, il faisait descendre la moitié avant du crâne enfonçant ainsi les dents dans ses proies.

La disposition des nageoires de *Strunius* est similaire à celle des autres rhipidistiens. Il possède deux nageoires dorsales, situées près de la queue, une paire de nageoires pectorales et pelviennes plus une nageoire anale. Sa queue trifurquée a deux lobes de même taille, placés de chaque côté de l'axe central. Les nageoires n'avaient pas de lobes musculaires mais des rayons osseux, exactement comme les poissons à nageoires rayonnées.

Ordre des Porolépiformes

Les porolépiformes, comme les onychodontiformes, sont des rhipidistiens connus uniquement dans le Dévonien. Mais, contrairement à leurs contemporains, les porolépiformes développèrent des nageoires à lobes musculaires caractéristiques des sarcoptérygiens. Ils possédaient également le crâne articulé déjà observé chez *Strunius*.

NOM : *Gyroptychius*
ÉPOQUE : Dévonien moyen
RÉPARTITION : Europe (Écosse)
TAILLE : 30 cm de long

Gyroptychius était un prédateur rapide au corps long qui peuplait les rivières du Dévonien. Il possédait de petits yeux et un sens développé de l'odorat. Comme tous les porolépiformes, il a une petite mâchoire, ce qui augmentait la puissance de sa morsure. Il est doté de nageoires musculaires qui, à l'exception des pectorales, sont toutes regroupées à l'arrière du corps, améliorant ainsi la force propulsive de sa queue en forme de flèche.

NOM : *Holoptychius*
ÉPOQUE : Dévonien supérieur
RÉPARTITION : mondiale
TAILLE : 50 cm de long

Holoptychius possède un corps effilé couvert de fines écailles rondes. C'était un prédateur vorace pour les autres poissons. Comme tous ses contemporains rhipidistiens, *Holoptychius* a des dents crochues sur le bord de son palais et de petites dents pointues alignées le long de ses mâchoires. Il devait saisir rapidement ses victimes avant de les avaler. Il a une queue asymétrique. La puissance fournie par son lobe supérieur aurait dû incliner *Holoptychius* vers les fonds. Afin de compenser cet effet, ses nageoires pectorales musculaires sont étonnamment longues et positionnées assez haut sur ses flancs. Elles agissaient comme des hydrofoils, leur moindre mouvement ayant pour effet de soulever l'avant du corps, contrebalançant ainsi l'effet de la queue. Les nageoires pectorales stabilisaient également le corps et servaient de gouvernail.

Ordre des Ostéolépiformes

Les ostéolépiformes furent le groupe de poissons rhipidistiens qui vécut le plus longtemps. Ils apparurent au Dévonien inférieur pour ne disparaître qu'au Permien inférieur, soit quelque 130 millions d'années plus tard. Beaucoup de paléontologues sont convaincus que ces rhipidistiens sont les ancêtres des tétrapodes (voir pages 47, 49).

NOM : *Osteolepis*
ÉPOQUE : Dévonien moyen
RÉPARTITION : Antarctique, Asie (Inde et Iran) et Europe (Lettonie et Écosse)
TAILLE : 20 cm de long

Cet animal, l'un des premiers ostéolépiformes avait un corps recouvert de fines écailles carrées. Une couche de tissus osseux et spongieux (appelée cosmine) recouvrait ses écailles et les os de son crâne. La couche supérieure était d'une importance vitale pour *Osteolepis* et les premiers poissons à nageoires charnues car on y trouvait de petits canaux connectés aux cellules sensorielles incluses dans la peau. Ces canaux s'ouvraient comme des pores. Le corps de *Osteolepis* était ainsi recouvert de capteurs sensoriels détectant les vibrations de prédateurs ou de proies potentielles ainsi que des substances chimiques.

POISSONS À NAGEOIRES CHARNUES SUITE

NOM : *Eusthenopteron*
ÉPOQUE : Dévonien supérieur
RÉPARTITION : Europe (Écosse et ancienne URSS) et Amérique du Nord (Canada)
TAILLE : 1,20 m de long

Bien des paléontologues considèrent que les grands rhipidistiens comme *Eusthenopteron* sont les ancêtres des amphibiens. L'arrangement pyramidal des os des nageoires paires est similaire à celui des os des membres des vertébrés terrestres (voir page 49). De plus, la structure de ses vertèbres, le schéma du crâne et le plissement complexe, labyrinthiforme, de l'émail des dents sont tous semblables à ceux des premiers tétrapodes (voir pages 50-53).

Eusthenopteron était un prédateur au corps long doté d'une queue en trident constituée de deux lobes de taille égale, placés de chaque côté de l'axe osseux de la colonne vertébrale. Ses nageoires pectorales, situées à l'avant du corps, sont solidaires du crâne via une articulation. Ses nageoires pelviennes sont placées tout à l'arrière du corps, tout comme les deux dorsales et l'anale.

Infraclasse des Actinistia

Les actinistiens ou cœlacanthes, ont une longue histoire dans l'évolution. Ils apparurent au Dévonien moyen et les derniers fossiles trouvés datent du Crétacé supérieur, il y a quelque 65 millions d'années.

En 1938, on trouva un cœlacanthe dans les eaux profondes qui séparent Madagascar de l'Afrique du Sud. Les habitants des Commores le connaissaient depuis des générations mais pas les scientifiques. En 1998, une nouvelle colonie de cœlacantes fut découverte de l'autre coté de l'océan Indien, près de Sulawesi en Indonésie. Le terme de « fossile vivant » fut attribué au *Latimeria chalumnae* qui est le seul survivant d'un groupe apparu il y a 380 millions d'années.

NOM : *Macropoma*
ÉPOQUE : Crétacé supérieur
RÉPARTITION : Europe (République Tchèque et Angleterre)
TAILLE : 55 cm de long

Bien que *Macropoma* ne fasse qu'un sixième de la taille de son unique descendant vivant, *Latimeria*, les deux poissons, tout de même séparés par 65 millions d'années, sont singulièrement similaires.

Macropoma avait le corps petit et lourd ainsi que la queue bulbeuse tridentée, caractéristique des cœlacanthes. Les dents étaient toutes situées sur l'avant de la bouche mais l'articulation crânienne (la même que chez les rhipidistiens) lui conférait une grande ouverture de bouche et une morsure puissante. Ses nageoires pectorales sont placées haut sur ses flancs pour favoriser les manœuvres lors de la nage et ses nageoires pelviennes se trouvent au milieu du ventre. La première de ses nageoires dorsales a une forme de voile et était soutenue par de longs rayons osseux. Toutes les autres nageoires étaient des lobes musculaires.

Le cœlaecanthe est l'un des rares poissons osseux vivipares. Cependant, on ne sait pas si c'était le cas de ses ancêtres, bien que la découverte de cœlacanthes fossilisés au Niger et au Brésil puisse nous éclairer à ce sujet.

ORDRE DES DIPNOI

Les dipneustes apparurent au Dévonien inférieur et survivent sous la forme de trois genres de poissons d'eau douce hautement spécialisés ; le barramunda d'Australie (*Neoceratodus*), le protoptère d'Afrique (*Protopterus*) et le lépidosirène d'Amérique du Sud (*Lepidosiren*). Les variétés d'Afrique et d'Amérique du Sud vivent dans des régions tropicales sujettes à la sécheresse. Lorsque l'eau diminue ou devient stagnante, le poisson arrête d'utiliser ses branchies pour respirer. L'air est alors aspiré par des narines situées de part et d'autre de la bouche du poisson. Il passe ensuite par les narines internes, situées au plafond buccal et finit dans les deux poumons (l'espèce australienne n'en possède qu'un) placés sous le pharynx, auquel ils sont connectés. Les anciens dipneustes fossiles, pourvus eux aussi de narines internes, pouvaient donc respirer l'air quand le besoin se faisait sentir.

Les dipneustes fossiles, tout comme les espèces actuelles, pouvaient survivre hors de l'eau durant la saison sèche en hibernant dans des terriers de boue, reliés à la surface par de petites fentes laissant passer l'air.

NOM : *Dipnorhynchus*
ÉPOQUE : Dévonien inférieur et moyen
RÉPARTITION : Australie (Australie Occidentale) et Europe (Allemagne)
TAILLE : 90 cm de long

Même les premiers dipneustes étaient très différents des autres poissons à nageoires charnues. La boîte crânienne du *Dipnorhynchus* n'avait pas, par exemple, l'articulation qui séparait le crâne des cœlacanthes et des rhipidistiens en deux. Son crâne était une boîte osseuse solide, comme chez les premiers tétrapodes terrestres. Ce dipneuste primitif ne possédait pas non plus de dents sur la mâchoire. Celles-ci avaient été remplacées par des ampoules en forme de dents sur le palais et la mâchoire inférieure. Le palais était soudé à la boîte crânienne comme chez les vertébrés terrestres.

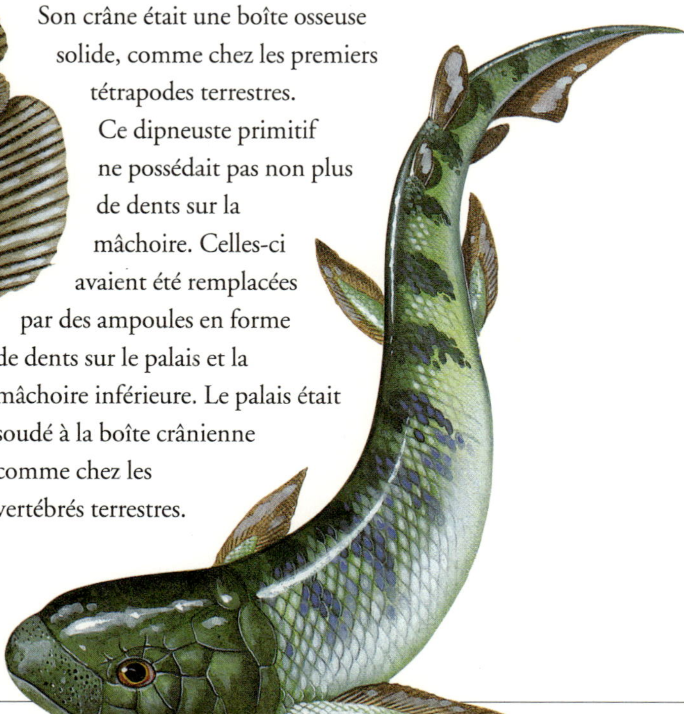

NOM : *Dipterus*
ÉPOQUE : Dévonien moyen et supérieur
RÉPARTITION : Europe (Écosse et Allemagne)
TAILLE : 35 cm de long

Les ampoules qui servaient de dents au *Dipnorhynchus* ont été ici remplacées par une paire de longues plaques osseuses dentaires en forme d'éventail placées sur le palais et la mâchoire inférieure du *Dipterus* (ci-dessus). Ce type de dentition allait rester quasiment inchangé pendant les 380 millions d'années suivant.

Ce qui changea, en revanche, fut la disposition des nageoires. Les deux dorsales, ainsi que la nageoire caudale et anale ont fusionné chez les espèces actuelles.

NOM : *Griphognathus*
ÉPOQUE : Dévonien moyen et supérieur
RÉPARTITION : Europe (Allemagne et Écosse)
TAILLE : 60 cm de long

Au Dévonien supérieur, différents types de dipneustes spécialisés apparurent. *Griphognathus* avait un nez allongé et de petites dents recouvertes d'émail, incrustées dans le palais et la mâchoire inférieure. Comme tous les autres membres de cet ordre, ce dipneuste était recouvert de grandes écailles rondes qui se chevauchaient et il possédait une queue asymétrique.

LA CONQUÊTE DU MILIEU TERRESTRE

Les tritons, les salamandres actuelles (les urodèles), les grenouilles et crapauds (les anoures) sont des descendants des premiers tétrapodes à s'aventurer hors de l'eau et à tirer profit des possibilités évolutionnistes qu'offrait la terre ferme, il y a 370 millions d'années. Cet effort, digne des pionniers, ne fut pas un succès total puisque les amphibiens devaient encore retourner dans l'eau pour se reproduire. Ce n'est que leurs descendants, les reptiles, qui conquirent véritablement la terre ferme.

Le mot *amphibia* résume parfaitement les qualités principales de ces animaux puisqu'il signifie « double vie ». Cela fait référence à leur capacité à vivre dans deux environnements totalement différents, le monde aquatique toujours habité par leurs ancêtres les poissons, et la terre ferme dont leurs descendants, les lézards, hériteraient par la suite.

La jeune larve d'amphibien est, une fois sortie de l'œuf, parfaitement adaptée à la vie aquatique : elle possède des branchies et une queue natatoire. Plus tard, sa structure évolue (par métamorphose) : elle perd progressivement ses caractéristiques aquatiques. Elle acquiert ainsi des poumons et des membres forts, adaptés à la terre ferme.

Il y a plusieurs raisons de croire que les amphibiens du Paléozoïque passaient, eux aussi, par le même stade larvaire. Dans certains cas, on a retrouvé des spécimens juvéniles sur lesquels on trouvait des branchies encore préservées et, également, des spécimens plus vieux qui n'en possédaient plus et qui, de ce fait, devaient respirer grâce à des poumons.

Dans d'autres cas, tel *Seymouria* (voir page 53), la tête des jeunes fossilisées présentait des organes sensoriels, sous la forme de lignes latérales (hérités de leurs ancêtres poissons). De tels organes devaient leur servir dans le milieu aquatique durant leur phase larvaire.

Enfin, certains amphibiens retournèrent totalement à un mode de vie aquatique, gardant à l'âge adulte les branchies que seules les larves possédaient jusqu'alors. Cela vaut aussi pour certains amphibiens du Paléozoïque, tel *Gerrothorax*, avec ces trois paires de branchies (voir page 53).

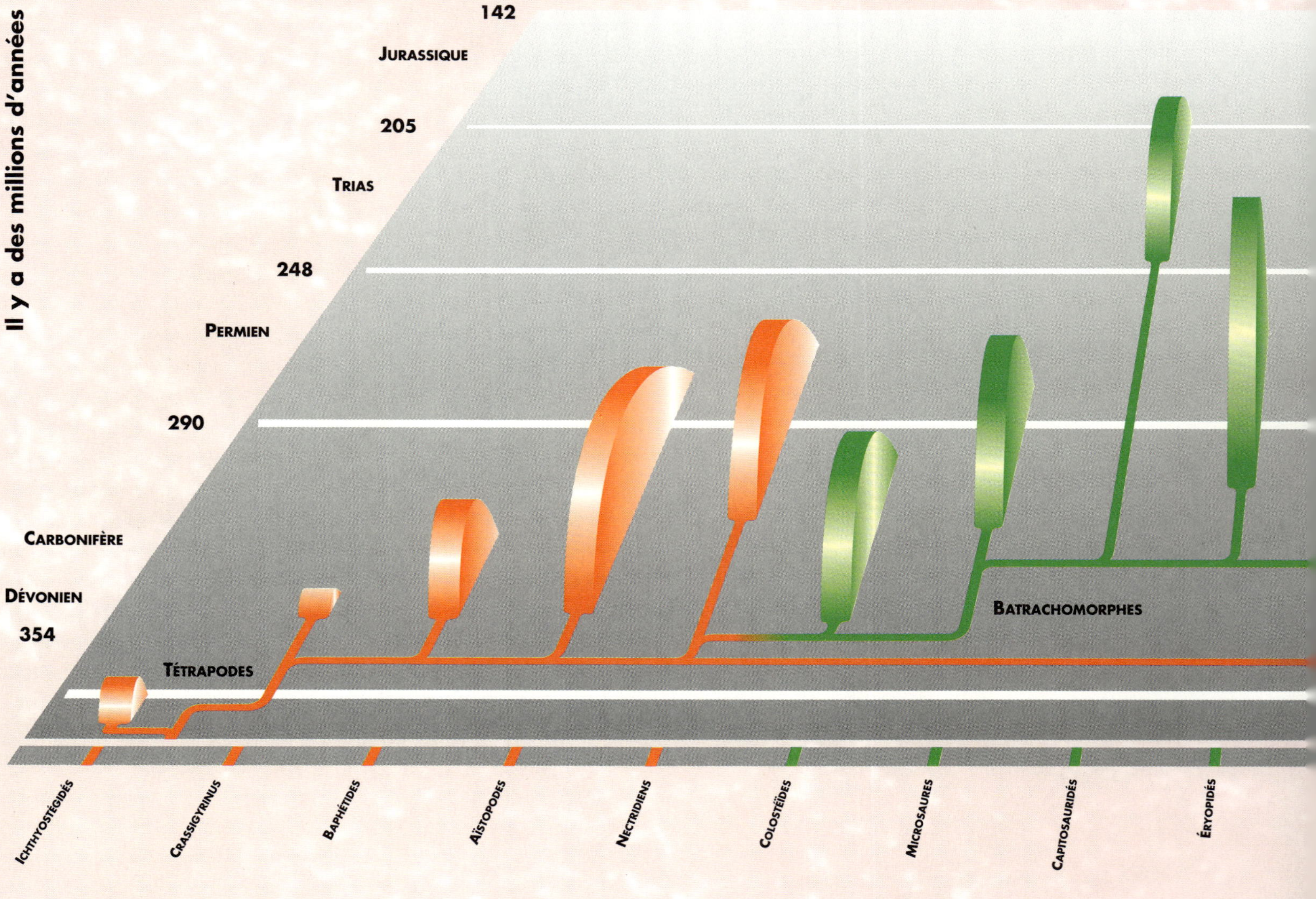

Le problème de la respiration à l'air libre

La peau « moite », caractéristique des amphibiens, diffère de celle de leurs ancêtres du Paléozoïque. Les amphibiens modernes suppléent leurs échanges pulmonaires en respirant par les pores de la peau. En contrepartie, cela limite leur taille et leur mode de vie. Beaucoup de tétrapodes amphibiens du Paléozoïque possédaient des écailles et des armures recouvrant leurs corps, et certains pouvaient même atteindre une taille importante. Ces éléments nous indiquent que les premiers tétrapodes n'avaient pas développé le système de respiration par la peau de leurs descendants. Ces anciens tétrapodes qui quittèrent l'élément aquatique pour envahir la terre devaient posséder une peau imperméable, écailleuse ou tannée. Une telle carapace devait les rendre lourds et lents.

Les amphibiens actuels sont regroupés sous le nom de lissamphibiens et les premiers fossiles se rattachant à ce groupe datent du Trias. Leur relation avec les premiers tétrapodes n'a pas été clairement établie. C'est l'une des raisons pour laquelle les premiers vertébrés à avoir évolué à l'air libre ne sont plus considérés comme des amphibiens mais sont désignés actuellement sous le nom, moins affirmatif, de tétrapodes.

Une lignée controversée

Les paléontologues s'accordent sur le fait que les premiers tétrapodes auraient évolué à partir de l'un des trois groupes de poissons à nageoires charnues, à savoir les dipneustes, les cœlacanthes ou actinistiens, toujours vivants, ou le groupe éteint des rhipidistiens (les porolépiformes/ostéolépiformes).

Les muscles et les os des nageoires de ces poissons représentaient une structure qui a pu évoluer pour devenir les pattes des premiers tétrapodes (voir page 49). De même, il semble que ces poissons aient possédé des poumons comme ceux des amphibiens. Les dipneustes actuels en en sont pourvus, et une structure similaire (bien que simplifiée) est présente chez les cœlacanthes (voir page 44). Il est, dès lors, plus que possible que les rhipidistiens ont également eu des poumons. Le principal support de cette hypothèse est le fait que les dipneustes et les rhipidistiens avaient des ouvertures dans le palais semblable aux narines internes des amphibiens.

La plupart des paléontologues considèrent que les premiers tétrapodes évoluèrent à partir des rhipidistiens, en se fondant sur l'évidente similitude dans la forme des os de leurs crânes et de leurs nageoires/pattes.

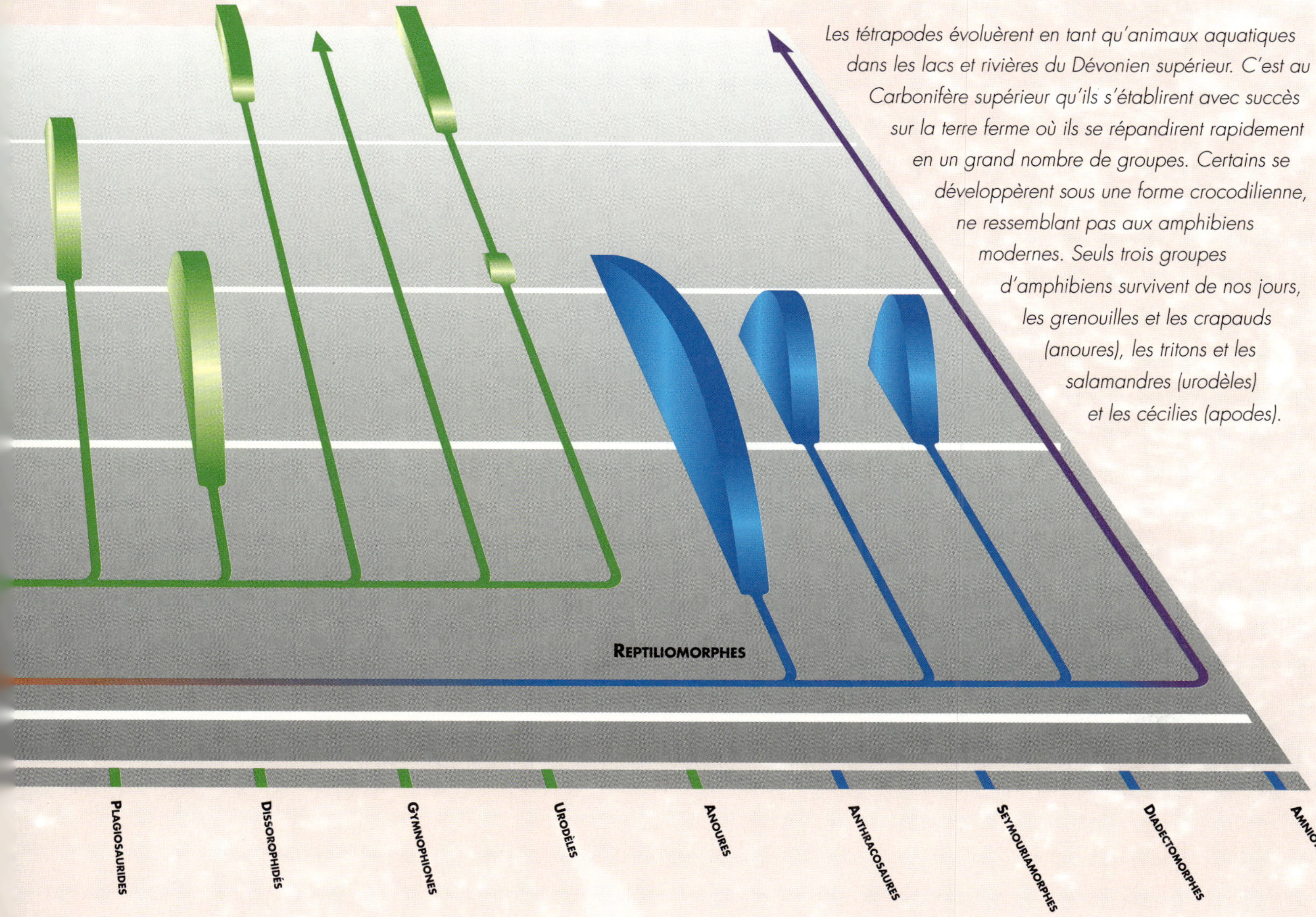

Les tétrapodes évoluèrent en tant qu'animaux aquatiques dans les lacs et rivières du Dévonien supérieur. C'est au Carbonifère supérieur qu'ils s'établirent avec succès sur la terre ferme où ils se répandirent rapidement en un grand nombre de groupes. Certains se développèrent sous une forme crocodilienne, ne ressemblant pas aux amphibiens modernes. Seuls trois groupes d'amphibiens survivent de nos jours, les grenouilles et les crapauds (anoures), les tritons et les salamandres (urodèles) et les cécilies (apodes).

LES PREMIERS TÉTRAPODES

Acanthostega (ci-dessus) et Ichthyostega sont les premiers tétrapodes connus. Ils avaient des traits caractéristiques des poissons, comme une grande queue aplatie, des branchies et d'autres propres aux tétrapodes : quatre pattes et une large cage thoracique. Ils pourraient constituer le chaînon manquant entre les poissons et les tétrapodes terrestres. Toutefois, on s'est aperçu que leurs pattes semblaient plus adaptées à la vie dans des cours d'eau peu profonds et à fort courant qu'à la marche. Elles devaient leur servir à nager, les pattes avant leur permettaient de s'accrocher à des racines sous-marines ou à fouiller les sédiments à la recherche de nourriture. La découverte récente de Acanthostega et de Tulerpeton a énormément fait avancer notre connaissance de l'évolution des premiers tétrapodes. On considérait généralement ces animaux comme les premiers à avoir présenté le schéma de membres à 5 doigts. Nous savons désormais qu'il n'en est rien. Acanthostega possédait 8 doigts et orteils, Ichthyostega 7 orteils et un nombre inconnu de doigts alors que Tulerpeton avait 6 doigts et orteils. Le schéma des pattes à 5 doigts n'apparut donc pas avant le Carbonifère.

Une opportunité de l'évolution

Quel que fût le groupe à partir duquel les tétrapodes ont évolué, la seule question intéressante est de savoir pourquoi ceux-ci ont quitté le domaine aquatique pour se risquer sur la terre ferme, avec ses grandes amplitudes thermiques et un risque de dessiccation. On a pensé un moment que le changement avait eu lieu dans un environnement où s'abattait des sécheresses saisonnières. Dans un tel milieu, c'eût été un avantage considérable pour tout poisson que de pouvoir quitter son cours d'eau asséché et de voyager sur la terre ferme à la recherche d'un autre point d'eau.

La théorie actuelle considère que ce serait la pression des prédateurs aquatiques qui aurait fait quitter le milieu aquatique aux premiers tétrapodes. Grâce à leurs poumons et à leurs membres musculeux, ils auraient été capables de se hisser sur les flancs des rivières afin d'échapper à de plus grands prédateurs. Une fois sur la terre ferme, ils y auraient trouvé une grande quantité de nourriture, notamment des vers, des insectes, des escargots et autres invertébrés qui vivaient dans la vase et la végétation humide. Ce sont donc des changements cruciaux qui conduiraient aux premiers tétrapodes terrestres.

Du Carbonifère jusqu'au Trias, soit une période de 150 millions d'années, les premiers tétrapodes se diversifièrent en plusieurs groupes très différents, et plus de 70 familles ont pu être identifiées. Les restes fossilisés de leurs squelettes prouvent que certains de ces premiers tétrapodes étaient de véritables amphibiens généralement désignés sous le nom de batrachomorphes. D'autres évoluèrent pour donner naissance aux reptiles amniotiques, connus sous le nom de reptiliomorphes.

Expansion des amphibiens

Les premiers tétrapodes connus, comme *Ichthyostega*, ont été trouvés au Groenland, dans des roches datant du Dévonien supérieur. À cette époque, il y a quelque 370 millions d'années, le Groenland faisait partie du continent euraméricain, situé au niveau de l'équateur et allant de l'ouest de l'Amérique du Nord à l'Europe orientale (voir page 11).

La répartition des premiers tétrapodes et de leurs parents, les reptiles, est remarquable : jusqu'au Permien supérieur, ils proviennent tous de ce continent. Cela laisse donc fortement supposer que c'est sur ce même continent qu'ils évoluèrent et se diversifièrent. Ce n'est que vers le Permien moyen, lorsque l'Asie et la pointe sud du Gondwana se rattachèrent à l'Euramérique pour former la Pangée, que les amphibiens et les reptiles se répandirent mondialement.

Au Carbonifère inférieur, on observe une diversification des amphibiens paléozoïques. Quasiment tous ces amphibiens étaient aquatiques ou semi-aquatiques.

Au Carbonifère supérieur, la majeure partie du continent euraméricain était recouverte de marais tropicaux. Dans ces marais poussèrent de grands conifères, hauts de 15 à 40 m, et des fougères pouvant atteindre 7 m. Des fougères plus petites et quantité d'autres petites plantes abondaient.

Une grande variété d'insectes comme les araignées ou les mille-pattes vivaient dans l'humus qui recouvrait le sol de ces forêts. Un insecte géant aux allures de libellule, *Meganeura*, d'une envergure de 75 cm volait au milieu des arbres, alors qu'un arthropode gigantesque ressemblant à un mille-pattes, *Arthopleura*, pouvant atteindre 2 m de long, se nourrissait dans l'humus. L'accumulation de feuilles sur le sol allait former de riches couches de charbon qui seraient exploitées en Amérique du Nord, en Grande-Bretagne et en Europe centrale.

Les eaux douces de ces paysages regorgeaient de poissons, source de nourriture pour les amphibiens. La faune amphibienne connue du Carbonifère supérieur comprend plus de 70 genres, répartis en 34 familles représentant tous les ordres du Paléozoïque.

C'est pendant le Permien que les amphibiens se diversifièrent le plus avec quelque 100 genres regroupés en 40 familles. Toutefois, un changement des plus intéressants intervint dans la faune des amphibiens durant les 40 millions d'années du Permien.

Les amphibiens du Permien inférieur sont surtout connus grâce aux couches rouges du Texas. Elles se sont déposées dans une plaine inondée ou un delta similaire à celui du Mississipi. Les amphibiens partageaient cet environnement avec les pélycosaures, un type primitif de reptiles mammaliens (voir pages 186-188).

C'est à cette époque que les amphibiens adoptèrent un mode de vie principalement terrestre. Environ 60 % d'entre eux étaient terrestres, 15 % étaient semi-terrestres et seulement 25 % restèrent exclusivement aquatiques.

Ce fut le zénith de la conquête de la terre ferme par les amphibiens. Les couches géologiques du Permien supérieur du Karoo, en Afrique du Sud, révèlent une faune amphibienne également repartie entre formes aquatiques et terrestres, ces dernières possédant quasiment toutes une armure protectrice. Ce changement serait dû à l'apparition des thérapsides, les reptiles mammaliens (voir pages 188-193), qui dénichèrent sûrement les amphibiens de leur habitat.

Déclin des amphibiens primitifs

Le Trias coïncide avec la disparition des amphibiens primitifs. Bien que 80 genres aient été identifiés, ils ne constituaient que 15 familles, toutes des temnospondyles. Ils étaient quasiment tous, sans exception, aquatiques, certains pouvant atteindre des tailles considérables. Le plus grand amphibien connu, *Parotosuchus* d'Afrique du Sud, devait mesurer plus de 4 m de long.

Le règne des amphibiens primitifs était quasiment terminé. On n'en connaît que deux genres au Jurassique, l'un en Australie et l'autre en Chine. À cette époque, les ancêtres des amphibiens actuels à peau nue étaient déjà apparus.

La première grenouille, *Triadobatrachus*, a été trouvée dans les roches du Trias inférieur de Madagascar. Les ossements des premiers urodèles (le groupe de tritons et des salamandres) ont été découverts dans des roches du Jurassique. Toutefois, on ne possède aucun fossile de l'autre groupe d'amphibiens modernes, les apodes.

DES NAGEOIRES MUSCULAIRES AUX PATTES AVANT

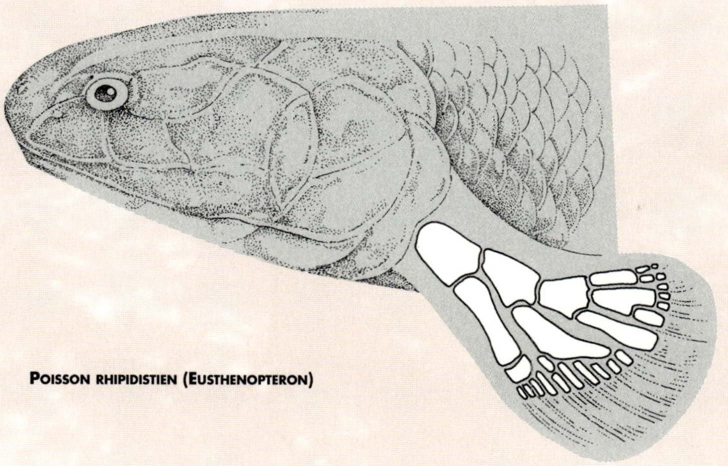

POISSON RHIPIDISTIEN (EUSTHENOPTERON)

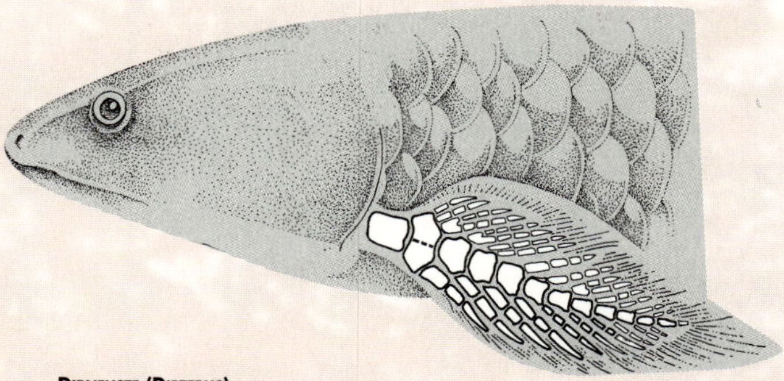

DIPNEUSTE (DIPTERUS)

L'ancêtre des animaux terrestres était un poisson à nageoires charnues. Sans doute un rhipidistien, tel Eusthenopteron, *ou un dipneuste. Le squelette interne des nageoires pectorales de chacun de ces types de poisson est présenté ci-dessus.*

LES PREMIERS TÉTRAPODES

Les premiers tétrapodes à coloniser la terre ferme évoluèrent très certainement à partir des premiers tétrapodes aquatiques. Au Carbonifère supérieur, l'existence de nouveaux habitats terrestres, fournis en végétation et peuplés de nombreux arthropodes, offrit de nouvelles possibilités aux amphibiens.

Ces animaux sont subdivisés en labyrinthodontes, au corps large et aux dents coniques recouvertes d'émail plissé (*labyrinthine*) ; en petits lépospondyles aux dents simples et en amphibiens modernes, tel que les grenouilles ou les salamandres que nous connaissons aujourd'hui. Les recherches ont néanmoins mis en évidence que les labyrinthodontes et les lépospondyles contenaient des groupes sans relations et aux origines variées. La classification a ainsi été modifiée.

Famille des Acanthostegidae

Il n'y a jusqu'à présent qu'un seul genre au sein de cette famille : *Acanthostega*. Toutefois, les caractères de ce tétrapode primitif sont suffisamment éloignés de ceux de *Ichthyostega* pour qu'on le place dans une famille séparée. La présence de deux paires de pattes bien développées montre bien le statut de tétrapode de cet animal. Cependant, l'analyse des articulations des pattes et la présence de branchies internes montrent qu'il était aquatique.

NOM : *Acanthostega*
ÉPOQUE : Dévonien supérieur
RÉPARTITION : Groenland
TAILLE : 60 cm de long

La découverte de nouveaux fossiles d'*Acanthostega* dans les années 1980 révolutionna l'idée que se faisaient les chercheurs des premiers tétrapodes. Leurs poignets et leurs chevilles étaient peu développés et leurs membres postérieurs étaient orientés vers l'arrière, une configuration plus adaptée à la nage qu'à la marche. *Acanthostega* avait 8 doigts au lieu de 5, ce qui semble être un point commun à tous les vertébrés. Il possédait encore des caractéristiques propres aux poissons comme une queue aplatie et un système de lignes latérales. Ses côtes n'étaient pas bien développées mais il possédait des branchies internes. Ses mâchoires étaient fournies de dents pointues. Ce devait donc être un prédateur piscivore

Famille des Ichthyostegidae

Les restes fossilisés des premiers tétrapodes sont si rares que les espèces sont, pour le moment, placées dans leurs propres familles. De plus, leurs relations sont mal connues et il n'y a aucune classification supérieure. Les restes fossilisés de *Ichthyostega* n'ont pour l'instant été découverts qu'au Groenland, dans des roches datant de la fin du Dévonien.

NOM : *Ichthyostega*
ÉPOQUE : Dévonien supérieur
RÉPARTITION : Groenland
TAILLE : 1 m de long

Ichthyostega est l'un des premiers tétrapodes. C'est un grand animal aquatique, plus grand que tous ses ancêtres poissons, au corps long et large avec une tête imposante. Ses quatre pattes sont bien développées mais, contrairement à ce qui fut envisagé, ne conviennent pas à la locomotion sur la terre ferme. Les membres postérieurs sont dirigés vers l'arrière et plus adaptés à la nage qu'à la marche. Les pattes arrière possèdent 7 doigts mais on ne sait pas combien il en avait sur les pattes avant. Si celles-ci étaient comparables à celles de *Acanthostega*, elles devaient avoir plus de 5 doigts et devaient être adaptées pour s'accrocher à la végétation sous-marine dans les eaux à forts courants, et pour fouiller les sédiments à la recherche d'arthropodes et de mollusques. La queue de poisson de cet animal est aplatie latéralement et bordée d'une fine « nageoire » qui devait plus convenir à la nage qu'aux déplacements sur la terre ferme.

On trouve chez *Ichthyostega* un système de lignes latérales qui constitue un système sensoriel proche de celui utilisé par les poissons pour détecter les vibrations, mais qui n'est efficient que dans l'eau.

Le crâne d'*Ichthyostega* est aplati dorsalement. Ses yeux se trouvant sur le dessus, lui conféraient un champ de vision comparable à celui des crocodiles. Sa grande bouche est remplie de petites dents coniques et pointues. Son palais est également recouvert de dents dont certaines, très longues, ressemblent à celles des poissons rhipidistiens et sont parfaitement adaptées à une vie de prédateur actif.

Les nouvelles informations recueillies sur *Ichthyostega* et sur les premiers tétrapodes laissent à penser que ceux-ci n'étaient pas, comme on le croyait précédemment, des animaux terrestres mais bel et bien des animaux adaptés à une vie aquatique.

Famille des Baphetidae

Cette famille de tétrapodes du Carbonifère inférieur est caractérisée par ses orbites en forme de serrure et dotée d'ouvertures sur le front qui pourraient avoir abrité une glande spéciale.

NOM : *Eucritta*

ÉPOQUE : Carbonifère inférieur

RÉPARTITION : Écosse

TAILLE : 25 cm de long

Ce fossile, découvert récemment (1998) dans des roches écossaises vieilles de plus de 334 millions d'années, a des caractères associables à plusieurs groupes de tétrapodes. Le crâne est celui d'un amphibien, le palais celui d'un reptile et les orbites étaient ceux d'un baphetide. Il accrédite la théorie voulant que la séparation entre les reptiles et les amphibiens ne soit pas intervenue lorsque les premiers tétrapodes apparurent. *Eucritta melanolimnites*, (la créature du lagon noir), habitait un lac peu profond entouré de volcans.

Famille des Crassigyrinidae

Les restes de 5 genres de tétrapodes du Carbonifère ont été retrouvés en Europe et en Amérique du Nord. Ils ont été groupés en famille mais n'ont pu être classés dans aucun ordre existant.

NOM : *Crassigyrinus*

ÉPOQUE : Carbonifère inférieur

RÉPARTITION : Europe (Écosse)

TAILLE : 2 m de long

Crassigyrinus possédait un corps de poisson qui se terminait par une longue queue. Sa tête mesurait 30 cm et sa mâchoire remplie de dents devait pouvoir s'ouvrir largement. Ses yeux étaient particulièrement grands. Ces traits, peu communs, suggèrent que *Crassigyrinus* a perdu l'usage de ses pattes et est retourné à un mode de vie aquatique. Ses dents sont celles d'un piscivore et l'hydrodynamique de son corps indique qu'il devait être très rapide. Ses grands yeux suggéreraient qu'il chassait dans les eaux sombres des marais du Carbonifère.

NOM : *Greererpeton*

ÉPOQUE : Carbonifère inférieur

RÉPARTITION : Amérique du Nord (Virginie Occidentale)

TAILLE : 1,50 m de long

Bien que *Greererpeton* ait évolué au milieu des premiers temnospondyles, il revint rapidement à un mode de vie aquatique. Sa tête aplatie mesure dans les 18 cm de long. Son corps allongé (qui possédait 40 vertèbres, soit le double du nombre habituel) se termine en une longue queue. Ses pattes sont courtes, chacune étant dotée de 5 orteils qui lui servaient à se diriger et à se ralentir.

Des rainures le long de son crâne rappellent ses ancêtres poissons. Elles marquent la position des lignes latérales sensorielles qui lui servaient à détecter les vibrations dans l'eau.

La structure auditive de *Greererpeton* était faiblement développée, contrairement aux autres amphibiens terrestres.

Les colosteides ont, dans certaines classifications, été regroupés avec les temnospondyles et avec les anthracosaures dans d'autres, bien que leurs crânes diffèrent de la plupart des membres de ces groupes.

Ordre des Temnospondyli

Les temnospondyles sont, sans aucun doute possible, des amphibiens qui apparurent au Carbonifère inférieur, il y a 330 millions d'années.

Lors des 120 millions d'années suivantes, ils se diversifièrent en formes terrestres, souvent de grandes tailles. Avec l'avènement des reptiles mammaliens (voir pages 182-193) au Permien inférieur, la compétition pour les ressources terrestres s'accrut fortement et les temnospondyles furent forcés de céder leur place.

Les temnospondyles s'éteignirent complètement au Crétacé, mais pas avant que certains de leurs membres ne donnent naissance aux proanoures, les ancêtres des crapauds et grenouilles actuels (voir page 56).

Des représentants des principales familles de temnospondyles sont présentés ci après.

LES PREMIERS TÉTRAPODES SUITE

NOM : *Eryops*
ÉPOQUE : du Carbonifère supérieur au Permien inférieur
RÉPARTITION : Amérique du Nord (Nouveau Mexique, Oklahoma et Texas)
TAILLE : 2 m de long

Cette grande créature semi-aquatique était un membre de la famille des éryopidés, abondante en Amérique du Nord du Carbonifère supérieur jusqu'au Permien supérieur.

Le corps imposant et la large tête d'*Eryops* étaient soutenus par de petites pattes puissantes. Des plaques osseuses recouvraient son dos, peut-être afin de protéger son corps lorsque *Eryops* sortait de l'eau.

La taille de la tête et la position de l'articulation de la mâchoire laissent penser que *Eryops* se nourrissait dans l'eau. Il n'aurait pas été capable d'ouvrir sa bouche à moins de soulever largement sa tête au-dessus du sol. C'était l'un des plus grands carnivores de son milieu, et il était totalement amphibie. Il se nourrissait de petits tétrapodes et de poissons.

NOM : *Cacops*
ÉPOQUE : Permien inférieur
RÉPARTITION : Amérique du Nord (Texas)
TAILLE : 40 cm de long

Cacops était un dissorophidé. Cette famille de temnospondyles apparut un peu plus tard que les éryopidés et s'éteignit au Trias inférieur. La plupart étaient des amphibiens totalement adaptés à la vie sur la terre ferme.

Cacops et ses parents s'adaptèrent rapidement au climat sec du Carbonifère. Son corps était recouvert de plaques osseuses et une fine armure couvrait sa colonne vertébrale. Ses pattes sont adaptées à la marche et présentent une structure quasi reptilienne. Une large ouverture (le trou auditif) derrière chacun de ses yeux était recouverte par une membrane tendue qui lui servait de tympan.

NOM : *Platyhystrix*
ÉPOQUE : Permien inférieur
RÉPARTITION : Amérique du Nord (Texas)
TAILLE : 1 m de long

Platyhystrix possédait une armure encore plus imposante que son parent *Cacops*. La couverture osseuse située sur son dos était plus développée afin de mieux se protéger des attaques d'autres prédateurs. Certains pélycosaures carnivores, comme *Dimetrodon* (voir page 187) vivaient dans les mêmes zones et devaient avoir pour proies le *Platyhystrix* et ses congénères.

Le caractère le plus impressionnant du *Platyhystrix* était sa « voile » spectaculaire située sur son dos. Elle est composée de grandes épines qui prennent racine au niveau des vertèbres. De la peau, fortement irriguée en sang, devait tapisser l'ensemble.

Des pélycosaures de la même époque, comme *Dimetrodon* et *Edaphosaurus*, possèdent également ce genre de « voile ». On pense qu'elles servaient de régulateur thermique à ces reptiles à sang froid.

NOM : *Peltobatrachus*
ÉPOQUE : Permien supérieur
RÉPARTITION : Afrique (Tanzanie)
TAILLE : 70 cm de long

Peltobatrachus était un amphibien terrestre assez lent. Son corps est emprisonné dans une lourde armure comparable à celle des tatous. Elle le protégeait des attaques des prédateurs dominants de l'époque, les thérapsides gorgonopsiens aux énormes canines (voir page 189).

Les plaques osseuses de l'armure du *Peltobatrachus* étaient disposées en de larges boucliers sur les épaules et les hanches et en petites bandes resserrées autour du corps. On n'a pas retrouvé les dents de cet amphibien mais on pense qu'il devait se nourrir d'insectes, de vers de limaces et d'escargots, comme les tatous actuels.

NOM : *Paracyclotosaurus*

ÉPOQUE : Trias supérieur

RÉPARTITION : Australie (Queensland)

TAILLE : 2,30 m de long

Au Trias, deux groupes de reptiles mammaliens, les dicynodontes et les cynodontes, dominaient la terre.

Paracyclotosaurus et d'autres amphibiens de la famille des capitosaures furent forcés de retourner vivre en milieu aquatique. Ces animaux du Trias s'adaptèrent via un aplatissement de leurs corps. Ainsi, la tête volumineuse de *Paracyclotosaurus* est plate et mesure environ 60 cm de long. L'articulation du cou est quasiment alignée avec celle de la mâchoire. Il lui suffisait donc de relever la tête pour ouvrir la gueule.

NOM : *Gerrothorax*

ÉPOQUE : Trias supérieur

RÉPARTITION : Europe (Suède)

TAILLE : 1 m de long

La tendance à l'aplatissement des corps atteignit son paroxysme avec les plagiosaures comme *Gerrothorax*. Ce grand amphibien devait probablement reposer sur les fonds des lacs ou des cours d'eau, se cachant dans le sable ou les galets et guettant la venue de poissons grâce à ses yeux tournés vers le haut. Il devait attirer ses proies grâce à un leurre coloré miroitant pendant de sa gueule ouverte. Une fois la victime à portée, il n'avait plus qu'à refermer rapidement ses mâchoires pour la piéger.

Gerrothorax pouvait rester constamment sous l'eau, car il possédait trois paires de branchies qu'il avait déjà à l'état de larve. Cette créature prouve bien que les anciens amphibiens, tout comme leurs descendants actuels, passaient par une phase larvaire aquatique, respirant à l'aide de branchies, avant de devenir des adultes à quatre pattes et à poumons.

Ordre des Anthracosauria

Les anthracosaures (également connus sous le nom de batrachosaures) étaient des amphibiens tétrapodes qui apparurent durant le Carbonifère pour survivre jusqu'au Permien moyen. Ils n'étaient pas aussi nombreux et diversifiés que les temnospondyles. On trouve dans leurs rangs les ancêtres des reptiles et ils sont souvent rapportés au groupe des reptiliomorphes.

NOM : *Eogyrinus*

ÉPOQUE : Carbonifère supérieur

RÉPARTITION : Europe (Angleterre)

TAILLE : 4,60 m de long

Eogyrinus était un prédateur aquatique au corps allongé et qui menait probablement une existence comparable à celle des alligators actuels dans les deltas et marais du Carbonifère. Il pourchassait ses proies en se propulsant dans l'eau grâce aux battements puissants de sa grande queue, son corps étant stabilisé par la grande voile dorsale qui rappelle la nageoire des poissons.

NOM : *Seymouria*

ÉPOQUE : Permien inférieur

RÉPARTITION : Amérique du Nord (Texas)

TAILLE : 60 cm de long

Seymouria était un animal adapté à la vie terrestre et doté de nombreux traits reptiliens (comme la structure des hanches et des épaules). *Seymouria* fut d'abord considéré comme l'un des premiers reptiles, jusqu'à ce que l'on découvre des jeunes fossilisés. Leur crâne présente les traces de canaux sensoriels, semblables à ceux des poissons, et dont la seule utilité est de détecter les vibrations aquatiques.

LÉPOSPONDYLES

On trouvait à la même époque que les temnospondyles (voir pages 51-53) et les reptiliomorphes (voir pages 57 et 62) un groupe de petits amphibiens insectivores regroupés généralement sous le nom de « lépospondyles ». On sait maintenant que cette classification réunie deux groupes sans aucuns liens, les batrachomorphes, qui ont disparu, et les lissamphibiens que l'on trouve encore actuellement. Ces amphibiens évoluaient au Carbonifère et survécurent jusqu'au Permien supérieur. Durant 100 millions d'années, une variété de petits batrachomorphes évolua, prenant l'apparence de salamandres et de serpents. Ils peuvent être regroupés en trois ordres majeurs : les aïstopodes, les nectridiens et les microsaures.

Ordre des Aïstopoda

Le premier groupe de batrachomorphes, les aïstopodes, fut le plus spécialisé de tous les amphibiens. Ils apparurent au Carbonifère inférieur, 20 millions d'années après que les premiers tétrapodes, les ichthyostégidés (voir page 50), ne foulent la terre ferme. On pense que les aïstopodes évoluèrent à partir d'un ancêtre à quatre pattes mais qu'ils les perdirent presque immédiatement pour devenir des amphibiens serpentiformes.

Manifestement, leur mode de vie avait ses avantages puisque les aïstopodes vécurent presque 80 millions d'années, jusqu'au Permien supérieur.

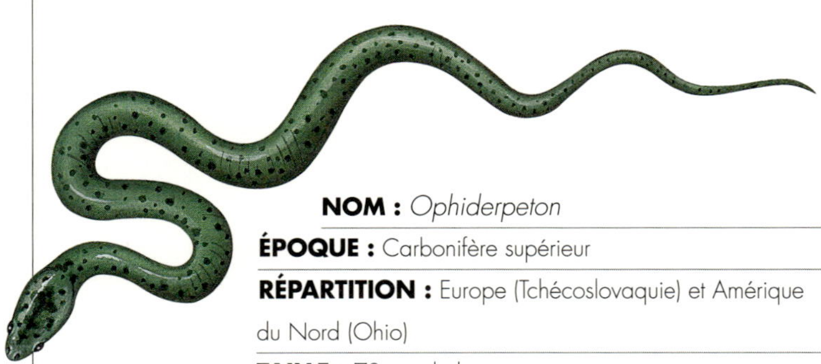

NOM : *Ophiderpeton*
ÉPOQUE : Carbonifère supérieur
RÉPARTITION : Europe (Tchécoslovaquie) et Amérique du Nord (Ohio)
TAILLE : 70 cm de long

Le corps de cet aïstopode est constitué de 230 vertèbres. Le squelette ne comporte aucune trace de patte. Ses yeux sont grands et placés sur le dessus du crâne, lequel mesure 15 cm de long et possède une structure similaire à celle des premiers tétrapodes, bien qu'aucune connexion n'ait pu être établie entre les deux groupes.

Ophiderpeton menait sans doute une vie souterraine, ce qui devait présenter de multiples intérêts au Carbonifère supérieur puisque d'épaisses couches d'humus recouvraient le sol des forêts et des marais (ce sont aujourd'hui des couches de houille). De nombreux insectes, verres de terre et mille-pattes, y vivaient, offrant à *Ophiderpeton* une importante source de nourriture.

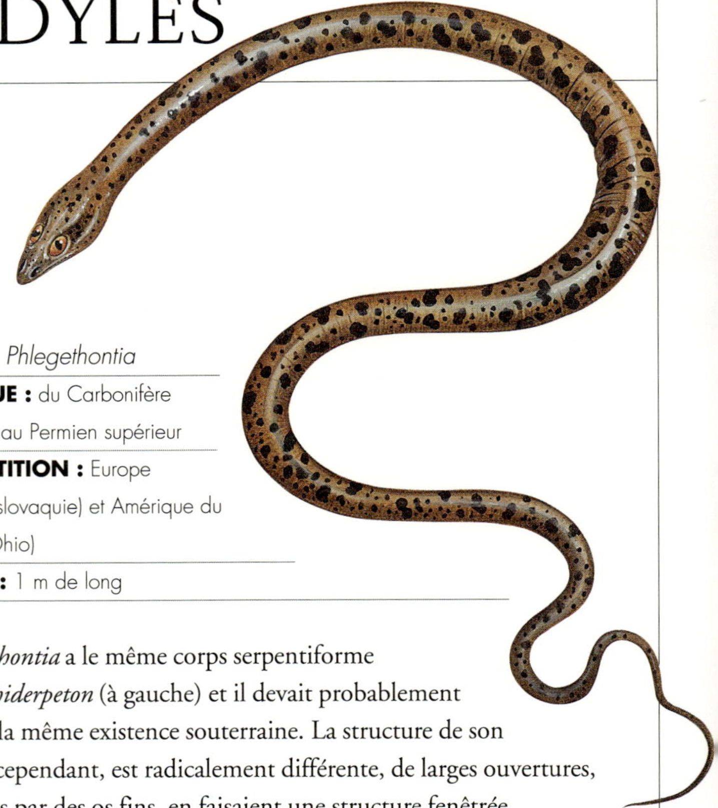

NOM : *Phlegethontia*
ÉPOQUE : du Carbonifère inférieur au Permien supérieur
RÉPARTITION : Europe (Tchécolslovaquie) et Amérique du Nord (Ohio)
TAILLE : 1 m de long

Phlegethontia a le même corps serpentiforme qu'*Ophiderpeton* (à gauche) et il devait probablement mener la même existence souterraine. La structure de son crâne, cependant, est radicalement différente, de larges ouvertures, séparées par des os fins, en faisaient une structure fenêtrée comme celle des serpents modernes.

Ordre des Nectridea

Les nectridiens sont des amphibiens à quatre pattes. Ils ressemblent à des tritons avec une grande queue plate qui leur servait à se propulser pendant la nage. Strictement aquatiques, ils apparurent au Carbonifère supérieur et vécurent jusqu'au Permien supérieur.

Les premiers nectridiens ont une structure de crâne comparable à celle des premiers tétrapodes. Leurs pattes sont bien développées et comptent 5 doigts. Les membres plus tardifs du groupe eurent généralement des pattes avant plus petites avec un orteil en moins. On remarqua également, chez certains membres, une élongation du museau.

NOM : *Keraterpeton*
ÉPOQUE : Carbonifère supérieur
RÉPARTITION : Europe (Tchécoslovaqie) et Amérique du Nord (Ohio)
TAILLE : 30 cm de long

La queue du *Keraterpeton* constitue plus de la moitié de son corps. Elle est aplatie de chaque côté, ce qui devait lui servir à se propulser dans les marais où il vivait. Ses pattes arrière,

à 5 orteils, étaient plus longues que ses pattes de devant à 4 orteils. Malgré son corps long et mince, *Keraterpeton* ne possède pas plus de vertèbres que la moyenne (environ 15 à 26), contrairement aux amphibiens à corps long comme l'anthracosaure *Eogyrinus* qui a 40 vertèbres (voir page 53).

NOM : *Diplocaulus*
ÉPOQUE : Permien
RÉPARTITION : Amérique du Nord (Texas)
TAILLE : 1 m de long

Diplocaulus possède une tête plate et triangulaire, un peu comme un boomerang. C'est l'élongation de deux os à l'arrière du crâne qui lui donne cette forme étrange.

Son corps est court et ses pattes peu développées. De même, sa queue est assez petite, contrairement à celles des autres nectridiens, ce qui conduisit les paléontologues à penser que *Diplocaulus* savait nager en ondulant son corps de bas en haut plutôt qu'en se servant de sa queue.

Diplocaulus devait vivre au fond des étangs ou des rivières. Les « ailes » latérales de sa tête devant fendre l'eau, lui permettant de nager à contre-courant. Il se peut cependant que la forme étrange de son crâne, le rendant difficile à avaler, n'ait servi qu'à dissuader des prédateurs comme l'*Eryops* (voir page 52).

Ordre des Microsauria

Les microsaures, ou « petits lézards », constituent le groupe le plus varié de « lépospondyles ». Il en existait des formes terrestres, vivant comme les lézards, des formes souterraines dotées de pattes, et des formes aquatiques qui gardaient leurs branchies larvaires lors de la vie adulte.

Ce groupe est apparu au Carbonifère et a vécu jusqu'au Permien supérieur. Ils sont peut-être les ancêtres des salamandres et des tritons.

NOM : *Microbrachis*
ÉPOQUE : Carbonifère supérieur
RÉPARTITION : Europe (Tchécoslovaquie)
TAILLE : 15 cm de long

Ce petit microsaure a le corps allongé typique d'un animal aquatique, constitué de plus de 40 vertèbres. Ses pattes sont courtes et ne jouaient aucun rôle pendant la nage qui devait s'effectuer au moyen d'ondulations latérales du corps et de sa fine queue. Il se nourrissait sans doute de petits crustacés planctoniques d'eau douce.

Microbrachis était particulièrement évolué pour un batrachomorphe, puisqu'ils conservaient les trois paires de branchies de son statut larvaire. Ce phénomène est appelé pédomorphose, et peut être observé chez plusieurs salamandres modernes, notamment *Olm* d'Europe. *Axolotl* mexicain conserve aussi sa queue de têtard à l'âge adulte.

NOM : *Pantylus*
ÉPOQUE : Permien supérieur
RÉPARTITION : Amérique du Nord (Texas)
TAILLE : 25 cm de long

Ce microsaure est caractérisé par une grosse tête et un corps, petit et écailleux. Il est parfaitement adapté pour la terre ferme, se déplaçant au moyen de ses petites pattes vigoureuses. Il devait vivre comme un lézard actuel, se nourrissant d'insectes et de petits invertébrés immédiatement broyés par ses nombreuses dents plates.

LÉPOSPONDYLES SUITE

Ordre des Anura

Adultes, les anoures (les crapauds et les grenouilles) sont les vertébrés les plus spécialisés. Ils possèdent le squelette postcranien le plus petit et les pattes les plus puissantes. Les anoures subissent une importante transformation, passant de l'état de têtard à longue queue, herbivore et dépourvu de pattes, à celui d'adulte bondissant, insectivore et dépourvu de queue. Les paléontologues sont quasiment certains qu'ils descendent des temnospondyles, probablement du type de *Eryops* (voir page 52). Le premier amphibien à avoir un aspect de grenouille remonte au Trias supérieur.

NOM : *Vieraella*
ÉPOQUE : Jurassique supérieur
RÉPARTITION : Amérique du Sud (Argentine)
TAILLE : 3 cm de long

Après *Triadobatrachus*, il y a un hiatus de 30 millions d'années dans le patrimoine des fossiles d'anoures. Puis, la première véritable grenouille apparaît au début du Jurassique : *Vieraella*. Son anatomie est, à tout point de vue, la même que celle d'une grenouille moderne avec son crâne caractéristique, sa longue ceinture pelvienne (en forme de fourchette à trois dents) et ses longues jambes faites pour sauter.

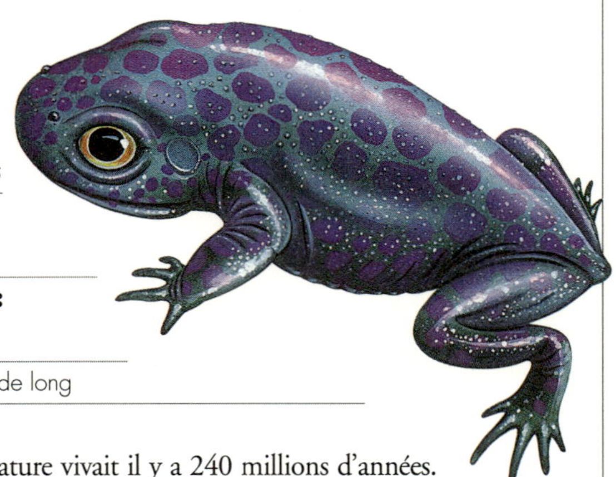

NOM : *Triadobatrachus*
ÉPOQUE : Trias supérieur
RÉPARTITION : Madagascar
TAILLE : 10 cm de long

Cette petite créature vivait il y a 240 millions d'années. La structure de ses hanches laisse penser qu'elle devait nager avec des mouvements de brasse. Ce mouvement devint en plusieurs millions d'années celui du saut chez les grenouilles actuelles. Le crâne de *Triadobatrachus* ressemble à celui d'une grenouille moderne. Il devait être capable de bien entendre à l'extérieur de l'eau, car les parties osseuses de ses oreilles sont bien développées et il possédait une paire de tympans pour capter les sons. *Triadobatrachus* a un corps relativement petit, composé de 14 vertèbres dorsales (contre 24 chez les premiers amphibiens), mais qui reste assez long si on le compare aux grenouilles actuelles qui ont entre 5 et 9 vertèbres dorsales. Il a également une queue, que les grenouilles modernes ont perdue.

Triadobatrachus représente un degré intermédiaire dans l'évolution des anoures, suffisamment différent de ses descendants pour être placé dans un ordre à part (les proanoures) et dans une famille qui lui est propre.

NOM : *Palaeobatrachus*
ÉPOQUE : de l'Éocène au Miocène
RÉPARTITION : Europe (Belgique et France) et Amérique du Nord (Montana et Wyoming)
TAILLE : 10 cm de long

Groupe à part dans l'évolution des grenouilles, les restes de *Palaeobatrachus* ont été conservés en grand nombre dans les dépôts sédimentaires européens du début de l'ère tertiaire. On a même retrouvé des fossiles de têtards de *Palaeobatrachus*.

Palaeobatrachus devait ressembler à un dactylèthre africain (*Xenopus laevis*). Ce devait être un nageur aguerri, aussi rapide que n'importe quel poisson, avec un corps hydrodynamique et des pieds palmés et puissants.

Ordre des Urodela

Les tritons et les salamandres, regroupés sous le nom d'urodèles, apparurent au Jurassique supérieur. Leurs descendants actuels sont les amphibiens les moins spécialisés. Ils ne possèdent pas la colonne vertébrale raccourcie ni les pattes puissantes des anoures. Contrairement aux crapauds et aux grenouilles, ils ne subissent pas de métamorphose, les larves et les adultes étant tous des insectivores aquatiques à longue queue.

L'origine des urodèles reste un mystère. Ils ont pu avoir un ancêtre commun avec les anoures qui pourraient descendre des temnospondyles (voir pages 51-53). Il se peut, aussi, qu'ils descendent des microsaures (voir page 55). Toutefois, aucun fossile les liant à l'une de ces familles n'a été trouvé pour l'instant.

NOM : *Karaurus*
ÉPOQUE : Jurassique supérieur
RÉPARTITION : Asie (Kazakhstan)
TAILLE : 20 cm de long

Les salamandres ont apparemment très peu changé en 150 millions d'années. La structure de la salamandre la plus ancienne, *Karaurus*, est pratiquement la même que celle des formes modernes. Son mode de vie devait être également similaire. Ce devait être un bon nageur et un prédateur vorace, se nourrissant d'escargots, de vers, de crustacés et d'insectes.

Ordre incertain

Certains tétrapodes du Carbonifère supérieur ou du Permien inférieur étaient très proches, en termes d'évolution, des reptiles amniotiques. On les désigne généralement par le nom de reptiliomorphes, et ils se caractérisent par une boîte crânienne mobile, pouvant effectuer une rotation entre les os du palais.

NOM : *Diadectes*
ÉPOQUE : Permien inférieur
RÉPARTITION : Amérique du Nord (Texas)
TAILLE : 3 m de long

Cette créature fut l'un des plus gros animaux à vivre au Permien inférieur. Son squelette est similaire à celui d'un reptile, et il est parfaitement adapté à la vie terrestre. Cependant, certains traits du crâne prouvent qu'il ne pouvait appartenir à ce groupe.

Celui-ci est particulier, doté d'un second palais osseux partiellement développé et sa courte mâchoire est garnie de grosses dents pointues.

Il est possible que *Diadectes* ait mangé des coquillages, mais son corps imposant laisse plutôt entrevoir un régime à base de plantes. Si tel était le cas, *Diadectes* aurait été le premier amphibien herbivore. Il vivait d'ailleurs en même temps que le premier reptile herbivore, *Edaphosaurus* (voir page 188).

LES CONQUÉRANTS DE LA TERRE FERME

Dans la vaste histoire des vertébrés, chaque nouveau groupe fut marqué par l'acquisition de nouvelles caractéristiques qui lui permettaient soit de vivre plus facilement dans l'environnement de ses ancêtres pour ensuite les y remplacer, soit d'en conquérir un nouveau.

L'œuf qui révolutionna la vie

En dessous d'une certaine taille, la vie terrestre aurait été impossible pour un vertébré. Le poids de son corps aurait été trop important pour ses pattes trop courtes et il se serait rapidement déshydraté. Les amphibiens résolurent le problème en séparant leur croissance en deux phases. Le nouveau-né se développait sous la forme d'une larve qui grandissait et se nourrissait en milieu aquatique avant d'atteindre l'âge adulte et le passage à un environnement terrestre. Les reptiles trouvèrent une autre solution. L'évolution d'un œuf à coquille fut l'innovation qui leur permit de quitter l'eau et de prendre pied sur la terre ferme. Ils pouvaient dès lors se passer de la phase larvaire aquatique encore indispensable aux amphibiens.

Un œuf de reptile est similaire à celui d'un oiseau, si ce n'est que la coquille n'est pas dure et qu'il contient moins de liquide amniotique. La coquille sert à protéger le petit de la déshydratation et des prédateurs. À l'abri dans sa coquille, le petit reptile peut traverser une période de croissance prolongée pour n'éclore qu'une fois atteinte une taille suffisante pour vivre sur la terre ferme.

Dans sa coquille, le reptile était pour ainsi dire coupé du monde extérieur. Arrivé au terme de son développement, l'embryon doit être autosuffisant. Cette autonomie devient possible grâce à une source de nourriture, le vitellius, et une série de membranes ingénieuses, l'amnios, l'allantoïde et le chorion, qui font de l'œuf une unité de développement indépendante.

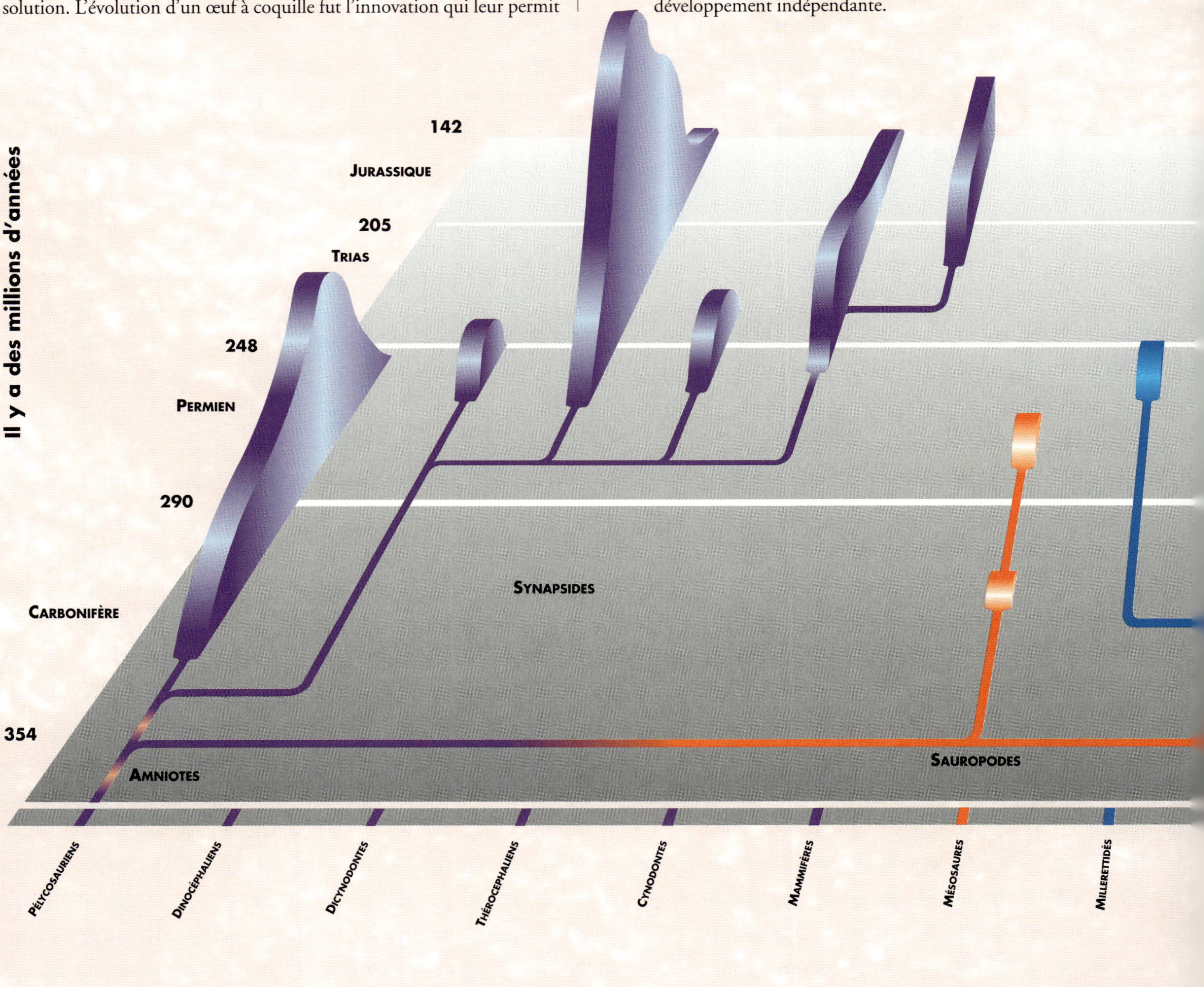

Les œufs des reptiles actuels présentent le même schéma de membranes, et les biologistes pensent qu'il devait exister un groupe unique de reptiles ancestraux possédant ce type d'œufs amniotiques, dont tous les reptiles ont évolué par la suite.

Adaptation terrestre des reptiles adultes

Bien que la protection de l'embryon face à la déshydratation représente un grand progrès, deux autres innovations furent nécessaires pour que la conquête de la terre ferme soit possible. Tout d'abord, les reptiles durent se protéger de la déshydratation une fois sortis de l'œuf. Cela fut rendu possible par le développement d'une couche cornée recouvrant les écailles et empêchant toute perte d'eau.

Ensuite, afin de rester actifs, les reptiles durent trouver un système de respiration plus efficace que celle de leurs ancêtres amphibiens. Ces derniers ventilaient leurs poumons grâce à un système de pompe placé dans la gorge. Les reptiles développèrent un nouveau système où la cage thoracique était dilatée puis contractée, ce qui avait pour résultat de faire entrer l'air dans les poumons puis de l'expulser. L'efficacité de ce système n'était plus limitée que par le volume des poumons et non pas par la taille de la gueule.

Cependant, malgré toutes ces adaptations, les reptiles, tout comme les amphibiens, restent limités par un aspect essentiel. Ils ont le sang froid, ce qui signifie que toute leur énergie dépend de la lumière du soleil. Lorsque le temps ou le climat se rafraîchit, la température de leur corps descend, les rendant inactifs. En conséquence, la physiologie des reptiles est liée à la baisse et à l'évolution des températures, ce qui les prive de longues périodes d'activité.

Les mammifères et oiseaux au sang chaud obtiennent, eux, leur énergie à partir de leur nourriture et la température de leur corps est chaude, constante, indépendante de leur environnement, ce qui leur permet d'être actifs sur de plus longues périodes. Les paléontologues débattent encore actuellement pour savoir si le sang des dinosaures était chaud ou froid.

Tout comme leurs ancêtres amphibiens, et les poissons avant eux, les reptiles se déplacent par flexions latérales de leurs corps. La partie supérieure des pattes des reptiles est placée latéralement par rapport à leur corps, la longueur de chaque foulée dépendant de la distance

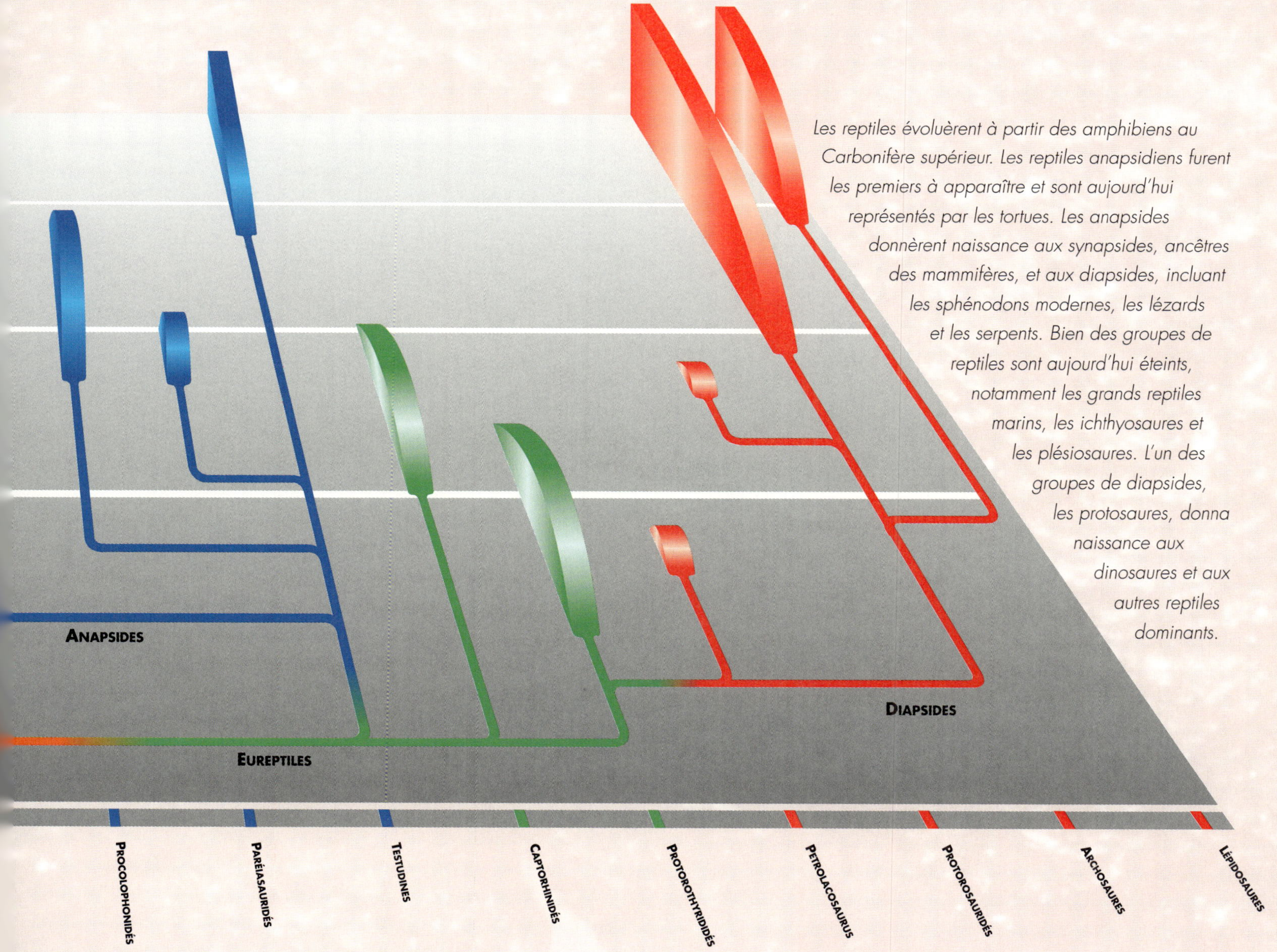

Les reptiles évoluèrent à partir des amphibiens au Carbonifère supérieur. Les reptiles anapsidiens furent les premiers à apparaître et sont aujourd'hui représentés par les tortues. Les anapsides donnèrent naissance aux synapsides, ancêtres des mammifères, et aux diapsides, incluant les sphénodons modernes, les lézards et les serpents. Bien des groupes de reptiles sont aujourd'hui éteints, notamment les grands reptiles marins, les ichthyosaures et les plésiosaures. L'un des groupes de diapsides, les protosaures, donna naissance aux dinosaures et aux autres reptiles dominants.

entre les genoux ou les coudes. Les pieds sont également orientés sur les côtés afin de résister aux forces latérales exercées par ce type de mouvement. Les orteils sont de différentes longueurs afin de pouvoir quitter le sol en même temps et de bien répartir le poids du corps.

Suite à ces adaptations, à la fois structurelles et physiologiques, les reptiles furent capables de coloniser entièrement les continents, jusqu'aux déserts les plus chauds. Le zénith de leur développement fut atteint avec les dinosaures, qui présentaient des tailles que même leurs « successeurs », les mammifères, furent incapables d'égaler.

Expansion des reptiles

Les reptiles évoluèrent à partir des amphibiens au Carbonifère supérieur. Le plus ancien reptile connu est *Hylonomus* (voir page 62), conservé dans les roches du Carbonifère de Nouvelle-Écosse. Ces roches ont à peu près 300 millions d'années, soit 60 millions d'années de plus que l'époque où les premiers amphibiens commencent leur conquête de la terre ferme.

Plusieurs types de reptiles bien différents évoluèrent à partir de *Hylonomus.* Tout comme les premiers amphibiens, les premiers reptiles semblent avoir été confinés au continent euraméricain. On distingue les lignées de reptiles à leur fenestration crânienne.

L'œuf amniotique

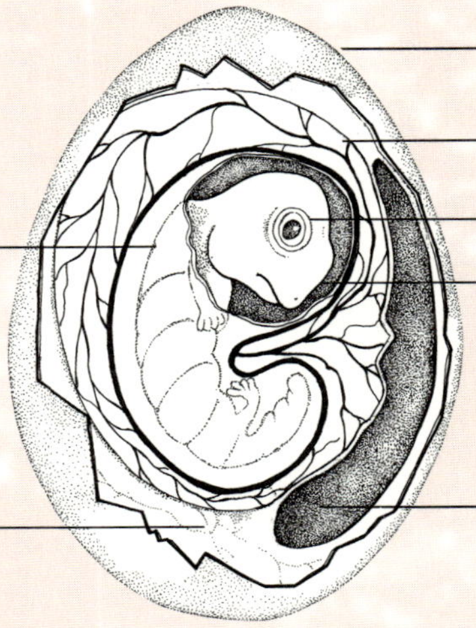

On distingue quatre membranes dans un œuf de reptile : l'amnios, le chorion, l'allantoïde et le sac vitellin. Chacune joue un rôle bien particulier afin de porter l'embryon (ici une tortue) à maturité au sein de l'œuf et indépendamment du monde extérieur. Lors de son développement, l'embryon est en suspension dans une cavité remplie de fluide et entouré par l'amnios. Il est nourri par le sac vitellin grâce à des artères connectées à l'intestin. Les déchets sont excrétés dans la cavité allantoïde. L'oxygène pénètre dans l'œuf via le chorion qui est situé juste sous la coquille poreuse de celui-ci.

Les débuts des reptiles

Les reptiles constituent l'un des groupes de vertébrés le plus florissant. Malgré la disparition des dinosaures et de leurs nombreux parents éloignés lors de l'extinction massive au Mésozoïque supérieur, les reptiles (plus de 6 500 espèces) restent bien plus variés que les mammifères (400 espèces seulement). Aujourd'hui, la plupart des reptiles sont de petits lézards et il est sans doute ironique de constater que c'est à partir d'une petite créature en forme de lézard que le groupe allait s'étendre avec le succès que l'on sait.

Hylonomus *(ci-dessous), trouvé dans les strates du Carbonifère supérieur en Nouvelle-Écosse, est le plus vieux reptile connu. Des formes plus anciennes, aux allures de reptiles comme* Westlothiana *d'Écosse, présentent un mélange des caractères reptiliens et des premiers amphibiens, et sont donc désignées sous le nom de « reptiliomorphes ».*

En plus de la structure du crâne, on peut connaître les relations entre les différentes lignées de reptiles grâce à celle des chevilles et de leurs artères principales. Chez certains reptiles, l'os de la cheville est courbe et agit comme un bras de levier pour l'un des muscles du pied (comme notre talon par rapport à notre tendon d'Achille). On trouve ce type de cheville chez les lézards, les chéloniens (les tortues modernes) ainsi que chez les « reptiles dominants » : les crocodiles, les dinosaures et leurs parents.

Les représentants actuels de tous ces groupes ont également une disposition particulière des artères près du cœur. Celles-ci sont entremêlées et forment une spirale.

Pour toutes ces raisons (le crâne, la cheville et les artères), les paléontologues pensent que ces groupes sont étroitement liés entre eux.

Structure du crâne

Chez les premiers reptiles, tout comme chez leurs ancêtres amphibiens, le crâne est une boîte osseuse sans aucune ouverture, si ce n'est pour les yeux et les narines. Les muscles de la mâchoire sont attachés au-dessous du toit crânien.

Chez la plupart des reptiles plus évolués, le poids du crâne est réduit par le développement de zones où les os sont remplacés par une matière légère et élastique, comparable à des tendons. Cette matière se décomposant et ne fossilisant pas, les zones où elle était située apparaissent sur les fossiles sous forme de cavités (appelées « fosses temporales ») entre les os. Ces ouvertures ne servaient pas seulement à alléger le crâne mais constituaient aussi de nouveaux points d'attache pour les muscles de la mâchoire, augmentant ainsi sa puissance.

La présence, ou l'absence, de ces ouvertures permet de classer les reptiles en différents groupes majeurs, même si récemment, des doutes ont été émis quand à la validité de ce classement. Les premiers reptiles (comme *Hylonomus* et les autres protorothyrididés) ne possédaient pas d'ouvertures temporales et leurs crânes sont dits anapsides.

Les reptiles dominants, comprenant les dinosaures, les ptérosaures et les crocodiliens, possèdent un crâne diapside, avec deux paires d'ouvertures derrière les yeux, de chaque côté de la tête. Les lézards primitifs, les sphénodons (dont le seul représentant actuel est le tuatara), possédaient également un crâne diapside. Les lézards rendirent par la suite leur crâne encore plus léger et flexible en perdant la barre osseuse située sous l'ouverture la plus basse. Les serpents poussèrent l'évolution encore plus loin en perdant les barres osseuses situées entre les fosses temporales supérieures et inférieures.

Les autres groupes de reptiles sont plus difficiles à classer. Les groupes de reptiles marins fossiles, les nothosaures et les plésiosaures, développèrent par exemple un schéma crânien (appelé euryapside) similaire à celui de la plupart des lézards. Ces deux groupes semblent avoir évolué à partir d'ancêtres diapsides. Les deux autres groupes de reptiles marins disparus, les ichthyosaures et les placodontes, possèdent aussi un crâne euryapside. Mais ces animaux sont très différents les uns des autres, éloignés également des plésiosaures. Chaque groupe de reptiles semble avoir évolué à partir des diapsides, mais il n'y a aucune preuve permettant de connaître avec certitude leur lignée évolutive. Le même doute plane quant aux origines des rhynchosaures, diapsides herbivores également disparus.

COMMENT SE DÉPLACENT LES REPTILES

Les pattes d'un reptile typique, comme un lézard, sont étendues vers l'extérieur. Il en résulte une démarche aplatie où le corps tout entier se tord latéralement à chaque pas. La colonne vertébrale, les hanches et les épaules sont soulignées ci-dessous pour illustrer la flexion du corps.

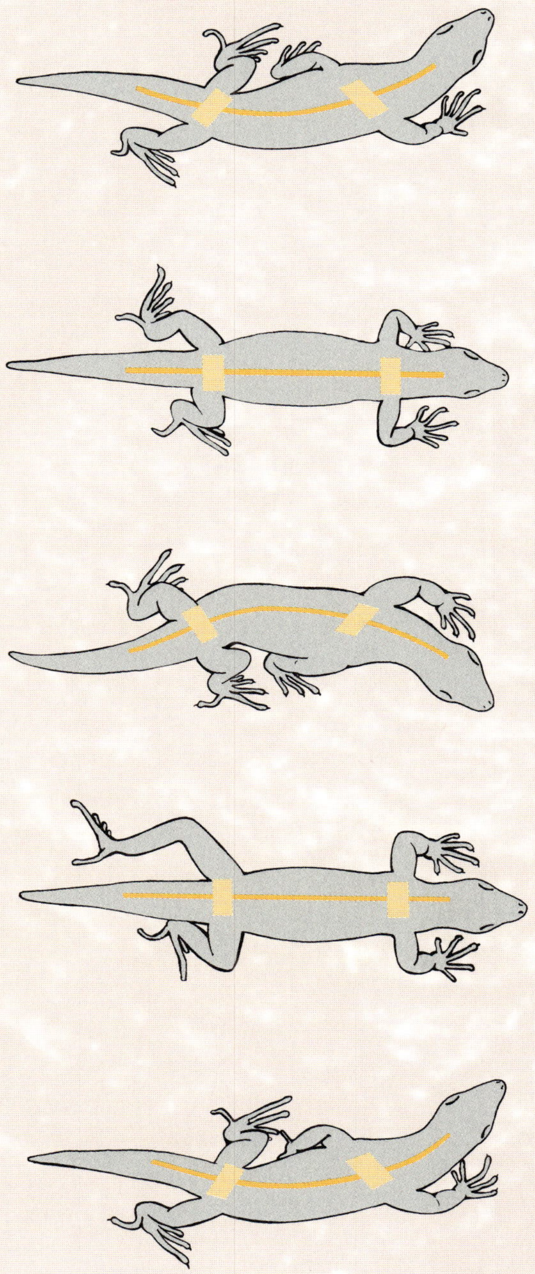

LES REPTILES PRIMITIFS

LES REPTILIOMORPHES

Les reptiliomorphes sont des vertébrés ne présentant que certaines caractéristiques reptiliennes. Ce ne sont donc pas de véritables reptiles et il se peut qu'ils constituent une forme transitoire entre les premiers tétrapodes et les reptiles.

NOM : *Westlothiana*
ÉPOQUE : Carbonifère inférieur
RÉPARTITION : Écosse
TAILLE : 30 cm de long

Westlothiana fut découvert en 1984 et reçu pour surnom « Lizzie ». Il fit les gros titres de journaux comme étant le plus vieux reptile connu, capable de pondre des œufs et ne dépendant plus du milieu aquatique pour se reproduire, contrairement aux amphibiens. « Lizzie » était plus vieux d'environ 26 millions d'années que le précédent « plus vieux reptile connu », *Hylonomus* de Joggins, en Nouvelle-Écosse. Des analyses détaillées du crâne et du squelette post-crânien de *Westlothiana* montrèrent un mélange de caractéristiques liées aux premiers tétrapodes et aux reptiles, si bien qu'on le désigna sous le terme de reptiliomorphe.

Sous-classe des Anapsida

Les reptiles les plus primitifs, les anapsides, ont tous la même caractéristique. Leur crâne est massif sans aucune ouverture sauf pour les yeux et les narines (voir page 61). Les muscles contrôlant la mâchoire sont confinés dans cette petite boîte osseuse, ce qui limite leur taille et empêche la bouche de s'ouvrir largement, privant aussi la mâchoire de puissance. Chez les reptiles plus avancés, des ouvertures se développèrent dans le crâne, leur permettant d'avoir des muscles de la mâchoire plus développés. De tels animaux diapsides et leurs descendants ont donc une morsure plus puissante. En ouvrant largement la gueule, ils peuvent chasser de plus grandes proies (voir page 82).

Seul un ordre de reptiles anapsides a survécu jusqu'à nos jours, les chéloniens (les tortues, voir pages 66-69).

Les deux autres ordres de reptiles primitifs, les captorhinidés et les mésosaures, disparurent il y a environ 250 millions d'années.

Ordre des Captorhinida

Les captorhinidés (également connus sous le nom de cotylosaures) furent les premiers et les plus primitifs de tous les reptiles. Ils apparurent au Carbonifère supérieur, il y a 300 millions d'années, et s'éteignirent vers la fin du Trias, quelque 90 millions d'années plus tard.

Deux lignées majeures dans l'histoire de l'évolution s'enracinent au sein des captorhinidés, l'une conduisant aux mammifères, l'autre menant aux reptiles dominants (voir pages 88-169).

Famille des Protorothyridae

La famille des protorothyrididés comprend les premiers reptiles connus. Cette famille apparut au Carbonifère supérieur et vécut jusqu'au Permien moyen, soit quelque 50 millions d'années. Les protorothyrididés constituent la souche à partir de laquelle plusieurs groupes spécialisés ont pu évoluer. Les reptiles dominants comptent parmi leurs descendants (voir pages 88-169).

NOM : *Hylonomus*
ÉPOQUE : Carbonifère supérieur
RÉPARTITION : Amérique du Nord
TAILLE : 20 cm de long

Hylonomus est le premier vertébré exclusivement terrestre connu. Il ressemblait à un lézard et devait se nourrir d'insectes et d'autres invertébrés, les broyant avec ses dents coniques. Celles-ci sont simples et non spécialisées. Cependant, certaines d'entre elles, placées sur le devant, sont plus longues (un trait que l'on retrouve chez les reptiles plus avancés).

Hylonomus a été préservé dans les couches de charbon de Nouvelle-Écosse, après avoir trouvé la mort dans un trou laissé par des mousses géantes où il devait s'être aventuré à la recherche d'invertébrés.

Famille des Captorhinidae

La famille des captorhinidés, regroupant des reptiles primitifs, vécut au Permien, survivant pendant 40 millions d'années avant de s'éteindre. Ils vivaient en Afrique, en Asie et en Amérique du Nord.

Bien que les captorhinidés aient été des créatures primitives, ils étaient plus avancés que leurs ancêtres protorothyrididés. Leur crâne est plus long, la boîte crânienne étant parfaitement rattachée aux joues et au-dessus du crâne. De multiples rangées de dents les rendaient capables de manger des animaux à carapace ou des plantes à écorce.

NOM : *Labiosaurus*
ÉPOQUE : Permien inférieur
RÉPARTITION : Amérique du Nord (Texas)
TAILLE : 75 cm de long

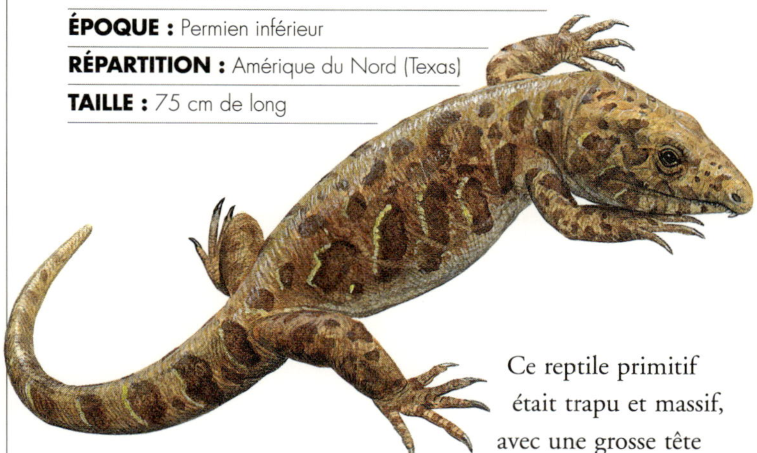

Ce reptile primitif était trapu et massif, avec une grosse tête et une petite queue. Sa forme suggère qu'il vivait sur la terre ferme.

Membre typique des captorhinidés, *Labiosaurus* possède plusieurs rangées de dents dans la mâchoire, toutes étant fonctionnelles en même temps. Ses rangées de dents offraient une large surface pouvant broyer de petits invertébrés à carapace, des insectes ou des plantes dures.

Famille des Procolophonidae

Cette famille vécut du Permien supérieur jusqu'au Trias moyen. Ses premiers représentants étaient petits, légers et devaient être des créatures agiles, chassant puis écrasant de leurs dents plates des insectes et autres invertébrés.

Ses représentants plus tardifs, du milieu du Trias, étaient des créatures plus fortes, à la denture bien différente. Leurs larges dents suggèrent un régime herbivore.

D'étranges épines osseuses apparurent sur les côtés de leur crâne. Il s'agissait probablement d'un moyen de défense pour ces herbivores lourds et lents.

NOM : *Hypsognathus*
ÉPOQUE : Trias supérieur
RÉPARTITION : Amérique du Nord (New Jersey)
TAILLE : 33 cm de long

L'un des derniers membres de cette famille, *Hypsognathus,* possède plusieurs traits propres aux herbivores. Son long corps trapu devait le rendre agile et ses dents larges étaient parfaites pour broyer des grosses plantes. Les épines sur sa tête devaient lui servir de défense.

Famille des Pareiasauridae

Les paréiasauridés sont les plus gros reptiles primitifs, pouvant atteindre la taille de 3 m. Ces herbivores massifs avaient des pattes robustes qui, chez les derniers représentants du groupe eurent tendance à se trouver sous le corps, ce qui leur conférait une démarche plus droite. Les paréiasauridés apparurent dans le sud de l'Afrique au Permien moyen et se répandirent en grand nombre à travers l'Europe et l'Asie pour s'éteindre à la fin de cette période.

NOM : *Pareiasaurus*
ÉPOQUE : Permien moyen
RÉPARTITION : Sud et Est de l'Afrique, Europe de l'Est
TAILLE : 2,50 m de long

Cet animal est un membre typique de la famille. Son dos était protégé par des plaques osseuses encastrées dans sa peau. Ses pattes, épaisses et puissantes sont disposées comme celles de la plupart des reptiles, soutenant le corps énorme de l'animal. Son crâne, massif et solide, était garni d'épines et de boules verruqueuses. Ses petites dents en forme de feuille ont des bordures en dents de scie pour que l'animal puisse manger certaines plantes à fibres dures. Même son palais est pourvu de dents broyeuses.

LES REPTILES PRIMITIFS SUITE

NOM : *Scutosaurus*

ÉPOQUE : Permien supérieur

RÉPARTITION : Europe de l'Est

TAILLE : 2,50 m de long

Les traits typiques des paréiasauridés (un corps massif, une tête épineuse et une armure osseuse) atteignirent leur paroxysme chez *Scutosaurus*.

Cet animal, l'un des derniers représentants de la famille des paréiasauridés, avait adopté une posture plus droite que ses proches. Ses pattes étaient ramenées vers l'intérieur et se tenaient plus droites sous le corps de l'animal afin de supporter son grand poids. Cette tendance évolutive fut perfectionnée par la suite par les dinosaures (voir pages 88-169).

La présence de grands herbivores comme *Pareiasaurus* et *Scutosaurus* à travers l'Europe orientale durant le Permien suggère que le climat de cette région devait être assez chaud et stable à cette époque car des créatures aussi lourdes et aussi lentes n'auraient jamais été capables de migrer pour échapper au froid, ni d'hiberner lors des mois d'hiver.

NOM : *Elginia*

ÉPOQUE : Permien supérieur

RÉPARTITION : Europe (Écosse)

TAILLE : 60 cm de long

Cette créature fut l'un des derniers paréiasauridés. *Elginia* était également l'un des plus petits. Sa tête est bardée d'épines, typiques de la famille, celles-ci se trouvant en profusion sur sa petite tête. Elles devaient plus servir à intimider qu'à se défendre, ce petit reptile secouant peut-être sa tête pour menacer des rivaux ou pour attirer l'attention des femelles.

Famille des Millerettidae

Les millerettidés sont une famille de reptiles anapsides dotés d'une paire d'ouvertures dans le crâne, derrière les orbites. Cette caractéristique est inhabituelle chez les anapsides, groupe de reptiles généralement caractérisés par l'absence d'ouvertures dans le crâne, si l'on excepte celles pour les yeux et les narines.

Malgré cette preuve contradictoire, les autres caractères de leur crâne placent indiscutablement les millerettidés au sein des anapsides. Cette famille représente une branche spécialisée de l'arbre phylogénétique des reptiles : la paire d'ouvertures devant évoluer indépendamment de celle des reptiles diapsides. Les millerettidés sont tous de petits insectivores qui vécurent au Permien moyen et supérieur dans le sud de l'Afrique, et l'on n'a jamais retrouvé leurs restes ailleurs.

NOM : *Milleretta*

ÉPOQUE : Permien supérieur

RÉPARTITION : Afrique du Sud

TAILLE : 60 cm de long

Milleretta était une petite créature aux allures de lézard qui devait être assez rapide et agile pour chasser des insectes.

Du fait de la paire d'ouvertures qu'il avait dans le crâne, des paléontologues soutinrent longtemps la théorie, aujourd'hui abandonnée, selon laquelle, *Milleretta* ou l'un de ses proches parents, seraient un ancêtre des reptiles diapsides, qui avaient deux paires d'ouvertures de chaque côté du crâne (voir page 65). Le groupe des diapsides comprend à peu près tous les reptiles modernes, les dinosaures et les ptérosaures.

Toutefois, les restes du premier diapside connu, l'araeoscélidé *Petrolacosaurus* (voir page 82) datent du Carbonifère supérieur, plus de 40 millions d'années avant l'apparition des premiers milleretidés.

ORDRE DES MESOSAURIA

Les mésosaures sont des reptiles aquatiques. C'est le premier groupe de reptiles à retourner dans cet élément depuis que leurs ancêtres avaient adopté un mode de vie terrestre. Ils apparurent au Permien inférieur et disparurent peu de temps après. Leurs restes n'ont été relevés que dans l'hémisphère Sud.

Famille des Mesosauridae

Il s'agit de l'unique famille de mésosaures. Ses membres étaient tous aquatiques, nageant à l'aide d'une large queue et à de longues pattes palmées, les pattes de devant leurs servant à se diriger. Les mésosaures se nourrissaient sans doute de plancton, en le filtrant au travers de leurs dents fines et pointues.

NOM : *Mesosaurus*

ÉPOQUE : Permien inférieur

RÉPARTITION : Afrique du Sud et Amérique du Sud (Brésil)

TAILLE : 1 m de long

Cette créature fut l'un des premiers reptiles à retourner à une existence aquatique. Il possède un grand nombre d'adaptations pour ce type de vie. Sa longue queue aplatie avait sans doute une « nageoire ». Ses pattes arrière sont longues et les os allongés de ses pieds devaient être écartés et palmés. Les pieds des pattes de devant étaient aussi palmés. La queue et les pattes arrière servaient à propulser l'animal alors que les pattes avant lui permettaient de se diriger.

Mesosaurus pouvait se courber de chaque côté comme le démontre la structure flexible des vertèbres. Il ne pouvait cependant pas tordre son corps. Ses côtes sont raccourcies, ce qui constitue une adaptation à la vie aquatique comme on le voit chez les siréniens actuels. La tête de *Mesosaurus* était longue et fine. Ses narines sont situées haut sur son museau, juste sous les yeux. Il n'avait donc qu'à effleurer la surface pour voir et respirer. Une rangée de dents longues et fines arme sa mâchoire allongée. Chaque dent possède sa propre cavité, un trait caractéristique des carnivores. Cependant, elles étaient trop fines pour lui permettre de capturer des proies. Elles devaient plutôt lui servir à filtrer de petits animaux en forme de crevette, un peu comme le flamant rose avec son bec en forme en peigne.

L'importance évolutive de *Mesosaurus* ne vient pas de son adaptation aquatique mais de sa répartition géographique. On en a trouvé des restes en Afrique du Sud et dans l'est de l'Amérique du Sud. Cette répartition fut l'une des premières preuves de la dérive des continents (voir page 11). L'animal n'ayant pas été capable de traverser l'Atlantique sud à la nage, la seule explication de sa répartition est que les deux continents n'étaient pas encore séparés du temps de *Mesosaurus*.

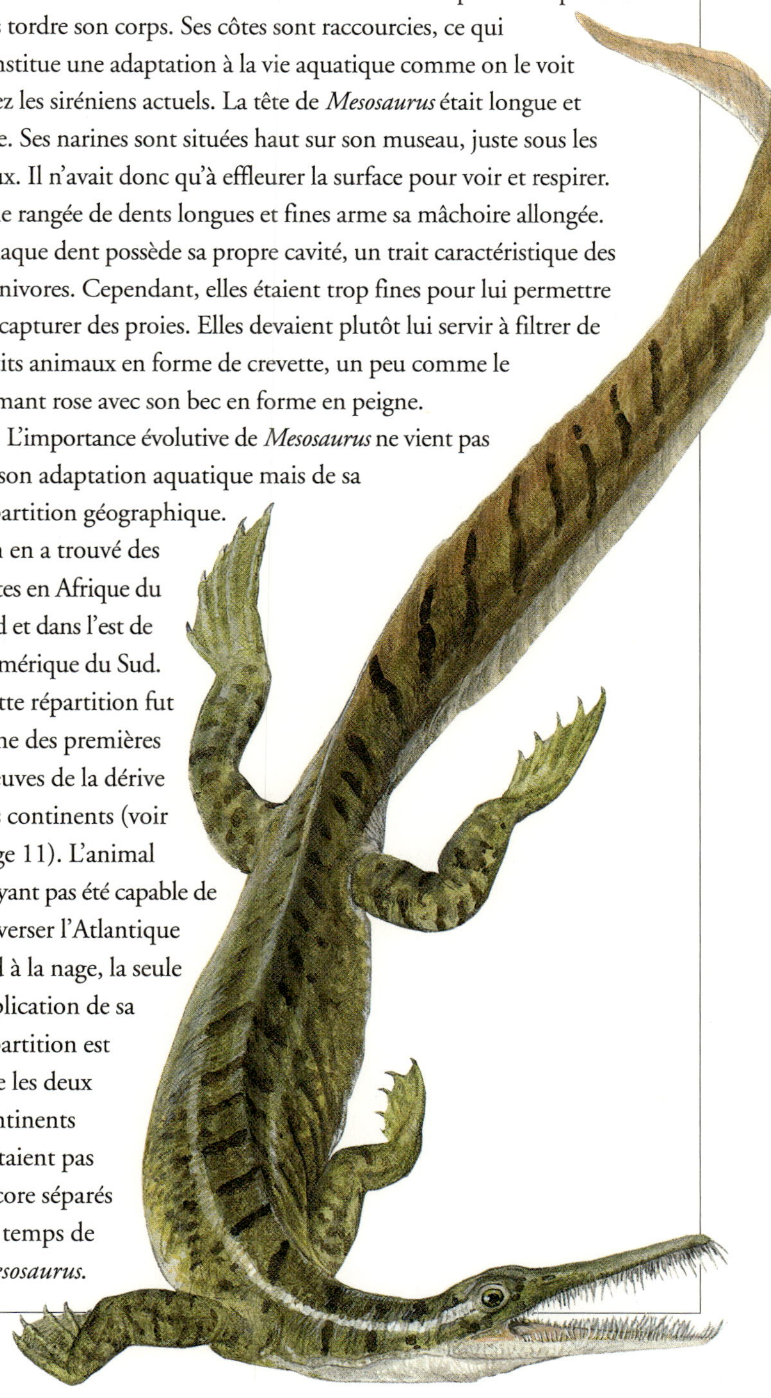

TORTUES

ORDRE DES TESTUDINES (CHELONIA)

Les tortues sont les seules survivantes d'un ancien groupe de reptiles, les testudines ou chéloniens. Elles diffèrent des autres reptiles par le fait que le corps, à l'exception de leur tête, de leur queue et de leurs pattes, est logé dans une carapace. La plupart d'entre elles peuvent rentrer la tête et les pattes dans la carapace afin de se protéger.

Même les premiers chéloniens, datant du Trias supérieur, possédaient une carapace. Les tortues n'ont en fait que très peu changé en 200 millions d'années.

Comme les autres anapsides, les chéloniens possèdent un crâne fortement charpenté sans aucune ouverture, si ce n'est pour les yeux et les narines. Ils sont classés, par commodité, dans la sous-classe des anapsides, mais certains paléontologues considèrent que leur anatomie est si particulière et leur mode de vie si différent des autres reptiles qu'ils devraient être placés dans un ordre à part, celui des testudines.

Il existe deux sous-ordres de chéloniens qui comprennent les 230 espèces vivantes de tortues. La distinction correspond à la manière dont elles rentrent leur tête à l'intérieur de leur carapace; soit en la rentrant latéralement (*Pleurodira*), soit en repliant leur cou en « S » (*Cryptodira*). Les membres du troisième sous-ordre (*Proganochelydia*) ont à présent tous disparu, mais ils étaient les premiers représentants du groupe des chéloniens (voir ci-dessous).

Sous-ordre des Proganochelydia

Les proganochélidiens étaient des reptiles terrestres aux allures de tortue dont le corps était enchâssé dans une carapace. Ils apparurent au Trias supérieur, il y a 215 millions d'années. Ils ont sans doute les ancêtres communs des tortues terrestres et des tortues aquatiques actuelles. Cependant, l'ancêtre des proganochélidiens n'est pas connu. La plupart des paléontologues pensent qu'il doit s'agir de l'un des membres des premiers groupes de reptiles anapsides, peut-être les paréiasauridés ou les procolophonidés (voir pages 63-64).

Famille des Proganochelidae

La plupart des premières tortues appartenaient à ce groupe. Les squelettes les mieux conservés ont été trouvés en Allemagne, mais on en a également découvert dans le sud de l'Asie, en Amérique du Nord et dans le sud de l'Afrique. La plupart des caractères des tortues modernes sont déjà présents chez ces formes primitives.

NOM : *Proganochelys*
ÉPOQUE : Trias supérieur
RÉPARTITION : Europe (Allemagne)
TAILLE : 1 m de long

Proganochelys est le plus ancien chélonien connu, mais il a déjà l'allure et la structure typique d'une tortue. Il est en fait étonnamment proche d'une tortue terrestre actuelle, mis à part le fait qu'il ne pouvait rentrer ni sa tête ni ses pattes dans sa carapace.

Son corps est court et large, sa colonne vertébrale n'étant composée que de 10 longues vertèbres. Cela constitue l'une des caractéristiques des chéloniens modernes, ce qui fait d'eux (si l'on excepte les grenouilles) les vertébrés possédant le plus petit nombre de vertèbres. La tête et le cou très court de *Proganochelys* (composé de seulement 8 vertèbres) sont pourvus de protubérances osseuses.

Proganochelys possède une large carapace recouvrant le dos, et des plaques osseuses (le plastron) protégeant son ventre. La carapace est constituée d'une soixantaine de plaques osseuses de tailles variées, solidement soudées aux vertèbres et aux côtes. Leur disposition est à peu près semblable à celle des tortues modernes. Toutefois, contrairement à ses parents actuels, *Proganochelys* possède un certain nombre de plaques supplémentaires autour du bord de sa carapace. Elles sont inclinées vers l'extérieur, offrant ainsi une protection aux pattes.

Au fil des années, sa carapace se couvrait de fines plaques de corne : la belle écaille de tortue, à partir de laquelle on a fabriqué, depuis, des peignes et bien d'autres ornements (l'écaille ne se fossilise pas mais des marques sur les os indiquent clairement sa présence).

Les seules dents que l'on trouve dans sa bouche sont situées sur son palais. On retrouve aussi le bec sans dents, caractéristique des tortues actuelles. Tout comme elles, *Proganochelys* devait se nourrir de végétaux au ras du sol.

Sous-ordre des Pleurodira

Quelques représentants de ce groupe de chéloniens aquatiques ont survécu jusqu'à aujourd'hui. Ils sont caractérisés par la manière dont ils rentrent la tête dans leur carapace. Leur cou se replie latéralement grâce à un système particulier d'articulation entre les vertèbres.

Les premiers pleurodires sont apparus au Jurassique et ils abondaient dans les rivières et les lacs. Il n'en reste plus aujourd'hui que 49 espèces, groupées en 2 familles, les *Pelomedusidae* (voir ci-dessous) et les *Chelidae*. Toutes vivent dans les eaux douces de l'hémisphère Sud.

Famille des Pelomedusidae

Ces tortues d'eau douce étaient les pleurodires les plus prolifiques au Crétacé supérieur et au début du Tertiaire. Il n'en reste plus que 19 espèces que l'on trouve dans les rivières et les lacs d'Afrique tropicale, à Madagascar et en Amérique du Sud.

NOM : *Stupendemys*
ÉPOQUE : Pliocène inférieur
RÉPARTITION : Amérique du Sud (Venezuela)
TAILLE : 2 m de long

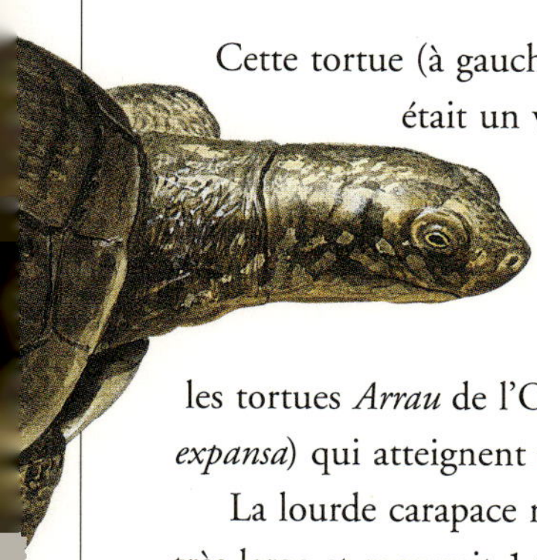

Cette tortue (à gauche), disparue depuis 3 millions d'années, était un véritable géant au sein des pleurodires. C'est la plus grande tortue ayant jamais existé. Aucun de ses descendants n'approche sa taille, les plus grandes espèces actuelles de pleurodires étant les tortues *Arrau* de l'Orénoque et de l'Amazone (*Podocnemis expansa*) qui atteignent une longueur maximale de 75 cm.

La lourde carapace recouvrant le dos de *Stupendemys* était très large et mesurait 1,80 m de long. Son poids permettait à l'animal de rester submergé pendant de longues périodes afin de manger la quantité d'herbes nécessaire à son alimentation.

Sous-ordre des Cryptodira

Les cryptodires sont le groupe de chéloniens le plus abondant, toujours en vie aujourd'hui (la plupart des tortues actuelles appartiennent à ce groupe). Elles peuvent rétracter leur tête en comprimant leur cou et le rentrer verticalement dans leur carapace.

En tant que groupe, les cryptodires apparurent en même temps que leurs cousins les pleurodires, au Jurassique. À la fin de cette période, ils s'étaient énormément diversifiés et avaient remplacé les pleurodires dans les mers, les rivières et les lacs. De nouvelles formes terrestres se développèrent également.

Famille des Meiolaniidae

Les tortues terrestres de cette famille apparurent au Crétacé supérieur et disparurent il y a relativement peu de temps, au Pleistocène, soit il y a 2 millions d'années. Bien qu'incapables de rétracter leur tête dans leur carapace, elles étaient bien protégées.

NOM : *Meiolonia*
ÉPOQUE : Pleistocène
RÉPARTITION : Australie (Queensland), Nouvelle Calédonie et îles Lord Howe
TAILLE : 2,50 m de long

Si l'on excepte sa taille exceptionnelle, le trait le plus remarquable de cette tortue puissamment caparaçonnée était l'ornementation flamboyante de sa tête. Elle était surmontée de grandes épines dont deux sortaient de chaque côté du crâne, lui conférant une envergure de 60 cm. Leur présence rend peu probable le fait que *Meiolonia* ait pu rentrer la tête dans sa carapace pour se protéger des attaques. Toutefois, son dos était bien protégé par sa carapace et sa queue était entourée d'anneaux osseux dont la pointe formait une masse épineuse.

TORTUES SUITE

Famille des Testudinidae

Les tortues terrestres modernes appartiennent à la famille des testudinidés, les cryptodires les plus représentés dans la nature. Elles sont apparues sous leur forme moderne durant l'Éocène, il y a 50 millions d'années, et n'ont quasiment pas changé depuis.

Toutes ces tortues ont une grande carapace en forme de dôme afin d'offrir la capacité nécessaire à la digestion de végétaux. La carapace est également un moyen de défense face aux attaques d'autres animaux puisque la tortue peut s'y réfugier en rentrant sa tête et ses grosses pattes.

NOM : *Testudo atlas*
ÉPOQUE : Pleistocène
RÉPARTITION : Asie (Inde)
TAILLE : 2,50 m de long

Testudo atlas est la plus grande tortue terrestre qui ait existé. Elle est parfois appelée *Colossochelys*, ce qui veut dire « carapace colossale ».

Cette créature pesait environ 4 tonnes. Ses pattes sortaient de son corps d'une manière typique aux reptiles et soutenaient sa massive carapace protectrice. De petits coussinets, situés sur la plante de ses pattes compactes répartissaient équitablement le poids considérable de l'animal entre les orteils (un arrangement similaire à celui des éléphants).

Testudo atlas devait se nourrir exclusivement de plantes, tout comme ses descendants (bien que certains mangent des vers ou des limaces). Elle devait passer son temps à brouter des feuilles à l'aide de son bec édenté, sans peur d'être attaquée, car si un prédateur, tel un tigre à dents de sabre, essayait de s'en prendre à elle, *Testudo atlas* pouvait rentrer sa tête et ses pattes dans sa carapace, présentant ainsi une boîte osseuse qu'il eût été quasiment impossible de déplacer ou de retourner.

L'équivalent actuel, en terme de poids et de taille, de cette tortue fossile est la tortue géante, *Geochelone elephantopus*, que l'on trouve aux îles Galápagos, au large de l'Équateur. Mais même cet animal ne mesure que 1,20 m de long, soit moitié moins que *Testudo atlas*, et ne pèse que 225 kg.

Famille des Protostegidae

Les protostégidés comprennent des tortues de mer parmi les plus spectaculaires qui aient jamais existé. Toutes ces espèces maintenant éteintes prospéraient au Crétacé supérieur. Les protostégidés avaient, à cette époque déjà, développé les deux traits majeurs qui distinguent les tortues de mers de leurs cousines terrestres ou d'eau douce.

Puisqu'on trouvait moins de prédateurs dans l'eau que sur la terre, les tortues de mer ne possédaient pas de carapace lourde et imposante. La structure de celle-ci était donc fortement allégée, ce qui rendait aussi ces tortues beaucoup plus agiles. Par la suite, leurs orteils s'allongèrent et évoluèrent en larges palmes, ce qui améliora la propulsion pendant la nage.

De nos jours, il ne reste plus que sept espèces, regroupées en deux familles. Toutes ces espèces ont été mises en danger par l'action de l'homme sur leurs habitats, notamment les plages où elles viennent pondre. La tortue verte et la grande tortue cuir, qui habitent toutes deux les mers chaudes, sont les membres les plus courants de cette famille. Aucune tortue de mer, éteinte ou actuelle, n'a jamais pu rentrer sa tête ou ses pattes dans sa carapace.

NOM : *Archelon*

ÉPOQUE : Crétacé supérieur

RÉPARTITION : Amérique du Nord (Texas et Dakota du Sud)

TAILLE : 3,70 m de long

Cette tortue géante qui habitait les mers du Crétacé ne possède pas la carapace à plusieurs plaques caractéristique de ses parents terrestres ou d'eau douce. À la place, sa carapace est constituée d'une charpente osseuse, prolongation de ses côtes. Celles-ci étaient probablement recouvertes de peau (comme chez la grande tortue cuir) plutôt que par la couche habituelle de corne.

Les pattes de cette tortue se transformèrent en palmes massives qui devaient brasser l'eau en de puissantes poussées verticales. Cette méthode est comparable à celle des pingouins qui battent des ailes pour se propulser sous l'eau. Les membres avant d'*Archelon* sont les plus développés et devaient constituer sa principale source de propulsion.

Tout comme les grandes tortues cuir, cet animal devait se nourrir de méduses, car elles ne posaient pas de problème pour la faible mâchoire de son bec édenté.

Famille des Trionychidae

Cette famille de tortues à carapace molle apparut, tout comme les tortues de mer, au Jurassique supérieur. Ce fut l'un des premiers groupes de cryptodires spécialisés et même l'un des plus fleurissant puisqu'il en existe encore plus d'une trentaine d'espèces aujourd'hui. On les trouve dans les eaux douces d'Amérique du Nord, d'Afrique et d'Asie.

Les carapaces des trionychidés sont petites et rondes et ont perdu la couverture cornée qui protège généralement les plaques osseuses des tortues. À la place, c'est une couverture de peau qui recouvre la carapace, d'où le nom de la famille.

NOM : *Palaeotrionyx*

ÉPOQUE : Paléocène

RÉPARTITION : ouest de l'Amérique du Nord

TAILLE : 45 cm de long

Cette tortue fossile d'eau douce était un cryptodire spécialisé. Contrairement à la plupart de ses parents, elle possède un cou long et mobile, seulement 3 orteils à chaque patte et une carapace recouverte de peau, au lieu de l'habituelle couche cornée.

Palaeotrionyx devait avoir une apparence et un mode de vie semblables à celui de ses descendants actuels, les tortues molles (*Trionyx*) d'Amérique du Nord et d'Afrique. Comme elles, il devait être omnivore, utilisant son bec pointu pour manger des herbes aquatiques et attraper des insectes, des mollusques, des écrevisses ou même de petits poissons.

REPTILES SEMI-AQUATIQUES ET MARINS

Durant l'ère mésozoïque, plusieurs groupes de reptiles retournèrent dans la mer et s'adaptèrent à la vie marine. Les ichthyosaures, ou « poissons-lézards », et les plésiosaures à long cou furent les membres les plus prospères de ces groupes et dominèrent les océans du globe durant quelque 100 millions d'années.

La relation entre ces reptiles marins et les autres groupes de reptiles, voir entre eux, reste assez obscure. Ils se ressemblaient tout de même suffisamment pour pouvoir être classés dans un même groupe. Ils possèdent, en effet, tous une paire d'ouvertures derrière les yeux et sous les os des joues.

Il existe quatre types différents de reptiles marins, chacun présentant un degré d'adaptation différent à l'environnement marin. Les moins spécialisés sont les placodontes, qui vivaient au Trias (voir ci-dessous). Les nothosaures, également du Trias, étaient plus adaptés à l'environnement marin (voir page 72), et leurs parents, les plésiosaures parcouraient les océans durant le Jurassique et le Crétacé (voir pages 78-81). Les ichthyosaures côtoyaient les plésiosaures dans les mers du Jurassique et représentaient la forme la plus aboutie de reptile marin.

ORDRE DES PLACODONTIA

Les placodontes sont les nageurs les moins spécialisés de tous les reptiles marins. Ils apparurent au Trias et disparurent à la même époque. De nombreuses formes évoluèrent durant ce laps de temps de 35 millions d'années. Toutefois, ils ne s'adaptèrent jamais complètement à la vie dans les océans. Les placodontes ne vivaient que dans les eaux peu profondes qui bordaient la Tethys, la mer qui séparait à l'époque le Gondwana de l'Euramérique (voir page 11). Bien des placodontes possèdent une carapace, semblable à celle des tortues, pour protéger leurs corps contre les attaques des prédateurs.

Famille des Placodontidae

Les membres de ce groupe de reptiles semi-aquatiques étaient aussi à l'aise pour marcher sur les plages que pour nager dans les eaux côtières. Chacun de ces milieux leur fournissait suffisamment de coquillages (qui constituaient la base de leur alimentation) qu'ils broyaient avec leurs larges dents.

NOM : *Placodus*
ÉPOQUE : Trias inférieur et moyen
RÉPARTITION : Europe (Alpes)
TAILLE : 2 m de long

Le crâne de *Placodus* montre le régime spécialisé de ce reptile, ses dents étant parfaitement capables de broyer les coquillages. On trouvait sur le devant des mâchoires une rangée de dents tranchantes qui lui servaient à arracher les coquillages – bivalves ou brachiopodes – des rochers. Les dents situées à l'arrière, plates et larges, lui servaient à broyer les coquilles (d'où le nom de placodonte qui signifie « dent plate »). Même son palais était tapissé de larges dents.

Cette formidable denture était mise en œuvre par des muscles de la mâchoire puissante, pouvant s'étendre jusqu'à la paire d'ouvertures placées à l'arrière du crâne. Cela avait pour effet d'augmenter fortement la puissance de la morsure.

Quelques requins modernes (comme le requin de Port Jackson, *Heterodontus portusjacksoni*) qui se nourrissent du même genre d'animaux à coquille (mollusques, crustacés et oursins) possèdent le même type de denture, si bien que lorsque l'on retrouva les dents de *Placodus*, les paléontologues crurent qu'elles appartenaient à une espèce disparue de requin.

Placodus ne subit aucune modification pour sa vie aquatique. Son corps était trapu, son cou était court et ses pattes sortaient latéralement, comme chez les premiers reptiles terrestres. Son seul appui pour la nage était la membrane palmée qui réunissait ses 5 orteils, ainsi que sa longue queue, aplatie de chaque côté, et qui devait être bordée d'une nageoire sur toute sa longueur.

Comme tous les placodontes, le dessous du corps de *Placodus* était protégé par une puissante armure composée de côtes abdominales. Une rangée de protubérances osseuses s'élevait à partir de la colonne vertébrale, offrant ainsi une protection à cet animal qui, sans cela, aurait été totalement sans défense. Les placodontes plus évolués développèrent cependant un meilleur système de carapace.

Famille des Cyamodontidae

Ce groupe de placodontes développa une carapace semblable à celle des tortues. Ils apparurent au Trias moyen et survécurent jusqu'à la fin de cette période.

Ils possédaient un mode de vie plus adapté à l'environnement aquatique que *Placodus* (à gauche), et commencèrent à ressembler à des tortues modernes et à se comporter comme elles, bien qu'il n'y ait aucun lien entre les deux groupes. Le fait que des animaux, sans relation aucune, évoluent de manière similaire, est connu sous le nom d'évolution convergente.

NOM : *Placochelys*

ÉPOQUE : Trias moyen à supérieur

RÉPARTITION : Europe (Allemagne)

TAILLE : 90 cm de long

Ce petit reptile était parfaitement adapté à la vie dans les mers du Trias. Le corps mince de *Placodus* était, ici, remplacé par un corps plus large et plat, comparable à celui d'une tortue, et une véritable mosaïque de fines plaques bosselées recouvrait le dos de *Placochelys*, formant ainsi une armure protectrice. Sa queue était courte et ses pattes se modifièrent au cours de l'évolution pour prendre la forme de palettes natatoires qui lui servaient à se propulser.

La tête de *Placochelys* a toutes les caractéristiques d'un mangeur de coquillages. Contrairement à *Placodus*, il n'a pas des dents de devant pointues mais un bec crochu et édenté. Toutefois, celui-ci lui permettait également d'arracher les coquillages des rochers. Tout comme chez *Placodus*, les muscles de sa mâchoire étaient puissants. On trouve sur le côté de ses mâchoires, ainsi que sur son palais, de larges dents qui lui servaient à broyer la coquille de ses proies.

Famille des Henodontidae

Ces placodontes à armures apparurent au Trias supérieur. La ressemblance avec les tortues, d'abord visible chez les cyamodontidés, fut poussée à l'extrême chez certains des membres de cette famille. Les hénodontidés développèrent de grandes carapaces osseuses qui recouvraient leur dos et leur ventre. Ils étaient quasiment dépourvus de dents, celles-ci ayant été remplacées par un bec crochu, similaire à celui des tortues actuelles.

NOM : *Henodus*

ÉPOQUE : Trias supérieur

RÉPARTITION : Europe (Allemagne)

TAILLE : 1 m de long

Le corps de *Henodus* est aussi long que large, comme celui des tortues actuelles. Son dos et son ventre sont recouverts par une mosaïque irrégulière de plaques osseuses de tailles variées. Celles-ci constituaient une carapace protectrice face aux attaques des autres reptiles marins du Trias, comme les ichthyosaures.

La carapace de *Henodus* est composée d'un plus grand nombre de plaques osseuses que celle des tortues modernes, mais elle était recouverte de la même couche de corne.

La tête de *Henodus* est cubique. Ses mâchoires étant dépourvues de dents, on devait trouver à la place un bec crochu qui lui servait à la fois à déloger et à broyer les coquillages dont il se nourrissait.

REPTILES SEMI-AQUATIQUES ET MARINS SUITE

ORDRE INCERTAIN

Les claudiosaures sont des reptiles marins qui apparurent au Permien supérieur. Leur classification est, pour l'instant, incertaine, mais il se peut qu'ils aient constitué un groupe de transition entre les reptiles terrestres éosuchiens (voir pages 84-85) et les reptiles marins plus avancés, les nothosaures et leurs parents les plésiosaures.

On n'a retrouvé jusqu'à présent qu'un seul genre de claudiosaure, un lézard semi-aquatique appelé *Claudiosaurus* que l'on a placé dans une famille spécifique, celle des claudiosauridés.

NOM : *Claudiosaurus*
ÉPOQUE : Permien supérieur
RÉPARTITION : Madagascar
TAILLE : 60 cm de long

Claudiosaurus était un animal ressemblant à un lézard doté d'un long cou et dont le mode de vie peut être comparé à celui d'un iguane marin moderne. *Claudiosaurus* devait passer la plupart de son temps à se dorer sur des plages de rochers, réchauffant son corps avant d'aller s'approvisionner en nourriture. Il devait se nourrir sous l'eau, fouillant les algues à l'aide de son long cou flexible, à la recherche de plantes ou d'animaux convenant à son alimentation. Lorsqu'il nageait, ses pattes devaient être repliées le long de son corps pour donner à celui-ci une forme hydrodynamique et offrir ainsi le moins de résistance possible à l'eau. Il se propulsait en ondulant l'arrière de son corps et sa queue longue et fine.

Son squelette devait, en grande partie, être composé de cartilage. Son sternum n'était ni bien développé ni ossifié comme celui des animaux terrestres où il attache les côtes ventralement, constituant une adaptation à la marche. Le sternum de *Claudiosaurus* indique donc que ses côtes n'étaient pas adaptées pour les déplacements terrestres.

ORDRE DES NOTHOSAURIA

Les nothosaures étaient des reptiles marins piscivores au corps effilé. Leur cou, leur corps et leur queue étaient longs, leurs pattes palmées et leurs mâchoires étroites étaient garnies de dents tranchantes. Leurs pattes arrière sont plus robustes que leurs pattes avant, ce qui indique qu'elles devaient être utilisées pour la propulsion.

Comme les placodontes, les nothosaures apparurent et disparurent durant le Trias. Certains paléontologues pensent qu'ils représentent une étape intermédiaire entre les reptiles terrestres et les plésiosaures aquatiques. Toutefois, quelques traits de leurs palais et de leurs épaules indiquent que les nothosaures n'étaient pas les ancêtres directes des plésiosaures, mais plutôt une branche à part dans l'évolution.

Famille des Nothosauridae

Il existe plusieurs familles de nothosaures, mais leurs représentants les mieux connus appartiennent à la famille des nothosauridés. Ils ont été découverts dans les sédiments marins d'Europe et d'Asie.

NOM : *Nothosaurus*
ÉPOQUE : Trias
RÉPARTITION : Asie (Chine, Israël et Russie), Europe (Allemagne, Pays-Bas et Suisse) et Afrique du Nord
TAILLE : 3 m de long

Ce nothosaure typique devait vivre à la façon des phoques actuels, se nourrissant dans la mer et passant le reste de son temps hors de l'eau. Il n'était que peu adapté à la vie marine. Ces pattes ont 5 longs orteils palmés. Son corps, son cou et sa queue étaient longs et flexibles. La longueur des épines sur les vertèbres de sa queue indique qu'on devait y trouver une nageoire. Les mâchoires de *Nothosaurus*, longues et fines, dotées de dents pointues s'emboîtant parfaitement, formaient un véritable piège pour les poissons.

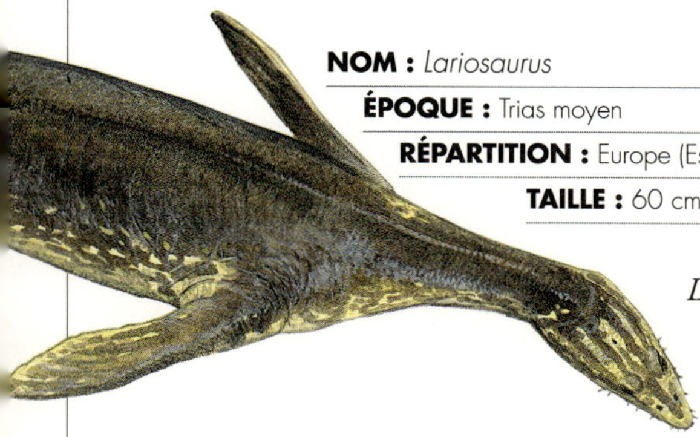

NOM : *Lariosaurus*
ÉPOQUE : Trias moyen
RÉPARTITION : Europe (Espagne)
TAILLE : 60 cm de long

Lariosaurus est l'un des plus petits nothosaures, mais pas le plus petit, certains ne dépassant pas les 20 cm de long. Il possède un certain nombre de caractères primitifs, notamment des orteils et un cou assez court. La palmure entre ses orteils ne devait pas occuper une surface importante et donc elle ne lui était pas très utile pour nager. Ce reptile devait passer le plus clair de son temps sur les plages ou dans les eaux côtières à la recherche de petits poissons ou de crevettes.

NOM : *Ceresiosaurus*
ÉPOQUE : Trias moyen
RÉPARTITION : Europe
TAILLE : 4 m de long

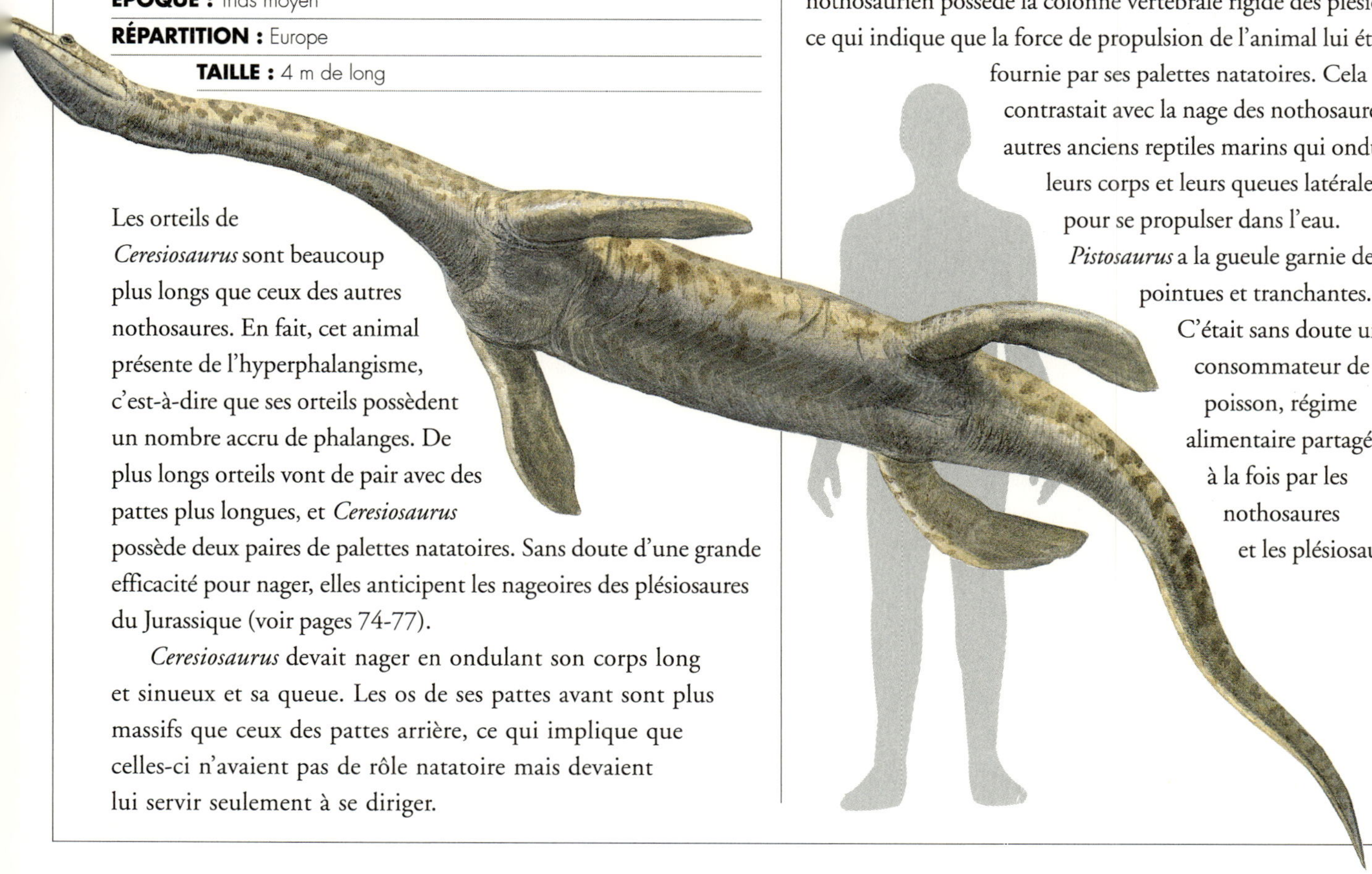

Les orteils de *Ceresiosaurus* sont beaucoup plus longs que ceux des autres nothosaures. En fait, cet animal présente de l'hyperphalangisme, c'est-à-dire que ses orteils possèdent un nombre accru de phalanges. De plus longs orteils vont de pair avec des pattes plus longues, et *Ceresiosaurus* possède deux paires de palettes natatoires. Sans doute d'une grande efficacité pour nager, elles anticipent les nageoires des plésiosaures du Jurassique (voir pages 74-77).

Ceresiosaurus devait nager en ondulant son corps long et sinueux et sa queue. Les os de ses pattes avant sont plus massifs que ceux des pattes arrière, ce qui implique que celles-ci n'avaient pas de rôle natatoire mais devaient lui servir seulement à se diriger.

Famille des Pistosauridae

Les relations étroites entre nothosaures et plésiosaures ont été révélées par l'observation des caractéristiques du seul membre de la famille des pistosauridés. La majeure partie du squelette de *Pistosaurus* est typique des nothosaures (notamment le corps) mais le crâne et la colonne vertébrale de cette créature présente de nombreux caractères propres aux plésiosaures.

NOM : *Pistosaurus*
ÉPOQUE : Trias moyen
RÉPARTITION : Europe (Allemagne et France)
TAILLE : 3 m de long

Ce reptile marin représente peut-être un état intermédiaire entre les nothosaures et les plésiosaures puisqu'il possède des caractères propres à chacun de ces groupes. Sa tête, typique des plésiosaures, a encore un palais de nothosaure. Son corps de type nothosaurien possède la colonne vertébrale rigide des plésiosaures, ce qui indique que la force de propulsion de l'animal lui était fournie par ses palettes natatoires. Cela contrastait avec la nage des nothosaures et autres anciens reptiles marins qui ondulaient leurs corps et leurs queues latéralement pour se propulser dans l'eau. *Pistosaurus* a la gueule garnie de dents pointues et tranchantes. C'était sans doute un grand consommateur de poisson, régime alimentaire partagé à la fois par les nothosaures et les plésiosaures.

REPTILES MARINS SUITE

ORDRE DES PLESIOSAURIA

Les plésiosaures sont de grands reptiles qui dominèrent les mers du Mézosoïque. Certaines de ces créatures pouvaient faire plus de 15 m. Les plésiosaures s'adaptèrent à la vie marine grâce à la modification de leurs pattes en de longs et fins ailerons qui facilitèrent la nage. Leurs doigts ou orteils ne sont pas composés de 5 mais d'au moins 10 phalanges. Les plésiosaures ont un corps robuste et long, avec une queue généralement courte.

Les paléontologues crurent d'abord que les plésiosaures utilisaient leurs ailerons comme d'énormes rames, les déplaçant d'avant en arrière afin de se propulser. Toutefois, une théorie récente suggère que les ailerons des plésiosaures étaient actionnés de manière verticale, un peu comme des ailes d'oiseaux et que, d'une certaine manière, les plésiosaures « volaient » dans l'eau en battant de leurs nageoires en un rythme lent et régulier.

Leurs ailerons avaient une forme d'hydrofoil, comme des ailes d'avion, avec une arête antérieure ronde et une arête postérieure effilée. Leur forme est comparable aux ailes des pingouins actuels ou aux nageoires des tortues de mer, ces deux espèces nageant en pratiquant une sorte de « vol subaquatique ».

Ces membres spécialisés nécessitent aussi des modifications morphologiques au niveau des ceintures. Leur structure est en tout point unique. Les os pectoraux et deux des trois os des hanches sont massifs et forment de large plaque au niveau du ventre de l'animal. Les muscles puissants chargés du fonctionnement des nageoires sont connectés à ces plaques.

Une série dense de côtes relie les ceintures pelviennes et pectorales, raidissant leur tronc plutôt court et fournissant un dispositif puissant et solide pour le fonctionnement des nageoires. Ces côtes protégeaient également l'animal lorsque celui-ci devait quitter l'eau pour pondre sur les plages. Tout comme les tortues qui ont une armure ventrale, composée de plaques osseuses, ces côtes protégeaient le ventre du plésiosaure lorsque celui-ci rampait sur la plage, se mouvant au moyen de ses nageoires.

Aucune preuve n'indique que le plésiosaure était ovovipare comme l'ichthyosaure (voir pages 78-81). Il est plus probable qu'il sortait de l'eau et qu'il creusait des niches dans le sable, exactement comme le font les tortues de mer actuelles. Toutefois, les plésiosaures devaient être encore moins à l'aise hors de l'eau que les tortues du fait de leur long cou. Ils devaient être très vulnérables aux attaques des prédateurs de l'époque. Comme les bébés tortues, les plésiosaures fraîchement éclos devaient entreprendre un périple des plus dangereux pour regagner la mer.

On ne connaît pas l'ancêtre des plésiosaures. Les paléontologues ont longtemps pensé qu'ils avaient dû évoluer directement à partir d'un nothosaure, mais ils distinguent aujourd'hui un meilleur candidat en la personne d'un reptile du Trias moyen, *Pistosaurus* (voir page 73), dont la morphologie semble être un intermédiaire entre les deux groupes. *Pistosaurus* possédait effectivement le corps d'un nothosaure et le crâne d'un plésiosaure.

Il existe deux groupes majeurs (ou super-famille) de plésiosaures. La principale différence entre les membres de ces deux groupes est la longueur de leur cou et leurs habitudes alimentaires. Les plésiosauroïdes avaient un long cou et une petite tête et se nourrissaient de petites créatures. Les pliosauroïdes avaient un petit cou et une grande tête ce qui leur permettait de chasser puis d'avaler de plus grandes proies. Du fait de ces différentes caractéristiques, les deux groupes ne devaient pas entrer en compétition ni avec leurs cousins les ichthyosaures ou « poisson-lézard » (voir pages 78-81), bien qu'ils aient tous vécu dans les mêmes zones pendant des millions d'années. Les plésiosauroïdes et les pliosauroïdes survécurent jusqu'au Crétacé supérieur.

SUPER-FAMILLE DES PLESIOSAUROIDEA

Les premiers membres de ce groupe de reptiles marins à long cou représentent la souche d'où tous les plésiosaures allaient ensuite se développer. La super-famille des plésiosauroïdes est apparue au Jurassique inférieur et a été florissante tout au long de cette période. Une famille, celle des élasmosaures (à droite) survécut même jusqu'au Crétacé supérieur. Ce fut la dernière représentante du groupe.

La tendance générale de l'évolution parmi ces nombreuses familles conduisit à un allongement du cou et des nageoires. Elle atteignit des extrêmes chez certains membres du groupe dont le cou était quasiment aussi long que le corps et la queue réunis.

Ils possédaient également de grands ailerons en forme de rame qui leur permettaient de se mouvoir en permanence. Les ailerons avant étaient toujours plus grands que les ailerons arrière.

Les plésiosauroïdes se nourrissaient de poissons de taille modeste et de calmars. Leur grand cou leur permettait de sortir la tête bien au-dessus du niveau de la surface et de scruter les vagues à la recherche de proies.

Famille des Plesiosauridae

Les membres de ce groupe ont une petite tête et un cou moyennement long. Ils sont connus principalement grâce aux fossiles datant du Jurassique inférieur découverts en Europe.

NOM : *Plesiosaurus*
ÉPOQUE : Jurassique inférieur
RÉPARTITION : Europe (Allemagne et Angleterre)
TAILLE : 2,30 m de long

Les plésiosauridés semblent avoir peu changé au cours de leurs 135 millions d'années d'évolution. Le premier membre du groupe, *Plesiosaurus*, avait déjà développé toutes les structures qui caractérisent ces reptiles marins.

Il existait plusieurs espèces. *Plesiosaurus macrocephalus*, par exemple, possédait une tête plus grande que les autres espèces. À part cela, il était semblable, par sa structure, à ses autres parents.

Un plésiosauridé était plus agile que rapide. Pour chasser les poissons, il devait effectuer des mouvements d'une grande précision. Un mouvement vers l'avant des nageoires d'un côté de son corps couplé à un mouvement vers l'arrière des nageoires de l'autre côté aurait, par exemple, fait pivoter l'animal sur lui-même. Son long cou n'avait alors plus qu'à s'allonger rapidement pour fondre sur sa proie.

Famille des Cryptoclididae

Les cryptoclididés possèdent un long cou, composé de 30 vertèbres. Leur crâne a un long museau avec des narines rejetées vers l'arrière. Les fossiles datent du Jurassique supérieur au Crétacé supérieur.

NOM : *Cryptoclidus*
ÉPOQUE : Jurassique supérieur
RÉPARTITION : Europe (Angleterre)
TAILLE : 4 m de long

Cryptoclidus et les autres membres de sa famille avaient le même cou et la même tête que *Plesiosaurus*. Ils possédaient cependant un grand nombre de dents incurvées, pointues et tranchantes qui s'emboîtaient lorsque la mâchoire était fermée. Cette disposition était parfaite pour attraper de petits poissons ou des crevettes.

Comme tous les autres plésiosaures du Jurassique supérieur, *Cryptoclidus* avait accompli la transformation de ses membres en ailerons en augmentant le nombre d'os de ses 5 phalanges.

Famille des Elasmosauridae

Les élasmosaures sont un large groupe apparu au Jurassique inférieur, dont la diversité s'intensifia durant la fin de cette période et au Crétacé. Certaines formes du Crétacé supérieur possédaient des cous extrêmement longs pouvant être composés de plus de 76 vertèbres.

NOM : *Muraenosaurus*
ÉPOQUE : Jurassique supérieur
RÉPARTITION : Europe (Angleterre et France)
TAILLE : 6 m de long

La famille de plésiosaure la plus diversifiée fut celle des élasmosaures dont *Muraenosaurus* était l'un des premiers représentants. Ils apparurent au Jurassique moyen et survécurent jusqu'au Crétacé supérieur. Ils avaient le plus long cou de tous les plésiosaures.

Le cou de *Muraenosaurus* était aussi long que son corps et sa queue réunis, et était soutenu par 44 vertèbres. Sa tête ne représentait qu'un seizième de la longueur du corps.

Le petit corps trapu, typique des plésiosaures, devint chez *Muraenosaurus* assez rigide et peu flexible. Cette rigidité augmentait la force propulsive des nageoires.

REPTILES MARINS suite

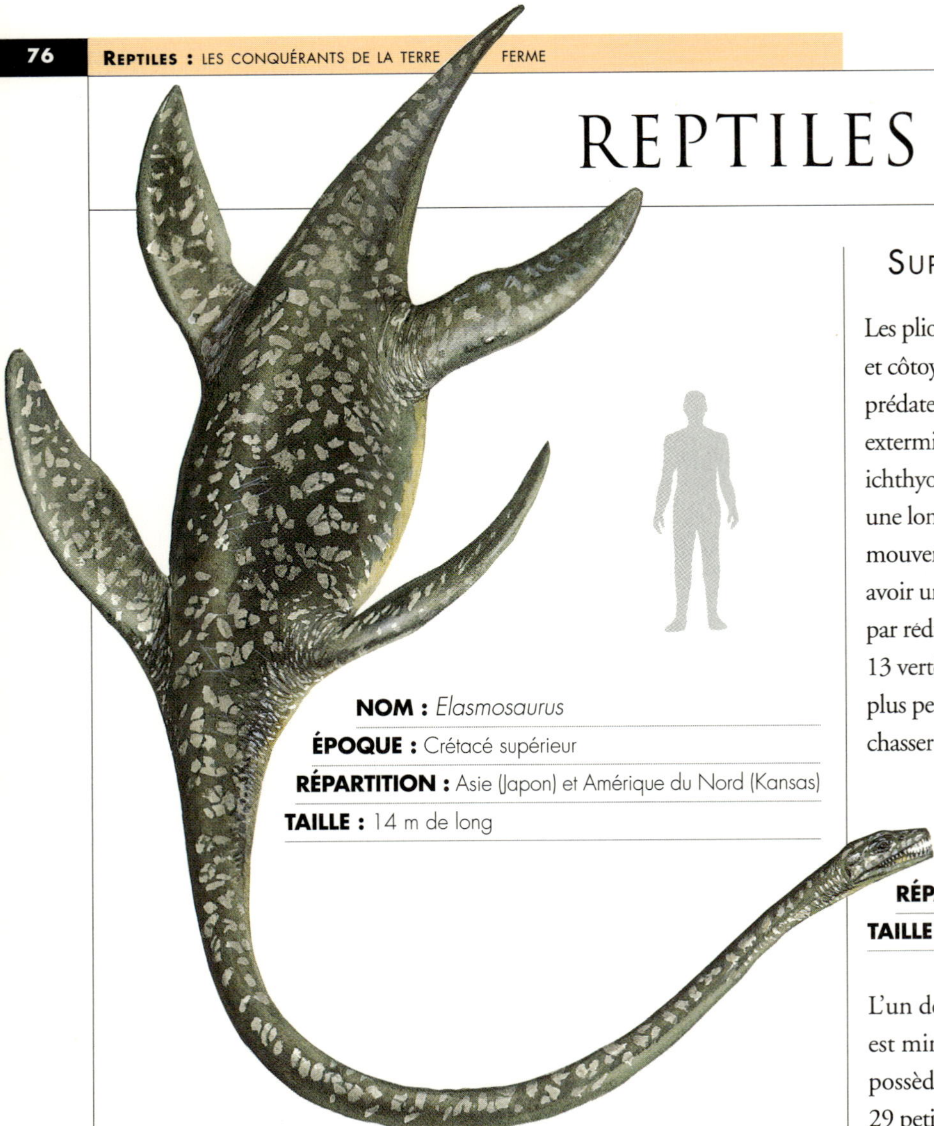

NOM : *Elasmosaurus*
ÉPOQUE : Crétacé supérieur
RÉPARTITION : Asie (Japon) et Amérique du Nord (Kansas)
TAILLE : 14 m de long

« Un serpent cousu sur un corps de tortue ». Telle est la façon dont Dean Conybeare, un paléontologue anglais du XIXe siècle décrit le plésiosaure. *Elasmosaurus* est le plus long plésiosaure connu. Son cou représentait plus de la moitié du corps, soit 8 m sur un total de 14.

Il possède 71 vertèbres, bien plus que les premiers plésiosaures dont le cou n'est soutenu que par 28 vertèbres. Cette structure aurait permis à *Elasmosaurus* d'enrouler deux fois son cou autour de son corps. Il devait être deux fois moins flexible verticalement. Toutefois, si *Elasmosaurus* avait maintenu son cou sous l'eau alors qu'il nageait, il aurait rencontré une grande résistance.

C'est pourquoi certains paléontologues pensent que ce reptile devait nager à la surface, son cou maintenu hors de l'eau. Lorsqu'il remarquait des poissons, il n'avait plus qu'à plonger son cou dans l'eau pour se saisir de sa proie. Anhinga ou « serpent-oiseau » actuel possède un long cou et chasse à peu près de cette manière.

Super-famille des Pliosauroidea

Les pliosauroïdes apparurent au Jurassique inférieur et côtoyèrent donc les plésiosauroïdes. Ils devinrent les prédateurs les plus redoutables des mers du Mésozoïque, chassant et exterminant de grandes créatures marines comme les requins, les ichthyosaures et même leurs ancêtres, les plésiosaures. Ils possèdent une longue tête aux mâchoires et aux dents puissantes, mis en mouvements par d'énormes muscles. Certains pliosaures peuvent avoir une tête de plus de 3 m. Leur corps devint très hydrodynamique par réduction progressive du cou. Certaines formes ne possèdent que 13 vertèbres, ce qui est très peu face aux plésiosaures, dotés d'un plus petit cou, qui en possèdent 28. Ils grossirent aussi pour chasser de plus grandes proies.

NOM : *Macroplata*
ÉPOQUE : Jurassique inférieur
RÉPARTITION : Europe (Angleterre)
TAILLE : 4,50 m de long

L'un des premiers pliosaures. Son crâne est mince comparé à celui des crocodiles. Il possède encore un cou assez long, soutenu par 29 petites vertèbres et qui mesure le double de son crâne.

Les pattes des pliosaures se transformèrent progressivement en palettes natatoires grâce à l'augmentation du nombre de phalanges de chaque doigt. Les membres postérieurs grandirent, ce qui implique un usage des nageoires différent dans les deux groupes.

NOM : *Peloneustes*
ÉPOQUE : Jurassique supérieur
RÉPARTITION : Europe (Angleterre et ancienne URSS)
TAILLE : 3 m de long

Bien que plus petit que *Macroplata*, ce pliosaure (ci-dessous) semble plus avancé dans l'évolution puisqu'il a un cou plus court (soutenu par seulement 20 vertèbres) et une plus grosse tête, les deux de taille équivalente. Les formes plus hydrodynamiques de *Peloneustes* lui permettaient de pourchasser plus rapidement ses proies. Ses dents sont adaptées à son régime alimentaire, moins nombreuses et moins tranchantes que celles des plésiosaures piscivores, mais plus efficaces pour attraper des calmars et broyer les coquilles d'ammonites.

NOM : *Kronosaurus*

ÉPOQUE : Crétacé inférieur

RÉPARTITION : Australie (Queensland)

TAILLE : 13 m de long

Kronosaurus est le plus grand pliosaure connu. Son crâne est aplati dorsalement et extrêmement long, mesurant presque 3 m (environ le quart de la longueur totale du corps). Il était donc plus grand et plus puissant que celui du plus grand dinosaure carnivore, *Tyrannosaurus* (voir page 121).

Tout au long du Trias et du Jurassique, l'Australie était une terre émergée mais au Crétacé inférieur, la mer en recouvrait une large partie. L'environnement était chaud et la mer peu profonde, conditions idéales pour le développement d'une grande population de poissons et de céphalopodes. *Kronosaurus* et les autres pliosaures à petit cou étaient des nageurs très agiles et ces eaux peu profondes devaient constituer pour eux un parfait terrain de chasse.

NOM : *Liopleurodon*

ÉPOQUE : Jurassique supérieur

RÉPARTITION : Europe (Allemagne, Angleterre, France et ancienne URSS)

TAILLE : 12 m de long

Ce long pliosaure est représentatif des membres les plus évolués de sa famille. Il ressemble à une baleine, avec sa large tête, son petit cou et son corps effilé. On sait, grâce à la structure de ses pattes qu'il devait être très agile et qu'il pouvait nager à n'importe quelle profondeur.

Ses nageoires antérieures accomplissaient des mouvements verticaux, comme celles des plésiosaures. Elles repoussaient l'eau vers l'arrière, à coups puissants et lui servaient à se propulser. Elles se soulevaient ensuite sous l'effet de la pression de l'eau.

Les nageoires arrière devaient repousser l'eau puis pivoter pour offrir le moins de résistance possible.

Cette combinaison de mouvements devait faire de *Liopleurodon* un bon nageur, capable de parcourir rapidement de longues distances et de chasser ses proies favorites, des céphalopodes rapides.

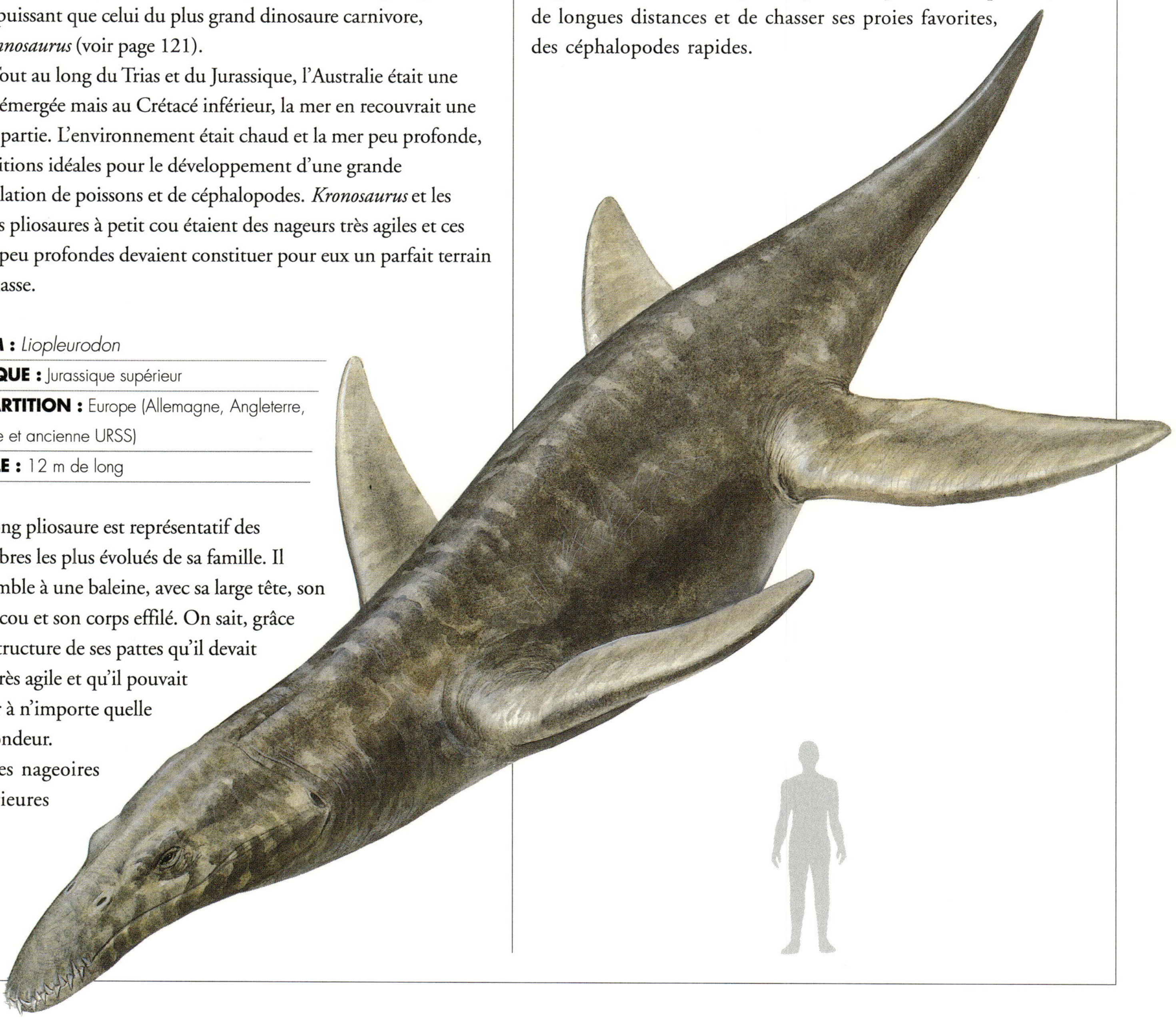

REPTILES MARINS SUITE

ORDRE DES ICHTHYOSAURIA

Les ichthyosaures constituaient les reptiles marins les plus spécialisés. Leur nom signifie « poisson-lézard » et les définit bien. Ils étaient piscivores et avaient une allure de poisson, bien qu'il s'agisse tout de même de reptiles. En fait, la forme générale de leur corps était celle des maquereaux actuels, une forme fortement hydrodynamique leur permettant d'atteindre une vitesse de 40 km/h.

Contrairement à leurs contemporains les plésiosaures, (voir pages 74-77), les ichthyosaures ne se servaient pas de leurs nageoires pour se propulser dans l'eau. Ils avaient développé une queue semblable à celle des poissons dont les mouvements latéraux constituaient la principale force de propulsion, comme chez les requins ou les thons.

Les ichthyosaures étaient si bien adaptés à la vie marine qu'ils n'avaient même plus besoin de sortir sur la terre ferme pour y déposer des œufs, comme peuvent le faire les tortues. Les jeunes naissaient en mer. Quelques-uns des fossiles les plus intéressants jamais trouvés nous montrent des femelles ichthyosaures adultes en parturition, dont le petit émerge tout juste du corps.

En tant que groupe, les ichthyosaures occupent la même niche écologique que les dauphins aujourd'hui. Très diversifiés, ils proliférèrent durant 100 millions d'années. Ils commencèrent à sillonner les mers au Trias inférieur et atteignirent leur diversité maximale au Jurassique moyen. Ils déclinèrent ensuite pour disparaître totalement au Crétacé moyen. Leur disparition est, sans doute, due aux requins, qui, à cette époque, avaient atteint leur forme actuelle et étaient les prédateurs dominants des mers de la fin du Mésozoïque (voir pages 26-28).

L'origine des ichthyosaures est inconnue. La seule certitude que nous ayons est qu'ils descendent d'un groupe de reptiles terrestres et non pas de l'un des groupes de reptiles marins connus.

Famille des Shastasauridae

Les shastasauridés furent parmi les premiers ichthyosaures à apparaître. On les a trouvés dans des roches du Trias moyen, principalement en Amérique du Nord (quelques spécimens plus anciens datant du Trias inférieur on été découverts au Japon et en Chine). Au tout début de leur évolution, les shastasauridés se déplaçaient à la manière des anguilles. Toutefois, dès le Trias supérieur, ils avaient adopté une forme de poisson, caractéristique du groupe des ichthyosaures et ils se propulsaient comme eux.

NOM : *Cymbospondylus*
ÉPOQUE : Trias moyen
RÉPARTITION : Amérique du Nord (Nevada)
TAILLE : 10 m de long

Ce long ichthyosaure est l'un des membres de son groupe qui ressemble le moins à un poisson. Il ne possède aucune des nageoires dorsales et caudales que les ichthyosaures développeront par la suite. Il a, toutefois, cette longue mâchoire en forme de bec dotée de dents pointues caractéristiques des piscivores.

Les pattes de *Cymbospondylus* étaient courtes et ressemblaient plus aux nageoires des poissons qu'à celles des ichthyosaures à venir. Elles ne devaient être d'aucune utilité lors de la nage si ce n'est pour se diriger ou freiner. L'animal devait, en conséquence, se propulser grâce aux ondulations de son corps.

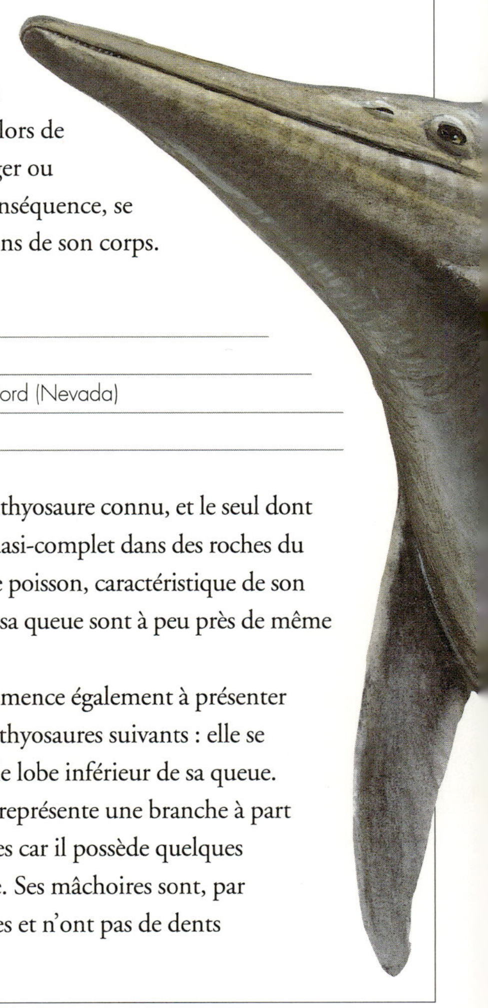

NOM : *Shonisaurus*
ÉPOQUE : Trias supérieur
RÉPARTITION : Amérique du Nord (Nevada)
TAILLE : 15 m de long

Shonisaurus est le plus long ichthyosaure connu, et le seul dont on ait retrouvé un squelette quasi-complet dans des roches du Trias supérieur. Il a la forme de poisson, caractéristique de son groupe, et sa tête, son corps et sa queue sont à peu près de même taille.

Sa colonne vertébrale commence également à présenter un trait caractéristique des ichthyosaures suivants : elle se replie vers le bas pour former le lobe inférieur de sa queue.

Il semble que *Shonisaurus* représente une branche à part dans la lignée des ichthyosaures car il possède quelques particularités dans sa structure. Ses mâchoires sont, par exemple, grandement allongées et n'ont pas de dents sauf sur le devant.

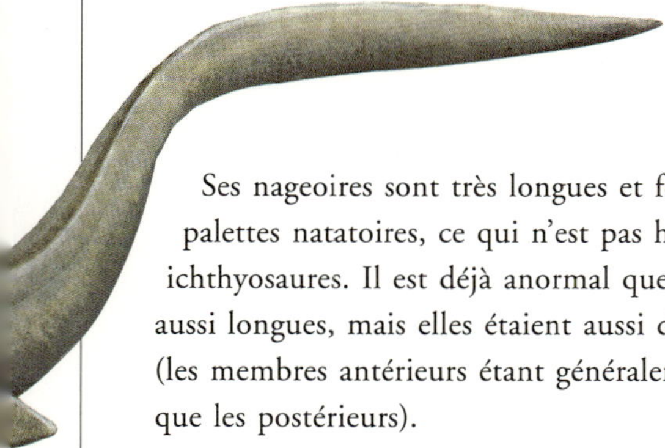

Ses nageoires sont très longues et forment de véritables palettes natatoires, ce qui n'est pas habituel chez les ichthyosaures. Il est déjà anormal que ses palettes soient aussi longues, mais elles étaient aussi de taille égale (les membres antérieurs étant généralement plus longs que les postérieurs).

Famille des Mixosauridae

Les mixosauridés développèrent sur leur dos une nageoire stabilisatrice (comme la nageoire dorsale des poissons), soutien natatoire présent chez tous les ichthyosaures suivants. Cependant, les mixosauridés ne possédaient pas la nageoire caudale typique des poissons, avec deux lobes égaux, qui fit de leurs descendants d'aussi bons nageurs.

Chez les mixosauridés, la colonne vertébrale ne se courbait pas vers le bas, comme c'est le cas chez les ichthyosaures suivants, mais était étendue vers le haut, probablement pour soutenir une fine nageoire sur le dessus de la queue.

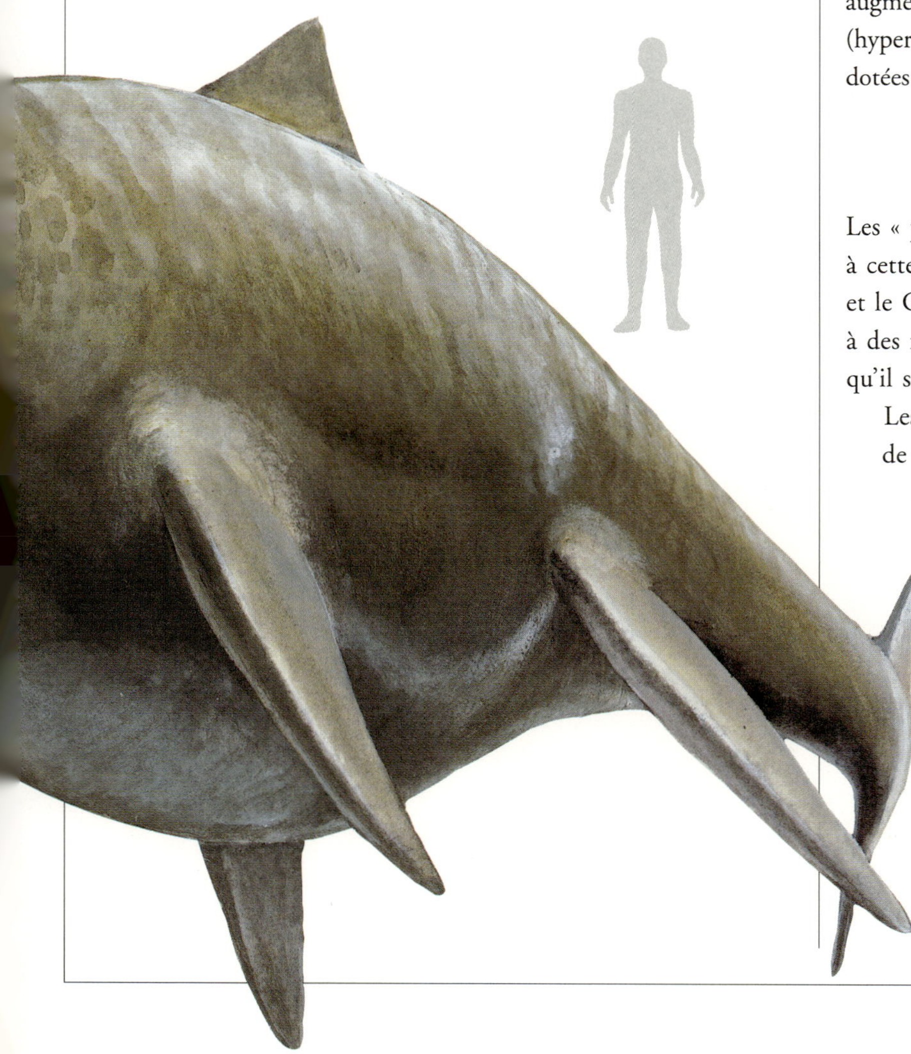

NOM : *Mixosaurus*

ÉPOQUE : Trias moyen

RÉPARTITION : Asie (Chine, Timor et Indonésie), Europe (Alpes), Amérique du Nord (Alaska, Canada arctique et Nevada) et Spitsbergen

TAILLE : 1 m de long

Mixosaurus est morphologiquement intermédiaire entre les ichthyosaures primitifs comme *Cymbospondylus* (à gauche) et les formes plus évoluées qui suivirent. *Mixosaurus* possède, par exemple, un corps de poisson avec un aileron dorsal et certainement une ébauche de nageoire sur la partie supérieure de la queue. Ses membres, ont la forme de palettes natatoires, celles du devant étant plus grandes que celles de derrière. Chaque nageoire est composée de 5 doigts dont la taille augmente progressivement grâce à l'addition de phalanges (hyperphalangisme). Ses mâchoires, longues et fines, étaient dotées de dents pointues, parfaites pour attraper des poissons.

Famille des Ichthyosauridae

Les « poissons-lézards » les plus typiques appartiennent à cette famille qui fut fleurissante pendant tout le Jurassique et le Crétacé. La famille des ichthyosauridés est connue grâce à des fossiles particulièrement bien préservés, qui démontrent qu'il s'agit d'animaux hautement spécialisés.

Les ichthyosaures ont développé un corps effilé, en forme de torpille, doté d'une nageoire stabilisatrice sur le dos, de petites paires de palettes utilisées pour se diriger et d'une puissante queue, semblable à celle des poissons, avec deux lobes égaux et qui leur servaient à se propulser. Des articulations entre les vertèbres de la queue permettaient d'effectuer de grands mouvements latéraux qui propulsaient l'animal à grande vitesse. C'est ce type de nage qui est utilisé par la plupart des poissons rapides modernes. Des ichthyosaures fossiles furent découverts pour la première fois au XIXe siècle par la famille Anning, dans les calcaires du Jurassique de Lyme Regis, dans le sud de l'Angleterre.

REPTILES MARINS SUITE

NOM : *Ichthyosaurus*
ÉPOQUE : du Jurassique inférieur au Crétacé inférieur
RÉPARTITION : Europe (Allemagne et Angleterre), Groenland et Amérique du Nord (Alberta)
TAILLE : 2 m de long

Ichthyosaurus est l'un des animaux préhistoriques les mieux connus puisque des restes en sont conservés dans les schistes du sud de l'Allemagne, près de Holzmaden. Ces roches se sont formées dans les eaux peu profondes du Jurassique inférieur. Plusieurs centaines de squelettes complets de *Ichthyosaurus* y furent conservées, leurs os encore en connexion. On trouva même les os de plusieurs jeunes à l'intérieur du corps de certains adultes. Cela, plus le fait que certains spécimens avaient été conservés au moment de la naissance de leur petit, dont la queue sortait du corps en premier (comme chez les baleines), indique clairement que *Ichthyosaurus* donnaient naissance à ses petits en mer.

La découverte faite en Allemagne donna également un aperçu unique de l'aspect de l'animal de son vivant. Une fine couche de carbone avait été déposée sur certains spécimens, soulignant parfaitement la forme du corps lorsque la peau recouvrait encore les os. On peut y voir les traits caractéristiques d'un ichthyosaure : sa grande nageoire dorsale, la queue en demi-lune avec la colonne vertébrale orientée vers le lobe inférieur et les palettes natatoires comprenant 5 doigts, la paire avant étant plus longue que celle de l'arrière.

Les narines de *Ichthyosaurus* se trouvent juste en avant de ses yeux, si bien que l'animal n'avait qu'à « crever » la surface pour respirer. Les os de l'oreille sont massifs et devaient transmettre la moindre vibration à l'oreille interne de telle sorte que toute proie potentielle pouvait être détectée. Cependant, le sens principalement utilisé par *Ichthyosaurus* pour chasser ses proies devait être la vue, ses yeux étant proéminents et certainement très sensibles.

Même les déjections (coprolites) et le contenu de l'estomac de ces animaux furent préservés dans la roche. On a ainsi la confirmation que le poisson constituait la base de son alimentation, même s'il mangeait parfois des céphalopodes.

Des restes de pigmentation furent également préservés et des analyses suggèrent que sa peau fine devait être rouge foncé.

NOM : *Ophtalmosaurus*
ÉPOQUE : Jurassique supérieur
RÉPARTITION : Europe (Angleterre et France), Amérique du Nord (ouest des États-Unis et Canada arctique) et Amérique du Sud (Argentine)
TAILLE : 3,50 m de long

Ophtalmosaurus a une forme encore plus hydrodynamique que son contemporain *Ichthyosaurus.* Son corps a une forme ovale, s'affinant sur l'arrière et se prolongeant par une nageoire caudale en forme de demi-lune. Ses palettes antérieures sont bien plus développées que les postérieures, indiquant que l'animal utilisait surtout l'avant de son corps pour freiner et se diriger, sa queue lui servant à se propulser.

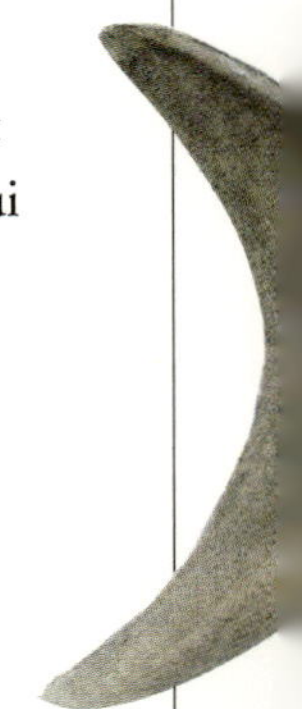

Le trait le plus notable de *Ophtalmosaurus* est ses yeux proéminents. Ses orbites ont un diamètre de 10 cm et occupent quasiment toute la profondeur du crâne. Un anneau de plaque osseuse (anneau sclérotique) entoure chaque orbite afin de préserver les tissus mous de la pression de l'eau. Il aide à la focalisation (tous les ichthyosaures possèdent ces anneaux mais on les remarque particulièrement chez *Ophtalmosaurus*).

Ces yeux de grande taille suggèrent qu'il s'alimentait la nuit. Il devait chasser près de la surface et se nourrir de calmars qui, eux-mêmes, mangeaient des poissons mangeur de plancton.

Famille des Stenopterygiidae

Au cours du Jurassique, deux types bien distincts d'ichthyosaures évoluèrent, différents par la forme de leurs palettes natatoires. *Ichthyosaurus* et les membres de sa famille en possèdent de courtes et larges avec plus de doigts que les 5 habituels (allant parfois jusqu'à 9). Les sténoptérygiidés possèdent au contraire des nageoires plus longues et plus fines, chacune avec 5 doigts et un nombre de phalanges plus important.

NOM : *Stenopterygius*
ÉPOQUE : Jurassique inférieur et moyen
RÉPARTITION : Europe (Allemagne et Angleterre)
TAILLE : 3 m de long

La découverte d'ichthyosaures, près de Holzmaden en Allemagne, comprenait des spécimens de *Stenopterygius* bien conservés. *Stenopterygius* est morphologiquement semblable à *Ichthyosaurus* mais a une tête plus petite et les fines nageoires caractéristiques de sa famille. Chacune est composée de 5 doigts, mais leur nombre accru de phalanges leur donne une forme plus allongée.

Famille des Leptopterygiidae

Cette famille regroupe les derniers ichthyosaures à avoir vécu jusqu'à leur extinction finale au Crétacé supérieur. Comme leurs prédécesseurs les sténoptérygiidés (ci-dessus), les leptoptérygiidés possédaient de fines nageoires dont chaque doigt avait subi une augmentation du nombre d'os.

NOM : *Eurhinosaurus*
ÉPOQUE : Jurassique inférieur
RÉPARTITION : Europe (Allemagne)
TAILLE : 2 m de long

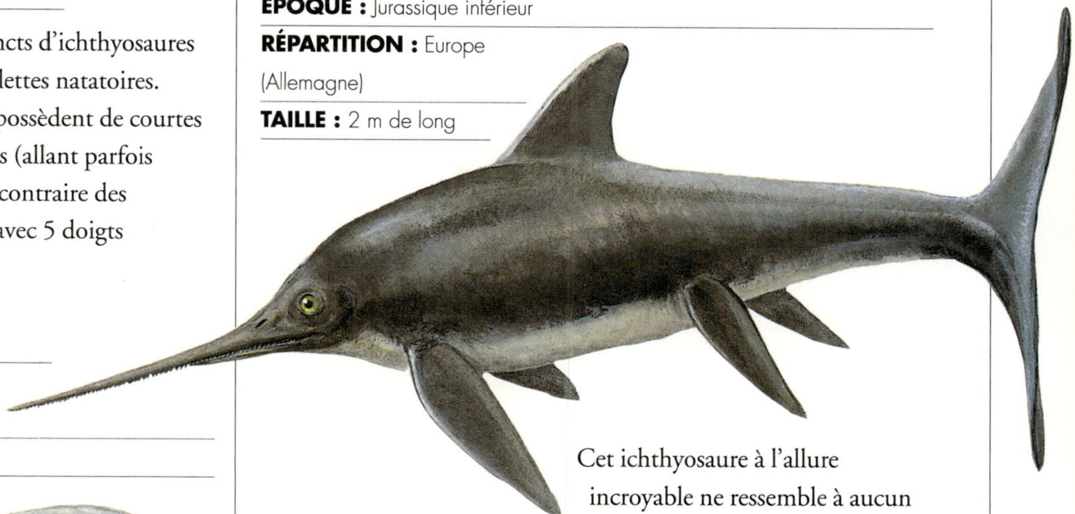

Cet ichthyosaure à l'allure incroyable ne ressemble à aucun autre membre du groupe. Sa mâchoire supérieure fait deux fois la taille de sa mâchoire inférieure, lui donnant l'apparence d'un poisson-scie actuel. Cette protubérance en forme d'épée est constellée de dents sur chacun de ses côtés. On ne connaît pas précisément la fonction de cette étrange structure, tout comme l'utilité des « scies » chez les poissons-scies reste un mystère. *Eurhinosaurus* devait s'en servir pour fouiller le sable ou la boue des fonds sous-marins pour dénicher des poissons plats, des crevettes ou des pieuvres. Peut être également que *Eurhinosaurus* la balançait quand il passait au travers d'un banc de poissons afin d'en blesser le plus possible.

NOM : *Temnodotosaurus*
ÉPOQUE : Jurassique inférieur
RÉPARTITION : Europe (Allemagne et Angleterre)
TAILLE : 9 m de long

Cette longue créature (parfois appelée *Leptopterygius*) devait sillonner les eaux peu profondes du Jurassique à la recherche de nourriture, ses mouvements étant contrôlés avec précision par ses palettes natatoires. Propulsé par sa grande queue, *Temnodotosaurus* devait avoir pour proies de grands calmars et des ammonites.

DIAPSIDES PRIMITIFS

SOUS-CLASSE DES DIAPSIDA

La plupart des reptiles modernes appartiennent aux diapsides, un groupe ancien qui apparut au Carbonifère supérieur, il y a plus de 300 millions d'années. Ces animaux possèdent un crâne particulier puisqu'il est doté d'une paire d'ouvertures de chaque côté, derrière l'orbite (voir page 61).

Les muscles de la mâchoire sont reliés à des ligaments s'étirant à travers ces ouvertures, et confèrent à leurs propriétaires une mâchoire puissante, qui peut s'ouvrir largement, leur permettant de chasser des proies de grande taille.

Les diapsides ne sont pas seulement un groupe ancien ; c'est aussi un groupe important d'un point de vue évolutif. Ils sont les ancêtres de presque tous les reptiles actuels (les lézards, les serpents et les sphénodons) ainsi que ceux des reptiles dominants (les races éteintes de dinosaures et des ptérosaures ainsi que les crocodiles actuels).

Ordre des Araeoscelidia

Les aræoscélidés, petites créatures aux airs de lézards, sont les plus primitifs des reptiles diapsides. Ils ont un long cou et des jambes dessinées pour la course. On n'en connaît que quatre genres, regroupés en deux familles. Ils apparurent au Carbonifère supérieur et on les connaît jusqu'au Permien moyen, soit une période de 40 millions d'années.

NOM : *Petrolacosaurus*
ÉPOQUE : Carbonifère supérieur
RÉPARTITION : Amérique du Nord (Kansas)
TAILLE : 40 cm de long

Les premiers reptiles diapsides connus, dotés d'une paire d'ouvertures caractéristiques de chaque côté du crâne, ressemblent à un lézard actuel avec des pattes et une queue aussi longues que la tête et le corps réunis. *Petrolacosaurus* devait également se comporter comme un lézard moderne. Ce devait être un chasseur actif, toujours à la recherche d'insectes et de petits invertébrés. Il vivait sur les terres arides de ce qui est aujourd'hui le Kansas, à côté des marécages où le charbon se formait durant le Carbonifère.

Les mâchoires de ce reptile sont équipées de nombreuses dents pointues, avec une paire supérieure de canines. Cette disposition n'est pas sans rappeler celle de *Hylonomus*, le premier reptile connu (voir page 62).

Malgré les nouvelles ouvertures de son crâne diapside, les mâchoires de *Petrolacosaurus* n'étaient pas très puissantes. Les ouvertures devaient plutôt servir à alléger le crâne qu'à fournir de nouveaux points d'attache aux muscles des mâchoires (ce qui était leur fonction chez les diapsides plus tardifs).

NOM : *Araeoscelis*
ÉPOQUE : Permien inférieur
RÉPARTITION : Amérique du Nord (Texas)
TAILLE : 60 cm de long

Araeoscelis est le parent le plus proche de *Petrolacosaurus*, bien qu'il ait vécu quelques millions d'années plus tard. Les deux animaux ont une morphologie similaire, tout deux semblables à des lézards avec de longues pattes, un long cou et une petite tête.

Les dents de *Araeoscelis* sont toutefois différentes de celles de son parent et indiquent que cet animal devait avoir un régime alimentaire plus spécialisé. À la place des dents aiguisées et pointues de *Petrolacosaurus*, on trouve des dents massives, coniques et émoussées qui devaient être idéales pour briser la carapace chitineuse de certains insectes comme le scarabée.

Araeoscelis possède également une particularité dans la structure de son crâne. L'une des deux paires d'ouvertures du crâne, typique des diapsides, est fermée par de l'os. Ce trait constitue une adaptation visant à renforcer le crâne afin que l'animal puisse développer une morsure plus puissante, lui permettant d'élargir son régime alimentaire.

ORDRE INCERTAIN

Aucune trace de reptile diapside du Permien moyen n'a, jusqu'à présent, été trouvée, et l'on ne sait rien de leur évolution durant cette période. Cependant, au Permien supérieur, un grand nombre de groupes hautement spécialisés apparurent mais on ne peut les relier entre eux, faute de certitudes.

La famille des weigeltisauridés est l'un de ces groupes, dont on n'a trouvé que peu de membres, à Madagascar et en Europe.

Famille des Weigeltisauridae

NOM : *Coelurosauravus*

ÉPOQUE : Permien supérieur

RÉPARTITION : Madagascar

TAILLE : 40 cm de long

Ce reptile primitif était parfaitement adapté pour planer dans les airs et devait ressembler aux lézards actuels d'Asie du sud-est connus sous le nom de « dragons volants » (*Draco volans*).

Les côtes de *Coelurosauravus* sont fortement allongées de chaque côté de son petit corps. Des pans de peau relient les côtes et forment ainsi des sortes d'ailes d'une envergure de 30 cm. Ce reptile devait vivre dans les forêts, tout comme le dragon volant, planant d'arbre en arbre et se nourrissant d'insectes. Ses jambes devaient être écartées de son corps lorsqu'il planait les pieds tendus afin d'offrir le plus de résistance à l'air pour ralentir la descente.

Le crâne de *Coelurosauravus* est plus léger que celui des autres diapsides. Il possède de larges cavités orbitales ainsi qu'une frange placée à l'arrière du crâne, développée sans doute pour le rendre plus aérodynamique.

ORDRE DES THALATTOSAURIA

Les thalattosaures sont un autre groupe de diapsides primitifs vivants au Trias. Ils s'étaient adaptés à une vie maritime, passant probablement tout leur temps dans l'eau et ne retournant sur la terre ferme que pour y pondre leurs œufs.

Le peu de thalattosaures que nous connaissons provient d'Europe et de l'ouest de l'Amérique du Nord. Ils sont regroupés en trois familles dont la plus connue est celle des askeptosauridés.

NOM : *Askeptosaurus*

ÉPOQUE : Trias moyen

RÉPARTITION : Europe (Suisse)

TAILLE : 2 m de long

Comme chez beaucoup d'animaux adaptés à la vie aquatique, le cou et le corps de *Askeptosaurus* sont longs et fins. Sa queue très allongée représente presque la moitié de son corps. L'animal devait se propulser à la manière d'une anguille, grâce aux mouvements sinueux de son corps et de sa queue. Ses pieds devaient également lui servir durant la nage puisqu'ils étaient larges et palmés. Ils devaient être utilisés pour se diriger et pour freiner.

Askeptosaurus a de longues mâchoires, armées de nombreuses dents aiguisées. Il devait plonger profondément pour attraper ses proies comme on a pu le deviner à deux caractéristiques : ses yeux sont larges afin de lui permettre de voir dans l'eau à grande profondeur et ils sont protégés par un anneau osseux afin de résister aux hautes pressions.

DIAPSIDES PRIMITIFS SUITE

Ordre des Choristodera

Des reptiles étranges, ressemblant aux crocodiles, divergèrent de la lignée principale des diapsides au Crétacé inférieur, il y a quelque 140 millions d'années. Les choristodères vécurent dans les eaux douces d'Amérique du Nord, d'Europe et d'Asie orientale jusqu'au Tertiaire, plus précisément jusqu'à l'Éocène, soit il y a 50 millions d'années.

NOM : *Champsosaurus*

ÉPOQUE : du Crétacé supérieur à l'Éocène

RÉPARTITION : Europe (Belgique et France) et Amérique du Nord (Alberta, Montana, Nouveau Mexique et Wyoming)

TAILLE : 1,50 m de long

Champsosaurus vivait dans les fleuves et les marais d'Europe et de l'ouest de l'Amérique du Nord, du Crétacé supérieur jusqu'au début du Tertiaire. Avec ses longues et fines mâchoires, bardées de dents pointues, *Champsosaurus* peut facilement être confondu avec l'un des proches parents du crocodile, le gavial des Indes. Toutefois, bien que les deux animaux soient des reptiles diapsidiens, il n'existe aucun lien de parenté entre eux. Leur morphologie similaire est due à une évolution convergente, des animaux sans liens entre eux peuvent prendre la même forme et le même mode de vie dans des environnements similaires.

Champsosaurus devait nager en faisant onduler latéralement son corps et sa queue et en rabattant ses pattes afin de prendre la forme la plus hydrodynamique possible (c'est d'ailleurs ainsi que nagent actuellement les crocodiles et les iguanes).

Ce reptile à la mâchoire très puissante était piscivore. Son crâne étant très large, il offre une grande surface d'attache pour les muscles de la mâchoire.

Ordre des Eosuchia

On pense que les éosuchiens pourraient être des ancêtres des reptiles diapsides les plus tardifs. Certains ont survécu jusqu'à aujourd'hui sous la forme de lézards et serpents (voir pages 86-87).

Ils sont apparus au Permien supérieur et ont survécu jusqu'au Trias moyen. Ils sont regroupés en quatre familles dont tous les membres sont apparemment confinés au sud et à l'est de l'Afrique, ainsi qu'à Madagascar. La famille des tangasauridés contient deux membres caractéristiques présentés ci-dessous.

NOM : *Thadeosaurus*

ÉPOQUE : Permien supérieur

RÉPARTITION : Madagascar

TAILLE : 60 cm de long

La queue démesurément longue de cet animal fait 40 cm et constitue les deux tiers de sa longueur totale. *Thadeosaurus* possède 5 longs orteils griffus à chaque patte, les plus longs toujours disposés sur l'extérieur. Cela permettait à l'animal de rester en contact avec le sol lorsqu'il soulevait ses pattes pour marcher, facilitant ainsi leur poussée. La puissance de celle-ci et la longueur des enjambées étaient encore augmentées grâce au développement du sternum.

NOM : *Hovasaurus*

ÉPOQUE : Permien supérieur

RÉPARTITION : Madagascar

TAILLE : 50 cm de long

Ce qui frappe le plus chez ce lézard aquatique c'est sa queue. Elle représente environ les deux tiers de son corps mais elle est aussi très fine et aplatie latéralement. Chacune des vertèbres s'étire à partir de son axe central, ce qui fait de la queue une large nageoire qui faisait de *Hovasaurus* un excellent nageur.

Un autre trait frappant de *Hovasaurus* est la masse de cailloux retrouvée dans les cavités abdominales chez quasiment tous les spécimens découverts. À l'évidence, il utilisait ces cailloux comme ballast afin de pouvoir plonger plus rapidement sur ses proies et rester immergé lors de la chasse.

Super-ordre des Lepidosauria

La lignée évolutive conduisant aux lépidosaures actuels – les quelque 6000 espèces de lézards et serpents modernes – prend naissance chez un ancêtre de type éosuchien au Permien inférieur. Un troisième groupe de lépidosaures, les sphénodons, n'a pas rencontré un tel succès (ci-dessous).

Ordre des Sphendontida

Les sphénodons (également appelé rhynchocéphales) constituent un groupe ancien de lépidosaures. Ils représentent une lignée à part dans l'évolution des diapsides, conduisant aux lézards et aux serpents.

Les sphénodons apparurent au Trias supérieur, il y a 200 millions d'années et bon nombre de familles évoluèrent pendant le Jurassique. Par la suite, ces membres commencèrent à décliner, reculant face aux véritables lézards, déjà bien implantés à l'époque.

Le seul survivant de l'ordre des sphénodons est le tuatara, *Sphenodon punctatus*, que l'on trouve uniquement en Nouvelle-Zélande.

NOM : *Planocephalosaurus*

ÉPOQUE : Trias supérieur

RÉPARTITION : Europe (Angleterre)

TAILLE : 20 cm de long

Cet animal semblable à un lézard fut l'un des premiers sphénodons à apparaître. Son squelette est quasiment similaire à celui du tuatara de Nouvelle-Zélande. Cependant, son crâne est primitif, ses dents étant soudées aux mâchoires et non pas attachés aux rainures des os de la mâchoire comme c'est le cas chez les lézards modernes.

Ses dents sont massives et sa mâchoire devait avoir une morsure puissante. Son régime alimentaire était principalement composé d'insectes mais il devait le compléter à l'occasion par des vers et des limaces, voir des petits lézards.

NOM : *Pleurosaurus*

ÉPOQUE : du Trias supérieur au Crétacé inférieur

RÉPARTITION : Europe (Allemagne, France)

TAILLE : 60 cm de long

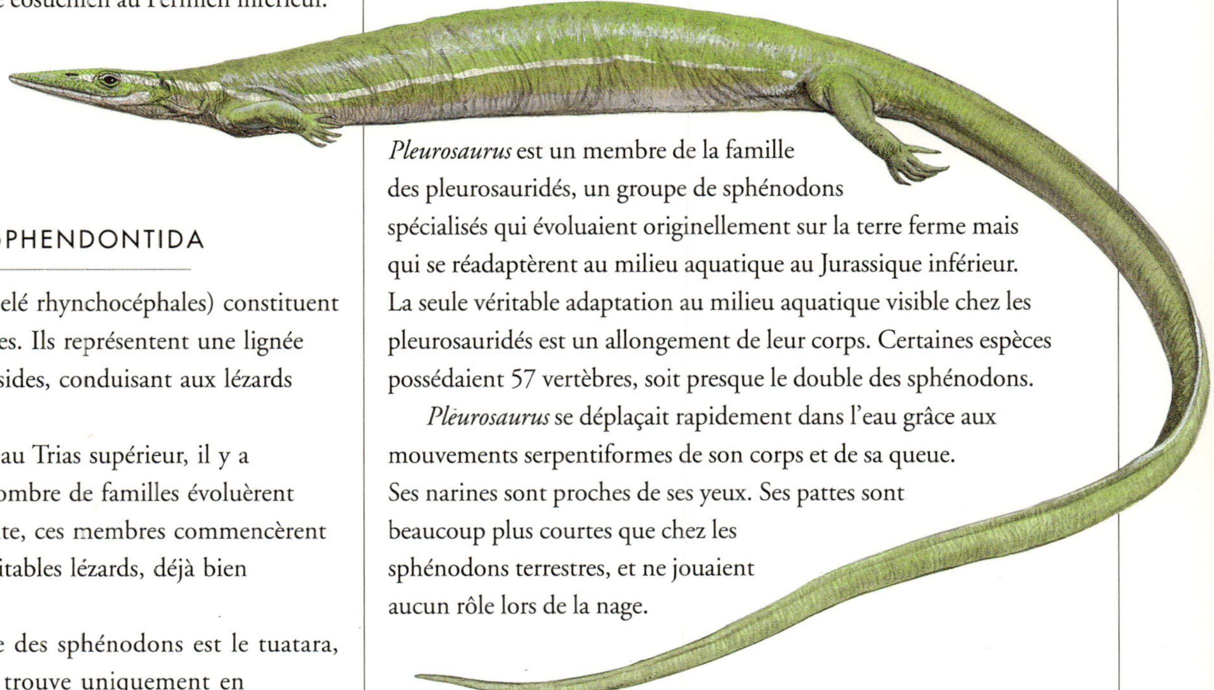

Pleurosaurus est un membre de la famille des pleurosauridés, un groupe de sphénodons spécialisés qui évoluaient originellement sur la terre ferme mais qui se réadaptèrent au milieu aquatique au Jurassique inférieur. La seule véritable adaptation au milieu aquatique visible chez les pleurosauridés est un allongement de leur corps. Certaines espèces possédaient 57 vertèbres, soit presque le double des sphénodons.

Pleurosaurus se déplaçait rapidement dans l'eau grâce aux mouvements serpentiformes de son corps et de sa queue. Ses narines sont proches de ses yeux. Ses pattes sont beaucoup plus courtes que chez les sphénodons terrestres, et ne jouaient aucun rôle lors de la nage.

SERPENTS ET LÉZARDS

ORDRE DES SQUAMATA

Le groupe de reptiles le plus florissant de nos jours est celui comprenant les lézards et les serpents. Il existe environ 6000 espèces de ces animaux, certains marchant, rampant, planant, nageant ou s'enterrant, et que l'on trouve sur tous les continents à l'exception de l'Antarctique. Ils descendent d'une lignée ancienne de reptiles diapsides, certainement des éosuchiens qui apparurent au Permien supérieur, il y a 250 millions d'années (voir pages 84-85). Les autres reptiles actuels – les tortues et les crocodiles sont issus de lignées différentes (voir pages 66-69, 98-101).

La principale caractéristique qui distingue les lézards et les serpents des autres reptiles diapsides (notamment de leurs plus proches parents les sphénodons, voir page 85) est la grande flexibilité ainsi que la puissance de leurs mâchoires. On observe tout d'abord la disparition de l'arc osseux qui borde la paire de fosses temporales inférieures dans le crâne. La disparition de ces ouvertures a pour effet d'augmenter la surface de contact entre os et muscle et de développer ainsi la puissance de la mâchoire. On observe ensuite une articulation mobile au niveau du crâne permettant une flexibilité accrue lors des mouvements de la mâchoire.

SOUS-ORDRE DES LACERTILIA

Les lézards sont un groupe bien plus anciens que les serpents. Les lézards étaient de petits insectivores qui habitaient le sud de l'Afrique au Permien supérieur. Il existe peu de fossiles permettant de retracer leur évolution durant la première moitié du Mésozoïque. Toutefois, il semble qu'au Jurassique supérieur, le groupe ait grandement évolué, et que des membres primitifs de tous les groupes actuels soient apparus – notamment les geckos, les iguanes, les orvets et les monitors.

En plus des changements morphologiques du crâne, d'autres changements d'ordre structurel dotèrent les lézards d'une ouïe plus fine et de meilleures surfaces d'articulations dans les pattes, améliorant ainsi leur capacité à marcher. Toutes ces améliorations firent des lézards des prédateurs rapides et efficaces, capables de chasser des proies assez grandes, notamment d'autres reptiles.

Famille des Kuehneosauridae

Les membres de cette famille font partie des premiers reptiles apparentés aux lézards. On les place souvent avec les lépidosauromorphes car ils semblent plus proches des sphénodons que des lacertiliens. Bien qu'ils soient primitifs, ils possédaient un mode de vie bien particulier, en planant dans les airs au moyen de membranes en forme d'aile.

NOM : *Kuehneosaurus*
ÉPOQUE : Trias supérieur
RÉPARTITION : Europe (Angleterre)
TAILLE : 65 cm de long

Ce lézard aux longues pattes pouvait planer grâce à une paire de membranes en forme d'ailes, dont l'envergure pouvait atteindre 30 cm. Elles s'étendaient sur toute la partie du corps séparant les pattes avant des pattes arrière.

Ces membranes étaient formées par des côtes fortement allongées. C'est en fait le même dispositif que chez *Coelurosauravus* (voir page 83) et que chez l'actuel *Draco volans* d'Asie du sud-est.

Famille des Ardeosauridae

Les geckos furent parmi les premiers groupes de lézards modernes à apparaître au Jurassique supérieur. La seule famille survivante, les gekkonidés, apparut récemment, à l'Éocène supérieur, il y a 40 millions d'années. Elle contient plus de 670 espèces qui se répandirent dans les régions tropicales du globe.

NOM : *Ardeosaurus*
ÉPOQUE : Jurassique supérieur
RÉPARTITION : Europe (Allemagne)
TAILLE : 20 cm de long

Ce gecko primitif possède la tête plate et les grands yeux typiques des membres actuels du groupe. Tout comme eux, il devait se nourrir la nuit et être assez agile pour attraper des insectes, des araignées et des lézards plus petits que lui avec ses mâchoires puissantes. On ne sait pas s'il possédait les coussinets adhésifs (écailles spécialisées comme sous les orteils des geckos actuels) qui leur permettent d'escalader des surfaces verticales et lisses.

Famille des Varanidae

Les anguimorphes sont les plus grands lézards terrestres. Ils apparurent au Crétacé supérieur, il y a plus de 80 millions d'années et n'ont que très peu changé depuis. Ce sont des chasseurs longs et lourds mais cependant très actifs. Leur langue fourchue leur sert d'organe olfactif. Le dragon de Komodo est un des représentants actuels de cette famille.

NOM : *Megalania*

ÉPOQUE : Pléistocène

RÉPARTITION : Australie (Queensland)

TAILLE : 8 m de long

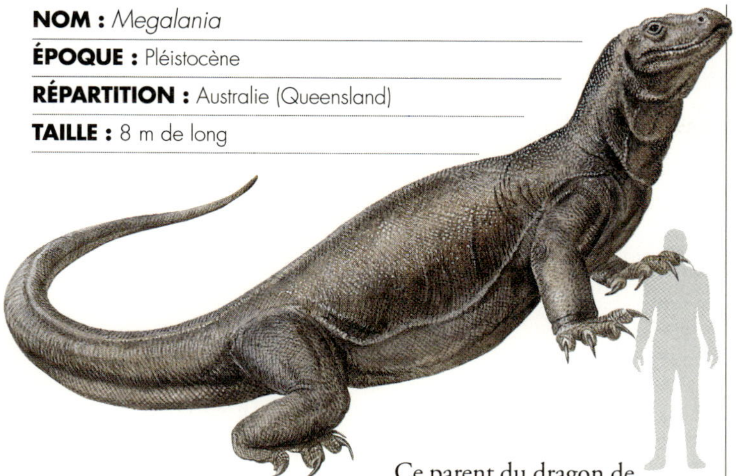

Ce parent du dragon de Komodo, *Varanus komodensis*, d'Indonésie, chassait dans les plaines australiennes il y a moins de 2 millions d'années. Il devait se tenir à l'affût pour chasser de grands marsupiaux, comme les kangourous. Il arrachait des pans de chair à sa victime grâce à ses mâchoires puissantes et à ses longues dents pointues et crénelées.

Famille des Mosasauridae

Cette branche à part du groupe des lézards, bien que n'ayant pas vécu longtemps, était parfaitement adaptée à la vie marine au cours du Crétacé supérieur.

NOM : *Platecarpus*

ÉPOQUE : Crétacé supérieur

RÉPARTITION : Europe (Belgique) et Amérique du Nord (Alabama, Colorado, Kansas et Mississippi)

TAILLE : 4,30 m de long

Platecarpus parcourait les mers il y a 75 millions d'années. Sa queue, aussi longue que son corps, devait être aplatie latéralement et dotée d'une longue et fine nageoire caudale sur toute sa longueur. Il devait se propulser en faisant onduler son long corps sinueux et sa queue, ses membres, courts et palmés, ne lui servant qu'à se diriger.

Ce lézard marin devait se nourrir de poissons et de céphalopodes au corps mou, les attrapant dans ses longues mâchoires pointues dotées de nombreuses dents coniques et pointues.

Platecarpus devait également manger des ammonites dont le corps mou était protégé d'une coquille solide et torsadée.

NOM : *Plotosaurus*

ÉPOQUE : Crétacé supérieur

RÉPARTITION : Amérique du Nord (Kansas)

TAILLE : 10 m de long

Plotosaurus était un géant parmi les mosasauridés. Son corps et son cou étaient soutenus par 50 vertèbres, le même nombre constituant l'armature de sa queue. Celle-ci se prolongeait en une nageoire caudale verticale.

Ses membres forment de courtes palettes natatoires, la paire avant étant plus longue que l'arrière, grâce à un nombre d'os plus important dans chaque orteil. Des marques conservées dans la craie près des os des membres suggèrent une peau écailleuse, comme celle des serpents actuels.

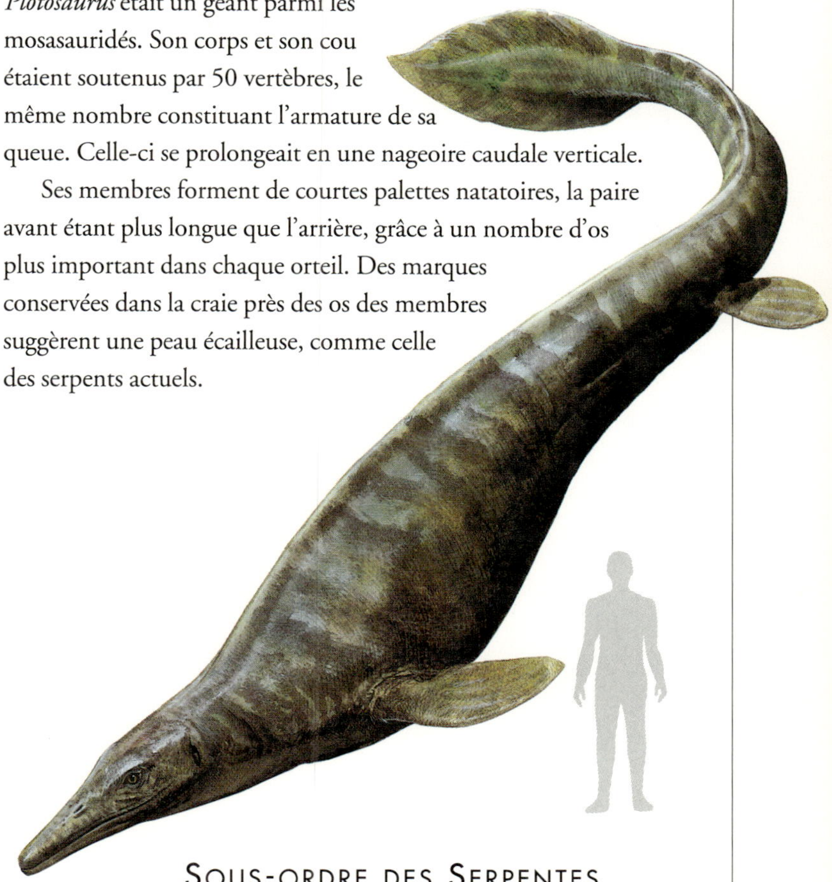

Sous-ordre des Serpentes

Les serpents modernes se développèrent au Miocène, il y a 20 millions d'années. Mais, le plus vieux serpent connu est âgé de 100 millions d'années et a été trouvé dans des roches du Crétacé inférieur d'Afrique du Nord. Il possède beaucoup des caractères que l'on retrouve chez ses homologues modernes, une élongation du corps, la perte de ses membres, des arcs osseux au-dessus des deux ouvertures inférieures du crâne et une grande flexibilité des articulations de la mâchoire. On pense que les serpents ont évolué à partir d'un type de lézard souterrain ou bien d'un lézard aquatique.

NOM : *Pachyrhachis*

ÉPOQUE : Crétacé inférieur

RÉPARTITION : Asie (Israël)

TAILLE : 1 m de long

Pachyrhachis, reptile aquatique, a le corps d'un serpent et la tête d'un lézard monitor. Les membres et les épaules ont disparu mais on trouve encore les traces d'os au niveau du bassin. Il semble évident qu'il nageait par ondulation de son corps.

LES DINOSAURES ET LEURS PROCHES

Les dinosaures et leurs proches – les crocodiles et les ptérosaures – dominèrent tous les écosystèmes terrestres pendant le Mésozoïque. Cet « âge des reptiles dominants » débuta il y a plus de 200 millions d'années pour se terminer il y a environ 65 millions d'années. C'est durant cette période que des créatures, parmi les plus incroyables ayant jamais existé, apparurent. Les dinosaures carnivores pouvaient atteindre 8 m de haut, les dinosaures herbivores pouvaient mesurer 26 m de long et les ailes des ptérosaures pouvaient avoir une envergure de plus de 12 m. Les seuls survivants de cette caste des « reptiles dominants » (les archosaures) sont nos crocodiles actuels.

Le commencement de l'évolution de ces reptiles dominants se fit au Permien supérieur il y a quelque 250 millions d'années. Une nouvelle lignée de petits reptiles diapsides apparut et, à partir d'eux, rayonna tout une variété de reptiles que l'on a appelés les thécodontes, et dont on sait qu'ils comprenaient des groupes sans aucun lien entre eux. Désormais on les appelle les archosaures. Ils se développèrent durant le Trias, certains d'entre eux finissant par être capables de se tenir debout. Les dinosaures (voir pages 106-169), les crocodiles (voir pages 98-101) et probablement les ptérosaures (voir pages 102-105) évoluèrent à partir des archosaures basaux du Trias.

Les anciens maîtres du monde

Les premiers os de dinosaures furent trouvés en Angleterre. Ils appartenaient à un carnivore géant, *Megalosaurus* (voir page 116) et à un grand herbivore, *Iguanodon* (voir page 143), et furent présentés à la communauté scientifique en 1824 et 1825. Plus d'une décennie s'écoula avant que sir Richard Owen, un anatomiste anglais, ne se rende compte qu'ils appartenaient à un même groupe de reptiles fossiles. C'est lui qui, en 1842, leur donna le nom de

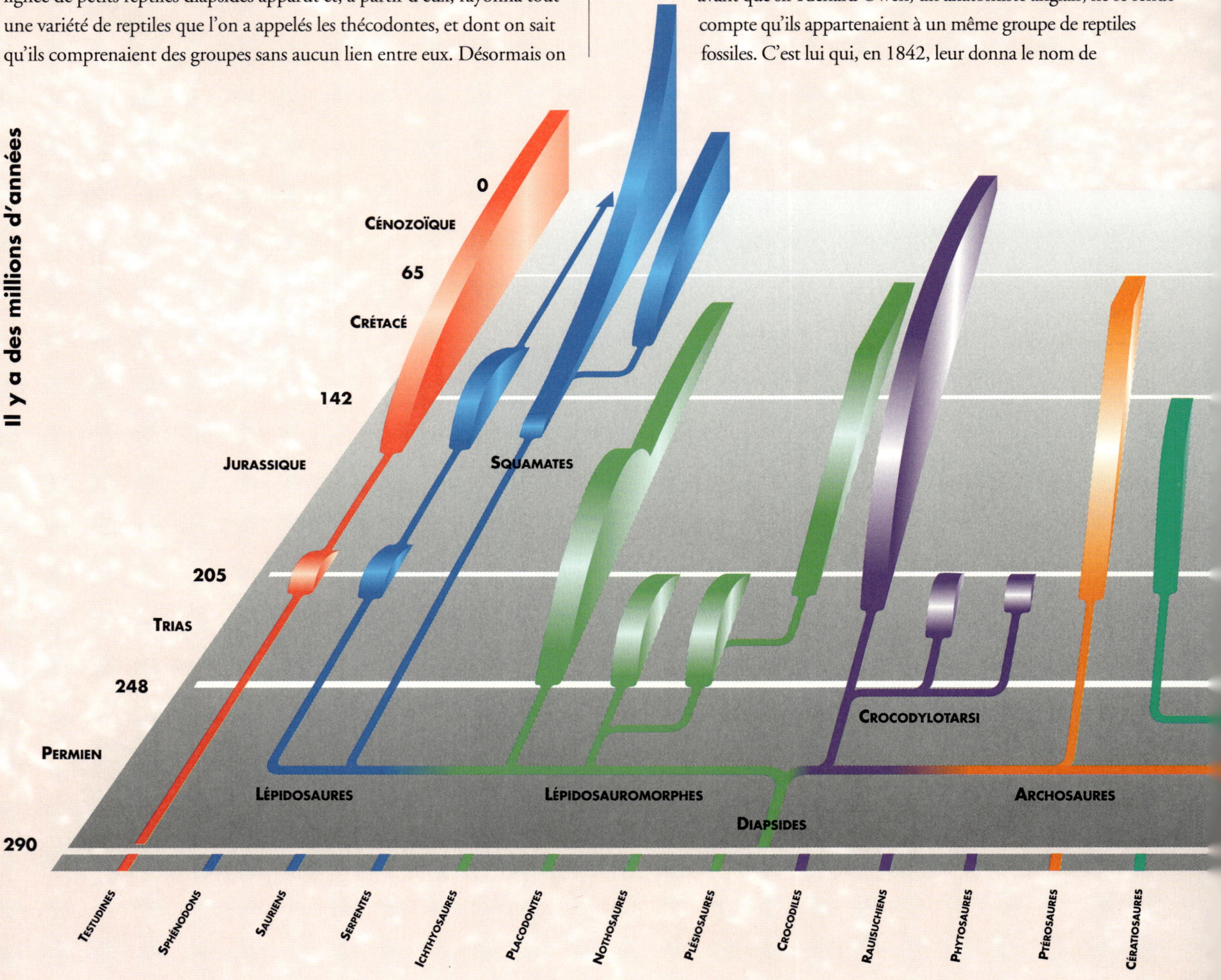

Dinosauria, ce qui signifie « lézards terribles ». Lors des 50 années qui suivirent, beaucoup de dinosaures furent découverts en Europe et en Amérique du Nord. Plusieurs systèmes de classification furent proposés. Il fallut cependant attendre 1887 pour que Harry Seeley, un autre anatomiste anglais, remarque qu'il existait deux types de bassins, ou pelvis chez les dinosaures (voir page 90). Chez certains, le pelvis est similaire à celui des autres reptiles; Seeley baptisa ce groupe les *Saurischia*, ou dinosaures à bassin de lézard. Chez d'autres, le pelvis ressemble à celui des oiseaux actuels et ils furent nommés *Ornithischia*, ou dinosaures à bassin d'oiseau.

On sait aujourd'hui que les dinosaures forment un groupe naturel, c'est-à-dire qu'ils ont tous un ancêtre commun avec un bassin de type lézard.

La découverte des dinosaures

En Amérique du Nord, les premières traces de dinosaures furent découvertes dans les roches du Trias de la vallée du Connecticut, en 1835. Il s'agissait d'empreintes de pas, témoignant du passage de créatures bipèdes il y a 220 millions d'années. Edward Hitchcock, professeur de théologie et de géologie, puis président au Amherst College du Massachusetts, décrivit les empreintes en 1848 et conclut qu'elles avaient été faites par de gigantesques oiseaux. La première description d'os de dinosaures en Amérique du Nord fut faite par le Dr Joseph Leidy de l'Académie des Sciences Naturelles de Philadelphie, en 1856. Il décrivit des dents de dinosaures trouvées dans le Montana et, 2 ans plus tard, le premier squelette d'un dinosaure nord-américain (*Hadrosaurus*, voir page 147).

Une grande quantité de dinosaures allaient rapidement être découverts dans le Mid-West américain, dans les sédiments datant du Jurassique et du Crétacé, et déposés-là plus de 65 millions d'années plus tôt. On doit leur découverte à la rivalité qui opposait deux paléontologues, tous deux fortunés, Othniel Charles Marsh de l'Université de Yale, et Edward Drinker Cope de l'Académie des Sciences Naturelles de Philadelphie. Les premiers os de dinosaures vivant au Jurassique supérieur il y a 150 millions d'années furent découverts dans les gisements de la Formation Morisson dans le Colorado, puis plus tard au Wyoming. Marsh et Cope en reçurent tous deux des échantillons et la « guerre des dinosaures » put commencer. Des équipes rivales de chercheurs de fossiles partirent vers l'Ouest. Marsh finança 6 années d'excavations dans le

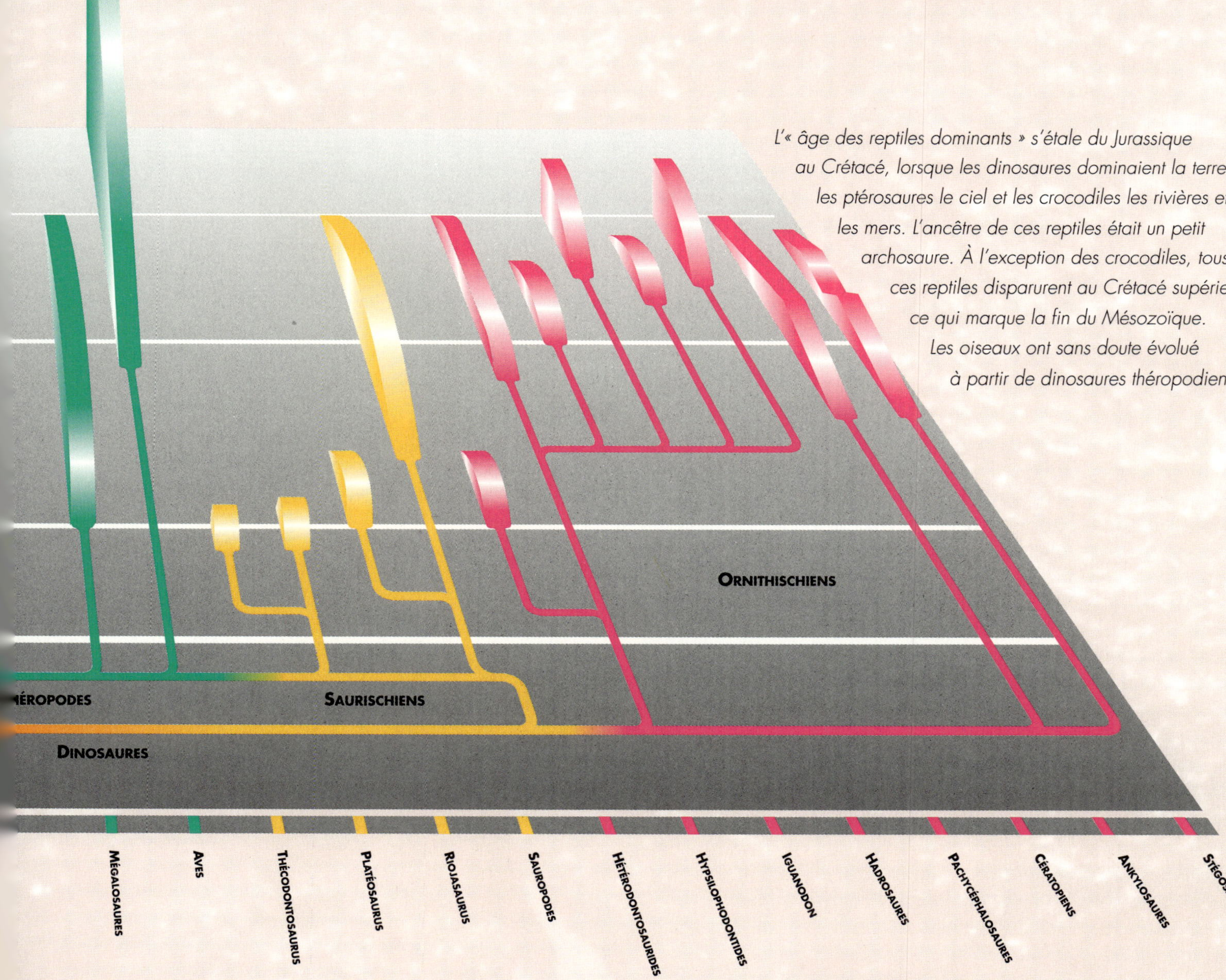

L'« âge des reptiles dominants » s'étale du Jurassique au Crétacé, lorsque les dinosaures dominaient la terre, les ptérosaures le ciel et les crocodiles les rivières et les mers. L'ancêtre de ces reptiles était un petit archosaure. À l'exception des crocodiles, tous ces reptiles disparurent au Crétacé supérieur, ce qui marque la fin du Mésozoïque. Les oiseaux ont sans doute évolué à partir de dinosaures théropodiens.

Wyoming où de nombreux ossements furent trouvés. Cope envoya également des équipes dans cette région mais aussi au Colorado.

De ces sites datant du Jurassique supérieur, les deux hommes décrivirent des dinosaures qui sont restés célèbres, notamment *Allosaurus* (voir page 117), *Ceratosaurus* (voir page 106), *Camarasaurus* (voir page 128), *Diplodocus* et *Apatosaurus* (désigné vulgairement sous le nom de *Brontosaurus*, voir pages 130-131), *Camptosaurus* (voir page 142) et *Stegosaurus* (voir page 154).

Les meilleurs sites se situaient dans le Crétacé supérieur du Montana et du Colorado, dans des sédiments déposés il y a entre 100 et 65 millions d'années. Grâce à la rivalité entre Cope et Marsh, bien des créatures y furent découvertes, parmi lesquels *Ornithominus* (voir page 109), *Nodosaurus* (voir page 158) et *Triceratops* (voir page 166).

Le Canada a également fourni nombre de dinosaures aux musées du monde entier (voir page 305). Les dépôts du Crétacé supérieur de la vallée de la Red Deer River, dans l'Alberta furent découverts et exploités conjointement par l'American Museum of Natural History de New York, le National Museum of Canada et le Royal Ontario Museum. Cette vallée livra une grande variété de dinosaures entre 1910 et 1917 où l'on découvrit le tyrannosauridé *Albertosaurus* (voir page 119), *Corythosaurus* à bec de canard (voir page 151) et *Styracosaurus*, dinosaures à cornes (voir page 166).

Le désert de Gobi, en Mongolie extérieure, fut tout d'abord exploré par des expéditions de l'American Museum of Natural History de 1922 à 1925. En fait, c'est la recherche de fossiles humains qui conduisit à l'exploration de cette région qui contenait une grande variété d'animaux du Crétacé supérieur. On y trouva *Protoceratops* ainsi que son nid et ses œufs (voir page 164), et les dinosaures saurischiens *Oviraptor*, *Velociraptor* et *Saurornothoides* (voir page 111).

On trouva également des dinosaures en Amérique du Sud, en Afrique, en Australie, en Nouvelle-Zélande et en Antarctique. Les sites de dinosaures dans l'hémisphère Sud sont de plus en plus nombreux, avec notamment de nouvelles découvertes en Argentine.

Le site africain le plus connu est sans doute celui de Tendaguru en Tanzanie, où une grande variété de dinosaures du Jurassique supérieur ont été trouvés, similaires à ceux de la Formation Morrison à l'ouest des États-Unis.

Un autre site africain, situé au Niger, dans le sud du Sahara, promet d'être intéressant car on y a trouvé de nombreux restes de dinosaures.

Une répartition mondiale

Même si l'on connaît moins bien les dinosaures de l'hémisphère Sud que ceux de l'hémisphère Nord, il semble évident que ceux-ci sont tout aussi variés. Qu'il s'agisse des dinosaures à bassin d'oiseau ou de lézard, ils apparurent au Trias, lorsque tous les continents étaient encore regroupés en une seule masse appelée Pangée. Tout animal terrestre, dinosaures compris, pouvait donc se répandre aux quatre coins du monde.

Les continents étaient encore regroupés au Jurassique et il faudra attendre le Crétacé supérieur pour trouver des faunes de dinosaures isolés. Il existait, à cette époque, deux masses

Bassins de dinosaures

Quand les dinosaures se mirent debout, les muscles de leurs pattes arrière durent trouver de nouveaux points d'attache. Les dinosaures à bassin de lézard virent l'os de leur pubis développer des extensions inférieure et supérieure sur lesquelles les muscles pouvaient se rattacher. Chez les dinosaures à bassin d'oiseau, les muscles étaient attachés à une extension de l'ilion et pour des espèces plus tardives, à une nouvelle extension du pubis.

Dinosaure à bassin de lézard (*Massopondylus*)

Dinosaure à bassin d'oiseau (*Montanoceratops*)

distinctes de terre émergée, l'Euramérique et l'Asiamérique (voir page 11). Pour diverses raisons, la plupart des types de nouveaux dinosaures du Crétacé supérieur vivaient en Asiamérique. On y trouvait notamment les hadrosaures, les ornithomimidés, les tyrannosaures et les protocératopsidés. Il en découle que les vieux dinosaures survécurent plus longtemps sur le continent Euraméricain, protégés de la compétition exercée par leurs nouveaux parents.

Environ 800 genres de dinosaures ont, jusqu'à présent, été décrits, dont beaucoup de saurischiens. Seuls 7 % des dinosaures connus proviennent de roches du Trias (quasiment tous les saurischiens) et 28 % des roches du Jurassique. Les autres proviennent tous du Crétacé. Il est important de noter que c'est au Crétacé supérieur que la végétation subit une évolution massive, se diversifiant en de nombreuses nouvelles espèces dans le monde entier. C'est sans doute grâce à ces nouvelles ressources en nourriture que de nouveaux types de dinosaures apparurent.

Des dinosaures à sang chaud ?

Les biologistes ont longtemps présumé que les dinosaures, tout comme les reptiles actuels et les amphibiens, avaient le sang froid (ectothermes). Il a été suggéré récemment qu'ils auraient pu avoir le sang chaud (endothermes), comme les oiseaux ou les mammifères.

Les animaux à sang froid puisent principalement leur chaleur et leur énergie du soleil. Les animaux à sang chaud, au contraire, trouvent la leur dans la nourriture. On a relevé un bon nombre de faits qui tendent à démontrer que les dinosaures avaient le sang chaud. Le relevé de traces de pas indique que certains d'entre eux étaient des prédateurs très actifs, pouvant atteindre des vitesses de 40 km/h, ce qui implique un fort métabolisme. Des restes de dinosaures datant du Crétacé ont été trouvés près du cercle polaire, en Alaska, où seuls des animaux à sang chaud peuvent normalement tolérer des conditions aussi extrêmes. La structure interne des os de dinosaures révèle plus de similitudes avec ceux des mammifères qu'avec ceux des reptiles. Cependant, c'est peut-être seulement la conséquence d'une croissance rapide.

Il est possible que les dinosaures aient été dans une situation intermédiaire, leur sang n'étant ni vraiment froid, ni vraiment chaud ; cependant, certains avaient sans doute le sang chaud, notamment certaines espèces de grande taille, car la proportion entre leur volume et la surface de peau exposée au soleil aurait été suffisante pour les garder à température constante.

L'extinction massive des dinosaures

La disparition mondiale des dinosaures à la fin de l'ère mésozoïque est l'extinction de masse la plus spectaculaire du monde préhistorique. Cependant, d'autres animaux disparurent à la même époque : les ptérosaures, les ichthyosaures, plésiosaures et mosasaures. Certains groupes d'invertébrés marins subirent le même sort : les ammonites, quelques bivalves et plusieurs types d'organismes planctoniques.

Les méthodes de datation actuelle offrant une marge d'erreur de quelques centaines de milliers d'années, il est difficile de savoir avec précision si les extinctions terrestres et marines eurent lieu en même temps. Il semble que la disparition des vertébrés se fit graduellement. Les ichthyosaures disparurent, par exemple, avant le Crétacé supérieur alors que les plésiosaures, les ptérosaures et les dinosaures ne firent que se raréfier à la fin de cette même période. Ces faits indiquent plus un changement progressif de l'environnement mondial que l'événement cataclysmique souvent évoqué et qui aurait balayé une grande quantité d'espèces.

On observa un relèvement rapide du niveau des océans et des températures. Les climats devinrent instables, ce qui a pu causer le déclin graduel des ptérosaures et des dinosaures, surtout s'ils étaient tributaires d'un environnement stable pour maintenir leur température corporelle.

L'extinction d'un grand nombre de micro-organismes marins semble, en revanche, avoir eu lieu de manière soudaine au Crétacé supérieur. Ils disparurent au moment où les roches présentèrent une concentration anormalement élevée de métaux rares comme l'iridium, l'osmium et le rhodium. Ces strates enrichies ont été observées dans plus de 50 pays, allant de l'Amérique du Nord à l'Europe, en passant par la Nouvelle-Zélande et les grands fonds du Pacifique.

Les scientifiques américains Luis et Walter Alvarez remarquèrent que ces métaux étaient présents dans les mêmes proportions que celles observées sur les météorites. En 1980, ils suggérèrent qu'un grand météore d'environ 10 km de diamètre devait avoir heurté la terre à la fin du Crétacé, il y a plus de 65 millions d'années. Il s'ensuivit une intense recherche du cratère jusqu'à ce qu'on en découvrît un, en 1991, sous 1 000 m de sédiments à Chicxulub, dans la péninsule du Yucatan, au Mexique, dont la grandeur et l'âge semblaient correspondre. L'évaluation de sa taille et de la quantité de roche envoyée dans l'atmosphère suite à l'impact s'avéra délicate mais on y parvint finalement en 1998 grâce à des mesures géophysiques. Le météore de Chicxulub fit un trou de 12 km de profondeur et d'un diamètre de 100 km. Il dut propulser dans l'atmosphère environ 50 000 km^3 de roche pulvérisée. La poussière rocheuse, le CO_2 et le SO_2 ainsi relâchés durent avoir un impact considérable sur les climats mondiaux, provoquant un refroidissement global suivi d'un réchauffement important, démantelant ainsi la chaîne alimentaire. Cela put faire disparaître de nombreuses espèces vulnérables, en particulier les dinosaures. Les effets furent surtout dévastateurs en Amérique où un raz de marée d'environ 1 km de haut détruisit toute vie sur les côtes et où d'immenses feux de forêts laissèrent l'intérieur du pays vierge de toute trace de vie. On pense qu'il fallut plus de 1 million d'années pour que les conditions reviennent à la normale.

REPTILES DOMINANTS PRIMITIFS

INFRACLASSE DES ARCHOSAUROMORPHA

Les analyses cladistiques suggèrent qu'il existe trois groupes d'amniotes : les diapsides, les anapsides (qui forment les *Eureptilia*) et les synapsides. Au Permien supérieur, il y a environ 250 millions d'années, les reptiles diapsides se divisèrent en deux groupes qui jouèrent ensuite un rôle capital. Les archosauromorphes (signifiant « en forme de reptile dominant ») donnèrent naissance aux dinosaures, aux crocodiles et aux oiseaux et les lépidosaumorphes qui donnèrent naissance aux lézards et aux serpents.

Les archosauromorphes comprennent les rhynchosaures, les prolacertiformes et les archosaures. Les prolacertiformes apparurent au Permien moyen, les archosaures au Permien supérieur et les deux autres groupes n'apparurent qu'au Trias.

La plupart des archosauromorphes sont des animaux terrestres. Les longues pattes de ces créatures ont tendance à être placées plus directement sous le corps de l'animal que chez les autres reptiles, ce qui les rend plus stables et plus rapides. Leurs pattes se modifièrent, notamment l'articulation de la cheville et la flexibilité de leur gros orteil, ce qui eut pour effet d'améliorer leur motricité.

Les prolacertiformes comprennent les carnivores protosaures (les premiers membres connus de cette infraclasse) tel *Protosaurus* au Permien supérieur, et les herbivores rhynchosaures comme *Hyperodapedon* du Trias supérieur.

Le plus important des groupes primitifs d'archosauromorphes est celui des *Archosauria.* L'évolution des archosaures au Trias supérieur allait changer la face du monde pendant près de 200 millions d'années, les archosaures étant les ancêtres des dinosaures, des crocodiles, des ptérosaures et des oiseaux.

NOM : *Hyperodapedon*
ÉPOQUE : Trias supérieur
RÉPARTITION : Asie (Inde) et Europe (Écosse)
TAILLE : 1,30 m de long

Hyperodapedon (ci-dessous) est un membre du groupe des rhynchosaures. Il était surtout répandu en Amérique du Sud et en Afrique. Ces créatures étaient de lourds herbivores qui vécurent du Trias moyen au Trias supérieur. Ils étaient, à cette époque, les reptiles les plus abondants.

Le succès de *Hyperodapedon,* bien qu'il n'ait pas vécu très longtemps, est sans doute dû à ses dents. Il possède en effet deux larges plaques dentaires osseuses de chaque côté de la mâchoire supérieure. Chaque plaque est équipée de plusieurs rangées de dents dotées d'une rainure en leur milieu. Les deux rangées de dents de la mâchoire inférieure venaient s'y incruster lorsque l'animal fermait sa gueule, en assurant une forte mastication, action importante chez un végétarien.

Les rhynchosaures devaient se nourrir de racines de fougères qui étaient abondantes tout au long du Trias. Cependant, à la fin de cette période, un grand nombre de fougères disparut, laissant la places aux conifères. Les rhynchosaures firent de même et laissèrent libre champ aux dinosaures herbivores. L'« âge des reptiles dominants » avait commencé.

ORDRE DES PROLACERTIFORMES

Apparus au Permien moyen, ils ne devinrent abondants qu'au Trias moyen. Ils ne ressemblaient à l'origine qu'à de grands lézards à long cou, certains allant jusqu'à développer ce caractère à l'extrême. Comme les archosaures, ils avaient un long museau, un crâne étroit et des dents incurvées vers l'arrière.

NOM : *Protosaurus*

ÉPOQUE : Permien supérieur

RÉPARTITION : Europe (Allemagne)

TAILLE : 2 m de long

Ce reptile est le premier archosauromorphe connu. *Protosaurus* habitait les déserts européens à la fin du Permien il y a 250 millions d'années.

C'était sans doute un animal rapide et agile. Ses longues pattes, qui se rabattaient sous son corps, devaient lui permettre de chasser des proies extrêmement rapides, principalement des insectes. Son cou comprend 7 larges vertèbres fortement allongées.

NOM : *Tanystropheus*

ÉPOQUE : Permien supérieur

RÉPARTITION : Asie (Israël) et Europe (Allemagne et Suisse)

TAILLE : 3 m de long

Si la longueur du cou caractérise les prolacertiformes, cet animal pousse le concept à l'extrême. Le cou de *Tanystropheus* est plus long que son corps et sa queue réunis. Celui-ci n'est cependant composé que de 10 vertèbres (seulement 3 de plus que chez *Protosaurus*), mais chaque os est allongé à l'extrême. En fait, lorsque ces os furent découverts, on pensa initialement qu'il s'agissait d'os des membres.

La forme de *Tanystropheus* est si étrange que bien des paléontologues pensent qu'il n'aurait jamais pu supporter le poids de son cou sur la terre ferme et qu'il devait, de ce fait, vivre dans l'eau. Cependant, *Tanystropheus* ne présente aucune adaptation spécifique pour la vie aquatique. Peut-être vivait-il sur les côtes, plongeant son cou dans l'eau à la recherche de poissons ou de coquillages qu'il broyait ensuite entre ses dents plates.

Super-ordre des Archosauria

Les archosaures sont le groupe le plus spectaculaire de reptiles dominants. Ils régnèrent sur la Terre durant toute l'ère mésozoïque, soit pendant 180 millions d'années. Les reptiles volants, les ptérosaures, contrôlaient le ciel (voir pages 102-105), les dinosaures la terre (voir pages 106-169) et les crocodiles (les seuls archosaures à survivre de nos jours) envahirent les eaux douces et les mers (voir pages 98-101).

Ces créatures diverses partageaient toutes un point commun : un crâne diapside doté de deux ouvertures derrière chaque œil (voir page 61).

Les premiers archosaures apparurent au Permien supérieur, il y a plus de 250 millions d'années. Ils évoluèrent rapidement sous des formes diverses pendant le Trias et disparurent à la fin de cette période. Leur histoire fut brève (moins de 40 millions d'années) mais réussie, et ils sont les ancêtres de tous les reptiles dominants. On trouve peu de formes aux Trias moyen et supérieur, avant qu'une scission majeure ne se produise dans leur évolution. Une lignée conduisit aux crocodiles, l'autre aux dinosaures et aux oiseaux.

Le reste des archosaures du Trias, qui n'appartient à aucun de ces groupes, fut regroupé au sein des thécondontes, mais on sait qu'ils constituent un groupe aux origines diverses. Les archosaures primitifs comprennent des formes du Trias inférieur comme les protérosuchidés qui prirent la place des carnivores du Permien, précédemment occupée par les gorgonopsidés. *Euparkeria*, un petit archosaure du Trias moyen, retrouvé en Afrique du Sud, est souvent catalogué comme membre des orhithosuchidés mais il marque le début du premier développement majeur chez les archosaures. Les rauisuchidés, les phytosaures et les stagénolépidés ont récemment été considérés comme des crutotarsiens basaux regroupés avec les crocodylomorphes. Ces premiers archosaures présentaient généralement une ébauche de structures pour la position debout, les pattes arrière passant progressivement de leur position initiale pour être orientées sous le corps. Cette tendance fut perfectionnée par les ornithosuchiens, qui pouvaient marcher sur leurs deux pattes arrière.

REPTILES DOMINANTS PRIMITIFS SUITE

Famille des Proterosuchidae

Les protosuchiens furent les premiers archosaures à apparaître au Permien supérieur (il y a environ 250 millions d'années), en Russie. Certains étaient des animaux aquatiques aux allures de crocodiles, alors que d'autres étaient des animaux terrestres. Ils se répandirent tout autour du monde durant le Trias et disparurent à la fin de cette période (il y a 210 millions d'années).

NOM : *Chasmatosaurus*
ÉPOQUE : Trias supérieur
RÉPARTITION : Afrique (Afrique du Sud) et Asie (Chine)
TAILLE : 2 m de long

Chasmatosaurus (originellement appelé *Proterosuchus*) est l'archosaure primitif le mieux connu. Il ressemble à un crocodile moderne et devait se conduire de la même manière. Ses pattes robustes, chacune dotée de 5 orteils, étaient tournées vers l'extérieur, lui conférant une démarche typique de lézard.

Bien que *Chasmatosaurus* puisse marcher sur la terre ferme, il devait passer le plus clair de son temps dans l'eau pourchassant des poissons à l'aide des mouvements sinueux de son corps et de sa queue. Ses mâchoires sont pourvues de dents pointues et orientées vers l'arrière, chacune s'insérant dans une alvéole étroite. Il possédait également des dents sur le palais, trait primitif que perdirent les archosaures plus évolués.

NOM : *Erythrosuchus*
ÉPOQUE : Trias inférieur
RÉPARTITION : Afrique (Afrique du Sud)
TAILLE : 4,50 m de long

Erythrosuchus et les autres membres de sa famille étaient les plus grands prédateurs terrestres du Permien moyen et supérieur (il y a environ 250-230 millions d'années). Certains pouvaient atteindre une longueur de 5 m. Ils durent exercer une pression sélective très forte sur les autres reptiles terrestres. Plusieurs autres espèces de thécodontes apparurent à la même époque tels les ætosaures (famille des *Stragenolepididae*) et les phytosaures.

Erythrosuchus possède une grande tête de plus de 1 m de long et ses mâchoires sont remplies de dents pointues et coniques. C'était un grand prédateur, chassant les grands dicynodontes herbivores de l'époque. Ses pattes étaient placées plus directement sous le corps que chez *Chasmatosaurus*, ce qui implique que ce prédateur actif pouvait se déplacer plus facilement.

Famille des Rauisuchidae

Ce groupe d'archosaures crocodiliformes comprend de grands prédateurs, certains pouvant atteindre 6 m de long. Ils vivaient au Trias supérieur et survécurent jusqu'à la fin de cette période. On en a retrouvé en Amérique, dans l'est de l'Afrique et en Europe occidentale.

Les pattes des rauisuchidés étaient non seulement placées sous leurs corps, mais une articulation de la cheville des plus efficaces et un talon s'y étaient développés, permettant ainsi au pied de fléchir et de se soulever pendant la marche.

NOM : *Ticinosuchus*

ÉPOQUE : Trias moyen

RÉPARTITION : Europe (Suisse)

TAILLE : 3 m de long

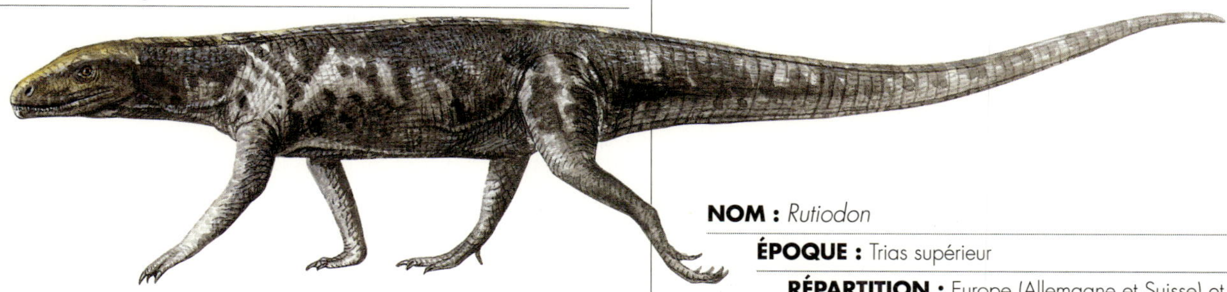

Le dos de ce rauisuchidé de taille moyenne est protégé par deux rangées de petites plaques osseuses. Sa queue est également cuirassée. En étudiant la structure de son bassin et des articulations des fémurs, les paléontologues ont été capables de déterminer que cet animal avait les pattes placées bien plus sous le corps que les premiers archosaures.

De plus, l'articulation de *Ticinosuchus* et des autres rauisuchidés s'adapta pour la marche, un des os du pied évoluant également pour former un talon. Cela constituait une innovation importante, puisqu'un tendon (l'équivalent de notre tendon d'Achille) put se rattacher à ce talon, servant ainsi de levier pour fléchir le pied.

Jusqu'à l'apparition de ce talon, c'était le 5ᵉ os du pied (métatarsien) et son orteil qui soulevaient celui-ci au-dessus du sol. Les animaux à talon purent ensuite réduire la taille de leur 5ᵉ doigt, certains allant jusqu'à le perdre.

Famille des Phytosauridae

Les phytosaures étaient des carnivores aquatiques qui ne vécurent qu'au Trias supérieur (il y a environ 210 millions d'années). Ils sont dotés d'un corps crocodilien, lourdement « caparaçonné », pouvant atteindre 5 m de long. Il est probable que les membres de la famille des phytosauridés aient été les prédateurs dominants de leur époque dans les rivières de l'hémisphère Nord.

La famille des phytosauridés représente un cas classique d'évolution parallèle avec les véritables crocodiles. Chacun descend des mêmes ancêtres archosaures mais ils évoluèrent indépendamment et de la même manière en réponse à un environnement et à un mode de vie similaires. Leur seule différence avec les crocodiles est que leurs narines se situaient près des yeux et non au bout de leur mâchoire.

NOM : *Rutiodon*

ÉPOQUE : Trias supérieur

RÉPARTITION : Europe (Allemagne et Suisse) et Amérique du Nord (Arizona, Nouveau Mexique, Caroline du Nord et Texas)

TAILLE : 3 m de long

Rutiodon (ci-dessous) est un membre typique de la famille des phytosauridés. Son dos, ses flancs et sa queue sont recouverts de plaques osseuses. Il possédait un long nez, à l'image du gavial actuel (un crocodile que l'on trouve uniquement dans les fleuves d'Inde). Ses mâchoires sont constellées de dents pointues, idéales pour attraper et dévorer des poissons. *Rutiodon* devait également se nourrir de reptiles puisqu'on en a retrouvé des restes à l'intérieur de spécimens fossilisés.

Rutiodon et ses parents ressemblaient fortement aux crocodiles actuels. La principale différence entre ces animaux étant la position des narines. Chez les phytosaures, celles-ci se trouvent situées sur une protubérance osseuse, juste à côté des yeux, alors que chez les crocodiles, les narines sont placées au bout du museau.

REPTILES DOMINANTS PRIMITIFS SUITE

Famille des Stagenolepididae

Contrairement à tous les archosaures qui leur sont proches, les stagénolépididés, ou ætosaures, étaient des herbivores. Ils ont de petites dents en forme de trèfle et leur corps imposant est protégé par une lourde armure osseuse. Ils ressemblent à des crocodiles sans museau et constituent une branche à part de la lignée principale des archosaures. On n'en a retrouvés que dans des roches du Trias supérieur, en Europe et sur le continent américain.

NOM : *Stagonolepis*
ÉPOQUE : Trias supérieur
RÉPARTITION : Europe (Écosse)
TAILLE : 3 m de long

Le large corps de *Stagonolepis* est typique des ætosaures herbivores et s'est développé afin de contenir le long intestin propre à son mode d'alimentation. Se déplaçant lentement, *Stagonolepis* se servait de son armure osseuse pour se protéger des attaques des agiles thécodontes carnivores.

Stagonolepis possède une tête assez courte comparée à sa taille globale (25 cm pour une longueur de 3 m). Il n'a pas de dents sur l'avant de ses mâchoires raccourcies mais ses molaires devaient lui suffire pour son régime de prêles, de fougères et de cycas récemment apparus. Son museau était aplati et ressemblait presque à celui d'un cochon (forme idéale pour fouiller la terre).

NOM : *Desmatosuchus*
ÉPOQUE : Trias supérieur
RÉPARTITION : Amérique du Nord (Texas)
TAILLE : 5 m de long

Ce long ætosaure d'Amérique du Nord possède une armure très imposante. Des plaques quadrangulaires recouvrent son dos, sa queue et une partie du ventre alors que de grandes épines, pouvant atteindre 45 cm de long, partent des épaules. Il a une petite tête avec un groin et des dents plates parfaites pour son régime herbivore.

Famille des Ornithosuchidae

Les paléontologues restent indécis quant à la relation existant entre les ornithosuchidés et les dinosaures. On trouve des traits communs dans la structure des pattes mais, mis à part cela, ils étaient plus proches des crocodiles et sont, de ce fait, placés avec eux au sein des *Crurotarsi*. On en a retrouvé dans des roches du Trias supérieur en Écosse et en Amérique du Nord.

NOM : *Euparkeria*
ÉPOQUE : Trias inférieur
RÉPARTITION : Afrique (Afrique du Sud)
TAILLE : 60 cm de long

L'évolution des pattes arrière et de la queue chez les premiers archosaures permit à leurs descendants, les ornithosuchiens, d'adopter une nouvelle posture. *Euparkeria* fut l'un des premiers membres de ce groupe. C'est une petite créature assez mince dotée de fines plaques osseuses courant au centre de son dos et de sa queue. Ses pattes arrière sont un tiers plus grandes que ses pattes avant.

Bien qu'il ait passé le plus clair de son temps à quatre pattes, cet ornithosuchidé était capable de se tenir sur ses pattes arrière afin de courir loin du danger. Il devait alors relever sa queue, qui constituait presque la moitié de la longueur totale du corps, afin de trouver l'équilibre dans sa course. Cette position debout allait devenir courante chez les reptiles carnivores apparus au Trias supérieur (voir pages 106-109).

Le crâne de *Euparkeria* est allongé par de larges ouvertures. Ses dents sont parfaitement adaptées à son régime carnivore : longues, pointues et recourbées.

NOM : *Ornithosuchus*

ÉPOQUE : Trias supérieur

RÉPARTITION : Europe (Écosse)

TAILLE : 4 m de long

Ornithosuchus fut longtemps considéré par les paléontologues comme un dinosaure primitif. On sait maintenant qu'il était en fait beaucoup plus proche des crocodiles.

Sa posture fut sans doute à l'origine de son classement erroné, car elle est caractéristique des dinosaures, ses pattes se trouvant placées verticalement sous son corps, ce qui lui permettait de se tenir debout. Cependant, il devait passer le plus clair de son temps à quatre pattes, la posture debout ne lui servant, comme pour *Euparkeria*, qu'à courir lorsqu'un danger se présentait.

Ornithosuchus possède de nombreux traits primitifs, par exemple deux rangées de plaques osseuses sur le dos, un pelvis large attaché à la colonne vertébrale par seulement 3 vertèbres, et il avait de plus 5 orteils par patte. Toutefois, la structure de son crâne était assez élaborée et étrangement ressemblante à celle des grands théropodes comme *Tyrannosaurus*.

NOM : *Lagosuchus*

ÉPOQUE : Trias moyen

RÉPARTITION : Amérique du Sud

TAILLE : 30 cm de long

Le petit *Lagosuchus* et ses parents sont les ornithosuchidés ressemblant le plus à des dinosaures. La ressemblance est principalement due à la structure du bassin, aux articulations de la cheville et également à la forme de ses longues et fines pattes arrière dont le tibia était presque deux fois plus longs que l'os des cuisses.

Cette structure de pattes caractérise les animaux rapides et on peut tout particulièrement l'observer chez les dinosaures bipèdes. Comme les autres ornithosuchidés, *Lagosuchus* devait être capable de se dresser sur ses pattes arrière.

Famille incertaine

L'espèce unique des *Longisquama insignis*, décrite pour la première fois en 1970, possède des traits bien particuliers qui la distinguent de toutes les autres familles. Les paléontologues sont généralement peu enclin à créer une famille pour une seule espèce et attendent donc de plus amples informations et spécimens pour se lancer dans un classement taxonomique.

NOM : *Longisquama*

ÉPOQUE : Trias inférieur

RÉPARTITION : Asie (Turkmenistan)

TAILLE : 15 cm de long

Créature curieuse aux allures de lézard, *Longisquama* est un petit ornithosuchidé. Il ne peut être placé dans aucun des sous-groupes ou familles du groupe. Il était recouvert d'écailles, certaines, de grande taille et dont les intersections étaient en forme de V et s'élevaient du milieu du dos. Leur fonction est encore inconnue. Ce pourrait être un dispositif pour attirer un partenaire sexuel ou pour faire fuir d'éventuels rivaux. On suggère aussi qu'elles pouvaient lui servir à planer dans les airs ou bien de régulateur thermique. Il se peut également qu'il s'agisse d'une ébauche primitive de plume.

CROCODILES

SUPER-ORDRE DES CROCODYLOMORPHA

Les crocodiles et leurs parents sont les seuls archosaures, ou reptiles dominants, encore en vie aujourd'hui. Ils n'ont que très peu changé depuis leur apparition au Trias moyen, il y a environ 230 millions d'années.

Les crocodiles évoluèrent certainement à partir d'un type d'archosaure ornithosuchien (voir pages 96-97). Bien que les crocodiles actuels soient plus à l'aise dans l'eau que sur la terre ferme, ils étaient à l'origine de petits carnivores terrestres, capables de courir sur leurs deux longues et fines pattes arrière (contrairement aux espèces modernes qui possèdent de petites pattes).

Les crocodiles possèdent un crâne massif long et plat capable de résister à la forte pression de leurs mâchoires. Les muscles de celles-ci sont attachés loin à l'arrière du crâne ce qui leur permet d'ouvrir largement la gueule. Un palais secondaire sépare la bouche de la cavité nasale, ce qui permet à l'animal de respirer lorsqu'il mange.

Famille des Sphenosuchidae

Les sphénosuchiens sont les premiers crocodiles connus, apparaissant au Trias moyen. Terrestres, ils étaient si proches des ornithosuchiens (voir pages 96-97) qu'on les a longtemps considérés comme membres de ce groupe.

NOM : *Gracilisuchus*
ÉPOQUE : Trias supérieur
RÉPARTITION : Amérique du Sud (Argentine)
TAILLE : 30 cm de long

Cette petite créature a été classée parmi les ornithosuchiens jusqu'au début des années 1980. Tout comme eux, son corps est léger et il possède une longue tête disproportionnée. Il courait sur ses fines pattes arrière. Toutefois, la structure de son crâne, des vertèbres du cou et des articulations des chevilles fait de lui un crocodile.

Gracilisuchus était parfaitement adapté à la vie sur la terre ferme, protégé par une double rangée de plaques osseuses, emboîtées sur toute la longueur de sa colonne vertébrale, jusqu'au bout de la queue. Il devait chasser de petits lézards, les tuant avec ses mâchoires puissantes armées de dents pointues et incurvées.

Famille des Saltoposuchidae

Bien que les véritables crocodiles ne soient pas apparus avant le Jurassique inférieur, on en trouve de proches parents dès le Trias supérieur, qui sont désormais tous placés dans le super-ordre des *Crocodylomorpha.* Certains de ces proches parents, comme les saltoposuchidés, ne semblaient pas présenter à première vue de traits communs avec les crocodiles. Ils possèdent cependant certains caractères qui sont considérés comme typiquement crocodiliens.

NOM : *Terrestrisuchus*
ÉPOQUE : Trias supérieur
RÉPARTITION : Europe (Pays de Galles)
TAILLE : 50 cm de long

Terrestrisuchus était moins grand et d'une constitution plus délicate que *Gracilisuchus* (à gauche). Son corps est également plus petit et doté de pattes extrêmement longues et fines, les os des pieds étant fortement allongés. Sa queue fait presque le double de son corps et de sa tête réunis. Sa tête est de constitution crocodilienne, plus longue et plus plate que celles de ses prédécesseurs.

De constitution légère, comparable à celle d'un lévrier bien qu'il ne partage aucun lien avec les mammifères, *Terrestrisuchus* devait parcourir les étendues arides de l'Europe du Trias supérieur, attrapant des insectes et de petits lézards dans ses mâchoires aplaties. Il courait sans doute à quatre pattes mais pouvait se redresser sur ses pattes arrière pour aller encore plus vite, sa queue lui permettant alors de garder l'équilibre.

ORDRE DES CROCODYLIA

Aujourd'hui, les crocodiles sont un petit groupe composé de huit genres différents dont les crocodiles, les alligators et les gavials, vestiges d'un groupe autrefois abondant. Les formes marines étaient très courantes au Jurassique, où elles rivalisaient avec d'autres reptiles marins. Au Tertiaire, certaines espèces devinrent complètement terrestres, entrant en compétition avec les mammifères et les oiseaux.

Famille des Protosuchidae

Les protosuchiens sont des animaux terrestres à longues pattes et à tête un peu plus crocodilienne. Certains ont pu développer un palais secondaire séparant la bouche de la cavité nasale, sans doute constitué d'une membrane de peau et non d'une plaque osseuse comme chez les crocodiles actuels.

NOM : *Protosuchus*
ÉPOQUE : Jurassique inférieur
RÉPARTITION : Amérique du Nord (Arizona)
TAILLE : 1 m de long

Le crâne de ce crocodile terrestre est plus élaboré que celui des sphénosuchidés. Ses courtes mâchoires sont élargies à la base du museau et s'étirent loin à l'arrière du crâne, offrant ainsi une plus grande surface d'attache aux muscles, ce qui renforçait la puissance de sa morsure. Il possédait une paire de « canines », à l'avant de la mâchoire inférieure, qui s'emboîtaient dans des encoches placées sur la mâchoire supérieure lorsque sa gueule était fermée. On retrouve cette structure chez les crocodiles modernes.

DIVISION DES MESOEUCROCRODYLIA

La plupart des crocodiles fossiles appartiennent à ce groupe, bien qu'ils comprennent certains types sans véritable relation entre eux et qu'il est admis de les placer dans cette division avec les éosuchiens.

Ils apparurent au Jurassique inférieur, certainement à partir des protosuchidés (à gauche). Les derniers membres de cette division datent du Miocène, soit il y a 15 millions d'années. Ils étaient soit terrestres soit semi-aquatiques.

Une famille terrestre, les sébécidés, vivait en Amérique du Sud au début de l'ère tertiaire. Leur denture est en dent de scie, chacune des dents étant fine et allongée, comme celles des grands dinosaures carnosaures. Les paléontologues les considèrent donc comme les prédateurs dominants de l'époque puisqu'aucun grand mammifère carnivore n'avait atteint l'Amérique du Sud à ce moment.

Seules quatre familles possédaient un mode de vie totalement aquatique. Parmi elles, les téléosaures et les métriorhynches sont les mieux connus.

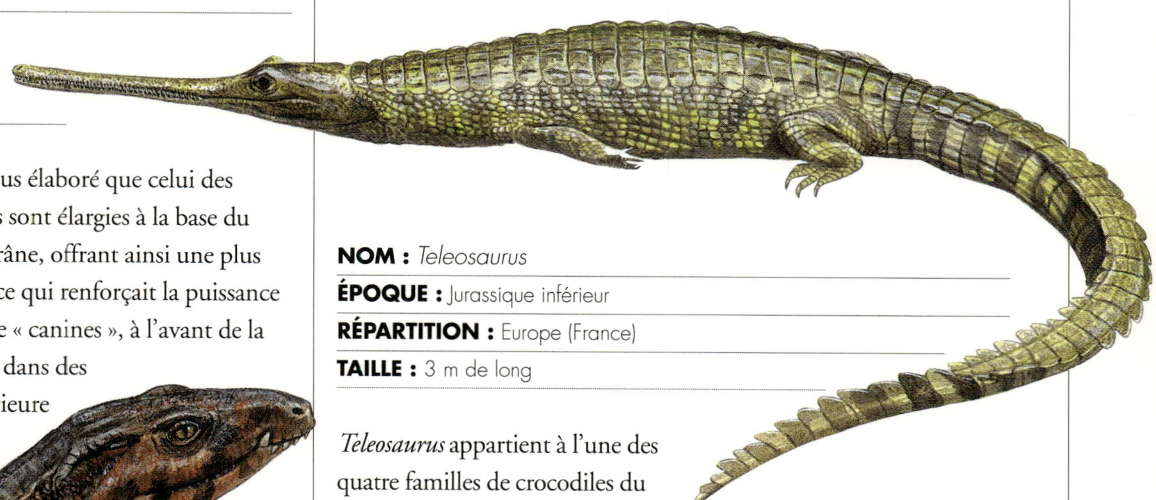

NOM : *Teleosaurus*
ÉPOQUE : Jurassique inférieur
RÉPARTITION : Europe (France)
TAILLE : 3 m de long

Teleosaurus appartient à l'une des quatre familles de crocodiles du Mésozoïque à avoir élu domicile dans les mers qu'ils devraient ensuite partager avec les ichthyosaures et les plésiosaures pendant le Jurassique et le Crétacé. Il devait ressembler au gavial que l'on trouve actuellement dans les fleuves du nord de l'Inde.

Le corps de cet ancien crocodile marin est long et fin, son dos étant puissamment protégé, comme ceux des crocodiles actuels. Ses puissantes mâchoires sont incroyablement fines et allongées si on les compare à celles de ses parents terrestres, et dotées de nombreuses dents pointues. Elles s'emboîtent lorsque la gueule est fermée, constituant un piège parfait pour les poissons ou les calmars.

Les pattes avant de *Teleosaurus* sont particulièrement courtes (deux fois moins longues que les pattes arrière) et il devait les maintenir contre ses flancs pour donner une forme plus hydrodynamique à son corps lorsqu'il nageait. *Teleosaurus* devait nager rapidement en se propulsant à l'aide de mouvements sinueux de son corps et de sa queue, comme nos lézards aquatiques actuels.

CROCODILES SUITE

NOM : *Metriorhynchus*

ÉPOQUE : Jurassique moyen et supérieur

RÉPARTITION : Europe (Angleterre et France) et Amérique du Sud (Chili)

TAILLE : 3 m de long

Metriorhynchus et les autres membres de la famille des métriorhynches sont les crocodiles les mieux adaptés à l'environnement aquatique. Ils ne possèdent pas l'armure dorsale de leurs contemporains, une telle protection étant inutile dans l'eau. La perte de cette armure eut pour avantage de les rendre plus agiles, permettant ainsi les mouvements sinueux du corps nécessaires à leur déplacement. Les pattes de *Metriorhynchus* se transformèrent en palettes natatoires, la paire arrière étant plus longue que celle de l'avant. Ils développèrent également une grande nageoire caudale qui leur servait à se propulser. Celle-ci était soutenue par des épines neurales courbées vers le haut. On constate exactement la même adaptation chez les ichthyosaures, un groupe de reptiles aux allures de poissons (voir pages 78-81).

Geosaurus est un autre membre des métriorhynches que l'on a retrouvé dans des sédiments du Crétacé inférieur, en Europe et en Amérique du Sud. Il fait à peu près la même taille que *Metriorhynchus* mais a un corps encore plus hydrodynamique. Un excellent spécimen de *Geosaurus* a été trouvé dans le sud de l'Allemagne, entouré d'un fin film de carbone. Cela fournit de précieuses informations aux paléontologues, notamment sur la forme des pattes telles qu'elles étaient, recouvertes de peau. Les pattes avant étaient bien plus courtes que celles de derrière et la nageoire caudale était très large. La pointe de la colonne vertébrale se repliait encore plus que chez *Metriorhynchus.*

NOM : *Bernissartia*

ÉPOQUE : Crétacé inférieur

RÉPARTITION : Europe (Angleterre et Belgique)

TAILLE : 60 cm de long

Ce crocodile est très petit comparativement à ses homologues. Il vivait sur les berges du lac du Crétacé inférieur qui s'étendait du sud de l'Angleterre à la Belgique, il y a environ 130 millions d'années. *Bernissartia* avait un mode de vie semi-aquatique, à en juger par les deux types de dents de ses mâchoires. Celles du devant sont longues et pointues, parfaites pour attraper des poissons, alors que celles placées à l'arrière sont larges et plates, idéales pour broyer des coquillages ou même des os d'animaux.

Sous-ordre des Eusuchia

Ce groupe des vrais crocodiles comprend 21 espèces de crocodiles modernes, et 7 d'alligators et de caïmans ainsi que l'unique espèce de gavial. Les crocodiles et les alligators apparurent, sous leur forme actuelle, à la fin du Jurassique. Ils doivent descendre des mésoeucrocodyliens.

Les éosuchiens furent nettement plus abondants et bien plus répandus qu'ils ne le sont actuellement. Ils vivaient dans les marais, les fleuves et les lacs du Mésozoïque. Ils étaient contemporains des grands dinosaures et devaient sûrement s'en nourrir lorsque ceux-ci s'aventuraient trop près des cours d'eau.

Avec leur corps robuste et bien protégé, leur tête massive et leurs puissantes mâchoires dotées de dents acérées, ils devaient être capables de tuer les plus grands des dinosaures. Une fois ceux-ci attaqués et tirés sous l'eau, le crocodile pouvait les y maintenir, son palais secondaire lui permettant d'ouvrir la bouche sans avaler d'eau.

NOM : *Deinosuchus*

ÉPOQUE : Crétacé supérieur

RÉPARTITION : Amérique du Nord

TAILLE : 15 m de long

Seul le crâne de cet immense crocodile (ci-dessus) a été retrouvé et rien que cette partie du squelette mesurait plus de 2 m de long. Si l'on suppose que le corps de *Deinosuchus* avait les mêmes proportions, sa longueur totale devait tourner autour de 15 m, ce qui est bien plus grand que la plupart de ses contemporains. Le nom de *Deinosuchus* qui signifie « crocodile terrible » reflète bien son aspect imposant. Il est parfois également appelé *Phobosuchus* ce qui veut dire « crocodile de l'horreur ».

Deinosuchus vivait dans les marais du Texas, au Crétacé supérieur. Il devait se nourrir de dinosaures, les attrapant comme le font nos actuels crocodiles du Nil avec les oiseaux et les mammifères qui viennent boire, en se tapissant et en restant immobiles dans le lit du fleuve. Contrairement aux premiers crocodiliens, tous les éosuchiens tel *Deinosuchus* possédaient un second palais osseux. Cette caractéristique avancée est des plus pratiques pour les prédateurs aquatiques, car elle leur permet d'ouvrir la bouche sous l'eau afin de saisir leurs proies sans pour autant ingérer de l'eau. Tout comme ses parents actuels, *Deinosuchus* devait avaler des pierres, celles-ci allant se loger dans l'estomac et servant de ballast pour stabiliser l'animal dans l'eau.

Certains paléontologues réfutent toutefois cette vision du mode de vie de *Deinosuchus*. Ils pensent que l'animal devait être plus petit que ce que son crâne laisse penser et qu'il s'agissait d'une créature terrestre dotée d'un petit corps et de longues pattes. Tant que d'autres fragments de squelette ne seront pas découverts, le mode de vie de ce crocodile restera quelque peu mystérieux.

Les crocodiles gigantesques n'étaient pas présents qu'au Mésozoïque. *Rhamphosuchus* est un gavial retrouvé dans un gisement du Pliocène, en Inde. On n'a découvert que des fragments des os de la mâchoire, mais sur cette base, on estime que cet animal devait faire à peu près la même taille que *Deinosuchus*.

NOM : *Pristichampsus*

ÉPOQUE : Éocène

RÉPARTITION : Europe (Allemagne) et Amérique du Nord (Wyoming)

TAILLE : 3 m de long

Un nombre important d'éosuchiens puissamment armés vivait sur la terre ferme au Tertiaire. *Pristichampsus* (ci-dessous) est un représentant typique de ces crocodiles terrestres. Il a de longues pattes, parfaites pour courir. Elles n'étaient pas dotées de griffes mais d'ongles, ce qui constituait une adaptation à son mode de vie terrestre. Il devait se nourrir des mammifères qui venaient d'apparaître.

Les dents redoutables de *Pristichampsus* étaient parfaites pour son régime de carnivore. Elles sont pointues et fines, comme des couteaux à viande. Elles sont quasiment identiques à celles des plus grands dinosaures carnivores comme *Tyrannosaurus* ou *Albertosaurus*. Lorsque les paléontologues trouvèrent des dents isolées de *Pristichampsus*, ils les prirent pour celles de ces grands théropodes et ils en conclurent, à tord, que ces grandes créatures avaient survécu jusqu'au Tertiaire.

REPTILES VOLANTS

ORDRE DES PTEROSAURIA

Les ptérosaures furent le premier groupe de vertébrés à coloniser le milieu aérien. Ces reptiles volants se servaient « d'ailes » de peau attachées au 4e doigt, très effilé, de chaque main rejoignant le corps au niveau de la cuisse.

Ils apparurent au Trias supérieur, quelque 70 millions d'années avant l'apparition du premier oiseau connu, *Archaeopteryx* (voir page 174). Ils prospérèrent tout au long du Jurassique et du Crétacé inférieur, se diversifiant en plusieurs formes. On compte parmi eux les plus grandes créatures volantes de tous les temps. Le groupe se mit ensuite à décliner, ses derniers représentants disparaissant à la fin de l'ère mésozoïque. On a retrouvé des fossiles de ptérosaures dans le monde entier, hormis l'Antarctique, principalement dans des dépôts marins.

Les ptérosaures sont divisés en deux sous-ordres (ci-dessous). Les rhamphorhynques sont les membres les plus anciens et les plus primitifs; les ptérodactyles viennent ensuite et comptent parmi eux plusieurs reptiles volants célèbres.

SOUS-ORDRE DES RHAMPHORHYNCHOIDEA

Les premiers ptérosaures connus étaient déjà des créatures volantes évoluées au Trias supérieur il y a 190 millions d'années. Ils prospérèrent dans le monde jusqu'à leur extinction au Jurassique supérieur.

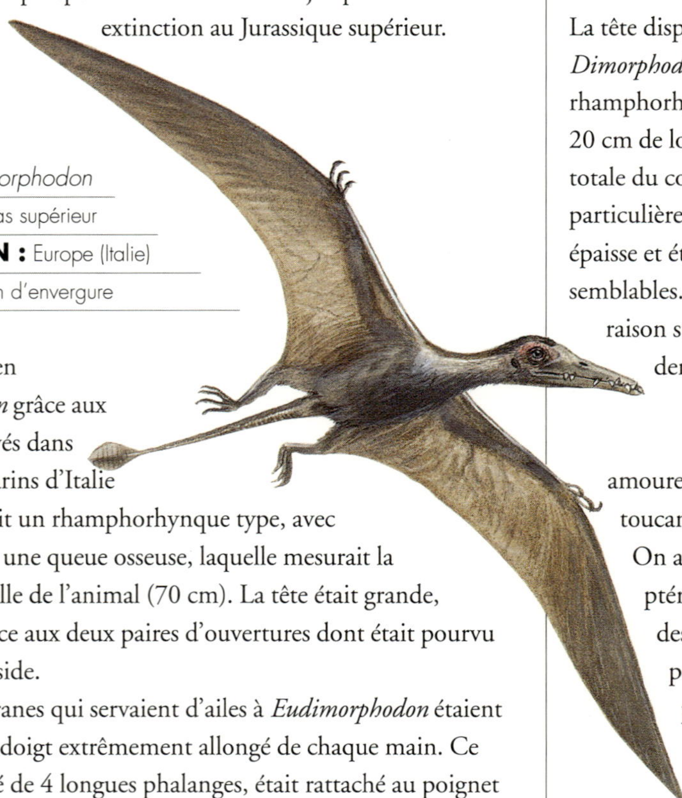

NOM : *Eudimorphodon*
ÉPOQUE : Trias supérieur
RÉPARTITION : Europe (Italie)
TAILLE : 75 cm d'envergure

On connaît bien *Eudimorphodon* grâce aux fossiles conservés dans les calcaires marins d'Italie du nord. C'était un rhamphorhynque type, avec un petit cou et une queue osseuse, laquelle mesurait la moitié de la taille de l'animal (70 cm). La tête était grande, mais légère grâce aux deux paires d'ouvertures dont était pourvu son crâne diapside.

Les membranes qui servaient d'ailes à *Eudimorphodon* étaient attachées au 4e doigt extrêmement allongé de chaque main. Ce doigt, composé de 4 longues phalanges, était rattaché au poignet par un métacarpe tout aussi long. Les ailes se rattachaient au corps de chaque côté au niveau des cuisses. Une autre petite membrane reliait les os du poignet à la base du cou de l'animal.

De toute évidence, *Eudimorphodon* était un animal volant actif, capable de battre des ailes comme un oiseau moderne. Les muscles puissants servant au vol étaient rattachés au sternum, plat et large, même si le bréchet était bas par rapport à celui, très développé, des oiseaux actuels.

La longue queue était probablement rigide pendant le vol, les vertèbres étant soudées les unes aux autres par des tendons osseux formant ainsi une tige rigide qui faisait contrepoids à la partie avant de l'animal, comparativement plus lourde. À l'instar de nombreux rhamphorhynques, la queue se terminait par une membrane verticale, en forme de losange, qui servait probablement de gouvernail pendant le vol.

Les courtes mâchoires de *Eudimorphodon* étaient pourvues de deux types de dents, longues et pointues devant et courtes et larges à l'arrière. Ce ptérosaure devait probablement voler à faible altitude au-dessus de la mer, ses grands yeux scrutant la surface, à la recherche de poissons.

NOM : *Dimorphodon*
ÉPOQUE : Jurassique inférieur
RÉPARTITION : Europe (Angleterre)
TAILLE : 1,20 m d'envergure

La tête disproportionnée et large de *Dimorphodon* était typique des rhamphorhynques : elle mesurait environ 20 cm de long, soit un quart de la longueur totale du corps. Sa forme cependant était particulière (rappelant le macareux), épaisse et étroite, à la différence de ses semblables. Il ne semble y avoir aucune raison structurelle à cette forme, puisque la dentition témoigne de mâchoires simples. Cette forme aurait pu avoir son importance dans la démonstration d'un comportement territorial ou amoureux, à l'instar des têtes colorées des calaos ou des toucans modernes.

On a longtemps débattu de la méthode utilisée par les ptérosaures pour marcher. D'après les études du bassin et des pattes de *Dimorphodon*, certains paléontologues pensent qu'ils se tenaient droits, comme les oiseaux, les pattes directement sous leur tronc de manière à pouvoir rapidement courir sur leurs orteils.

Mais les découvertes d'autres types de ptérosaures en 1986 laissent penser que *Dimorphodon* serait une exception. Ces découvertes récentes montrent que les fémurs étaient écartés du bassin, créant une démarche maladroite, affalée, semblable à celle des chauves-souris. Selon certains, les ptérosaures auraient passé une grande partie de leur temps suspendus en haut de falaises et de branches, se servant de leurs doigts et de leurs orteils griffus pour parvenir à ces postes élevés d'où ils pouvaient s'élancer.

NOM : *Rhamphorhynchus*
ÉPOQUE : Jurassique supérieur
RÉPARTITION : Europe (Allemagne) et Afrique (Tanzanie)
TAILLE : 1 m d'envergure

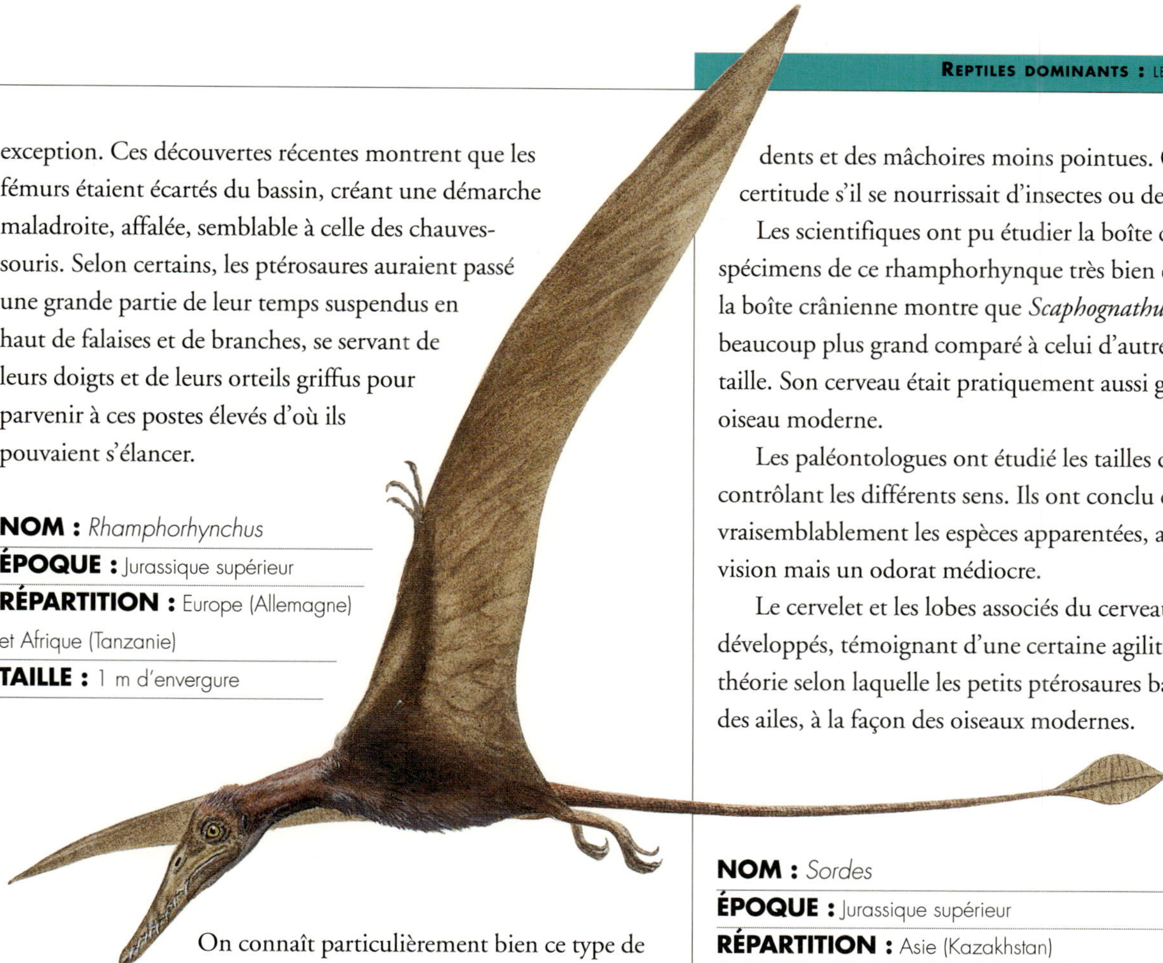

On connaît particulièrement bien ce type de ptérosaure conservé dans les couches de calcaire fin de Solnhofen, dans le sud de l'Allemagne, lieu où l'on a également retrouvé des spécimens complets (avec empreinte des plumes) du premier oiseau connu, *Archaeopteryx* (voir page 174).

La fine structure des ailes de *Rhamphorhynchus*, composées de membranes cutanées, a été, elle aussi, conservée dans le calcaire. Des études au microscope révèlent que de fines fibres renforçaient les ailes, de l'avant vers l'arrière. Cette structure est comparable à celles des doigts en éventail des chauves-souris modernes.

Rhamphorhynchus avait de longues mâchoires étroites pourvues de dents acérées pointant vers l'extérieur, comme les barbes d'un harpon. On a trouvé des restes de poisson dans le jabot et l'estomac de certains spécimens ; *Rhamphorhynchus* aurait volé au ras de l'eau, sa longue queue étendue pour se stabiliser, attrapant les poissons dans ses mâchoires.

NOM : *Scaphognathus*
ÉPOQUE : Jurassique supérieur
RÉPARTITION : Europe (Angleterre)
TAILLE : 1 m d'envergure

Scaphognathus, bien que semblable à *Rhamphorhynchus*, a une tête plus courte, de longues dents et des mâchoires moins pointues. On ne sait pas avec certitude s'il se nourrissait d'insectes ou de poissons.

Les scientifiques ont pu étudier la boîte crânienne de l'un des spécimens de ce rhamphorhynque très bien conservé. La taille de la boîte crânienne montre que *Scaphognathus* avait un cerveau beaucoup plus grand comparé à celui d'autres reptiles de même taille. Son cerveau était pratiquement aussi grand que celui d'un oiseau moderne.

Les paléontologues ont étudié les tailles des zones du cerveau contrôlant les différents sens. Ils ont conclu que *Scaphognathus*, et vraisemblablement les espèces apparentées, avait une excellente vision mais un odorat médiocre.

Le cervelet et les lobes associés du cerveau étaient très développés, témoignant d'une certaine agilité, fait qui renforce la théorie selon laquelle les petits ptérosaures battaient activement des ailes, à la façon des oiseaux modernes.

NOM : *Sordes*
ÉPOQUE : Jurassique supérieur
RÉPARTITION : Asie (Kazakhstan)
TAILLE : 50 cm d'envergure

Pendant longtemps, les paléontologues se sont disputés sur la nature endothermique ou ectothermique des dinosaures carnivores et des ptérosaures. La vie active de prédateurs de ces deux types de reptiles dominants laisse penser qu'ils avaient un métabolisme élevé et qu'ils pouvaient contrôler leur température.

Pour soutenir cette théorie, certains paléontologues ont suggéré que les dinosaures et les ptérosaures étaient recouverts d'une couche isolante de duvet ou de poils, qui les aidait à réguler leur température. On sait maintenant d'après des découvertes faites en Chine que certains dinosaures carnivores avaient des plumes. Une découverte similaire faite en 1971 confirme aussi cette théorie chez les ptérosaures. Un spécimen de *Sordes pilosus* a été découvert dans le sud-est de l'Oural. Le corps de cet animal semble être recouvert, d'après les impressions laissées dans le sédiment, d'une fourrure épaisse alors que la queue et les ailes en sont dépourvues.

Bien que la nature exacte des poils qui couvraient *Sordes pilosus* ne soit pas encore confirmée, elle serait différente de celle des mammifères, mais avait une fonction identique : isoler le corps et tenir chaud. Comme les plumes des oiseaux, les poils des ptérosaures dériveraient des écailles qui recouvraient le corps des reptiles.

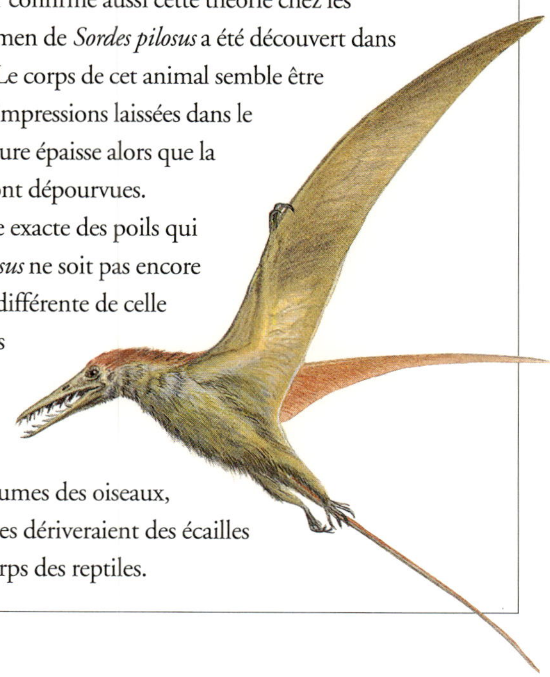

REPTILES VOLANTS SUITE

NOM : *Anurognathus*
ÉPOQUE : Jurassique supérieur
RÉPARTITION : Europe (Allemagne)
TAILLE : 30 cm d'envergure

Ce rhamphorhynque de petite taille avait une tête haute et étroite aux mâchoires courtes pourvues de dents solides lui permettant de broyer les aliments. Cette structure laisse penser qu'*Anurognathus* se nourrissait probablement d'insectes.

À la différence des autres rhamphorhynques, *Anurognathus* a une queue courte qui, associée à la petitesse de son corps, lui permettait de manœuvrer très facilement en vol lorsqu'il pourchassait des proies rapides.

SOUS-ORDRE DES PTERODACTYLOIDEA

Les ptérodactyles sont les reptiles volants les plus connus. Cette espèce était déjà bien établie au Jurassique supérieur au moment de la disparition des rhamphorhynques. Les ptérodactyles ont vécu durant tout le Crétacé, même si seules quelques formes subsistaient à la fin de cette période. Ces ptérosaures présentent la même structure générale que les premiers rhamphorhynques, avec toutefois une queue plus courte, un cou plus long et un crâne plus effilé.

On trouve dans le sous-ordre des ptérodactyloïdes certains des plus petits ptérosaures connus comme certains des plus grands vertébrés volants ayant jamais existé.

NOM : *Pterodactylus*
ÉPOQUE : Jurassique supérieur
RÉPARTITION : Afrique (Tanzanie) et Europe (Angleterre, France et Allemagne)
TAILLE : jusqu'à 75 cm d'envergure

Pterodactylus présente toutes les caractéristiques du ptérodactyle type : une queue courte, un cou long et des os des mains très effilés (métacarpes) qui soutenaient, avec le 4e doigt allongé, les ailes de l'animal.

On a découvert de nombreuses espèces de *Pterodactylus*, chacune se différenciant des autres par la taille et la forme de la tête. L'espèce illustrée ici, *Pterodactylus kochi*, a des mâchoires longues et étroites garnies de rangées de dents pointues qui lui permettaient de dévorer les poissons qui composaient son ordinaire.

NOM : *Pterodaustro*
ÉPOQUE : Jurassique supérieur
RÉPARTITION : Amérique du Sud (Argentine)
TAILLE : 1,20 m d'envergure

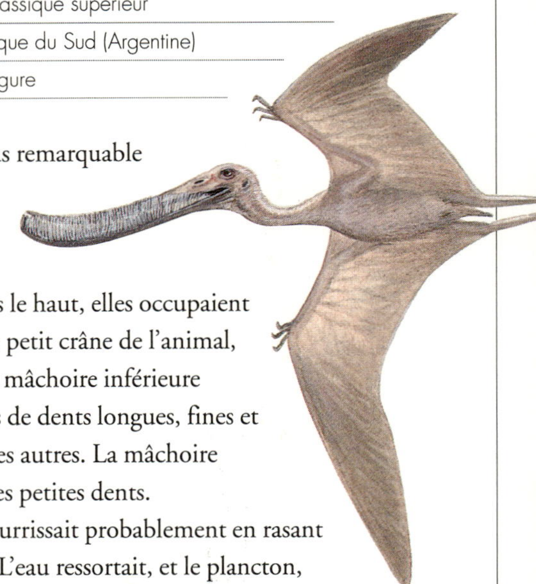

La caractéristique la plus remarquable de *Pterodaustro* est ses extraordinaires mâchoires. Allongées, minces et incurvées vers le haut, elles occupaient la plus grande partie du petit crâne de l'animal, qui mesurait 23 cm. La mâchoire inférieure était hérissée de milliers de dents longues, fines et serrées les unes contre les autres. La mâchoire supérieure avait aussi des petites dents.

Ce ptérosaure se nourrissait probablement en rasant la mer, gueule ouverte. L'eau ressortait, et le plancton, composé de petits animaux, restait prisonnier de cette dentition semblable à un tamis, une méthode d'alimentation comparable à celle des baleines à fanons actuelles.

NOM : *Cearadactylus*
ÉPOQUE : Crétacé inférieur
RÉPARTITION : Amérique du Sud (Brésil)
TAILLE : 4 m d'envergure

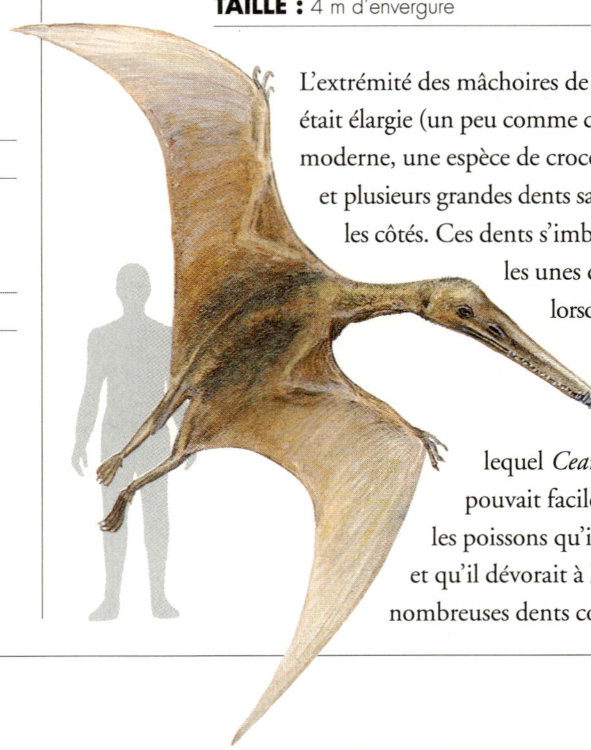

L'extrémité des mâchoires de *Cearadactylus* était élargie (un peu comme celles du gavial moderne, une espèce de crocodile) et plusieurs grandes dents saillaient sur les côtés. Ces dents s'imbriquaient les unes dans les autres lorsque la mâchoire se refermait, formant un piège dans lequel *Cearadactylus* pouvait facilement retenir les poissons qu'il attrapait et qu'il dévorait à l'aide de ses nombreuses dents coniques.

NOM : *Dsungaripterus*
ÉPOQUE : Crétacé inférieur
RÉPARTITION : Asie (Chine)
TAILLE : 3 m d'envergure

Dsungaripterus a une singulière crête osseuse le long de son museau et de longues mâchoires étroites incurvées vers le haut et se terminant en pointe fine. Ses mâchoires musculeuses lui permettaient probablement d'arracher les coquillages aux rochers du littoral. Il écrasait ensuite les coquilles avec ses dents plates situées au fond de sa mâchoire.

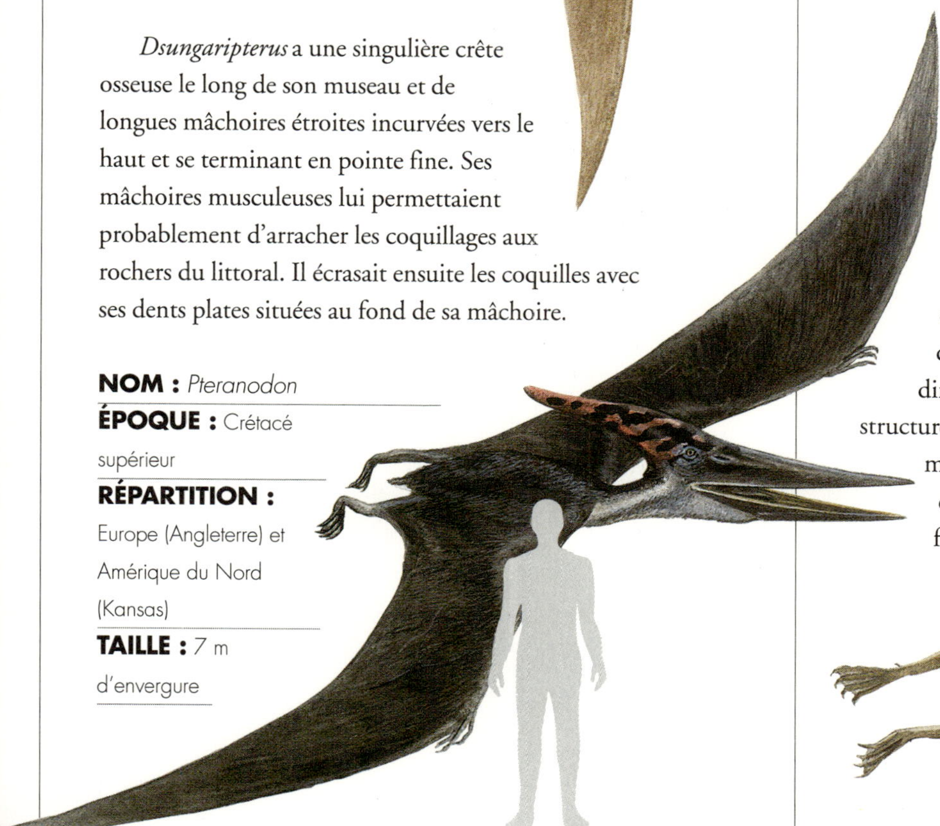

NOM : *Pteranodon*
ÉPOQUE : Crétacé supérieur
RÉPARTITION : Europe (Angleterre) et Amérique du Nord (Kansas)
TAILLE : 7 m d'envergure

Pteranodon, l'un des ptérosaures aux ailes les plus longues, se déplaçait probablement en planant. Son corps court, sans queue, était relativement lourd, 17 kg environ, et certainement difficile à manœuvrer dans l'air (comme un avion de chasse à empennage court). Il utilisait sûrement les courants d'air chaud pour s'élever et se maintenir à haute altitude au-dessus de l'océan.

La fonction de la grande crête, à l'arrière de la tête, souvent aussi longue que le crâne lui-même, reste un mystère. Elle servait peut-être à stabiliser l'animal en vol, à lui servir de gouvernail ou de frein, ou simplement à contrebalancer la longueur et le poids de la tête.

Ses mâchoires édentées sont inhabituelles chez un ptérosaure. *Pteranodon* se nourrissait probablement comme le pélican moderne, ramassant les poissons dans ses mâchoires et les avalant entiers.

NOM : *Quetzalcoaltus*
ÉPOQUE : Crétacé supérieur
RÉPARTITION : Amérique du Nord (Texas)
TAILLE : probablement jusqu'à 12 m d'envergure

On n'a retrouvé que des fragments de cet immense ptérosaure, dans des sédiments non marins, mais ils indiquent que cet animal avait des ailes extrêmement longues et étroites et pesait quelque 85 kg. Si ces données sont avérées, *Quetzalcoaltus* aurait été le plus grand vertébré volant de tous les temps.

Quetzalcoaltus était certainement un maître dans l'art de planer. Il vivait à l'intérieur des terres, à la différence de ses cousins ptérodactyles marins, et aurait utilisé ses immenses ailes et les courants ascendants pour s'élever très haut dans le ciel. À l'instar d'un vautour moderne, ses yeux perçants repéraient les charognes de très loin et son long cou et ses mâchoires édentées lui permettaient d'enfoncer sa tête profondément dans la carcasse d'un dinosaure. Néanmoins, la structure des vertèbres du cou montre que celui-ci était assez peu flexible.

DINOSAURES CARNIVORES

SOUS-ORDRE DES THEROPODA

Le groupe des dinosaures à « bassin de lézard », ou saurischiens, peut se diviser en deux sous-ordres distincts d'après leur régime alimentaire. Les herbivores appartiennent à l'ordre des sauropodomorphes (voir pages 122 à 133) et les carnivores à celui des théropodes.

INFRA-ORDRE DES CERATOSAURIA

Les théropodes carnivores sont traditionnellement divisés (en infraordes) d'après leur taille : les prédateurs de grande taille (voir pages 114 à 121) ; les carnivores de taille moyenne possédant une griffe meurtrière à chaque pied (voir pages 110 à 113) ; et les petits chasseurs légers, les cératosaures, dont les os creux à paroi fine formaient la queue et la majeure partie du corps délicat. Les relations entre ces espèces ne sont toutefois pas très claires et différentes classifications ont été proposées.

Famille des Ceratosauridae

Les cératosauridés ont une petite corne sur le museau. Ils vivaient en Amérique du Nord et en Afrique de l'Est à la fin du Jurassique. Du fait de similitudes avec les mégalosaures, leur classification a été source de débats. Ils sont parfois classés avec les carnosaures.

NOM : *Ceratosaurus*
ÉPOQUE : Jurassique supérieur
RÉPARTITION : Amérique du Nord (Colorado et Wyoming)
TAILLE : 6 m de long

On ne connaît pas exactement la fonction de la corne placée sur son museau. Elle pourrait lui servir de défense ou pour la parade amoureuse. *Ceratosaurus* était un prédateur actif. Ses mâchoires imposantes avaient des dents incurvées et acérées et ses petits membres antérieurs 4 doigts griffus. Ses pieds ont 3 orteils munis de griffes. La rangée de plaques osseuses, qui forme une crête dentelée le long de son dos, aurait pu servir à réguler sa température. Ses empreintes, trouvées dans les roches de la Formation Morrison, dans l'ouest des États-Unis, montrent que ces animaux se déplaçaient en groupe et qu'ils auraient pu s'associer pour tuer.

Famille des Podokesauridae

Les podokésauridés sont les tout premiers petits théropodes carnivores et les plus primitifs. Ils vivaient il y a 50 millions d'années, du Trias supérieur au Jurassique inférieur.

Ils ressemblaient à leurs ancêtres directs, les archosaures (voir page 93). C'étaient des prédateurs vifs et actifs qui couraient sur de longues pattes, en se stabilisant avec leur cou et leur queue tendus. Les pattes avant sont plus courtes. Leur tête triangulaire est pourvue de mâchoires aux nombreuses dents pointues et tranchantes.

NOM : *Procompsognathus*
ÉPOQUE : Trias supérieur
RÉPARTITION : Europe (Allemagne)
TAILLE : 1,20 m de long

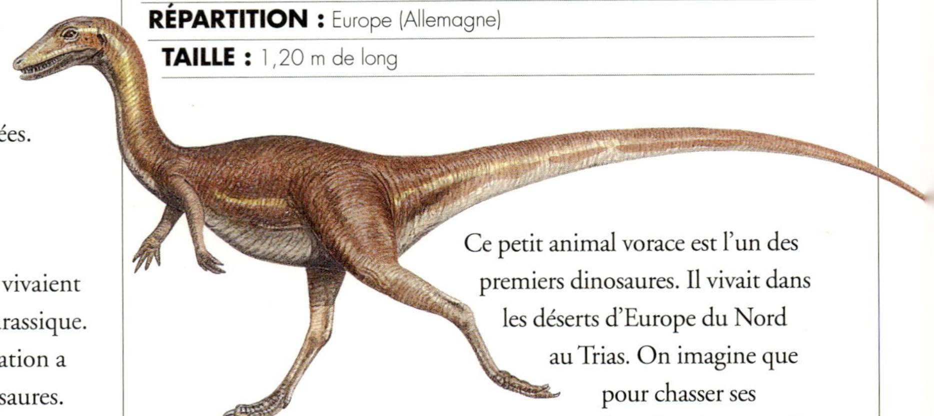

Ce petit animal vorace est l'un des premiers dinosaures. Il vivait dans les déserts d'Europe du Nord au Trias. On imagine que pour chasser ses proies, petits lézards et insectes, il courait sur ses longues pattes, seuls 3 de ses 4 orteils touchant le sol. Chaque main était pourvue de 5 doigts, caractéristique primitive, puisque la tendance était à un nombre restreint de doigts et d'orteils.

NOM : *Saltopus*
ÉPOQUE : Trias supérieur
RÉPARTITION : Europe (Écosse)
TAILLE : 60 cm de long

Saltopus est l'un des dinosaures les plus petits et les plus légers que l'on ait découverts. Il ressemble à son cousin *Procompsognathus*, mais de taille beaucoup plus réduite. Il était plus petit qu'un chat domestique et pesait probablement à peine 1 kg.

Saltopus présente la même caractéristique primitive d'une main pourvue de 5 doigts, même si les 4e et 5e doigts sont minuscules. Il est en revanche beaucoup plus évolué que *Procompsognathus* quant à la disposition de son bassin et de sa colonne vertébrale ; 4 des vertèbres sacrées sont soudées au bassin (et non 3 comme ses autres cousins), ce qui forme une base solide pour ses longues pattes agiles.

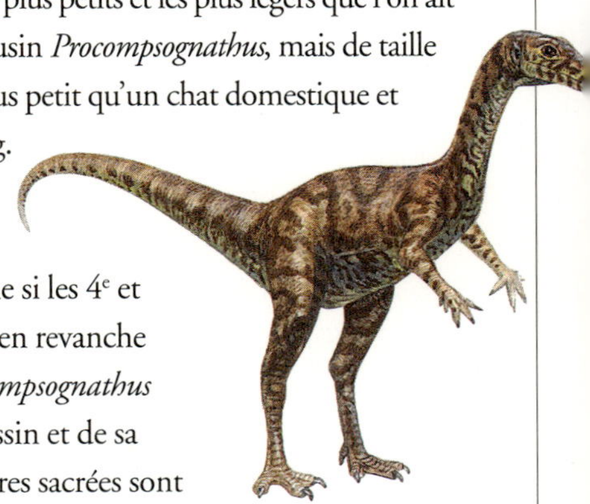

NOM : *Coelophysis*
ÉPOQUE : Trias supérieur
RÉPARTITION : Amérique du Nord (Connecticut et Nouveau Mexique)
TAILLE : 2,50 à 3 m de long

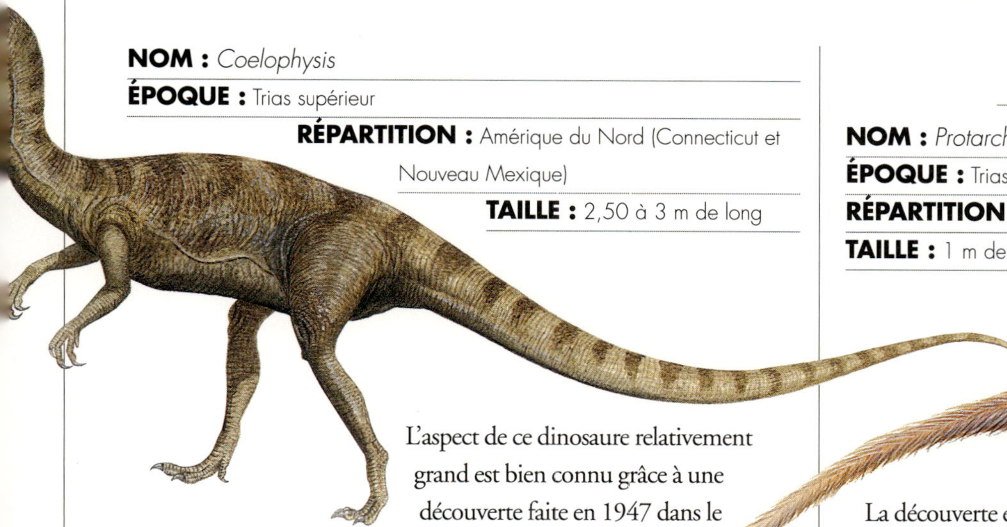

L'aspect de ce dinosaure relativement grand est bien connu grâce à une découverte faite en 1947 dans le Nouveau Mexique, à Ghost Ranch. On a retrouvé plusieurs squelettes ensemble, de différentes tailles, dont une douzaine complets. Il s'agissait de jeunes (venant probablement de naître) et d'adultes mesurant de 1 à 3 m. Cette découverte laisse penser qu'ils vivaient en groupe et qu'ils seraient morts en même temps.

Ce dinosaure était certainement un chasseur féroce, bâti pour la vitesse. Son corps allongé aux os creux pesait probablement moins de 23 kg. Son cou, sa queue et ses pattes étaient longs et fins, la queue comptant pour environ la moitié de la taille du corps. La tête allongée et étroite avait des mâchoires armées de nombreuses dents pointues, chacune ayant un bord tranchant et crénelé. Les pieds de type avien étaient pourvus de trois orteils aux griffes acérées sur lesquels il s'appuyait pour marcher. Chaque main était pourvue de quatre doigts, dont trois seulement étaient suffisamment forts pour saisir les proies.

Coelophysis parcourait probablement les forêts des hautes terres, chassant en groupe près des ruisseaux et des lacs. Ses proies devaient être de petits mammifères (musaraignes par exemple).

Deux des squelettes adultes trouvés au Nouveau Mexique contenaient de minuscules os de *Coelophysis* dans leur corps.
Les paléontologues ont tout d'abord pensé que *Coelophysis* mettait bas au lieu de pondre des œufs comme la plupart des autres reptiles, mais leur bassin était trop étroit pour que cela soit possible. Il semble finalement que ce dinosaure ait été cannibale.

Division des Maniraptora

Ce groupe de théropodes partage plusieurs caractéristiques avec les oiseaux, notamment leurs mains, comme leur nom l'indique. D'ailleurs, dans certaines classifications modernes, les oiseaux sont compris dans cette division. Leurs vertèbres caudales transformées et leur pubis dirigé vers le bas sont d'autres traits qu'ils ont en commun.

Famille sans nom

NOM : *Protarchaeopteryx*
ÉPOQUE : Trias supérieur/Crétacé inférieur
RÉPARTITION : Chine
TAILLE : 1 m de long

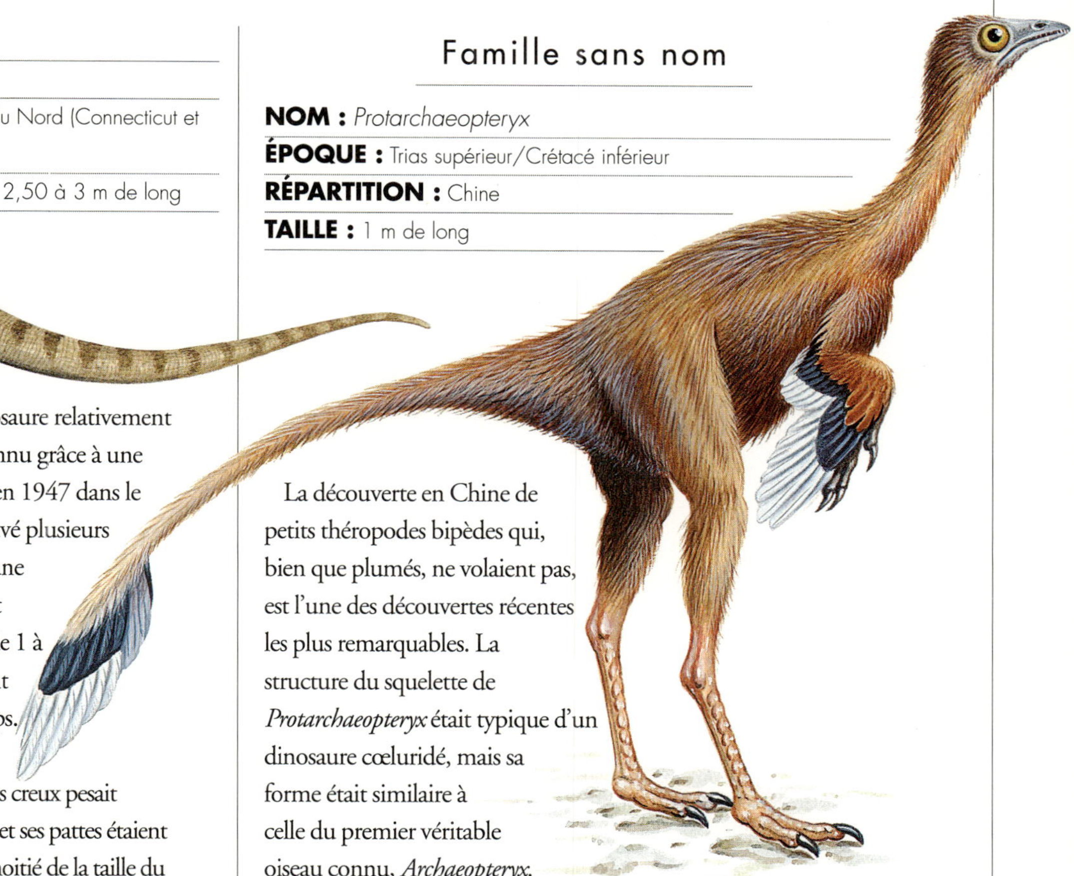

La découverte en Chine de petits théropodes bipèdes qui, bien que plumés, ne volaient pas, est l'une des découvertes récentes les plus remarquables. La structure du squelette de *Protarchaeopteryx* était typique d'un dinosaure cœluridé, mais sa forme était similaire à celle du premier véritable oiseau connu, *Archaeopteryx*.

Protarchaeopteryx avait un crâne court et des dents primitives. Le squelette était formé d'os creux légers comme ceux des oiseaux, d'un « bréchet » et de pattes avant plus courtes que les pattes arrière. La main allongée était pourvue de griffes tranchantes incurvées et la queue était composée de 28 vertèbres. Des petites plumes de duvet (de 2 à 3 cm environ) sur la poitrine, la queue et le haut des pattes ont été remarquablement bien conservées. Des grandes plumes symétriques (de 10 cm de long) sont attachées au bout de la queue et des bras.

Famille des Coeluridae

Les cœluridés ont prospéré partout dans le monde du Jurassique supérieur au Crétacé inférieur. C'étaient des prédateurs légers et actifs, courant sur leurs longues pattes et attrapant leurs proies avec les doigts griffus de leurs mains.

NOM : *Coelurus*
ÉPOQUE : Jurassique supérieur
RÉPARTITION : Amérique du Nord (Wyoming)
TAILLE : 2 m de long

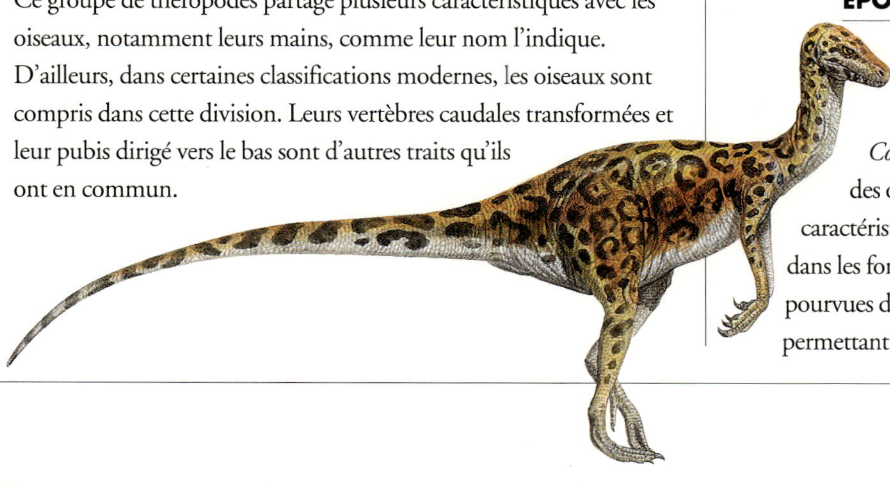

Coelurus a une petite tête (de 20 cm de long environ) et des os creux, semblables à ceux des oiseaux, caractéristiques des premiers dinosaures. Ce prédateur vivait dans les forêts et les marécages d'Amérique du Nord. Ses mains, pourvues de trois doigts griffus, étaient longues et puissantes, lui permettant d'arracher la chair de ses petites proies.

DINOSAURES CARNIVORES SUITE

Famille des Compsognathidae

Cette famille ne compte qu'un seul membre connu. Il était contemporain des cœluridés auxquels il ressemblait beaucoup.

NOM : *Compsognathus*
ÉPOQUE : Jurassique supérieur
RÉPARTITION : Europe (Allemagne et France)
TAILLE : 60 cm de long

Cette créature bipède, de la taille d'un poulet, pesait probablement jusqu'à 3,5 kg. *Compsognathus* était certainement un chasseur rapide. Il était bâti pour la vitesse : os creux, cou long, queue longue faisant contrepoids, membres antérieurs courts munis de deux doigts en tenailles, membres postérieurs aux tibias longs et pieds de type avien avec 3 orteils griffus (un 4e petit orteil pointait vers l'arrière).

Compsognathus ressemblait à *Archaeoptryx* (voir page 174). Tous deux peuplaient les îles boisées et les lagons du sud de l'Allemagne, au Jurassique supérieur.

NOM : *Sinosauropteryx*
ÉPOQUE : du Jurassique supérieur au Crétacé inférieur
RÉPARTITION : Chine
TAILLE : 1,20 m de long

Découvert pour la première fois dans la même région chinoise que *Protarchaeopteryx* et *Caudipteryx* en 1996, *Sinosauropteryx* est le premier des dinosaures à plumes. Ce théropode de la taille d'un poulet avait une longue queue, des avant-bras courts et épais avec une main très fonctionnelle. C'était un prédateur efficace; on a retrouvé dans des restes fossilisés de contenu stomacal un lézard et un petit mammifère. Pour la première fois, des œufs ont été trouvés dans le corps d'un dinosaure femelle. La répartition des œufs fossilisés laisse envisager la présence de deux oviductes de type reptilien plutôt que de l'oviducte unique des oiseaux. Son corps, du sommet du crâne à la queue, était probablement recouvert d'une crinière ou d'une crête de plumes de 4 cm de haut ressemblant à des poils. Ces protoplumes ne servaient pas à voler mais probablement à se camoufler, à parader ou comme signe de reconnaissance de l'espèce.

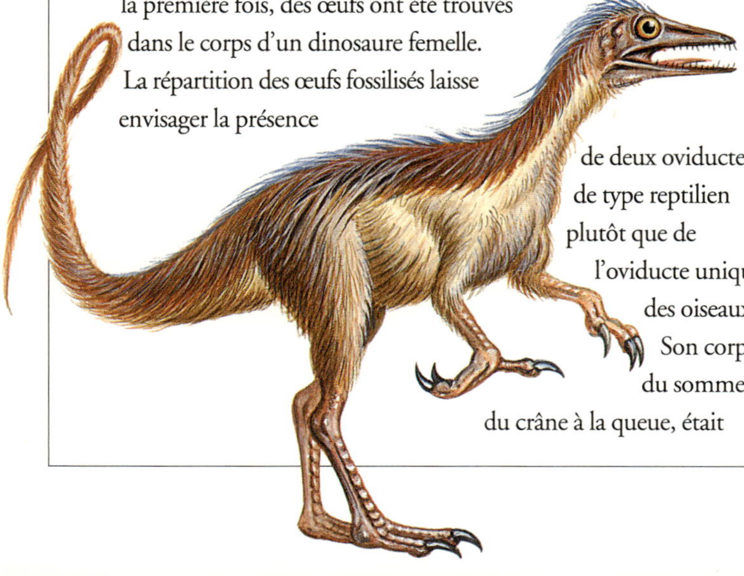

Sinosauropteryx était étroitement apparenté à *Compsognathus*, théropode cœluridé à qui il ressemblait.

Famille des Ornithomimidae

Ces dinosaures « imitant les oiseaux » étaient une ramification des cœlurosaures. De la taille d'une autruche, à l'exception de leurs longs bras pourvus de 3 doigts puissants, leur mode de vie aurait été identique à celui de cet oiseau, d'où le nom populaire donné à ce groupe, les « dinosaures autruches ». Ils proliféraient en Amérique du Nord et en Asie orientale au Crétacé moyen, mais il semblerait qu'ils aient disparu avant la fin de cette période.

C'étaient tous des coureurs rapides de grande taille aux longues jambes. On estime que certains pouvaient atteindre des vitesses de 35 à 60 km/h. Ils parcouraient probablement les plaines en groupe, s'occupant de leurs petits tout en se déplaçant. À la différence d'autres dinosaures, les dents sont remplacées par un bec cornu, comme celui des oiseaux, qu'ils utilisaient pour attraper de petits animaux et des insectes. Leurs yeux exceptionnellement grands et leur gros cerveau étaient aussi des caractéristiques particulières, qui en font sans doute des chasseurs bien coordonnés, efficaces et intelligents.

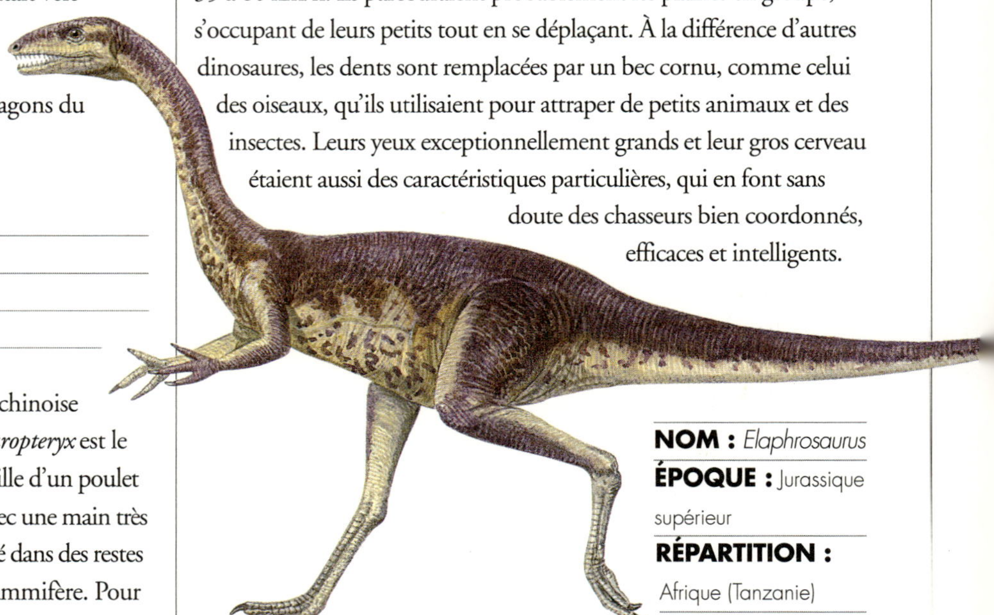

NOM : *Elaphrosaurus*
ÉPOQUE : Jurassique supérieur
RÉPARTITION : Afrique (Tanzanie)
TAILLE : 3,50 m de long

Seul un squelette d'*Elaphrosaurus* a été retrouvé, mais il manquait malheureusement le crâne. Puisque le trait caractéristique des ornithomimidés était l'absence de dents, il est impossible d'affirmer que *Elaphrosaurus* appartenait à cette famille. Les dents éparses retrouvées dans les mêmes sédiments pourraient lui appartenir.

Le reste du squelette de l'animal cependant témoigne d'une structure intermédiaire entre les cœluridés du Jurassique et les ornithomimidés plus évolués du Crétacé. *Elaphrosaurus*, ou un parent proche, pourrait être l'ancêtre des dinosaures autruches.

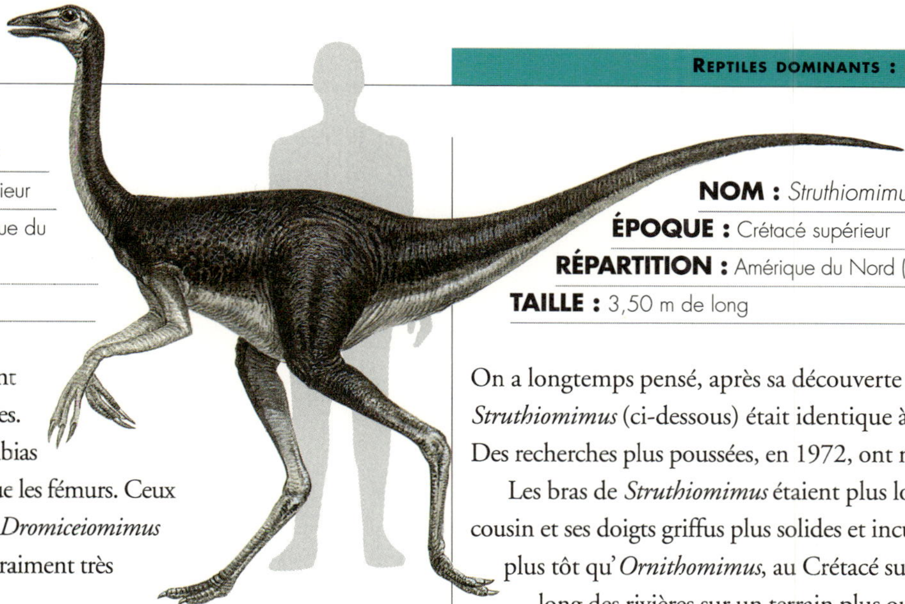

NOM : *Dromiceiomimus*

ÉPOQUE : Crétacé supérieur

RÉPARTITION : Amérique du Nord (Alberta)

TAILLE : 3,50 m de long

Les ornithomimidés avaient des pattes longues et minces. Chez les plus rapides, les tibias étaient 20 % plus longs que les fémurs. Ceux particulièrement longs de *Dromiceiomimus* laissent penser qu'il était vraiment très rapide.

Sa boîte crânienne et ses orbites oculaires montrent que son cerveau était très gros et qu'il avait des yeux énormes (proportionnellement plus gros que ceux d'un animal terrestre moderne). *Dromiceiomimus* devait chasser la nuit, se nourrissant de petits mammifères et de lézards dans les forêts de feuillus où il vivait.

NOM : *Ornithomimus*

ÉPOQUE : Crétacé supérieur

RÉPARTITION : Amérique du Nord (Colorado et Montana) et Asie (Tibet)

TAILLE : 3,50 m de long

Ce dinosaure est un ornithomimidé typique : une tête petite aux os fins avec une grande boîte crânienne et une sorte de bec édenté.

Ornithomimus courait vite, son corps parallèle au sol, s'équilibrant en tendant sa queue très longue. La rigidité de l'ensemble était assurée par de solides ligaments qui reliaient les vertèbres. Avec son cou en S, sa tête était placée bien haut, lui permettant d'utiliser au mieux ses grands yeux. Ses bras se balançaient au-dessus du sol, ses doigts adroits et griffus prêts à saisir des proies potentielles.

À l'instar d'autres ornithomimidés, *Ornithomimus* était probablement omnivore, mangeant fruits, insectes et petits animaux (lézards et mammifères). Peut-être était-il également ovipare. Menacé, il se serait enfui très vite (à une vitesse pouvant aller jusqu'à 50 km/h), puisque c'était son seul moyen de défense.

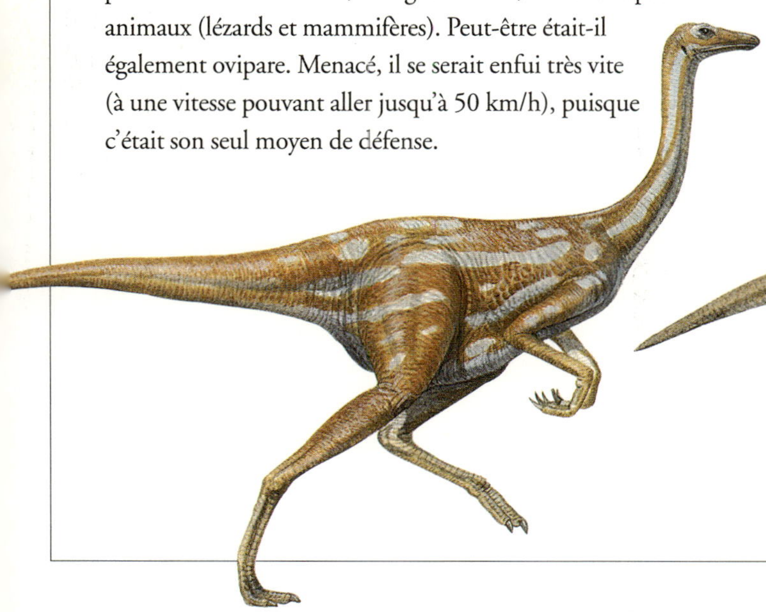

NOM : *Struthiomimus*

ÉPOQUE : Crétacé supérieur

RÉPARTITION : Amérique du Nord (Alberta et New Jersey)

TAILLE : 3,50 m de long

On a longtemps pensé, après sa découverte en 1914, que *Struthiomimus* (ci-dessous) était identique à *Ornithomimus*. Des recherches plus poussées, en 1972, ont montré leurs différences.

Les bras de *Struthiomimus* étaient plus longs que ceux de son cousin et ses doigts griffus plus solides et incurvés. Apparu un peu plus tôt qu'*Ornithomimus*, au Crétacé supérieur, il chassait le long des rivières sur un terrain plus ouvert que les marécages et les forêts denses habitées par *Ornithomimus*.

NOM : *Gallimimus*

ÉPOQUE : Crétacé supérieur

RÉPARTITION : Asie (Mongolie)

TAILLE : 4 m de long

C'est le plus grand des dinosaures autruches connus (en bas). Son long museau se termine par un bec plat et ses mains en forme de pelle ne sont pas faites pour saisir. Peut-être avait-il un régime alimentaire spécial, utilisant ses mains pour déterrer les œufs des autres dinosaures.

En 1965, on a retrouvé dans des gisements du Crétacé supérieur du désert de Gobi les ossements d'autres dinosaures de type avien bien plus grands, baptisés *Deinocheirus*. La découverte se résumait à deux omoplates et à des bras. Chaque bras mesurait 2,50 m de long depuis l'épaule jusqu'à l'extrémité des 3 doigts griffus et puissants. Les os des griffes mesuraient 25 cm de long et elles auraient été munies d'un ongle encore plus long. Aucune autre partie du squelette n'a été retrouvée. Il est donc impossible de dire si l'animal constitue une famille à part, tant qu'il ne sera pas classé avec plus de certitude.

DINOSAURES CARNIVORES SUITE

Famille des Oviraptoridae

Cette petite famille de théropodes édentés vivait au Crétacé supérieur dans l'est de l'Asie. Les habitudes alimentaires qu'on leur prête leur ont valu le surnom de « voleurs d'œufs ». Ils avaient une grande tête et un bec court et épais, des traits assez différents de leurs cousins, les ornithomimidés, connus sous le nom de « dinosaures autruches » (voir pages 108-109).

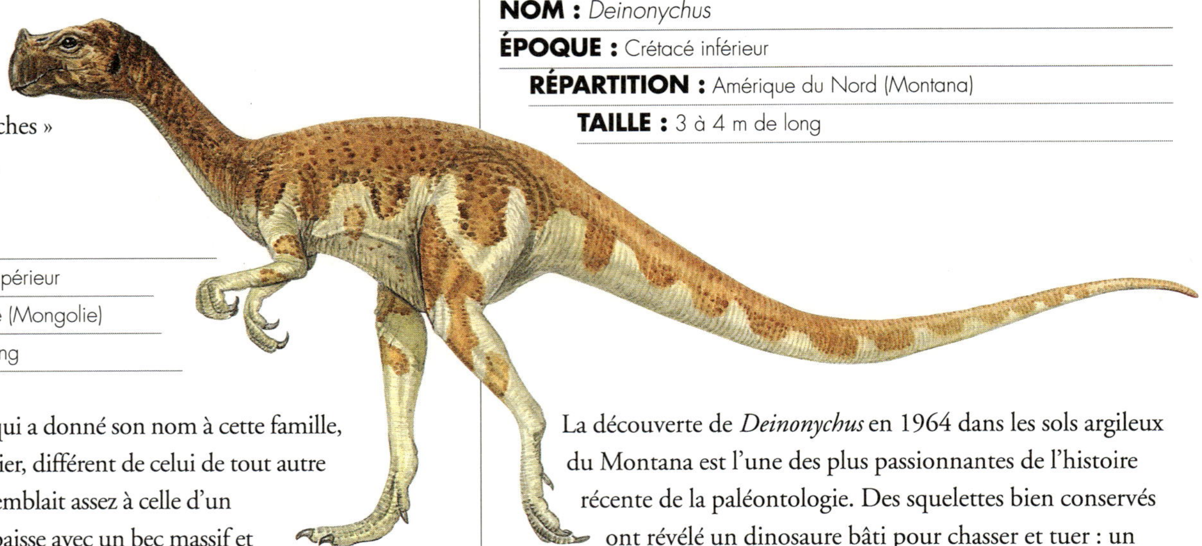

NOM : *Oviraptor*
ÉPOQUE : Crétacé supérieur
RÉPARTITION : Asie (Mongolie)
TAILLE : 1,80 m de long

Ce « voleur d'œufs », qui a donné son nom à cette famille, avait un crâne particulier, différent de celui de tout autre dinosaure. Sa tête ressemblait assez à celle d'un perroquet, courte et épaisse avec un bec massif et édenté. Des muscles puissants actionnaient les mâchoires incurvées et donnaient au bec suffisamment de force pour broyer des os. Son museau était également orné d'une crête semblable à une corne.

Le corps de *Oviraptor* est toutefois typique des petits maniraptoriens carnivores (voir pages 107 à 113). Ses mains ont 3 doigts aux longs ongles incurvés (mesurant chacun près de 8 cm de long). L'animal marchait debout sur ses jambes effilées terminées par 3 orteils griffus. Il se servait de sa longue queue tendue pour faire contrepoids.

Le premier spécimen de *Oviraptor* découvert en 1924 était accompagné d'une couvée d'œufs, qu'on pensait avoir été pondus par *Protoceratops* (voir page 164), un dinosaure herbivore. On en avait déduit que le « voleur d'œufs » avait été surpris alors qu'il attaquait un nid et qu'il avait été enterré par une tempête de sable. Depuis que l'on a retrouvé un embryon de *Oviraptor* dans l'un des œufs, il semblerait que le nom donné à ce dinosaure soit totalement erroné. Il serait mort en refusant d'abandonner son nid et ses œufs.

Famille des Dromaeosauridae

Les membres de cette famille étaient certainement les prédateurs les plus féroces du Crétacé en Amérique du Nord et en Asie. Ils avaient le corps léger et véloce d'un cœlurosaure et la grosse tête d'un carnosaure. Bien que de même taille que de nombreux autres carnivores de cette période, les dromæosaures étaient de formidables prédateurs. La griffe sur le 2e doigt de pied était une arme meurtrière. Ils possédaient également des dents pointues et acérées et des mains crochues et griffues. Leur cerveau était développé, et ils étaient suffisamment intelligents pour chasser en groupe. Ils partageaient ces mêmes caractéristiques avec les maniraptoriens et les oiseaux.

NOM : *Deinonychus*
ÉPOQUE : Crétacé inférieur
RÉPARTITION : Amérique du Nord (Montana)
TAILLE : 3 à 4 m de long

La découverte de *Deinonychus* en 1964 dans les sols argileux du Montana est l'une des plus passionnantes de l'histoire récente de la paléontologie. Des squelettes bien conservés ont révélé un dinosaure bâti pour chasser et tuer : un prédateur rapide, agile et intelligent.

Le corps de *Deinonychus* présentait les caractéristiques de légèreté des cœlurosaures, dont il est probablement issu. Il mesurait en moyenne 3 m de long et 1,80 m de haut et il pesait quelque 70 kg. Sa grosse tête possédait des mâchoires aux nombreuses dents coupantes et incurvées vers l'arrière pour arracher de gros morceaux de chair à ses proies. Ses bras, rattachés à une ceinture scapulaire solide, étaient assez longs pour un théropode (bien qu'encore beaucoup plus courts que ses jambes). Chaque main était pourvue de 3 doigts crochus, terminés par de longues griffes particulièrement recourbées.

Ses jambes étaient minces, avec de longs tibias et 4 orteils griffus à chaque pied. Le 1er orteil non fonctionnel est typique de la plupart des derniers théropodes ; les 3e et 4e orteils supportaient la totalité du poids du corps.

Deinonychus tient son nom (qui signifie « griffe terrible ») et son arme la plus efficace de la forme remarquable du 2e orteil de chaque pied, équipé d'une grande griffe en forme de faucille de 13 cm de long. *Deinonychus* l'utilisait probablement comme une épée, pour lacérer la chair de sa victime, en se tenant sur une jambe et en attaquant de l'autre.

Pour courir, les orteils aux griffes en faucille de *Deinonychus* étaient rejetés en arrière et éloignés du sol. Le corps était à l'horizontale et équilibré par la longue queue tendue. La rigidité de l'ensemble était assurée par plusieurs tiges osseuses partant des vertèbres, qui raidissaient pratiquement toute la longueur de la queue. Lorsque *Deinonychus* se tenait sur un pied, et qu'il attaquait de l'autre, il conservait son équilibre grâce à sa queue bien tendue. Son gros cerveau (évident au vu de la taille de sa boîte crânienne) aurait coordonné un système nerveux bien développé lui permettant de contrôler ces mouvements complexes.

On a découvert dans l'un des gisements du Montana 5 squelettes complets de *Deinonychus,* étendus près d'un gros dinosaure herbivore, *Tenontosaurus,* qui mesurait près de 3 m de long (voir page 140). Cette disposition des corps est probablement le fait du hasard après la mort de ces animaux, emportés par les eaux dans une cuvette ou un bassin fluvial. Mais on pourrait néanmoins reconstituer la scène qui aurait pu se dérouler il y a quelque 140 millions d'années. Un petit groupe de *Deinonychus* encerclait l'herbivore. Certains avaient sauté sur son dos et s'accrochaient de leurs mains crochues, tout en lacérant la peau épaisse en donnant des coups répétés avec les griffes acérées comme des épées de

leurs pieds. L'herbivore avait peut-être blessé ou tué certains de ses assaillants par de grands coups de fouet avec sa longue queue lourde ou en se dressant sur ses pattes arrière pour s'écraser sur eux. Mais il avait peut-être fini par succomber à ses blessures pendant que le groupe de carnivores attendait à proximité.

Le style de vie de prédateur actif suggéré par l'anatomie de *Deinonychus* est considéré par certains paléontologues comme une preuve solide de son endothermie, c'est-à-dire qu'il pouvait contrôler sa température interne, tout comme les oiseaux et les mammifères modernes (voir page 91).

NOM : *Dromaeosaurus*

ÉPOQUE : Crétacé supérieur

RÉPARTITION : Amérique du Nord (Alberta)

TAILLE : 1,80 m de long

Dromaeosaurus est le premier des dinosaures à griffe en forme de faucille découvert en 1914, au Canada. Il a donné son nom à toute la famille. Néanmoins, il a fallu attendre la découverte de *Deinonychus*, en 1964, pour que la nature et la signification véritables de *Dromaeosaurus* soient établies. Jusqu'alors, on le considérait plutôt comme un grand cœlurosaure ou un petit carnosaure. La découverte indiquait clairement qu'il appartenait à un groupe intermédiaire et qu'il partageait des caractéristiques avec les deux types de théropodes.

On ne connaît *Dromaeosaurus* qu'à partir de son crâne et de certains os épars. Mais les paléontologues peuvent déduire l'image d'un dinosaure plus petit que *Deinonychus*, intelligent et agile, un prédateur avide aux orteils dotés de grandes griffes meurtrières, même si elles n'atteignent pas la taille de celles de *Deinonychus.*

NOM : *Velociraptor*

ÉPOQUE : Crétacé supérieur

RÉPARTITION : Asie (Mongolie et Chine)

TAILLE : 1,80 m de long

La Mongolie a été le théâtre d'une formidable découverte en 1971 : on a retrouvé deux squelettes fossilisés : un *Velociraptor* imbriqué dans un *Protoceratops*, un dinosaure à corne (voir page 164) en position de combat. *Velociraptor* était mort en tenant dans ses mains la tête cuirassée de *Protoceratops*, tout en lui lacérant le ventre avec ses pieds munis de griffes en faucille. *Protoceratops* avait percé la poitrine de *Velociraptor*, sûrement avec son bec cornu, avant de mourir lui aussi. Cette scène témoigne des mœurs féroces des dromæosaures en général, et de *Velociraptor* en particulier.

La tête de *Velociraptor*, longue, basse et au museau plat, est le caractère principal qui le différencie des autres dromæosaures, dont les têtes étaient typiquement courtes et épaisses. Il leur ressemble par d'autres aspects, bien que ses griffes en faucille soient assez petites.

DINOSAURES CARNIVORES SUITE

NOM : *Saurornitholestes*
ÉPOQUE : Crétacé supérieur
RÉPARTITION : Amérique du Nord (Alberta)
TAILLE : 1,80 m de long

On a retrouvé en 1978 le crâne, des os de membres supérieurs et des dents de ce dinosaure. On ne sait pas avec certitude s'il s'agit d'un dromæosaure ou de l'un des « lézards oiseaux » les saurornithoïdidés (ci-dessous).

Ces quelques ossements suggèrent que *Saurornitholestes* avait un cerveau plus grand que celui des dromæosauridés en général (mais pas des saurornithoïdidés) et qu'il possédait des mains crochues puissantes. La reconstitution ci-dessus s'appuie sur les indices disponibles mais reste tout à fait subjective.

Famille des Saurornithoididae

À l'instar des dromæosauridés, ces « lézards oiseaux » étaient de féroces prédateurs, rapides, intelligents, bien que d'ossature plus petite et légère. Leurs pieds étaient également pourvus d'une griffe meurtrière en forme de faucille.

Le crâne de ces saurornithoïdidés montre cependant une évolution majeure, à savoir une grande boîte crânienne. Comparée au poids corporel, son volume était sept fois supérieur à celui de la boîte crânienne de son parent moderne, le crocodile. Outre ce système nerveux élaboré, ces dinosaures avaient de grands yeux et probablement une vision stéréoscopique.

Ainsi les saurornithoïdidés du Crétacé supérieur, qui peuplaient le nord de l'Amérique, le sud de l'Europe et la Mongolie, faisaient partie des meilleurs chasseurs de tous les dinosaures carnivores.

NOM : *Saurornithoides*
ÉPOQUE : Crétacé supérieur
RÉPARTITION : Asie (Mongolie)
TAILLE : 2 m de long

Bien que son crâne ressemble à celui d'un oiseau (long, bas et léger), il abritait un grand cerveau, conférant à cet animal une intelligence bien supérieure à celle de la plupart des dinosaures de cette période. Ses yeux devaient être immenses par rapport à sa tête, si l'on en juge par la taille des orbites. De plus, leur position laisse penser que ces dinosaures avaient une vision stéréoscopique, leur permettant d'évaluer les distances entre les objets.

La taille des yeux suggère une vie nocturne. *Saurornithoides*, à l'instar des autres membres de cette famille, était probablement actif après la tombée de la nuit, se déplaçant dans les bois en quête de petits mammifères et de reptiles.

NOM : *Stenonychosaurus*
ÉPOQUE : Crétacé supérieur
RÉPARTITION : Amérique du Nord (Alberta)
TAILLE : 2 m de long

C'est le dinosaure le plus « cérébralisé » de tous : sa boîte crânienne, comparée à la taille de son corps, est la plus grande jamais découverte. Son cerveau était plus grand que celui d'un émeu. Après avoir comparé la taille de son cerveau à celle d'un mammifère moderne, les scientifiques pensent que *Stenonychosaurus* était aussi intelligent qu'un opossum.

Seuls des squelettes incomplets de ce saurornithoïdidé ont été retrouvés. Sa structure semble assez proche de celle de *Saurornithoides* (à gauche), ce qui a amené certains paléontologues à penser qu'il s'agissait en fait du même animal. Cependant, les doigts griffus des spécimens de *Stenonychosaurus* semblent plus longs et plus fins que ceux de *Saurornithoides*. *Stenonychosaurus* aurait également été plus léger : on estime qu'il pesait de 25 à 45 kg.

Comme les autres membres de cette famille, *Stenonychosaurus* avait de grands yeux, chacun d'environ 50 mm de diamètre, de la taille de ceux d'une autruche actuelle. L'association grand cerveau, grands yeux et structure légère en font un chasseur nocturne agile, aux réflexes rapides et aux sens développés.

Famille des Baryonychidae

Cette famille a été créée en 1986 pour accueillir un membre unique, *Baryonyx*, qui avait un crâne étroit, semblable à celui d'un crocodile, adapté à une alimentation à base de poissons. Des découvertes récentes de spinosauridés en Afrique révèlent des adaptations semblables et les deux familles pourraient être étroitement apparentées.

NOM : *Baryonyx*
ÉPOQUE : Crétacé inférieur
RÉPARTITION : Europe (Angleterre)
TAILLE : 6 m de long

Cet imposant dinosaure théropode se distingue par deux caractéristiques inhabituelles. La première tient à son immense griffe incurvée, de quelque 30 cm de long, d'où son nom scientifique *Baryonyx* qui signifie « lourde griffe ». Toutefois, cette griffe n'était pas attachée au squelette de l'animal, et l'on ne sait donc pas si elle se trouvait sur les pieds antérieurs ou postérieurs.

Les paléontologues pensent que la griffe était plutôt sur l'un des pieds avant, étant donné que les membres antérieurs de ce dinosaure étaient plus épais et puissants que ceux d'autres théropodes, et auraient donc pu supporter une arme aussi grosse. En outre, compte tenu de la grande taille de *Baryonyx*, cette énorme griffe aurait été difficile à brandir si elle avait été située sur les membres postérieurs de l'animal. La deuxième particularité de *Baryonyx* tient à son crâne, long et étroit, semblable à celui d'un crocodile. Les mâchoires sont armées d'une grande quantité de dents pointues, deux fois plus nombreuses que chez les autres théropodes. Une crête osseuse paraît également son crâne. Le cou n'était pas aussi souple que celui d'autres théropodes et ne permettait pas de prendre la pose caractéristique en S.

Les habitudes alimentaires de ce mystérieux animal peuvent être déduites de ces deux singularités et des restes de poissons découverts avec le squelette. *Baryonyx* chassait peut-être le long des rivières, prenant les poissons avec ses longues griffes en forme de gaffe, qui équipaient ses membres antérieurs : une technique de pêche du grizzly moderne.

DINOSAURES CARNIVORES SUITE

INFRA-ORDRE DES CARNOSAURIA

Certains des plus grands carnivores terrestres ayant jamais existé appartiennent à ce groupe de dinosaures théropodes, les carnosaures, du latin « chair » et « lézard ». La base taxonomique de ce groupe a été remise en question récemment car ses membres partageraient en fait de nombreuses caractéristiques simplement liées à la taille. *Tyrannosaurus* est le membre le plus connu de cette famille. C'était un animal massif qui dominait au Jurassique et au Crétacé.

Son efficacité de prédateur est toutefois discutable. En réalité, les plus grands, comme *Tyrannosaurus* et *Tarbosaurus*, étaient probablement des charognards à leurs heures. Peut-être étaient-ils chez les dinosaures des « hyènes » et non des « lions ». Leur taille imposante les empêchait probablement de chasser longtemps. Mais ils pouvaient se tenir en embuscade et attaquer brusquement, comme un tigre. Il existait également des carnosaures plus petits, légers et agiles que leurs contemporains géants.

Famille des Megalosauridae

Les premiers carnosaures les mieux connus appartiennent à cette famille de « grands lézards ». On en a trouvé des restes en Amérique du Nord, en Afrique et en Europe. Ce groupe a persisté pendant 140 millions d'années, du Jurassique inférieur à la fin du Crétacé.

Toutes ces créatures étaient énormes et solidement charpentées. Leur grande tête était haute et étroite, avec des mâchoires puissantes aux nombreuses dents pointues. Leurs bras étaient courts mais massifs. Leurs jambes étaient longues et suffisamment massives pour supporter le poids imposant de leur corps sur les 3 orteils écartés et crochus de leurs pieds (également pourvus d'un petit 4e orteil). Mais elles étaient assez légères pour permettre à ces animaux de se déplacer rapidement.

NOM : *Teratosaurus*
ÉPOQUE : Trias supérieur
RÉPARTITION : Europe (Allemagne)
TAILLE : 6 m de long

C'est le plus énigmatique des dinosaures. À partir de fragments du squelette de *Teratosaurus*, surtout des dents, les paléontologues ont essayé de reconstituer une image de carnosaure primitif.

C'était un bipède de grande taille, ayant une tête massive et de nombreuses dents incurvées et pointues. Son corps était aussi lourd, avec un petit cou et une queue longue et raide. Ses jambes solides se terminaient par 3 orteils griffus et puissants, qui lui permettaient de lacérer les chairs ; il possédait un 4e orteil minuscule. Ses bras courts et forts étaient pourvus de doigts crochus aux griffes recourbées.

D'après les restes de *Teratosaurus* et les fragments d'animaux apparentés trouvés dans le sud de l'Afrique, certains paléontologues prétendent qu'un groupe de grands théropodes carnivores aurait existé quelque 60 millions d'années avant que n'apparaisse la majorité des carnosaures, au Jurassique inférieur. *Teratosaurus* pourrait donc être le tout premier membre de la famille des mégalosaures.

Toutefois, d'autres paléontologues pensent que *Teratosaurus* serait l'un des premiers membres du groupe de prosauropodes (voir pages 122 à 125) ou un représentant de grande taille des thécodontes, dont sont issus les premiers ancêtres des dinosaures (voir page 123).

NOM : *Proceratosaurus*
ÉPOQUE : Jurassique moyen
RÉPARTITION : Europe (Angleterre)
TAILLE : 5 m de long

On n'a découvert qu'un seul crâne de ce carnosaure primitif. Bien que plus long que la moyenne, le crâne présente les mêmes caractéristiques que ceux des autres carnosaures primitifs. Il possède toutefois une singularité : une petite corne sur le museau laissant penser que cet animal pourrait être un ancêtre, voire l'un des premiers cératosaures, ces théropodes caractérisés par une corne sur le museau (voir pages 106-107). Cette reconstitution présente *Proceratosaurus* comme un carnosaure typique : une tête large, un petit cou, un corps massif, une queue longue, des bras courts griffus et des jambes longues, à 3 orteils.

NOM : *Dilophosaurus*
ÉPOQUE : Jurassique inférieur
RÉPARTITION : Amérique du Nord (Arizona)
TAILLE : 6 m de long

Découvert dans des strates datant du Jurassique inférieur, *Dilophosaurus* est le premier grand dinosaure carnivore connu. La diversité des ossements animaux trouvés dans ces strates indique que ces carnosaures faisaient partie de communautés assez hétérogènes, comprenant des sauropodes et des théropodes de différentes tailles. Découvert pour la première fois en 1942 par des chercheurs de l'université de Californie, *Dilophosaurus* semble avoir été un carnosaure plutôt léger. Cela peut sembler contradictoire, mais sa structure était intermédiaire entre celles des carnosaures et des cœlurosaures. Sa tête était grande (trait typique des carnosaures) mais avec des os légers, alors que son cou, sa queue et ses bras étaient longs et minces (typiques des cœlurosaures, voir pages 106 à 113).

Le crâne de *Dilophosaurus* était inhabituel quel que soit le groupe. Deux crêtes osseuses semi-circulaires s'élevaient de chaque côté du crâne. Bien que très fines à certains endroits, elles étaient renforcées par des os verticaux. Au dos de la tête, l'extrémité de chaque crête se rétrécissait et formait une pointe.

La fonction de ces crêtes reste mystérieuse. Certains paléontologues pensent qu'elles servaient pour la parade amoureuse et que seuls les mâles en disposaient, théorie soutenue par le fait que tous les spécimens retrouvés n'en étaient pas pourvus. En effet, les premiers squelettes déterrés n'en possédaient pas, et on pensait que ces animaux étaient des *Megalosaurus* (voir page 116). On n'a jamais retrouvé ces crêtes attachées aux crânes mais à proximité. On peut donc se demander quel était réellement leur emplacement et il se pourrait même qu'elles aient appartenu à d'autres dinosaures. Les mâchoires de *Dilophosaurus* donnent des indices quant à son mode de vie. La mâchoire inférieure était robuste et dotée de très nombreuses dents longues, fines et pointues. La mâchoire supérieure avait un groupe de dents sur le devant, séparé des autres dents, disposition que l'on retrouve chez le crocodile.

En dépit de ses mâchoires solides et de sa grosse tête, *Dilophosaurus* ne tuait probablement pas ses victimes en les mordant : les dents fines et les crêtes délicates sur sa tête auraient été trop vulnérables. On pense plutôt qu'il attrapait ses proies avec ses pieds et ses mains crochus, et leur arrachait la chair, ou qu'il était, comme bon nombre de ses semblables, un charognard qui se nourrissait des animaux tués par des carnosaures plus forts.

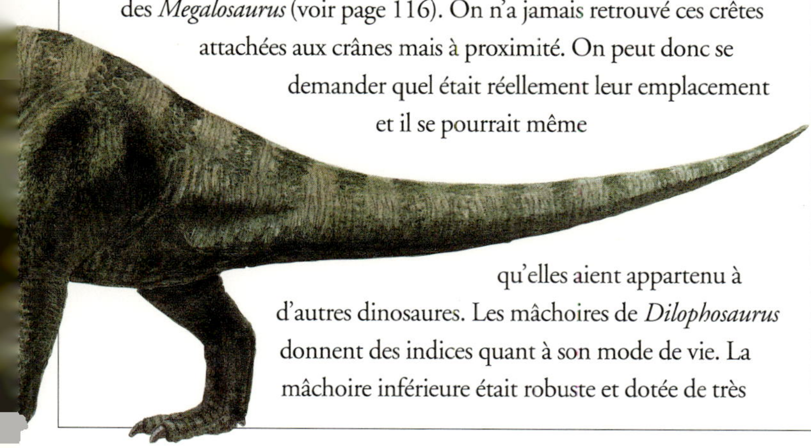

NOM : *Eustreptospondylus*
ÉPOQUE : du Jurassique moyen au Crétacé supérieur
RÉPARTITION : Europe (Angleterre)
TAILLE : 7 m de long

Jusqu'à la découverte d'un squelette pratiquement complet de ce premier mégalosauridé dans le sud de l'Angleterre, et sa description en 1964, les restes d'*Eustreptospondylus* étaient identifiés comme ceux de *Megalosaurus*. Le squelette, qui a révélé qu'il s'agissait en fait d'un autre animal, en dépit de sa ressemblance avec *Megalosaurus*, est aujourd'hui exposé au musée de l'université d'Oxford, et bien qu'il manque des parties du crâne, c'est l'un des spécimens de carnosaure européen les mieux préservés.

DINOSAURES CARNIVORES SUITE

NOM : *Megalosaurus*
ÉPOQUE : du Jurassique inférieur au Jurassique supérieur
RÉPARTITION : Europe (Angleterre et France) et Afrique (Maroc)
TAILLE : 9 m de long

Si *Megalosaurus*, ou « grand lézard » n'est pas le plus grand ni le plus lourd des dinosaures, on lui doit de nombreuses « premières ». Le premier os de dinosaure connu, découvert en Angleterre en 1676, appartenait probablement à *Megalosaurus*. Ce fut le premier dinosaure à hériter d'un nom et d'une description scientifiques dans les années 1820, et ce fut l'un des trois fossiles qui incitèrent le paléontologue anglais Richard Owen à baptiser, en 1842, toute l'espèce « dinosauria », qui signifie « lézards terribles ».

Avec une longueur totale de 9 m, une hauteur de 3 m, et un poids estimé à 900 kg, *Megalosaurus* était une créature imposante. Son cou musclé et court supportait une tête massive, avec des mâchoires puissantes aux dents acérées et incurvées. Ses doigts et ses orteils étaient robustes et pourvus de griffes. Avec de telles armes, *Megalosaurus* était bien équipé pour attaquer et tuer de gros dinosaures herbivores au long cou (voir pages 126 à 133).

On peut voir des empreintes de pieds de *Megalosaurus* dans les roches calcaires du sud de l'Angleterre. Elles montrent comment ces imposants bipèdes se déplaçaient sur deux pattes, leurs orteils pointant légèrement vers l'intérieur et leur longue queue se balançant probablement de gauche à droite à chaque pas pour se stabiliser.

Famille des Allosauridae

Les allosauridés possédaient la même structure que les mégalosauridés, en plus imposant cependant. Plus grands carnosaures du Jurassique supérieur, ils peuplaient tous les continents de la planète. Mais ils ne tarderaient pas à être concurrencés par des créatures encore plus impressionnantes, les tyrannosaures du Crétacé (voir pages 119 à 121).

NOM : *Yangchuanosaurus*
ÉPOQUE : Jurassique supérieur
RÉPARTITION : Asie (Chine)
TAILLE : jusqu'à 10 m de long

Le squelette de ce grand carnosaure a été découvert dans la province du Si-chuan en Chine, et décrit en 1978. Il est exposé aujourd'hui au musée d'Histoire Naturelle de Pékin.

Allosauridé typique, il a une tête et des mâchoires puissantes, équipées de crocs acérés en dents de scie et recourbés vers l'arrière. Son cou est court et épais mais souple. Sa queue mesure près de la moitié de la longueur totale de son corps. Lorsque le grand animal se déplaçait sur ses deux jambes solides, sa queue, aplatie latéralement, était tendue pour faire contrepoids. Ses 3 grands orteils griffus supportaient l'intégralité du poids du corps (comme toujours, un petit 4e orteil pointait vers l'arrière). Ses bras courts se terminaient par 3 doigts crochus et puissants.

Le crâne de *Yangchuanosaurus* diffère de celui d'autres allosauridés par des dents plus nombreuses sur le devant de la mâchoire et une bosse osseuse sur le museau.

NOM : *Allosaurus*

ÉPOQUE : du Jurassique supérieur au Crétacé inférieur

RÉPARTITION : Amérique du Nord (Colorado, Utah et Wyoming), Afrique (Tanzanie) et Australie

TAILLE : jusqu'à 12 m de long

Cet énorme carnosaure, le plus grand de la famille des allosauridés, était probablement le plus féroce prédateur du Jurassique supérieur. *Allosaurus* devait peser entre 1 et 2 t et mesurer quelque 4,50 m de haut.

Allosaurus était une version plus grande de son proche parent contemporain *Megalosaurus* (page de gauche), avec quelques caractéristiques propres. Les deux bosses osseuses qu'il avait au-dessus des yeux et la mince crête osseuse qui courait de la zone intra-oculaire jusqu'au bout du museau conféraient à sa tête une forme bien particulière. On pense que l'ouverture située sur le côté du crâne, près du museau, abritait une glande saline. *Allosaurus* avait 5 paires de dents sur sa mâchoire supérieure, contre 4 chez *Megalosaurus*.

Son crâne était massif sans être lourd : en effet, plusieurs grandes ouvertures (« fenêtres » ou fenestrations) situées entre différents os du crâne permettaient d'alléger et de réduire la structure solide en un réseau complexe de tiges osseuses. Les os mêmes s'articulaient librement (caractéristique également présente dans les crânes d'autres grands carnosaures comme *Ceratosaurus*, voir page 106), conférant ainsi une certaine flexibilité qui venait s'ajouter à la solidité de la structure légère du crâne.

L'avis des experts diverge quant aux qualités de chasseur de *Allosaurus*. Certains paléontologues considèrent qu'il était trop lourd et trop maladroit pour pourchasser sa proie et qu'il se nourrissait donc de charognes. D'autres pensent qu'il était relativement agile pour un animal de sa taille et qu'il aurait pu chasser en groupe pour rabattre les grands dinosaures herbivores de l'époque, tels qu'*Apatosaurus* (*Brontosaurus*) et *Diplodocus*. On a d'ailleurs retrouvé des os de *Apatosaurus* dans l'ouest des États-Unis portant la marque de dents ressemblant à celles de *Allosaurus*. On a également retrouvé des dents cassées semblables autour d'autres spécimens de cet herbivore.

En 1927, on a trouvé, dans la carrière de dinosaures Cleveland-Lloyd dans l'Utah, des milliers d'os de dinosaures dont 44 de *Allosaurus*. Ces ossements appartiennent à de jeunes individus de 3 m de long et à des adultes. Les autres ossements donnent un bon aperçu de la diversité des dinosaures de l'époque, avec des ornithopodes, des stégosaures, des ankylosaures, des sauropodes et un autre théropode, *Ceratosaurus*.

DINOSAURES CARNIVORES SUITE

Famille des Spinosauridae

Les spinosauridés formaient un groupe particulier de grands théropodes du Crétacé. Certains avaient une colonne vertébrale élevée en une grande crête ou « voile », comme celle des pélycosaures « à voile dorsale », qui aurait servi de dispositif de régulation thermique.

La découverte d'un nouveau spinosauridé en Afrique (*Suchomimus*), avec un long museau ressemblant à celui d'un crocodile, suggère une étroite relation entre les spinosauridés et *Baryonyx*. Si cette hypothèse s'avérait exacte, cela indiquerait également qu'il existait un lien terrestre au niveau de la mer qui séparait l'Afrique de l'Europe au Crétacé inférieur.

NOM : *Acrocanthosaurus*
ÉPOQUE : Crétacé inférieur
RÉPARTITION : Amérique du Nord (Oklahoma)
TAILLE : 13 m de long

En 1950, on a découvert en Amérique du Nord plusieurs squelettes de cet énorme dinosaure carnivore. Le nom *Acrocanthosaurus* signifie « lézard à épines dorsales » et fait référence aux épines allongées (jusqu'à 30 cm de long), qui formaient une excroissance sur la colonne vertébrale de l'animal. Ces épines étaient probablement recouvertes de peau, formant ainsi une crête marquée courant le long du dos.

La crête de *Acrocanthosaurus* était basse par rapport à celles de certains de ses proches vivant ailleurs dans le monde. Les épines de *Altispinax* par exemple, dans l'ouest de l'Europe, étaient quatre fois plus longues environ que les vertèbres qui les soutenaient, et le *Spinosaurus* africain avait une « voile » dorsale de plus de 1,80 m de haut (en haut, à droite).

NOM : *Spinosaurus*
ÉPOQUE : Crétacé supérieur
RÉPARTITION : Afrique (Égypte et Niger)
TAILLE : 12 m de long

Le membre le plus incroyable de cette famille, *Spinosaurus*, était non seulement énorme (il faisait partie des plus grands carnosaures), mais il avait en outre une « voile » insolite sur le dos, plus haute qu'un homme. Des épines de 2 m de long en forme de club de golf, probablement recouvertes d'une couche de peau, s'élançaient de la colonne vertébrale. Cette disposition rappelle la grande voile dorsale du pélycosaure *Dimetrodon* (voir page 187).

On ne connaît pas avec certitude la fonction de cette étrange structure, très vulnérable. Elle servait peut-être de dispositif primitif pour réguler la température interne. Lorsque l'animal couchait sa voile, vers les rayons du soleil, sa surface importante, très vascularisée, absorbait rapidement la chaleur. Le sang réchauffé aurait circulé dans tout le corps. Pour abaisser sa température, l'animal aurait placé sa voile dans le vent, dissipant ainsi la chaleur.

Spinosaurus pouvait se réchauffer rapidement aux premières heures du matin et être prêt à chasser bien avant ses proies plus lentes, en majorité d'autres reptiles à sang froid.

Une autre théorie penche pour une voile très colorée, utilisée comme expression sexuelle par les mâles pour attirer l'attention des femelles. Les mâles l'auraient également utilisée pour se menacer mutuellement au cours de combats rituels destinés à établir leur supériorité.

Les deux théories sont compatibles, la voile étant utilisée comme échangeur thermique et comme artifice sexuel.

Alors que *Spinosaurus* vivait en Afrique de l'Ouest, un dinosaure herbivore bipède habitait également la région, *Ouranosaurus*. Lui aussi possédait une grande voile dorsale (voir pages 144 et 145). On peut donc penser avec raison que des facteurs environnementaux ou climatiques devaient influencer le développement de ces structures.

La voile osseuse devait augmenter considérablement le poids de *Spinosaurus*, estimé à 6 t environ, comparable à celui de *Tyrannosaurus*, le plus grand de tous les carnosaures (voir page 121).

Les bras de *Spinosaurus* étaient plus longs que la normale chez les grands théropodes. Il aurait passé une partie du temps à quatre pattes, position inhabituelle chez les carnosaures bipèdes. Ses dents étaient également différentes de celles d'autres carnosaures : elles étaient droites et non courbes.

Famille des Tyrannosauridae

Les plus grands carnivores terrestres ayant jamais vécu appartiennent à cette famille de « lézards tyrans » Ce groupe est petit et spécifique, comportant moins de douze genres identifiés à ce jour. Pourtant, l'imagerie populaire s'en est inspirée pour définir l'aspect et le comportement des dinosaures carnivores.

Les relations évolutionnistes et la position taxonomique des tyrannosauridés ont été récemment remises en question par certains spécialistes. D'après certaines structures spécifiques de la cheville, on pense qu'ils seraient plus étroitement liés aux ornithomimidés (voir pages 108 et 109) et aux troodontidés, et qu'ils devraient donc être regroupés avec eux dans la sous-division des arctrometatarsalia.

On a retrouvé des ossements de tyrannosaures en Asie et dans l'ouest de l'Amérique du Nord. Leur groupe n'a pas duré longtemps. Il est apparu au Crétacé supérieur et s'est éteint à la fin de cette période, avec la mystérieuse disparition collective de tous les dinosaures. Leur existence, s'étendant sur moins de 15 millions d'années, ne correspond qu'à un « instant » en terme d'évolution de la vie.

Les tyrannosaures avaient un 2e groupe de côtes bien développé sous leur corps. Ces côtes supplémentaires et leurs bras courts pourraient avoir servi à soutenir leurs entrailles lorsqu'ils se reposaient couchés sur le ventre, de manière à ce que leur poids considérable ne les écrase pas. Lorsque l'animal se relevait, ses petits bras l'empêchaient de glisser et le stabilisaient quand il se redressait.

On pense aussi que les mâles se servaient de leurs bras pour tenir les femelles pendant l'accouplement.

NOM : *Albertosaurus*
ÉPOQUE : Crétacé supérieur
RÉPARTITION : Amérique du Nord (Alberta)
TAILLE : 8 m de long

Ce « petit » tyrannosaure présente toutes les caractéristiques communes à cette famille. De carrure massive, il avait une grosse tête et un corps trapu, équilibré au niveau du bassin par une longue queue puissante. Ses jambes imposantes, terminées par des pieds aplatis pourvus de 3 orteils, supportaient son énorme poids.

Albertosaurus et d'autres membres de sa famille étaient des théropodes particuliers. Leurs bras étaient chétifs par rapport à la taille de leur corps; ils étaient si petits qu'ils ne pouvaient pas atteindre la gueule de l'animal. Chaque main était pourvue de 2 doigts seulement, ce qui était peu efficace pour attraper des proies. Et bien qu'il pût ouvrir grand ses mâchoires, les os du crâne étaient fixés rigidement, ne lui procurant pas le même degré de flexibilité de que celui des allosaures (voir pages 116 et 117).

DINOSAURES CARNIVORES SUITE

NOM : *Alioramus*
ÉPOQUE : Crétacé supérieur
RÉPARTITION : Asie (Mongolie)
TAILLE : 6 m de long

Un groupe de tyrannosaures asiatiques, représenté par *Alioramus*, se différenciait des autres tyrannosaures « typiques » par la forme de son crâne. Alors que chez la plupart des membres de cette famille, la tête était épaisse avec un museau court, *Alioramus* et ses semblables avaient un crâne peu épais au museau long. Entre les yeux et à l'extrémité du museau se trouvaient également quelques protubérances osseuses, ou épines, qui différenciaient sans doute les sexes. Les mâles avaient peut-être des structures plus grandes que les femelles et ils les utilisaient pour la parade amoureuse ou pour menacer d'autres mâles.

Alioramus et ses cousins tyrannosaures vivaient en Asie et dans l'ouest de l'Amérique du Nord au Crétacé supérieur. À cette époque, les continents actuels d'Asie et d'Amérique du Nord formaient un seul et même territoire. Le détroit de Bering, qui les sépare aujourd'hui, était à sec (voir page 11). Mais la partie nord-américaine était divisée en deux entre nord et sud par une mer peu profonde, séparant la Laurasie « asiatique » à l'ouest de la Laurasie « européenne » à l'est.

Les animaux, les tyrannosaures y compris, pouvaient probablement migrer librement entre l'Asie et l'ouest de l'Amérique du Nord, mais il semble que peu d'entre eux aient réussi à traverser la grande ligne de partage vers la moitié orientale du territoire. On a toutefois retrouvé les ossements d'un tyrannosaure, identique à *Albertosaurus* (voir page 119), dans l'est des États-Unis.

NOM : *Tarbosaurus*
ÉPOQUE : Crétacé supérieur
RÉPARTITION : Asie (Mongolie)
TAILLE : jusqu'à 14 m de long

Ce carnosaure géant se déplaçait sur les terres d'Asie centrale, dévorant tout ce qu'il trouvait, mort ou vif. Ses qualités de chasseur sont douteuses du fait de sa masse corporelle. Les dinosaures herbivores à bec de canard et à armure, qui vivaient dans le même milieu que lui, étaient vraisemblablement ses proies. Il complétait peut-être son alimentation avec les animaux tués par d'autres carnosaures. Il était probablement suffisamment grand pour effrayer les prédateurs les plus tenaces.

De nombreux squelettes de *Tarbosaurus* ont été déterrés en Mongolie, pour certains entiers. Sa structure, pratiquement identique à celle de *Tyrannosaurus*, était toutefois plus légère et présentait un crâne plus allongé. On a pu analyser la position debout de ce tyrannosaure. Le dos était pratiquement horizontal, le corps étant équilibré au niveau du bassin. Le cou, long et flexible se dressait brusquement, sa tête étant presque à angle droit, comme chez les oiseaux. Dans les fossiles, la tête de *Tarbosaurus* était rejetée vers l'arrière, vers ses épaules. C'est souvent le cas après la mort d'un animal, car les ligaments du cou se dessèchent et rétrécissent, tirant ainsi la tête vers l'arrière, dans une position peu naturelle.

NOM :
Daspletosaurus
ÉPOQUE :
Crétacé supérieur
RÉPARTITION :
Amérique du Nord (Alberta)
TAILLE : 8,50 m de long

Les mâchoires courtes et épaisses de cet énorme carnivore étaient pourvues de dents encore plus grandes que celles d'autres tyrannosaures, bien que moins nombreuses. Chaque dent était aiguisée comme une lame, recourbée et crantée. Les formidables mâchoires, les pieds griffus et la masse imposante de *Daspletosaurus* (qui pouvait peser jusqu'à 3,5 t) étaient ses seules armes. Il était capable de tuer les grands dinosaures à cornes qui peuplaient les forêts du nord de l'Amérique du Nord.

NOM : *Tyrannosaurus*
ÉPOQUE : Crétacé supérieur
RÉPARTITION : Amérique du Nord (Alberta, Montana, Saskatchewan, Texas et Wyoming) et Asie (Mongolie)
TAILLE : jusqu'à 15 m de long

Ce théropode impressionnant était le plus grand des carnosaures, et, en fait, le plus grand carnivore terrestre connu.

Tyrannosaurus mesurait en moyenne 12 m de long, jusqu'à 6 m de haut et pesait environ 7 t (plus qu'un grand éléphant mâle adulte d'Afrique). Sa tête seule mesurait plus de 1,25 m de long et était armée de crocs, certains de 15 cm de long.

Aucun squelette entier n'a encore été déterré, mais de nombreux os et dents ont été retrouvés depuis 1902, date de sa découverte aux États-Unis. Les premières reconstitutions étaient souvent inexactes : elles montrent souvent l'animal s'appuyant sur sa queue effilée, son corps penché vers l'arrière à un angle de 45°. Mais depuis que l'on a retrouvé de nouveaux squelettes d'autres tyrannosauridés, comme *Tarbosaurus* en Mongolie, nous avons maintenant une idée plus précise de la position de ces dinosaures.

Les recherches sur la structure de *Tyrannosaurus* ont donné lieu à des débats sur sa qualité de prédateur terrifiant. Le bassin et les jambes de l'animal semblent indiquer que *Tyrannosaurus* aurait été un simple charognard se déplaçant lentement, à petits pas maladroits.

Les calculs effectués ont également suggéré que le poids et la hauteur de l'animal étaient si importants que s'il tombait en courant, l'impact aurait été suffisant pour fracasser son crâne. Ses petits bras n'auraient pas pu amortir la chute. Cependant certains paléontologues pensent que la zone crânienne inhabituellement grande située derrière les yeux aurait permis l'insertion de muscles maxillaires extrêmement puissants. Ajouté à d'autres caractéristiques (dents solides et crantées, cou robuste et souple, zones développées du cerveau associées à la vue, à l'odorat et à la possibilité d'une vision binoculaire), tout porte à croire qu'il avait le mode de vie actif d'un prédateur.

On suppose que *Tyrannosaurus* se nourrissait principalement de dinosaures à tête de canard, ou hadrosaures, qui peuplaient les forêts de feuillus d'Amérique du Nord (voir pages 146 à 153). Ces animaux vivaient en groupe et s'enfuyaient sur deux jambes en cas de danger. *Tyrannosaurus* se cachait au milieu des arbres, prenant ses proies en embuscade grâce à sa vitesse, gueule grande ouverte.

DINOSAURES HERBIVORES PRIMITIFS

SOUS-ORDRE DES SAUROPODOMORPHA

Le mode de vie des sauropodomorphes était totalement différent de celui de leurs contemporains, les théropodes. Bien que tous deux saurischiens, ou dinosaures à « bassin de lézards », les théropodes étaient des carnivores bipèdes (voir pages 106 à 121) alors que les sauropodomorphes étaient, dans l'ensemble, des herbivores quadrupèdes. Les différences de posture se reflètent dans les os de leurs pieds. Leurs vies étaient pourtant inextricablement liées, puisque les sauropodomorphes étaient probablement les principales proies des plus grands théropodes.

INFRA-ORDRE DES PROSAUROPODA

À l'instar des théropodes, on regroupe les sauropodomorphes selon leur taille. Certains, gigantesques, avec une queue et un cou longs ont été classés dans l'infra-ordre des sauropodes (voir pages 126 à 133). *Apatosaurus* (anciennement connu sous le nom de *Brontosaurus*) est le représentant le plus célèbre de cet infra-ordre (voir page 131).

D'autres sauropodomorphes, plus petits (même si certains étaient relativement grands, mesurant plus de 9 m), sont regroupés dans l'infra-ordre des prosauropodes. Comme leur nom l'indique, ils étaient là « avant les sauropodes » et ont vécu à l'époque du Trias supérieur. La théorie qui prévaut actuellement rejette l'idée selon laquelle les prosauropodes seraient les ancêtres directs des sauropodes. On les considère plutôt maintenant comme une branche latérale de la famille des sauropodes, une branche qui a irrémédiablement disparu au début du Jurassique.

On pense que les prosauropodes seraient issus d'ancêtres de type théropode. On a trouvé des ossements de deux candidats plausibles, tous deux en Amérique du Sud. *Staurikosaurus,* qui mesurait près de 2 m de long, est le seul dinosaure connu du Trias moyen ; *Herrerasaurus,* de 3 m de long, vivait au Trias supérieur. Tous deux semblent avoir été des carnivores bipèdes ayant une grande tête et une longue queue.

Famille des Anchisauridae

Cette famille regroupe la plupart des prosauropodes primitifs, qui furent parmi les premiers dinosaures. Les membres de cette famille étaient tous des créatures relativement petites (mesurant moins de 3 m de long), avec un corps allongé et une ossature légère, des membres minces, une tête petite et un cou et une queue longs.

Les anchisauridés seraient les premiers dinosaures à avoir eu une alimentation herbivore. Leurs dents sont cylindriques et émoussées, présentant des échancrures ressemblant à des limes sur les bords, comme on en trouve chez certains lézards herbivores modernes tels que les iguanes terrestres d'Amérique du Sud. Ces échancrures leur permettaient probablement de déchiqueter les plantes pour faciliter leur digestion. Les bras sont à peine plus courts que les jambes, ce qui laisse penser que l'animal se tenait la plupart du temps sur quatre pattes. Cette position lui permettait d'atteindre plus facilement les plantes qui poussaient au niveau du sol. Mais les articulations des chevilles sont également solides et bien développées, laissant penser qu'il pouvait également se tenir sur ses pattes arrière et utiliser ses mains pour arracher la végétation en hauteur.

Certains paléontologues pensent que les prosauropodes de type anchisauridé pourraient être les ancêtres des dinosaures à bassin d'oiseau, les ornithischiens (voir pages 134 à 169). Certaines caractéristiques de *Anchisaurus* (ci-dessous) sont similaires : cou long et mince, structure des épaules et des membres antérieurs, articulations du bassin et des chevilles : toutes ces structures ressemblent à celles de certains des premiers ornithopodes, tels que *Heterodontosaurus* (voir page 135).

NOM : *Anchisaurus*

ÉPOQUE : Jurassique inférieur

RÉPARTITION : Amérique du Nord (Connecticut) et Afrique du Sud

TAILLE : 2,10 m de long

Ce dinosaure primitif était probablement un représentant typique des petits prosauropdes. Il avait une petite tête, un cou haut et souple et un corps allongé et effilé. Ses bras étaient plus courts que ses jambes, d'un tiers environ. Chaque main était pourvue de 5 doigts, dont les externes étaient plutôt courts. Le 1er doigt, ou « pouce », était doté d'une grande griffe, qui pouvait servir à déraciner des plantes ou à se battre.

Au vu de ses dents arrondies et émoussées, *Anchisaurus* devait manger des végétaux. Fougères et prêles abondaient dans les lieux humides, et les conifères et les cycadées (plantes qui ressemblent aux palmiers) poussaient dans les hautes terres plus arides. L'appareil digestif de tous les herbivores, y compris modernes, a toujours été plus développé que celui des carnivores puisqu'il faut plus longtemps pour dissoudre des plantes dures et fibreuses que de la viande. En conséquence, *Anchisaurus* avait certainement un estomac ample avec de longs intestins, situé devant son bassin. Cette masse d'entrailles aurait déséquilibré un animal bipède, et on pense donc que *Anchisaurus* et ses semblables devaient se tenir le plus souvent sur quatre pattes pour se stabiliser.

Tous les continents que l'on connaît aujourd'hui formaient une seule et même masse de terres au Jurassique, il y a quelque 200 millions d'années, période où vivait *Anchisaurus*. Il n'est donc pas surprenant de trouver des ossements de ce dinosaure dans des endroits aussi éloignés que la côte est d'Amérique du Nord ou l'Afrique du Sud, renforçant par là la théorie de la tectonique des plaques.

NOM : *Thecodontosaurus*

ÉPOQUE : du Trias supérieur au Jurassique inférieur

RÉPARTITION : Europe (Angleterre) et Afrique du Sud

TAILLE : 2,10 m de long

La structure de *Thecodontosaurus* était similaire à celle de *Anchisaurus*, à l'exception de son cou plus court et de ses dents plus nombreuses. Il a été baptisé en 1843 d'après des ossements découverts près de Bristol, dans le sud-ouest de l'Angleterre. Les ossements étaient imbriqués dans des sédiments triasiques qui avaient été déposés dans des ravins et des grottes nées de l'érosion du calcaire formé au Carbonifère. Au Trias supérieur, époque à laquelle vivait *Thecodontosaurus*, le climat était désertique et ce calcaire formait de hauts plateaux desséchés.

Lorsque l'on regroupe les données climatiques et géologiques, on en déduit que *Thecodontosaurus* vivait dans des hautes terres arides, probablement dans des grottes de calcaire, ou à proximité. Ses restes auraient été recouverts par des dépôts du Trias. Ses ossements auraient également pu être emmenés par les eaux dans des grottes et des ravins pendant les saisons pluvieuses.

Thecodontosaurus présente de nombreuses caractéristiques de sauropodomorphe peu évolué et est parfois classé avec d'autres genres dans une famille distincte des thécodontosauridés.

NOM : *Efraasia*

ÉPOQUE : Trias supérieur

RÉPARTITION : Europe (Allemagne)

TAILLE : 2,40 m de long

Découvert en 1909 par E. Fraas, qui lui a donné son nom, *Efraasia* était légèrement plus grand que ses semblables prosauropodes, mais possédait une structure similaire. Tout comme eux, ses mains avaient plusieurs fonctions. Ses longs doigts pouvaient saisir de petites plantes et des tas de feuilles, en s'aidant de ses « pouces » mobiles. L'articulation du poignet était également bien développée, permettant ainsi à l'animal de s'appuyer sur sa paume et de marcher à quatre pattes.

Efraasia présentait cependant une caractéristique primitive : seules 2 vertèbres sacrées reliaient le bassin à la colonne vertébrale, d'où un arrière-train faible. Chez tous les autres dinosaures à « bassin de lézard », 3 vertèbres au moins reliaient le bassin à la colonne.

Efraasia faisait partie des multiples prosauropodes qui peuplaient en abondance l'Allemagne actuelle au Trias supérieur. On trouve également *Plateosaurus*, *Sellosaurus* et *Thecodontosaurus*. Ils étaient accompagnés de théropodes, phytosaures, rauisuchidés et aétosaures. On pense qu'ils auraient migré dans cette région depuis des lieux encore inconnus.

DINOSAURES HERBIVORES PRIMITIFS SUITE

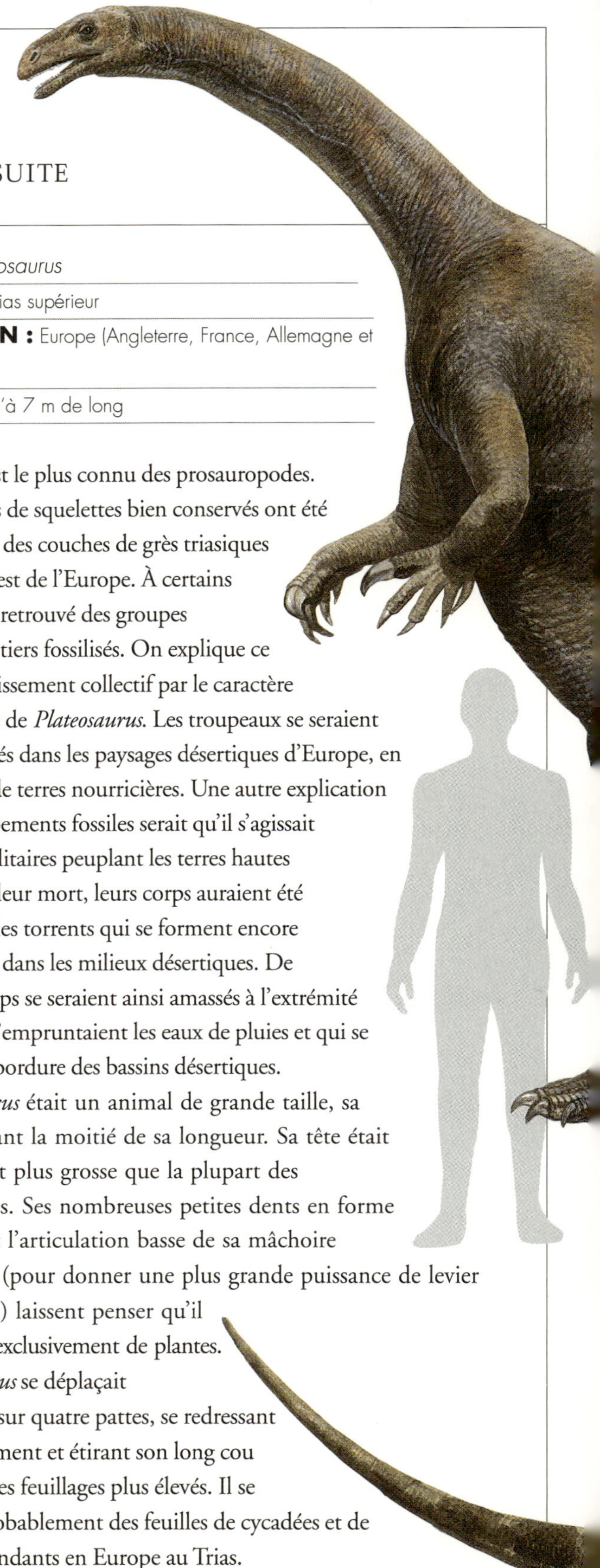

Famille des Plateosauridae

Ces grands sauropodes lourds aux membres massifs étaient des versions de taille supérieure de leurs contemporains anchisaures. Leurs proportions corporelles rappellent celles des sauropodes géants tels que *Apatosaurus* (*Brontosaurus*), qui sont apparus plus tard, au Jurassique supérieur et au Crétacé (voir page 131).

NOM : *Massospondylus*

ÉPOQUE : Trias supérieur

RÉPARTITION : Afrique (Afrique du Sud et Zimbabwe) et Amérique du Nord (Arizona)

TAILLE : 4 m de long

Ce prosauropode était le plus commun en Afrique du Sud. Découvert en 1854 par le paléontologue anglais Richard Owen, celui-ci le baptisa, d'après les quelques grosses vertèbres retrouvées en Afrique du Sud, *Massospondylus* qui signifie « vertèbre massive ».

Massospondylus avait une toute petite tête perchée sur un cou particulièrement long et souple. Ses mains dotées de 5 doigts étaient énormes; elles lui permettaient de se déplacer ou de saisir des aliments. Chaque « pouce » était pourvu d'une grosse griffe recourbée.

On a retrouvé des pierres polies dans les cavités stomacales de certains squelettes. Lorsque *Massospondylus* avalait ces pierres, leurs bords rugueux aidaient sans doute le dinosaure à broyer les végétaux durs qu'il mangeait. De nombreux oiseaux conservent des pierres dans leur gésier pour les mêmes raisons. Comme *Massospondylus* passait probablement la plupart de son temps à manger, afin d'entretenir sa grande masse corporelle, la surface de ces pierres devenait rapidement lisse et elles ne servaient plus à rien. Elles étaient alors vraisemblablement régurgitées et remplacées.

NOM : *Plateosaurus*

ÉPOQUE : Trias supérieur

RÉPARTITION : Europe (Angleterre, France, Allemagne et Suisse)

TAILLE : jusqu'à 7 m de long

Plateosaurus est le plus connu des prosauropodes. Des douzaines de squelettes bien conservés ont été déterrées dans des couches de grès triasiques dans tout l'ouest de l'Europe. À certains endroits, on a retrouvé des groupes d'individus entiers fossilisés. On explique ce type d'ensevelissement collectif par le caractère grégaire de *Plateosaurus*. Les troupeaux se seraient déplacés dans les paysages désertiques d'Europe, en quête de terres nourricières. Une autre explication à ces groupements fossiles serait qu'il s'agissait d'individus solitaires peuplant les terres hautes desséchées. À leur mort, leurs corps auraient été emportés par les torrents qui se forment encore régulièrement dans les milieux désertiques. De nombreux corps se seraient ainsi amassés à l'extrémité des ravines qu'empruntaient les eaux de pluies et qui se formaient en bordure des bassins désertiques.

Plateosaurus était un animal de grande taille, sa queue mesurant la moitié de sa longueur. Sa tête était plus longue et plus grosse que la plupart des prosauropodes. Ses nombreuses petites dents en forme de feuille et l'articulation basse de sa mâchoire inférieure (pour donner une plus grande puissance de levier aux muscles) laissent penser qu'il se nourrissait exclusivement de plantes.

Plateosaurus se déplaçait certainement sur quatre pattes, se redressant occasionnellement et étirant son long cou pour fouiller les feuillages plus élevés. Il se nourrissait probablement des feuilles de cycadées et de conifères, abondants en Europe au Trias.

D'autres herbivores semblables à *Plateosaurus* vivaient ailleurs : *Lufengosaurus*, de 6 m de long, dans le sud de la Chine ou *Coloradia*, plus petit avec ses 4 m de long, en Amérique du Sud.

La présence de ces animaux, de structure et de mode de vie similaires, dans des lieux aussi éloignés, renforce la théorie selon laquelle les continents ne formaient qu'une seule masse de terre (Gondwana) à cette époque.

NOM : *Mussaurus*

ÉPOQUE : du Trias supérieur au Jurassique inférieur

RÉPARTITION : Amérique du Sud (Argentine)

TAILLE : probablement 3 m de long

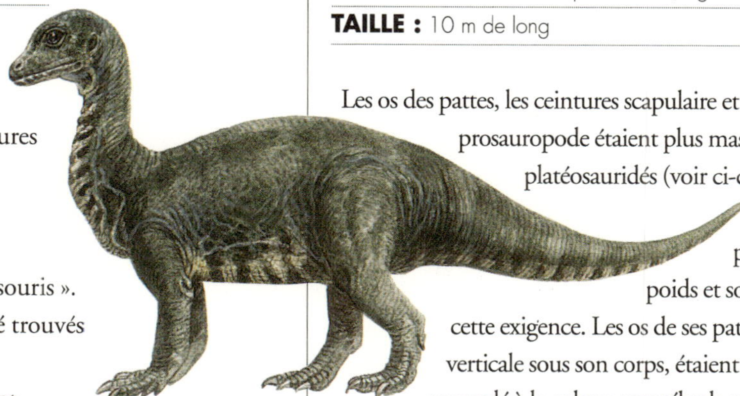

Lorsque les paléontologues déterrèrent un groupe de petits dinosaures parfaitement formés dans le sud de l'Argentine en 1979, ils crurent avoir découvert la plus petite espèce de dinosaures. Ils l'appelèrent « lézard souris ». Toutefois les squelettes avaient été trouvés dans un nid près de deux œufs pratiquement intacts mesurant seulement 25 mm de haut. Le plus grand squelette mesurait à peine 20 cm. Sa tête était grande, avec de gros yeux et un petit cou, des caractéristiques typiques d'un animal juvénile.

Les paléontologues pensent aujourd'hui qu'un *Mussaurus* adulte faisait environ 3 m de long, et que son corps avait les proportions d'un prosauropode commun.

Famille des Melanorosauridae

C'est dans cette famille que l'on trouve les plus grands prosauropodes. Certains experts pensent qu'ils furent les premiers représentants des sauropodes géants herbivores.

Les mélanorosauridés étaient exclusivement quadrupèdes, à la différence de leurs contemporains plus petits et plus légers, les anchiosaures (voir pages 122 et 123), qui étaient bipèdes.

NOM : *Riojasaurus*

ÉPOQUE : du Trias supérieur au Jurassique inférieur

RÉPARTITION : Amérique du Sud (Argentine)

TAILLE : 10 m de long

Les os des pattes, les ceintures scapulaire et pelvienne de ce grand prosauropode étaient plus massifs que ceux de ses cousins platéosauridés (voir ci-contre). Il devait donc marcher sur ses quatre pattes pour supporter son poids et son squelette s'est adapté à cette exigence. Les os de ses pattes massives, placées à la verticale sous son corps, étaient épais et solides. Son bassin, raccordé à la colonne vertébrale par trois vertèbres, formait un point d'ancrage solide aux jambes. Les vertèbres présentaient des surfaces articulées supplémentaires permettant de rigidifier la colonne.

Riojasaurus tire son nom de la province du nord ouest de l'Argentine, La Rioja, où l'on a trouvé ses ossements accompagnés de ceux d'un autre prosauropode, le platéosauridé *Coloradisaurus*. *Mussaurus* était également un prosauropode vivant en Patagonie. Ces animaux témoignent d'une augmentation rapide du nombre de prosauropodes au Trias supérieur et également de leur taille (du moins pour certains d'entre eux). D'autres grands prosauropodes, de structure et de taille similaires, vivaient en Afrique du Sud à peu près à la même époque, *Roccosaurus* et *Thotobolosaurus* au Trias supérieur, et *Vulcanodon* au Jurassique inférieur. Ce dernier possède à la fois des caractéristiques des prosauropodes « primitifs » et des sauropodes « évolués ». *Vulcanodon* pourrait donc être apparenté aux sauropodes, ces créatures géantes au long cou, qui broutaient à l'ère mésozoïque.

DINOSAURES BROUTEURS À LONG COU

INFRA-ORDRE DES SAUROPODES

Il y a entre 65 et 200 millions d'années, les plus grands herbivores (en fait les plus grands animaux terrestres ayant jamais existé) étaient les sauropodes quadrupèdes géants au long cou. Leur groupe a survécu quelque 50 millions d'années. Ils sont apparus au Trias supérieur ou au Jurassique inférieur et ont atteint leur apogée au Jurassique supérieur avant de s'éteindre à la fin du Crétacé. Même aux premiers stades de leur évolution, la plupart des sauropodes étaient immenses, mesurant plus de 15 m de long.

Tous les sauropodes sont bâtis selon un même schéma corporel : une petite tête perchée en haut d'un cou très long, un corps long et épais accueillant des viscères énormes, des jambes massives en colonne et des pieds à 5 doigts qui s'étalaient, et une queue longue et épaisse qui s'amincissait en mèche de fouet.

Leur squelette présente deux adaptations particulières évidentes, même chez les premiers sauropodes. D'une part, les vertèbres étaient creusées, ce qui permettait d'alléger considérablement le poids de l'animal tout en conservant la solidité structurelle du squelette. Cet évidement s'est accentué à mesure de l'évolution des sauropodes, de sorte que les os ne se développaient que le long des lignes de charge (comme les montants en acier de la flèche d'une grue).

D'autre part, la ceinture pelvienne massive est solidement soudée à la colonne vertébrale par 4 (puis 5 chez certains animaux évolués) vertèbres sacrées, fournissant ainsi un support solide pour le poids du corps et de la queue.

Famille des Cetiosauridae

Les tout premiers sauropodes étaient présents partout dans le monde du Jurassique au Crétacé. Leur nom signifie « lézards baleines », en référence à leur gigantisme. Les membres de la famille des cétiosauridés ont conservé deux caractéristiques primitives : leur première vertèbre était partiellement évidée et leur bassin était soudé à la colonne vertébrale par 4 vertèbres sacrées, structure moins solide que celles des sauropodes tardifs. Ils seraient les proches ancêtres des premiers sauropodes géants du Jurassique supérieur. Ce groupe reste néanmoins mal défini.

NOM : *Barapasaurus*
ÉPOQUE : Jurassique inférieur
RÉPARTITION : Asie (Inde)
TAILLE : 15 m de long

C'est au centre de l'Inde qu'ont été découverts le seul sauropode de ce sous-continent jusqu'à aujourd'hui, et également le plus ancien sauropode connu. *Barapasaurus* coexistait probablement avec les derniers prosauropodes.

La structure de *Barapasaurus* était similaire à celle des sauropodes en général, comme *Vulcanodon*, son contemporain d'Afrique du Sud et seul autre sauropode connu du Trias. Seules les vertèbres cervicales et certaines dorsales étaient évidées, témoignant ainsi de l'évolution vers l'allègement de l'ossature. Ses dents crantées en forme de cuillère étaient idéales pour manger des plantes.

NOM : *Cetiosaurus*
ÉPOQUE : du Jurassique moyen au Jurassique supérieur
RÉPARTITION : Europe (Angleterre) et Afrique (Maroc)
TAILLE : jusqu'à 18 m de long

On a retrouvé les ossements de ce gigantesque sauropode en 1809 dans l'Oxfordshire, comté du sud de l'Angleterre, 32 ans avant que l'on entende parler de « dinosaures ». Les gens ont cru que ces os appartenaient à un animal marin géant, d'où le nom *Cetiosaurus*, ou « lézard baleine ». D'autres pensaient que les os appartenaient à un crocodile gigantesque. Il a fallu attendre que l'on retrouve les ossements d'un autre sauropode similaire, *Haplocanthosaurus*, dans les roches datant du Jurassique supérieur, dans le nord-ouest des États-Unis (Colorado), pour découvrir la véritable nature de cet animal.

Cetiosaurus avait une carrure massive, avec un cou et une queue plus courts que de coutume chez les sauropodes. Il pesait probablement plus de 9 t. Sa colonne vertébrale formait une masse solide car les vertèbres n'étaient pratiquement pas évidées.

Un squelette de *Cetiosaurus* déterré en 1979 au Maroc a permis de connaître la taille de l'animal. Le fémur à lui seul mesurait plus de 1,80 m de long et l'un des omoplates, plus de 1,50 m. La quantité de nourriture nécessaire pour faire fonctionner des membres aussi imposants devait être considérable.

Famille des Brachiosauridae

Les membres de cette famille étaient les géants des sauropodes. Ils vivaient en Amérique du Nord, en Europe et dans l'est de l'Afrique, du Jurassique moyen au Crétacé inférieur. Ils présentaient tous une structure similaire : une petite tête perchée en haut d'un cou extrêmement long, un corps épais et une queue assez courte. Ils différaient des autres sauropodes par leurs membres antérieurs, plus longs que les membres postérieurs : leur corps était incliné à partir des épaules, comme une girafe.

Jusqu'à récemment, les brachiosauridés rassemblaient non seulement les dinosaures les plus imposants , mais aussi les créatures les plus grandes ayant jamais marché sur terre. Il s'agissait de *Brachiosaurus* (à droite). Mais des découvertes récentes en Amérique du Nord ont révélé qu'il existait des sauropodes encore plus grands. On a retrouvé dans les années 1970 dans le Colorado des os massifs appartenant à deux sauropodes, appelés officieusement *Supersaurus* et *Ultrasaurus*. En 1986, des os encore plus gros d'un animal appelé provisoirement *Seismosaurus* ont été déterrés au Nouveau-Mexique. Certains sont énormes et laissent imaginer des animaux de plus de 30 m de long. On a retrouvé une omoplate de 2,40 m de long et une vertèbre de 1,50 m de long.

NOM : *Brachiosaurus*

ÉPOQUE : Jurassique supérieur

RÉPARTITION : Amérique du Nord (Colorado) et Afrique (Tanzanie et Algérie)

TAILLE : 23 m de long

De tous les animaux terrestres dont on a retrouvé un squelette complet, *Brachiosaurus* est le plus grand et le plus imposant. Le musée de paléontologie de l'université de Humbolt à Berlin en expose un. C'est le plus grand squelette reconstitué au monde. Ses ossements ont été retrouvés entre 1908 et 1912 en Tanzanie, dans l'est de l'Afrique, par des chercheurs universitaires. *Brachiosaurus* mesurait en moyenne 23 m de long et 12,60 m de haut. Ses épaules étaient placées à 6,40 m du sol : l'os de l'avant-bras, ou humérus, comptait à lui seul pour 2,10 m de sa hauteur. Il pesait 80 t, pratiquement trois fois plus que cet autre sauropode géant célèbre, *Apatosaurus* (ou *Brontosaurus*), soit l'équivalent de douze éléphants d'Afrique mâles adultes.

Pour supporter un tel poids, *Brachiosaurus* possédait une colonne vertébrale, dont chaque vertèbre était largement évidée sur les côtés. Étudiée en coupe, chaque vertèbre a la forme d'une ancre, faite de couches d'os minces et de tiges osseuses. Ce squelette relativement léger est un chef-d'œuvre d'ingénierie : des vertèbres à la fois immenses et solides, mais souples, chacune étant articulée pour apporter un maximum de solidité le long des lignes de charge.

Brachiosaurus avait une tête épaisse en forme de dôme, avec un museau large et plat. Elle était petite par rapport à son corps et la cavité cérébrale était tout aussi petite.

Ses mâchoires sont pourvues de dents en forme de pieu. Deux énormes ouvertures nasales (« naseaux » externes) se situent sur la tête,

DINOSAURES BROUTEURS À LONG COU SUITE

au-dessus des yeux, comme chez les autres sauropodes. La position de ces ouvertures nasales a d'abord amené les paléontologues à penser que *Brachiosaurus* et ses autres cousins de grande taille passaient le plus clair de leur temps sous l'eau, se nourrissant d'algues molles, leurs naseaux affleurant à la surface de l'eau pour respirer. On sait maintenant que la pression exercée par la grande profondeur d'eau nécessaire pour recouvrir ces animaux aurait rendu la respiration difficile, voire impossible. Des empreintes et des traces laissées par ces sauropodes géants confirment qu'il s'agissait d'herbivores terrestres et non marins.

Les naseaux charnus d'un animal ne sont pas nécessairement proches de ses ouvertures nasales externes. Les éléphants, par exemple, ont des ouvertures nasales sur la partie supérieure de leur crâne, mais ils respirent par les naseaux charnus situés à l'extrémité de leur trompe. On peut donc se demander si certains sauropodes étaient pourvus de trompe.

Une autre fonction possible des grandes ouvertures nasales des sauropodes serait la régulation thermique : les ouvertures pourraient avoir été tapissées de peau humide, fortement vascularisée, aidant à garder le cerveau de l'animal au frais lorsqu'il faisait chaud.

Le cou de *Brachiosaurus* est extrêmement long, mesurant près de la moitié de sa hauteur. Il ne comporte pas plus de vertèbres que celui des autres sauropodes (entre 12 et 19), mais chacune est trois fois plus allongée que les vertèbres dorsales.

Les membres antérieurs de *Brachiosaurus* sont plus longs que ses membres postérieurs, une caractéristique inhabituelle chez les sauropodes, mais toutefois commune à la famille des brachiosauridés. Ainsi, le corps était incliné depuis le point le plus élevé au niveau des épaules, comme chez la girafe, permettant au long cou de l'animal d'atteindre des feuillages encore plus élevés, hors de portée d'autres dinosaures.

Famille des Camarasauridae

Les membres de cette famille sont bien plus petits que leurs contemporains, brachiosauridés et diplodocidés. Ils ont un cou et une queue plus courts, un crâne plus haut au museau plus carré. Leurs dents sont également assez différentes des autres sauropodes : elles sont longues, en forme de cuillère et orientées vers l'avant. Il semblerait donc, d'après ces traits, que les camarasaures consommaient des plantes différentes de celles dont se nourrissaient les sauropodes plus gros vivant avec eux, et qu'ainsi ils ne rivalisaient pas pour s'alimenter.

NOM : *Camarasaurus*

ÉPOQUE : Jurassique supérieur

RÉPARTITION : Amérique du Nord (Colorado, Oklahoma, Utah et Wyoming)

TAILLE : jusqu'à 18 m de long

Ce sauropode se déplaçait probablement en troupeau dans les plaines humides et tropicales d'Amérique du Nord au Jurassique. Ses dents volumineuses en forme de feuilles s'accommodaient certainement des plantes fibreuses (fougères et prêles). Il pouvait également atteindre les branches basses des conifères et arracher de grosses bouchées d'aiguilles dures.

Camarasaurus a des ouvertures nasales énormes sur le dessus du crâne. Leur taille, ainsi que la petite tête de l'animal a amené certains paléontologues à se demander si ce sauropode avait une trompe, comme un éléphant, qu'il aurait utilisé de la même manière. D'autres scientifiques pensent

cependant que les grandes ouvertures nasales permettaient de refroidir la boîte crânienne (voir *Brachiosaurus*, pages 127-128). Les ossements de jeunes *Camarasaurus* ont été trouvés avec ceux d'individus adultes dans des roches de même séquence (appelée Formation Morrison) dans l'ouest des États-Unis. Les jeunes se seraient déplacés avec le troupeau, peut-être pour de longues migrations. Les sécheresses, qui frappaient régulièrement les zones tropicales au Jurassique, les forçaient à se déplacer en quête de nourriture.

Les tas de cailloux polis préservés dans les mêmes roches fournissent un autre indice sur le mode de vie de ces animaux. Ce seraient des pierres régurgitées. De nombreux sauropodes, dont *Camarasaurus*, avalaient des pierres rugueuses pour les aider à broyer les végétaux durs qu'ils ingurgitaient (certains oiseaux avalent des pierres pour la même raison.)

NOM : *Euhelopus*
ÉPOQUE : Jurassique supérieur ou Crétacé inférieur
RÉPARTITION : Asie (Chine)
TAILLE : 15 m de long

Euhelopus et *Camarasaurus*, bien que vivant à l'autre extrémité du globe, étaient deux sauropodes apparentés et de structures similaires, avec toutefois certaines différences. *Euhelopus* avait un cou beaucoup plus long, composé de 17 à 19 vertèbres allongées (*Camarasaurus*, en revanche, avait un petit cou pourvu de 12 vertèbres seulement). En outre, *Euhelopus* n'avait pas le nez « camus » de son parent, sa tête était plus longue avec un museau plus pointu. Comme *Camarasaurus*, il a des dents volumineuses en forme de cuillère et de grandes ouvertures nasales sur le dessus du crâne.

NOM : *Opisthocoelicaudia*
ÉPOQUE : Crétacé supérieur
RÉPARTITION : Asie (Mongolie)
TAILLE : 12 m de long

On ne peut que supposer la taille et l'aspect exacts de ce sauropode car il manquait la tête et le cou au seul squelette découvert dans le désert de Gobi en Mongolie. Cependant, le reste du corps était bien conservé et semble être celui d'un camarasauridé typique, mais à échelle réduite.

La façon dont les vertèbres de la queue s'imbriquent les unes aux autres différencie *Opisthocoelicaudia* des autres sauropodes connus. En général, les vertèbres d'un sauropode sont évidées sur le devant (c'est-à-dire qu'elles sont concaves vers la tête de l'animal), et elles s'emboîtent vers l'avant. Mais les vertèbres caudales de *Opisthocoelicaudia* sont concaves sur l'arrière et se soudent vers l'extrémité de la queue. Le nom de cet animal vient de cette caractéristique et signifie « os caudal creux à l'arrière ».

L'étrange articulation caudale de *Opisthocoelicaudia* conférait une structure puissante et rigide à la queue. Certains paléontologues pensent qu'elle aurait servi de pilier pour stabiliser l'animal lorsqu'il se levait sur ses pattes arrière pour se nourrir aux plus hautes branches des arbres. D'autres dinosaures sauropodes, comme les diplodocidés (voir pages 130 à 132) et les titanosauridés (voir page 133), auraient utilisé leur queue pour s'appuyer de la même manière.

DINOSAURES BROUTEURS À LONG COU SUITE

Famille des diplodocidae

Les diplodocidés sont des dinosaures sauropodes au cou extrêmement long et à la queue plus longue encore. Leur corps et leurs membres sont minces et leur tête petite. En dépit de leur grande taille, ces herbivores géants étaient légers par rapport à leurs cousins, les énormes brachiosauridés (voir pages 127-128). Les vertèbres des diplodocidés sont en effet réduites à un réseau complexe de tiges osseuses, allégeant ainsi le poids de l'ensemble tout en supportant une charge maximale.

La famille des diplodocidés prospéra au Jurassique supérieur et au Crétacé. Mais vers la fin de cette dernière période, le groupe aurait commencé à décliner, n'étant plus représenté que par quelques spécimens dans l'est de l'Asie.

NOM : *Diplodocus*

ÉPOQUE : Jurassique supérieur

RÉPARTITION : Amérique du Nord (Colorado, Montana, Utah et Wyoming)

TAILLE : 25 m de long

Diplodocus était un animal gigantesque, certains individus atteignant 30 m de long, même si la moyenne était de 25 m. Il devait sa taille surtout à son cou (environ 7,30 m) et à sa queue extrêmement longue (14 m). Son corps haut et étroit ne mesurait que 4 m de long et sa tête minuscule, à peine plus de 60 cm.

En dépit de sa grande taille, *Diplodocus* pesait à peine 10 t, environ un huitième du poids de *Brachiosaurus* (voir pages 127 et 128) et un tiers de celle de *Apatosaurus* (également appelé *Brontosaurus*, ci-contre), qui n'étaient pourtant ni l'un ni l'autre aussi long que *Diplodocus*. La raison tient à la structure allégée des vertèbres de cet animal, évidées au point d'être pratiquement creuses. Mais les tiges osseuses qui restaient étaient suffisamment solides pour supporter la grande charpente de l'animal.

Le nom *Diplodocus* signifie « double poutre », en référence à une paire d'os en forme d'enclume, ou patins, qui se développaient sous chaque vertèbre de la queue. Elles protégeaient les vaisseaux sanguins et les tissus délicats du dessous de la queue lorsqu'elle traînait sur le sol rugueux.

Un squelette bien conservé de *Diplodocus* a été retrouvé dans le Wyoming, au début du XXe siècle, par une expédition financée par le millionnaire américain Andrew Carnegie, magnat de l'acier. Plusieurs moulages furent faits à partir de ce squelette et répartis dans huit musées du monde. Malheureusement le spécimen original du Wyoming était incomplet, il lui manquait les os des pieds avant; mais pour terminer les moules, les pieds furent modelés d'après ceux de *Camarasaurus* (voir page 128 et 129), sauropode vivant dans le Wyoming à la même époque que *Diplodocus*. L'erreur a été démontrée par la suite : *Diplodocus* ne possède qu'un seul orteil muni d'une seule griffe, et non 3 comme sur le moule.

Les membres postérieurs de *Diplodocus* sont plus longs que les membres antérieurs, caractéristique courante chez les sauropodes (sauf dans la famille des brachiosaures). Le corps de l'animal était incliné depuis le bassin. De grandes épines verticales partent des vertèbres du bas du dos, du bassin et du haut de la queue, servant de points d'ancrage aux muscles puissants permettant de bouger le cou et la queue.

Diplodocus avait peut-être pour habitude de se redresser sur ses pattes arrière, courbant sa queue pour en faire une sorte de « troisième jambe » lui permettant de se stabiliser. En étirant son long cou, l'animal pouvait se nourrir des cônes et des aiguilles les plus hauts des conifères qui peuplaient le paysage du Jurassique.

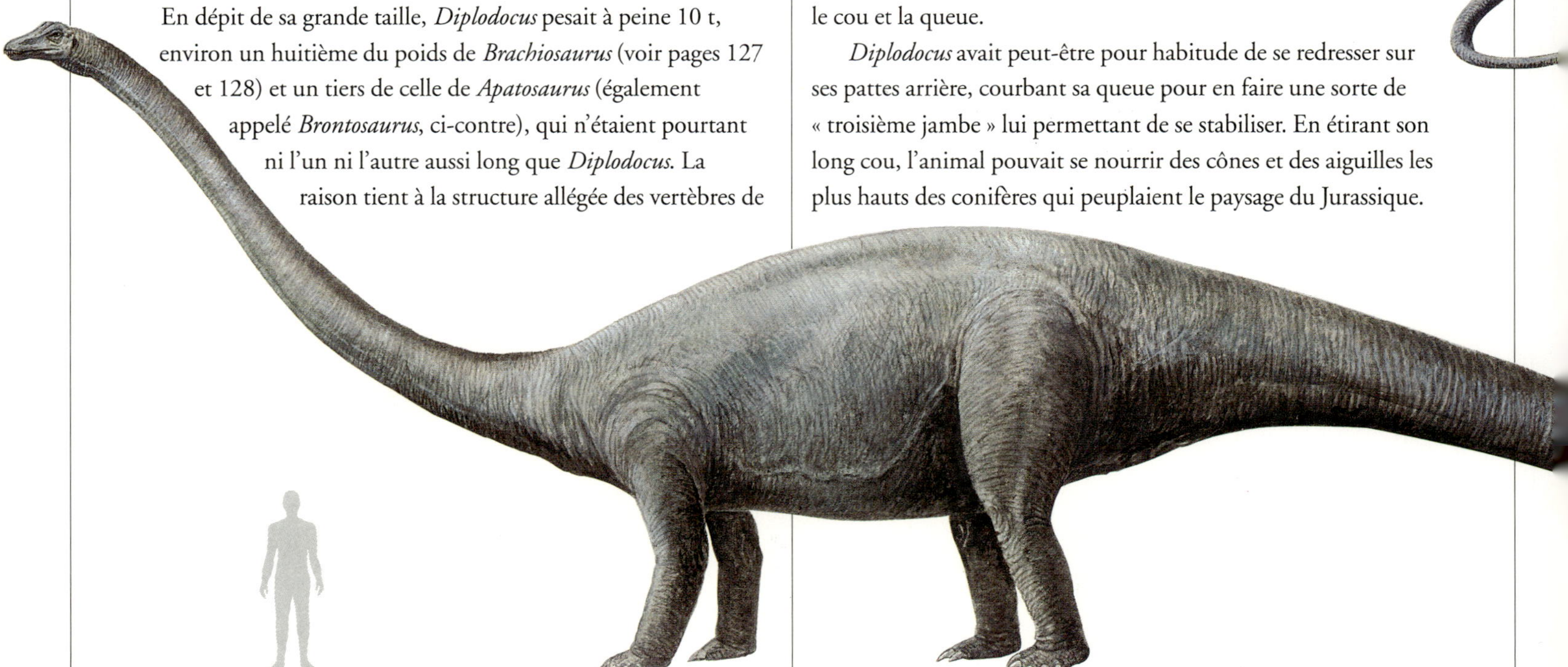

Tout comme on le voit aujourd'hui dans certaines régions d'Afrique où vivent les troupeaux de girafes, les arbres présentaient une « ligne de pâture » marquée, en dessous de laquelle la plupart des feuilles étaient arrachées. Mais au lieu de trouver cette ligne à 6 m de hauteur comme aujourd'hui, la ligne Jurassique se trouvait à 15 m au-dessus du sol.

Les seuls prédateurs suffisamment grands pour attaquer *Diplodocus* étaient probablement les membres de la famille des allosauridés, comme *Allosaurus*, qui pesait jusqu'à 2 t (voir page 117). Les seules armes de *Diplodocus* contre de tels carnivores étaient sa queue et ses membres antérieurs, ainsi que sa masse. Sa longue queue souple, actionnée par des muscles dorsaux puissants, pouvait balayer une grande surface autour de lui et la pointe en fouet pouvait assommer un prédateur. Il aurait également pu se dresser sur ses pattes arrière et écraser son adversaire de ses membres antérieurs épais.

NOM : *Apatosaurus* (*Brontosaurus*)
ÉPOQUE : Jurassique supérieur
RÉPARTITION : Amérique du Nord (Colorado, Oklahoma, Utah et Wyoming)
TAILLE : jusqu'à 21,30 m de long

Apatosaurus, un dinosaure herbivore géant, était autrefois plus connu sous le nom évocateur de *Brontosaurus*, ou « lézard tonnerre », probablement en référence au bruit que devait faire cette masse de 30 t lorsqu'elle se déplaçait sur son territoire, dans l'ouest américain d'aujourd'hui. Mais *Brontosaurus* est le deuxième nom attribué aux ossements de l'animal. Si l'on respecte les conventions scientifiques, il faut l'appeler par son premier nom, *Apatosaurus*.

Jusqu'en 1975, on ne connaissait pas la forme du crâne de *Apatosaurus*, bien que le reste du squelette ait été découvert quelque 100 ans plus tôt. La tête de ce sauropode géant est petite, à peine 55 cm, par rapport à son corps de plus de 20 m de longueur. Bien que moins long, *Apatosaurus* est une version plus massive de *Diplodocus*. Les deux animaux ont des dents minces et pointues qui ne poussaient que sur le devant de leur mâchoire. Les dents n'étaient pas très solides et étaient remplacées par de nouvelles à mesure qu'elles s'usaient. On remarque des espaces entre elles et d'étranges marques d'usure sur l'extérieur des bords coupants. De tels animaux massifs sont toujours herbivores. Pour survivre, ils doivent absorber une quantité suffisante de végétaux (faiblement nutritifs), raison pour laquelle ils mangent continuellement. On ne connaissait pas jusqu'à récemment les habitudes alimentaires des sauropodes à dents pointues. Les études montrent aujourd'hui que l'usure était produite par le fait d'arracher les feuilles aux branches, les dents écartées faisant office de râteau.

Ces deux animaux pouvaient se dresser sur leurs pattes postérieures pour cueillir la végétation située très haut, même si l'effort était plus important pour *Apatosaurus* puisqu'il pesait trois fois plus que *Diplodocus*. En revanche, le poids important de *Apatosaurus* pouvait être une arme efficace contre un prédateur comme *Allosaurus*. L'herbivore se serait dressé sur ses pattes arrière et aurait abaissé ses lourds membres antérieurs pour écraser son ennemi. Il semblerait que ce stratagème n'ait pas toujours fonctionné au vu des nombreux os de *Apatosaurus* portant des marques de dents similaires à celles de *Allosaurus* (voir page 117). Mais ce carnivore aurait pu trouver des animaux morts et s'en nourrir.

Apatosaurus avait une queue plus longue que celle de *Diplodocus*, composée de 82 vertèbres imbriquées (par rapport aux 73 de *Diplodocus*). À l'instar de *Diplodocus*, il avait des paires de patins osseux sous les vertèbres caudales, qui l'aidaient à protéger les tissus délicats de sa queue.

Apatosaurus aurait pu utiliser sa lourde queue comme fouet pour dissuader ses attaquants. Sa queue était actionnée par de puissants muscles dorsaux, ancrés à de grandes épines se projetant des vertèbres du bas du dos.

Tout comme *Diplodocus*, *Apatosaurus* a 5 orteils courts, avec 1 griffe sur le « gros orteil » des pieds avant et 3 griffes sur les pieds arrière. Les gros morceaux de cartilage dans les articulations des chevilles (comme chez les éléphants) garantissaient une certaine flexibilité et permettaient de répartir la charge.

DINOSAURES BROUTEURS À LONG COU SUITE

NOM : *Dicraeosaurus*

ÉPOQUE : Jurassique supérieur

RÉPARTITION : Afrique (Tanzanie)

TAILLE : 12,50 m de long

Tous les diplodocidés étaient gigantesques. *Dicraeosaurus* (ci-dessus) est un membre plutôt petit de cette famille. Il diffère également par d'autres traits : son cou est plus court, sa tête plus grosse et sa queue ne se termine pas en fouet.

Les grandes épines qui partent de ses vertèbres fournissant des points de fixation aux muscles, ne sont pas droites comme chez *Diplodocus* et *Apatosaurus*. Chaque épine est fourchue en haut, en forme de Y, et c'est cette caractéristique qui a donné son nom au *Dicraeosaurus* (« lézard fourchu »). À l'inverse d'autres diplodocidés, les hautes épines ne poussaient pas uniquement sur les vertèbres du bas du dos et du haut de la queue. Elles étaient présentes sur toute la longueur du dos et même dans le cou. Elles servaient peut-être de support à de puissants ligaments, attachés simultanément à plusieurs vertèbres, renforçant ainsi la colonne vertébrale.

On a retrouvé les ossements de *Dicraeosaurus* dans les roches très riches en fossiles, de Tendaguru Hill, en Tanzanie. Ces roches du Jurassique supérieur contenaient de nombreux autres dinosaures, dont le sauropode géant *Brachiosaurus* (voir page 127 et 128) et le dinosaure à plaques *Kentrosaurus* (voir page 156), cousin de *Stegosaurus* (voir pages 154 et 155). Tous ces herbivores cohabitaient en paix dans les plaines fluviales tropicales de l'est de l'Afrique, se nourrissant des plantes qui poussaient à des niveaux différents, évitant ainsi toute compétition entre eux.

NOM : *Mamenchisaurus*

ÉPOQUE : Jurassique supérieur

RÉPARTITION : Asie (Mongolie)

TAILLE : 22 m de long

Le cou de cet animal (ci-dessous) est le plus long de tous les dinosaures connus, et en fait de tous les animaux connus. La structure de *Mamenchisaurus* est si étrange que bon nombre de paléontologues ont créé une famille pour lui tout seul.

Le cou représente presque la moitié de la longueur totale de l'animal. Il compte 19 vertèbres, chacune plus de deux fois plus longue que les 12 vertèbres dorsales. De minces tiges osseuses partent de chaque vertèbre du cou et chevauchent celles qui sont placées derrière, pour solidifier l'ensemble.

Lorsque l'animal se déplaçait, son cou raide devait être pratiquement à l'horizontale par rapport au corps. Tout mouvement aurait été limité à l'articulation souple entre le cou et la tête, ainsi qu'au balancement des épaules. On pense que ce cou extrêmement long donnait à *Mamenchisaurus* un avantage sur les autres sauropodes à long cou qui peuplaient la région. Dressé sur ses pattes arrière, il pouvait atteindre de nouvelles sources alimentaires, les nouvelles pousses situées à la cime des conifères.

En 1986, les os d'un sauropode puissant ont été déterrés dans des gisements du Jurassique supérieur au Nouveau Mexique. Il faut encore les étudier et les décrire de façon officielle, mais on leur a donné le nom de *Seismosaurus* (« lézard tremblement de terre ») pour illustrer sa taille probable. Les premiers calculs estiment que cet animal mesurait 40 m de long. Ses proportions seraient les mêmes que *Diplodocus*, mais avec des membres antérieurs plus longs. Si les premiers résultats s'avéraient corrects, *Seismosaurus* détiendrait le record du plus grand animal terrestre.

Famille des Titanosauridae

Ce fut la plus grande famille de sauropodes. Elle a perduré quelque 80 millions d'années jusqu'à la fin du Crétacé. Ce groupe était très étalé, présent sur tout le globe, notamment sur les continents du sud. Tous les membres de cette famille ne sont pas des « titans » (géants de la mythologie grecque) comme le laisse penser leur nom. La plupart mesurait de 12 à 15 m de long, ce qui est petit en rapport de certains brachiosauridés et diplodocidés. Jusqu'à aujourd'hui, on n'a retrouvé que quelques fragments d'ossements de titanosauridés, mais aucun squelette complet. Leur structure serait similaire à celle de *Diplodocus*, avec un cou plus court et un crâne haut perché qui descendait en pente raide vers le museau. À la différence de *Diplodocus* et d'autres grands sauropodes, les titanosauridés ont des vertèbres pleines, leur os n'étant pas évidés pour alléger leur masse. Outre ce squelette solide, certains animaux avaient une carapace osseuse sur leur dos, caractéristique unique chez les sauropodes.

NOM : *Saltasaurus*
ÉPOQUE : Crétacé supérieur
RÉPARTITION : Amérique du Sud (Argentine)
TAILLE : 12 m de long

Les ossements de ce sauropode de taille moyenne ont créé la surprise parmi les paléontologues qui les ont découvert en 1970 dans la province de Salta, dans le nord-ouest de l'Argentine. Des milliers de plaques osseuses gisaient autour d'un amas de squelettes. La plupart étaient petites, d'environ 5 mm de large; d'autres étaient plus grandes, 11 cm d'épaisseur et pouvaient avoir été recouvertes de piques cornées.

Puisque la peau des dinosaures ne se conserve pas, nous ne disposons d'aucune preuve sur sa nature, mais nous pouvons penser qu'elle était recouverte d'écailles, puisque c'étaient des reptiles. On peut cependant dire, d'après des preuves tangibles, que ces plaques osseuses auraient recouvert la peau épaisse du dos et des flancs de l'animal, formant une armure de protection chez cet herbivore autrement sans défense contre les carnosaures carnivores de l'époque (voir pages 114 à 121). La queue flexible aurait été capable de soutenir le corps de l'animal lorsque celui-ci se mettait sur ses pattes arrière pour atteindre des plantes en hauteur.

Le fait que ces sauropodes à armure étaient confinés à l'Amérique du Sud indique que ce continent aurait pu être séparé, au Crétacé moyen, de la grande masse de terre nordique dont faisaient partie l'Amérique du Nord et l'Eurasie. Ce qui est aujourd'hui l'Amérique centrale était sous l'eau au Crétacé moyen. Ainsi, la faune d'Amérique du Sud se serait développée de son côté, à l'écart des modifications évolutionnistes.

NOM : *Alamosaurus*
ÉPOQUE : Crétacé supérieur
RÉPARTITION : Amérique du Nord (Montana, Nouveau Mexique, Texas et Utah)
TAILLE : 21 m de long

Alamosaurus est l'un des derniers sauropodes avant la disparition de tous les dinosaures à la fin du Crétacé, il y a 65 millions d'années. Au cours du Crétacé supérieur, le climat de plusieurs régions du monde connut un changement radical. La majeure partie des basses terres d'Amérique du Nord se transforma en une jungle humide et marécageuse, domaine des dinosaures ornithopodes, de grands coureurs bipèdes aux pieds de type avien (voir pages 134 à 153). Il resta cependant encore quelques milieux élevés et secs où les sauropodes purent vivre.

Il semble opportun de terminer ce chapitre sur les grands dinosaures saurischiens par *Alamosaurus*, l'un des derniers survivants des dinosaures. *Alamosaurus* tire son nom, peut-être par hasard, d'Alamo, ce fameux fort de San Antonio dans lequel les Texans se sont opposés une dernière fois aux Mexicains, en 1836.

FABROSAURES, HÉTÉRODONTOSAURES ET PACHYCÉPHALOSAURES

INFRA-ORDRE DES ORNITHOPODA

Les membres de ce grand ordre reptilien des dinosaures à « bassin d'oiseau », les ornithischiens, étaient tous herbivores. Les molaires de la plupart des ornithischiens étaient placées un peu en retrait par rapport aux bords des mâchoires. L'espace latéral jusqu'aux dents devait être refermé par des bajoues charnues pour empêcher la nourriture de s'échapper lors de la mastication. Il se peut que les petits herbivores (jusqu'à 10 m de long) du Jurassique et du Crétacé doivent leur survie à ces bajoues. Cette caractéristique peut expliquer la disparition de leurs rivaux primitifs, les saurischiens prosauropodes du Trias (voir pages 122-125), qui en étaient dépourvus.

Les ornithischiens peuvent se classer en plusieurs groupes, dont certains sont composés de quadrupèdes possédant différentes formes de défenses. Les stégosaures avaient des plaques osseuses sur le dos (voir pages 154 à 156). Les ankylosaures avaient une peau recouverte de plaques formant une armure et des « massues » au bout de la queue (voir pages 147 à 161). Les cératopiens avaient des cornes sur la tête et des formations osseuses en forme de collerette sur le cou (voir pages 162 à 169).

Les ornithopodes, ou « pieds d'oiseau », étaient des bipèdes. Ce sont peut-être les ancêtres des autres ornithischiens. De tailles, mode de vie et répartition différents, tous présentaient une structure similaire. Ils connurent une belle réussite en perdurant 148 millions d'années, sur l'ensemble du Jurassique et du Crétacé.

Famille des Fabrosauridae

Les premiers ornithopodes connus appartiennent à cette famille et ont vécu au Jurassique inférieur, il y a quelque 200 millions d'années. Cette période est l'âge d'or des fabrosauridés qui peuplaient tout le globe. Ils étaient petits et ressemblaient à des lézards, mais couraient dressés sur de longues jambes minces. Au premier abord, ils ressemblaient à de petits dinosaures théropodes carnivores (voir pages 106-121). Ils sont séparés des ornithopodes dans certaines classifications, mais restent néanmoins dans les ornithischiens.

NOM : *Lesothosaurus*
ÉPOQUE : Jurassique inférieur
RÉPARTITION : Afrique (Lesotho)
TAILLE : 1 m de long

Ce petit animal était léger et agile, parfaitement adapté pour courir dans les plaines chaudes et arides du sud de l'Afrique. Ses longues jambes, ses bras courts, son cou flexible et sa queue mince sont typiques des ornithopodes ultérieurs. Son crâne était petit, court et aplati, un peu comme les iguanes. Ses dents pointues étaient rainurées : au cours de la mastication, ses dents supérieures s'imbriquaient dans les dents inférieures, permettant de hacher les plantes dures.

On a retrouvé, dans le sud de l'Afrique, deux squelettes de *Lesothosaurus* pelotonnés ensemble, entourés de dents usées, alors que les deux crânes avaient une dentition complète. Compte tenu de cette découverte, certains paléontologues pensent qu'ils dormaient sous terre pendant les mois les plus chauds et les plus secs, comme de nombreux animaux du désert. Les dents usées auraient pu tomber pendant leur sommeil, alors que de nouvelles poussaient.

On a également retrouvé au Lesotho une mâchoire et quelques dents. On a appelé ces quelques ossements *Fabrosaurus.* Cet animal et *Lesothosaurus* pourraient être un seul et même individu.

NOM : *Scutellosaurus*
ÉPOQUE : Jurassique inférieur
RÉPARTITION : Amérique du Nord (Arizona)
TAILLE : 1,20 m de long

Scutellosaurus est le seul fabrosauridé à armure connu. Des rangées de « boutons » osseux couvraient son dos et ses flancs, formant une sorte d'armure cutanée. La queue de *Scutellosaurus*, peut-être pour compenser cette charge supplémentaire, était particulièrement longue. Elle mesurait près de la moitié de la longueur totale du corps. Tendue bien droite, elle permettait sans doute à l'animal de se stabiliser sur ses membres postérieurs lorsqu'il devait fuir devant un assaillant.

Ses bras, également, étaient plus longs que ceux des autres fabrosaures, laissant penser que *Scutellosaurus* broutait à quatre pattes, comptant sur son armure pour se défendre.

NOM : *Echinodon*
ÉPOQUE : Jurassique supérieur ou Crétacé inférieur
RÉPARTITION : Europe (Angleterre)
TAILLE : 60 cm de long

Bien que l'on n'ait retrouvé que les mâchoires de ce petit fabrosauridé, elles permettent aux paléontologues d'estimer que la tête d'*Echinodon* était plus petite que celle de *Lesothosaurus*, et que, lui aussi, avait une dentition particulière. La plupart des reptiles ont des dents de même taille et forme, mais *Echinodon* avait 2 dents longues et acérées, des « canines », sur le devant de sa mâchoire comme les canines supérieures des chats et des chiens. On retrouve cette caractéristique chez un groupe d'ornithopodes contemporains, les hétérodontosaures.

Famille des Heterodontosauridae

Les membres de la famille des hétérodontosauridés ressemblaient beaucoup aux fabrosauridés et vivaient à la même époque. Ils se différencient de cette famille par leurs dents. En fait, la disposition de la dentition des hétérodontosauridés était unique parmi les dinosaures, et parmi les autres reptiles aussi.

Les hétérodontosauridés faisaient partie des premiers dinosaures ayant développé des bajoues, de manière à conserver les aliments dans la gueule pendant la mastication. Leurs mâchoires étaient également pourvues de trois sortes de dents, chacune ayant une fonction différente (voir *Heterodontosaurus*, à droite). Le nom de cette famille reflète ce caractère distinctif : « lézards à dents variées ».

NOM : *Heterodontosaurus*
ÉPOQUE : Jurassique inférieur
RÉPARTITION : Afrique (Afrique du Sud)
TAILLE : 90 cm de long

Le crâne de *Heterodontosaurus*, de la taille d'un lapin, a été découvert en 1962 dans la province du Cap, en Afrique du Sud, et on a retrouvé depuis un squelette entier. Cet herbivore bipède, petit et léger, avait une structure comparable à celle d'un fabrosauridé.

Heterodontosaurus était cependant remarquable par sa dentition. En général, les dents d'un reptile sont de taille et de forme identiques. Mais *Heterodontosaurus* avait trois sortes de dents, un schéma qui rappelle celui des mammifères, bien que *Heterodontosaurus* ne soit en aucune façon lié à la lignée d'évolution de ces derniers.

De petites dents pointues (un peu comme les incisives des mammifères) poussaient sur la mâchoire supérieure. L'avant de la mâchoire inférieure ne comportait aucune dent opposée mais présentait un bec crochu. Cet os (appelé prédentaire) était unique aux dinosaures ornithischiens. Aucun autre reptile, ni animal vertébré d'ailleurs, ne possède cet os : en général, les deux os dentaires de la mâchoire inférieure se réunissent au centre et forment le menton.

Derrière les dents supérieures et le bec inférieur, *Heterodontosaurus* avait deux paires de grosses « canines » (comme celles d'un mammifère). La paire inférieure s'insérait dans une alvéole dans la mâchoire supérieure. Derrière ces canines se trouvaient de grandes dents, en forme de ciseau, à coins cassés (comparables aux molaires d'un mammifère).

Chaque type de dent avait une fonction différente. Les dents de devant pointues, associées au bec, arrachaient les feuilles ; les dents de derrière les coupaient d'un mouvement de cisaille et les réduisaient en petits morceaux.

Personne ne sait à quoi servaient les « canines » de cet animal. Les mammifères carnivores en ont pour déchiqueter la chair, mais *Heterodontosaurus* était herbivore. On a retrouvé certains crânes sans canines, ni même alvéoles qui les auraient contenues. Cela a conduit certains paléontologues à suggérer que seuls les mâles en étaient pourvus et qu'ils s'en servaient pour se battre entre eux. Selon cette théorie, les crânes sans canines auraient donc appartenu à des femelles.

FABROSAURES, HÉTÉRODONTOSAURES ET PACHYCÉPHALOSAURES SUITE

NOM : *Pisanosaurus*
ÉPOQUE : Trias supérieur
RÉPARTITION : Amérique du Sud (Argentine)
TAILLE : 90 cm de long

Pisanosaurus est le plus ancien ornithischien connu de cet ordre ayant couvert une si longue période. Il vivait au Trias supérieur, des millions d'années avant l'apparition des dinosaures à « bassin d'oiseau ».

Bien que les fossiles de ce dinosaure soient rares, les paléontologues pensent que *Pisanosaurus* appartiendrait à la famille des hétérodontosauridés. Tous ses membres découverts à ce jour vivaient dans le sud de l'Afrique ou en Amérique du Sud, ce qui constitue une preuve solide du fait que ces deux continents méridionaux étaient encore réunis au Trias supérieur.

Infra-ordre des Pachycephalosauria

Les crânes de ceux que l'on appelle les « lézards à grosse tête », ou « têtes osseuses », étaient en forme de dôme, conférant à leurs propriétaires une apparence étrange. Les pachycéphalosaures avaient un front haut et une calotte crânienne massive, composée d'os extrêmement épais. Certaines espèces présentaient également des formations osseuses, collerettes, protubérances et épines derrière et sur les côtés de la tête, et parfois sur le museau.

La plupart des paléontologues pensent que ces dinosaures à tête osseuse avaient un mode de vie similaire à celui des chamois. À l'instar de ces mammifères, ils vivaient en troupeaux et les mâles devaient s'affronter dans des luttes destinées à assurer leur suprématie, en se donnant de grand coups de tête.

Par d'autres aspects, les pachycéphalosaures ressemblaient aux ornithopodes, des herbivores bipèdes, avec des mains à 5 doigts, des pieds à 3 orteils (plus un minuscule premier orteil) et une queue longue et lourde. Les individus de ce groupe étaient peu nombreux, vivant seulement au Crétacé supérieur en Amérique du Nord et dans le centre de l'Asie. L'un deux, cependant, appelé *Yaverlandia*, a été retrouvé dans des roches du Crétacé inférieur dans le sud de l'Angleterre.

Famille des Pachycephalosauridae

Les membres de la famille des pachycéphalosauridés présentent un crâne épais et bombé, caractéristique de cet infra-ordre, dénotant peut-être un rituel de combat tête contre tête.

NOM : *Stegoceras*
ÉPOQUE : Crétacé supérieur
RÉPARTITION : Amérique du Nord (Alberta)
TAILLE : 2 m de long

Le corps entier de ce dinosaure à tête osseuse semble conçu pour fournir de la puissance à cette tête de bélier. Lorsqu'un animal chargeait un rival, sa tête était baissée à angle droit et son cou, son corps et sa queue étaient tendus à l'horizontale, stabilisés au niveau du bassin. La calotte crânienne est épaissie en un dôme d'os dur à l'intérieur duquel le petit cerveau était bien protégé. Cette zone bombée aurait absorbé la majeure partie de l'impact alors que la tête de l'animal s'écrasait contre celle de son adversaire. Un *Stegoceras* adulte devait peser 55 kg.

Le « grain » de l'os du dôme est perpendiculaire à la surface, orientation qui devait lui permettre de supporter un choc violent.

Les dents de *Stegoceras*, comme celles des autres pachycéphalosaures, sont petites, pointues et légèrement incurvées, très efficaces pour déchirer des végétaux. Son mode de vie était probablement identique à celui des moutons et des chèvres sauvages.

NOM : *Prenocephale*
ÉPOQUE : Crétacé supérieur
RÉPARTITION : Asie (Mongolie)
TAILLE : 2,50 m de long

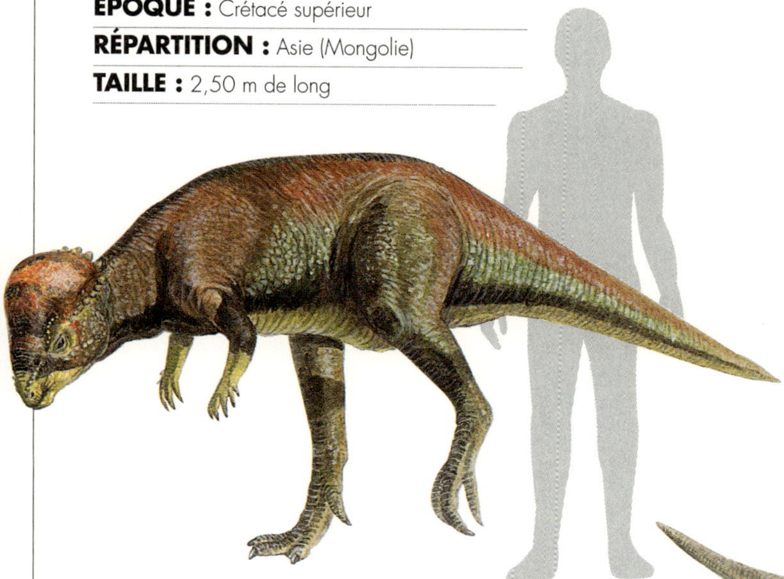

Un très gros dôme ornait la tête de *Prenocephale*, une rangée d'épines et de bosses osseuses entourant l'arrière et les côtés de ce crâne dur. Les femelles avaient certainement un crâne plus petit et plus fin que les mâles, tout comme, dans les montagnes Rocheuses d'Amérique, les cornes des mouflons femelles sont plus petites que celles des mâles.

À l'instar d'autres dinosaures à tête osseuse, *Prenocephale* avait probablement de grands yeux et un odorat très développé. Il vivait dans les hautes terres boisées, se nourrissant de feuilles et de fruits.

NOM : *Pachycephalosaurus*
ÉPOQUE : Crétacé supérieur
RÉPARTITION : Amérique du Nord (Alberta)
TAILLE : 4,50 m de long

Pachycephalosaurus était un géant chez les dinosaures à tête osseuse. On n'en connaît que le crâne, qui mesure 60 cm de long. L'énorme dôme qui ornait son crâne était en os dur, de 25 cm d'épaisseur. Comme le fait un casque, il devait être destiné à absorber les impacts engendrés par les luttes tête contre tête qui opposaient les mâles.

Pachycephalosaurus est non seulement le plus grand membre de cette famille, mais également son dernier représentant avant la disparition complète de ses parents herbivores et cousins carnivores à la fin du Crétacé.

Famille des Homalocephalidae

Les animaux de la famille de pachycéphalosauridés ont un crâne au dôme peu élevé. Les paléontologues pensent que les homalocéphalidés s'en servaient pour pousser et non se battre.

NOM : *Homalocephale*
ÉPOQUE : Crétacé supérieur
RÉPARTITION : Asie (Mongolie)
TAILLE : 3 m de long

Homalocephale signifie « tête plate », en référence à l'absence de dôme sur le crâne de ce pachycéphalosaure. Sa tête est plutôt plate et anguleuse, même si les os de la calotte crânienne sont très épais. Sa tête présente plusieurs creux et bosses osseuses. Cela a amené certains paléontologues à penser que les mâles rivaux se battaient au cours des luttes rituelles, tête contre tête, tout comme les iguanes marins des îles Galápagos.

Homalocephale a un bassin large, ce que les paléontologues interprètent de différentes manières. Certains suggèrent que le bassin aurait pu absorber l'impact dans les luttes entre mâles rivaux. D'autres affirment que les dinosaures à tête osseuse étaient vivipares.

HYPSILOPHODONTES

FAMILLE DES HYPSILOPHODONTIDAE

Les hypsilophodontes étaient les « gazelles » du monde des dinosaures. Ils vivaient probablement en hardes, comme les cervidés d'aujourd'hui, constamment en alerte. Face à une menace, ils fuyaient, leur corps léger et leurs longues jambes de coureur leur permettant une retraite rapide.

Les hypsilophodontes comptent parmi les dinosaures qui ont duré le plus longtemps. En tant que groupe, ils ont vécu quelque 100 millions d'années, du Jurassique supérieur à la fin du Crétacé et ont peuplé chaque continent du globe, à l'exception de l'Asie.

Ils représentent aussi un groupe important dans l'évolution des dinosaures. Les paléontologues pensent que les hypsilophodontes ont donné naissance à deux autres grands groupes d'ornithopodes, les iguanodons (voir pages 142 à 145) et les nombreux hadrosaures ou dinosaures « à bec de canard » (voir pages 146 à 153).

Le mode de vie herbivore des hypsilophodontes était similaire à celui des fabrosaures (voir pages 134 et 135), un groupe d'ornithopodes du Jurassique qui a disparu à peu près au moment où les hypsilophodontes sont apparus. En fait, les preuves chronologiques associées à plusieurs caractéristiques communes ont amené certains paléontologues à penser que les fabrosaures étaient les ancêtres directs des hypsilophodontes.

La structure des fabrosaures et des hypsilophodontes était similaire. Mais ces derniers présentaient plusieurs modifications anatomiques. Ils avaient développé, par exemple, des bajoues leur permettant de retenir la nourriture et d'éviter qu'elle ne tombe de la gueule. Les dents supérieures et inférieures se touchaient, formant une occlusion, en rangées régulières, au lieu de s'imbriquer en alternance comme chez les fabrosaures. Ils avaient ainsi une meilleure surface de mastication et de broyage.

Le bassin des hypsilophodontes était également plus évolué que celui des fabrosaures. Une partie du pubis (appelée apophyse prépubique) était saillante et créait ainsi une surface supplémentaire sur laquelle pouvaient se fixer les muscles des membres postérieurs (voir page 90). Leur capacité de course était également améliorée. Mais cet os supplémentaire restait suffisamment petit pour laisser de la place aux grands intestins de ces herbivores, situés, comme toujours, devant le bassin.

Les roches du Crétacé supérieur du Montana, aux États-Unis, apportent des indications sur ce que devait être le mode de vie des hypsilophodontes. Dix nids de dinosaures y ont été découverts en 1979. Chacun contenait environ 24 petits œufs ellipsoïdaux, disposés en cercle, l'extrémité pointue vers le bas. On a également découvert des ossements de jeunes hypsilophodontes dans la même région. D'après ces preuves indirectes, les paléontologues pensent que les petits quittaient le nid dès l'éclosion, mais qu'ils demeuraient quelque temps dans la région, sous la garde de leurs parents ou de leur famille. La disposition précise des œufs dans les nids laisse envisager un soin parental, au moins avant la naissance.

Les tortues et les alligators modernes placent leurs œufs dans des nids bien cachés de manière semblable, bien que les tortues quittent ensuite le site de nidification, laissant leurs petits se débrouiller tout seuls.

À l'inverse, les œufs de dinosaures sauropodes que l'on a retrouvés étaient toujours disposés en ligne, comme si la femelle les déposait tout en se déplaçant au lieu de les rassembler dans un nid. Cela conduit à penser que les œufs de sauropodes étaient probablement laissés sans surveillance ni soin et que les petits étaient livrés à eux-mêmes une fois éclos.

NOM : *Dryosaurus*
ÉPOQUE : du Jurassique supérieur au Crétacé inférieur
RÉPARTITION : Amérique du Nord (Colorado, Utah et Wyoming), Afrique (Tanzanie). Peut-être Australie et Europe (Angleterre et Roumanie)
TAILLE : jusqu'à 3 m de long

Dryosaurus (également appelé *Dysalotosaurus*) était l'un des plus grands hypsilophodontidés. Bien que l'un des premiers membres de

cette famille, son anatomie était évoluée. Chacune de ses longues jambes minces, par exemple, n'était pourvue que de 3 orteils. En outre, il n'avait aucune dent à l'avant de la mâchoire supérieure. Au lieu de cela, le bec corné à l'extrémité de la mâchoire inférieure se réunissait avec le coussinet dur de la mâchoire supérieure, structure efficace pour brouter.

Comme d'autres membres de cette famille de sprinters à longues jambes, les tibias de *Dryosaurus* étaient bien plus longs que les fémurs. La puissance de l'animal provenait des gros muscles des jambes, concentrés autour des petits fémurs et de la partie inférieure de la jambe. Les longs pieds de l'animal étaient actionnés par des tendons légers mais puissants.

Ainsi, ses pattes fonctionnaient un peu comme un long balancier très effilé mais supportant un poids léger à son extrémité. Du fait de ces proportions, le temps de balancement, ou « période », était court. Lorsque l'animal courait, ses membres postérieurs allaient d'avant en arrière très rapidement, avantage évident pour une créature qui devait se déplacer très vite.

La queue faisait également office de contrepoids à la masse des intestins et du corps de *Dryosaurus*, portée vers l'avant. Pour une meilleure efficacité, elle était tendue. Sa rigidité était assurée par des ligaments ossifiés qui réunissaient les vertèbres caudales. Cette disposition, identique à celle des gazelles et des cervidés, permettait à *Dryosaurus* de courir plus vite.

Dryosaurus était un ornithopode couvrant de vastes étendues, puisque l'on a retrouvé des ossements aux antipodes les uns des autres, dans l'ouest de l'Amérique du Nord et dans l'est de l'Afrique. Au Jurassique, ces continents avaient commencé à s'écarter, et l'océan Atlantique était à peine en formation : il était encore possible, cependant, aux animaux de migrer par voie terrestre depuis l'Europe (où l'on a également retrouvé des ossements de ce qui pourraient être des *Dryosaurus*), la Sibérie et l'Alaska, encore reliés. Cette migration permet d'expliquer la forte ressemblance entre les nombreux ossements de dinosaures retrouvés dans les strates de la formation Morrison, dans l'ouest des États-Unis, et ceux découverts à Tendaguru Hill, en Tanzanie.

Dryosaurus aurait donc côtoyé des dinosaures herbivores géants tels *Apatosaurus* (ou *Brontosaurus*), *Diplodocus* et *Brachiosaurus*, de petits dinosaures carnivores rapaces comme les cœlurosaures *Coelurus* et *Elaphrosaurus* et de grands carnosaures comme *Allosaurus* et *Ceratosaurus*, un dinosaure à cornes.

NOM : *Hypsilophodon*
ÉPOQUE : Crétacé inférieur
RÉPARTITION : Europe (Angleterre et Portugal) et Amérique du Nord (Dakota du sud)
TAILLE : 1,50 m de long

On retrouvé environ 20 squelettes parfaitement conservés de ce petit hypsilophodonte dans une couche de roches du Crétacé inférieur, dans l'île de Wight. Il s'agit probablement d'un troupeau d'animaux ayant vécu et disparu ensemble, peut-être noyés par la marée des mers peu profondes qui recouvraient le nord de l'Europe il y a quelque 120 millions d'années.

Hypsilophodon est le représentant type de cette famille, et il a donné son nom à tout le groupe. Il signifie « dent à crête élevée », en référence à ses molaires hautes et striées. Les dents supérieures et inférieures se touchaient pour former une surface plate idéale pour mâcher et broyer des végétaux durs. Ces dents sont une caractéristique typique de tous les hypsilophodontes.

Fait toutefois surprenant, comparé à ses semblables apparus plus tôt au Jurassique supérieur (voir *Dryosaurus*, pages 138 et 139), *Hypsilophodon* conservait certaines caractéristiques primitives. Il avait ainsi 4 orteils à chaque pied, et des « incisives » à l'avant de sa mâchoire supérieure. Lorsqu'elles se refermaient sur le bec osseux édenté de la mâchoire inférieure, elles formaient un dispositif efficace pour ratisser des végétaux (comparer à *Heterodontosaurus*, page 135).

Il serait également possible que *Hypsilophodon* ait eu une armure faite de deux rangées de fines écailles osseuses le long de ses flancs, mais les paléontologues n'en sont pas certains.

L'étude d'*Hypsilophodon* depuis sa découverte au XIXe siècle est un classique de la recherche paléontologique et montre que, même en possession d'ossements fossiles, les paléontologues doivent se fonder sur des analogies avec des créatures vivantes pour déduire le mode de vie des animaux qu'ils découvrent. Lorsque Thomas H. Huxley décrivit *Hypsilophodon* pour la première fois en 1870, les paléontologues d'alors furent frappés par la similitude entre sa structure et celle d'un kangourou arboricole. Pendant près d'un siècle, *Hypsilophodon* fut illustré perché sur un arbre, comme un oiseau, 3 de ses 4 orteils s'agrippant à une branche et le 4e orteil replié vers l'arrière. Cette reconstitution était adaptée à une niche écologique encore inoccupée par les dinosaures : c'est de là qu'est née l'idée d'un ornithopode herbivore habitant dans les arbres.

Ce n'est qu'en 1974 que le squelette de *Hypsilophodon* a été réexaminé. Les paléontologues conclurent alors que rien ne laissait penser qu'il vivait dans les arbres. En fait, il était parfaitement adapté à la vie terrestre, capable de courir rapidement sur deux pattes.

HYPSILOPHODONTES SUITE

NOM : *Othnielia*
ÉPOQUE : Jurassique supérieur
RÉPARTITION : Amérique du Nord (Utah et Wyoming)
TAILLE : 1,40 m de long

Ce dinosaure doit son nom au célèbre chasseur de fossile américain du XIXe siècle et professeur de l'université de Yale, Othniel Charles Marsh (voir pages 89 et 90). Il lui avait tout d'abord donné le nom de *Nanosaurus* en 1877, mais il a été renommé 100 ans plus tard, en 1977, en hommage aux très nombreux travaux de ce pionnier de l'étude des dinosaures.

Othnielia est un hypsilophodonte typique, aux jambes et à la queue longue, au corps léger et aux bras courts pourvus de mains à 5 doigts. Seules ses dents étaient différentes. Elles étaient proportionnellement plus petites que celles d'autres hypsilophodontes, et entièrement recouvertes d'émail, pas uniquement sur la face servant à broyer les aliments.

Othnielia mangeait peut-être des végétaux durs et fibreux, ce qui expliquerait la présence d'émail protégeant les dents d'une usure excessive. Si tel était le régime alimentaire de *Othnielia*, il devait également broyer davantage les aliments avant de pouvoir les digérer. Pour l'y aider, *Othnielia*, à l'instar de ses semblables, avait des bajoues qui retenaient les aliments dans la gueule pendant qu'il les mâchait.

NOM : *Tenontosaurus*
ÉPOQUE : Crétacé inférieur
RÉPARTITION : Amérique du Nord (Arizona, Montana, Oklahoma et Texas)
TAILLE : 7,30 m de long

La grande taille de ce dinosaure est si peu caractéristique des autres hypsilophodontes que certains paléontologues le classent avec les iguanodons (voir pages 142 à 145). D'ailleurs la forme de son crâne ressemble beaucoup à celle d'un iguanodontidé, mais ses dents et leur disposition sur les mâchoires le placent sans aucun doute dans la famille des hypsilophodontidés.

La queue de *Tenontosaurus*, extrêmement épaisse et lourde, représente plus de la moitié de sa taille. On pense que cet animal pesait dans les 900 kg, et qu'il passait la majeure partie du temps à quatre pattes. Ses bras étaient beaucoup plus longs et épais que ceux des autres hypsilophodontes. Une découverte remarquable a été faite dans les roches du Montana : on a trouvé un squelette de *Tenontosaurus* entouré de cinq spécimens complets de *Deinonychus*, prédateur féroce de l'époque (voir pages 110 et 111). Bien qu'il soit possible que ces corps aient été rassemblés après leur mort, par une crue brutale, par exemple, il est intéressant d'imaginer que cet ensevelissement collectif aurait pu être le résultat d'une rencontre entre cet herbivore massif et un groupe de prédateurs.

Même si *Deinonychus* ne mesurait que 3 m de long environ, il possédait des crocs acérés pour déchirer les chairs et de grandes griffes tranchantes aux pieds. Le gros *Tenontosaurus* se serait bien défendu, se servant de ses pieds armés de grosses griffes pour donner des coups, ou de sa queue comme d'un fouet. Mais ces moyens de défense étaient dérisoires comparés aux armes meurtrières des agiles carnivores.

NOM : *Thescelosaurus*
ÉPOQUE : Crétacé supérieur
RÉPARTITION : Amérique du Nord (Alberta, Montana, Saskatchewan et Wyoming)
TAILLE : 3,5 m de long

Thescelosaurus a été découvert dans les roches les plus récentes du Crétacé supérieur, dans l'ouest de l'Amérique du Nord. Il était plus massif avec des os plus gros que ses parents proches, les hypsilophodontes, petits et légers. *Thescelosaurus* pourrait bien ne pas appartenir à la famille des hypsilophodontidés, mais à celle des iguanodons.

Plusieurs caractéristiques distinguent *Thescelosaurus* des autres hypsilophodontidés. Il avait des dents sur le devant de sa mâchoire supérieure, 5 orteils à chaque pied (les hypsilophodontes en avaient 3 ou 4), et ses fémurs étaient aussi long que ses tibias (ceux des hypsilophodontes étaient plus courts). La structure des jambes laisse fortement penser que *Thescelosaurus* ne courait pas comme une gazelle, mais plutôt lentement. Bien qu'il ne soit pas bâti pour une fuite rapide, les rangées de boutons osseux placés sur son dos lui auraient offert une certaine protection.

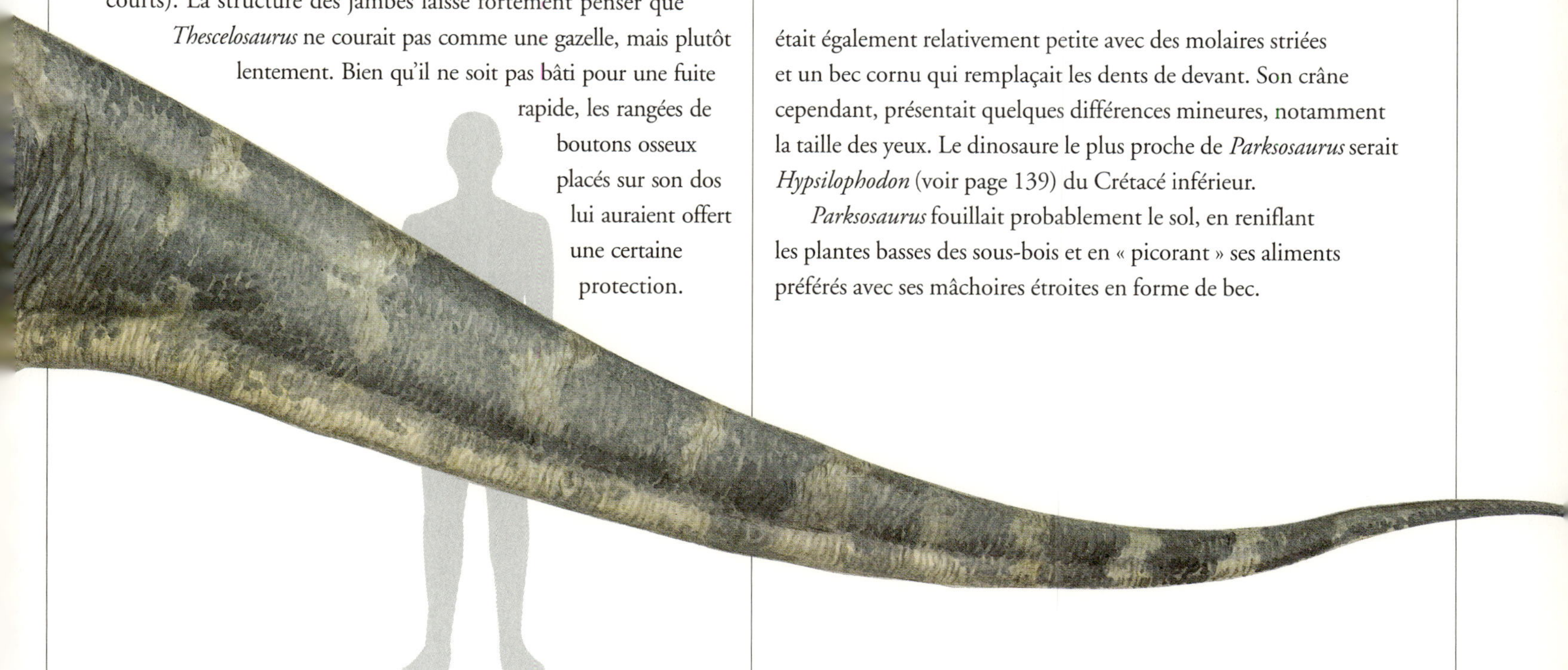

NOM : *Parksosaurus*
ÉPOQUE : Crétacé supérieur
RÉPARTITION : Amérique du Nord (Alberta)
TAILLE : 2,40 m de long

Parksosaurus est l'un des derniers représentants de la famille des hypsilophodontidés au moment de la disparition collective des dinosaures, à la fin du Crétacé. Il est bâti comme tous les autres hypsilophodontes, avec des bras courts, de longs tibias, des pieds adaptés à la course et une queue rigide faisant contrepoids. Sa tête était également relativement petite avec des molaires striées et un bec cornu qui remplaçait les dents de devant. Son crâne cependant, présentait quelques différences mineures, notamment la taille des yeux. Le dinosaure le plus proche de *Parksosaurus* serait *Hypsilophodon* (voir page 139) du Crétacé inférieur.

Parksosaurus fouillait probablement le sol, en reniflant les plantes basses des sous-bois et en « picorant » ses aliments préférés avec ses mâchoires étroites en forme de bec.

IGUANODONS

FAMILLE DES IGUANODONTIDAE

Les iguanodontidés ont vécu au Jurassique moyen, il y a environ 170 millions d'années. Ils étaient présents partout dans le monde. *Iguanodon* est le membre le plus connu de cette famille de grands dinosaures ornithopodes herbivores. On en a même retrouvé au niveau du cercle polaire, ces terres étant dépourvues de glace à l'époque. Les iguanodons ont atteint leur apogée en terme de diversité et d'abondance à la fin du Crétacé inférieur. Ils ont ensuite commencé à décliner avant de disparaître à la fin de cette période.

Contrairement à leurs ancêtres, les hypsilophodontes « gazelles » (voir pages 138 à 141), les iguanodons ne se sont pas développés comme animaux de course. Leur corps était massif et bien charpenté ; les fémurs étaient plus longs que les tibias (à l'inverse des animaux coureurs) et les pieds des membres antérieurs et postérieurs étaient pourvus d'ongles épais ressemblant à des sabots. Les iguanodons étaient donc probablement des animaux qui se déplaçaient lentement, et qui passaient la majeure partie du temps à quatre pattes, broutant des herbes basses comme les prêles. Les mâchoires, en forme de bec, permettaient de couper les feuilles que les rangées de hautes molaires striées broyaient. Ces dinosaures pouvaient également se dresser sur leurs pattes arrière pour atteindre des végétaux plus en hauteur et échapper à leurs prédateurs.

La position de ces reptiles a été réinterprétée plusieurs fois depuis leur découverte, au début du XIXe siècle. Tout d'abord ils ont été considérés comme des quadrupèdes, d'après les similitudes supputées avec les reptiles modernes tels que l'iguane. Mais lorsque des spécimens encore plus complets ont été découverts à la fin du siècle, on s'est aperçu d'une grande disparité de taille entre les membres antérieurs et postérieurs. On a donc comparé ce trait, ainsi que la grosseur de la queue, à l'anatomie et aux habitudes des kangourous. On a imaginé que les iguanodons utilisaient leurs grosses queues musclées pour s'appuyer lorsqu'ils cherchaient à atteindre des couvertures végétales élevées. Plus récemment, on a découvert que les vertèbres caudales étaient reliées et rigidifiées par des ligaments ossifiés. Il semble maintenant que la queue était plutôt utilisée pour faire contrepoids à la lourdeur du corps et que les iguanodons avaient une position semi-quadrupède, comme certains kangourous d'ailleurs. Ils pouvaient se déplacer sur quatre ou deux pattes.

NOM : *Callovosaurus*
ÉPOQUE : Jurassique moyen
RÉPARTITION : Europe (Angleterre)
TAILLE : 3,5 m de long

Connu à partir d'un unique fémur, *Callovosaurus* est différent de ses parents hypsilophodontes. C'est en fait le premier membre des iguanodons, probablement de mêmes structure et aspect que *Camptosaurus* (ci-dessous) apparu ultérieurement.

NOM : *Camptosaurus*
ÉPOQUE : Jurassique supérieur
RÉPARTITION : Europe (Angleterre et Portugal) et Amérique du Nord (Colorado, Dakota du sud, Utah et Wyoming)
TAILLE : 6 m de long

À l'instar de *Callovosaurus*, *Camptosaurus* est un membre primitif de la famille des iguanodons. Les nombreux squelettes trouvés, notamment dans les couches fossilifères de la Formation Morrison de l'ouest des États-Unis, laissent penser que ce dinosaure était assez commun.

Le crâne de *Camptosaurus* est très différent de celui de ses ancêtres hypsilophodontes. Il est long, bas, large et lourd puisque certains espaces entre les os sont comblés. Son museau est allongé et l'extrémité de ses mâchoires forme un bec édenté. Une voûte palatine sépare les voies respiratoires des zones réservées à l'alimentation. L'animal pouvait ainsi respirer tout en mâchant, une évolution importante pour tous les herbivores, puisque ceux-ci devaient passer la majeure partie du temps à se nourrir pour alimenter leur corps massif.

Les jambes de *Camptosaurus* sont longues et puissantes, chacune tridactyle et à sabots. Les fémurs sont massifs et légèrement courbés. Les bras sont bien plus courts que les jambes, mais aussi équipés de sortes de « sabots », l'animal pouvant donc se servir de ses mains pour se déplacer.

NOM : *Iguanodon*

ÉPOQUE : Crétacé inférieur

RÉPARTITION : Europe (Angleterre, Belgique et Allemagne par exemple), Amérique du Nord (Utah), Afrique (Tunisie) et Asie (Mongolie)

TAILLE : 9 m de long

Iguanodon mérite sa place dans l'histoire des dinosaures. Ce fut le deuxième dinosaure découvert, même si le terme « dinosaure » n'avait pas encore été inventé (voir pages 17 et 88). On retrouva un morceau de son grand tibia dans le sud de l'Angleterre en 1809. Quelques dents et autres os furent découverts en 1819. Pour les scientifiques de l'époque, ces dents appartenaient à un mammifère géant. Mais Gideon Mantell, géologue et grand collectionneur de fossiles, remarqua que ces dents étaient de type reptilien et qu'elles ressemblaient à celles des iguanes d'Amérique centrale et du Sud. Il appela donc cet animal *Iguanodon* et le présenta à la communauté scientifique en 1825. Mantell essaya d'en faire une reconstitution, mais au vu des rares informations disponibles, il s'agissait de pures spéculations. Il donna à *Iguanodon* l'apparence d'un dragon, ayant une grosse queue et une petite tête de lézard. Il plaça une petite corne, en fait l'un des « pouces » de l'animal, sur son museau.

Ce n'est qu'en 1877 que la véritable nature de *Iguanodon* devint claire. Cette année-là, dans la petite ville de Bernissart en Belgique, des mineurs de charbon qui creusaient une galerie découvrirent des os énormes qui s'avérèrent appartenir à 31 iguanodons. Ces squelettes spectaculaires sont aujourd'hui exposés à l'Institut royal des sciences naturelles de Bruxelles.

Iguanodon mesurait 5 m de haut, 9 m de long et devait peser quelque 4,5 t. Des troupeaux d'iguanodons devaient parcourir le paysage tropical du Crétacé, se nourrissant de fougères et de prêles aux abords des rivières. Bien que se tenant souvent à quatre pattes, ils pouvaient également prendre une position bipède, se servant de leur longue queue tendue pour se stabiliser. La tête de ce grand dinosaure se termine par un museau proéminent et de puissantes mâchoires en forme de bec. Les molaires devaient permettre de broyer les végétaux, car les os de la mâchoire supérieure pouvaient bouger indépendamment lorsque les deux mâchoires étaient emboîtées.

Les jambes en piliers sont longues, tridactyles et de terminent par des ongles épais en forme de sabot. Chaque bras, court, est terminé par une main à 5 doigts s'écartant complètement et permettant à l'animal de se déplacer à quatre pattes : 3 des doigts étaient pourvus de « sabots ». Le 5e, ou « petit » doigt, était suffisamment flexible pour saisir les feuilles basses et les amener à sa gueule. Le premier doigt, ou « pouce », formait un ergot proéminent sur le côté de la main. En 1825, Mantell n'avait retrouvé que l'un de ces ergots et, ne sachant pas de quelle partie du corps il provenait, il l'avait placé sur le museau, comme une corne.

La fonction de ces pouces en forme d'ergot n'est pas connue. Ils pouvaient servir à déchirer des feuillages ou comme moyen de défense contre ses prédateurs comme *Megalosaurus* (voir page 116). Peut-être étaient-ils des attributs sexuels utiles dans la parade amoureuse et l'accouplement.

Tout comme *Megalosaurus*, *Iguanodon* a laissé ses empreintes dans les roches du sud de l'Angleterre. De grandes traces laissent penser que les animaux se déplaçaient debout et en troupeau. Des empreintes similaires (mais aucun ossement) ont également été trouvées en Amérique du Sud et au Spitzberg, au nord du cercle polaire, témoignant ainsi de la grande répartition des iguanodons il y a quelque 100 millions d'années.

IGUANODONS SUITE

NOM : *Vectisaurus*
ÉPOQUE : Crétacé inférieur
RÉPARTITION : Europe (Angleterre)
TAILLE : 4 m de long

Vectisaurus était un proche parent de *Iguanodon*, vivant dans la même région et à la même époque. D'ailleurs, pour certains paléontologues, il n'était en fait qu'une espèce d'iguanodon.

À la différence de son proche parent, on n'a retrouvé que quelques ossements de *Vectisaurus*, sur l'île de Wight. La seule variante avec *Iguanodon* tient à la hauteur des épines qui poussaient le long de sa colonne vertébrale. Elles sont assez grandes pour former une crête proéminente. Cela a conduit certains paléontologues à penser que *Vectisaurus* pourrait représenter un premier stade dans l'évolution des dinosaures ornithischiens à « nageoire dorsale », tels que *Ouranosaurus* (à droite).

Vectisaurus fait partie de la faune wealdienne du sud de l'Angleterre, qui rassemble la plus grande diversité de dinosaures du Crétacé inférieur en Europe. On y trouve plusieurs ornithopodes tels que *Hypsilophodon* et *Valdosaurus*, plusieurs espèces d'iguanodons, des nodosauridés, *Hylaeosaurus* et *Polacanthus*, le premier pachycéphalosauridé, *Yaverlandia*, des sauropodes (dont un brachiosauridé, un titanosauridé et peut-être un diplodocidé) et plusieurs théropodes.

NOM : *Ouranosaurus*
ÉPOQUE : Crétacé inférieur
RÉPARTITION : Afrique (Niger)
TAILLE : 7 m de long

Deux squelettes complets de *Ouranosaurus* ont été trouvés, en 1965, au nord-est du Niger, dans la partie méridionale du Sahara. Bien que l'on ait identifié les ossements comme appartenant à un iguanodon, c'est un membre d'allure peu habituelle dans cette famille. Une haute paroi d'épines court le long de son dos, depuis ses épaules jusqu'à la moitié de la queue. Ces épines sont des excroissances des vertèbres dorsales. Peut-être recouvertes de peau, elle auraient formé une « nageoire » ou une « voile » proéminente.

Un autre groupe de dinosaures, les spinosaures saurischiens, arbore également ce type de nageoire sur le dos (voir pages 118 et 119). L'un d'eux, *Spinosaurus*, un grand carnivore, vivait au Niger à peu près en même temps que *Ouranosaurus*.

La fonction de la voile des dinosaures saurischiens et ornithischiens n'est pas connue avec certitude, mais bon nombre de chercheurs pensent que ces dinosaures s'en servaient pour réguler leur température interne. Il est fort probable que des animaux aussi grands et massifs que *Spinosaurus* et *Ouranosaurus* « surchauffaient » dans le climat torride que connaissait l'Afrique de l'ouest au Crétacé. Lorsque la voile était tournée vers le Soleil, sa grande surface pouvait absorber la chaleur. Lorsqu'elle en était détournée, elle refroidissait. Ces hautes épines vertébrales rigidifiaient le corps et la queue de *Ouranosaurus*. Mais cette rigidité était compensée par une flexibilité extrême du cou. Certains paléontologues disent que ces grandes épines supportaient en fait une bosse de muscles sur le dos de *Ouranosaurus*, comme chez le bison d'Amérique.

Le crâne de *Ouranosaurus* est différent de celui des autres iguanodons. Il est long et bas et descend en pente douce jusqu'à un museau large et plat. L'apparence générale du crâne de *Ouranosaurus* rappelle celle d'un groupe de dinosaures ornithischiens plus tardif, les dinosaures « à bec de canard » ou hadrosaures, qui a évolué au Crétacé

supérieur (voir pages 146 à 153). Les deux excroissances osseuses sur le crâne de *Ouranosaurus* accentuaient davantage la ressemblance avec les crêtes basses ornant la tête des hadrosaures.

Mais d'autres caractéristiques de *Ouranosaurus* rappellent celles de *Iguanodon.* Il avait des mains avec 5 doigts, bien que plus petites avec des doigts plus courts que ceux de *Iguanodon,* et seuls les deuxième et troisième doigts avaient des « sabots de marche ». Les pieds à 3 orteils avaient des ongles épais semblables à des sabots, comme *Iguanodon*, et le cou était court mais flexible.

Dans l'ensemble, *Ouranosaurus* vivait comme les autres membres de sa famille. C'était probablement un animal qui se déplaçait lentement, passant la majeure partie du temps sur quatre pattes à brouter et à ramasser feuilles, fruits et graines avec son bec cornu semblable à celui d'un canard.

NOM : *Muttaburrasaurus*
ÉPOQUE : Crétacé inférieur
RÉPARTITION : Australie (Queensland)
TAILLE : 7,30 m de long

Le sous-sol australien n'avait dévoilé jusqu'à présent que peu de fossiles de dinosaures. Pourtant, ces dernières années, les découvertes se sont multipliées, notamment dans le Queensland. Deux types de sauropodes du Crétacé ont été retrouvés dans la région, mais les dinosaures les plus courants sembleraient avoir été les ankylosaures (*Minmi*) et les grands ornithopodes, *Muttaburrasaurus.* Ces deux derniers sont assez différents et représenteraient des lignées endémiques, laissant penser qu'au Crétacé inférieur, l'australien était déjà isolé.

Muttaburrasaurus a été découvert en 1981 dans ce qui est aujourd'hui la prairie du centre du Queensland. La structure de cet animal était assez similaire à celle de *Iguanodon.* Seul le crâne présentait des différences mineures. Une bosse osseuse parait le museau. Les paléontologues pensent qu'il s'agissait d'un attribut sexuel. Elle présentait le même aspect que les crêtes de certains hadrosaures plus tardifs, comme *Kritosaurus* (voir page 147).

Il semblerait également que les naseaux externes étaient très évasés, indiquant un odorat développé.

NOM : *Probactrosaurus*
ÉPOQUE : Crétacé inférieur
RÉPARTITION : Asie (Chine)
TAILLE : 6 m de long

À la fin du Crétacé inférieur, il y a quelque 100 millions d'années, les iguanodons avaient atteint leur apogée, à la fois en termes d'abondance et de diversité et ils étaient présents sur toute la planète. Ils ont commencé à décliner à partir du Crétacé moyen et on trouve très peu d'ossements du Crétacé supérieur. *Probactrosaurus* dans l'est de l'Asie et *Muttaburrasaurus* en Australie font partie des rares iguanodons à avoir survécu jusqu'à la fin de l'ère mésozoïque.

La disparition des iguanodons était probablement liée à l'ascension d'un groupe d'ornithopodes herbivores plus résistants. Il s'agit des dinosaures à bec de canard, ou hadrosaures, déjà communs au Crétacé supérieur (voir pages 146 à 153). À l'instar du dinosaure d'Afrique de l'ouest, *Ouranosaurus* (ci-contre), *Probactrosaurus* partageait plusieurs caractéristiques avec les hadrosaures, mais on ne connaît qu'une partie du crâne. Il aurait donc pu être proche des ancêtres de ce groupe, voire en être un membre précoce.

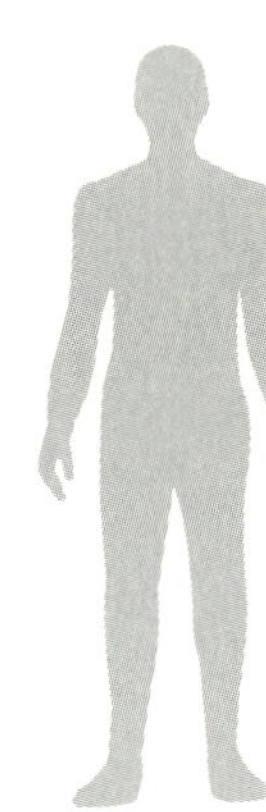

DINOSAURES À BEC DE CANARD

FAMILLE DES HADROSAURIDAE

Les hadrosauridés étaient des dinosaures ornithopodes très communs, la famille la plus variée et la mieux adaptée. Leur évolution est une véritable réussite dans l'histoire des reptiles dominants. Ce groupe a probablement évolué en Asie centrale et, au Crétacé supérieur, il était présent dans tout l'hémisphère Nord, émigrant vers l'ouest en Amérique du Nord par la jonction terrestre qui existait alors. De là, le groupe est reparti vers l'est, en Europe.

La propagation des hadrosauridés a cependant été quelque peu limitée par le fait que la masse méridionale du Gondwana s'était divisée au Crétacé supérieur et que les continents se séparaient. On n'a retrouvé aucun hadrosauridé en Afrique, en Inde ou en Australie. Mais il semblerait que certains aient réussi à atteindre l'Amérique du Sud, puisque l'on a retrouvé les ossements d'un hadrosauridé primitif à tête plate, appelé *Secernosaurus*, dans les roches du Crétacé supérieur du sud de l'Argentine. Ces animaux étaient probablement arrivés en Amérique du Sud depuis l'Amérique du Nord, via la chaîne d'îles volcaniques qui existait là où se trouve actuellement l'Amérique centrale.

Au premier abord, les hadrosauridés semblent tous assez différents les uns des autres, présentant de nombreuses variations de crêtes et de bosses céphaliques. Leur structure est cependant la même. La caractéristique la plus flagrante qui les réunit en tant que groupe est la forme de leur tête qui s'aplatit en un large museau au bec édenté. Ce bec ressemble plutôt à celui d'un canard, caractéristique qui a donné à ce groupe le nom populaire de « dinosaures à bec de canard ».

Bien que la partie avant de la gueule des hadrosauridés soit dépourvue de dents, toute une batterie de molaires est alignée sur les mâchoires supérieure et inférieure. De nouvelles dents poussaient sans cesse pour remplacer les dents usées ou abîmées par les plantes coriaces dont se nourrissaient les hadrosauridés (voir *Edmontosaurus*, page 149). Cette évolution est unique parmi les dinosaures, et probablement un facteur majeur de la pérennité de ce groupe.

Par ailleurs, les plantes à fleurs (angiospermes) ont évolué au cours du Crétacé et, vers la fin de cette période, elles avaient gagné toute la surface de la Terre. Ainsi, à côté de végétaux comme les fougères, prêles, cycadées et conifères, les hadrosauridés pouvaient maintenant ajouter à leur alimentation une profusion de plantes à fleurs. La rivalité avec ces formidables hadrosauridés pourrait avoir été un facteur important dans le déclin des autres genres de dinosaures herbivores, les iguanodons et les sauropodes géants, qui ne pouvaient pas lutter contre ces nouveaux arrivants aux talents divers pour s'approprier ces ressources.

Tous les hadrosaures ont de longs membres postérieurs et des membres antérieurs plus courts, dotés d'ongles en forme de sabot adaptés à la marche. On pense qu'ils passaient la majeure partie du temps à brouter à quatre pattes mais que, s'ils devaient fuir, ils pouvaient se dresser sur leurs pattes arrière et s'éloigner rapidement, en se servant de leur longue queue pour se stabiliser pendant leur course.

La famille des hadrosauridés est divisée en deux groupes distincts (sous-familles), classés selon le type de crête. Les animaux du premier groupe ont une tête plate surmontée d'une crête osseuse pleine (certains en étant même dépourvus). Ce groupe à tête plate s'appelle les hadrosauridés. C'étaient les membres les plus communs de cette famille et ceux qui ont vécu le plus longtemps. Ils font d'ailleurs partie des derniers dinosaures à avoir existé.

Les membres du second groupe ont une tête épaisse en forme de dôme, surmontée d'une crête creuse flamboyante (voir pages 151 à 153). Il semblerait que ces lambéosaurinés aient évolué en Amérique du Nord, et qu'ils soient surtout restés confinés à ce continent.

NOM : *Bactrosaurus*
ÉPOQUE : Crétacé supérieur
RÉPARTITION : Asie (Mongolie et Chine)
TAILLE : 4 m de long

Premier hadrosauridé connu, et l'un des plus petits membres de la famille, *Bactrosaurus* semble avoir eu une structure intermédiaire entre les deux types de dinosaures à bec de canard. Son crâne sans crête est bas et plat avec un bec étroit (deux caractéristiques des hadrosauridés), mais sa stature est celle d'un lambéosauriné. Sa dentition est typique des hadrosauridés, avec des molaires placées très loin dans la gueule et capables de broyer des végétaux durs. *Bactrosaurus* représente très certainement un premier stade dans l'évolution du groupe. Peut-être est-il l'évolution d'un des membres de la famille des iguanodontidés, tel que *Probactrosaurus* en Chine (voir page 145).

NOM : *Kritosaurus*

ÉPOQUE : Crétacé supérieur

RÉPARTITION : Amérique du Nord (Alberta, Montana et Nouveau Mexique)

TAILLE : 9 m de long

Kritosaurus est un membre typique de la famille des dinosaures à bec de canard et à tête plate. Bien que dépourvu de crête céphalique, la structure de son crâne en révèle un début avec la présence d'une grande bosse osseuse sur le museau, devant les yeux.

La fonction de cette bosse d'os plein n'est pas connue. Il s'agissait peut-être d'un attribut sexuel dont seuls les mâles de l'espèce étaient pourvus et qui aurait été utilisé pour la parade amoureuse et l'accouplement. Cette bosse pourrait également avoir la même raison d'être que la calotte crânienne épaisse des pachycéphalosaures (voir pages 136 et 137). Elle permettait à ces derniers d'encaisser les chocs lors des luttes sexuelles entre mâles, tête contre tête. Ces combats avaient probablement lieu à chaque début de saison pour décider de celui qui dominerait le troupeau et posséderait les femelles.

À l'instar de la plupart des hadrosaures, *Kritosaurus* a, dans les mâchoires supérieure et inférieure, 5 ou 6 paires de rangées de molaires pour broyer les aliments. Les rangées poussaient progressivement vers la surface d'usure. Seules les rangées les plus hautes étaient utilisées.

Certains paléontologues pensent que *Kritosaurus* et *Hadrosaurus* ne constituent pas en fait des genres séparés mais simplement des espèces différentes du même animal.

NOM : *Hadrosaurus*

ÉPOQUE : Crétacé supérieur

RÉPARTITION : Amérique du Nord (Montana, New Jersey, Nouveau Mexique et Dakota du sud)

TAILLE : 9 m de long

Hadrosaurus, dont le nom signifie « grand lézard », est le premier dinosaure découvert en Amérique du Nord. On a retrouvé ses os dans le New Jersey et il a été reconstitué et baptisé en 1858 par le professeur d'anatomie américain, Joseph Leidy, de l'université de Pennsylvanie. Joseph Leidy a remarqué que par sa structure, *Hadrosaurus* était apparenté à *Iguanodon*, dont les ossements ont été les premiers jamais découverts dans le sud de l'Angleterre, et décrits en 1825 (voir page 143).

Leidy a su éviter les erreurs de Mantell qui avait réalisé les premières reconstructions erronées de *Iguanodon* en le représentant comme une créature quadrupède ressemblant à un dragon. Leidy disposait pour travailler d'un squelette plus complet et était anatomiste de formation. À l'inverse, les fossiles de Mantell étaient incomplets et, bien que médecin, Mantell n'était pas un spécialiste de l'anatomie des vertébrés.

Leidy a pu déduire de la structure de *Hadrosaurus* que celui-ci pouvait se dresser sur ses pattes arrière. Il l'a représenté en train de courir comme un animal bipède, debout sur ses deux jambes, ses bras courts ballants et son corps à l'horizontale par rapport au sol, stabilisé par sa queue longue et tendue.

Hadrosaurus est un membre typique de la famille des hadrosauridés. Tout comme *Kritosaurus*, il n'a pas de crête sur son crâne long et bas, mais une grosse bosse sur le museau, formée par un os plein, probablement recouvert d'une peau épaisse et dure. Le bec, sur le devant des mâchoires, est édenté, mais des centaines de dents sont implantées à l'arrière des mâchoires, et de nouvelles dents poussaient constamment pour remplacer celles qui étaient usées par les végétaux durs dont l'animal se nourrissait.

Les hadrosauridés pouvaient remuer leurs mâchoires supérieure et inférieure à la fois dans l'axe vertical et dans l'axe horizontal. Cette capacité engendrait des mouvements puissants de mastication et de broyage qui réduisaient totalement les aliments en bouillie avant de les avaler, et les rendaient plus faciles à digérer.

DINOSAURES À BEC DE CANARD SUITE

NOM : *Maiasaura*
ÉPOQUE : Crétacé supérieur
RÉPARTITION : Amérique du Nord (Montana)
TAILLE : 9 m de long

La découverte de *Maiasaura,* en 1978, a donné aux paléontologues une nouvelle vision de la vie familiale des dinosaures. Cette année-là, on a découvert dans le Montana un site de nidification complet, vestige d'une nurserie vieille de quelque 75 millions d'années, dans laquelle les hadrosaures pondaient leurs œufs et où les jeunes pouvaient se développer dans un environnement sûr et nourricier, à l'abri des prédateurs.

Cette passionnante trouvaille était composée d'un squelette adulte (la mère sans doute), de plusieurs jeunes (d'environ 1 m de long), d'un groupe de petits tout juste éclos (mesurant environ 50 cm de long), réunis dans un nid fossilisé. Il y avait aussi d'autres nids complets contenant des œufs intacts et entourés de morceaux de coquille.

Les nids étaient constitués de tas de boue (transformée depuis en roche dure), chacun d'environ 3 m de diamètre et 1,50 m de haut. Au centre se trouvait une sorte de cratère, d'environ 2 m de diamètre et 0,75 m de profondeur. Ils étaient espacés d'environ 7 m, ce qui indiquait que les mères couvaient en restant assez proches les unes des autres, puisque la taille moyenne de *Maiasaura* était de 8 m.

Les œufs avaient dû être déposés soigneusement dans les nids. Ils étaient disposés en cercles au centre du cratère, couche après couche. La mère recouvrait probablement chaque couche de terre ou de sable au fur et à mesure, puis recouvrait le nid de terre lorsqu'elle avait terminé. Les œufs restaient ainsi au chaud jusqu'à l'éclosion.

Ces hadrosaures étaient visiblement des animaux vivant en société, comme le montre cette nurserie. Les femelles nidifiaient en groupe, et devaient revenir chaque année sur le même site, comme certains animaux actuels (oiseaux marins, tortues et poissons). Les plus jeunes restaient avec leur mère jusqu'à ce qu'ils soient assez matures pour être autonomes (comportement que l'on trouve chez de nombreux groupes modernes).

NOM : *Shantungosaurus*
ÉPOQUE : Crétacé supérieur
RÉPARTITION : Asie (Chine)
TAILLE : 13 m de long

Cet énorme dinosaure à bec de canard à tête plate fait partie des plus grands hadrosaures. On a découvert un spécimen pratiquement complet dans la province de Shandong (anciennement Shantung) dans l'est de la Chine dans les années 1970. Le squelette reconstitué est aujourd'hui exposé au musée d'histoire naturelle de Pékin.

Shantungosaurus a une queue extrêmement longue, mesurant près de la moitié de sa longueur totale. Il devait l'utiliser pour contrebalancer son poids, probablement supérieur à 4,5 t. Lorsque *Shantungosaurus* marchait sur deux jambes, sa queue était étendue derrière, équilibrant le corps au niveau du bassin. Sa queue est épaisse et aplatie, ressemblant assez à celle d'un crocodile.

Du fait de cette structure, les paléontologues ont d'abord pensé que cet hadrosaure passait le plus clair de son temps dans l'eau et qu'il se servait de sa queue pour nager. Cependant, les vertèbres de la queue sont reliées par des tendons osseux, la rendant trop rigide pour servir de pagaie. En outre, les épines situées sur et sous les vertèbres caudales étaient inclinées vers l'arrière. Chez les animaux aquatiques, ces épines sont verticales, servant ainsi de points d'insertion aux muscles puissants permettant la nage.

Shantungosaurus et ses semblables ne devaient s'aventurer dans l'eau que pour échapper à leurs prédateurs.

NOM : *Anatosaurus*
ÉPOQUE : Crétacé supérieur
RÉPARTITION : Amérique du Nord (Alberta)
TAILLE : 10 m de long

Le nom populaire de ce groupe, les dinosaures à « bec de canard », leur a été attribué à la suite de la découverte du crâne large et plat de cet hadrosaure dans l'ouest de

l'Amérique du Nord. Le nom *Anatosaurus*, signifie en fait, « lézard canard », en référence au bec cornu et édenté de l'animal. Les restes fossiles de *Anatosaurus* sont de bonne qualité, grâce à la découverte de plusieurs squelettes bien conservés. D'après ces spécimens, les paléontologues peuvent dire que ce dinosaure mesurait plus de 9 m de long, 4 m de haut et qu'il pesait probablement 3,6 t. On a également retrouvé deux individus « momifiés », avec des tendons desséchés et un contenu stomacal intact, ce qui constitue une découverte rare et riche d'informations. L'analyse a révélé que leur dernier repas était composé d'aiguilles de pin, de brindilles, de graines et de fruits.

Des empreintes de peau ont également été conservées, imprimées dans les roches voisines. Elles montrent que *Anatosaurus* était recouvert d'un cuir épais.

Ces mêmes spécimens momifiés semblent avoir eu des membranes cutanées entre les trois doigts des mains. Au début, cette découverte a renforcé la théorie selon laquelle ces hadrosaures étaient des animaux aquatiques, se servant de leurs mains palmées et de leur queue aplatie pour nager. Une étude plus poussée a toutefois démontré que ces mains ne pouvaient pas s'écarter complètement et que ces membranes étaient des restes desséchés de coussinets rendus calleux par l'usure, comme ceux des chameaux. Associée à la présence d'ongles ressemblant à des sabots sur deux des doigts, cette interprétation des « membranes cutanées » renforce la théorie, qui prévaut actuellement, selon laquelle les dinosaures à bec de canard étaient des animaux quadrupèdes, incontestablement terrestres.

NOM : *Edmontosaurus*

ÉPOQUE : Crétacé supérieur

RÉPARTITION : Amérique du Nord (Alberta et Montana)

TAILLE : 13 m de long

On a retrouvé de nombreux crânes de ce grand hadrosaure à tête plate. Ses dents sont particulièrement bien conservées. Elles montrent le schéma dentaire typique des hadrosaures. Derrière un bec édenté, des rangées de dents très serrées forment une véritable table abrasive dans les deux mâchoires. À mesure que celles du haut s'usaient et tombaient, de nouvelles dents poussaient pour les remplacer. La gueule de *Edmontosaurus* aurait pu contenir plus de 1 000 dents en même temps.

Le bord externe de chaque dent est recouvert d'émail dur, qui s'use plus lentement que la dentine dont le reste des dents est composé. Ainsi chaque dent a une arête coupante d'émail dur et résistant. Les rangées de dents étaient si serrées qu'elles formaient une surface abrasive granuleuse permettant de broyer les aliments végétaux.

La structure de la mâchoire de cet animal ressemble assez à celle de *Iguanodon* (voir page 143) : l'articulation de la mâchoire supérieure permettait aux rangées de dents de frotter les unes contre les autres même lorsque la gueule était fermée. Cette caractéristique permettait de cisailler et de broyer les aliments, et de déchirer même les plantes les plus dures. D'ailleurs, *Edmontosaurus* et ses semblables se nourrissaient d'aliments coriaces, comme l'a montré le contenu stomacal fossilisé de *Anatosaurus*.

À l'instar des autres hadrosaures, *Edmontosaurus* avait une longue queue qui faisait contrepoids lorsque l'animal se dressait sur ses pattes arrière pour courir. Sa queue était également épaisse, comme celle de *Shantungosaurus* (ci-contre). De longues épines sous les vertèbres aidaient sans doute *Edmontosaurus* à nager lorsque celui-ci s'aventurait dans l'eau.

DINOSAURES À BEC DE CANARD SUITE

NOM : *Prosaurolophus*
ÉPOQUE : Crétacé supérieur
RÉPARTITION : Amérique du Nord (Alberta)
TAILLE : 8 m de long

Prosaurolophus est un membre typique de la famille des hadrosauridés, les dinosaures à « bec de canard » et à crêtes céphaliques osseuses pleines. Son crâne ressemble à celui d'un hadrosaure à tête plate, comme *Anatosaurus* (voir pages 148 et 149), mais les os de son nez se prolongent en une crête osseuse basse allant de l'extrémité de son large museau au sommet de sa tête, où elle se termine en une petite bosse. Étant donné que cette crête s'est accentuée chez les animaux apparentés à cet hadrosaure, *Prosaurolophus* pourrait être un ancêtre des membres tardifs de cette famille, tels que *Saurolophus*.

NOM : *Saurolophus*
ÉPOQUE : Crétacé supérieur
RÉPARTITION : Amérique du Nord (Alberta et Californie) et Asie (Mongolie)
TAILLE : 9 m de long

La tête de ce grand hadrosaure forme une courbe depuis son museau large et aplati jusqu'à l'extrémité d'une crête osseuse et dure qui descend vers l'arrière depuis le haut de son crâne. Les espèces asiatiques présentent une crête plus importante que leurs parents d'Amérique du Nord ainsi qu'un corps proportionnellement plus grand, d'environ 12 m de long.

La crête est un prolongement des os du nez, probablement traversée par les voies nasales. Cela a amené certains paléontologues à envisager l'existence d'une masse de tissu nasal qui se gonflait, produisant ainsi des mugissements. La crête osseuse aurait abrité ce sac gonflable, augmentant sa surface et donc son efficacité. Les hadrosaures vivant en troupeaux, ce type de sons leur aurait permis de communiquer efficacement, même de loin.

NOM : *Tsintaosaurus*
ÉPOQUE : Crétacé supérieur
RÉPARTITION : Asie (Chine)
TAILLE : 10 m de long

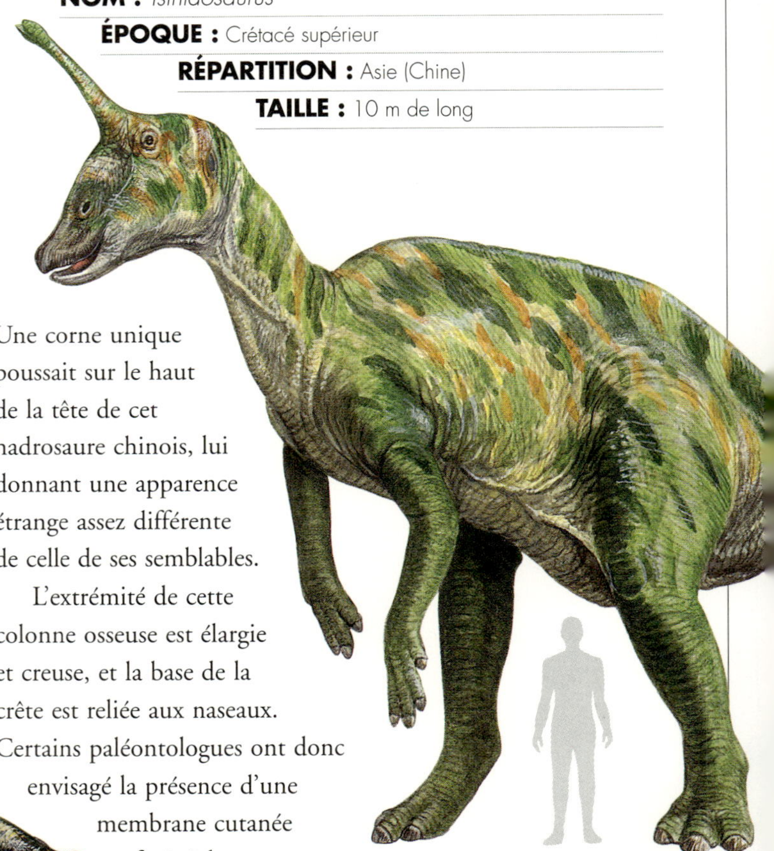

Une corne unique poussait sur le haut de la tête de cet hadrosaure chinois, lui donnant une apparence étrange assez différente de celle de ses semblables.

L'extrémité de cette colonne osseuse est élargie et creuse, et la base de la crête est reliée aux naseaux. Certains paléontologues ont donc envisagé la présence d'une membrane cutanée fixée à la corne ou s'étendant de l'extrémité de celle-ci au bec. Cette membrane aurait pu être gonflée comme un ballon et utilisée comme un signal, soit pour la parade amoureuse soit pour menacer les rivaux éventuels. Peut-être était-elle vivement colorée et spectaculaire.

D'autres paléontologues pensent plutôt que la corne a été mal placée lors de la reconstitution de *Tsintaosaurus* et qu'elle devait pointer vers l'arrière, comme chez *Saurolophus*.

NOM : *Corythosaurus*
ÉPOQUE : Crétacé supérieur
RÉPARTITION : Amérique du Nord (Alberta et Montana)
TAILLE : 9 m de long

Une crête semi-circulaire orne la tête de cet hadrosaure d'Amérique du Nord, qui pesait près de 4,5 t. Celle-ci s'élève entre les yeux de l'animal en un éventail étroit d'environ 30 cm de haut fléchissant vers l'arrière de la tête.

On a retrouvé des crêtes de plusieurs tailles chez différents spécimens de *Corythosaurus*. Peut-être était-ce le reflet de la diversité des espèces de cet hadrosaure ou, plus probablement, des stades de croissance différents, les jeunes ayant des crêtes beaucoup plus petites que les adultes. Il y avait peut-être également une différence de taille selon le sexe, les mâles adultes ayant une crête plus grande que les femelles.

Corythosaurus est un membre typique du groupe des lambéosaurinés, ces hadrosaures aux crêtes céphaliques creuses (les crêtes céphaliques pleines caractérisaient les hadrosauridés, voir pages 146 à 150.) En tant que groupe, il semble que les hadrosaures à crête creuse aient évolué en Amérique du Nord et qu'ils aient occupé largement la partie occidentale du continent. On en a également retrouvé certaines espèces dans l'est de l'Asie. Ces découvertes dans des lieux aussi distincts étayent la théorie selon laquelle l'ouest de l'Amérique du Nord et l'est de l'Asie ne formaient qu'une seule masse terre au Crétacé supérieur, la « Laurasie », entourée de mers continentales peu profondes.

La crête bombée est composée d'os du nez très allongés. Les creux à l'intérieur de la crête sont en fait des voies nasales, formant un circuit dans la crête avant de revenir au museau. Plusieurs théories ont été proposées pour expliquer cette disposition, dont certaines plus vraisemblables que d'autres. L'idée ancienne selon laquelle les hadrosaures étaient des animaux aquatiques a amené à penser que la crête, avec ses séries de conduits creux, était une sorte de tuba, qui permettait à l'animal de respirer alors que sa gueule et ses naseaux étaient sous l'eau. Selon une autre théorie, la crête était un réservoir d'air que ce dinosaure à bec de canard utilisait pendant qu'il nageait ou se nourrissait sous l'eau.

On ne sait pas si ces hadrosaures étaient des animaux bien adaptés à la vie terrestre. Ils étaient grégaires et se nourrissaient d'épines de pin dures, de feuilles de magnolia, de graines et de fruits de toutes sortes dans les forêts. Menacés par des prédateurs tels que *Tyrannosaurus*, ils pouvaient s'enfuir en courant sur deux pattes. Peut-être s'échappaient-ils également en se jetant à l'eau.

Il existe plusieurs autres explications plus plausibles pour cette crête creuse, et il est tout à fait possible qu'elle répondait à certaines des fonctions proposées, voire à toutes. Une première théorie explique que la crête osseuse et son système tubaire alvéolé auraient pu servir de résonateur (comme les tuyaux d'un trombone) pour produire des sons permettant de communiquer avec le troupeau. Ces sons auraient été émis dans plusieurs buts : prévenir d'un danger, séduire un partenaire ou décourager un rival et faciliter la reconnaissance de l'espèce entre groupes.

Les résultats d'études récentes aux États-Unis semblent soutenir cette théorie. Un modèle exact de crête de lambéosauriné a été reconstitué et les expériences effectuées montrent que cet hadrosaure pouvait produire un son semblable à une corne de brume grâce à sa crête. Ces notes éclatantes pouvaient être entendues sur de grandes distances, et auraient permis à ces habitants des forêts de communiquer efficacement au sein d'un même troupeau, et entre troupeaux. Les sacs gonflables dont les hadrosaures à tête plate et crête pleine (de la sous-famille des hadrosauridés) auraient été dotés, servaient probablement à la même chose.

D'après une deuxième théorie, les longs conduits d'air présents dans la crête creuse auraient servi de système de refroidissement. Leur surface aurait été tapissée d'une membrane humide, dont l'évaporation aurait permis d'abaisser la température des tissus voisins. Ceci aurait rafraîchi l'animal lorsqu'il broutait en plein soleil ou courait jusqu'à l'épuisement pour échapper à un prédateur.

Une troisième théorie suggère que la crête creuse améliorait l'odorat de *Corythosaurus*, l'aidant ainsi à trouver de la nourriture, à détecter un danger et à suivre le troupeau.

On a retrouvé dans le Montana un hadrosaure à crête primitif après la découverte de *Corythosaurus*, que l'on a appelé *Procheneosaurus*. Sa crête était bien plus petite que celle de *Corythosaurus*, mais elle contenait les mêmes conduits en forme de S. Certains paléontologues pensent que cette créature serait le premier hadrosaure à crête.

D'autres pensent cependant qu'il s'agissait simplement d'un spécimen juvénile de *Corythosaurus*.

DINOSAURES À BEC DE CANARD SUITE

NOM : *Hypacrosaurus*

ÉPOQUE : Crétacé supérieur

RÉPARTITION : Amérique du Nord (Alberta et Montana)

TAILLE : 9 m de long

Hypacrosaurus est un autre hadrosaure présentant une crête céphalique semi-circulaire proéminente. Cette crête ressemblait à celle de *Corythosaurus*, mais en moins grand et moins étroit. Elle n'est pas aussi abrupte que celle de *Corythosaurus*, mais descend plutôt en pente douce sur le museau de l'animal. *Hypacrosaurus* apparaissant dans des roches plus récentes que *Corythosaurus*, pourrait en être un descendant.

Ces deux hadrosaures se différencient aussi par une autre caractéristique : les vertèbres dorsales de *Hypacrosaurus* se prolongent vers le haut en longues épines, formant ainsi une crête couverte de peau le long du dos de l'animal. Cette crête avait peut-être pour fonction de réguler la température interne, selon le même procédé que celui proposé pour d'autres reptiles, tels que les pélycosaures à voile dorsale (voir pages 186 à 188) ou les spinosaures carnivores (voir pages 118 et 119).

Les preuves fournies par les empreintes de pas suggèrent que ces grands hadrosauridés étaient quadrupèdes le plus clair de leur temps.

NOM : *Lambeosaurus*

ÉPOQUE : Crétacé supérieur

RÉPARTITION : Amérique du Nord (Basse Californie, Montana et Saskatchewan)

TAILLE : 9 m de long

Les deux structures céphaliques distinctes de ce lambéosauriné lui donnent un aspect inhabituel. Une crête creuse, haute et rectangulaire, se dressait sur le devant et était orientée vers l'avant alors qu'une épine osseuse pleine poussait au sommet du crâne et pointait vers l'arrière. Cette disposition en V devait paraître pour le moins étrange, au bout d'un cou long et flexible.

Comme tous les membres de la famille des hadrosauridés, *Lambeosaurus* se déplaçait à quatre pattes, tout en broutant les plantes basses. La souplesse du cou serait une évolution pour permettre à l'animal d'atteindre les plantes basses qui l'entouraient, sans changer la position de son corps.

Le spécimen californien de *Lambeosaurus* semble avoir été un géant parmi les hadrosaures. Bien que l'on ne dispose que de fragments de squelette, la taille et le poids des os retrouvés indiquent que cet individu mesurait 16,50 m. Ce serait donc le plus grand hadrosaure connu.

NOM : *Parasaurolophus*
ÉPOQUE : Crétacé supérieur
RÉPARTITION : Amérique du Nord (Alberta, Nouveau Mexique et Utah)
TAILLE : 10 m de long

Comme *Saurolophus* (voir page 150), ce dinosaure à bec de canard a un museau plus court que celui des autres hadrosaures, et une seule crête cornée sur le sommet de son crâne, orientée vers l'arrière. La ressemblance s'arrête là, puisque la crête du lambéosauriné *Parasaurolophus* n'est pas pleine comme celle de son parent hadrosauridé, mais elle était faite comme un conduit vide. Elle est bien plus longue que celle de *Saurolophus*, puisqu'elle peut atteindre 1,80 m de long. À l'intérieur, disposées comme dans la crête de *Corythosaurus*, les voies nasales vont des naseaux jusqu'à l'extrémité de la crête puis reviennent en courbe jusqu'au bec.

On a identifié un crâne pourvu d'une crête bien plus courte et de voies nasales aux courbes plus serrées comme appartenant à une espèce distincte. On pense aujourd'hui que c'est celui d'une femelle *Parasaurolophus*, conformément à la théorie selon laquelle les crêtes des deux sexes étaient de tailles différentes.

L'encoche sur la colonne vertébrale de *Parasaurolophus* entre les épaules est une caractéristique unique à cet animal. Elle est située juste à l'endroit où l'extrémité de la crête devait buter sur le dos lorsque le cou de cet hadrosaure était dans sa position naturelle en forme de S. Certains paléontologues ont suggéré que l'extrémité de la crête se logeait dans cette encoche lorsque l'animal courait dans des sous-bois denses. La crête aurait alors servi de déflecteur, déviant les branches basses et les éloignant du corps de l'animal. La crête céphalique du casoar moderne sert souvent à ouvrir un passage de la même manière.

La queue de *Parasaurolophus* est également étrange car particulièrement épaisse. Cela a conduit certains chercheurs à penser qu'elle aurait été ornée de couleurs vives et qu'elle servait de dispositif de signalisation, peut-être pour la parade amoureuse ou pour que les membres du troupeau ne se perdent pas en traversant une forêt. En outre, on a suggéré la présence d'une collerette cutanée derrière la tête, reliant de façon lâche la crête au cou. Cette collerette aurait également été très colorée et aurait eu les mêmes fonctions que la queue.

Si l'hypothèse selon laquelle la crête creuse servait de chambre de résonance vocale était juste (voir *Corythosaurus*, page 151), on pourrait alors supposer que les sons produits avec la longue crête de *Parasaurolophus* étaient différents de ceux émis, par exemple, par la haute crête semi-circulaire de *Corythosaurus*. D'ailleurs, il existe une telle variété de tailles et de formes parmi les coiffes des hadrosaures lambéosaurinés, qu'il semble probable que chaque espèce émettait un son assez différent. Les forêts d'Amérique du Nord, au Crétacé supérieur, résonnaient sans doute de ces appels, depuis les mugissements graves des hadrosaures à crête creuse, au son de corne de brume et de trompette des sacs nasaux de leurs voisins hadrosaures à crête pleine.

Le squelette est assez massif, notamment celui des épaules, du bassin et des membres antérieurs. La musculature et la robustesse de cette partie du corps laisse penser que *Parasaurolophus* utilisait beaucoup ses pattes avant pour marcher. De même, les os pelviens sont plus grands, augmentant ainsi la surface d'insertion des muscles et lui donnant la force nécessaire pour se dresser sur ses pattes arrière.

La grande majorité de ces hadrosauridés a évolué au Crétacé moyen. Ils étaient bien répartis au nord, mais beaucoup plus rares au sud. D'une remarquable diversité, ils se sont rapidement développés au Crétacé supérieur. En dépit de son évolution, ce groupe n'a pas mieux survécu que les autres dinosaures à la fin du Crétacé.

DINOSAURES À ARMURE

SOUS-ORDRE DES THYREOPHORA

Le grand ordre des dinosaures ornithischiens avipelviens (« à bassin d'oiseau ») a récemment été divisé en deux sous-ordres, les cérapodiens et les thyréophoriens. Ce dernier comprend les stégosauridés et les ankylosauridés, ainsi que les scélidosauridés, plus primitifs, qui sont caractérisés par la présence de rangées parallèles d'arêtes osseuses sur leur dos et leurs flancs.

Famille des Scelidosauridae

La position des scélidosauridés parmi les dinosaures fait l'objet d'une controverse. Certains paléontologues maintiennent qu'ils étaient les ancêtres des stégosauridés, alors que d'autres pensent qu'ils étaient ceux des ankylosauridés. Ici, ils sont placés dans les deux groupes comme famille du sous-ordre des thyréophores.

NOM : *Scelidosaurus*
ÉPOQUE : Jurassique inférieur
RÉPARTITION : Europe (Angleterre)
TAILLE : 4 m de long

Seuls deux squelettes de *Scelidosaurus* ont été retrouvés à ce jour, tout deux datant du Jurassique inférieur et provenant du Dorset, au sud de l'Angleterre. Le premier spécimen a été découvert vers 1860 et le deuxième près d'un siècle plus tard, en 1955.

Scelidosaurus serait l'un des tout premiers et des plus primitifs dinosaures ornithischiens. Il a une petite tête (d'à peine 20 cm de long), un bec édenté et de petites dents en forme de feuille dans sa mâchoire peu puissante. Son corps est en revanche massif et revêtu d'une armure solide : son dos est couvert de plaques osseuses, parsemées de rangées de piques allant du cou jusqu'à l'extrémité de la queue, recouvrant également le haut des flancs. Cette disposition de l'armure a conduit certains paléontologues à penser que *Scelidosaurus* était un type primitif d'ankylosaure, mais cette opinion n'est pas universellement admise.

INFRA-ORDRE DES STEGOSAURIA

Les stégosaures représentent un groupe distinct parmi les dinosaures ornithischiens, ou « à bassin d'oiseau ». Leur corps massif, surmonté d'une petite tête, est caractérisé par une double rangée de grandes plaques osseuses qui descend de chaque côté de la colonne vertébrale. Leur lourde queue est dotée de piques longues et pointues.

À l'instar de leurs parents ornithopodes, tels que les iguanodons (voir pages 142 à 145) et les hadrosaures (voir pages 146 à 153), les stégosaures étaient herbivores et vivaient probablement en troupeaux. Mais à l'inverse des ornithopodes, plus agiles, ils se déplaçaient exclusivement à quatre pattes et ne pouvaient pas courir sur deux pattes pour échapper à leurs prédateurs. Leur armure compensait cet inconvénient. Attaqués, ils leur tenaient probablement tête en donnant des coups de queue, et les plaques osseuses de leur dos leur offraient une certaine protection.

Famille des Stegosauridae

Tous les stégosaures connus appartiennent à cette famille. Ils se sont épanouis au Jurassique moyen, il y a quelque 170 millions d'années, et ont atteint leur apogée, en terme de diversité, à la fin de cette période. Groupe largement répandu, ils étaient présents dans l'ouest de l'Amérique du Nord et de l'Europe, ainsi que dans l'est de l'Asie et de l'Afrique. Au Crétacé inférieur, les stégosaures commencèrent à décliner, bien que certaines espèces isolées aient pu survivre jusqu'au Crétacé supérieur.

NOM : *Stegosaurus*
ÉPOQUE : Jurassique supérieur
RÉPARTITION : Amérique du Nord (Colorado, Oklahoma, Utah et Wyoming)
TAILLE : jusqu'à 9 m de long

Ce dinosaure à armure est le fossile emblématique de l'État du Colorado, et le plus grand et le mieux connu des stégosaures. Une double rangée de grandes plaques osseuses en forme d'énormes pointes de flèches est disposée de part et d'autre de la colonne vertébrale, commençant juste derrière la tête et s'arrêtant à la moitié de la queue. Certaines de ces plaques font plus de 60 cm de haut.

La lourde queue était armée de 2 paires de pointes terribles, chacune mesurant près de 1 m de long. Le nombre de piques variait selon les espèces : *Stegosaurus ungulatus* en avait 4 paires, *S. stenops* en avait 2.

On ne connaît pas avec certitude la disposition des plaques osseuses de *Stegosaurus*. Bien que l'on ait découvert de nombreux spécimens bien conservés (l'un des plus beaux est reconstitué au musée d'histoire naturelle de Denver dans le Colorado), les plaques n'ont jamais été retrouvées fixées au squelette. Certains paléontologues soutiennent qu'elles étaient placées à plat sur ou sous la peau et formaient une armure défensive sur le dos et le haut des flancs.

La plupart des paléontologues pensent cependant que les plaques étaient placées pratiquement à la verticale et disposées soit en quinconce, soit par paires. Elles formaient ainsi une crête épineuse, protégeant *Stegosaurus* des attaques de prédateurs comme le carnosaure contemporain *Allosaurus* (voir page 117). Elles étaient probablement recouvertes de matière dure, semblable à la corne des bovins actuels.

Il est possible aussi que les plaques aient été recouvertes d'une fine membrane cutanée fortement vascularisée. Cette théorie a conduit certains paléontologues à penser que ces plaques servaient d'échangeur thermique, moyen grossier mais efficace pour réguler la température interne. Les plaques auraient été disposées en alternance le long du dos. Leur surface importante et une forte vascularisation aurait permis d'absorber rapidement la chaleur lorsqu'elles étaient dirigées vers le Soleil, et d'en perdre lorsqu'elles en étaient détournées et exposées au vent.

Les pointes longues et robustes de la queue de *Stegosaurus* étaient probablement recouvertes de corne et, sans aucun doute, utilisées comme moyen de défense. *Stegosaurus* devait balancer sa longue queue pour blesser son attaquant.

Stegosaurus mesurait en moyenne 6 m de long et pesait jusqu'à 2 t. Les membres postérieurs massifs, avec leurs lourds sabots, étaient deux fois plus longs que les membres antérieurs, caractéristique étonnante chez ce quadrupède, car elle indique que le corps était incliné vers l'avant, depuis le bassin.

De hautes épines s'élançaient des vertèbres du bassin et de la base de la queue, servant probablement de point d'insertion à des muscles dorsaux puissants. Cette disposition laisse penser que *Stegosaurus* pouvait se redresser sans trop d'effort, lui permettant ainsi de se nourrir aux branches des arbres.

Le crâne de cet énorme dinosaure ne mesure que 40 cm de long. Son cerveau était proportionnellement petit, de la taille d'une noix. *Stegosaurus* n'était pas particulièrement bien doté pour mâcher des végétaux : il était pourvu d'un bec édenté sur le devant des mâchoires et de molaires petites et peu solides. Afin de digérer les aliments, *Stegosaurus* avalait sans doute des pierres (comme de nombreux dinosaures herbivores), et les conservait dans son estomac, pour l'aider à broyer les végétaux durs.

On remarque une cavité étrange dans les vertèbres iliaques de *Stegosaurus*, au-dessus des membres postérieurs, là où la moelle épinière devait passer. Les paléontologues en on déduit que cet endroit abritait un « deuxième cerveau » qui contrôlait les mouvements des membres postérieurs de l'animal. Ce « cerveau » aurait été en fait un amas de tissus nerveux, situé au point de rencontre des nerfs du bassin et des membres postérieurs. En fait, tous les vertébrés en ont un, mais sa taille est proportionnelle à celle du bassin : chez les animaux à grand bassin, comme bon nombre de dinosaures, le « deuxième cerveau » du bassin était plus grand que celui du crâne.

Selon une autre théorie, la cavité aurait abrité une glande produisant du glycogène. Cette substance sucrée aurait été sécrété pour apporter aux membres postérieurs un surplus d'énergie en cas de danger.

DINOSAURES À ARMURE SUITE

NOM : *Kentrosaurus*
ÉPOQUE : Jurassique supérieur
RÉPARTITION : Afrique (Tanzanie)
TAILLE : 5 m de long

On a retrouvé des ossements bien conservés de ce stégosaure africain, contemporain de *Stegosaurus*, dans les gisements fossilifères de Tendaguru Hill de la Tanzanie moderne.

Kentrosaurus n'est pas aussi grand que son cousin d'Amérique du Nord, mais tout aussi bien armé. Une double rangée de plaques osseuses étroites et triangulaires s'élevait de part et d'autre de la colonne vertébrale, regroupées par paires le long du cou, des épaules et de la partie antérieur du dos. À mi-chemin, les plaques se transformaient en pointes acérées (certaines de 60 cm de long) jusqu'à l'extrémité de la queue. En outre, deux pointes extrêmement longues saillaient de chaque côté du bassin, assurant ainsi à l'animal une bonne protection contre une attaque latérale d'un prédateur.

NOM : *Tuojiangosaurus*
ÉPOQUE : Jurassique supérieur
RÉPARTITION : Asie (Chine)
TAILLE : 7 m de long

Tuojiangosaurus est l'un des nombreux dinosaures à armure découverts en Chine. C'est le premier stégosaure trouvé en Asie, et on dispose d'un squelette pratiquement complet. De structure similaire à celle de *Stegosaurus*, il a une tête fine et étroite avec des petites dents et un corps solidement charpenté. Quinze paires de plaques osseuses ornaient son dos, devenant plus longues et plus pointues du bassin jusqu'à la queue. Comme chez *Stegosaurus stenops*, la queue était dotée de quatre longues piques.

Il semblerait que *Tuojiangosaurus* ne pouvait pas se dresser sur ses pattes arrière, à l'inverse de *Stegosaurus*. Les chercheurs sont arrivés à cette conclusion en remarquant l'absence, chez *Tuojiangosaurus* et *Kentrosaurus*, des grandes épines s'élançant des vertèbres dorsales que l'on trouve chez *Stegosaurus* (fournissant ainsi des points d'ancrage aux muscles). Il semble donc que ces animaux se nourrissaient au niveau du sol.

NOM : *Wuerhosaurus*
ÉPOQUE : Crétacé inférieur
RÉPARTITION : Asie (Chine)
TAILLE : 6 m de long

On ne connaît ce stégosaure chinois qu'à partir de quelques ossements et plaques éparses. La reconstitution présentée ici n'est donc qu'une hypothèse. *Wuerhosaurus* est l'un des rares dinosaures à avoir survécu jusqu'au Crétacé inférieur. On a cependant retrouvé en Inde, dans des strates du Crétacé supérieur, un autre spécimen probable de stégosaure, *Dravidosaurus*. L'Inde était peut-être à l'époque une île, séparée des autres terres, et quelques rares espèces y auraient survécu alors que les autres s'éteignaient.

INFRA-ORDRE DES ANKYLOSAURIA

Le déclin des stégosaures vers la fin du Jurassique supérieur peut être lié à l'ascension d'un autre groupe de dinosaures à armure, les ankylosaures. Ils étaient répartis sur tous les continents nordiques au Crétacé, et particulièrement abondants en Laurasie (voir page 11) vers la fin de cette période.

Comme les stégosaures, les ankylosaures sont des herbivores quadrupèdes solidement charpentés. Ils sont également pourvus d'une armure de protection, différente et plus efficace que celle des stégosaures. Le cou, le dos, les flancs et la queue étaient entièrement recouverts d'une mosaïque de plaques osseuses plates, incrustées dans la peau en cuir épais et recouvertes de corne. Des pointes et des bosses de différentes tailles cloutaient l'armure osseuse.

Il y a deux familles distinctes d'ankylosaures. Les nodosauridés ont un crâne étroit, un dos pourvu d'une armure et des rangées de longues épines saillaient des flancs. Les ankylosauridés, eux, ont un crâne large et une lourde « massue », un os massif à l'extrémité de la queue (voir pages 160 et 161).

Famille des Nodosauridae

Les nodosauridés sont les premiers et les plus primitifs des deux familles d'ankylosaures. Au Crétacé, ils étaient répartis dans tout l'hémisphère Nord. Certains paléontologues pensent qu'ils se seraient épanouis en Europe au Jurassique supérieur, puis répandus sur d'autres continents nordiques. Certains types, au moins, ont gagné l'hémisphère Sud, comme l'a prouvé la découverte récente de *Minmi* en Australie.

Les nodosauridés ont un crâne étroit, plus long que large. Des plaques osseuses pleines recouvraient le corps du cou à la queue et de longues pointes ornaient les flancs.

Les liens entre les nodosauridés ne sont pas bien connus et il sera certainement nécessaire, à la lumière de découvertes futures, de revoir la classification du groupe.

NOM : *Hylaeosaurus*
ÉPOQUE : Crétacé inférieur
RÉPARTITION : Europe (Angleterre)
TAILLE : 6 m de long

Hylaeosaurus est la première créature qui peut être identifiée sans doute possible comme un nodosauridé. Ses ossements ont été découverts dans le Sussex, dans le sud de l'Angleterre, à la fin des années 1820, et baptisés en 1832 par le pionnier anglais de la paléontologie, Gideon Mantell. Aujourd'hui encore, ses os restent prisonniers de la dalle rocheuse dans laquelle ils sont fossilisés,

mais il est prévu d'extraire le squelette en utilisant de l'acide acétique. Cet acide permettra de dissoudre la calcite, qui cimente les particules de roche, et ainsi, de libérer les os fossilisés.

Tant que l'on ne dispose pas d'autres informations, la reconstitution de *Hylaeosaurus* illustrée ici reste purement hypothétique. La tête étroite, le corps et la queue recouverts de plaques et les pointes sur les flancs de l'animal sont des caractères typiques des nodosaures.

NOM : *Polacanthus*
ÉPOQUE : Crétacé inférieur
RÉPARTITION : Europe (Angleterre)
TAILLE : 4 m de long

Ce nodosauridé à « épines multiples » était contemporain de *Hylaeosaurus*. D'ailleurs, certains paléontologues pensent que les deux animaux sont en fait un seul et même individu. Les fossiles de *Polacanthus* dont on dispose sont les os des robustes membres postérieurs et quelques plaques et épines de son armure.

Le squelette étant incomplet, on ne connaît pas exactement la disposition de l'armure. La reconstitution présentée ici est l'image que l'on se fait de cet animal. Des paires de lourdes épines verticales protégeaient les épaules et le haut du dos, un bouclier d'os soudés couvrait le bassin et deux rangées de petites pointes verticales couraient le long de la queue lourde et épaisse.

DINOSAURES À ARMURE SUITE

NOM : *Sauropelta*
ÉPOQUE : Crétacé inférieur
RÉPARTITION : Amérique du Nord (Montana)
TAILLE : 7,50 m de long

Sauropelta, découvert dans l'ouest des États-Unis, est le plus grand membre connu de la famille des nodosaures, dinosaures à armure du Crétacé. Il pesait plus de 3 t.

Son corps massif était enveloppé d'une armure osseuse. Des rangées de plaques recouvertes de corne, aux arêtes bombées, allaient du cou jusqu'à l'extrémité de la longue queue effilée. Les plaques étaient incrustées dans la peau et formaient une couverture solide et flexible sur tout le dos. Les attaques latérales étaient découragées par une rangée de pointes acérées le long des flancs.

Cet herbivore qui se déplaçait lentement avait besoin de cette armure pour se protéger des dinosaures carnivores.

NOM : *Silvisaurus*
ÉPOQUE : Crétacé inférieur
RÉPARTITION : Amérique du Nord (Kansas)
TAILLE : 3,50 m de long

Silvisaurus était recouvert de la lourde armure osseuse caractéristique des nodosaures. Des plaques épaisses entouraient le cou de l'animal, elles étaient plus librement espacées sur son dos et sa queue. Il avait des pointes lourdes sur les flancs. *Silvisaurus* est cependant considéré comme un membre primitif de cette famille. La plupart des nodosauridés ont un bec édenté au bout de la mâchoire, mais *Silvisaurus* avait des dents sur son maxillaire supérieur. Certains paléontologues pensent donc qu'il pourrait être l'ancêtre de certains nodosaures apparus plus tard.

Comme chez la plupart des nodosauridés et des ankylosauridés tardifs, les os du crâne de *Silvisaurus* étaient peu épais. Celui-ci était donc léger, formé de multiples cavités et voies aériennes qui servaient peut-être à produire des sons pour communiquer avec les autres membres de l'espèce. Ce n'était pas rare chez les dinosaures : les hadrosaures grégaires étaient pourvus de sacs naseaux gonflables ou de crêtes céphaliques creuses qui permettaient probablement aux animaux d'émettre des sons et de communiquer au sein du troupeau (voir pages 146 à 153).

NOM : *Nodosaurus*
ÉPOQUE : Crétacé supérieur
RÉPARTITION : Amérique du Nord (Kansas et Wyoming)
TAILLE : 5,50 m de long

Nodosaurus est un nodosauridé typique qui a d'ailleurs donné son nom à cette famille. Son armure recouvrait son corps depuis son cou jusqu'à sa queue en bandes transversales : des plaques étroites et rectangulaires couvraient les côtes, alternant avec des plaques larges venant combler les espaces. Des centaines de nœuds osseux cloutaient les plaques, d'où le nom de cet animal qui signifie en latin « lézard à nœuds ».

Le crâne de *Nodosaurus* est petit, long et étroit et sa dentition faible, caractéristiques typiques de cette famille. Ses épaules et son bassin sont très développés, lui permettant de porter le poids de sa cuirasse. Les pattes sont fortes et épaisses, terminées par des pieds larges pourvus de sabots. Les os du bassin, modifiés en structures porteuses, ne ressemblent plus au schéma de l'ornithischien type « à bassin d'oiseau » (voir pages 134 à 169).

Les squelettes de plusieurs nodosauridés, tous couchés sur le dos, ont été trouvés au Kansas dans des sédiments marins datant du Crétacé supérieur. Il pourrait s'agir d'un petit troupeau massacré et emporté par la mer ; ou bien d'animaux rassemblés par hasard après leur mort.

Dans l'un ou l'autre cas, alors que les eaux les emportaient, les organes en décomposition auraient généré des gaz qui auraient fait gonfler les corps. Ce phénomène et le poids de l'armure dorsale auraient retourné les corps qui auraient flotté sur le dos. Ils auraient fini par couler dans la boue des fonds marins, ventre vers le haut, position dans laquelle ils ont été conservés.

NOM : *Struthiosaurus*
ÉPOQUE : Crétacé supérieur
RÉPARTITION : Europe (Autriche, France, Hongrie et Roumanie)
TAILLE : 2 m de long

Struthiosaurus est le plus petit membre de la famille des nodosauridés et de tout le groupe des ankylosaures. On en a déduit qu'il aurait évolué sur des îles, car de nombreux animaux de grande taille développent des espèces naines lorsqu'ils sont confinés dans des habitats isolés, signe d'adaptation aux ressources alimentaires limitées. Au Tertiaire par exemple, des espèces d'éléphants et d'hippopotames nains évoluèrent sur les îles de la Méditerranée. Les poneys des îles Shetland sont aussi un bon exemple.

Au Crétacé supérieur, il y a quelque 80 millions d'années, la majeure partie de l'Europe actuelle était recouverte de mers peu profondes. Les îles étaient les seules terres fermes. Des groupes de *Struthiosaurus* auraient pu rester bloqués sur plusieurs de ces îles, et auraient évolué sous forme d'espèces naines. C'est ainsi qu'on explique l'évolution de la faune actuelle des îles Galápagos. Quelles qu'aient été les circonstances de son évolution, *Struthiosaurus* a gardé son armure dorsale composée de plaques autour du cou, de petits clous osseux sur son dos et sa queue, et de pointes sur les flancs.

On comprend toujours mal les fossiles de *Struthiosaurus* et plusieurs noms ont été attribués à des fragments différents.

NOM : *Panoplosaurus*
ÉPOQUE : Crétacé supérieur
RÉPARTITION : Amérique du Nord (Alberta, Montana, Dakota du Sud et Texas)
TAILLE : 4,50 m de long

Dernier des nodosauridés à apparaître, et aussi dernier découvert, *Panoplosaurus* est un animal de taille moyenne comparé à ses semblables. Sa carrure est cependant massive. Il était enveloppé dans une armure lourde, et pesait sans doute jusqu'à 3,5 t.

L'armure de *Panoplosaurus* était formée de plaques larges et carrées, couvertes d'épines osseuses, disposées en bandes sur son cou et ses épaules. Le reste du dos était orné de clous osseux plus petits. Des pointes massives, orientées vers les côtés et l'avant, paraient les flancs, et surtout les épaules.

La tête de *Panoplosaurus* était également protégée par d'épaisses plaques osseuses si solidement soudées aux os crâniens que l'on ne peut discerner où elles s'arrêtaient. À l'intérieur, cette boîte osseuse était pleine de cavités et de canaux aérien, avec une voûte palatine séparant le système respiratoire. Cela aurait permis à l'animal de manger et de respirer en même temps. Le museau est étroit, laissant penser que *Panoplosaurus* fouillait le sol pour trouver ses plantes préférées.

Panoplosaurus devait pouvoir se défendre activement lorsqu'il était attaqué, à la différence de bon nombre de ses semblables, qui s'accroupissaient probablement en comptant sur leur armure pour les protéger. *Panoplosaurus* pouvait sans doute charger, en tournant l'une de ses épaules armée de pointes vers son agresseur. Ses membres antérieurs étaient solides et particulièrement bien musclés dans la région du coude. L'animal devait donc être relativement leste et pouvait déplacer ses membres antérieurs avec agilité suivant les tactiques de son ennemi, et le charger comme un rhinocéros.

DINOSAURES À ARMURE SUITE

Famille des Ankylosauridae

Cette famille de dinosaures à armure a particulièrement prospéré dans l'ouest de l'Amérique du Nord et dans l'est de l'Asie à la fin du Crétacé, remplaçant en grande partie ses parents nodosauridés. Comme les nodosauridés, leur dos était protégé par une lourde armure faite de plaques épaisses et de pointes. Mais leur carapace céphalique était plus développée, et l'extrémité de leur queue était pourvue d'une arme unique en son genre, une grosse boule d'os soudés, qui pouvait être utilisée comme une massue potentiellement mortelle.

Ces ankylosauridés sont bâtis comme des chars d'assaut, et certaines espèces en avaient la taille. Ils sont moins longs et plus trapus que les nodosauridés, leurs os du bassin et des membres postérieurs plus massifs afin de supporter la lourde queue à massue. Le bassin est soudé à la colonne vertébrale par au moins 8 vertèbres sacrées, formant un ancrage très solide pour les membres postérieurs. Les os du bassin ont dégénéré en une masse informe, ne présentant plus aucune trace de la disposition avienne caractéristique des dinosaures ornithischiens.

NOM : *Talarurus*
ÉPOQUE : Crétacé supérieur
RÉPARTITION : Asie (Mongolie)
TAILLE : 5 m de long

Talarurus présente les caractéristiques typiques de cette famille. Son armure crânienne s'élargissait à l'arrière en deux pointes osseuses, donnant l'impression que ce dinosaure avait des oreilles. Une autre paire de piques sort de ses joues. Il était pourvu d'un bec édenté sur le devant des mâchoires, et d'une faible dentition à l'arrière.

Son corps cylindrique était doté de plaques épaisses et de pointes sur ses flancs. La massue, qui équipait l'extrémité de sa queue, était formée de 3 masses d'os jointes, et soudée aux vertèbres caudales. Des tendons osseux reliaient les vertèbres, de sorte que lorsque l'animal marchait sans que sa queue ne touche le sol. La base de la queue était souple et bien musclée.

Lorsque *Talarurus* était menacé par un tyrannosaure comme *Tarbosaurus* (voir page 120) par exemple, il balançait sans doute sa queue armée pour frapper son assaillant. En rigidifiant sa queue, il augmentait sûrement l'effet de massue.

NOM : *Euoplocephalus*
ÉPOQUE : Crétacé supérieur
RÉPARTITION : Amérique du Nord (Alberta)
TAILLE : 5,50 m de long

La majeure partie de nos connaissances des ankylosaures provient des études réalisées sur cet animal, exhumé dans les années 1970 et 1980. Des bandes de plaques étaient incrustées dans la peau du dos et parsemées d'énormes clous osseux. De lourdes plaques couvraient le cou et des pointes longues et triangulaires protégeaient les épaules et la base de la queue.

Vue de l'extérieur, la tête est une lourde boîte osseuse recouverte de plaques soudées aux os crâniens. L'intérieur est un ensemble complexe de chambres et de canaux aériens qui caractérisaient les ankylosauridés comme les nodosauridés. D'épaisses pointes protégeaient les côtés de la tête. Les paupières aussi étaient cuirassées, formant des volets qui descendaient pour protéger les yeux en cas de menace, mais il ne s'agissait que de structures annexes : les véritables paupières étaient sans doute formées des membranes délicates habituelles.

Avec son bec cornu, *Euoplocephalus* mangeait sûrement n'importe quel genre de végétation. Les nodosauridés apparentés avaient des museaux étroits et devaient être plus sélectifs dans leur nourriture.

NOM : *Saichania*
ÉPOQUE : Crétacé supérieur
RÉPARTITION : Asie (Mongolie)
TAILLE : 7 m de long

La tête massive de *Saichania* était dotée de grands nodules osseux qui se détachaient en relief élevé. Ses flancs étaient pourvus de pointes et des plaques noueuses protégeaient entièrement son dos et sa queue.

Dans le crâne, les voies aériennes sont plus complexes que celles des autres ankylosauridés et probablement plus efficaces pour refroidir et humidifier l'air inhalé avant qu'il ne parvienne aux poumons. La voûte palatine, séparant les conduits du nez de la gueule, est aussi plus solide que chez d'autres ankylosaures, permettant peut-être à l'animal de manger des plantes plus dures. Certains indices montrent que *Saichania* avait peut-être une glande saline reliée aux narines.

Toutes ces caractéristiques laisseraient penser que *Saichania* vivait dans un environnement chaud et aride, très différent du climat froid qui prévaut aujourd'hui dans le désert de Gobi, en Mongolie, là où ont été retrouvés les ossements de cet ankylosauridé.

NOM : *Ankylosaurus*
ÉPOQUE : Crétacé supérieur
RÉPARTITION : Amérique du Nord (Alberta et Montana)
TAILLE : jusqu'à 10 m de long

Ankylosaurus est l'un des derniers dinosaures à armure à avoir survécu jusqu'à la fin du Crétacé. Étant le plus grand des ankylosauridés, il a donné son nom à toute cette famille. C'était un animal à la carrure massive qui devait peser dans les 3,5 t. Son crâne fait environ 75 cm de long. Son corps était large (pouvant atteindre 5 m par endroit) et trapu avec des membres forts et épais placés directement sous le corps. D'épaisses bandes de lourdes plaques parcouraient le dos de *Ankylosaurus*, du haut de la tête jusqu'à quelques centimètres de l'extrémité de la queue. Celle-ci se terminait par une énorme masse osseuse, caractère distinctif de cette famille de dinosaures. L'armure était composée de centaines de plaques ovales placées les unes à côté des autres et enrobées dans le cuir. Cette disposition rendait l'armure assez souple, ce qui conférait force et agilité à l'animal.

Ankylosaurus avait un museau carré, un crâne large et un bec sans dents. Deux pointes paraient l'arrière de sa tête et deux autres les côtés de ses joues.

Attaqué, *Ankylosaurus* devait bien se défendre, protégé par son armure. Lorsque le prédateur était à sa portée, il balançait sans doute sa lourde queue, armée de sa massue, avec beaucoup de puissance, blessant sérieusement son assaillant.

DINOSAURES À CORNES

INFRA-ORDRE DES CERATOPSIA

Cet infra-ordre est aujourd'hui placé dans le sous-ordre des cérapodes, avec les pachycéphalosaures et les ornithopodes, en fonction de plusieurs caractéristiques communes. Tous les membres de ce sous-ordre ont au plus 5 dents prémaxillaires et un espace entre les dents prémaxillaires et maxillaires.

Les cératopsiens sont les derniers dinosaures ornithischiens, ou « à bassin d'oiseau », à évoluer, avant que ces reptiles dominants ne disparaissent à la fin de l'ère mésozoïque.

Les cératopsiens (également appelés cératopiens) ont évolué tardivement au Crétacé. Leur groupe a perduré à peine 20 millions d'années, mais dans ce court laps de temps (à l'échelle géologique), ils se sont établis sur tout l'ouest de l'Amérique du Nord et en Asie centrale.

Ces dinosaures étaient bien armés, même si leurs défenses étaient limitées à la tête, sans les plaques qui recouvraient le dos des ankylosaures (voir pages 157-161). La tête des cératopsiens est massive, avec un bec pointu, comme celui d'un perroquet. De longues cornes ornaient leur front ou leur museau, parfois les deux et une grande feuille osseuse, appelée « collerette », partait de l'arrière du crâne en se recourbant, protégeant le cou et souvent les épaules.

Le succès des cératopsiens est dû à l'efficacité de leurs dents coupantes et à leurs mâchoires puissantes. Ces dinosaures pouvaient se nourrir des plantes les plus dures, dont une source relativement récente, les arbustes à fleurs comme le magnolia, qui commencèrent à prospérer au Crétacé supérieur. Les cératopsiens vivaient probablement en troupeau dans les forêts des hautes terres, se nourrissant des feuilles de petits arbres et de la végétation au sol.

Famille des Psittacosauridae

Les dinosaures « perroquets » étaient un groupe rare de dinosaures ornithischiens, découverts uniquement dans les roches du Crétacé inférieur dans l'est de l'Asie. Leur crâne présente de nombreuses caractéristiques suggérant qu'ils seraient les ancêtres des dinosaures à cornes, ou cératopsiens. Leur longue queue et leur ossature relativement légère les rapprochaient cependant des hypsilophodontes « gazelles », souche dont ils dérivaient probablement (voir pages 139-141).

Comme les hypsilophodontes, les dinosaures « perroquets » pouvaient se dresser sur deux pattes pour s'enfuir. On pense donc que les premiers cératopsiens étaient également bipèdes, et qu'ils ne reprirent une position quadrupède que plus tard dans leur évolution.

NOM : *Psittacosaurus*
ÉPOQUE : Crétacé inférieur
RÉPARTITION : Asie (Chine, Mongolie et Sibérie)
TAILLE : jusqu'à 2,50 m de long

Le nom de ce dinosaure asiatique, *Psittacosaurus*, vient de la forme de son crâne et de son bec courbe édenté : il signifie « lézard perroquet ».

La crête d'os épais donnait à l'arrière de la tête une forme carrée. Elle servait de point d'insertion aux muscles des puissants maxillaires inférieurs. Au cours des millions d'années de son évolution, cette crête s'est transformée en collerette osseuse, caractéristique des cératopsiens apparus ensuite. Les os des joues de *Psittacosaurus* formaient deux saillies ressemblant à des cornes, précurseurs des pointes cornées qui poussaient de part et d'autre du bouclier céphalique des cératopsiens. *Psittacosaurus* avait un cou long et flexible, 4 griffes émoussées aux mains, de longs membres postérieurs et de courts membres antérieurs. Sa longue queue l'aidait à conserver sa pose bipède.

On pense que l'ancêtre des cératopsiens serait l'un des dinosaures perroquets. Il semble toutefois improbable qu'il s'agissait de *Psittacosaurus* même, étant donné que cet animal n'avait que 4 doigts alors que les cératopsiens en avaient 5. De même, le bec de *Psittacosaurus* était édenté, alors que le bec supérieur des premiers cératopsiens, les protocératopidés, était pourvu de dents.

On a découvert plusieurs jeunes *Psittacosaurus* dont un, d'à peine 25 cm de long, est le plus petit des dinosaures connus.

Famille des Protoceratopsidae

Les protocératopsidés sont les premiers dinosaures à cornes primitifs, bien que seuls quelques uns soient pourvus de cornes. Ils ont évolué en Asie, dans la même région que les dinosaures perroquets (souche dont ils dérivent probablement), mais plusieurs millions d'années plus tard, au Crétacé supérieur. Ils se sont également répandus dans l'ouest de l'Amérique du Nord.

Comme les premiers dinosaures perroquets, les protocératopsidés pouvaient marcher sur deux pattes, même si l'on pense qu'ils passaient la majeure partie du temps à brouter à quatre pattes, et qu'ils ne se redressaient que pour s'enfuir.

Les protocératopsidés sont beaucoup plus petits que leurs parents tardifs, les cératopsidés. Ils ont le même bec de perroquet que les psittacosauridés, mais celui-ci était pourvu de dents dans sa partie supérieure : cette caractéristique est considérée comme primitive, absente chez les cératopsidés plus évolués.

Les protocératopidés n'avaient pas de cornes sur la tête, ou en tout cas elles étaient peu développées. Ils avaient en revanche un début de collerette sur le cou qui sera plus tard très proéminente chez les cératopidés.

NOM : *Microceratops*
ÉPOQUE : Crétacé supérieur
RÉPARTITION : Asie (Chine et Mongolie)
TAILLE : 60 cm de long

Cet animal est le plus petit des dinosaures à cornes connu. Ce n'est probablement pas un ancêtre direct des cératopsidés, mais plutôt une lignée précoce et distincte du groupe principal.

Microceratops était un coureur bipède léger, comme en témoigne la longueur de ses tibias, deux fois plus grands que ses fémurs. Ses membres antérieurs cependant sont relativement longs par rapport à d'autres dinosaures bipèdes. Il se déplaçait donc probablement surtout à quatre pattes, ne se redressant que pour échapper au danger. Son mode de vie devait être proche de celui d'ornithopodes comme les hypsilophodontes « gazelles » d'Amérique du Nord.

NOM : *Leptoceratops*
ÉPOQUE : Crétacé supérieur
RÉPARTITION : Amérique du Nord (Alberta et Wyoming) et Asie (Mongolie)
TAILLE : 2 m de long

Leptoceratops est l'un des rares protocératopsidés connus en Amérique du Nord : la plupart des membres de cette famille vivaient en Asie. D'aspect, il se situe entre les dinosaures perroquets de carrure légère et les premiers dinosaures à cornes plus lourds. Il devait marcher aussi bien sur deux pattes que sur quatre. Les membres postérieurs de *Leptoceratops* étaient bâtis pour courir, comme le montre la longueur de ses tibias. Les 5 doits griffus de ses mains servaient sans doute à saisir des feuilles pour les amener à sa gueule.

Les os situés sur l'arrière du crâne de *Leptoceratops* sont allongés vers le haut. Il s'agirait d'une étape intermédiaire d'évolution entre la crête des dinosaures perroquets, sur laquelle s'inséraient les muscles, et la collerette protégeant le cou des dinosaures à cornes.

NOM : *Bagaceratops*
ÉPOQUE : Crétacé supérieur
RÉPARTITION : Asie (Mongolie)
TAILLE : 1 m de long

Ce petit protocératopsidé représente une autre ramification de la principale branche d'évolution des dinosaures à cornes. Son corps, trapu et lourd, avec une queue longue, était soutenu par des membres puissants, pourvus de 5 orteils à l'avant et de 4 à l'arrière.

Bagaceratops possède plusieurs caractéristiques qui se développeront chez les dinosaures à cornes ultérieurs. L'arrière de son crâne est orné d'une crête osseuse proéminente (précurseur de la collerette des cératopsidés). Ses joues présentent une saillie en forme de feuille (partie du bouclier céphalique des cératopsidés). Il avait en outre une vraie corne, certes courte, au milieu du museau (annonciateur des grandes cornes des cératopsidés). En outre, la partie supérieure de son bec est édentée. D'autres membres de sa famille ont des dents, ce que l'on considère comme un trait primitif.

En dépit de ces caractéristiques évoluées, *Bagaceratops* n'est probablement pas l'ancêtre direct des dinosaures à cornes.

DINOSAURES À CORNES SUITE

NOM : *Protoceratops*
ÉPOQUE : Crétacé supérieur
RÉPARTITION : Asie (Mongolie)
TAILLE : jusqu'à 2,70 m de long

La taille moyenne d'un dinosaure à cornes primitif adulte (à droite) était de 2 m pour un poids de 180 kg. L'arrière de son grand crâne est orné d'une collerette bien développée. Elle aurait servi de point d'insertion aux muscles qui actionnaient le bec pourvu de dents.

Bien que *Protoceratops* n'ait pas eu de corne, il avait une bosse proéminente au milieu de son museau, qui ressemblait plutôt à une crête. Cette bosse aurait été plus grande chez les individus mâles âgés, laissant penser qu'elle pouvait être utilisée dans des combats rituels entre rivaux, tête contre tête.

Protoceratops passait certainement la majeure partie du temps à quatre pattes. Mais ses membres postérieurs étant plus longs que ses membres antérieurs, il est donc possible qu'il ait pu courir sur deux pattes, comme ses ancêtres, les dinosaures perroquets.

On a découvert en Mongolie dans les années 1920 les premiers œufs et nids de dinosaures. Ils appartenaient à *Protoceratops*. Les nids, creusés dans le sable il y a plus de 70 millions d'années, contenaient des couvées d'œufs, jusqu'à 18 dans certains nids. Les œufs avaient la forme d'une saucisse, de 20 cm de long environ, et une coquille fine et ridée de moins de 2 cm d'épaisseur. Ils étaient soigneusement disposés en spirale sur trois niveaux. Certains œufs étaient intacts et contenaient des fragments d'os fossilisés d'embryons de *Protoceratops*.

On pense que les dinosaures herbivores, tels que *Leptoceratops* et *Triceratops*, avaient des bajoues leur permettant de conserver les aliments dans la gueule pendant qu'ils mâchaient, mais on n'en a pas la preuve. Leurs bajoues devaient être recouvertes de corne rigide jusqu'aux mâchoires, ce qui aurait été moins efficace. L'alimentation de ces dinosaures n'était peut-être pas celle que nous imaginons.

NOM : *Montanoceratops*
ÉPOQUE : Crétacé supérieur
RÉPARTITION : Amérique du Nord (Montana)
TAILLE : 3 m de long

Ce dinosaure d'Amérique du Nord ressemble à *Protoceratops*, à l'exception notable de la corne sur son museau. Cela a amené certains paléontologues à le considérer comme un membre précoce de la famille de dinosaures à cornes plus évoluée, les cératopidés. *Montanoceratops* présente cependant les caractéristiques primitives typiques des protocératopsidés (partie supérieure du bec pourvue de dents et pieds dotés de griffes et non de sabots).

La queue de ce cératopsien est inhabituellement épaisse car de hautes épines se dressaient sur les vertèbres sur toute sa longueur. Les fossiles montrent que la queue était très flexible et pouvait être rapidement et facilement déplacée latéralement. Une explication possible à ces caractéristiques serait que la queue, qui aurait pu être vivement colorée, était utilisée comme attribut sexuel pendant la saison des amours, ou comme signe de reconnaissance de l'espèce.

Famille des Ceratopsidae

Les herbivores les plus grands et les plus nombreux au Crétacé supérieur dans l'ouest américain étaient les dinosaures à cornes de cette famille. On n'a retrouvé leurs fossiles en aucun autre endroit du monde.

Exclusivement quadrupèdes, ces herbivores étaient bien protégés des attaques de carnosaures bipèdes comme *Tyrannosaurus* (voir page 121) et *Albertosaurus* (voir page 119). De longues cornes pointues ornaient leur tête massive et une grande collerette osseuse se développait à l'arrière du crâne, protégeant leur cou. La tête est relativement grande et lourde par rapport à la taille de leur corps. Des pattes en colonne, dotées de pieds à sabots, soutenaient un corps trapu couvert d'une peau épaisse. Pour se protéger, ces animaux se déplaçaient en grands troupeaux dans les forêts des hauts plateaux, fouillant et arrachant la végétation au sol avec leurs becs édentés mais acérés. La famille des dinosaures à cornes est divisée en deux lignées évolutives. Certains avaient des collerettes courtes et de grandes cornes sur le museau alors que d'autres avaient de grandes collerettes et de grandes cornes sur le front.

NOM : *Centrosaurus*
ÉPOQUE : Crétacé supérieur
RÉPARTITION : Amérique du Nord (Alberta et Montana)
TAILLE : 6 m de long

Ce dinosaure à cornes, autrefois appelé *Monoclonius*, est un membre typique du groupe à petite collerette. Une longue corne orne le museau de *Centrosaurus*, le faisant ressembler quelque peu à un rhinocéros (chez certaines espèces, cette corne était courbée vers l'avant) et deux petites cornes poussant au-dessus de ses yeux sur son front.

La collerette s'élevait derrière la tête et son bord ondulé était garni de pointes. Elle était entièrement recouverte de peau. Les deux grandes ouvertures de chaque côté de la collerette allégeaient la structure osseuse et leurs bords procuraient des points d'insertion supplémentaires pour les muscles puissants des mâchoires. La tête était solidement rattachée au cou par une énarthrose (type d'articulation mobile), située sous la région oculaire, de sorte que le poids énorme de la collerette était compensé par le poids de la corne avant. Cette articulation permettait à *Centrosaurus* de tourner rapidement et sans effort sa tête massive, ce qui était important pour un animal se déplaçant aussi lentement puisque sa défense ne tenait qu'aux armes de sa tête. Certaines des vertèbres du cou étaient soudées, augmentant ainsi leur résistance, et les muscles des membres antérieurs étaient très développés.

Comme chez tous les cératopsidés, la queue de *Centrosaurus* est relativement courte comparée à celle des protocératopsidés, seule l'extrémité touchant le sol. À la différence de ses parents protocératopsidés, ces quadrupèdes ne se dressaient pas sur leurs pattes arrière, et n'avaient donc pas besoin d'une longue queue pour se stabiliser.

NOM : *Pachyrhinosaurus*
ÉPOQUE : Crétacé supérieur
RÉPARTITION : Amérique du Nord (Alberta)
TAILLE : 5,50 m de long

Jusqu'à aujourd'hui, seuls deux crânes de *Pachyrhinosaurus* ont été découverts. Ce serait un « dinosaure à cornes » atypique puisque apparemment… il n'avait pas de cornes! Mais il avait un grand coussinet d'os épais au-dessus des yeux, à l'endroit où se situaient généralement les cornes frontales.

Il existe deux théories pour expliquer cet étrange coussinet osseux. Certains paléontologues rapprochent sa fonction de celle des calottes crâniennes épaisses des dinosaures à tête osseuse, pour se battre entre mâles. D'autres pensent que ce coussinet était simplement une cicatrice laissée par la chute des cornes frontales. Les partisans de cette théorie espèrent trouver un jour des spécimens ayant leurs cornes frontales intactes pour mettre fin à cette controverse.

DINOSAURES À CORNES SUITE

NOM : *Styracosaurus*
ÉPOQUE : Crétacé supérieur
RÉPARTITION : Amérique du Nord (Alberta et Montana)
TAILLE : 5,20 m de long

L'un des animaux les plus spectaculaires de la famille de dinosaures à cornes à petite collerette était *Styracosaurus.* Il avait une corne énorme qui s'élançait de son museau et deux cornes plus petites poussant au-dessus des yeux. La formidable collerette était pourvue de 6 grandes pointes disposées en éventail sur son bord, certaines aussi grandes que celle du museau. Plusieurs pointes plus petites formaient un bord défensif.

Comme les cératopsidés à petite collerette, deux grandes ouvertures recouvertes de peau allégeaient considérablement le poids de la collerette.

Styracosaurus devait très certainement pouvoir se défendre convenablement. En chargeant tête baissée comme un rhinocéros, la grande corne nasale de cet herbivore pouvait ouvrir le ventre mou d'un agresseur tel que *Tyrannosaurus*, et sa collerette osseuse pourvue de sa couronne de pointes, aurait protégé son cou des mâchoires puissantes du carnivore.

Il se peut que les pointes de la collerette aient servi d'arme dissuasive efficace. Lorsque *Styracosaurus* se retrouvait face à un ennemi, voire à un mâle rival, ces piques lui auraient donné un aspect suffisamment effrayant pour décourager la plupart des assaillants. Les éléphants d'Afrique écartent largement leurs oreilles pour intimider les autres de la même manière.

NOM : *Triceratops*
ÉPOQUE : Crétacé supérieur
RÉPARTITION : Amérique du Nord (Alberta, Colorado, Montana, Dakota du Sud, Saskatchewan et Wyoming)
TAILLE : 9 m de long

Triceratops est le plus connu des dinosaures à cornes. C'est aussi le plus répandu du groupe, ainsi que le plus grand et le plus lourd. On pense qu'il pouvait peser jusqu'à 10 t, plus qu'un grand éléphant mâle adulte d'Afrique. Son crâne, avec sa collerette courte, fait à lui seul plus de 2 m de long. De grands troupeaux de ces imposants dinosaures à cornes vivaient dans tout l'ouest de l'Amérique du Nord vers la fin du Crétacé supérieur, il y a quelque 70 à 65 millions d'années. C'est les plus commun des cératopsidés et le dernier survivant du groupe à petite collerette.

Le nom *Triceratops* signifie « tête à trois cornes ». Bien que ce dinosaure appartienne au groupe à petite collerette (dans lequel la corne nasale est généralement plus longue que les cornes frontales), la disposition des cornes sur la tête de *Triceratops* se rapproche davantage de celle du type à grande collerette (voir *Chasmosaurus*, à droite). Il était pourvu d'une corne nasale courte et épaisse et de deux cornes frontales, mesurant chacune plus de

1 m de long. Chez certaines espèces, elles peuvent être plus longues encore, dépassant le museau.

À la différence, également, d'autres membres de ce groupe, la collerette de *Triceratops* est composée d'une feuille osseuse pleine. L'absence d'ouvertures laisse penser que sa fonction principale était de former un bouclier défensif plutôt qu'une plaque d'ancrage pour les muscles des mâchoires. Chez certaines espèces, des protubérances pointues, ressemblant à de grandes bernicles, sont disposées tout autour de la collerette, créant une protection supplémentaire.

Du fait de sa structure massive et solide, le crâne de *Triceratops* était plus à même d'être fossilisé que ceux d'autres dinosaures. On a retrouvé au fil des ans des centaines de spécimens bien conservés dans les États de l'ouest de l'Amérique du Nord. Othniel C. Marsh, le célèbre chasseur de fossiles américain, a été le premier à baptiser l'animal en 1889. Au début du siècle, un autre chasseur de fossiles américain, Barnum Brown, aurait découvert plus de 500 crânes.

Aujourd'hui, on a identifié plus de 15 espèces de *Triceratops*, toutes différentes par la structure du crâne. Toutefois, certaines d'entre elles pourraient en fait représenter des individus semblables de sexe et d'âge différents.

De nombreux crânes, cornes et collerettes ont été retrouvés endommagés et portant des cicatrices. On en a déduit que les tricératops se battaient souvent entre eux, peut-être en entrechoquant leurs cornes et en se poussant avec leur bouclier céphalique, au lieu de s'infliger des blessures avec leurs cornes acérées. Le potentiel de ces armes servait plutôt à blesser un véritable ennemi, comme *Tyrannosaurus* ou *Albertosaurus*.

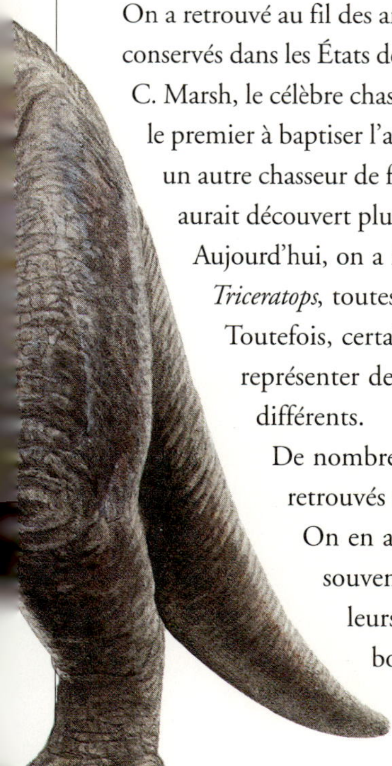

NOM : *Chasmosaurus*

ÉPOQUE : Crétacé supérieur

RÉPARTITION : Amérique du Nord (Alberta)

TAILLE : 5,20 m de long

Chasmosaurus est un dinosaure à cornes et à longue collerette typique. Son crâne est relativement long et étroit, pourvu de deux cornes frontales longues et courbées vers le haut ainsi que d'une corne nasale plus courte. La collerette osseuse est cependant énorme, partant de l'arrière du crâne et couvrant le cou et le haut des épaules. Son bord est garni de pointes et de protubérances osseuses. La collerette était percée de deux ouvertures si grandes qu'elle ne formait en fait qu'un cadre autour de celles-ci. Malgré sa taille, ce cadre osseux était léger, ce qui permettait à *Chasmosaurus* de bouger facilement la tête.

Cette formidable collerette est sans aucun doute une structure ornementale et elle devait être richement colorée. La grande surface céphalique qu'elle forme servait peut-être à décourager les assaillants (prédateurs ou mâles rivaux), ou à attirer l'attention des femelles, notamment lorsque ces animaux bougeaient leur tête. Les mâles du troupeau auraient pu se réunir, formant un bouclier autour de leurs petits en cas de danger.

D'après certains caractères de leur anatomie, des paléontologues pensent que ces dinosaures à cornes pouvaient courir assez rapidement en cas de nécessité. Les omoplates, par exemple, n'étaient pas solidement fixées au reste du squelette ni retenues par une clavicule. Ainsi, toute la ceinture scapulaire se serait déplacée vers l'avant et vers l'arrière avec les membres antérieurs, aidant l'animal à courir vite.

En revanche, le bassin, fixé à la colonne vertébrale par 8 vertèbres sacrées, était solidement maintenu et servait d'ancrage aux énormes membres postérieurs.

DINOSAURES À CORNES SUITE

NOM : *Arrhinoceratops*
ÉPOQUE : Crétacé supérieur
RÉPARTITION : Amérique du Nord (Alberta)
TAILLE : 5,50 m de long

Le nom *Arrhinoceratops*, qui signifie « tête sans corne nasale », a été donné à cet animal par William Parks. Il l'avait exhumé de la Red Deer River, dans l'Alberta, au Canada, en 1925, et croyait que le spécimen était dépourvu de corne nasale. W. Parks pensait qu'il devait avoir un os séparé pour soutenir une corne nasale, mais l'on sait aujourd'hui que ce n'est pas le cas. *Arrhinoceratops* présente une bosse osseuse là où aurait été sa corne et la science moderne considère que c'est une preuve suffisante. Toutefois, du fait des lois de la nomenclature biologique admises sur la scène internationale, fondées sur la primauté historique, ce dinosaure doit conserver son nom totalement inadéquat.

Arrhinoceratops est un parent proche du dinosaure à longue collerette *Chasmosaurus* (voir page précédente), mais il ressemblait au dinosaure à petite collerette, *Triceratops*, avec son crâne court et ses cornes frontales bien développées pointant vers l'avant au-dessus du museau. Il avait également une corne nasale de taille modeste.

Des ouvertures rondes sont découpées dans l'os de la collerette de *Arrhinoceratops*, pour l'alléger. La collerette même est grande, comme chez *Chasmosaurus*, et a un bord très festonné, garni de grandes bosses osseuses espacées les unes des autres.

Les fossiles de ce dinosaure à cornes d'Amérique du Nord ne sont pas aussi courants que ceux des nombreux autres membres de cette famille. Peut-être l'animal n'était-il pas très répandu ou habitait-il de hauts plateaux arides où il avait moins de chance d'être fossilisé.

NOM : *Anchiceratops*
ÉPOQUE : Crétacé supérieur
RÉPARTITION : Amérique du Nord (Alberta)
TAILLE : 6 m de long

Le dinosaure à longue collerette *Anchiceratops* vivait vers la fin du Crétacé supérieur, plus tard que son parent *Chasmosaurus*. En fait, certains paléontologues ont suggéré que *Anchiceratops* aurait pu en être un descendant.

Bien qu'un peu plus grand que *Chasmosaurus*, la silhouette de *Anchiceratops* est plus effilée. Son corps massif est plus long, avec une queue plus courte et une collerette haute beaucoup plus étroite. Deux cornes longues et minces s'inclinent vers l'avant sur le front lourd de l'animal et une corne nasale plus petite pointe vers l'avant.

La collerette de *Anchiceratops* est divisée au milieu par une crête solide. De chaque côté de la crête, l'os présente des ouvertures de taille moyenne. En haut de la collerette, deux protubérances pointent vers l'avant.

Les ossements de *Anchiceratops* ont été déterrés dans les sédiments de delta entrecoupés de couches de charbon et datant du Crétacé supérieur. L'emplacement des fossiles de *Anchiceratops* laisse penser que ce dinosaure habitait dans des marécages ou à proximité. Il se serait nourri de l'abondante végétation qui poussait dans cet environnement détrempé, cyprès chauves, fougères, séquoias géants et cycadées par exemple, en utilisant son bec acéré et ses molaires tranchantes.

NOM : *Pentaceratops*
ÉPOQUE : Crétacé supérieur
RÉPARTITION : Amérique du Nord (Nouveau Mexique)
TAILLE : 6 m de long

Comme *Anchiceratops*, *Pentaceratops* pourrait bien être un descendant de *Chasmosaurus*, qui vivait plus tôt au Crétacé supérieur. Lui aussi est pourvu d'une énorme collerette, dont le bord est garni de petites pointes. Chez certaines espèces, la collerette s'étend jusqu'à la moitié du dos, et jusqu'à quatre grandes ouvertures allégeant sa surface osseuse.

Lorsque *Pentaceratops* fut découvert, les scientifiques crurent avoir trouvé un dinosaure rare avec 5 cornes sur la tête, d'où son nom. En fait, *Pentaceratops* n'en possédait que 3 : une corne courte et épaisse sur le museau et 2 longues cornes incurvées vers l'avant sur son front. Les 2 autres « cornes » sont en fait de simples excroissances des os de la joue, caractéristiques fréquente chez les cératopidés à longue collerette.

NOM : *Torosaurus*
ÉPOQUE : Crétacé supérieur
RÉPARTITION : Amérique du Nord (Montana, Dakota du Sud, Texas, Utah et Wyoming)
TAILLE : 7,60 m de long

Ce dinosaure à cornes, dont le nom signifie « lézard taureau », a été découvert dans les strates supérieures du Crétacé. C'est le plus grand et le dernier du groupe des dinosaures à longue collerette et un contemporain du *Triceratops* à petite collerette. Des troupeaux des deux types de dinosaures parcouraient probablement ensemble les étendues d'Amérique du Nord il y a quelque 70 millions d'années.

Le crâne de *Torosaurus* est le plus grand de tous les animaux terrestres préhistoriques ou actuels, avec une longueur de 2,60 m. L'énorme collerette s'étend sur la moitié de sa longueur, partant de l'arrière de la tête en une feuille évidée, avec les deux grandes ouvertures habituelles. Le bord est lisse, sans la frange de bosses osseuses coutumière.

Deux grandes cornes ornaient le haut du front de *Torosaurus*, et une plus courte son museau, au-dessus du bec acéré. Les trois cornes étaient droites et dirigées vers l'avant.

Peu de prédateurs se seraient risqués à attaquer un animal aussi impressionnant que *Torosaurus*. Pesant dans les 8 t et se déplaçant vite sur ses pattes épaisses, son cou et le haut de son dos protégés par la grande collerette et le reste de son corps couvert d'une peau épaisse, *Torosaurus* pouvait sans doute affronter les plus grands dinosaures carnivores.

Cependant, à la fin du Crétacé, les jours des dinosaures étaient comptés. L'ère des dinosaures s'est achevée il y a quelque 65 millions d'années, par une disparition collective et mondiale. Plusieurs autres grands groupes se sont éteints à peu près en même temps, les plésiosaures, les ichthyosaures et les ammonites dans les mers ainsi que les ptérosaures dans les airs. Aucune trace de ces groupes n'a été retrouvée dans les roches du Tertiaire.

Des dizaines de théories ont été avancées pour expliquer cette disparition collective. Les hypothèses, telles qu'une attaque virale venue de l'espace, un changement thermique ayant entraîné la naissance de petits du même sexe ou la formation d'œufs à la coquille trop épaisse pour que les embryons puissent la casser, vont de l'étrange au carrément excentrique. La théorie actuellement la mieux admise envisage un événement majeur et un changement du niveau des mers à la fin du Crétacé, qui auraient affecté toute la chaîne alimentaire (voir page 91). Cependant, il reste encore de nombreuses questions sans réponse sur la survie de certains organismes alors que d'autres ont disparus.

Les maîtres des airs

La conquête de l'air a constitué pour les vertébrés une opportunité majeure qui a nécessité des modifications à la fois structurales et physiologiques. Les mammifères et les reptiles ont évolué chacun de leur côté, ces derniers inventant le vol propulsé. Les oiseaux sont les animaux volants qui ont le mieux réussi.

Technique de vol

Les oiseaux sont incontestablement les maîtres des airs. Leur abondance et leur diversité, tant passées que présentes (avec quelque 166 familles d'oiseaux aujourd'hui), dépassent celles de toute autre créature volante.

Leur réussite tient au développement d'une structure unique dans le monde animal : la plume. Cette structure aérodynamique développée à partir des écailles des reptiles fut une innovation idéale pour le vol. Elles sont légères et se remplacent facilement lorsqu'elles sont abîmées, contrairement aux ailes cutanées, vulnérables, des ptérosaures et des chauves-souris.

Le développement des ailes pennées a offert aux oiseaux une surface suffisamment importante pour supporter leur corps dans les airs. Les membres antérieurs se sont modifiés pour se consacrer entièrement au vol et se replient une fois à terre. Les membres postérieurs se sont adaptés à la marche bipède.

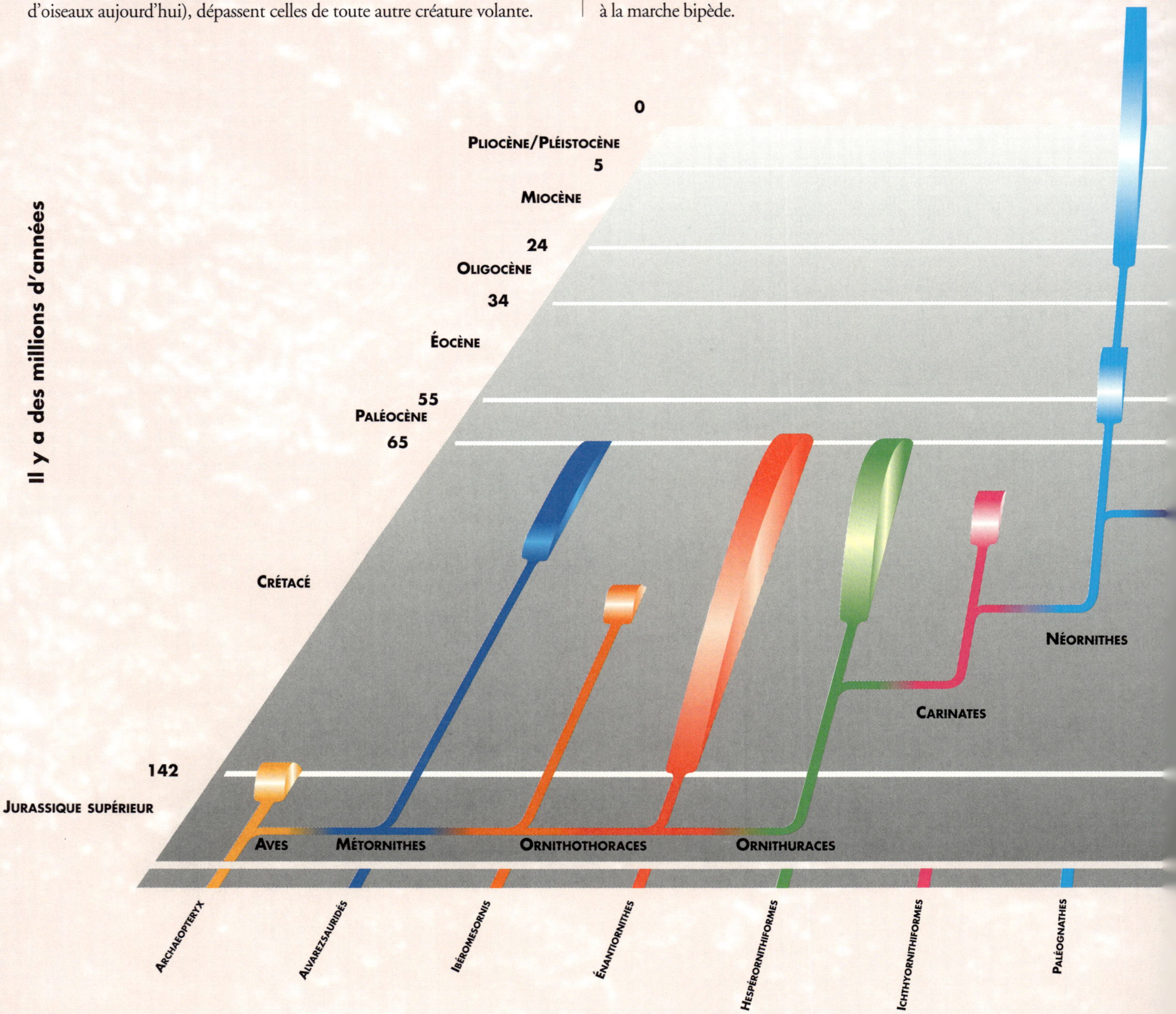

La puissance nécessaire au vol battu provient de muscles importants, qui représentent 15 à 30 % du poids de l'oiseau. Ils s'étirent le long des ailes et se fixent à la ceinture pectorale ou scapulaire.

Le sternum est très développé et prolongé par une carène proéminente sur sa ligne médiane; les muscles des ailes viennent s'insérer sur la grande surface que forment ces deux éléments. Ils se fixent également aux clavicules soudées, qui forment le bréchet, et à une membrane reliant le bréchet au sternum. Les articulations des épaules se sont déplacées vers l'avant, au même niveau que la colonne vertébrale, pour fournir longueur et espace à ces muscles. Pour résister aux forces produites lors de la contraction des muscles de vol, le sternum est renforcé à distance des articulations de l'épaule et de la colonne vertébrale. Pour pouvoir s'élancer, les membres postérieurs d'un oiseau doivent être longs et puissants : ainsi les os des pattes et certains os de la cheville se sont allongés, formant une nouvelle section (le tarsométatarse). Les muscles nécessaires pour amener les pattes d'avant en arrière se fixent à la ceinture pelvienne dont les os se sont allongés. L'ilion s'élance vers l'avant depuis l'articulation du bassin et est solidement fixé à la colonne vertébrale par plusieurs vertèbres, de 11 à 23 (contre 2 ou 3 chez la plupart des reptiles). Le pubis et l'ischion se projettent tous deux vers l'arrière depuis l'articulation du bassin.

Le corps de l'oiseau est court pour assurer son équilibre lorsqu'il marche. Il s'est déporté vers l'arrière, entre les pattes, plaçant ainsi le centre de gravité au-dessus des pieds. Le sternum hypertrophié est situé entre les genoux.

Étant donné que les ailes propulsent et guident l'oiseau, une longue queue stabilisatrice devient inutile et seul reste un petit « pygostyle ». L'oiseau se freine en s'aidant de ses plumes caudales qu'il redresse en éventail.

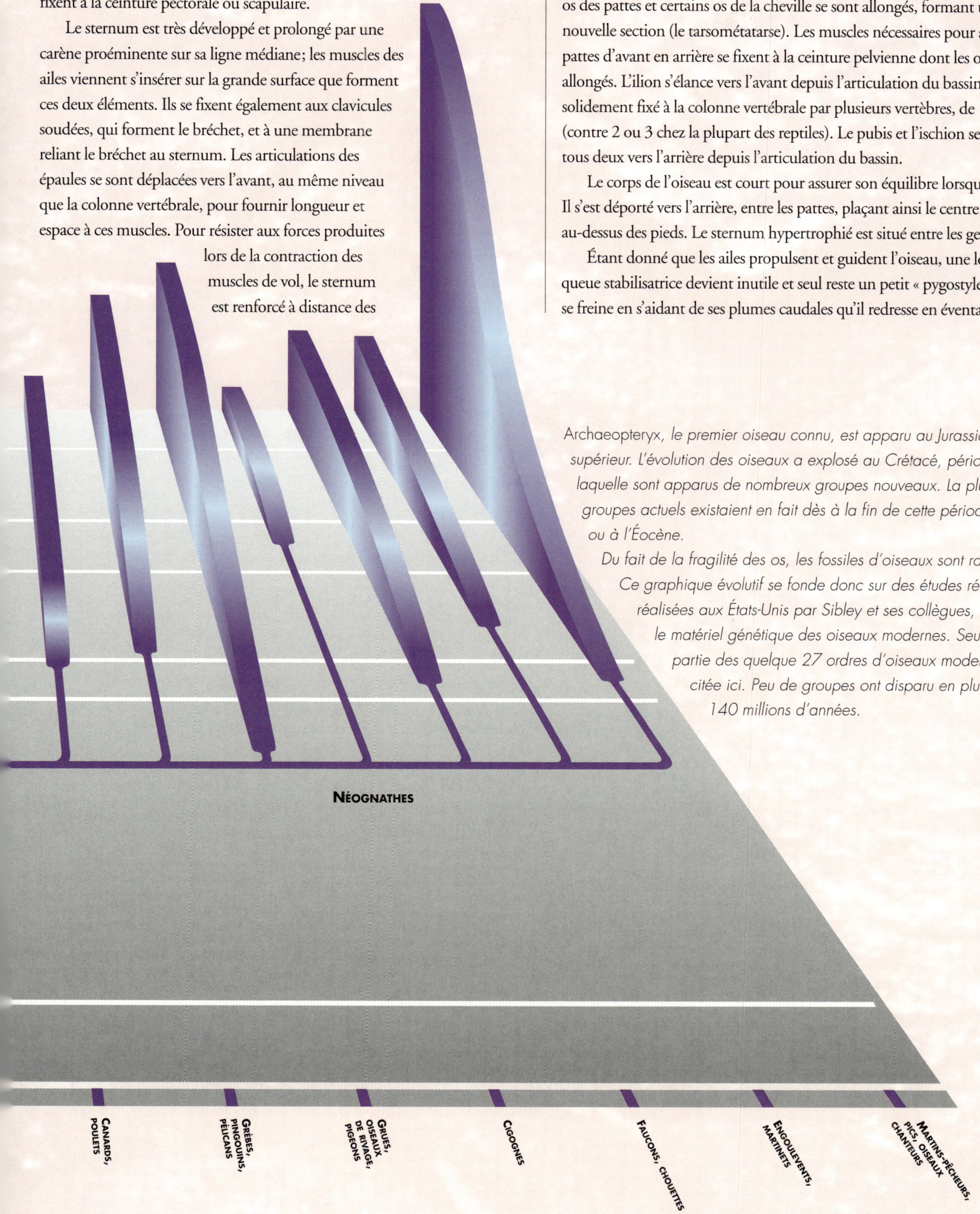

Archaeopteryx, le premier oiseau connu, est apparu au Jurassique supérieur. L'évolution des oiseaux a explosé au Crétacé, période à laquelle sont apparus de nombreux groupes nouveaux. La plupart des groupes actuels existaient en fait dès à la fin de cette période ou à l'Éocène.

Du fait de la fragilité des os, les fossiles d'oiseaux sont rares. Ce graphique évolutif se fonde donc sur des études récentes réalisées aux États-Unis par Sibley et ses collègues, réalisés sur le matériel génétique des oiseaux modernes. Seule une partie des quelque 27 ordres d'oiseaux modernes est citée ici. Peu de groupes ont disparu en plus de 140 millions d'années.

Modifications physiologiques

La physiologie des oiseaux a dû s'adapter pour répondre aux besoins énergétiques nécessaires au vol. L'appareil respiratoire est devenu plus efficace. Grâce à une disposition unique de plusieurs sacs aériens séparés des voies respiratoires, l'air circule de façon continue dans leurs poumons. Les oiseaux sont endothermes et leur niveau d'énergie ne varie pas avec la température ambiante. L'isolation thermique est fournie par les plumes.

Archaeopteryx : le premier oiseau

L'origine des oiseaux est restée mystérieuse (le squelette d'un oiseau étant tellement différent de celui d'un reptile quel qu'il soit) jusqu'à la découverte de *Archaeopteryx* dans des couches calcaires du Jurassique supérieur. Il représente un stade intermédiaire, dans le temps et la structure, entre les reptiles et les oiseaux.

Fossilisé dans des sédiments extrêmement fins, *Archaeopteryx* a laissé des empreintes de plumes clairement visibles autour du squelette. Les plumes et la forme des ailes ressemblent exactement à celles des oiseaux volants actuels. On voit également un bréchet sur lequel venaient s'insérer les muscles de vol. Les ailes de *Archaeopteryx* étaient remarquablement développées : il possédait des rémiges asymétriques avec des plumules à la base.

Archaeopteryx était muni de mâchoires aux petites dents pointues, remplacées plus tard, chez les oiseaux, par un bec édenté. Les pattes étaient pourvues de 3 doigts griffus, chacun bien séparé des autres (contrairement aux oiseaux actuels chez qui ils sont partiellement soudés). Il avait aussi une longue queue osseuse, bordée de chaque côté de longues plumes qui lui permettaient de se soulever.

Archaeopteryx vivait probablement dans les arbres, se nourrissant des insectes qu'il y trouvait, et se déplaçant d'arbre en arbre à la fois en battant des ailes et en planant. Il se posait occasionnellement sur le sol et utilisait ses doigts crochus et acérés pour grimper aux arbres.

Hormis les proportions des ailes, le squelette de *Archaeopteryx* ressemble de façon étonnante à celui d'un petit dinosaure bipède comme le cœlurosaure *Compsognathus*. La plupart des paléontologues pensent qu'il dériverait de ce type de dinosaure.

La question de l'évolution des plumes a intrigué les scientifiques pendant de nombreuses années après la découverte, en 1861, de la première plume fossilisée dans les strates du Jurassique supérieur de Solenhofen, en Bavière. On connaît deux types de plumes : les longues rémiges rigides, et les plumules qui couvrent le corps ou duvet. Les rémiges sont asymétriques. L'évolution des plumes devait répondre à une nécessité précise, car les organismes ne développent pas de structure avant d'en avoir l'utilité.

Peut-être était-ce surtout pour fournir une isolation thermique au corps, ce qui était nécessaire pour les petits animaux sans protection, et toujours sur le qui-vive pour échapper aux prédateurs. Les oiseaux ont le sang chaud et les plumes permettent à la fois de conserver la chaleur et de protéger l'animal de températures trop élevées.

On a longtemps pensé que seuls les oiseaux avaient des plumes. Mais la découverte de dinosaures à plumes en Chine (voir page 108) démontre le contraire. Ces spécimens soulèvent également des questions quant au rôle pré-adaptatif des plumes. Ces dinosaures ne pouvaient pas voler car ils ne possédaient que quelques touffes de plumes symétriques dispersées sur leurs mains et leur longue queue osseuse. Certains avaient une crête qui ressemblait à des plumes et qui allait du sommet du crâne jusqu'au bas du dos. Le corps était également couvert de duvet. La fonction d'isolation thermique est évidente, mais les plumes sur la crête et les mains devaient avoir d'autres fonctions, probablement pour la parade sexuelle et peut-être pour la reconnaissance de l'espèce.

D'autres découvertes sur le site de Las Hoyas, au centre de l'Espagne, permettent également de combler de grands vides dans les traces fossiles. Las Hoyas était un ancien lac qui s'est rempli de boue calcaire au Crétacé inférieur et moyen, préservant ainsi les détails des structures. Les gisements espagnols devraient apporter des informations sur les origines de l'évolution des oiseaux. Un nouveau spécimen, appelé *Iberomesornis*, permettrait de combler le fossé entre *Archaeopteryx* et le premier des énantiornithes.

La controverse du « chaînon manquant »

Lien entre les reptiles et les oiseaux, *Archaeopteryx*, est une pièce maîtresse dans la théorie darwinienne. Son importance a été reconnue dès sa découverte, en 1861. *Archaeopteryx* a donc toujours été la cible des détracteurs de la théorie des modifications évolutives progressives. En 1985, les astronomes britanniques Fred Hoyle et N. C. Wickramasinghe ont suggéré que de nombreuses modifications étaient le résultat de virus extra-terrestres qui avaient infecté les organismes et induit de nouveaux caractères. Ils ont en outre insinué que l'évolution des oiseaux et des mammifères, ainsi que la disparition

Archaeopteryx, *l'un des plus importants fossiles jamais trouvés, possède des caractéristiques qui l'apparentent de façon incontestable aux reptiles et aux oiseaux.*

des dinosaures, étaient dues à une pluie virale à la fin du Crétacé. *Archaeopteryx*, datant de plus de 80 millions d'années avant le Crétacé supérieur, prouve l'inexactitude de cette théorie. Hoyle et Wickramasinghe ont donc prétendu que les spécimens de *Archaeopteryx* étaient des faux. On a toutefois prouvé qu'ils étaient bien authentiques.

L'évolution des oiseaux

Entre *Archaeopteryx* et les fossiles des différents groupes d'oiseaux, il y a un vide temporel qui court sur la plus grande partie du Crétacé (quelque 70 millions d'années). Ce vide est partiellement comblé par quelques traces d'oiseaux dentés archaïques qui ont peu de rapport avec les oiseaux modernes, quand ce n'est aucun. Deux groupes (sous-classes) inhabituels existaient au Crétacé. Le premier, les énantiornithes, a été découvert en Argentine et décrit en 1981. Encore peu connues, certaines caractéristiques de leurs pattes, os des membres antérieurs et ceinture scapulaire les différencient des autres oiseaux.

Un autre groupe du Crétacé, les odontornithes, ouvre une grande fenêtre sur l'évolution des oiseaux. Ces premiers oiseaux marins étaient pourvus de mandibules dentées. Certains ne pouvaient pas voler, d'autres, ailés, ressemblaient aux hirondelles de mer actuelles.

Plusieurs types d'oiseaux ont perdu la capacité de voler. C'était le cas en l'absence de véritables prédateurs, comme à la fin du Crétacé, entre la disparition des dinosaures et l'apparition des mammifères carnivores. Les oiseaux ne pouvant pas voler ont alors évolué dans une relative sécurité (en Amérique du Sud, par exemple).

Les oiseaux coureurs actuels (autruche, émeu, kiwi, casoar et nandou) et les dinornis et oiseaux-éléphants disparus sont classés dans le groupe des ratites. Ils ont tous une voûte palatine et une ceinture scapulaire donnant à penser qu'ils descendent d'oiseaux volants.

Les oiseaux actuels et leurs parents fossilisés sont regroupés dans la sous-classe des néornithes. Ils ont en commun une voûte palatine de structure complexe, fait qui a poussé certains paléontologues à penser qu'ils avaient un ancêtre commun.

Les origines des oiseaux font l'objet de grands débats. Certains experts prétendent que certains oiseaux fossiles pré-tertiaires appartiendraient à des groupes modernes de charadriiformes (oiseaux marins) ou de gaviiformes (canards). D'autres disent que peu de lignées d'oiseaux ont survécu à la fin du Crétacé.

Les fossiles d'oiseaux sont rares. Les oiseaux se conservent mal. On en trouvera peut-être davantage, de meilleure qualité, dans l'avenir.

Les oiseaux ont essentiellement conservé la même structure squelettique. Les fossiles donnent peu d'indications sur les relations avec les oiseaux modernes. Puisque les fossiles de squelettes ou d'empreintes de plumes sont si rares, personne ne peut dire avec certitude à quoi ressemblaient les oiseaux préhistoriques. Les reconstitutions présentées ici sont en général l'image que l'homme s'est faite de ces oiseaux à partir des fossiles découverts et des hypothèses engendrées par les études des espèces modernes apparentées.

DU REPTILE À L'OISEAU

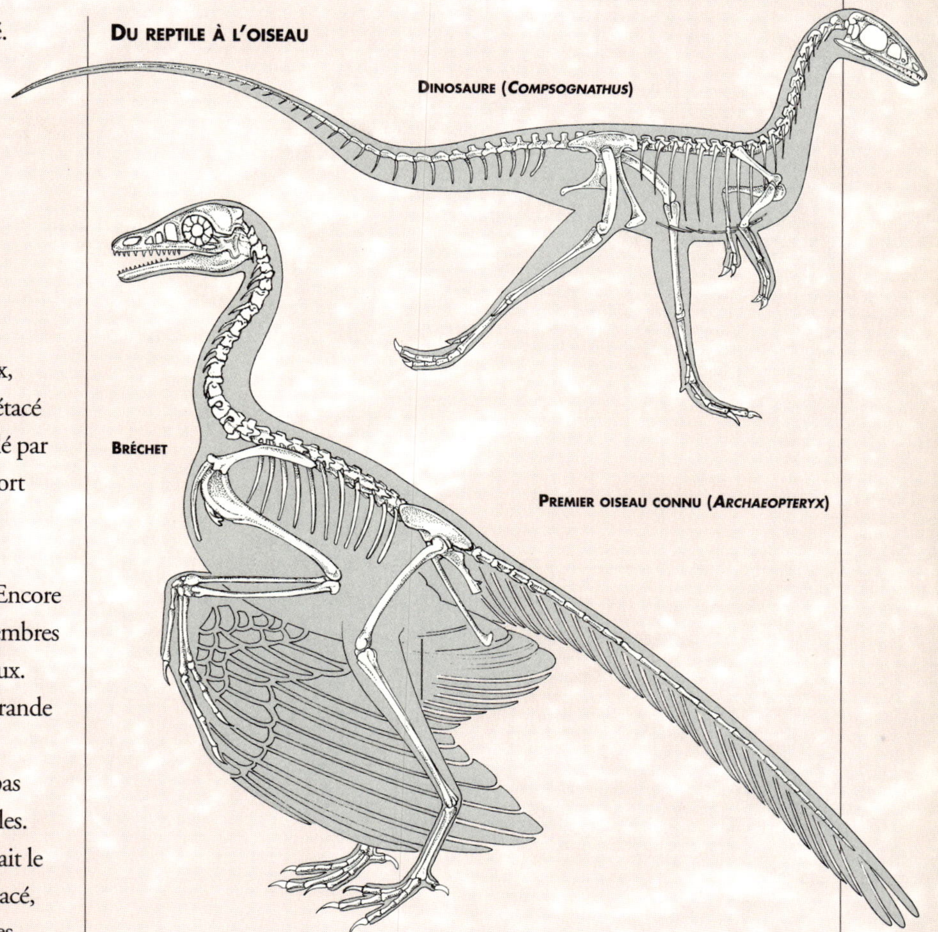

Les oiseaux dériveraient, selon les paléontologues, de petits dinosaures carnivores coureurs. Le squelette de Compsognathus *(en haut) ressemble de manière frappante à celui du premier oiseau connu,* Archaeopteryx *(au centre). Les deux animaux avaient de longues pattes, une longue queue osseuse, des pieds de type avien, des doigts griffus et des dents pointues et acérées. Toutefois,* Archaeopteryx *avait des plumes (caractéristique avienne), conservées sous forme d'empreintes dans les roches, et un bréchet de type avien.*
Un oiseau volant moderne (à droite) a un corps court, compact, centré sur ses pattes pour se stabiliser. L'os du poitrail s'est développé en un grand sternum caréné sur lequel viennent s'insérer les muscles du vol. La queue est réduite à un moignon (pygostyle) et les mandibules sont édentées.

OISEAUX PRIMITIFS ET COUREURS

CLASSE DES AVES

Ce vaste groupe de vertébrés volants englobe près de 9000 espèces vivantes classées en 160 familles, dont 134 ont des ancêtres fossiles. Il existe en outre 77 familles éteintes. Malgré les progrès notables des dernières années, on comprend toujours mal la phylogénie des oiseaux, les indices moléculaires et morphologiques témoignant de relations différentes.

Famille des Archaeopterygidae

Ce groupe « d'oiseaux anciens » ne contient aujourd'hui qu'un seul genre, *Archaeopteryx*, et peut-être une seule espèce. C'est le premier oiseau connu, et il occupe une place spéciale dans l'histoire évolutionniste, car il démontre, par sa structure, le lien entre deux grands groupes, celui des reptiles et celui des oiseaux.

NOM : *Archaeopterys lithographica*
ÉPOQUE : Jurassique supérieur
RÉPARTITION : Europe (Allemagne)
TAILLE : 35 cm de long

La découverte de *Archaeopteryx* est un classique de l'histoire de la paléontologie. En 1861, des blocs de calcaire fin furent découpés dans une carrière de Solnhofen, dans le sud de l'Allemagne. Ces roches dataient du Jurassique supérieur, il y a quelque 150 millions d'années : une dalle fendue révéla un squelette : c'était *Archaeopteryx*, premier oiseau découvert. Non seulement la plupart des os délicats étaient intacts, mais les plumes avaient laissé leur empreinte dans les roches, conservées dans leurs positions naturelles sur les ailes et la queue. Un moule en fibre de verre de ce spécimen est exposé au Muséum d'histoire naturelle de Londres. Un deuxième spécimen plus complet a été découvert au même endroit en 1877, et cette dalle rocheuse, ainsi que son précieux occupant, sont conservés au musée de l'université Humboldt de Berlin. Quatre spécimens supplémentaires ont été trouvés depuis.

Ces découvertes fossiles présentent une créature de la taille d'un pigeon, avec une petite tête et de grands yeux, des mandibules aux dents pointues et une longue queue osseuse. Ses membres sont longs et minces, les mains effilées pourvues de 3 doigts griffus, et des pieds typiques des oiseaux. Les os des pattes sont longs, signe d'un animal qui pouvait courir.

Cette description ne correspond pas totalement à celle de la plupart des oiseaux modernes, mais *Archaeopteryx* a deux caractéristiques propres aux oiseaux. Il a un bréchet bien développé (formé par la jonction des deux clavicules) et des plumes, attachées à ses longs bras et queue.

S'il n'y avait ces caractéristiques typiquement aviennes, *Archaeopteryx* aurait facilement pu être pris pour l'un des petits dinosaures carnivores bipèdes (voir pages 106-109). D'ailleurs, l'un des derniers spécimens découvert en Allemagne, en 1951, *Compsognathus*, a été considéré comme un cœlurosaure au début des années 1970, jusqu'à ce que l'on remarque l'empreinte des plumes.

La plupart des paléontologues pensent que *Archaeopteryx* était insectivore et habitait les forêts clairsemées, qu'il pouvait voler ou planer d'arbre en arbre. Il aurait attrapé des insectes en vol ou fondu par surprise sur des invertébrés vivant au sol. Ses mains et ses pieds griffus lui auraient permis de remonter sur le tronc des arbres pour pouvoir s'élancer à nouveau dans les airs.

Le sternum de *Archaeopteryx* semble avoir été assez petit par rapport au bréchet des oiseaux modernes, qui procure le principal point d'insertion des puissants muscles du vol. Certains paléontologues ont suggéré que les plumes de *Archaeopteryx* ne servaient qu'à l'isolation thermique et non au vol. Cet oiseau fossile était très certainement endotherme (à sang chaud), comme ses descendants. En régulant la température de son corps, il aurait pu mener le mode de vie plus actif d'un prédateur.

Toutefois, les plumes de *Archaeopteryx* avaient une structure et une disposition qui ressemblaient tant à celles des oiseaux modernes qu'il est pratiquement certain qu'elles servaient à voler, même si ce vol n'était pas aussi puissant que celui des oiseaux actuels.

Sous-classe des odontornithes

Ce groupe « d'oiseaux dentés » vivait au Crétacé. Les odontornithes ressemblent aux oiseaux modernes, à l'exception des petites dents pointues situées dans les alvéoles de leurs mandibules.

Ils avaient déjà développé (et reperdu pour certains) la principale caractéristique nécessaire au vol prolongé : un grand bréchet sur lequel venaient s'insérer des muscles puissants. Ils avaient également perdu la longue queue osseuse que possédaient leurs ancêtres.

Ordre des ichthyornithiformes

Les sédiments marins du Crétacé supérieur en Amérique du Nord ont révélé de très nombreux spécimens de ce groupe d'oiseaux marins primitifs, probablement piscivores. Ils devaient bien voler, si l'on en juge par la taille de leur bréchet.

NOM : *Ichthyornis dispar*
ÉPOQUE : Crétacé supérieur
RÉPARTITION : Amérique du Nord (Kansas et Texas)
TAILLE : 20 cm de haut

Découvert dans les années 1870, on pensait alors que les mandibules dentées de cet oiseau fossile appartenaient à un mosasaure, lézard piscivore contemporain (voir page 87). Ce reptile était conservé dans les mêmes roches et avait des mâchoires et des dents semblables à celles de *Ichthyornis.*

La structure générale de *Ichthyornis dispar* et des autres animaux de son genre était celle d'une grande hirondelle de mer, avec cependant une tête et un bec plus grands. La dimension du sternum suggère qu'il avait une bonne puissance de vol.

Ordre des hespérornithiformes

Les oiseaux à bec denté de ce groupe du Crétacé étaient des oiseaux marins plongeurs, ayant perdu la capacité à voler. Bien que leur sternum soit bien développé, leur bréchet était réduit et les ailes avaient dégénéré. Ces oiseaux devaient pêcher dans les eaux peu profondes qui couvraient à l'époque la majeure partie du centre de l'Amérique du Nord, et nidifiaient sur les plages.

NOM : *Hesperornis regalis*
ÉPOQUE : Crétacé supérieur
RÉPARTITION : Amérique du Nord (Kansas)
TAILLE : 1,80 m de haut

L'absence quasi-totale d'ailes chez ce grand oiseau ne pouvant pas voler le différenciait des autres oiseaux marins dentés. Il nageait en donnant des coups vigoureux de ses grands pieds palmés, placés bien en arrière de son corps, se propulsant à la manière d'un huard ou d'un grèbe.

Hesperornis regalis pouvait se lancer à la poursuite de poissons rapides et de calmars, retenant ces proies glissantes dans son long bec aux dents acérées et pointues. Il faisait probablement son nid au bord de l'eau, tel un huard. Il était sans doute gauche et vulnérable à terre.

Sous-classe des néornithes

Ce groupe de « nouveaux oiseaux » englobe toutes les espèces récentes. Celles-ci ont commencé à s'adapter aux différents environnements au Crétacé inférieur, et des représentants de la plupart des groupes modernes sont apparus à l'Éocène inférieur, il y a quelque 50 millions d'années. On connaît l'existence de plusieurs groupes et espèces qui ont disparu, dont nous ne présentons ensuite que les plus remarquables.

Ordre des struthiornithiformes

Les oiseaux généralement grands, bipèdes et incapables de voler, rassemblés sous le nom de ratites, appartiennent à cet ordre. Ils ont tous des ailes petites ou minuscules et leur sternum est dépourvu du bréchet permettant l'insertion aux muscles des ailes chez les oiseaux volants. Les ratites sont apparus au Crétacé ou au début de l'ère tertiaire et des types différents ont évolué sur les continents qui se séparaient. Aujourd'hui, les seuls survivants de ce groupe sont les émeus et les casoars en Australie et en Nouvelle-Guinée, les kiwis en Nouvelle-Zélande, les nandous en Amérique du Sud et les autruches en Afrique (également présentes autrefois en Eurasie).

Deux groupes se sont éteints récemment : les oiseaux-éléphants de Madagascar et les dinornis de Nouvelle-Zélande.

OISEAUX PRIMITIFS ET COUREURS SUITE

NOM : *Aepyornis titan*

ÉPOQUE : du Pléistocène au XVIIe siècle

RÉPARTITION : Madagascar

TAILLE : 3 m de haut

Voici la plus grande espèce du genre *Aepyornis,* aujourd'hui disparue, pesant jusqu'à 500 kg. Ils sont aussi appelés oiseaux-éléphants d'après l'oiseau mythique des « Mille et une Nuits », qui pouvait soulever un éléphant.

Les pattes se terminent par 3 orteils trapus et bien écartés. Si l'on en juge par les fémurs épais et allongés, il ne devait pas courir vite.

Les œufs, d'une contenance de 9 l, mesuraient plus de 30 cm de long et auraient pesé 10 kg.

Aepyornis n'avait aucun moyen de défense particulier, aucune dent, serre ou aile. Sa taille et sa force le protégeaient des prédateurs. Lorsque l'homme est arrivé à Madagascar, il y a moins de 1 500 ans, l'espèce *Aepyornis* existait encore. Elle se serait éteinte au XVIIe siècle.

NOM : *Dinornis maximus*

ÉPOQUE : du Pléistocène au XIXe siècle

RÉPARTITION : Nouvelle-Zélande

TAILLE : jusqu'à 3,50 m de haut

De tous les oiseaux ayant existé, *Dinornis maximus* était le plus grand, dépassant même l'oiseau-éléphant de Madagascar. Sa structure était cependant légère. C'est l'une des dizaines de types de dinornis (appelés moas par les autochtones) qui a survécu en Nouvelle-Zélande jusqu'à récemment.

L'homme est arrivé dans les îles néo-zélandaises vers le Xe siècle et, au cours des 800 années suivantes, a détruit la plupart des forêts pour cultiver le sol. Il a chassé impitoyablement les dinornis, entraînant leur disparition en 1800.

Tous les dinornis sont massifs, avec des jambes épaisses et un cou long. En l'absence de grands carnivores et herbivores, ces oiseaux qui se déplaçaient lentement ont pris la place occupée généralement par les mammifères brouteurs, en se nourrissant de graines et de fruits.

NOM : *Emeus crassus*

ÉPOQUE : du Pléistocène à récemment

RÉPARTITION : Nouvelle-Zélande

TAILLE : 1,50 m de haut

Ce moa, moitié moins gros que *Dinornis*, était particulier : ses jambes sont épaisses, disproportionnées par rapport à la taille de son corps. Ses pieds sont aussi très larges. Cet animal devait avoir beaucoup de peine à se déplacer, faisant de lui une proie facile pour les chasseurs de dinornis. Le kiwi, oiseau emblématique de la Nouvelle-Zélande, est considéré par certains paléontologues comme un dinornis distinct. Les trois espèces vivantes sont petites par rapport à leur cousin disparu, de moins de 60 cm de haut.

Ordre des columbiformes

La physionomie des pigeons a peu changé depuis que ces oiseaux sont apparus au Crétacé supérieur ou au début du Tertiaire. Les gros columbiformes ont évolué sur des îles tropicales, où ils n'avaient pas de prédateurs, notamment au Pléistocène, époque à laquelle plusieurs espèces de grande taille, souvent incapables de voler, peuplaient les îles Mascareignes de l'océan Indien.

NOM : *Raphus cucullatus*
ÉPOQUE : du Pléistocène au XVIIe siècle
RÉPARTITION : Maurice
TAILLE : 1 m de haut

Raphus cucullatus, communément appelé dodo, était un pigeon terrestre géant et l'une des nombreuses victimes de la destruction humaine. Incapable de voler et se déplaçant lentement, il formait une proie facile pour les marins qui faisaient escale sur les îles de l'océan Indien pour se réapprovisionner.

Le dodo, était recouvert d'un duvet doux. Il avait un corps gras (pesant quelque 25 kg), une grosse tête dont les côtés étaient dépourvus de plumes. Son bec crochu était massif et puissant et sa queue recourbée et touffue. Ses ailes étaient minuscules et inutiles. Il avait une démarche maladroite, se dandinant sur des pieds aux orteils courtauds. Il se nourrissait de plantes basses, de graines et de fruits tombés des arbres.

En l'absence de prédateurs naturels sur l'île Maurice, le dodo n'a pas eu à évoluer pour se défendre, et il n'a pas su s'enfuir devant les marins affamés. *Raphus cucullatus* était non seulement une proie facile pour les hommes, mais également pour les animaux (cochons et chiens, par exemple) qui furent introduits sur l'île par les hommes.

Au XVIIe siècle, le dodo avait été exterminé, moins de 200 ans après avoir été découvert par les premiers arrivants sur l'île Maurice.

Ordre des ciconiiformes

Ce grand ordre englobe les oiseaux de rivage actuels : échassiers (autres que les oiseaux aquatiques, voir page 181), oiseaux marins et oiseaux de proie. La plupart des ciconiiformes ont évolué indépendamment pour occuper des habitats différents vers la fin du Crétacé. Les oiseaux de proie, tels que les aigles, étaient très répandus à partir de l'Éocène.

NOM : *Harpagornis moorei*
ÉPOQUE : du Pléistocène à récemment
RÉPARTITION : Nouvelle-Zélande
TAILLE : probablement 1 m de haut

Cet aigle n'était peut-être pas plus grand que bon nombre de ses cousins modernes, aigles et autres vautours du Vieux Monde, mais il était de carrure plus puissante et plus lourde. Les pattes de *Harpagornis moorei* sont massives et dotées de grosses serres, son bec est grand et fortement crochu et les ailes, puissantes, ont une envergure impressionnante de plus de 2 m.

Harpagornis moorei coexistait avec les dinornis de Nouvelle-Zélande et s'est éteint pratiquement en même temps, peut-être dès le XVIIe siècle. Seul grand prédateur des îles de Nouvelle-Zélande, cet oiseau se nourrissait sans doute de petits dinornis, *Emeus crassus* par exemple, et d'autres volatiles qui se sont éteints depuis (dont une espèce d'oie coureuse).

Les dinornis étaient certainement des proies difficiles à attaquer de par leur masse, mais leur lenteur, ainsi que la petitesse relative de leur tête, et leur long cou les auraient rendus vulnérables à une attaque aérienne. Les poussins étaient en revanche une proie facile pour ces formidables rapaces.

OISEAUX AQUATIQUES ET TERRESTRES

NOM : *Palaelodus ambiguus*

ÉPOQUE : de l'Oligocène supérieur au Pliocène inférieur

RÉPARTITION : Europe (France)

TAILLE : 60 cm de haut

Cet oiseau de rivage de taille moyenne à longues pattes est apparenté aux oiseaux aquatiques modernes et échassiers, aux oiseaux marins et aux oiseaux de proie (regroupés dans l'ordre des ciconiiformes, voir page 177).

Pour bon nombre de paléontologues, *Palaelodus* et ses semblables seraient les premiers flamants. Mais des études récentes laissent penser, au contraire, qu'ils seraient plutôt issus des oiseaux de rivage dont ils se sont séparés tardivement. Ils ont vécu de l'Oligocène supérieur au Pliocène inférieur en Europe, en Afrique du Nord et en Amérique du Nord.

Les paléontologues ne savent pas vraiment à quoi ressemblaient la tête et le bec de *Palaelodus*; la reconstitution présentée ci-dessus illustre la perception classique de cet oiseau. Toutefois, la structure de ses pattes suggère qu'au lieu de patauger dans les eaux peu profondes, il aurait pu plonger et nager sous l'eau pour se nourrir, comme un canard.

NOM : *Pinguinus impennis*

ÉPOQUE : du Pléistocène à récemment

RÉPARTITION : petites îles au large de l'Europe de l'ouest (îles britanniques), Groenland, Islande et Amérique du Nord (du Maine au Labrador)

TAILLE : 50 cm de haut

Autre membre des ciconiiformes, le grand pingouin *Pinguinus impennis* s'est éteint sur une petite île au large de l'Islande en 1844. Il avait été impitoyablement chassé pendant des années par les pêcheurs pour sa chair, ses œufs et la couche de graisse isolante qui servait d'huile pour les lampes.

En dépit de son nom, ce pingouin n'était pas grand : il ne faisait que la moitié du petit pingouin moderne auquel il ressemble le plus. Il n'en différait que par son incapacité à voler. *Pinguinus impennis* était un oiseau marin bien adapté, comme tous les pingouins d'aujourd'hui. Il se propulsait à la surface de l'eau en s'aidant de ses pieds palmés et, sous l'eau, de ses petites ailes pour poursuivre les poissons.

Les pattes du grand pingouin étaient placées bien en arrière sur son corps, lui permettant de marcher debout sur terre, même si c'était lentement et maladroitement. Il nidifiait en colonie sur les îles qu'il pouvait facilement rejoindre, et couvait son œuf unique à même le sol. Ces colonies étaient cependant très vulnérables, et les oiseaux étaient soit tués sur place par les marins, soit entassés vivants dans les bateaux, comme des moutons.

Le grand pingouin a évolué au Pléistocène, il y a quelque 2 millions d'années. D'autres membres de la famille des pingouins remontent cependant au Miocène, voire plus tôt. Au cours des périodes glaciaires du Pléistocène, les grands pingouins ont migré vers le sud, et on en retrouve des traces en Méditerranée et en Floride.

Bien qu'il ne soit pas apparenté aux pingouins modernes de l'hémisphère Sud, le grand pingouin était leur congénère nordique par son mode de vie et son apparence. *Pinguinus impennis* fut le premier à recevoir le nom de « pingouin », par des marins, et il l'a légué aux pingouins actuels.

NOM : *Argentavis magnificens*
ÉPOQUE : Miocène supérieur
RÉPARTITION : Amérique du Sud (Argentine)
TAILLE : 1,50 m de haut

Argentavis magnificens avait des ailes immenses par rapport à la taille de son corps. Bien que l'on n'ait retrouvé que quelques-uns de ses os, on estime son envergure à près de 7,30 m, deux fois celle de l'albatros hurleur, le plus grand oiseau actuel.

Un oiseau de cette taille ne volait pas en battant des ailes. Il conservait son énergie en planant d'une source alimentaire à une autre, avec le moins de battements d'ailes possible. S'élançant d'une hauteur, il utilisait les courants thermiques ascendants. Comme l'albatros, sa technique de décollage était sûrement maladroite.

Argentavis était probablement un charognard, comme ses cousins modernes, les vautours du Nouveau Monde. Son bec gros et crochu devait déchirer la peau épaisse des animaux morts, au lieu d'attaquer des proies vivantes. Les grands mammifères herbivores qui paissaient dans les plaines d'Argentine au Miocène fournissaient une nourriture abondante. Mais un oiseau aussi grand était vulnérable aux changements climatiques ou à la disparition de ses ressources alimentaires.

Le sort de *Argentavis* aurait été étroitement lié à celui des premiers mammifères d'Amérique du Sud (voir pages 246-253).

Argentavis était plus étroitement apparenté aux cigognes qu'à d'autres oiseaux de proie; en fait, il provient de la même branche que les cigognes, se séparant d'elles très tôt au Tertiaire.

NOM : *Limnofregata azygosternum*
ÉPOQUE : Éocène inférieur
RÉPARTITION : Amérique du Nord (Wyoming)
TAILLE : jusqu'à 30 cm de haut

Limnofregata azygosternum serait une forme ancestrale des frégates modernes. Aujourd'hui, ce sont des oiseaux de mer, apparentés aux pélicans et parfaitement adaptés pour vivre au-dessus des océans. Mais il y a 50 millions d'années, ils commençaient leur évolution. *Limnofregata* représenterait un stade intermédiaire dans leur développement.

La structure générale de *Limnofregata* ressemble à celle des frégates (sans être parfaitement adaptée à son mode de vie). Ses pattes et ses pieds, bien que de taille réduite, sont plus larges et plus longs. Ses ailes sont également proportionnellement plus courtes, d'une envergure de 1 m environ (à comparer aux frégates, 2,50 m d'envergure chez la plus grande espèce de frégates). Son bec, aussi, est court, plus effilé et moins crochu.

Cependant, à la différence des frégates modernes, *Limnofregata azygosternum* ne planait pas sur les courants thermiques au-dessus de l'océan. Il volait en battant des ailes et son habitat était constitué des grands lacs d'eau douce à l'intérieur des terres. Il ressemblait probablement davantage aux mouettes par son apparence et sa méthode d'alimentation qu'aux frégates, et était plus enclin à amerrir que ses cousins modernes, qui attrapent les poissons et les encornets sans se poser sur l'eau.

OISEAUX AQUATIQUES ET TERRESTRES SUITE

NOM : *Osteodontornis orri*
ÉPOQUE : Miocène supérieur
RÉPARTITION : Amérique du Nord (Californie)
TAILLE : 1,20 m de haut

Osteodontornis orri est l'un de ces oiseaux marins à « dents osseuses » qui planaient dans le ciel au Miocène supérieur. Il tenait du pélican, du pétrel et de l'albatros. Ces espèces devaient avoir un ancêtre commun au Crétacé supérieur. À la fin du Paléocène, *Osteodontornis orri* était déjà développé. Plus grand oiseau marin du Tertiaire, il aurait empêché l'évolution des albatros plus grands.

Le corps de *Osteodontornis* est épais, avec les pattes et les pieds d'un énorme pétrel. Ses ailes longues et étroites, conçues pour un vol plané uniquement, avaient jusqu'à 6 m d'envergure chez les espèces les plus grandes. Elles n'étaient sûrement pas l'idéal pour réaliser des manœuvres difficiles ou rapides.

Sa tête, avec son bec lourd et long, était certainement posée sur ses épaules lorsqu'il volait, comme le font les hérons ou les pélicans actuels. Son bec était aussi long que celui d'un pélican, mais plus épais et plus rond, et crochu à l'extrémité. Des excroissances petites et grandes, semblables à des dents, garnissaient le bord de chaque mandibule. Le bec fermé, celles de la mandibule inférieure se logeaient dans de profondes rainures sur le palais supérieur.

La structure des ailes laisse penser qu'il attrapait ses proies à la surface de l'eau, ou juste en dessous. Les dents osseuses auraient été idéales pour retenir les poissons ou les mollusques. Si l'on en juge par la voûte inclinée de la gorge, il devait exister une poche élastique le long du cou, où il entreposait temporairement ses proies.

On ne sait rien des habitudes de nidification de ces oiseaux. Ils choisissaient peut-être les falaises, qui leur auraient fourni une bonne piste d'envol. Des vents réguliers, mais pas trop violents, étaient essentiels à un vol plané. Le climat plus orageux et variable du Pléistocène est peut-être à l'origine de la disparition de ces oiseaux, il y a quelque 2 millions d'années.

Ordre des gruiformes

Les gruiformes ont évolué au Crétacé supérieur, il y a 90 millions d'années, et se sont diversifiés rapidement en un large éventail, allant de petits oiseaux au vol puissant à des géants incapables de voler. La plupart des gruiformes modernes sont des oiseaux aquatiques, comme les grues à longues pattes, les râles, les poules d'eau et les foulques. Il existe aussi quelques espèces vivant au sol, comme les outardes.

NOM : *Phorusrhacus inflatus*
ÉPOQUE : Miocène inférieur à moyen
RÉPARTITION : Amérique du Sud (Patagonie)
TAILLE : 1,50 m de haut

Phorusrhacus inflatus est un membre de taille moyenne de la famille des oiseaux incapables de voler, qui sont devenus de grands prédateurs en Amérique du Sud au Tertiaire. Tous les phorusrhacidés ont de solides jambes de coureurs, de petites ailes inutiles et une grosse tête au bec crochu comme celui d'un aigle. Certaines espèces étaient géantes et mesuraient 3 m de haut : on a retrouvé une tête mesurant 50 cm de long.

Au début du Tertiaire, l'Amérique du Sud était devenue une île continentale. Les dinosaures s'étaient éteints et aucun gros carnivore n'avait pris leur place. *Phorusrhacus* et ses semblables ont rempli cette niche vacante. Certains paléontologues ont suggéré que les phorusrhacidés se nourrissaient de charognes, se servant de leurs becs épais et crochus pour déchirer la chair des animaux et attraper des proies.

Ces formidables oiseaux ont disparu au début du Pléistocène. Leurs plus proches parents pourraient être les deux espèces de cariama qui vivent dans les prairies d'Amérique du Sud aujourd'hui. Ces petits oiseaux terrestres peuvent voler, mais préfèrent courir.

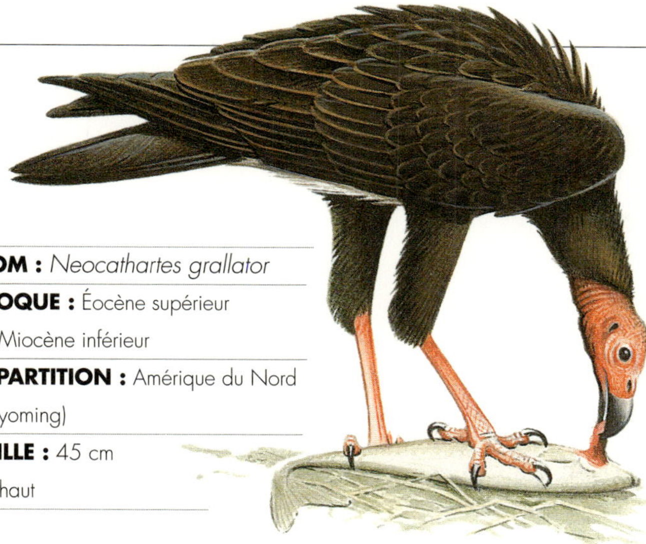

NOM : *Neocathartes grallator*
ÉPOQUE : Éocène supérieur au Miocène inférieur
RÉPARTITION : Amérique du Nord (Wyoming)
TAILLE : 45 cm de haut

Considéré au départ comme un vautour du Nouveau Monde modifié pour la course, *Neocathartes* semble être un membre carnivore d'un autre groupe de gruiformes terriens, les bathornithidés. De structure élancée et capable de voler, on pense pourtant qu'il passait la plupart du temps à chasser au sol. Se lançant après ses proies sur ses longues pattes, comme un messager sagittaire moderne, les pieds griffus de *Neocathartes* et son bec crochu auraient facilement attrapé de petits rongeurs et reptiles.

NOM : *Diatryma gigantea*
ÉPOQUE : Éocène inférieur
RÉPARTITION : Europe (Belgique, Angleterre et France) et Amérique du Nord (New Jersey, Nouveau Mexique et Wyoming)
TAILLE : 2 m de haut

Diatryma gigantea est un oiseau coureur géant qui peuplait l'Amérique du Nord et l'Europe de l'Ouest au Paléocène et à l'Éocène, lorsque les continents étaient encore réunis.

Comme d'autres membres de sa famille, il était solidement charpenté avec de minuscules ailes, incapable de voler. Ses pattes massives se terminaient par des pieds griffus et puissants. La grande tête de l'oiseau (avec son bec crochu imposant) est à peu près de la taille de celle d'un cheval.

Certains paléontologues suggèrent que les diatrymidés furent les carnivores dominants de l'hémisphère Nord du fait de l'absence de grands prédateurs à cette époque. Ainsi, comme les phorusrhacidés qui apparurent plus tard en Amérique du Sud, les diatrymidés auraient pu être les prédateurs dominants.

D'autres paléontologues, cependant, suggèrent que les diatrymidés étaient des créatures herbivores qui utilisaient leur bec acéré pour déchirer la végétation dure, touffes d'herbes ou joncs, par exemple.

Ordre des ansériformes

Les ancêtres des oiseaux d'eau (canards, oies et cygnes) appartiennent à cet ordre. Ils se sont séparés des autres oiseaux au Crétacé.

NOM : *Presbyornis pervetus*
ÉPOQUE : du Crétacé supérieur à l'Éocène inférieur
RÉPARTITION : Europe (Angleterre), Amérique du Nord (Utah et Wyoming) et Amérique du Sud (Patagonie)
TAILLE : 1 m de haut

Presbyornis est un membre typique de cette famille, avec ses longues pattes et son long cou. Il était tellement mince que les paléontologues ont cru qu'il s'agissait d'un flamant jusqu'à ce que l'on découvrît que sa tête et son bec ressemblaient à ceux d'un canard moderne.

D'après les nombreux restes d'os et d'œufs, il semblerait que des colonies de *Presbyornis pervetus* se rassemblaient sur les rives des lacs. Ils nidifiaient en grand nombre et pataugeaient sans doute dans les eaux peu profondes, filtrant l'eau de leur bec large et aplati pour en retirer les minuscules animaux et plantes, méthode utilisée aujourd'hui par les canards plongeurs.

LES ANCÊTRES DES MAMMIFÈRES

Deux types de reptiles vivaient dans les forêts chaudes, humides et tropicales de la Nouvelle-Écosse au Carbonifère supérieur, il y a plus de 300 millions d'années. Ils se ressemblaient par leur taille et leur aspect de lézard aux pattes placées sur les côtés du corps. L'un d'eux, *Hylonomus*, courait après les insectes et essayait de ne pas se faire manger par l'un de ses congénères, un grand prédateur appelé *Archaeothyris*, pourvu de mâchoires puissantes aux dents pointues et acérées.

Alors que *Hylonomus* (voir page 62) est le premier reptile connu, *Archaeothyris*, un ophiacodontidé, est le premier d'une longue lignée de reptiles qui a dominé pendant les 80 millions d'années suivantes, au Permien, et pendant une grande partie du Trias. Il s'agit des reptiles mammaliens, appelés ainsi parce que leur évolution a culminé avec les mammifères, le groupe le plus varié et le plus performant des vertébrés modernes (voir pages 194-297).

Au début, rien ne laissait penser que les reptiles mammaliens présentaient un potentiel évolutif particulier. Seule une caractéristique de leur crâne trahissait leur affinité avec les mammifères. Deux ouvertures, situées derrière les orbites, les distinguaient des autres reptiles. Cette même structure, dite « synapside », existe chez les mammifères, sous forme d'ouvertures bien plus grandes. Les autres reptiles se partagent entre les groupes anapside (absence de fosse temporale) ou diapside (deux paires de fosses temporales), leurs descendants modernes étant respectivement les tortues marines et terrestres, et les lézards, serpents et crocodiles.

Le développement de mâchoires plus puissantes parmi les reptiles mammaliens et leurs descendants, les mammifères, serait le résultat direct de l'évolution du crâne de type synapside. La dentition a aussi changé pour prendre le schéma dentaire que l'on retrouve chez tous les mammifères avec des dents de tailles et de formes diverses pour des utilisations différentes : des incisives acérées pour couper, des canines pointues pour déchirer et des molaires, avec une surface de broyage, pour mâcher.

Essor des reptiles mammaliens

Les premiers reptiles synapsides étaient les pélycosaures (voir pages 186-188). De nombreux grands reptiles différents ont évolué à partir de petites créatures comme *Archaeothyris*, à la fois carnivores et herbivores. Ceux-ci ont atteint leur zénith au Permien inférieur, alors qu'ils représentaient 70 % environ de la faune terrestre. On a retrouvé de nombreux fossiles, au Texas notamment. Il y a quelque 280 millions d'années, les plaines inondables des deltas de cette région chaude et humide grouillaient sans doute de multiples amphibiens et poissons, tous victimes potentielles des prédateurs qui dominaient alors, les pélycosaures terrestres.

Vers le milieu du Permien, un groupe plus évolué de reptiles mammaliens s'est développé à partir des pélycosaures pour finir par les supplanter. Il s'agit des thérapsides, ancêtres directs des mammifères. On a d'abord retrouvé leurs fossiles en Russie, dans les roches datant du Permien supérieur; leur apparition soudaine dans les traces fossiles laisse penser qu'ils auraient d'abord évolué dans les terres plus élevées (où la fossilisation est plus rare).

Au cours du Permien supérieur, ces thérapsides se sont répandus dans le grand territoire sud du Gondwana. On en trouve de nombreux types dans les roches du Karoo, déposées dans les basses terres du sud de l'Afrique. On en trouve d'autres en Russie, dans les sédiments qui se sont érodés des montagnes jeunes de l'Oural. Plus tard encore, au Trias inférieur, les thérapsides se sont étendus à l'Asie, à l'Amérique du Sud, à l'Inde et même à l'Antarctique, toutes ces terres étant à l'époque réunies dans la Pangée (voir page 11).

Les thérapsides ont dominé la terre au Trias moyen et adopté les différents styles de vie des carnivores, herbivores et insectivores. À ce stade cependant, deux nouveaux groupes de reptiles terrestres ont envahi leurs niches écologiques, les premiers reptiles dominants carnivores (voir pages 106-121) et les rhynchosaures herbivores (voir page 92).

Les thérapsides ont alors commencé à décliner lentement ; 55 millions d'années plus tard, au Jurassique moyen, le dernier groupe (les cynodontes tritylondontes, voir page 193) a finalement disparu, mais pas avant que ses membres n'aient donné naissance aux premiers mammifères, de toutes petites créatures ressemblant à des musaraignes qui ont dû encore attendre plus de 150 millions d'années avant d'entrer dans l'histoire des vertébrés.

Grâce à ces petites créatures insignifiantes, les reptiles synapsides ont eu le dernier mot sur les dinosaures, lorsque ces géants ont disparu à la fin du Crétacé, leur règne terminé, et que les reptiles mammaliens ont survécu et légué la terre à leurs descendants mammifères.

Les grandes étapes de l'endothermie

Le progrès principal des mammifères par rapport aux reptiles est leur capacité à réguler leur température interne. Les mammifères sont à sang chaud, ou endothermes, alors que les reptiles sont à sang froid, ou ectothermes (voir page 91). Les premiers mammifères, comme les reptiles, étaient sans nul doute encore ectothermes, dépendant du soleil comme source de chaleur principale pour réchauffer leur corps. Les ossements de synapsides, comme les pélycosaures sphénacodontes, apportent des preuves solides de cette théorie. Certains de ces animaux avaient une grande voile dorsale cutanée, qui servait certainement à contrôler la température interne, à absorber la chaleur lorsqu'il faisait froid et à la diffuser lorsqu'il faisait chaud (voir *Dimetrodon*, page 187).

Les pélycosaures, dépourvus de dispositif de thermo-régulation aussi évident, et les premiers thérapsides comme les dinocéphales contrôlaient probablement leur température interne simplement grâce à leur grande taille. Une masse plus imposante et plus lourde retient plus de chaleur qu'une petite masse : c'est une véritable réserve thermique qui permet d'atténuer les changements de température ambiante.

Cependant, les reptiles thérapsides ultérieurs ont développé d'autres caractéristiques qui mettraient finalement fin à leur dépendance du soleil comme source d'énergie. En mangeant plus souvent, en digérant et en assimilant les aliments plus rapidement et plus efficacement, ils pouvaient compter sur leur alimentation comme source énergétique majeure.

Cette nouvelle méthode de régulation thermique a fait intervenir de nombreux changements : mâchoires et dents plus performantes, meilleure motricité, meilleur contrôle de la respiration et meilleure isolation extérieure pour préserver la température interne.

Modifications de la dentition

L'évolution des dents de tailles et de formes différentes (appelée dentition « hétérodonte ») marque une innovation chez les reptiles mammaliens. Même les premiers pélycosaures avaient trois types de dents différentes dans leurs mâchoires. Les incisives à l'avant (pour saisir les aliments) étaient séparées des molaires postérieures (pour broyer) par de longues canines en forme de poignard.

Chez les reptiles, normalement, toutes ces dents sont renouvelées régulièrement sur chaque mâchoire, les dents usées et vieilles tombent ; les dents paires sont remplacées en une fois et les dents impaires la fois suivante. Les thérapsides plus évolués, cependant, s'étaient débarrassés de la méthode de « remplacement global » des dents. Les dents n'étaient remplacées que quelquefois au cours de la vie de l'animal.

Ce nouveau schéma de remplacement dentaire était un progrès majeur car les dents restaient plus longtemps dans les mâchoires. En conséquence, les couronnes opposées des dents inférieures et supérieures pouvaient développer un schéma plus complexe de crêtes et de sillons. Lorsqu'elles étaient serrées, elles s'imbriquaient parfaitement et présentaient une table rugueuse qui permettait de couper les aliments, de les écraser et de les broyer en une pulpe avant de les avaler. Ces aliments

Les reptiles mammaliens sont apparus au Carbonifère supérieur sous la forme des pélycosaures, qui étaient tous des animaux bien adaptés à la vie sur Terre. On pense que certains, dont les édaphosaures, pouvaient réguler la température de leur corps grâce à une large « voile » dorsale. Les sphénacodontes étaient les ancêtres des reptiles mammaliens évolués, les thérapsides. Pour la plupart de féroces carnivores, ils ont dominé la vie sur terre au Permien supérieur. D'autres, tels que les dicynodontes, étaient de grands herbivores.

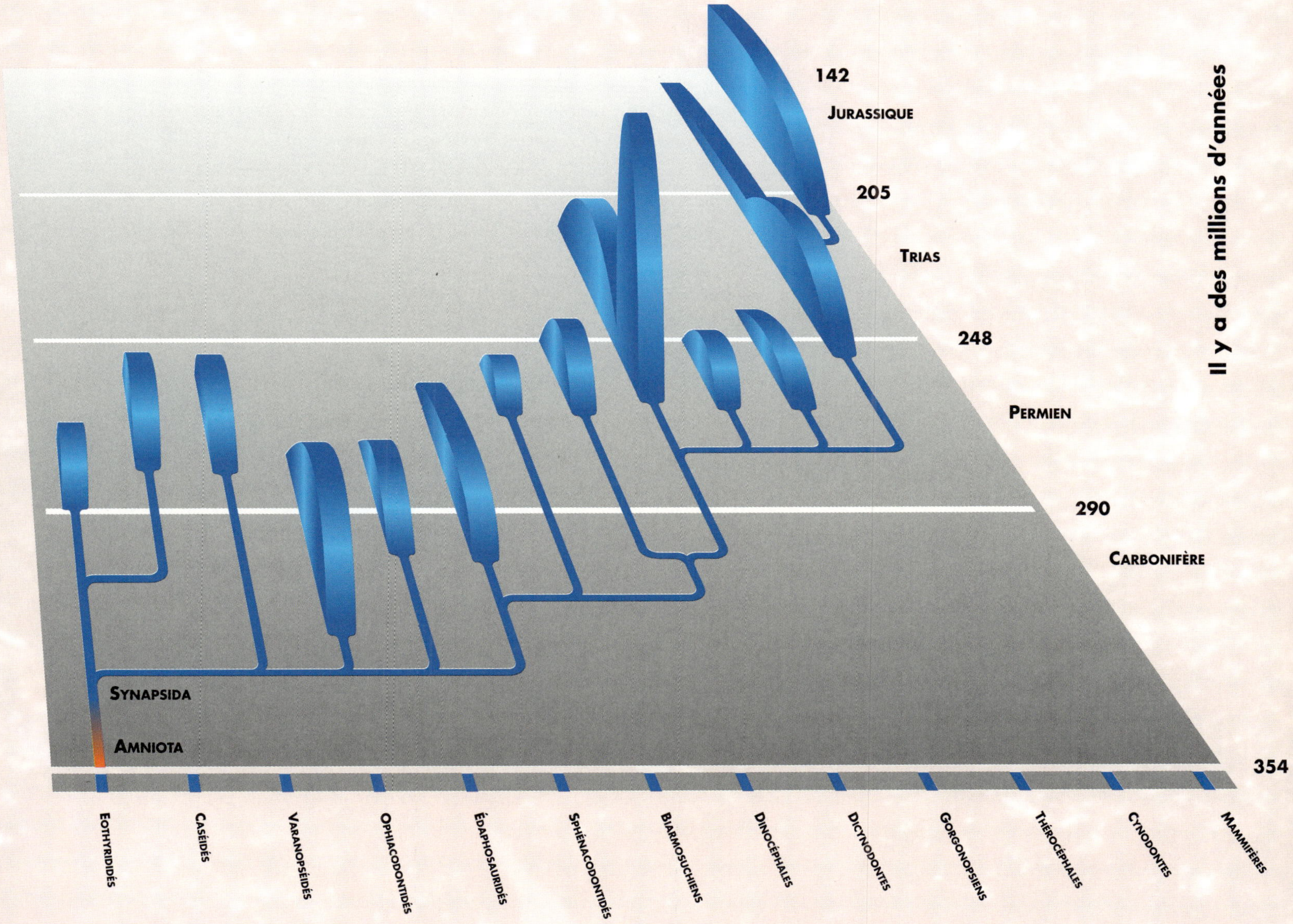

bien mâchés pouvaient être digérés plus facilement et rapidement, ce qui libérait donc plus vite les nutriments essentiels nécessaires pour apporter de l'énergie au corps.

Les mâchoires et le crâne des reptiles mammaliens ont également évolué. Pour commencer, la taille des fosses temporales s'est agrandie, permettant le développement de muscles maxillaires plus longs. Ensuite l'arrière du crâne s'est allongé et les côtés se sont élargis de manière à laisser plus de place aux muscles de la mâchoire. Ces deux évolutions ont donné lieu à des muscles de la mastication plus solides et donc plus puissants.

Le troisième progrès tient à la structure de la mâchoire inférieure. Auparavant, certains muscles s'inséraient sur le gros os dentaire situé sur l'avant de la mâchoire alors que d'autres s'inséraient sur plusieurs os postérieurs plus petits. Ces os ont de plus en plus rétréci chez les thérapsides, pour finalement disparaître totalement chez les mammifères, supprimant ainsi une faiblesse potentielle dans la jonction entre les os de la mâchoire inférieure. L'os dentaire lui-même a développé aussi une crête élevée (l'apophyse coronoïde) dans le fond, fournissant un point d'insertion supplémentaire pour des muscles des mâchoires plus grands et plus puissants.

Un autre changement mineur lié aux os des mâchoires des reptiles mammaliens a eu un effet colossal en améliorant l'ouïe des mammifères. Les deux os qui formaient l'articulation entre le crâne et la mâchoire inférieure chez les reptiles mammaliens ont progressivement reculé dans l'oreille moyenne des mammifères, s'associant avec les étriers pour former une chaîne composée de 3 osselets (appelés le marteau, l'enclume et l'étrier du fait de leurs formes). Le son était transmis depuis le tympan externe jusqu'aux conduits remplis de liquide de l'oreille interne.

L'intégration progressive de ces 3 petits os dans l'oreille peut se voir dans les fossiles des thérapsides du Trias. En fait, on peut étudier ces changements, télescopés dans le temps, dans le développement *in utero* d'un embryon de mammifère moderne. Ils constituent, au même titre que *Archaeopteryx*, une preuve des évolutions qui lient les reptiles et les oiseaux (voir page 174).

Les mammifères ont également développé une paire de pavillons charnus de chaque côté de la tête. On ne sait pas avec certitude à quel moment ces oreilles externes ont évolué. Elles ont cependant été observées chez certains thérapsides tardifs (illustrés page 193).

Amélioration des membres

Simultanément aux modifications des mâchoires et des dents des reptiles mammaliens, le squelette a évolué et les membres sont devenus plus efficaces. Les pélycosaures primitifs du Carbonifère supérieur, tels que *Archaeothyris*, se déplaçaient encore comme les reptiles, tordant leur corps latéralement, jambes écartées horizontalement par rapport au corps.

Au Permien inférieur, les sphénacodontes, comme *Dimetrodon*, avaient mis au point un système de locomotion nouveau et plus efficace. La forme des os du bassin et des membres postérieurs et les articulations entre les vertèbres montrent que les mouvements des membres postérieurs étaient accompagnés d'une courbure de haut en bas de la colonne vertébrale.

À partir de *Dimetrodon*, l'histoire de l'évolution des reptiles mammaliens suit une progression régulière et rapide dans la flexion des membres et du corps sur le plan vertical, plutôt que dans « l'ancien » plan horizontal.

En outre, la position des pieds s'est modifiée par rapport aux pattes qui, au lieu de pointer vers les côtés, étaient orientées vers l'avant. Les orteils se sont raccourcis et sont de même longueur.

Grâce à ce système de locomotion, il était beaucoup plus facile de se déplacer rapidement : en allongeant simplement les différents os des membres et des pieds, il était devenu possible de faire des pas plus longs et d'amener plus vite les pattes d'avant en arrière.

Reptile de type mammifère évolué (*Thrinaxodon*)

Thrinaxodon marchait comme un mammifère, les pattes placées directement sous le corps. Il avait des dents et des mâchoires puissantes avec une apophyse coronoïde haute sur la mâchoire inférieure permettant un ancrage solide des muscles. La cage thoracique était probablement fermée par un diaphragme musculaire qui permettait aux poumons de se dilater et de se contracter pour une respiration efficace.

Une meilleure respiration

Les autres caractéristiques des reptiles thérapsides évolués fournissent des preuves solides de l'endothermie de ces animaux, comme de leurs descendants, les mammifères. Par exemple, la réduction brutale de l'ampleur des côtes chez des cynodontes comme *Thrinaxodon* laisse penser que toute la partie frontale de la cavité corporelle, qui abrite les organes vitaux, les poumons et le cœur, était fermée par une membrane musculaire, le diaphragme. Ce développement a entraîné toute une série de modifications. Il a permis d'emplir et de vider plus rapidement et plus souvent des poumons plus larges, ce qui a, à son tour, permis à une quantité supérieure d'oxygène de pénétrer le sang. Les tissus étaient donc plus rapidement oxygénés, accélérant la digestion ou augmentant la force musculaire lorsque l'animal chassait ou s'enfuyait.

Puisque les tissus d'un animal à sang chaud doivent constamment être oxygénés, celui-ci ne peut pas retenir longtemps sa respiration. Ce besoin est conflictuel avec la nécessité de fermer la gueule pour conserver les aliments pendant la mastication. Ce problème a été résolu chez certains thérapsides évolués (les thérocéphales et les cynodontes) par le développement d'un palais secondaire, une paroi osseuse qui séparait la voie aérienne de la gueule, leur permettant de respirer et de mâcher en même temps. L'existence de cette structure renforce la théorie selon laquelle ces reptiles mammaliens étaient déjà endothermes.

L'isolation thermique, garante de la survie

Il n'existe aucun moyen de savoir si les reptiles mammaliens étaient couverts de poils ou de fourrure. Une telle isolation n'est pas nécessaire chez les grands animaux (et bon nombre de thérapsides étaient grands) car la surface par laquelle la chaleur peut se dissiper est proportionnellement plus petite. Ce n'est d'ailleurs pas un hasard si l'ultime transition des reptiles mammaliens aux mammifères au Trias supérieur s'est accompagnée d'une réduction notable de la taille.

Les premiers mammifères, tels que *Megazostrodon* (voir page 198), étaient de toutes petites créatures ressemblant à des musaraignes. Il est probable qu'ils aient été poilus et totalement endothermes (à sang chaud) et qu'ils possédaient des glandes mammaires, autrement dit les caractéristiques types d'un véritable mammifère. Ce devait également être des fouisseurs nocturnes, mais on ne dispose d'aucune trace fossile le prouvant. On sait cependant que l'hypertrophie de leur crâne associée à l'ouïe et à l'odorat était particulièrement utile aux animaux nocturnes. D'après leurs dents, on sait qu'ils mangeaient des insectes et qu'il était préférable pour eux de vivre la nuit afin d'éviter de concurrencer les oiseaux et les iézards insectivores. Un mode de vie nocturne fouisseur les aurait également aidés à se tenir hors de portée des nombreux prédateurs reptiles et à survivre à l'extinction du Crétacé supérieur.

Évolution du reptile mammalien au mammifère

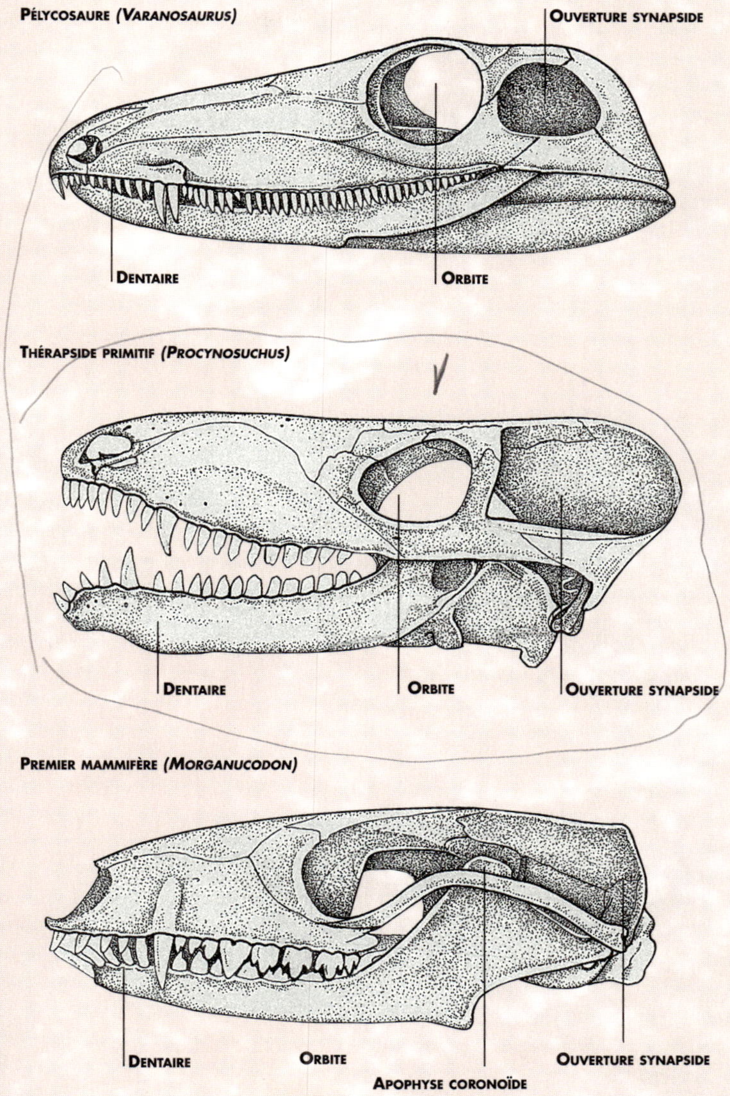

Les mâchoires puissantes des mammifères sont le résultat de modifications progressives du crâne et des mâchoires inférieures de leurs ancêtres. Chez les premiers reptiles mammaliens, les pélycosaures, la mâchoire inférieure est constituée de plusieurs os, dont le dentaire est le plus gros. Chez les thérapsides plus évolués, le crâne est plus haut et les fosses temporales plus grandes, favorisant des muscles des mâchoires plus longs. L'os dentaire est également plus grand. Chez les mammifères, les orbites et les fosses temporales fusionnent. La mâchoire inférieure n'est formée que d'un seul os, le dentaire. L'apophyse coronoïde fournit un point d'ancrage supplémentaire aux muscles. Les petits os, à l'arrière des mâchoires des thérapsides, ont reculé pour former une chaîne dans l'oreille interne des mammifères par laquelle sont transmis les sons.

PÉLYCOSAURES ET THÉRAPSIDES

SOUS-CLASSE DES SYNAPSIDA

Les ancêtres reptiliens des mammifères, les pélycosaures et les thérapsides, et les mammifères même ont tous en commun le même type de crâne synapside (voir page 61). L'unique fosse temporale derrière l'orbite a favorisé l'allongement des muscles des mâchoires, augmentant par là la puissance de celles-ci : l'animal pouvait les ouvrir en grand et les refermer avec force pour saisir les grandes proies.

ORDRE DES PELYCOSAURIA

Les pélycosaures sont les premiers reptiles synapsides (de type mammifère) à avoir évolué. Ils sont apparus au Carbonifère, il y a quelque 300 millions d'années, lorsque les reptiles ont commencé à coloniser la terre. Comme les premiers reptiles, les pélycosaures étaient au début de petites créatures ressemblant à des lézards. Mais en évoluant ils ont pris différentes formes, beaucoup plus massives, leurs mâchoires puissantes munies de dents de formes et de tailles variées.

La famille des ophiacodontidés, dont dérivent les trois autres familles, regroupe les premiers pélycosaures les plus primitifs. Le groupe des sphénacodontes carnivores est le plus important en terme d'évolution, car ses membres sont les ancêtres directs des reptiles thérapsides et indirects des mammifères.

Les édaphosaures sont de grands herbivores apparentés aux sphénacodontes mais ayant un crâne et une dentition très différents. Les caséidés étaient également herbivores et ont été les tout derniers pélycosaures à évoluer.

Famille des Ophiacodontidae

Ce groupe de six ou sept genres s'étend du Carbonifère supérieur au Permien moyen et comprend les premiers et les plus primitifs pélycosaures connus.

NOM : *Archaeothyris*
ÉPOQUE : Carbonifère supérieur
RÉPARTITION : Amérique du Nord (Nouvelle-Écosse)
TAILLE : 50 cm de long

Ce petit ophiacodontidé ressemblant à un lézard est le premier pélycosaure connu. On a retrouvé ses ossements au même endroit (dans les roches du Carbonifère supérieur, en Pennsylvanie) que ceux du premier reptile connu, l'anapside *Hylonomus*. Ces roches montrent que le climat était chaud, tropical et humide, qu'il y avait de grandes forêts de conifères et un sous-bois riche en fougères et en mousses. Les amas de végétation putrescente se seraient accumulés dans les marécages des basses terres (créant les couches de charbon actuelles), apportant nourriture et lieux de reproduction aux insectes et autres invertébrés. Ceux-ci attiraient à leur tour des reptiles insectivores, tels que *Hylonomus*, dont se nourrissaient certainement les reptiles synapsides plus grands, d'évolution récente, comme *Archaeothyris*. Celui-ci était déjà beaucoup plus évolué que les autres reptiles anapsides primitifs. Ses mâchoires étaient puissantes et pouvaient s'ouvrir en grand et se refermer avec force. Il avait deux grandes canines sur le devant des mâchoires. On peut ainsi penser qu'il avait une alimentation variée et carnivore.

NOM : *Ophiacodon*
ÉPOQUE : Permien inférieur
RÉPARTITION : Amérique du Nord (Texas)
TAILLE : jusqu'à 3,50 m de long

Ophiacodon témoigne de l'évolution rapide des différents caractères des membres du groupe des pélycosaures. La forme de son crâne s'est modifiée, délaissant la tête petite et basse d'une espèce apparentée antérieure, *Archaeothyris* (à gauche), pour une forme épaisse et étroite. Les muscles des mâchoires disposaient ainsi de plus de place pour se développer et s'étirer. Ses membres postérieurs sont plus longs que ses membres antérieurs et placés plus directement sous le corps. Ainsi, même s'il rampait comme un reptile, *Ophiacodon* courait probablement mieux que *Archaeothyris*.

Ophiacodon est beaucoup plus grand que les premiers pélycosaures, et ce facteur l'aura aidé à réguler sa température interne. Il devait peser entre 30 et 50 kg. Il vivait sans doute par période dans l'eau, fouillant les plaines inondées ou les marais, attrapant des poissons et des amphibiens dans ses mâchoires allongées et les fractionnant de ses dents pointues.

Famille des Varanopseidae

Ce groupe rassemble quatre ou cinq petits pélycosaures, tous datant du Permien inférieur et découverts en Amérique du Nord. À en juger par leurs longues pattes et leur squelette léger, ce devait être des carnivores actifs.

NOM : *Varanosaurus*

ÉPOQUE : Permien inférieur

RÉPARTITION : Amérique du Nord (Texas)

TAILLE : 1,50 m de long

Varanosaurus vivait dans les mêmes lieux et périodes que *Ophiacodon* (à gauche), avec qui il rivalisait probablement pour s'approprier les poissons des marécages. Son crâne était également épais et étroit, avec des mâchoires quelque peu effilées et armées de petites dents pointues. Il était bâti comme un varan moderne.

Famille des Sphenacodontidae

Groupe le plus important parmi les pélycosaures de grande taille, cette famille réunit huit genres carnivores dont *Dimetrodon*, l'un des pélycosaures à « voile » les plus connus.

NOM : *Sphenacodon*

ÉPOQUE : Permien inférieur

RÉPARTITION : Amérique du Nord (Nouveau Mexique)

TAILLE : 3 m de long

Ce grand sphénacodontidé est typique de cette famille avec un crâne épais et étroit, des mâchoires énormes et des dents différenciées. Les sphénacodontidés ont été les premiers animaux à développer des dents aussi spécialisées. Ils furent les premiers grands carnivores terrestres. Les épines vertébrales de la colonne de *Sphenacodon* sont longues et servent de point d'insertion aux muscles dorsaux massifs, permettant à l'animal de bondir avec force sur ses proies. Chez d'autres membres de la famille, ces épines étaient allongées et soutenaient un immense aileron, ou « voile », permettant probablement de réguler la température du corps.

NOM : *Dimetrodon*

ÉPOQUE : Permien inférieur

RÉPARTITION : Amérique du Nord (Oklahoma et Texas)

TAILLE : 3 m de long

La « voile » dorsale spectaculaire de *Dimetrodon* était sans doute un moyen primitif de thermorégulation.

Son armature était constituée de longues épines qui se projetaient de ses vertèbres dorsales pour atteindre jusqu'à 1 m au centre. Une membrane cutanée, probablement fortement vascularisée, recouvrait les épines.

Chaque jour, à l'aube, *Dimetrodon* devait tourner sa voile vers les rayons du soleil levant. Véritable panneau solaire, la voile absorbait la chaleur et devait réchauffer le sang qui circulait ensuite dans le corps, élevant la température du reptile pour lui permettre de partir chasser. Pour se rafraîchir, après une course épuisante, par exemple, *Dimetrodon* éloignait sa voile du soleil et la plaçait dans le vent, dispersant ainsi la chaleur.

On voit un exemple intéressant d'évolution convergente entre ces sphénacodontidés synapsides et les reptiles diapsides non apparentés, les dinosaures. Deux dinosaures, *Spinosaurus* (voir pages 118-119) et *Ouranosaurus* (voir pages 144-145), vivant l'un et l'autre dans l'ouest de l'Afrique au Crétacé, avaient également développé des voiles solaires dorsales.

On a estimé qu'il aurait fallu 1 h 1/2 à un *Dimetrodon* de 200 kg pour que sa température interne passe de 26 °C à 32 °C. Sans cette voile, et pour atteindre cette température, il aurait dû se dorer au soleil plus de 3 h 1/2.

Les grandes canines et incisives proéminentes de *Dimetrodon* confirment que c'était un formidable prédateur : son nom signifie « deux sortes de dents ». Ses proies étaient d'autres pélycosaures qui, dépourvus de voile, restaient léthargiques jusqu'à ce que le soleil les ait suffisamment réchauffés pour leur permettre de s'activer.

PÉLYCOSAURES ET THÉRAPSIDES SUITE

Famille des Edaphosauridae

Ce groupe de pélycosaures à voile a vécu du Carbonifère supérieur au Permien moyen. Ses membres présentaient plusieurs adaptations en vue d'un mode de vie herbivore, comme des dents palatines formant une large table de broyage.

NOM : *Edaphosaurus*
ÉPOQUE : du Carbonifère supérieur au Permien inférieur
RÉPARTITION : Europe (ex-Tchécoslovaquie) et Amérique du Nord (Texas)
TAILLE : 3 m de long

Edaphosaurus portait une grande voile sur son dos, semblable à celle de *Dimetrodon*, si ce n'est la présence d'entretoises osseuses sur la longueur des épines vertébrales effilées de *Edaphosaurus*. Outre sa fonction possible de dispositif thermorégulateur, la voile aurait également eu un rôle d'apparat, soit pour parader soit pour menacer, et elle était peut-être vivement colorée.

Ce pélycosaure massif n'était une créature ni active ni bâtie pour la vitesse. Son corps était long et cylindrique (de manière à abriter ses énormes intestins), ses membres étaient courts et trapus, et sa position avachie ne lui permettait pas de courir. Il avait une dentition d'herbivore. Outre les dents en forme de pieu serrées les unes contre les autres dans ses mâchoires, son palais était également pourvu de dents formant une large table de mastication, idéale pour hacher et broyer les plantes.

Famille des Caseidae

On a retrouvé ces pélycosaures du Permien moyen (des petits comme des grands) en Amérique du Nord et en Europe. Leurs dents se sont adaptées à une alimentation herbivore, mode de vie que suggère également une cage thoracique cylindrique qui aurait contenu le vaste estomac et les intestins que nécessite la digestion de végétaux.

NOM : *Casea*
ÉPOQUE : Permien inférieur
RÉPARTITION : Europe (France) et Amérique du Nord (Texas)
TAILLE : 1,20 m de long

La famille des caséidés du Permien inférieur, représentée par *Casea*, a été la dernière à évoluer. Pélycosaures herbivores les plus abondants, ils se sont épanouis pratiquement jusqu'à la fin du Permien.

Casea était l'un des plus petits membres de la famille : certains de ses parents étaient impressionnants avec leurs 3 m de long et leurs 600 kg. Tous les caséidés ont un corps épais et massif, avec une vaste cage thoracique de manière à abriter le long intestin nécessaire à la digestion des végétaux. Leur tête carrée est très petite, avec d'énormes fosses temporales sur l'arrière et de grandes fosses nasales sur le devant.

Les caséidés sont uniques parmi les pélycosaures, car ils n'ont pas de dents sur la mâchoire inférieure. Celles de la mâchoire supérieure sont épaisses, en forme de pieu émoussé et aux bords ondulés, comme celles de lézards herbivores modernes. De nombreuses petites dents parsèment le palais. Cette dentition suggère qu'ils se nourrissaient de plantes coriaces, telles que fougères et prêles, qu'il fallait broyer et mâcher.

Ordre des Therapsida

Les thérapsides étaient des reptiles synapsides évolués, descendants des sphénacodontes carnivores et ancêtres directs des mammifères. Bien que l'on ait retrouvé les premiers fossiles de thérapsides au début du Permien supérieur, ils s'étaient séparés des pélycosaures sphénacodontes plus de 20 millions d'années plus tôt, probablement au Permien inférieur. Ils se sont rapidement répandus dans toutes les parties du monde, y compris l'Antarctique.

Les thérapsides sont regroupés en plusieurs sous-ordres (voir page 302), dont un seul, celui des cynodontes (voir pages 192-193), a survécu au Jurassique.

NOM : *Phthinosuchus*

ÉPOQUE : début du Permien supérieur

RÉPARTITION : Europe (ex-URSS)

TAILLE : 1,50 m de long

On ne connaît que le crâne de ce thérapside primitif. Il ressemble de façon frappante à celui d'un sphénacodontidé, mais les fosses temporales qui se situent derrière ses yeux sont plus grandes et ses canines plus proéminentes. Les paléontologues pensent qu'il serait une structure intermédiaire entre les pélycosaures et les thérapsides.

NOM : *Titanosuchus*

ÉPOQUE : Permien supérieur

RÉPARTITION : Afrique (Afrique du Sud)

TAILLE : 2,50 m de long

Titanosuchus, ou « terrible tête », est un membre des dinocéphales à grosse tête. C'était un carnivore pourvu d'incisives acérées, de canines ressemblant à des crocs sur le devant des mâchoires et de dents postérieures lui permettant de couper la viande. Ses proies principales étaient sans doute ses congénères herbivores.

NOM : *Moschops*

ÉPOQUE : Permien supérieur

RÉPARTITION : Afrique (Afrique du Sud)

TAILLE : 5 m de long

Les roches du Karoo, en Afrique du Sud, ont révélé de nombreux thérapsides, dont cet herbivore dinocéphale (à droite), au crâne massif et au corps épais, aux mâchoires courtes à nombreuses dents en ciseau. Les os du front sont particulièrement épaissis, suggérant des luttes tête contre tête avec ses congénères, afin de s'assurer la suprématie, ce que faisaient les dinosaures « tête de bois » ou pachycéphalosaures (voir page 136 et 137). Les pattes avant de *Moschops* étaient solides et fléchies ; les pattes arrière, plus longues, étaient placées directement sous le bassin.

NOM : *Lycaenops*

ÉPOQUE : Permien supérieur

RÉPARTITION : Afrique (Afrique du Sud)

TAILLE : 1 m de long

Lycaenops, ou « face de loup », était un petit carnivore léger, aux longues jambes idéales pour courir. C'est un membre des gorgonopsiens, les prédateurs dominants du Permien supérieur dans le sud de l'Afrique et en Russie. Il chassait sans doute en groupe, probablement de gros thérapsides herbivores, comme *Moschops*. Ses canines étaient particulièrement longues, et la partie avant de son crâne était plus épaisse que la normale pour donner de la place aux racines dentaires.

NOM : *Galechirus*

ÉPOQUE : Permien supérieur

RÉPARTITION : Afrique (Afrique du Sud)

TAILLE : 30 cm de long

Ce tout petit reptile ressemblant à un lézard serait un membre précoce des dicynodontes (voir pages 190-191), groupe de thérapsides herbivores le plus abondant et le plus prolifique. Les dents de *Galechirus* laissent cependant penser qu'il était plutôt insectivore. Bon nombre de paléontologues pensent que *Galechirus* est simplement une forme juvénile d'un thérapside adulte.

THÉRAPSIDES

SOUS-ORDRE DES DICYNODONTIA

Les dicynodontes ont été le groupe de thérapsides herbivores, ou reptiles mammaliens, le plus prolifique et le plus répandu dans le monde. Il a évolué au cours du Permien supérieur et a perduré jusqu'à la fin du Trias, soit environ 50 millions d'années. Les cynodontes (voir pages 192-193) ont été le seul groupe de thérapsides à survivre aux dicynodontes. C'étaient les ancêtres directs des mammifères (voir pages 194-297).

Les dicynodontes doivent majoritairement leur réussite à la formidable évolution de leur crâne et de leurs mâchoires. L'hypertrophie des fosses temporales situées au dos du crâne (voir page 61) des dicynodontes a permis de développer des muscles plus longs et plus puissants permettant d'actionner leurs mâchoires. La charnière entre la mâchoire inférieure et le crâne autorisait également un déplacement d'avant en arrière des mâchoires, créant une action de cisaillement, idéale pour broyer des végétaux. En outre, la dentition de ces reptiles était unique. Ces adaptations ont permis aux dicynodontes de s'accommoder de n'importe quel type de végétal coriace.

NOM : *Robertia*
ÉPOQUE : Permien supérieur
RÉPARTITION : Afrique (Afrique du Sud)
TAILLE : 45 cm de long

Bien que *Robertia* ait été l'un des premiers dicynodontes à évoluer, il avait déjà développé la dentition et les caractéristiques propres aux espèces apparentées qui apparaîtraient plus tard. L'avant des mâchoires est un bec cornu de tortue, et il ne lui restait que deux canines semblables à des crocs sur la mâchoire supérieure (cette disposition se reflète dans le nom dicynodonte qui signifie « deux dents de chien »).

Dans le cas de *Robertia*, il y avait une encoche dans la mâchoire, juste devant la canine, dans laquelle les tiges, brindilles et racines devaient s'insérer avant d'être coupées par le bec tranchant.

NOM : *Cistecephalus*
ÉPOQUE : Permien supérieur
RÉPARTITION : Afrique (Afrique du Sud)
TAILLE : 33 cm de long

Les dicynodontes se sont adaptés à plusieurs modes de vie. Certains étaient semi-aquatiques, alors que d'autres broutaient dans les forêts de conifères. Certains, comme *Cistecephalus*, vivaient sous terre.

Cette créature avait une tête triangulaire aplatie, un corps trapu et des membres antérieurs courts et solides pourvus d'orteils larges, comme ceux d'une taupe moderne. Elle utilisait probablement ses membres puissants pour creuser le sol afin d'y trouver vers, escargots et insectes.

NOM : *Dicynodon*
ÉPOQUE : Permien supérieur
RÉPARTITION : Afrique (Afrique du Sud et Tanzanie)
TAILLE : 1,20 m de long

Dicynodon avait deux canines dans sa mâchoire supérieure, caractéristique qui a donné son nom au groupe des dicynodontes, qui signifie « deux dents de chien ». Il aurait utilisé ces deux crocs puissants pour arracher les plantes du sol.

Un autre groupe de reptiles herbivores, les paréiasaures, était contemporain de *Dicynodon.* Il s'agissait pour certains d'animaux éléphantesques, lourdement armés et pourvus d'une dentition complète de dents en forme de feuilles. Cette dentition était assez différente de celle des dicynodontes à bec cornu, pratiquement édentés. Ces deux types de reptiles non apparentés évitaient de rivaliser en mangeant des plantes différentes.

NOM : *Lystrosaurus*

ÉPOQUE : Trias inférieur

RÉPARTITION : Afrique (Afrique du Sud), Antarctique, Asie (Chine et Inde) et Europe (Russie)

TAILLE : 1 m de long

On a retrouvé les ossements de *Lystrosaurus* en Antarctique à la fin des années 1960. La grande répartition de cet herbivore robuste apporte une nouvelle preuve de l'existence de Gondwana (voir pages 11 et 299) au Permien supérieur et au Trias.

Lystrosaurus était autrefois considéré comme une sorte « d'hippopotame » reptilien qui se complaisait dans les eaux peu profondes, broutant les algues marines. De nouvelles études montrent qu'il se nourrissait probablement de végétaux plus solides et que c'était sans doute un animal fouisseur. Ces deux comportements sont plus vraisemblables pour un animal s'étant adapté à un climat de plus en plus semi-aride.

NOM : *Kannemeyeria*

ÉPOQUE : Trias inférieur

RÉPARTITION : Afrique (Afrique du Sud), Asie (Inde) et Amérique du Sud (Argentine)

TAILLE : jusqu'à 3 m de long

On a retrouvé en Australie en 1985 un crâne de *Kannemeyeria*, ou d'un membre apparenté, de la taille d'un bœuf. Ce dicynodonte était un herbivore adapté à la vie terrestre. Ses ceintures scapulaire et pelvienne forment des plaques osseuses massives, permettant de soutenir le poids de ce corps lourd et volumineux. La grosse tête de *Kannemeyeria* était allégée par les larges ouvertures pour les yeux, les naseaux et les muscles des mâchoires. Le bec cornu et puissant pouvait déchirer des bouchées entières de feuilles et de racines et les broyer par l'action de cisaillement de ces mâchoires édentées.

Sous-ordre des Therocephalia

Les roches du Permien supérieur de Russie et du sud de l'Afrique ont révélé les ossements de reptiles mammaliens évolués, les thérocéphales. On en a également retrouvé dans l'est de l'Asie et dans le sud et l'est de l'Afrique. Ils ont survécu jusqu'au milieu du Trias.

NOM : *Ericiolacerta*

ÉPOQUE : Trias inférieur

RÉPARTITION : Afrique (Afrique du Sud)

TAILLE : 20 cm de long

Cette créature semblable à un lézard était un insectivore actif, si l'on en juge par ses dents petites et ses jambes longues et fines.

La flore abondante du Trias inférieur en Afrique (prêles, fougères, conifères et premières cycadées) qui nourrissait les grandes populations de dicynodontes fournissait également habitat et alimentation à de nombreux insectes et autres invertébrés. Ceux-ci constituaient à leur tour de petites proies qui convenaient aux petits thérocéphales comme *Ericiolacerta*.

THÉRAPSIDES SUITE

Sous-ordre des Cynodontia

Les cynodontes, ou « dents de chien », forment le groupe de reptiles thérapsides qui a connu la plus belle réussite. Il détient le record de longévité, quelque 80 millions d'années, du Permien supérieur jusqu'au milieu du Jurassique environ. Il est aussi l'ancêtre direct d'un groupe moderne d'animaux qui connaît lui aussi une réussite flagrante, celui des mammifères.

On a retrouvé les premiers fossiles de cynodontes dans les roches du Permien supérieur en Russie et dans le sud de l'Afrique. Ils avaient nombre de caractères des mammifères : une quantité moindre d'os dans la mâchoire inférieure par exemple, un palais secondaire osseux et des couronnes de molaires au motif complexe.

De telles caractéristiques évoluées suggèrent que ces reptiles avaient entamé leur modification bien plus tôt, sûrement au début du Permien. Leurs ancêtres se trouvaient certainement parmi les pélycosaures sphénacodontes carnivores (voit page 187), qui avaient déjà développé une méthode rudimentaire de régulation thermique.

Bien qu'il n'en subsiste aucune trace fossile, les cynodontes étaient vraisemblablement poilus, ce qui leur aurait servi d'isolation thermique et les auraient aidés à conserver une température interne élevée.

NOM : *Procynosuchus*
ÉPOQUE : Permien supérieur
RÉPARTITION : Afrique (Afrique du Sud)
TAILLE : 60 cm de long

Sans être un cynodonte type, *Procynosuchus* est intéressant parce que, bien que l'un des premiers membres les plus primitifs du groupe, il s'était adapté à une vie aquatique. L'arrière de son corps et sa queue étaient plus flexibles que de coutume chez les cynodontes et pouvaient visiblement aller de droite à gauche, comme le fait un crocodile pour nager. Ses vertèbres caudales étaient aplaties pour augmenter la surface et permettre à la queue d'être plus efficace pour nager. Ses membres ressemblaient à des pagaies, comme ceux des loutres modernes.

En dépit de ses caractéristiques spécialisées, on pense que *Procynosuchus* pourrait être l'ancêtre des cynodontes.

NOM : *Thrinaxodon*
ÉPOQUE : Trias inférieur
RÉPARTITION : Afrique (Afrique du Sud) et Antarctique
TAILLE : 50 cm de long

Thrinaxodon ressemble beaucoup plus à un mammifère que son proche parent antérieur, *Procynosuchus.* C'était un petit carnivore solidement bâti, sûrement capable de courir assez vite si l'on en juge par la position dressée de ses solides membres postérieurs. Son corps était long et bien divisé (pour la première fois chez les vertébrés) en région thoracique et région lombaire. Cette division était marquée par l'ampleur des côtes : seules les vertèbres thoraciques supportaient des côtes qui formaient une cage distincte, abritant les organes vitaux.

Comme chez les mammifères actuels, une membrane de tissu musculaire, le diaphragme, fermait probablement la cage thoracique. Lorsque l'animal respirait, le mouvement du diaphragme emplissait et vidait efficacement ses poumons, développement essentiel dans l'évolution de la thermorégulation (voir page 182 et 183). La présence d'un palais osseux secondaire, séparant complètement la voie réservée à la respiration de la gueule, témoigne également de la capacité de *Thrinaxodon* à réguler sa température. Grâce à ce progrès, l'animal pouvait respirer tout en gardant des aliments longtemps dans sa gueule, les mâchant pour les réduire en petits morceaux et les digérer plus rapidement.

Le squelette de *Thrinaxodon* présente de nombreux autres changements structurels. Par exemple, l'un des os des pieds avait développé un talon qui, avec l'aide des puissants tendons, permettait sans doute de soulever le pied du sol. Les orteils étaient de même longueur, répartissant équitablement le poids du corps.

La mâchoire inférieure de *Thrinaxodon* avait une autre caractéristique mammalienne. Les dents de chaque côté étaient placées dans un os unique, le dentaire, qui s'était agrandi aux dépens des plus petits os du fond de la mâchoire. Cette tendance – le développement d'un os unique pour la mâchoire inférieure – apparue chez les cynodontes permettait de renforcer les mâchoires.

NOM : *Cynognathus*

ÉPOQUE : Trias inférieur

RÉPARTITION : Afrique (Afrique du Sud) et Amérique du Sud (Argentine)

TAILLE : 1 m de long

Les mâchoires de *Cynognathus* prouvent que c'était, sans doute possible, un redoutable prédateur. C'est l'un des plus grands cynodontes connus, solidement bâti, les membres postérieurs placés directement sous le corps, la tête mesurant plus de 30 cm de long.

L'intégralité de la mâchoire inférieure était composée d'un os unique, le dentaire, dans lequel s'inséraient des incisives, des canines et des molaires. Une grande crête osseuse (l'apophyse coronoïde), sur l'arrière du dentaire, s'articulait avec le crâne et permettait d'ouvrir la gueule en grand. Elle créait également une surface supplémentaire d'insertion des muscles maxillaires, permettant à l'animal de mordre avec une formidable puissance.

NOM : *Massetognathus*

ÉPOQUE : Trias moyen

RÉPARTITION : Amérique du Sud (Argentine)

TAILLE : 48 cm de long

De la douzaine de familles de cynodontes, trois seulement comprenaient des herbivores. Les traversodontidés, représentés par *Massetognathus*, étaient herbivores et avaient une dentition caractéristique. Les molaires sont très grandes et les couronnes présentent un schéma de crêtes et de sillons.

Les dents de la mâchoire inférieure s'imbriquaient dans celles de la mâchoire supérieure. Un espace séparait aussi les molaires des petites canines vers le devant, ayant probablement la même fonction que chez les rongeurs et les lapins actuels. Ces animaux peuvent rentrer leurs joues pour garder les aliments au fond de la gueule pendant qu'ils mâchent. La jonction précise des molaires et la possibilité de concentrer la mastication au fond de la gueule lui permettaient de mixer les végétaux.

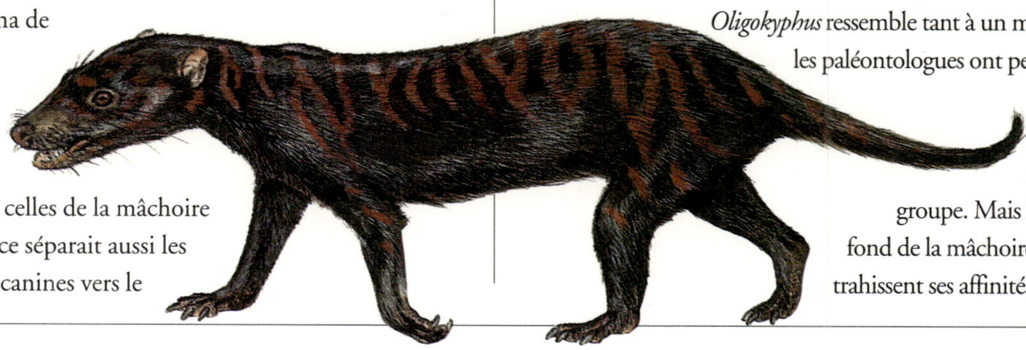

NOM : *Oligokyphus*

ÉPOQUE : Jurassique inférieur

RÉPARTITION : Europe (Angleterre)

TAILLE : 50 cm de long

Oligokyphus et les autres membres herbivores de sa famille, les tritylodontidés, forment le dernier groupe de cynodontes à apparaître au Trias supérieur. De tous les thérapsides, ce sont ceux qui ont survécu le plus longtemps et les seuls reptiles mammaliens à avoir perduré au Jurassique.

Oligokyphus ressemble à une belette actuelle, avec un corps et une queue longs et effilés. Les membres antérieurs et postérieurs sont placés directement sous son corps, comme chez les mammifères. Ce petit cynodonte avait pris une posture totalement redressée et quadrupède, à la différence de tous les autres thérapsides dont les membres antérieurs s'écartaient.

La dentition d'herbivore *Oligokyphus* était aussi très différente de celle des autres cynodontes : dépourvu de canines, il avait deux incisives frontales très larges, comme celles d'un rongeur de type castor. Comme chez *Massetognathus*, un grand espace séparait les incisives des molaires, carrées. Celles de la mâchoire supérieure avaient trois rangées de cuspides sur leur longueur, séparées par des sillons. Les dents inférieures avaient deux rangées de cuspides qui venaient s'insérer dans les sillons, permettant ainsi aux dents de bien s'imbriquer.

Oligokyphus ressemble tant à un mammifère que les paléontologues ont pensé pendant longtemps que c'était un membre de ce groupe. Mais les petits os au fond de la mâchoire inférieure trahissent ses affinités avec les reptiles.

VERS LA DIVERSITÉ

Le terme « mammifère » provient du caractère essentiel et unique commun à toutes les espèces de cette classe de vertébrés (dont les hommes) : la présence de glandes mammaires chez les femelles qui produisent du lait pour nourrir leurs petits. Même les mammifères ovipares (échidnés et platypus) en sont pourvus.

Cette capacité d'allaitement a d'énormes conséquences. La mère peut laisser ses petits pour aller chasser ou chercher à manger et ensuite produire du lait et nourrir régulièrement ses petits avec un aliment très nutritif. L'activité des petits se limitant à boire et à dormir, ils se développent vite.

Le deuxième caractère essentiel des mammifères est la présence de poils, en général sous forme de fourrure épaisse. Le but essentiel de cette fourrure est de conserver la chaleur interne, les mammifères étant homéothermes. La plupart des mammifères ont une température interne constante, souvent supérieure à celle de l'environnement. Chez les hommes par exemple, elle est de 37 °C environ; lorsque la température ambiante est inférieure, nous avons froid et devons nous couvrir pour nous réchauffer; lorsqu'elle est supérieure, nous transpirons pour perdre de la chaleur.

En maintenant une température constante, les mammifères peuvent être très actifs pendant de longues périodes, indépendamment des conditions externes. Mais ils paient un lourd tribut pour cela, car ils doivent consommer une grande quantité d'aliments de manière à produire l'énergie nécessaire à ce niveau d'activité.

Les premiers mammifères connus sont apparus au Trias supérieur, il y a 220 millions d'années. Durant tout le Jurassique et le Crétacé, les mammifères sont restés des éléments mineurs de la faune terrestre mondiale, dominée par les reptiles, notamment les dinosaures.

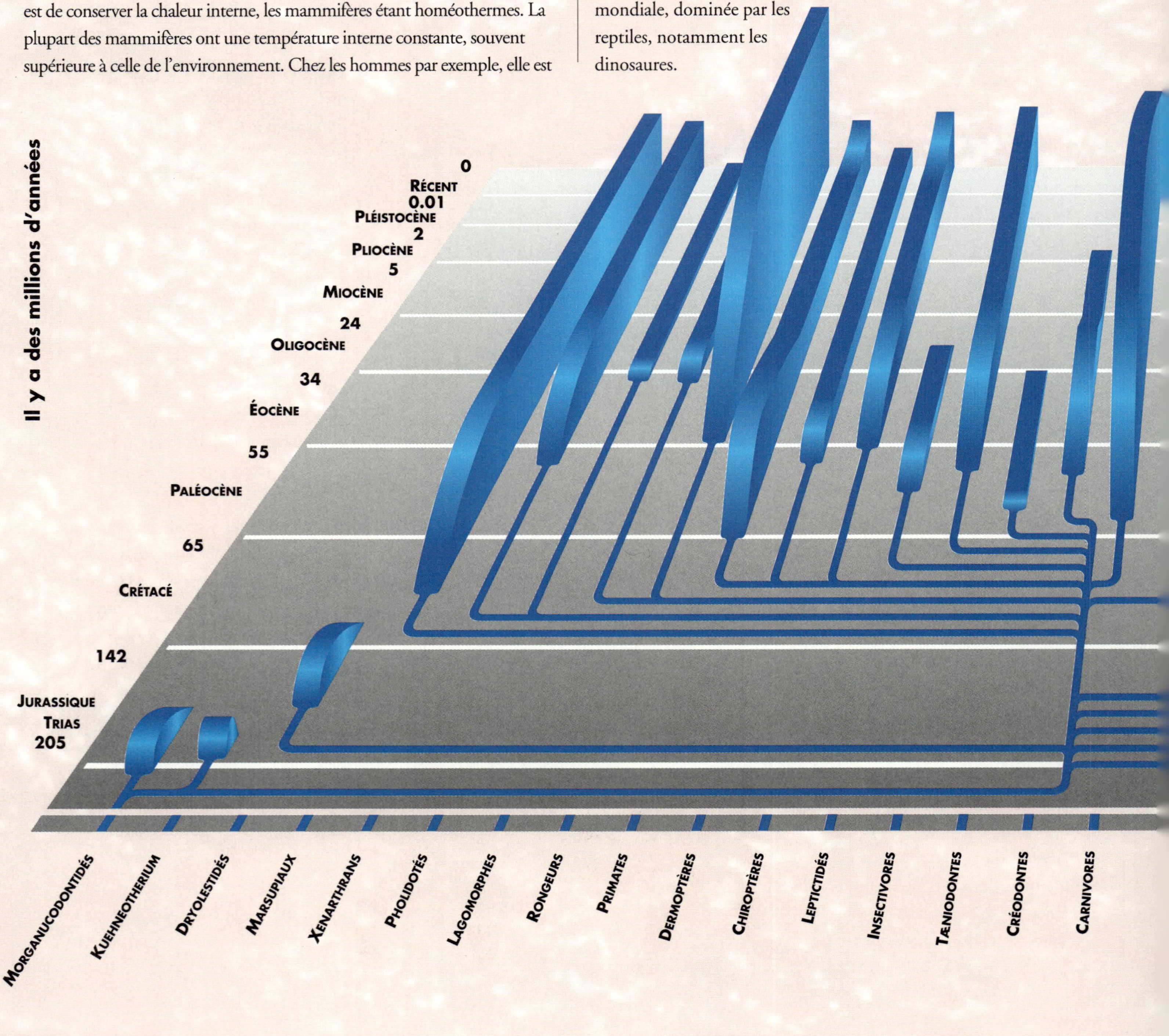

Au Mésozoïque, les mammifères étaient tous de la taille d'une musaraigne. Ils se nourrissaient de petits animaux morts. D'autres, comme les multituberculés, se nourrissaient de matière végétale, à l'instar des campagnols actuels.

La fin de l'ère Mésozoïque a marqué le début d'un monde nouveau, avec notamment la disparition des dinosaures. L'ère Cénozoïque qui lui a fait suite a commencé il y a 65 millions d'années avec de nouvelles formes vivantes dominantes, les plantes à fleurs, les insectes, les oiseaux et les mammifères, formes qui perdurent aujourd'hui.

L'essor des mammifères

L'apparition de forêts tropicales, de bois tempérés, de savanes et de prairies a offert de nouveaux habitats aux mammifères. Ils ont peuplé tous les continents et la plupart des grandes îles et des océans.

Aujourd'hui, l'Antarctique est le seul grand territoire où l'on n'en trouve plus, sauf les lions de mer. À l'Éocène, il y a 50 millions d'années, l'Antarctique était une terre boisée où vivaient les marsupiaux.

La diversité des mammifères a atteint son apogée il y a 15 millions d'années, au Miocène. Puis le climat de la planète s'est refroidi, culminant au Pléistocène dans la période glaciaire, débutant il y a 2 millions d'années. Puisque la diversité est maximale dans les tropiques, la réduction des habitats tropicaux a joué un rôle majeur dans le déclin de nombreuses espèces de mammifères. Mais l'alternance de cycles froids et chauds pendant la période glaciaire a encouragé l'évolution de mammifères gigantesques, comme le mammouth laineux, le daim géant et les paresseux géants terrestres, qui ont tous disparu dans les 12000 dernières années.

Pour mener un style de vie actif, il faut être capable de contrôler son système nerveux. Les mammifères ont donc un cerveau développé et complexe capable de traiter rapidement les informations que lui transmettent ses yeux, son nez et ses oreilles.

Adaptations des membres

Alors que les petits mammifères de type musaraigne ont commencé à évoluer et à grandir, ils ont élargi leur champ d'investigation du sous-sol

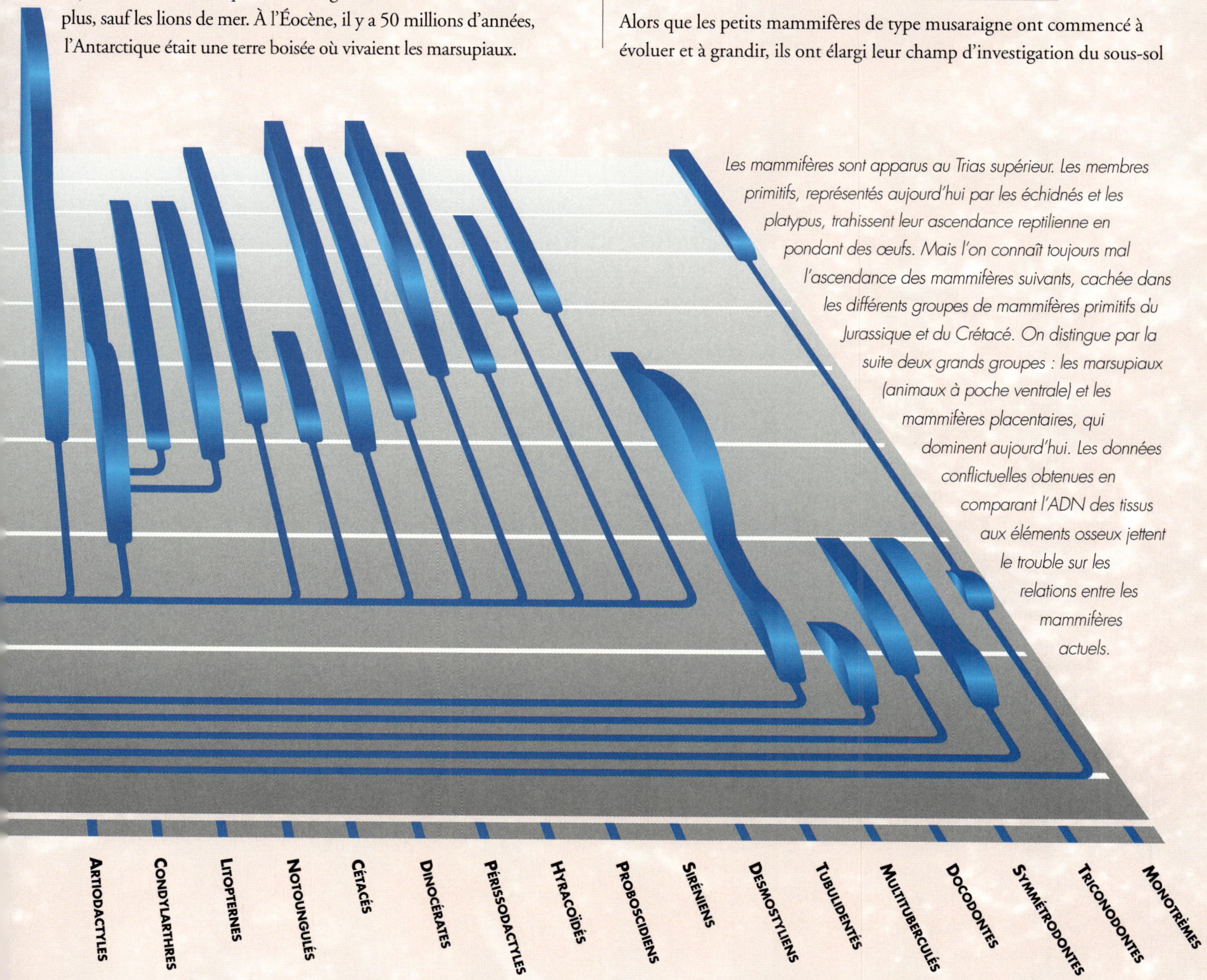

Les mammifères sont apparus au Trias supérieur. Les membres primitifs, représentés aujourd'hui par les échidnés et les platypus, trahissent leur ascendance reptilienne en pondant des œufs. Mais l'on connaît toujours mal l'ascendance des mammifères suivants, cachée dans les différents groupes de mammifères primitifs du Jurassique et du Crétacé. On distingue par la suite deux grands groupes : les marsupiaux (animaux à poche ventrale) et les mammifères placentaires, qui dominent aujourd'hui. Les données conflictuelles obtenues en comparant l'ADN des tissus aux éléments osseux jettent le trouble sur les relations entre les mammifères actuels.

aux cimes des arbres et à la brousse; certains ont même occupé les eaux et d'autres les airs.

L'exploitation de tous ces environnements différents a entraîné l'adaptation des membres des mammifères. Les musaraignes ont des pieds primitifs à 5 orteils, ou pentadactyles. Les prédateurs rapides, comme le chat domestique, sont formés selon le même schéma en plus grand et ont perdu l'orteil intérieur. Les mammifères grimpeurs et brachiateurs (qui se déplacent de branche en branche) ont développé des bras allongés et des pattes aux doigts effilés.

Les mammifères qui peuplent les prairies et les savanes tropicales ont de longues pattes fines qui se terminent par des pieds pourvus de sabots; chez ces mammifères « ongulés », les pattes n'ont qu'une seule utilité, permettre à l'animal de se déplacer. Les pieds ne peuvent plus être tournés de côté et les doigts latéraux disparaissent également pour ne laisser que 1 (chevaux) ou 2 (vaches) orteils. Les carnivores ne peuvent suivre cette course à l'économie car leurs pattes leur servent à plusieurs choses : marcher, courir, ramper, creuser, grimper et nager et aussi attraper, tenir et déchiqueter leurs proies. Leurs membres conservent la structure primitive pour une vie polyvalente.

Les phoques et les lions de mer nagent en s'aidant de leurs membres très modifiés; la partie supérieure du membre est courte et le pied allongé et palmé a la forme d'une pagaie. Chez les baleines en revanche, la puissance est essentiellement fournie par les mouvements de bas en haut de la nageoire caudale. Les membres antérieurs, transformés en nageoires, servent surtout à contrôler la direction et les membres postérieurs ont totalement disparu.

Les membres antérieurs des chauves-souris sont transformés en « ailes » grâce aux 3 doigts effilés qui rayonnent comme les baleines d'un parapluie et servent de support à la membrane de vol, ou patagium, faite d'une fine pellicule de peau.

Les mammifères ont essentiellement trois types différents d'excroissances cornées à l'extrémité de leurs doigts : des ongles, des griffes et des sabots. On trouve les ongles chez les primates, les éléphants et les rhinocéros. Les griffes sont surtout l'apanage des carnivores, mais aussi chez des animaux fouisseurs (fourmiliers). Les sabots caractérisent les mammifères tels que les chevaux et les antilopes, qui vivent dans des plaines herbacées et broussailleuses, ainsi que les chèvres chamoisées et les chameaux.

Ainsi, en allongeant ou en raccourcissant des segments des membres pentadactyles primitifs, et parfois en perdant des os et des doigts, la patte de base (chat) s'est modifiée pour permettre aux mammifères de se déplacer dans n'importe quel environnement.

Les dents des mammifères

Savoir se déplacer efficacement dans de très nombreux habitats différents permet aux mammifères d'exploiter une grande diversité d'aliments. Ceci demande à son tour une dentition adaptée pour attraper l'aliment, puis le réduire en une masse facile à avaler. Un mammifère a aussi besoin d'un appareil digestif efficace capable de traiter les aliments pour en extraire le maximum de nutriments.

Les mammifères sont classés principalement d'après la structure et la disposition de leurs dents et de leurs membres : autrement dit selon leur alimentation et leur locomotion. Étant donné qu'ils doivent se déplacer pour trouver leur nourriture, ces 2 fonctions sont étroitement liées.

Les dents constituées de phosphate de calcium dur se fossilisent bien et perdurent plus longtemps que n'importe quel autre organe du corps d'un mammifère. Ce sont les dents qui ont le plus de chances de survivre au passage des siècles après la mort de l'animal.

Au cours de sa vie, un mammifère a deux ensembles de dents : la première dentition sort après le sevrage et est temporaire. Elle permet à l'animal de se nourrir tout en grandissant rapidement. Les dents permanentes poussent et remplacent les premières. Chez un mammifère primitif non spécialisé, elle est composée de 44 dents disposées en séries distinctes, de formes et de fonctions différentes : 3 incisives, 1 canine, 4 prémolaires et 3 molaires pour un total de 11 dents sur chaque mâchoire. Peu de mammifères présentent ce schéma « primitif » non modifié : certaines dents ont disparu et celles qui restent sont hautement spécialisées.

Les incisives sont placées sur le devant des mâchoires; elles ont en général un bord tranchant et elles servent à saisir et à déchirer. La spécialisation se présente comme la perte de 2 incisives, la dernière devenant un croc ou un outil coupant.

La canine est une dent semblable à un croc qui permet aux carnivores de percer et de saisir leur proie; chez certains, elle est tellement grosse qu'elle prend la forme d'une lame tranchante. Chez la plupart des herbivores (lapins, vaches et chevaux), elle a disparu ou il n'en subsiste qu'une trace.

Les incisives et les canines sont souvent séparées, notamment chez les herbivores, par un espace (le diastème) entre les prémolaires et les molaires. Cela permet d'actionner simultanément les fonctions différentes.

Les prémolaires sont souvent de forme simple, avec une cuspide unique sur leur surface de mastication, mais elles ont 2 racines au lieu d'une. Elles sont souvent peu nombreuses et parfois spécialisées. Chez les hyènes, elles sont épaisses, en forme de cône peu élevé et servent à briser les os alors que chez de nombreux herbivores, elles se sont « molarisées ».

Les molaires sont souvent les dents les plus complexes. Elles ne sont pas précédées de dents de lait et poussent en dernier. Elles ont généralement plusieurs cuspides et plusieurs racines. La forme des cuspides est constante pour chaque famille et genre de mammifère et est extrêmement utile pour identifier et classer ces animaux.

Chez les mammifères primitifs, les cuspides des molaires sont disposées en triangles inversés. Elles s'imbriquent lorsque les mâchoires sont fermées et forment un bord coupant en zigzag permettant de percer les aliments mous tels que des vers ou des insectes. L'occlusion totale de la mâchoire hache les aliments.

ADAPTATIONS DES MAMMIFÈRES (*EUSMILUS*)

Les dents et les pieds des mammifères sont bien adaptés à plusieurs styles de vie différents. La plupart des mammifères ont 4 sortes des dents (incisives, canines, prémolaires et molaires) dont les fonctions varient selon l'alimentation.
Les carnivores (le chien) tuent leurs proies avec les canines et les dépècent avec les incisives. Les molaires et les prémolaires découpent la chair. Chez un herbivore (le cheval), l'herbe est arrachée avec les puissantes incisives et broyée avec les molaires et les prémolaires. Les canines ont été perdues ou réduites. L'écart (diastème) entre les dents de devant et les dents de derrière sépare les actions sécantes et masticatoires dans la mâchoire. Un insectivore attrape ses proies avec ses incisives ; les molaires percent et coupent les aliments mous.
Les carnivores utilisent leurs membres pour capturer des proies et pour se déplacer. Ils sont primitifs et non spécialisés. Les pieds des herbivores en revanche se sont parfaitement adaptés au déplacement sur le sol, les orteils latéraux réduits comme chez Parahippus. *Les insectivores ont des pieds allégés pentadactyles non spécialisés qui ont plusieurs fonctions (creuser, saisir, grimper, nager et courir).*

Les carnivores ont parfait l'action sécante en développant des dents carnassières en ciseau leur permettant de découper la viande. Chez les herbivores, l'addition d'une 4ᵉ cuspide a transformé le triangle en carré. Cela fournit une plate-forme solide, de sorte que lorsque les mâchoires supérieure et inférieure se rejoignent, les aliments sont écrasés. Sur les côtés, des mouvements d'avant en arrière ou circulaires peuvent ensuite décomposer les aliments et les préparer à être avalés.

Reproduction et classification

Le mode de reproduction des mammifères est très complexe. Il forme la base de leur classification en deux grands groupes, les protothériens ovipares et les thériens vivipares.

Le groupe des protothériens est plus primitif avec des groupes maintenant disparus : les multituberculés et les monotrèmes actuels. On ne dispose cependant d'aucune preuve directe de l'oviparité des groupes disparus. On pense d'ailleurs que certains ne l'étaient pas. Bon nombre sont de très petits animaux avec une largeur de bassin plus étroite que celle de n'importe quel animal ovipare moderne. Les contraintes morphologiques auraient favorisé le développement et la gestation de jeunes vivants très immatures, comme chez les marsupiaux actuels. Les monotrèmes existent encore aujourd'hui en Australie sous la forme des échidnés (fourmiliers épineux) et d'une espèce unique de platypus (ornithorynque). Il est très difficile d'identifier leurs fossiles et les relations entre les rares formes éteintes connues et les monotrèmes vivants.

Les marsupiaux, animaux à poche ventrale, ont peu ou pas de placenta et sont regroupés dans les métathériens. Les jeunes naissent dans un état beaucoup plus immature que les mammifères euthériens (aussi appelés placentaires) et se développent après la naissance en grimpant dans la poche de leur mère et en se fixant à une mamelle. Les données moléculaires indiquent que les marsupiaux sont plus primitifs que les placentaires et plus étroitement liés aux monotrèmes. On connaît bien leurs traces fossiles du Tertiaire au Crétacé mais pas l'origine de leur groupe.

Chez les mammifères euthériens évolués, le fœtus se développe dans un utérus où il est nourri par la circulation sanguine de la mère. On dispose de nombreuses traces fossiles au Tertiaire, la majorité des groupes ayant encore au moins quelques descendants, mais certains ont disparu : les condylarthres et les créodontes. On ne connaît pas leurs relations et leurs origines. Les problèmes de la classification sont aggravés par les contradictions entre les données moléculaires et morphologiques. D'autant plus bien sûr que l'on ne connaît pas les marqueurs biomoléculaires de la plupart des groupes disparus.

MAMMIFÈRES PRIMITIFS

SOUS-CLASSE DES PROTOTHERIA

Les mammifères les plus primitifs appartiennent à ce groupe des « premiers mammifères ». Certaines classifications modernes font une distinction plus nette entre les groupes de mammifères vivants (les thériens) et les groupes disparus. Ces derniers sont pour la plupart placés dans la sous-classe des mammaliformes, qui équivaut pratiquement aux protothériens. Cependant, cette classification ne permet pas pour l'instant de classer certains fossiles fragmentaires découverts récemment dans les roches du Trias supérieur au Texas (*Adelobasileus*) et du Jurassique inférieur en Chine (*Sinocodon*). De plus, les relations entre les groupes mammifères primitifs sont loin d'être claires, vu que les fossiles dont nous disposons sont pour la plupart composés uniquement de dents. On pense toutefois qu'ils dériveraient tous des cynodontes (voir pages 192-193), un groupe de reptiles synapsides, au cours du Trias supérieur, il y a quelque 220 millions d'années.

Les seuls « protothériens » survivants sont les monotrèmes, les échidnés, et les platypus à bec de canard que l'on ne trouve qu'en Australasie. La méthode de reproduction des monotrèmes rappelle leur héritage reptilien puisqu'ils pondent tous des œufs. Toutefois, les nouveaux nés tètent ensuite le lait de leur mère, comme le font tous les autres mammifères.

Famille des Morganucodontidae

Groupe qui a totalement disparu, il est impossible de faire une analyse moléculaire des morganucodontes, dont on pense qu'ils seraient les premiers mammifères véritables, ou mammifères modernes. Pour l'instant, il est préférable de les classer avec les autres groupes primitifs disparus comme les kuehnéotheriidés et les dryolestidés, en dehors des associations de groupes mammifères vivants.

Ces tout premiers mammifères bien connus peuplaient les paysages désertiques du Trias supérieur. C'étaient de toutes petites créatures à fourrure, d'à peine 12 cm de long, aussi petites que certains des plus petits mammifères modernes. Par certains aspects ces animaux ressemblaient aux musaraignes modernes, mais par de nombreux autres, au groupe ancestral de reptiles mammaliens évolués, les thérapsidés (voir pages 188-193).

Leur mode de locomotion était mammalienne et probablement assez rapide, mais peut-être n'étaient-ils pas capables de courir de façon prolongée. Leurs dents sécantes bien développées et pointues suggèrent une alimentation carnivore à base d'insectes. Les mouvements masticatoires étaient relativement complexes, les mâchoires pouvant se déplacer latéralement dans une certaine mesure. Il leur était donc possible de digérer rapidement les aliments afin de libérer l'énergie vitale, nécessaire à maintenir une vitesse de métabolisme élevée typique des mammifères prédateurs à sang chaud. À l'instar des petits mammifères modernes, les morganucodontes étaient nocturnes et passaient probablement la plupart du temps à manger.

On a découvert des fossiles de morganucodontes en Europe, dans le sud de l'Afrique et dans l'est de l'Asie.

NOM : *Megazostrodon*

ÉPOQUE : du Trias supérieur au Jurassique inférieur

RÉPARTITION : Afrique (Lesotho)

TAILLE : 12 cm de long

Le morganucodonte *Megazostrodon* ressemblait à une musaraigne moderne et devait certainement agir pareillement. Mais ses membres dépassaient de son corps dans une certaine mesure ce qui lui donnait une démarche plus avachie et moins efficace que les musaraignes modernes.

Megazostrodon chassait probablement des insectes et d'autres petits invertébrés sous le tapis de feuilles tombées et dans les sous-bois, sans doute pendant la nuit, lorsqu'il risquait moins de tomber sous les dents de dinosaures carnivores.

On connaît bien la forme de son corps grâce à un squelette pratiquement complet découvert au Lesotho. On a découvert d'autres fossiles d'animaux étroitement apparentés en Chine et en Bretagne. Le squelette ressemble beaucoup à celui des mammifères primitifs.

Famille des Haramiyidae

Ce groupe de mammifères primitifs à molaires larges mal connus est apparu au Trias supérieur et a perduré jusqu'au Jurassique moyen. La famille des haramiyidés pourrait être liée aux ancêtres des multituberculés.

NOM : *Haramiya*
ÉPOQUE : du Trias supérieur au Jurassique inférieur
RÉPARTITION : Europe (Angleterre et Allemagne)
TAILLE : 12 cm de long

On ne connaît *Haramiya* que grâce à quelques dents isolées. Ces traces fragmentaires suggèrent qu'il ressemblait à un campagnol miniature et qu'il broyait ses aliments en s'aidant de ses grosses molaires. Il se serait nourri de végétation poussant à faible hauteur, peut-être des fruits de cycadées.

Ordre des Multituberculata

Premiers mammifères herbivores, les multituberculés ont évolué au Jurassique supérieur et au Crétacé inférieur, certains groupes perdurant à l'Oligocène. Groupe de mammifères le plus important du Mésozoïque, il rassemblait des petites créatures semblables à des souris ainsi que des animaux de la taille d'un castor moderne (ce qui était très grand pour un mammifère primitif). Ces animaux ressemblaient indubitablement à des rongeurs, bien qu'ils ne leur soient en aucune manière apparentés. La similitude, notamment dans la dentition, vient de l'adaptation aux mêmes styles de vie et comportements alimentaires.

À l'instar des rongeurs, les mâchoires des multituberculés sont pourvues d'incisives sur le devant (pour ronger) et de molaires et de prémolaires dans le fond (pour broyer). Ces deux types de dents sont séparés par un diastème, qui leur permettait de les utiliser indépendamment. Les molaires broyeuses sont pourvues de plusieurs cuspides (projections) permettant de broyer les végétaux coriaces, comme chez bon nombre de rongeurs.

Les mâchoires bougent verticalement, mais ne peuvent se déplacer latéralement, comme chez les premiers mammifères insectivores tels que *Megazostrodon* (ci-contre). Les multituberculés n'avaient aucune parenté avec les autres groupes de mammifères, et ils pourraient avoir évolué indépendamment des reptiles mammaliens. Les squelettes presque complets que l'on a récemment découverts en Mongolie datant du Crétacé supérieur devraient nous permettre de mieux connaître ce groupe et ses relations avec les autres mammifères primitifs.

Famille des Ptilodontidae

La famille des ptilodontidés regroupe des animaux ayant une longue queue. Celle-ci était préhensile, faisant office de 5e membre pour saisir des branches d'arbres qui leur servaient probablement d'habitat. Leurs pieds se sont aussi adaptés pour grimper : comme des écureuils, les ptilodontés pouvaient orienter leurs orteils vers l'arrière, grâce à une articulation de la cheville très mobile, adaptation qui leur permettait de descendre la tête la première le long d'un tronc d'arbre. Ils pouvaient également écarter pleinement leurs orteils, pour une meilleure prise, aidés de leurs griffes acérées. On a principalement découvert leurs ossements en Amérique du Nord.

NOM : *Ptilodus*
ÉPOQUE : Paléocène inférieur à supérieur
RÉPARTITION : Amérique du Nord (Montagnes rocheuses, du Nouveau Mexique au Saskatchewan)
TAILLE : 50 cm de long

À l'exception de sa longue queue préhensile, *Ptilodus* ressemblait à un écureuil moderne, et vivait probablement de même manière, galopant le long des branches.

Ses prémolaires inférieures en forme de lames étaient très grandes. *Ptilodus* s'en serait servi pour décortiquer les noix et les graines dures.

MAMMIFÈRES PRIMITIFS SUITE

Famille des Dryolestidae

Les dryolestidés sont probablement une ramification de la lignée évolutive qui a mené aux mammifères modernes. On ne connaît les membres de cette famille que par quelques dents et mâchoires. Ces ossements montrent que la charnière de la mâchoire de type mammifère s'était pleinement développée dans ce groupe. Les 3 os formant la mâchoire des reptiles sont maintenant intégrés dans l'oreille moyenne : le marteau, l'enclume et l'étrier. Ces petits os forment une chaîne communicante par laquelle le son est transmis à l'oreille interne.

NOM : *Crusafontia*

ÉPOQUE : Crétacé inférieur

RÉPARTITION : Europe (Portugal)

TAILLE : 10 cm de long

On ne dispose que de quelques dents de ce dryolestidé *Crusafontia*. La reconstitution (ci-dessus) se fonde sur le squelette d'un autre membre de cette famille datant du Jurassique supérieur, retrouvé au Portugal.

Les paléontologues pensent que *Crusafontia* ressemblait à un minuscule écureuil, vivant dans les arbres et se nourrissant de fruits, de noix et de graines. La longue queue de l'animal aurait été préhensile.

Les os de la ceinture iliaque de *Crusafontia* suggèrent qu'il se serait reproduit comme le font les marsupiaux, donnant naissance à des petits très immatures qu'il nourrissait ensuite dans une poche pendant les premières semaines de leur vie.

Sous-classe des Theria

Ce grand groupe rassemble la majorité des mammifères fossiles et de ses membres modernes apparentés. Cette sous-classe est divisée en trois grands ordres : les pantothériens, limités à l'ère mésozoïque, les marsupiaux, ou mammifères à poche ventrale, qui vivent encore en Australasie et en Amérique, et les euthériens, ou mammifères placentaires, qui comprennent tous les autres mammifères vivants et de nombreux autres mammifères qui ont maintenant disparu.

Infra-classe des Metatheria

Les deux grands sous-groupes de la sous-classe des thériens, les métathériens et les euthériens, dérivent d'un ancêtre commun du début du Crétacé. Les métathériens ne contiennent qu'un seul ordre, celui des marsupiaux, ou mammifères à poche ventrale. Ce groupe est présenté en détail aux pages 202 à 205, mais l'un des membres primitifs est présenté ici pour permettre une comparaison avec les autres mammifères primitifs.

NOM : *Alphadon*

ÉPOQUE : Crétacé supérieur

RÉPARTITION : Amérique du Nord (de l'Alberta au Nouveau Mexique)

TAILLE : 30 cm de long

Les marsupiaux primitifs tels qu'*Alphadon* ressemblaient probablement aux opossums modernes. Ils étaient omnivores et mangeaient des aliments variés, dont des insectes, de petits

vertébrés et des fruits. Ils vivaient probablement dans les arbres, se servant, pour grimper, de leurs pieds équipés d'orteils opposables, qu'ils réunissaient pour avoir une meilleure préhension, et de leur queue préhensile. Ces petits animaux vivant dans les arbres ne rivalisaient certainement pas directement avec les dinosaures du Crétacé supérieur pour se nourrir et survivaient donc à leurs côtés.

INFRA-CLASSE DES EUTHERIA (PLACENTALIA)

Les mammifères placentaires, ou euthériens, donnent naissance à des petits bien développés, après les avoir abrités quelque temps dans leur utérus. Ils représentent la grande majorité des mammifères modernes et sont regroupés dans 24 ordres environ (voir pages 302-303).

L'une des premières familles connues, celle des zalambdalestidés (ci-dessous), pourrait représenter une branche latérale de la principale lignée d'évolution plutôt qu'un stade direct dans l'évolution, des placentaires ultérieurs.

NOM : *Zalambdalestes*
ÉPOQUE : Crétacé supérieur
RÉPARTITION : Asie (Mongolie)
TAILLE : 20 cm de long

Zalambdalestes ressemblait étonnement au desman moderne. Il avait un long museau retroussé et de puissantes petites pattes, les postérieures étant plus longues que les antérieures. Les os des pieds étaient très allongés. Il ne pouvait pas réunir ses doigts (ils n'étaient pas opposables), développement essentiel pour une bonne préhension : il est donc peu probable que *Zalambdalestes* ait grimpé aux arbres.

L'animal avait un petit cerveau et de grands yeux. *Zalambdalestes* aurait eu le même comportement que les desmans modernes, courant et sautant dans les sous-bois à la recherche d'insectes et les attrapant avec ses longues incisives.

ORDRE DES PRIMATES

Les primates pourraient être l'ordre de mammifères placentaires le plus ancien puisqu'il remonterait aussi loin que le Crétacé supérieur, il y a quelque 70 millions d'années. Les membres les plus évolués du groupe des primates sont présentés aux pages 286-297. On en présente cependant ici une forme primitive, témoin de la prétendue longévité de cet ordre, pour la comparer aux mammifères contemporains.

La famille des paromomyidés regroupait de petites créatures, assez semblables sur plusieurs plans aux musaraignes arboricoles modernes, qui pourraient être les ancêtres des lémuriens, singes et grands singes apparus plus tard.

Cependant certains paléontologues ne considèrent pas la famille des paromomyidés comme appartenant à l'ordre des primates, mais à un groupe qui leur est propre, celui des primatomorphes.

NOM : *Purgatorius*
ÉPOQUE : Crétacé supérieur et Paléocène inférieur
RÉPARTITION : Amérique du Nord (Montana)
TAILLE : probablement 10 cm de long

On connaît peu de choses de ce petit animal outre les déductions tirées par les paléontologues d'une unique molaire découverte dans des roches du Crétacé supérieur dans le Montana. Pourtant, un indice aussi mince que cette unique dent revêt de l'importance quand on sait qu'elle a appartenu au premier primate connu. Cette dent rappelle les molaires d'un lémurien moderne.

Si l'on en juge par la dentition plus complète d'une créature apparentée ultérieure, datant du Paléocène inférieur, *Purgatorius* aurait été omnivore. Cependant, la petitesse de cet animal (à peine 20 g) laisserait penser qu'il se nourrissait uniquement d'insectes.

MARSUPIAUX

ORDRE DES MARSUPIALIA

L'ordre des marsupiaux, auquel appartiennent les kangourous et les koalas d'Australie et les opossums d'Amérique, est l'un des plus anciens ordres de mammifères. Ses membres ont évolué au Crétacé supérieur, il y a entre 100 et 75 millions d'années.

La caractéristique unique des marsupiaux est leur méthode de reproduction. Chez les placentaires (la grande majorité des mammifères, dont les hommes), les petits sont nourris dans l'utérus par le placenta et ne naissent que lorsqu'ils ont atteint un stade relativement avancé. Mais les marsupiaux donnent naissance à des petits, qui ne sont pas encore développé, et ainsi guère plus grands que des embryons. Ceux-ci sont ensuite allaités, généralement dans une poche ventrale et grandissent à l'extérieur du corps de la mère.

Par rapport aux méthodes morphologiques classiques, les analyses récentes des données moléculaires rendent encore plus manifestes les différences entre les marsupiaux et les placentaires. Ces premiers sont plus étroitement liés aux monotrèmes ovipares primitifs.

Les marsupiaux auraient évolué en Amérique du Nord ou du Sud et un groupe serait passé, via l'Antarctique, en Australie (alors bien plus chaude qu'aujourd'hui). Un autre groupe de marsupiaux serait allé en Europe par l'Amérique du Nord. Les continents, qui se séparaient au Crétacé supérieur, étaient encore suffisamment proches (voir pages 11 et 299) pour que cela soit possible. Au Tertiaire, les marsupiaux ont alors prospéré, de manière isolée, en Amérique du Sud, où ils se sont développés avant les mammifères placentaires, et en Australie, qui est aujourd'hui leur bastion. À l'Éocène inférieur, un autre groupe de marsupiaux est passé par l'Amérique du Nord pour aller en Europe, et a atteint, à l'Oligocène, l'Afrique du Nord et le centre de l'Asie. Il s'agit des didelphidés, représentés aujourd'hui par les opossums. Il s'agirait des marsupiaux les plus primitifs. Les premiers marsupiaux connus appartiendraient à ce groupe.

Au Miocène inférieur, les marsupiaux didelphidés avaient disparu d'Amérique du Nord puis d'Europe, au Miocène moyen. Bien qu'ils ne soient jamais réapparus en Europe, le genre moderne Didelphis (opossum de Virginie) est revenu en Amérique du Nord par l'Amérique du Sud il y a quelque 3 millions d'années, par le biais du pont terrestre nouvellement formé (Panama actuel).

Les marsupiaux d'Amérique du Sud ont pratiquement tous disparu au Pliocène, supprimés par les invasions de mammifères placentaires venant d'Amérique du Nord par le pont terrestre (actuelle Amérique centrale) qui reliait ces deux grands continents; un pont néanmoins fragile et temporaire jusqu'à la création de l'actuel Panama.

Les marsupiaux australiens prospèrent encore aujourd'hui en dépit de la concurrence des placentaires. Avec la dérive des continents au Tertiaire, l'Australie est remontée vers le Nord. Mais comme ce processus était relativement rapide, le climat australien est passé de conditions tempérées à tropicales en quelques dizaines de millions d'années : les marsupiaux ont alors dû évoluer pour survivre à ce changement, d'où un stock génétiquement plus solide. Cependant, certains ont vu leur nombre se réduire considérablement (comme les koalas) ou d'autres disparaître (comme le « loup » de Tasmanie, ou thylacine) du fait des activités humaines.

Par contre, l'Amérique du Sud n'avait pas bougé à la même période et les animaux n'ont pas eu à évoluer autant de sorte que les envahisseurs placentaires ont trouvé une faune relativement primitive et génétiquement faible, facile à remplacer.

Famille des Borhyaenidae

Cette famille dérive des ancêtres didelphidés et est entièrement composée de marsupiaux carnivores disparus d'Amérique du Sud. Bien que non apparentés aux mammifères placentaires d'autres continents, les borhyénidés ont des membres courts et un crâne rappelant le chien. Ils ont développé des formes de corps et des styles de vie similaires à ceux des chats, chiens, ours et autres carnivores placentaires. Ils donnent un superbe exemple d'évolution convergente.

NOM : *Cladosictis*

ÉPOQUE : de l'Oligocène supérieur au Miocène inférieur

RÉPARTITION : Amérique du Sud (Patagonie)

TAILLE : 80 cm de long

Cladosictis était un marsupial carnivore primitif qui aurait pu ressembler par son long corps, sa queue, ses membres courts et sa taille, à une loutre. Il vivait probablement dans les sous-bois, recherchant, chassant et attrapant de petits mammifères et reptiles, et nageait dans les cours d'eau en quête de poisson. Peut-être mangeait-il aussi les œufs de reptiles ou d'oiseaux et des insectes. Sa dentition est similaire à celle des mammifères placentaires carnivores : des incisives frontales pour tenir ses proies, des canines pointues pour les tuer et des prémolaires carnassières au fond.

NOM : *Borhyaena*

ÉPOQUE : de l'Oligocène supérieur au Miocène inférieur

RÉPARTITION : Amérique du Sud (Patagonie)

TAILLE : 1,50 m de long

Certains borhyénidés ressemblaient à des ours, avec un corps épais et des pieds plats. *Borhyaena*, de la taille d'un loup, était typique. On trouve néanmoins parmi les autres types proches, des animaux de la taille d'un renard à celle d'un ours. C'étaient les principaux prédateurs de l'époque. Ils s'attaquaient sans doute aux mammifères à sabots herbivores (voir pages 246 à 253) qui ne vivaient qu'en Amérique du Sud. Les membres courts indiquent que *Borhyaena* n'était pas un coureur mais qu'il guettait ses proies, tapi en embuscade. Peut-être se nourrissait-il aussi de charogne.

Famille des Thylacosmilidae

Dans ce groupe de grands marsupiaux prédateurs, le crâne a pris la forme de celui des chats à dents de sabre placentaires. Les incisives ont disparu et les très longues canines supérieures qui se sont développées poussaient en permanence. C'étaient de redoutables armes.

NOM : *Thylacosmilus*

ÉPOQUE : du Miocène supérieur au Pliocène inférieur

RÉPARTITION : Amérique du Sud (Argentine)

TAILLE : 1,20 m de long

Thylacosmilus, comme les chats à dents de sabre d'Amérique du Nord et d'Europe (voir pages 222-224), avait 2 très longues canines supérieures qui se projetaient très en dessous de la gueule de l'animal et ressemblaient à des sabres tranchants. Chez ces deux créatures aucunement apparentées, la musculature du cou et des mâchoires permettait d'abaisser ces dents en forme de sabre avec une force meurtrière. Les mâchoires puissantes étaient capables de s'ouvrir en grand, les dents pouvant ainsi entrer en action.

À la différence des chats à dents de sabre, *Thylacosmilus* n'avait pas ni incisive ni fourreau protecteur sur la mâchoire inférieure. Ses dents de sabre poussaient tout au long de sa vie, comme celles des rongeurs.

Les victimes de *Thylacosmilus* auraient été les grands mammifères lents à sabots. Puisqu'il était difficile de les tuer d'une simple morsure au cou, *Thylacosmilus* leur aurait infligé de profondes blessures avec ses dents de sabre, les saignant à mort.

Famille des Argyrolagidae

La famille des argyrolagidés est composée d'animaux similaires aux gerboises et rats-kangourous actuels, bien qu'elle n'ait aucun lien avec eux. Comme ces rongeurs, les membres de cette famille auraient vécu dans des déserts arides et auraient été nocturnes. Ils se seraient déplacés rapidement en réalisant des sauts prodigieux, se nourrissant de pousses et de racines de plantes.

NOM : *Argyrolagus*

ÉPOQUE : du Miocène supérieur au Pliocène supérieur

RÉPARTITION : Amérique du Sud (Patagonie)

TAILLE : 40 cm de long

À l'instar des rats-kangourous et autres rongeurs modernes du désert (auxquels il n'est pas apparenté), *Argyrolagus* se déplaçait vite sur les terrains ouverts grâce à ses membres postérieurs effilés et bidactyles, équilibré par sa longue queue touffue. Sa tête ressemble assez à celle d'un rongeur, mais son museau est pointu. Ses énormes orbites, qui laissent penser que cet animal chassait la nuit, sont placées très en arrière du crâne. D'après ses dents, on peut penser qu'il se nourrissait de plantes du désert.

MARSUPIAUX SUITE

Famille des Necrolestidae

Cette famille ne comporte qu'un seul membre disparu, *Necrolestes* (ci-dessous), tellement spécialisé qu'il est impossible de le classer. Ses mâchoires et ses dents rappellent cependant celles des taupes dorées modernes d'Afrique. Toutefois les taupes dorées sont elles-mêmes un groupe très problématique classé aujourd'hui dans les insectivores.

NOM : *Necrolestes*
ÉPOQUE : Miocène inférieur
RÉPARTITION : Amérique du Sud (Patagonie)
TAILLE : probablement 15 cm de long

Nous ne disposons que d'un unique spécimen de cette petite créature : une extrémité de mâchoire avec un museau bizarrement retroussé. Celui-ci se terminait peut-être par des plis charnus servant probablement d'organes tactiles qui l'aidaient à trouver sa nourriture comme le faisceau complexe de tentacules qui entourent les narines de la taupe à nez étoilée moderne.

Au vu de ses nombreuses dents fines, les paléontologues pensent que *Necrolestes* mangeait des insectes ou des vers. Il aurait vécu sous terre, d'où son nom macabre qui signifie « voleur de cadavres ».

Famille des Thylacoleonidae

Cette famille de marsupiaux léonins vivait en Australie au Pliocène et au Pléistocène. Ses membres chassaient probablement dans les prairies australiennes. Ils pourraient être apparentés aux phalangéroïdes et kangourous modernes.

NOM : *Thylacoleo*
ÉPOQUE : Pléistocène
RÉPARTITION : Australie (Nouvelle Galles du sud, Queensland, ouest et sud de l'Australie)
TAILLE : 1,70 m de long

Ce « lion marsupial » avait un petit faciès qui ressemblait à un chat. Les grandes incisives frontales s'étaient transformées en dents meurtrières qui ressemblaient plus aux canines des carnivores placentaires, les canines elles-mêmes étant insignifiantes. Les dents postérieures formaient de puissantes dents carnassières.

On pensait autrefois que *Thylacoleo* se servait de ses étranges dents antérieures pour ouvrir noix et fruits. Cependant des études récentes ont montré que l'usure des dents était typique d'une alimentation carnivore et qu'il se nourrissait probablement des kangourous géants et wombats de l'époque.

Famille des Diprotoclontidae

Ce grand groupe de marsupiaux australien regroupe surtout des animaux herbivores. Les Diprotodontes ont une seule paire d'incisives inférieures qui se projettent vers l'avant. Ils ont entre 1 et 3 paires d'incisives supérieures, aucune canine, et un grand diastème entre leurs incisives et leurs molaires, comme chez les rongeurs. Les 2ᵉ et 3ᵉ orteils de leurs pattes arrière sont de taille très réduite et liés par une même gaine de tissu, spécialisation qui favorise le toilettage.

Les diprotodontidés ont évolué au Miocène moyen et survécu jusqu'à l'Holocène. Il est possible qu'ils aient été chassés jusqu'à leur extinction par les premiers aborigènes australiens. On pense aujourd'hui que ce groupe serait apparenté aux wombats modernes (vombatoïdes).

NOM : *Diprotodon*
ÉPOQUE : Pléistocène
RÉPARTITION : Australie (sud de l'Australie)
TAILLE : 3 m de long

Avec *Diprotodon* et ses proches, les marsupiaux herbivores ont atteint leur plus grande taille. *Diprotodon* ressemblait à un wombat mais il était aussi grand qu'un rhinocéros.

Cette créature impressionnante se nourrissait probablement d'une espèce particulière de buisson salé, qu'il déterrait avec ses pattes. On a retrouvé des restes de cette plante dans les cavités stomacales de plusieurs spécimens fossilisés.

Le corps, la tête et le cou de *Diprotodon* étaient énormes et les membres de l'animal étaient plantureux. Ses pieds sont plantigrades, ou plats, de sorte que c'étaient ses paumes et ses plantes de pieds qui supportaient son poids considérable, comme chez l'ours, plutôt que ses orteils. À la différence des pattes d'autres mammifères, son orteil extérieur (le « petit » orteil) était le plus long, caractère étrange sans fonction apparente.

On a retrouvé des squelettes complets de *Diprotodon* dans des boues lacustres. Dans les climats secs dans lesquels vivaient ces animaux, des croûtes de sel se seraient formées sur les lacs de ces paysages ouverts. *Diprotodon*, emporté par son poids, aurait traversé cette croûte et été enterré dans la boue sous-jacente.

Famille des Palorchestidae

Cette famille de grands herbivores peuplait l'Australie du Miocène au Pléistocène. La famille des palorchestidés pourrait avoir été l'équivalent marsupial des paresseux placentaires (voir pages 206-207).

NOM : *Palorchestes*
ÉPOQUE : du Miocène au Pléistocène
RÉPARTITION : Australie
TAILLE : 2,50 m de long

La disposition des os du nez de cet animal laisse penser qu'il devait posséder une sorte de trompe. Dans ce cas, *Palorchestes* aurait ressemblé à un tapir marsupial géant.

Les pattes avant de *Palorchestes* étaient solides et chacune était pourvue de 5 orteils, pourvus de gigantesques griffes. Cette caractéristique a amené certains experts à penser que cette créature se nourrissait en abaissant des branches pour en atteindre les feuilles.

Famille des Macropodidae

La famille des macropodidés regroupe les marsupiaux modernes les plus connus, onze genres de kangourous et de wallabies, répartis en Australie et en Nouvelle-Guinée.

Les kangourous sont apparus au Miocène inférieur et ont développé des formes plus grandes au Pliocène. Ils se sont adaptés à une grande diversité d'habitats : plaines, versants montagneux et forêts (il existedéinothèresmême une espèce arboricole).

Bien que l'extinction du Pléistocène ait réduit substantiellement la grande diversité de cette famille, on trouve encore le plus important rayonnement de marsupiaux avec les kangourous macropodidés, qui comptent 14 espèces de *Macropus* vivantes.

NOM : *Procoptodon*
ÉPOQUE : Pléistocène
RÉPARTITION : Australie
TAILLE : 3 m de long

Les kangourous qui ont disparu étaient généralement plus grands que leurs formes modernes et présentaient certains caractères différents. *Procoptodon* était le plus grand d'entre eux et avait un faciès très particulier. Il se différenciait également de ses congénères modernes par le fait que chaque patte arrière était pourvue d'un seul orteil fonctionnel de longue taille (le quatrième), bordé de chaque côté de moignons dépourvus d'ongles. Cependant, *Procoptodon* était probablement capable de sauter aussi vite que les kangourous modernes, qui peuvent atteindre des vitesses de 50 km/h sur de courtes distances.

Procoptodon était un kangourou herbivore qui se nourrissait d'herbe et de végétation à ras du sol, comme le font la plupart des espèces modernes. D'autres kangourous brouteurs, disparus cependant, parvenaient, du fait de leur grande taille, à atteindre les feuilles des arbres et à s'en nourrir.

GLYPTODONTES, PARESSEUX, TATOUS ET FOURMILIERS

COHORTE DES EDENTATA

Les édentés sont représentés aujourd'hui par les fourmiliers, les paresseux arboricoles et les tatous. Le nom de cette cohorte (groupement de plusieurs ordres) signifie « sans dents », mais en fait seuls les fourmiliers en sont totalement dépourvus. Les autres membres de la cohorte des édentés ont des dents, mais réduites à quelques pieux rudimentaires, souvent sans racine ou couche d'émail protectrice.

On trouve parmi les édentés certains des mammifères les plus bizarres au monde. À côté des fourmiliers actuels au museau très allongé, des tatous avec leur armure flexible et des paresseux d'une lenteur légendaire, plusieurs groupes étranges disparus figurent dans les édentés. Il s'agit des glyptodontidés à l'armure solide et inamovible bâtis comme des tanks et des paresseux terrestres géants, d'une hauteur allant jusqu'à 1,80 m. Ces deux animaux préhistoriques étaient très répandus dans toute l'Amérique du Nord et du Sud au Pléistocène.

Les fourmiliers et les tatous se sont parfaitement adaptés à une alimentation à base de fourmis et de termites. Les glyptodontidés, les paresseux terrestres et les paresseux arboricoles étaient quant à eux végétariens.

Les édentés sont apparus au début du Tertiaire, mais on connaît mal leurs origines évolutionnistes. Les données moléculaires tirées des formes vivantes ne sont pas aussi complètes que celles dont on dispose pour de nombreux autres mammifères, mais elles semblent toutefois indiquer une relation étroite et surprenante avec les carnivores, les baleines et mêmes les ongulés artiodactyles. Le passé de ce groupe est remarquable et n'est absolument pas évident au regard des quelques formes qui subsistent encore.

Famille des Metacheiromyidae

Les relations de ces tout premiers édentés les plus primitifs avec les autres groupes d'édentés sont incertaines. La famille des métacheiromyidés pourrait être l'ancêtre des fourmiliers à écailles ou pangolins.

NOM : *Metacheiromys*
ÉPOQUE : Éocène moyen
RÉPARTITION : Amérique du Nord (Wyoming)
TAILLE : 45 cm de long

Avec ses membres courts, ses griffes acérées et sa longue queue touffue, *Metacheiromys* aurait pu ressembler à une mangouste moderne. Il avait toutefois une tête longue et étroite, plus proche de celle d'un tatou. Il avait de solides canines, mais avait perdu pratiquement toutes ses molaires. Les coussinets cornés qui les remplaçaient lui permettaient probablement de broyer ses proies.

Metacheiromys peuplait les forêts subtropicales denses qui recouvraient des parties de l'ouest de l'Amérique du Nord à l'Éocène. Les griffes de ses pieds avant étaient bien plus grandes que celles de ses pieds arrière : *Metacheiromys* devait probablement creuser pour chercher sa nourriture, arrachant végétaux, scarabées et larves enfouis dans le sol.

ORDRE DES XENARTHRA

Le nom « xénarthres » se réfère aux articulations supplémentaires situées entre les vertèbres, caractéristiques de ce groupe. Grâce à elles, des animaux aussi variés que les glyptodontidés et les tatous pouvaient supporter le poids important de leur armure, ou les paresseux terrestres géants redresser leur gigantesque corps dans une position pratiquement verticale afin de se nourrir des feuilles de très hautes branches.

Les xénarthres ont évolué en Amérique du Sud au Paléocène, il y a 60 millions d'années. Ils ont prospéré sur leur continent îlien, à l'abri des prédateurs et des modifications évolutionnistes. Puis, au Pliocène inférieur, il y a 5 millions d'années, le pont terrestre qui reliait les deux Amérique au début du Tertiaire s'est recréé et les glyptodontidés, les paresseux terrestres et les tatous se sont dirigés vers le Nord.

Familles des Mylodontidae, Megatheriidae et Megalonychidae

Les paresseux arboricoles actuels d'Amérique centrale et du Sud sont différents, à la fois par leur aspect et leur comportement, de leurs ancêtres, le groupe disparu de paresseux terrestres. Bon nombre de ces créatures étaient si grandes qu'elles ne pouvaient pas grimper aux arbres et restaient donc au sol en permanence. L'une des plus grandes, *Megatherium*, était environ dix fois plus grand que ses parents actuels. Les paresseux terrestres se déplaçaient lentement et étaient végétariens. Ils sont apparus à l'Oligocène inférieur, il y a 35 millions d'années, et ont survécu jusqu'à récemment.

NOM : *Hapalops*

ÉPOQUE : du Miocène inférieur à moyen

RÉPARTITION : Amérique du Sud (Patagonie)

TAILLE : 1 m de long

Les paresseux terrestres étaient bien établis en Amérique du Sud au Miocène, il y a 20 millions d'années. *Hapalops* était l'un des premiers membres de ce groupe du Miocène inférieur. Comparé aux membres suivants, il était plutôt petit.

Sa tête courte, son corps massif et sa longue queue étaient soutenus par des membres antérieurs effilés et minces et des membres postérieurs encore plus longs et plus épais. Ses longues griffes incurvées sur ses orteils devaient obliger ce paresseux à marcher sur les jointures de ses pieds avant, un peu comme un gorille moderne.

De carrure assez légère, *Hapalops* aurait pu se promener dans les arbres, s'accrochant aux branches avec ses pieds griffus et utilisant ses longues pattes pour décrocher de succulentes feuilles et fruits.

Comme tous les édentés, *Hapalops* avait très peu de dents, n'ayant conservé que 4 ou 5 paires de molaires dans ses mâchoires.

NOM : *Megatherium*

ÉPOQUE : Pléistocène

RÉPARTITION : Amérique du Sud (Patagonie, Bolivie et Pérou)

TAILLE : 6 m de long

Cette créature gigantesque est le plus grand paresseux terrestre connu. Elle pesait probablement 3 t. Sa tête épaisse ressemble à celle d'un ours, et ses mâchoires sont équipées de muscles puissants lui permettant de broyer les végétaux entre les quelques molaires en forme de pieu qui lui restaient. Bien qu'il ait été aussi gros qu'un éléphant moderne, il devait être capable de se dresser sur ses solides pattes arrière, en s'aidant de sa queue touffue. (Ce type de position bipède rappelle celle qu'avaient adoptée les grands dinosaures herbivores comme *Apatosaurus*, voir page 131). Cette position permettait à *Megatherium* de brouter le haut des arbres, abaissant les branches en s'aidant de ses pieds avant tridactyles et griffus.

NOM : *Glossotherium*

ÉPOQUE : du Pliocène au Pléistocène

RÉPARTITION : Amérique du Nord (Californie)

TAILLE : 4 m de long

Les carrières de goudron de Rancho La Brea à Los Angeles ont révélé d'excellents spécimens de ce formidable animal, qui est remonté d'Amérique du Sud, il y a quelque 3 millions d'années, en traversant le pont terrestre qui s'était recréé. C'est là qu'il a fini ses jours, dans les mares collantes de pétrole brut qui suintait et remontait à la surface.

Glossotherium est une créature massive, à la tête longue et à la queue touffue. Ses longs pieds griffus sont retournés vers l'intérieur, comme ses semblables, de sorte qu'il marchait sur ses jointures, comme un gorille. *Glossotherium* pouvait se dresser sur ses pattes arrière, se servant de ses pieds griffus pour porter les aliments à sa gueule. Il se serait nourri de buissons du désert, si l'on en juge par les restes de végétaux conservés dans ses excréments fossiles.

Les derniers paresseux terrestres géants se sont éteints il y a 11 000 ans à peine. On ne sait pas avec certitude si les hommes sont responsables de leur disparition.

GLYPTODONTES, PARESSEUX, TATOUS ET FOURMILIERS SUITE

Famille des Glyptodontidae

Les glyptodontidés étaient des créatures gigantesques qui ressemblaient à des tatous. Ils pourraient être les équivalents mammifères des dinosaures pesants à armure, appelés ankylosaures (voir pages 157 à 161). Une cinquantaine de genres a évolué à partir du Miocène inférieur, il y a 20 millions d'années. Ils ont connu leur apogée au Pliocène et au Pléistocène, il y a entre 5 et 3 millions d'années, dans les prairies d'Amérique du Sud et du sud de l'Amérique du Nord. Les glyptodontidés ont survécu jusqu'aux temps historiques et apparaissent dans les légendes des Indiens de Patagonie.

Les glyptodontidés paissaient dans les prairies, leurs mâchoires édentées dans leur partie frontale étaient équipées de dents broyeuses puissantes au fond. Leurs mâchoires sont massives et épaisses, leurs pommettes orientées vers le bas, fournissant ainsi un point d'insertion aux muscles puissants dont il avait besoin pour mâcher les herbes et autres végétaux coriaces.

Certains glyptodontidés sont devenus très grands : l'un des géants, Glyptodon, qui vivait en Argentine au Pléistocène, il y a entre 2 millions d'années et 15 000 ans, était aussi grand qu'une voiture et aussi bien armé qu'un tank militaire (1,50 m de haut et 3,30 m de long). Les glyptodontidés dérivent d'animaux ressemblant à des tatous et pourvus d'armures disposées en anneaux.

Au Pliocène supérieur, il y a 2 millions d'années, l'armure s'est soudée et transformée en une « coquille » osseuse rigide en forme de dôme et composée d'une mosaïque de plaques osseuses polygonales enveloppant le dos de l'animal; elle pouvait aussi former un casque pour protéger le crâne, et plusieurs anneaux ou un tube osseux entouraient la queue. Cette armure représentait 20 % du poids de l'animal (on évalue à 3 % celui des défenses d'éléphant).

NOM : *Doedicurus*
ÉPOQUE : Pléistocène
RÉPARTITION : Amérique du Sud (Patagonie)
TAILLE : 4 m de long

Outre son armure qui le protégeait, *Doedicurus* possédait une puissante arme défensive à l'extrémité de sa queue : cette tige rigide se terminait par une massue osseuse couverte de pointes. Cette structure osseuse remarquable ressemblait de façon frappante aux masses qui armaient les chevaliers médiévaux et, comme elles, était probablement agitée par son propriétaire pour dissuader ses ennemis, par exemple les borhyénidés carnivores (voir pages 202 à 203).

Famille des Dasypodidae

Les tatous sont apparus en Argentine au Paléocène supérieur, il y a quelque 60 millions d'années. À l'Oligocène supérieur, il y a 30 millions d'années, plusieurs formes avaient développé l'armure articulée caractéristique des tatous modernes appartenant à la même famille, armures dans l'ensemble très similaires. Les tatous sont toujours restés confinés aux Amériques : on trouve les 20 espèces modernes principalement en Amérique du Sud et en Amérique centrale, bien qu'une d'elles se soit étendue récemment à la partie sud des États-Unis.

NOM : *Peltephilus*
ÉPOQUE : de l'Oligocène au Miocène
RÉPARTITION : Amérique du Sud (Patagonie)
TAILLE : 6 m de long

L'armure de *Peltephilus*, comme celle d'autres tatous, est une excroissance cutanée composée de plaques osseuses dures, ou « scutelles », couvertes de corne. Celles-ci sont disposées en bandes autour du corps du tatou et reliées à la peau, composant ainsi une « coquille » de protection flexible.

Sur le museau de *Peltephilus*, 2 grandes scutelles étaient transformées en cornes osseuses du vivant de l'animal.

À la différence des véritables cornes des vaches, moutons ou antilopes, le noyau osseux n'était pas une excroissance des os crâniens. *Peltephilus* pourrait avoir possédé une 2e paire de cornes plus petite, plus en avant sur le museau. De par la présence, étrange chez les édentés, de grandes dents ressemblant à des canines, *Peltephilus* pourrait avoir été carnivore ou charognard.

Famille des Myrmecophagidae

Les myrmecophagidés, ou « véritables fourmiliers » (à différencier des fourmiliers marsupiaux modernes comme le numbat *Myrmecobius* avec qui il n'est pas apparenté), se sont spécialisés dans une alimentation à base de fourmis et de termites. Ils ont laissé peu de traces fossiles et de ce fait on connaît mal leur évolution. Une forme précoce, *Protamandua*, datant du Miocène inférieur, il y a 20 millions d'années, était déjà un fourmilier typique.

NOM : *Eurotamandua*
ÉPOQUE : Éocène moyen
RÉPARTITION : Europe (Allemagne)
TAILLE : 90 cm de long

Jusqu'à la découverte récente d'un fourmilier fossile dans des dépôts de schiste bitumineux près de Francfort, en Allemagne, appelé *Eurotamandua*, les paléontologues pensaient que les fourmiliers étaient confinés à l'Amérique du Sud. Avec son long museau tubulaire, ses faibles mâchoires édentées et ses pattes avant puissantes armées de griffes immenses, c'était indubitablement un fourmilier, qui ressemblerait beaucoup au Tamandua moderne, un fourmilier à collier.

Les fossiles de fourmiliers sont rares et l'on ne sait donc pas comment cette formidable découverte européenne s'insère dans l'histoire évolutionniste générale du groupe. La découverte de fourmis fossilisées dans ce même site allemand prouve qu'*Eurotamandua* se nourrissait à la façon d'un fourmilier. Certains ont dit qu'*Eurotamandua* n'était pas un myrmecophagidé, mais un mammifère placentaire à part, consommant des fourmis, qui avait évolué et adopté un style de vie similaire (phénomène de morphologie convergente).

Famille des Manidae

La famille des manidés est l'unique famille de l'ordre des pholidotes. Ses membres sont les pangolins, de curieux mammifères couverts d'une armure d'écailles cornées se chevauchant composées de très nombreux poils collés les uns aux autres. Cette armure étrange lui donne l'apparence d'une immense « pomme de pin animée ». Lorsque l'animal se met en boule, son bouclier est pratiquement impénétrable. Les pangolins ont des membres épais, bien adaptés pour déterrer leurs proies (des insectes), et parfois pour se creuser un terrier où ils vont dormir.

Les pangolins ont souvent été regroupés avec les fourmiliers et les tatous de par la similitude de leur style de vie. Ils se nourrissent tous de fourmis et de termites, qu'ils ramassent avec leur langue fine et gluante. Ce regroupement est cependant purement pratique et ne reflète aucune parenté étroite.

Il est très difficile de déterminer les véritables relations entre toutes ces créatures du fait de leurs spécialisations extrêmes. Mais les données moléculaires suggèrent, ce qui est étonnant, qu'à l'instar des autres édentés, les pangolins sont étroitement liés aux carnivores. Les sept espèces vivantes de pangolins sont placées dans le genre unique *Manis*. On les trouve en Afrique tropicale et dans le sud-est de l'Asie.

NOM : *Eomanis*
ÉPOQUE : Éocène moyen
RÉPARTITION : Europe (Allemagne)
TAILLE : 50 cm de long

Le premier pangolin connu, *Eomanis* est représenté par un fossile bien conservé provenant des mêmes gisements de schiste bitumineux qui ont révélé le squelette d'*Eurotamandua*. Même les écailles ont été conservées et il apparaît clairement qu'*Eomanis* ressemblait énormément aux pangolins actuels. L'animal était sans doute capable de fermer les yeux, les oreilles et les narines pour se protéger des piqûres de fourmis, comme le fait l'espèce moderne. D'après les restes fossilisés de l'estomac d'*Eomanis*, son alimentation était clairement composée de matière végétale et d'insectes.

INSECTIVORES ET CRÉODONTES

Le superordre des insectivores regroupe traditionnellement un large éventail d'ordres d'animaux disparus et vivants.

Ce groupe s'appuyait sur ce que l'on connaissait de la morphologie des hérissons, des musaraignes et des taupes modernes. Le groupe ancestral des anagalidés est un exemple de groupe dont on pensait qu'il faisait partie des insectivores mais que l'on associe aujourd'hui aux desmans. De même, les dermoptères (dont les lémuriens volants existants encore) et les chiroptères (les chauves-souris) sont regroupés à part des insectivores.

Les données moléculaires montrent que les relations entre les insectivores, les carnivores et d'autres groupes vivants sont problématiques. Le statut des insectivores en tant qu'unité naturelle est donc douteux et considéré aujourd'hui comme une « poubelle » taxonomique. Néanmoins, on le considère toujours comme un groupe primitif et on le place à la base des mammifères placentaires, le hérisson étant le plus ancien représentant des groupes placentaires vivants.

Ordre des Anagalida

Les anagalidés sont des mammifères fouisseurs ressemblant à des lapins. On a retrouvé leurs traces dans les roches du début du Tertiaire dans l'Est de l'Asie. On pensait autrefois qu'ils étaient liés aux desmans, mais on pense aujourd'hui qu'ils partagent davantage de caractéristiques avec les rongeurs et les lapins.

NOM : *Anagale*

ÉPOQUE : Oligocène inférieur

RÉPARTITION : Asie (Mongolie)

TAILLE : 30 cm de long

Anagale aurait ressemblé au lapin moderne sur de nombreux plans mais il avait une longue queue et probablement de petites oreilles. Il se déplaçait plutôt en courant qu'en sautant. On déduit ce schéma de comportement et de déplacement d'après les proportions des os de ses pattes arrière.

Les pattes arrière d'*Anagale* sont un peu plus longues que ses pattes avant et ses pieds ont des griffes acérées comme des lames. *Anagale* devait fouiller le sol à la recherche de scarabées, de larves, de vers et autres bestioles. Le fait que les dents de nombreux spécimens soient très usées suggère qu'il mangeait la terre, ce qui était peut-être le moyen le plus facile d'en extraire les aliments.

Ordre des Dermoptera

Les dermoptères constituent le groupe des « lémuriens volants », un nom assez trompeur puisque les dermoptères ne sont ni des lémuriens ni capables de voler. Seules deux espèces ont réussi à survivre jusqu'à nos jours : les colugos de Malacca et des Philippines (*Cynocephalus variegatus* et *C. volans*) dans le sud-est de l'Asie. Ces deux créatures sont exclusivement végétariennes.

Ces animaux modernes, mesurant moins de 30 cm, peuvent planer sur 130 m d'arbre en arbre sur des membranes cutanées étendues. On pense, bien que l'on n'ait aucune preuve directe, que les dermoptères du Paléocène moyen et de l'Éocène inférieur le faisait aussi.

Il y a un vide dans l'histoire fossile des colugos entre les formes du Miocène et actuelles. D'après certains indices, les dermoptères seraient étroitement liés aux chauves-souris, musaraignes arboricoles et primates, tous ayant une ascendance commune avec les insectivores. Cependant cette relation n'est en aucune façon certaine : les similitudes pourraient simplement provenir d'une évolution convergente de groupes non apparentés. Les preuves moléculaires soutiennent l'association avec les musaraignes arboricoles et les chauves-souris.

NOM : *Planetetherium*

ÉPOQUE : Paléocène supérieur

RÉPARTITION : Amérique du Nord (Montana)

TAILLE : 25 cm de long

On a retrouvé des ossements de *Planetetherium* dans les couches de charbon qui se sont formées sur plusieurs millions d'années à partir des épaisses forêts de cyprès de bord de lac.

Comme chez les colugos, chaque incisive est divisée et forme un peigne orienté vers l'avant, avec 5 « dents » environ se projetant de chaque racine. Leur fonction reste inconnue : elles auraient pu servir à la toilette ou pour racler et filtrer les aliments.

ORDRE DES CHIROPTERA

Ce sont les chauves-souris, les seuls mammifères qui ont développé un véritable vol propulsé. L'ordre des chiroptères a réalisé cette prouesse en transformant ses membres antérieurs en ailes composées d'une membrane fine (le patagium) soutenue par 4 doigts très effilés.

La plupart des chauves-souris modernes se servent de l'écholocation pour détecter les obstacles, les proies et les prédateurs dans la nuit noire et dans l'obscurité. La chauve-souris émet des sons haute fréquence qui se répercutent sur les objets sur son chemin et sont perçus par ses oreilles sensibles. Elle analyse ensuite les informations qu'elle reçoit et agit en conséquence.

Cet extraordinaire système de radar naturel a nécessité une importante modification du larynx, du nez, des oreilles et du cerveau de la chauve-souris, mais on ne peut retracer cette évolution puisque ces parties anatomiques ne se fossilisent pas.

Les chauves-souris modernes se divisent en deux sous-ordres distincts. Les microchiroptères (petites chauves-souris) sont de loin les plus nombreux, avec quelque 780 espèces vivantes. On les trouve partout, à l'exception de l'Arctique et de l'Antarctique et des très hautes montagnes. La plupart sont de petits animaux nocturnes aux petits yeux et aux grandes oreilles, souvent complexes et très sensibles. De nombreux microchiroptères ont développé des excroissances spécialisées sur le nez qui jouent un rôle dans l'écholocation.

La nature et la disposition de leurs dents dépendent de leur alimentation mais la grande majorité se nourrit d'insectes qu'elle attrape sur ses ailes. Les molaires supérieures ont une disposition en V et ont des bords coupants. Quelques espèces sont carnivores.

Le deuxième sous-ordre est celui des mégachiroptères (grandes chauves-souris), avec quelque 170 espèces vivantes. Ce sont des chauves-souris fructivores qui sont confinées aux tropiques de l'Ancien Monde. Ce sont de grands animaux dont la face rappelle celle d'un renard, d'où leur autre nom de « renards volants ». Les mégachiroptères n'ont pas les grandes oreilles complexes et le nez sophistiqué des microchiroptères.

Les chauves-souris sont traditionnellement regroupées avec les « lémuriens volants » (dermoptères) et les musaraignes arboricoles (scandentia), mais de récentes données moléculaires sur les microchiroptères les rapprochent davantage des carnivores.

NOM : *Icaronycteris*

ÉPOQUE : Éocène inférieur

RÉPARTITION : Amérique du Nord (Wyoming)

TAILLE : 14 cm de long, 37 cm d'envergure

Icaronycteris était probablement identique à un microchiroptère moderne, avec néanmoins quelques caractères très primitifs. Ses ailes étaient relativement courtes et larges et sa gueule contenait de nombreuses dents disposées comme celles d'un insectivore. Son corps n'était pas aussi rigide que celui d'une chauve-souris moderne, et sa queue n'était ni aussi longue ni reliée aux membres postérieurs par un repli de peau. Le pouce et le 1er doigt sont griffus (les chauves-souris modernes n'ont qu'un pouce griffu) pour se pendre verticalement aux murs des grottes ou à d'autres supports. Même à ce stade précoce de leur évolution, les chauves-souris se perchaient la tête en bas.

Icaronycteris vivait certainement comme les microchiroptères modernes, en attrapant des insectes sur ses ailes, probablement pendant qu'il volait à basse altitude au-dessus de l'eau le soir alors qu'il y avait peu d'oiseaux. On a retrouvé des chauves-souris remarquablement conservées dans les gisements de schiste bitumineux de l'Éocène moyen de Messel près de Francfort. On voit encore les membranes alaires, et les restes trouvés dans la région stomacale confirment son régime insectivore.

INSECTIVORES ET CRÉODONTES SUITE

SUPERORDRE DES INSECTIVORA

On a retrouvé des formes fossiles d'insectivores datant du Crétacé moyen, il y a 100 millions d'années : ils seraient donc les premiers mammifères placentaires connus. Bien que fragmentaires, les traces fossiles couvrent 150 genres dans tout l'hémisphère Nord, en Afrique, dans le sud-est de l'Asie et en Amérique centrale. Seule une espèce de musaraigne vit en Amérique du Sud.

Presque tous les insectivores sont petits et nocturnes ou crépusculaires (actifs à l'aube ou au crépuscule). Ils ont souvent une mauvaise vision mais un odorat et une ouïe bien développés. De nombreuses espèces de musaraignes se déplacent par écholocation. Du fait de leur petite taille et de leur vitesse de métabolisme élevée, les insectivores doivent s'alimenter presque tout le temps.

Les insectivores sont un groupe qui connaît une excellente réussite : ils ont colonisé une gamme impressionnante d'habitats et adopté une diversité de styles de vie, depuis une existence souterraine jusqu'à une vie semi-aquatique. Leur alimentation est variée : insectes, vers, mollusques, autres invertébrés, petits poissons, amphibiens, reptiles, oiseaux, mammifères et petites quantités de matière végétale. Du fait de cette alimentation, la dentition des formes fossiles et modernes est souvent assez complète. Le squelette est peu modifié par rapport au schéma mammalien de base, avec 5 doigts à chaque pied et une locomotion plantigrade (paumes et plantes touchant le sol). Les taupes communes et dorées cependant ont des membres antérieurs plus courts et plus forts leur permettant de creuser.

ORDRE DES LEPTICTIDA

Les leptictidés ressemblent aux musaraignes du Crétacé supérieur, il y a 70 millions d'années. Ils ont proliféré au début du Tertiaire et sont apparus en Amérique du Nord, en Asie, en Afrique et en Europe.

NOM : *Leptictidium*
ÉPOQUE : Éocène moyen
RÉPARTITION : Europe (Allemagne)
TAILLE : 75 cm de long

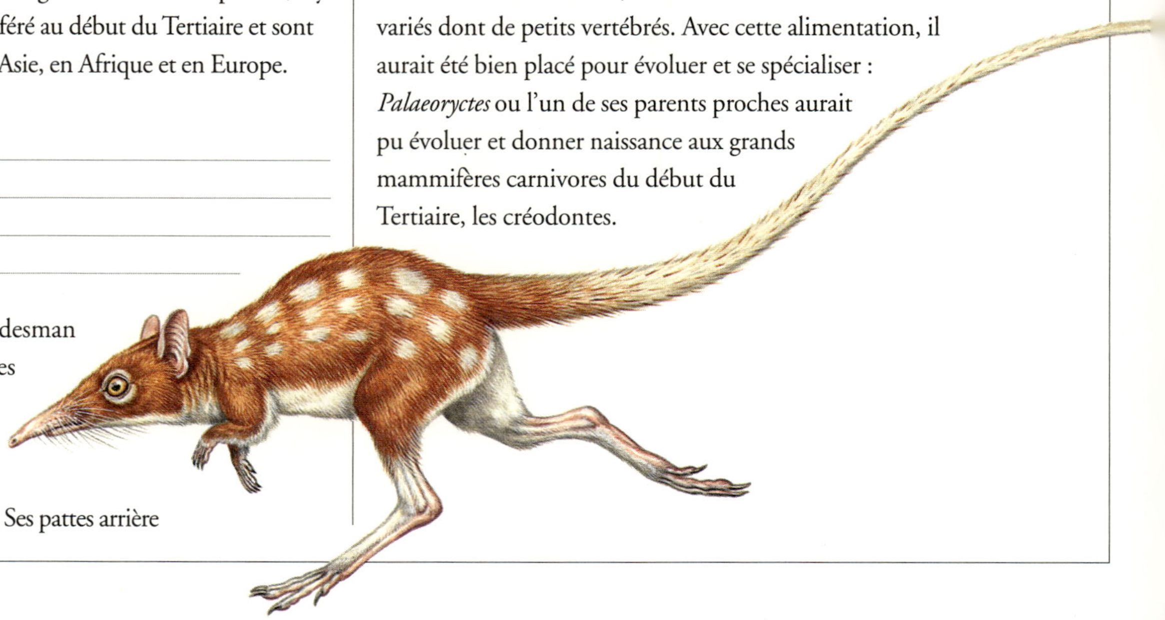

Leptictidium devait ressembler au desman moderne, à l'exception de ses pattes arrière et de sa queue qui étaient plus longues. C'était un coureur bipède, comme les hommes et certains petits dinosaures carnivores. Ses pattes arrière longues et légères sont semblables à celles des oiseaux, la majorité des muscles étant concentrée autour de la cuisse. Les pattes avant, moitié moins longues que les pattes arrière, sont adaptées pour saisir les aliments. Le corps est très court et la longue queue sert de contrepoids. *Leptictidium* ne se nourrissait pas que d'insectes : certains squelettes montrent des restes de petits mammifères, de lézard et de la matière végétale.

ORDRE DES LIPOTYPHLA

Les lipotyphles regroupent cinq familles fossiles et sept modernes (les hérissons, les musaraignes, les taupes ainsi que les solénodontes des Antilles, les taupes dorées d'Afrique, les tanrecs de Madagascar et les potamogales d'Afrique centrale).

NOM : *Palaeoryctes*
ÉPOQUE : du Paléocène inférieur à l'Éocène inférieur
RÉPARTITION : Amérique du Nord (Nouveau Mexique)
TAILLE : 12,50 cm de long

Un crâne bien conservé montre que *Palaeoryctes* devait beaucoup ressembler à une musaraigne moderne, avec un petit corps lisse et brillant et un museau pointu armé de petites dents pour broyer les insectes. Même s'il mangeait surtout des insectes, probablement des scarabées et des chenilles, il devait aussi consommer des aliments variés dont de petits vertébrés. Avec cette alimentation, il aurait été bien placé pour évoluer et se spécialiser : *Palaeoryctes* ou l'un de ses parents proches aurait pu évoluer et donner naissance aux grands mammifères carnivores du début du Tertiaire, les créodontes.

Ordre des Creodonta

Les créodontes étaient les mammifères carnivores dominants dans le monde, à l'exception de l'Amérique du Sud et de l'Australie, au début du Tertiaire, il y a entre 60 et 30 millions d'années. Ils ont pourtant tous disparu au Miocène supérieur, il y a 7 millions d'années. Mais avant, ils ont développé de très nombreuses formes, allant de la taille d'une hermine à celle d'un ours, prélude aux membres de l'ordre des carnivores.

Les créodontes se différencient des carnivores par plusieurs caractéristiques principales : leur cerveau plus petit, l'absence de l'enveloppe osseuse de l'oreille moyenne, les os des pieds (les os des poignets ne sont pas soudés et les os des griffes ont un sillon) et les dents, notamment celles ayant une fonction carnassière (paires de dents en forme de ciseaux pour déchirer la chair).

Les quelque 50 genres de créodontes sont classés en deux familles, les oxyénidés et les hyénodontidés. On pensait autrefois que les créodontes étaient les ancêtres des carnivores modernes. Mais des analyses récentes suggèrent qu'ils ne sont probablement pas un groupe naturel mais qu'ils proviendraient d'origines différentes.

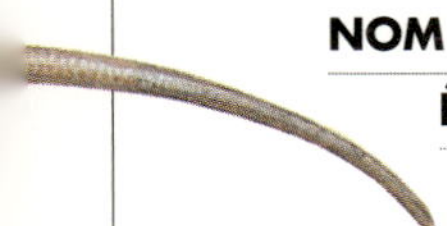

NOM : *Sarkastodon*
ÉPOQUE : Éocène supérieur
RÉPARTITION : Asie (Mongolie)
TAILLE : 3 m de long

Il y a 35 millions d'années, à l'Éocène supérieur, le centre de l'Asie était peuplé d'immenses mammifères, notamment de brontothères, chalicothères, et rhinocéros (voir pages 258 à 265). Pour attraper des proies aussi grandes, les créodontes ont également grandi. *Sarkastodon* était l'un des géants, plus grand que le plus grand ours.

Ses dents étaient grandes, volumineuses et épaisses comme celles du grizzli moderne. *Sarkastodon* se nourrissait probablement d'une grande variété d'aliments. Les autres oxyénidés de l'hémisphère Nord au Paléocène et à l'Éocène, il y a entre 55 et 40 millions d'années, étaient représentés par des animaux ressemblant aux gloutons et aux chats.

NOM : *Hyaenodon*
ÉPOQUE : de l'Éocène supérieur au Miocène inférieur
RÉPARTITION : très répandu en Amérique du Nord, en Europe (France), en Asie (Chine) et en Afrique (Kenya)
TAILLE : jusqu'à 1,20 m de long

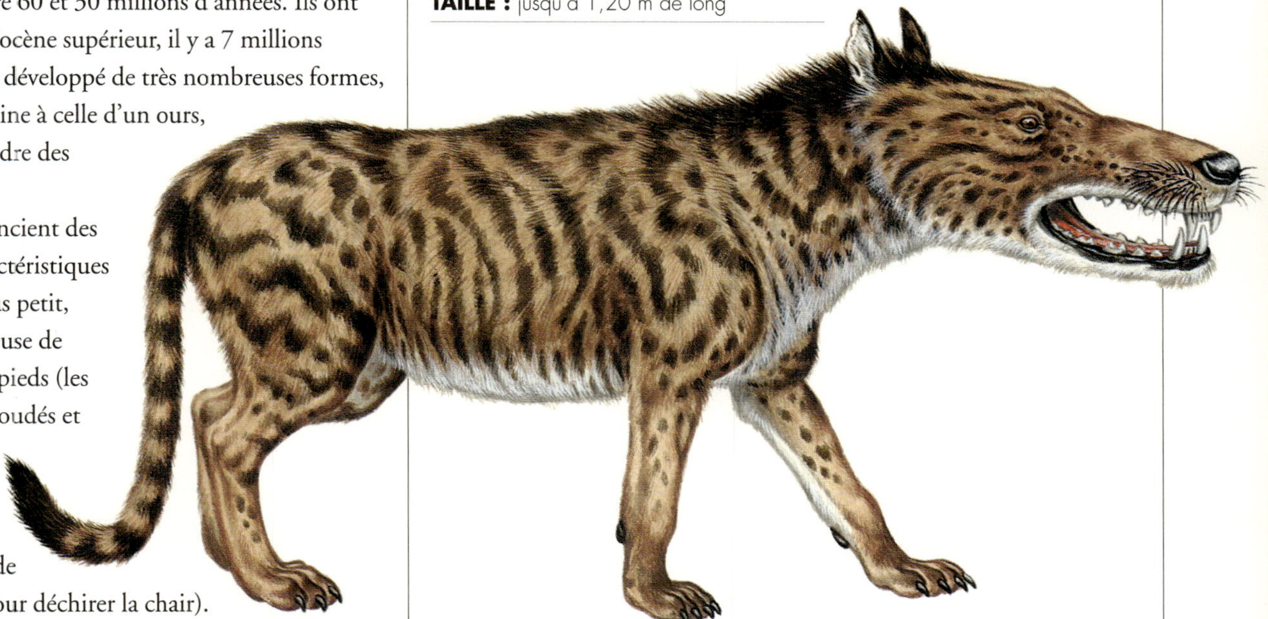

Les hyénodontes, une famille de créodontes apparue plus tard, étaient un groupe plus important que celui des oxyénidés. Ils se sont épanouis à l'Éocène et ont persisté au Miocène supérieur, de l'Amérique du Nord à l'Asie, en Europe et en Afrique.

Hyaenodon était un genre très répandu et d'une grande longévité avec plusieurs espèces, depuis des animaux de la taille d'une hermine à d'autres aussi grands qu'une hyène. Ses longues pattes minces et ses pieds digitigrades (seuls les orteils touchaient le sol) indiquent qu'*Hyaenodon* pouvait courir, même si, au vu de ses orteils écartés, ce ne devait pas être vite. *Hyaenodon* aurait eu des comportements semblables à la hyène, chassant d'autres animaux mais se nourrissant aussi de carcasses.

MUSTELIDÉS ET OURS

ORDRE DES CARNIVORA

Chats, civettes et mangoustes, chiens, ours et pandas, hermines, belettes et loutres, phoques, lions de mer et morses, tous ces mammifères appartiennent au grand ordre des carnivores. Tous les animaux de cet ordre mangent de la chair, comme l'indique ce nom, et partagent les mêmes caractères dentaires. Les carnivores modernes ont (de même que leurs ancêtres) une paire de dents carnassières, qui s'est spécialisée dans le découpage de la chair. Cependant quelques membres de l'ordre des carnivores, comme les phoques, ont perdu ces dents puisqu'ils se sont développés avec une alimentation principalement à base de poissons et n'en n'ont donc pas besoin.

Néanmoins, les animaux qui mangent de la viande ne sont pas tous des carnivores. Les baleines à dents par exemple, ne sont pas de « véritables carnivores », même si une espèce de ce groupe, l'orque, est un formidable prédateur, dévorant baleines, phoques et oiseaux marins.

Les créodontes (voir page 213), un groupe de carnivores féroces disparus, n'appartient pas à l'ordre des carnivores, de même que les dinosaures carnivores insatiables. Inversement, tous les membres des carnivores ne mangent pas que de la viande. Les ours et les blaireaux par exemple sont omnivores et consomment une large gamme d'aliments d'origine animale et végétale.

À côté des lames coupantes des carnassières, les véritables carnivores se distinguent également par la présence de petites incisives placées sur l'avant de la mâchoire qui leur permettent de saisir les proies et de grandes canines pointues avec lesquelles ils les achèvent (voir page 196).

On divise traditionnellement l'ordre des carnivores en deux grands groupes : les fissipèdes (terme qui signifie « pied fendu ») et les pinnipèdes (terme qui signifie « pied nageoire »). On pense maintenant que les relations au sein de cet ordre sont complexes, et cela se traduit dans les classifications plus récentes. Les miacidés, qui ont disparus, sont traités à part, et les féliformes (chats et hyènes) sont différenciés des caniformes (chiens, belettes, civettes et ours). Les pinnipèdes, les phoques, lions de mers et morses restent groupés. Les analyses moléculaires groupent aujourd'hui les carnivores avec les baleines et les ongulés artiodactyles.

Ceux-ci sont apparus au Crétacé supérieur ou au Paléocène inférieur, il y a 70 à 65 millions d'années. Les carnivores ont évolué depuis mêmes ancêtres que les insectivores (voir pages 210 et 212), mais les premiers sont restés plutôt insignifiants jusqu'à l'Oligocène, il y a 35 millions d'années. C'est à ce moment qu'ils ont commencé à remplacer les créodontes, qui étaient jusqu'alors les mammifères terrestres carnivores dominants.

Famille des Miacidae

Les miacidés sont les premiers véritables carnivores à apparaître, pendant le Paléocène, il y a 60 millions d'années. C'est un groupe « artificiel », puisqu'il contient des animaux qui ne sont pas étroitement apparentés. Cependant, c'est une classification pratique qui distingue ces premiers carnivores des types plus modernes. Les miacidés étaient pour la plupart de petits mammifères vivant dans les bois. Les rares restes qu'ils ont laissés indiquent qu'ils ressemblaient aux créodontes, bien que certainement plus intelligents et pourvus de dents carnassières plus développées.

NOM : *Miacis*
ÉPOQUE : du Paléocène à l'Éocène moyen
RÉPARTITION : Europe (Allemagne)
TAILLE : 20 cm de long

Lorsqu'il se déplaçait à toute vitesse dans les branches, cet animal devait ressembler à une martre d'Europe (*Martes martes*). La forme de ses membres, les articulations flexibles de ses épaules et de ses coudes indiquent qu'il était bien adapté pour se déplacer dans les arbres des forêts tropicales marécageuses.

Miacis devait vivre pratiquement comme la martre d'Europe, chassant de petits mammifères et oiseaux sur le sol et dans les arbres. Il aurait également mangé des insectes, des œufs d'oiseaux et des fruits. *Miacis* présente un caractère primitif avec l'ensemble complet de 44 dents. C'est le nombre de base des dents des mammifères, mais les carnivores plus évolués en ont perdu beaucoup dans leur évolution vers des formes plus spécialisées.

Famille des Mustelidae

Les mustelidés ont probablement évolué des miacidés au début du Tertiaire. Les membres modernes de cette famille sont tous des chasseurs au corps mince et élancé : la belette, l'hermine, le blaireau, la loutre, la civette, la genette et la mangouste.

NOM : *Potamotherium*
ÉPOQUE : Miocène inférieur
RÉPARTITION : Europe (France)
TAILLE : 1,50 m de long

Potamotherium est la première loutre connue et elle avait, comme son congénère moderne, un corps long et sinueux et des pattes courtes. Elle courait probablement dans les sous-bois qui longeaient les cours d'eau, en bondissant, le dos arqué et la tête proche du sol. L'odorat de *Potamotherium* n'était pas très développé, mais il semblerait que son ouïe et sa vue aient été fines, l'aidant à chasser les poissons.

Potamotherium était sans aucun doute un excellent nageur. La forme lisse et fuselée de cette créature aurait fendu l'eau et sa colonne vertébrale flexible lui permettait de plonger dans l'eau et de fuser.

Les loutres sont les seuls mustelidés bien représentés dans les fossiles. C'est probablement parce qu'ils vivaient près de l'eau et avaient plus de chances d'être enterrés dans des sédiments et donc d'être fossilisés. Les paléontologues pensent que les véritables phoques, ou phocidés (voir page 226), ont évolué d'un ancêtre mustélidé.

Famille des Procyonidae

Les procyonidés, dont les ratons laveurs, pandas et coatis modernes, sont apparus à l'Oligocène inférieur, il y a 35 millions d'années. Leurs molaires et prémolaires présentaient les lames carnassières typiques, trait caractéristique de tous les véritables carnivores. Mais cette dentition s'est perdue chez les membres modernes de la famille, leurs molaires et prémolaires ayant repris exclusivement leurs fonctions de broyage et de concassage.

Cette dentition convient à l'alimentation omnivore des procyonidés plus modernes. Cependant, celle du panda géant, *Ailuropoda melanoleura*, se compose presque exclusivement de pousses de bambou et il est probable que cet animal soit plus étroitement apparenté aux ours qu'aux ratons laveurs.

NOM : *Plesictis*
ÉPOQUE : de l'Oligocène inférieur au Miocène inférieur
RÉPARTITION : Asie (Chine), Europe (France) et Amérique du Nord (États-Unis)
TAILLE : 75 cm de long

Ce chasseur, qui vivait dans les arbres, avait de grands yeux, peut-être pour chasser la nuit, et une longue queue faisant contrepoids. Il ressemblait à la civette moderne (*Bassaricus sumichrasti*), dont il aurait pu être l'ancêtre direct. Il menait probablement le même style de vie, se déplaçant dans les arbres.

À l'instar d'autres procyonidés, les cuspides de ses dents étaient émoussées et ses molaires présentaient, en coupe, une forme carrée indiquant qu'il était certainement omnivore, consommant œufs, insectes et matière végétale, de même qu'il chassait des petits mammifères et des oiseaux.

NOM : *Chapalmalania*
ÉPOQUE : Pliocène supérieur
RÉPARTITION : Amérique du Sud (Argentine)
TAILLE : 1,50 m de long

Les procyonidés ont quitté l'Amérique du Nord pour le sud via le pont terrestre que constitue l'actuelle Amérique centrale. Une fois en Amérique du Sud, ils se sont développés en plusieurs formes spécialisées. *Chapalmalania* était un gigantesque raton laveur qui ressemblait probablement assez au panda géant moderne. Il était si grand que l'on a d'abord pensé que ses ossements étaient ceux d'un ours. De même que le panda, il avait une alimentation spécialisée, se nourrissant d'une plante qui poussait sur les versants montagneux.

MUSTELIDÉS ET OURS SUITE

Famille Amphicyonidae

Les amphicyonidés étaient une famille de « chiens ours » qui a existé de l'Éocène, il y a 50 millions d'années, jusqu'au Miocène, il y a 5 millions d'années.

Les amphicyonidés sont un groupe varié de grands animaux chasseurs, qui a connu une belle réussite. Ils se sont répandus dans toute l'Europe, l'Asie et l'Amérique du Nord. Lorsque les créodontes ont disparu, ils les ont remplacés dans les écosystèmes, avant d'être eux-mêmes remplacés par les « véritables chiens » du Pliocène, il y a quelque 5 millions d'années.

Le nom commun des amphicyonidés, « chiens ours » fait référence à la ressemblance entre ces deux créatures. Le corps des amphicyonidés faisait penser par sa taille et sa masse à celui d'un ours. Ils se déplaçaient en posant le pied complètement sur le sol (déplacement plantigrade, celui des ours et des hommes), au lieu des orteils uniquement (déplacement digitigrade, utilisé par les chats et les chiens agiles). La forme de la tête et la dentition se rapprochaient plutôt de celles des chiens.

NOM : *Amphicyon*
ÉPOQUE : de l'Oligocène moyen au Miocène inférieur
RÉPARTITION : Europe (France et Allemagne) et Amérique du Nord (Nebraska)
TAILLE : 2 m de long

Amphicyon était caractéristique des « chiens ours ». Il devait ressembler à un grand ours avec les dents solides et acérées d'un loup. Son cou était épais, ses membres solides et sa queue touffue. Il aurait mené un style de vie similaire à celui d'un ours brun moderne, ou grizzli, se nourrissant d'une grande variété d'aliments végétaux et d'animaux, et tuant ses proies en les assommant avec ses puissantes pattes avant. *Amphicyon* devait être un adversaire effrayant pour toutes les autres créatures des plaines de l'hémisphère Nord, au milieu du Tertiaire, il y a 30 millions d'années. Une espèce fossile, *Amphicyon giganteus*, datant du Miocène en Europe, est aussi grande qu'un tigre moderne.

Famille des Ursidae

La famille des ursidés regroupe les ours. D'un point de vue taxonomique, ils sont classés dans les caniformes avec les chiens (canidés), les ratons laveurs (procyonidés) et les belettes (mustelidés).

Les ursidés apparaissent plus tard que bon nombre d'autres carnivores, puisqu'ils sont apparus en Europe à l'Oligocène. Depuis, ils se sont répandus pratiquement partout dans le monde.

Bien qu'il n'y ait plus d'ours en Afrique aujourd'hui, on retrouve deux traces distinctes d'ours qui vivaient sur ce continent dans le passé. *Agriotherium* (ci-contre), une forme primitive, vivait dans le sud ouest de l'Afrique au Pliocène, il y a 5 millions d'années, et on sait que des ours bruns ont peuplé la chaîne de l'Atlas dans le nord de l'Afrique, au Pléistocène, survivant même jusqu'à récemment.

Les ours sont omnivores, mangeant tout ce qu'ils peuvent attraper : petits mammifères, poissons ou insectes. Ils vont aussi à la recherche de fruits, d'œufs, de noix et bien sûr de miel. Ils recherchent généralement les aliments de jour, leur vue et leur ouïe étant assez médiocres, bien que leur odorat soit très développé.

Leur schéma dentaire reflète cette alimentation éclectique. Les ours ont des incisives non spécialisées, de longues canines, des prémolaires réduites ou absentes (sans dents carnassières) et de grosses molaires plates aux cuspides arrondies. Les molaires sont probablement les dents les plus utilisées par l'ours, lui permettant de broyer les végétaux coriaces qui composaient son ordinaire.

L'ours kodiak moderne (*Ursus arctos middendorfi*) qui vit dans les forêts des îles Kodiak, Afognak et Shuyak de la côte nord ouest des États-Unis, est le plus grand carnivore terrestre actuel.

NOM : *Agriotherium*

ÉPOQUE : du Miocène supérieur au Pléistocène

RÉPARTITION : Afrique (Namibie), Asie (Chine) et Europe (France)

TAILLE : 2 m de long

Bien que l'on ne trouve plus d'ours en Afrique aujourd'hui, il y en avait dans le passé. *Agriotherium* peuplait le sud-ouest de l'Afrique. *Agriotherium* était un ours très grand, plus grand même que le kodiak. Il était également très primitif et ressemblait sur bien des plans à un chien. Cependant ses dents avaient développé le schéma ursidé typique, et l'on peut donc affirmer qu'il était omnivore.

NOM : *Hemicyon*

ÉPOQUE : du Miocène inférieur à supérieur

RÉPARTITION : Asie (Mongolie), Europe (France et Espagne) et Amérique du Nord (États-Unis)

TAILLE : 1,50 m de long

En dépit de sa grande taille, *Hemicyon* était léger pour un ours. D'ailleurs il ressemblait davantage à un chien pesant d'où son nom qui signifie « demi-chien ». Il était probablement plus carnivore que la plupart des autres ours et il aurait donc été un chasseur actif. Il avait des pattes puissantes et la structure de ses pieds montre qu'il courait sur ses orteils (digitigrade) plutôt que sur le pied posé totalement sur le sol (plantigrade) comme les ours modernes. Ce pied digitigrade est une adaptation favorisant une course rapide qui montre qu'il parcourait les plaines ouvertes, chassant peut-être en meute.

NOM : *Ursus spelaeus*

ÉPOQUE : du Pléistocène à aujourd'hui

RÉPARTITION : Europe (Autriche, Allemagne, Pays-Bas, Espagne, RU et ex URSS)

TAILLE : 2 m de long

Le genre *Ursus* est aujourd'hui représenté par l'ours brun ou grizzli, l'ours polaire et l'ours noir américain. Mais au Pléistocène, l'ours des cavernes, *Ursus spelaeus*, était une espèce très représentée et impressionnante.

Ursus spelaeus vivait en Europe au plus fort de la dernière période glaciaire et il réussit à survivre aux pires hivers en hibernant dans les cavernes alpines. De nombreux ours se rassemblaient pour ce long sommeil annuel si l'on en juge par les quantités d'os fossiles trouvés ensemble.

La caverne de Drachenhohle, ou « caverne du dragon », en Autriche, contient les ossements de plus de 30 000 ours des cavernes. La plupart d'entre eux sont morts dans leur sommeil, probablement pendant l'hibernation.

En dépit de sa grande taille et de son apparence effrayante, l'ours des cavernes devait être végétarien. Il a été chassé par les hommes de Néandertal (voir page 297) qui utilisaient ses os dans leurs rituels.

CHIENS ET HYÈNES

FAMILLE DES CANIDAE

Le groupe des canidés, dont font partie les renards, coyotes, loups et chiens modernes, est « bon en tout » et connaît une belle réussite. Bénéficiant d'une histoire évolutionniste de quelque 40 millions d'années, ce groupe s'est adapté à une très grande diversité d'habitat et d'alimentation. En tant que membre de l'ordre des carnivores (voir page 214), la famille des canidés est liée aux loutres et aux belettes, aux chats et aux mangoustes, aux phoques, lions de mer et morses.

D'abord apparus à l'Éocène supérieur, il y a 40 millions d'années, les premiers canidés étaient des animaux à pattes assez courtes ressemblant plus aux mangoustes et aux civettes plus qu'aux chiens actuels. On ne les trouvait pratiquement qu'en Amérique du Nord, noyau de l'évolution des canidés. Cette famille n'a colonisé les autres continents qu'au Miocène supérieur, il y a à peine 6 millions d'années.

Des cinq genres à peine qui existaient à l'Oligocène inférieur (il y a 35 millions d'années), les canidés se sont développés et diversifiés en 42 genres au Miocène supérieur (il y a de 10 à 6 millions d'années). Ils ont atteint leur apogée à cette période avant de décliner pour ne compter aujourd'hui que 12 genres dont le chien domestique.

Leurs dents ont beaucoup contribué à la diversité de leur habitat et de leur alimentation. À côté des grandes canines pointues (le mot canine signifie simplement « qui ressemble à un chien ») et de dents carnassières bien développées, ils avaient de puissantes molaires broyeuses au fond des mâchoires. Ils sont donc omnivores, c'est-à-dire qu'ils mangent de tout.

Les canidés ont également développé un formidable odorat, une bonne vue et une ouïe fine. Leurs longs membres et leur importante endurance associés à leur façon de courir sur la pointe des orteils (que l'on appelle digitigrade), leur permettent de chasser des proies rapides sur des distances considérables, jusqu'à ce que ces dernières meurent de fatigue.

Leur intelligence et leur vie sociale, que l'on observe aujourd'hui chez les hyènes et les loups, améliorent encore leur aptitude à attraper les proies, à éviter les prédateurs, à réussir à élever des jeunes et à coloniser de nouveaux habitats.

NOM : *Phlaocyon*
ÉPOQUE : Miocène inférieur
RÉPARTITION : Amérique du Nord (Nebraska)
TAILLE : 80 cm de long

De même qu'*Hesperocyon* ressemblait superficiellement à un membre de la famille des chats (félidés), *Phlaocyon* ressemblait à un membre de la famille des ratons laveurs (procyonidés, voir page 215). Pourtant, plusieurs caractères de son crâne le rattachent à la famille des chiens (canidés), même s'il en est un membre très primitif. Son mode de vie était très probablement semblable à celui d'un raton laveur moderne. Bien que ses pieds aient été tout à fait de type canin, ses membres étaient plus adaptés pour grimper aux arbres que pour courir. Sa tête est courte et large avec des yeux très en avant. La mâchoire inférieure de *Phlaocyon* était incurvée, comme celle d'un raton laveur, et les prémolaires et les molaires servaient toutes à broyer. Les dents carnassières typiques des chiens sont absentes. Le schéma et le type de dents suggèrent que *Phlaocyon* était probablement omnivore, se nourrissant d'une alimentation variée à base de céréales, de fruits, d'insectes et d'œufs d'oiseaux ainsi que de petits mammifères et d'oiseaux.

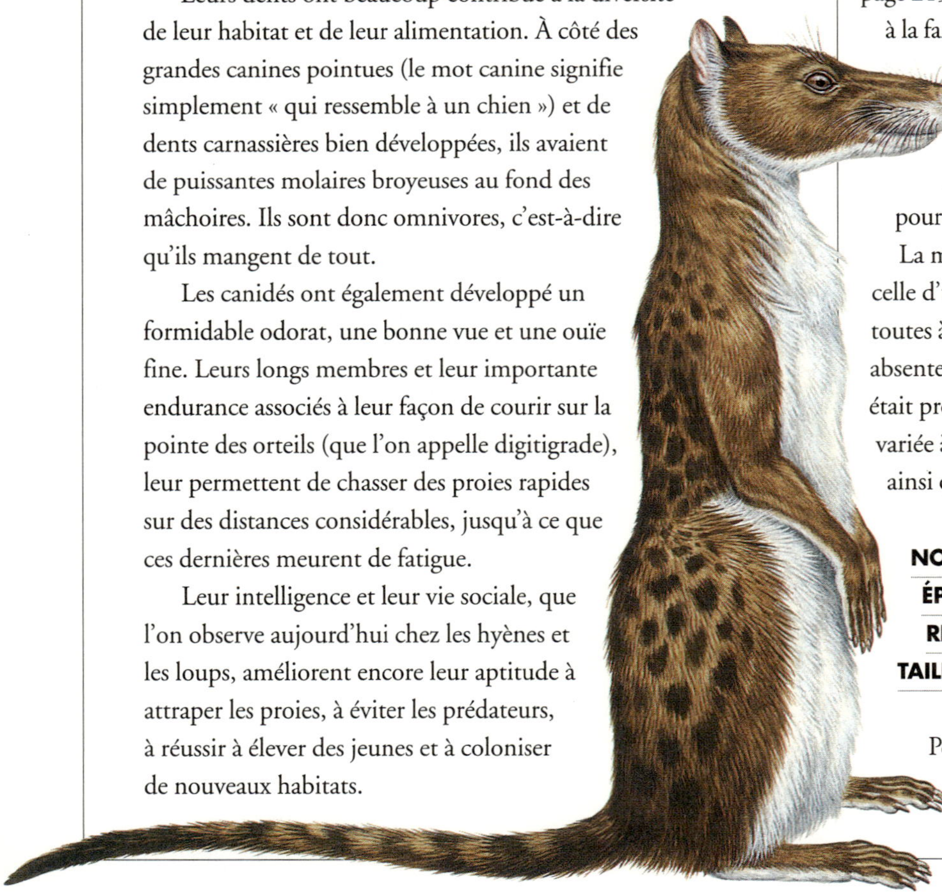

NOM : *Hesperocyon*
ÉPOQUE : de l'Oligocène inférieur au Miocène inférieur
RÉPARTITION : Amérique du Nord (Nebraska)
TAILLE : 80 cm de long

Petit animal actif, semblable à une mangouste ou à une civette, *Hesperocyon* était l'un des premiers membres de la famille des canidés. Avec son cou et sa queue longs et flexibles et ses pattes courtes et peu puissantes terminées par des pieds pentadactyles, il ressemblait peu à un chien. Pourtant, la structure des os des oreilles et la disposition des dents prouvent indubitablement que c'est un canidé primitif.

Les fossiles du crâne de cette créature montrent que des portions de l'oreille interne sont dans une enveloppe osseuse et non dans du cartilage, caractéristique canine qui distingue *Hesperocyon* de carnivores plus primitifs comme *Miacis* (voir page 214).

Les dents d'*Hesperocyon* montrent que la dernière molaire manquait de chaque côté de la mâchoire supérieure, pour un total de 42 dents au lieu des 44 habituelles. La dernière prémolaire supérieure et la première molaire inférieure de chaque côté sont modifiées en dents carnassières, typiques des chiens et de la plupart des autres véritables carnivores (c'est-à-dire ceux qui sont groupés dans l'ordre des carnivores).

NOM : *Cynodesmus*
ÉPOQUE : de l'Oligocène supérieur au Miocène inférieur
RÉPARTITION : Amérique du Nord (Nebraska)
TAILLE : 1 m de long

Cynodesmus était l'un des premiers canidés qui ressemblait vraiment à un chien moderne. Il était approximativement de la taille et de la forme du coyote, *Canis latrans*, que l'on trouve aujourd'hui en Amérique du Nord et centrale. Sa tête cependant était plus courte (le long museau typique des chiens devait se développer bien plus tard dans leur évolution), et son corps était encore assez long, avec une queue touffue.

Les pattes de *Cynodesmus* ressemblaient à celles d'un chien, mais n'étaient pas encore aussi efficaces pour courir que ses congénères modernes. Les grandes prairies d'Amérique du Nord ne s'étaient pas encore formées à l'époque : leur développement a encouragé l'évolution de mammifères herbivores véloces, ce qui a à son tour favorisé l'évolution rapide de chasseurs agiles comme les chiens.

Chaque pied de *Cynodesmus* était encore pourvu de 5 orteils, les premiers restant néanmoins plus petits que les autres. Les griffes sont étroites et partiellement rétractiles, comme celles d'un chat, et non semblables aux structures portantes épaisses et émoussées des chiens apparus ensuite. *Cynodesmus* chassait certainement en se tenant en embuscade comme un chat, au lieu de courir après ses proies comme un chien.

NOM : *Cerdocyon*
ÉPOQUE : Pléistocène
RÉPARTITION : Amérique du Sud (Argentine)
TAILLE : 80 cm de long

La famille des chiens a évolué en Amérique du Nord tout au long du Tertiaire. Les animaux de ce groupe ne pouvaient pas atteindre l'Amérique du Sud parce que les deux continents étaient séparés par une mer. Puis, vers la fin du Tertiaire, au Pliocène (il y a 5 millions d'années), le pont terrestre (actuelle Amérique centrale) s'étant reformé, les animaux pouvaient émigrer vers le sud. Les chiens sont passés en Amérique du Sud au Pléistocène inférieur, il y a quelque 2 millions d'années, et le premier renard, *Cerdocyon*, était du voyage vers le sud.

2 millions d'années plus tard, *Cerdocyon* a pris la forme du renard crabier, *Cerdocyon thous*, que l'on trouve de la Colombie jusqu'au nord de l'Argentine.

Les crabes sont l'un des nombreux aliments dont se nourrit ce chasseur nocturne omnivore. En fonction des disponibilités saisonnières, il mange également rats, souris, grenouilles et insectes en utilisant son ouïe fine lorsqu'il chasse dans la nuit et en appliquant des techniques furtives d'attaque éclair pour attraper ses proies. Le renard crabier consomme également des fruits et des charognes et tous les œufs qu'il trouve. Son parent du Pléistocène avait probablement le même style de vie opportuniste.

CHIENS ET HYÈNES SUITE

NOM : *Osteoborus*

ÉPOQUE : du Miocène supérieur au Pléistocène inférieur

RÉPARTITION : Amérique du Nord (Nebraska)

TAILLE : 80 cm de long

Osteoborus est un borophaginé, un groupe de chiens charognards apparu au Miocène supérieur, il y a 8 millions d'années.

La carrure massive d'*Osteoborus* et son front plutôt arrondi et enflé lui donnent l'aspect d'un ours. Il avait cependant les habitudes de charognard des hyènes, ce qui est confirmé par la présence d'énormes prémolaires broyeuses d'os. Le crâne d'*Osteoborus* s'était également raccourci permettant l'insertion des muscles massifs nécessaires pour actionner ses puissantes mâchoires. Cette grossière combinaison de mâchoires puissantes et de dents broyeuses permettait à *Osteoborus* de mâcher et de fendre les os des carcasses afin d'atteindre la moelle tendre et nutritive qui s'y trouvait.

Osteoborus était très répandu en Amérique du Nord, où il occupait certainement la même niche écologique que les hyènes contemporaines d'Europe, d'Asie et d'Afrique, se nourrissant comme il le pouvait d'animaux morts ou en volant les victimes d'autres prédateurs. Le rôle de charognard d'*Osteoborus* dans l'écosystème a été finalement repris en Amérique du Nord par des chiens plus typiques comme *Canis dirus.*

NOM : *Canis dirus*

ÉPOQUE : du Pléistocène à récemment

RÉPARTITION : Amérique du Nord (Californie)

TAILLE : 1,50 m de long

Le genre de chiens appelé *Canis* comprend neuf espèces vivantes de loups, coyotes, chacals et chiens (à la fois les chiens sauvages et les chiens domestiques toutes races confondues). Il existait un plus grand nombre d'espèces dans le passé, l'une des plus connues étant C. *dirus*, le loup terrible. D'aspect, ce loup préhistorique ressemblait beaucoup à son congénère moderne, mais en plus massif. Il devait être plus chasseur que charognard, venant combler la niche des borophaginés, comme *Osteoborus*, après leur disparition au Pléistocène inférieur.

On a retrouvé plus de 2 000 ossements dans les carrières de goudron de Rancho La Brea, aujourd'hui Los Angeles. Il y a 25 000 ans, le pétrole brut suintait et remontait à la surface d'où il s'évaporait, laissant des mares de goudron gluant dans lesquelles tombaient les animaux imprudents, paresseux terrestres et éléphants. Ces animaux mourants attiraient les carnivores, comme le loup terrible qui se faisait prendre à son tour. Ils se sont ensuite fossilisés en laissant une image précise de la vie au Pléistocène. Les loups terribles et les chats à dents de sabre se battaient puisque leurs os sont souvent recouverts de cicatrices.

Les chasseurs plus intelligents et actifs comme les lions et les chiens contemporains étaient rarement piégés. Il semblerait qu'ils étaient capables d'apprécier plus facilement le danger de ces mares.

Famille des Hyaenidae

Les hyènes, également membres de l'ordre des carnivores, sont apparues récemment, au Miocène moyen, il y a 15 millions d'années. Elles ont probablement évolué sur le continent africain avant d'occuper tout l'Ancien Monde. Aujourd'hui, les hyénidés sont groupés avec les féliformes. On pense qu'ils dériveraient des viverridés (civettes et apparentés).

La seule hyène connue du Nouveau Monde est *Chasmaporthetes*, qui vivait en Amérique du Nord au Pléistocène. Elle était aussi dans toute l'Afrique, l'Asie et l'Europe. C'était un chasseur véloce plus qu'un charognard et ses pattes et ses dents ressemblaient à celles du guépard actuel. D'ailleurs elle devait rivaliser en Afrique avec les véritables guépards vivant également au Pléistocène.

Le rôle de « charognard mammifère » en Amérique du Nord était principalement joué par les chiens borophaginés à dents épaisses, tel *Osteohorus*. Leur alimentation et leur style de vie étaient identiques à celui des hyènes du reste du monde.

Aujourd'hui, les hyènes sont confinées aux zones plus chaudes d'Afrique et d'Asie. Bien que surtout charognards, ce sont également des chasseurs agiles et intelligents, qui se déplacent en meute pour rabattre les mammifères herbivores vifs comme les gazelles. Leurs dents sont capables de broyer des os, et leur appareil digestif particulièrement robuste leur permet d'absorber la matière organique dans l'os et de régurgiter sous forme de boulettes les fragments indigestes d'os, de sabot, de corne, de ligaments et de poils.

NOM : *Ictitherium*

ÉPOQUE : du Miocène moyen au Pliocène inférieur

RÉPARTITION : Afrique (Maroc) et Europe (Grèce)

TAILLE : 1,20 m de long

Ictitherium, l'une des premières hyènes, ressemblait certainement plus à une civette (apparentée aux mangoustes et aux genettes, voir page 225) de carrure et d'aspect. Ses dents sont semblables à celle de la civette, parfaitement adaptées à une alimentation insectivore, plutôt qu'aux formidables dents broyeuses d'os des hyènes. *Ictitherium*, ainsi que ses cousins primitifs, faisait partie des chasseurs les plus nombreux de l'époque. D'ailleurs, à un moment du Pliocène, ses fossiles sont plus largement représentés que tous ceux des autres carnivores réunis.

On trouve souvent des groupes d'animaux fossilisés ensemble, ce qui suggère qu'un torrent aurait pu les emmener en même temps. Il se pourrait que cette première hyène ait déjà développé un ordre social évolué et chassé ses proies en meute, comme le font les hyènes actuelles.

NOM : *Percocruta*

ÉPOQUE : du Miocène moyen à supérieur

RÉPARTITION : très répandu en Afrique, en Asie et en Europe

TAILLE : 1,50 m de long

Les hyènes du genre *Percocruta* étaient les plus grandes hyènes de tous les temps. Une espèce, *P. gigantea* découverte en Chine, était aussi grande qu'un lion moderne.

Nonobstant sa grande taille, *Percocruta* ressemblait beaucoup à la hyène tachetée actuelle, *Crocuta crocuta*, qui vit dans les prairies africaines. Cette créature était beaucoup plus répandue au Pléistocène qu'aujourd'hui ; on a retrouvé des ossements fossilisés dans toute l'Afrique, l'Europe et l'Asie.

Comme son descendant, *Percocruta* avait une grande tête et un museau trapu pourvu de mâchoires extraordinairement puissantes, armées de formidables dents broyeuses qui convenaient certainement à un style de vie charognard. Son corps présentait également la même inclinaison que ses parents modernes, avec une partie antérieure puissante et des pattes arrière plus courtes. Elle aussi devait se déplacer à grandes enjambées.

FÉLINS ET MANGOUSTES

FAMILLE DES NIMRAVIDAE

Les nimravidés ont été les premiers fauves à avoir vécu à l'Oligocène inférieur, il y a 35 millions d'années. Ils ont survécu jusqu'au Miocène supérieur, soit pendant à peu près 27 millions d'années. Les nimravidés sont parfois aussi appelés « faux » félins à dents de sabre pour les distinguer des vrais félins à dents de sabre qui appartiennent à la famille des félidés.

Les nimravidés n'étaient pas très grands et leur corps élancé se terminait par une longue queue. Leurs canines supérieures proéminentes (surnommées « sabres » à juste titre) étaient plus longues que celles des chats actuels, mais plus courtes que celles des véritables félidés à dents de sabre, tandis que leurs canines inférieures étaient proportionnellement plus longues.

NOM : *Nimravus*

ÉPOQUE : de l'Oligocène inférieur au Miocène inférieur

RÉPARTITION : Europe (France) et Amérique du Nord (Colorado, Nebraska, Dakota du Nord et du Sud, et Wyoming)

TAILLE : 1,20 m de long

Dès l'Oligocène inférieur, aussi bien en Europe qu'en Amérique du Nord, ce grand chat aux dents en forme de sabre a été en concurrence avec d'autres « dents de sabre », notamment *Eusmilus*, en matière d'alimentation et d'habitat.

Avec son corps élancé, *Nimravus* ressemblait sans doute au caracal (*Felis caracal*) moderne, que l'on trouve en Afrique et en Asie, malgré son dos plus long et ses pattes plus proches des canidés. Sa tête était plutôt petite et ses yeux lui permettaient une vision de face. Cette caractéristique est importante pour tout chasseur : les animaux dont les yeux sont placés côte à côte, sur le front, sont capables d'évaluer la distance qui les sépare de leur proie.

Les griffes de *Nimravus* étaient fines et acérées. Elles pouvaient également se rétracter, afin de ne pas s'user pendant la course.

Nimravus chassait probablement des mammifères et des oiseaux de petite taille. Il pratiquait sans doute l'affût, comme la plupart des chats, plutôt que la poursuite, une méthode préférée des chiens.

Famille des Felidae

Les lions, les tigres, les léopards, les guépards, mais aussi notre chat domestique appartiennent à la famille des félidés ou des félins.

Les félins sont les mammifères chasseurs les plus spécialisés. Lorsque les prairies commencèrent à apparaître, vers le milieu de l'ère tertiaire, il y a environ 15 millions d'années, félidés et canidés évoluèrent pour s'adapter à ce nouvel environnement. Dans ces paysages dégagés, les proies repéraient le danger sur une très longue distance. Les prédateurs devaient donc développer soit leur patience, soit leur aptitude à la course. Les félidés ont ainsi opté pour la chasse à l'affût. Les canidés, en revanche, se lançaient généralement à la poursuite de leur proie. Certains félins, les tigres, notamment, sont devenus des chasseurs solitaires. D'autres, comme les lions, ont mis au point des techniques de chasse reposant sur la collaboration entre les membres de la tribu.

Chez les félins, il existe deux méthodes différentes de tuer la proie une fois qu'elle a été capturée. Le plus souvent, les félins modernes brisent les vertèbres cervicales de leur victime ou l'étouffent en la mordant au cou. L'autre méthode, celle utilisée par les félins primitifs, qui ont tous disparu aujourd'hui, consistait à poignarder la victime grâce à leurs canines surdimensionnées, puis à attendre que cette dernière se vide de son sang.

D'autres félidés développèrent des canines en forme de sabre, tout comme *Nimravus*. Les véritables chats à dents de sabre, que l'on appelle parfois par erreur « tigres à dents de sabre », ne doivent cependant pas être confondus avec ces grands félins.

Apparus à l'Oligocène inférieur, les félidés sont des descendants des viverridés.

NOM : *Eusmilus*

ÉPOQUE : Oligocène

RÉPARTITION : Europe (France) et Amérique du Nord (Colorado, Nebraska, Dakota du Nord et du Sud, et Wyoming)

TAILLE : 2,50 m de long

De la taille d'un léopard, *Eusmilus* avait un corps plus long et des pattes plus courtes que les grands fauves actuels. Cette espèce est apparue en Europe vers l'Éocène supérieur, il y a 40 millions d'années. Pendant l'Oligocène, ce félin se serait déplacé vers l'est et aurait traversé le pont continental formé par le détroit de Béring pour s'établir en Amérique du Nord.

Eusmilus méritait lui aussi l'appellation de fauve à dents de sabre. Ses 2 canines supérieures s'étaient considérablement développées. En revanche, les canines inférieures étaient insignifiantes et de nombreuses autres dents avaient disparu. La mâchoire d'*Eusmilus* ne comptait que 26 dents, ce qui n'est pas beaucoup par rapport au maximum de 44 que l'on trouve chez certains carnivores.

L'articulation de la mâchoire permettait une ouverture de cette dernière à 90°, afin que les terribles canines puissent accomplir leur fonction. Par ailleurs, une structure osseuse sur le maxillaire inférieur formait une sorte de gaine qui protégeait les canines supérieures lorsque la gueule était fermée. À cet égard, *Eusmilus* ressemblait au marsupial *Thylacosmilus* (voir page 203), bien que ces deux mammifères n'aient pas appartenu à la même famille. Leur ressemblance illustre simplement le développement de caractéristiques communes entre animaux non apparentés, mais vivant dans le même environnement (ce que l'on appelle une convergence dans l'évolution).

Eusmilus vivait à la même époque et dans les mêmes régions du monde que d'autres fauves aux dents de sabre; il était donc fatal que leurs chemins se croisent, comme le prouvent certains fossiles. Sur un crâne de *Nimravus* trouvé en Amérique du Nord, on a découvert un trou dont les dimensions correspondent parfaitement à celles des canines d'*Eusmilus*. Ce spécimen de *Nimravus* a toutefois survécu à sa blessure.

NOM : *Megantereon*

ÉPOQUE : Miocène supérieur au Pléistocène inférieur

RÉPARTITION : Afrique (Afrique du Sud), Asie (Inde), Europe (France) et Amérique du Nord (Texas)

TAILLE : 1,20 m de long

Megantereon est l'un des premiers félins à dents de sabre. Il s'agit certainement de l'ancêtre d'autres félins de ce type. Ses dents n'étaient peut-être pas assez longues pour être comparées à des sabres, mais ressemblent par leur taille et leur forme à des poignards.

Grâce au développement important de ses canines, ce chasseur puissant était capable de s'attaquer aux grands herbivores à peau épaisse qui occupaient le même habitat que lui. Il guettait sa proie, puis bondissait sur elle et la mettait à terre. Les morsures au cou faisaient abondamment saigner la victime que *Megantereon* finissait généralement par étrangler.

Ce félin a prospéré en Méditerranée au Pliocène supérieur et au Pléistocène inférieur, il y a entre 2 et 3 millions d'années. Originaire du nord de l'Inde, il a migré vers Afrique et l'Amérique du Nord au Miocène supérieur.

FÉLINS ET MANGOUSTES SUITE

NOM : *Smilodon*
ÉPOQUE : Pléistocène supérieur
RÉPARTITION : Amérique du Nord (Californie) et du Sud (Argentine)
TAILLE : 1,20 m de long

Smilodon est le félin à dents de sabre classique. Contrairement à la plupart des autres félidés, sa queue est courte, comme celle du lynx. Il était solidement bâti, ses épaules et son cou étant dotés de la musculature nécessaire pour asséner de violents coups de « poignard » à sa victime. La mâchoire s'ouvrait sur 120°, permettant aux 2 canines surdimensionnées de s'enfoncer en profondeur dans la proie.

La section ovale des canines non seulement donnait plus de puissance à la morsure, mais réduisait aussi au minimum la résistance des tissus rencontrés. Par ailleurs, ces « dents de sabre » étaient crénelées sur leur face postérieure afin de transpercer plus facilement la chair.

Smilodon s'attaquait sans doute à de grands animaux lents et à peau épaisse comme les mammouths et les bisons. Incapable de tuer sa proie d'une morsure à la nuque, ce grand carnassier infligeait probablement des blessures profondes sur les flancs ou l'arrière-train de ses victimes, puis attendait qu'elles se vident de leur sang.

Plus de 2 000 squelettes de *Smilodon* ont été retrouvés dans les fosses de La Brea, à Los Angeles, aux côtés de carnivores tout aussi nombreux, notamment le loup *Canis dirus* (voir page 219). Ces félins, auxquels il manquait l'intelligence des carnivores modernes, avaient été attirés à cet endroit par d'autres animaux déjà englués dans l'asphalte que contenaient ces fosses. L'espèce de *Smilodon* découverte à cet endroit a été nommée *Smilodon californicus* et elle est devenue le fossile emblématique de la Californie.

Une autre espèce, *S. neogaeus*, a été découverte en Argentine. Quittant l'Amérique du Nord au Pléistocène inférieur, ce félin a traversé le pont terrestre qui s'était reformé entre les deux continents au Pliocène inférieur, il y a 5 millions d'années.

NOM : *Homotherium*
ÉPOQUE : Pléistocène
RÉPARTITION : Afrique (Éthiopie), Asie (Chine et île de Java), Europe (Royaume-Uni) et Amérique du Nord (Tennessee et Texas)
TAILLE : 1,20 m de long

Les canines impressionnantes de certains félidés primitifs, plutôt courtes et plates, ont été comparées à des cimeterres. Elles étaient recourbées comme la lame de ces armes blanches. À l'arrière, des dents puissantes et carnassières pouvaient déchiqueter la chair. *Homotherium* présentait sans doute le même dos voûté que la hyène, puisque ses pattes antérieures étaient plus longues que ses postérieures. Ce félin était plantigrade : en marchant, il faisait reposer la totalité de sa patte sur le sol, comme les ours et les humains. Il s'agit du seul plantigrade parmi les félins qui eux, marchent tous sur leurs doigts et sont donc appelés digitigrades.

Homotherium a survécu jusqu'à la fin de la période glaciaire du Pléistocène, il y a 14 000 ans. Ce félin chassait probablement le mammouth : au Texas, des vestiges de jeunes mammouths ont été retrouvés aux côtés d'ossements d'une famille d'*Homotherium*. Ce fauve s'est peut-être éteint lorsque ses proies ont disparu, dans l'hémisphère Nord.

NOM : *Dinofelis*

ÉPOQUE : du Pliocène supérieur au Pléistocène moyen

RÉPARTITION : Afrique (Afrique du Sud), Asie (Chine et Inde), Europe (France) et Amérique du Nord (Texas)

TAILLE : 1,20 m de long

Dinofelis était un félin de la taille d'une panthère. Ses canines aplaties sont plus courtes que celles des autres félins primitifs, mais moins réduites que celles des chats actuels. Les avis sont partagés en ce qui concerne la sous-famille dans laquelle doit être rangé *Dinofelis.*

Cette espèce s'est éteinte en Eurasie et en Amérique du Nord au Pléistocène inférieur, mais a survécu en Afrique jusque vers le milieu de cette époque. L'espèce chinoise, *D. abeli* (du nom du paléontologue autrichien Abel), est la plus connue.

NOM : *Panthera*

ÉPOQUE : du Pléistocène à aujourd'hui

RÉPARTITION : Afrique (Afrique du Sud), Asie (Inde), Europe (Angleterre) et Amérique du Nord (Californie)

TAILLE : jusqu'à 3,50 m de long

Panthera leo, le lion tel que nous le connaissons, vit en Afrique et dans la forêt de Gir, en Inde occidentale. Ce fauve a des canines (assez courtes par rapport à celles des espèces disparues) qui lui servent à saisir sa proie à la gorge. Les longues griffes acérées, rétractables, disparaissent dans une gaine de peau qui les protège de l'usure.

Il convient de citer deux sous-espèces éteintes de lions. *Panthera leo spelaera* était le « lion des cavernes » d'Europe. Il s'agit sans doute du plus grand félin ayant jamais existé et sa taille dépasse de 25 % celle des lions actuels. Cet animal était aussi plus grand que le plus grand félin vivant, le tigre de Sibérie *Panthera tigris altaica.* Grâce à des peintures rupestres, on sait que le lion des cavernes a vécu jusqu'aux temps historiques dans le sud-est de l'Europe; il aurait disparu des Balkans il y a environ 2000 ans.
L'autre ancêtre du lion préhistorique, *Panthera leo atrox.*, s'est établi sur tout le territoire nord-américain et dans les régions du nord de l'Amérique du Sud. Il est évident qu'il a migré vers l'Amérique du Nord par le détroit de Béring, qui formait alors un isthme pendant la dernière période glaciaire, soit il y a entre 35000 et 20000 ans.

Des vestiges de ce fauve ont été découverts en Alaska, mais les plus célèbres proviennent du site de La Brea, à Los Angeles. Ses ossements sont plus rares que ceux d'autres carnivores, sans doute parce qu'il était intelligent et évitait les pièges des fosses d'asphalte.

Famille des Viverridés

Cette famille de petits carnivores comprend la civette, la mangouste et la genette. Les viverridés figurent parmi les plus anciens carnivores, puisqu'ils sont apparus au Paléocène moyen, il y a 60 millions d'années. Ils sont parmi les plus adaptables et les moins spécialisés. Les premiers viverridés ont donné naissance aux hyénidés pendant le Miocène et aux félidés à l'Oligocène inférieur.

La plupart des viverridés sont longs et courts sur pattes. Beaucoup sont des omnivores opportunistes qui se nourrissent de vers de terre, de mollusques, de poissons, d'oiseaux et de reptiles (même de serpents pour la mangouste), ainsi que d'œufs, de charognes ou de fruits.

Malgré la grande diversité de ce groupe aujourd'hui – on en trouve sous presque tous les tropiques de l'Ancien Monde (les viverridés sont, par exemple, les seuls carnivores de Madagascar) –, leurs fossiles sont rares.

NOM : *Kanuites*

ÉPOQUE : Miocène

RÉPARTITION : Afrique (Kenya)

TAILLE : 90 cm de long

Les viverridés ont très peu évolué. *Kanuites* ressemblait probablement beaucoup à la genette actuelle (*Genetta*). Il possédait une longue queue et peut-être des griffes rétractables comme celles du chat. Cet animal, sans doute omnivore, aurait vécu aussi bien dans les arbres que sur le sol.

PHOQUES, OTARIES ET MORSES

SOUS-ORDRE DES PINNIPEDIA

L'ordre des carnivores ne comprend pas que les animaux terrestres (chats, chiens et ours), mais aussi un groupe de carnivores marins : les pinnipèdes comprenant les otaridés (otaries), les odobénidés (morses) et les phocidés (phoques), aux pattes arrière transformées en nageoires (d'où leur nom de pinnipède, du latin, *pinna* nageoire et *ped* pied). Ils sont probablement apparus dans l'hémisphère Nord à l'Oligocène supérieur, soit il y a 30 millions d'années. Ils n'ont sans doute pas franchi l'équateur avant le Miocène, soit 10 millions d'années plus tard. Si l'on pense que les éléphants de mer et les morses ont des ancêtres communs avec les ours et que les phoques descendent de carnivores proches de l'otarie, tout le monde s'accorde à dire que tous les pinnipèdes descendent des mustélidés (fouines, belettes, loutres, etc., voir pages 214-215).

Famille des Phocidae

Si les phoques ne ressemblent guère ni à des chats ni à des chiens, ce sont pourtant des carnivores. La famille des phocidés avaient probablement pour ancêtre un mustélidé ressemblant à la loutre, *Potamotherium* (voir page 215), qui a vécu à l'Oligocène supérieur, il y a 30 millions d'années. Ils sont apparus en Europe, puis se sont dispersés vers l'Arctique et l'Antarctique, mais aussi vers le Pacifique, tout en s'adaptant à un menu composé essentiellement de poisson. Ils se reproduisent toujours sur la terre ferme.

Les phocidés ne doivent pas être confondus avec les otaries (otaridés), dont les oreilles sont à pavillon visibles. Les premiers sont plus abondants et leurs espèces plus nombreuses. En revanche, les fossiles de phocidés sont rares.

NOM : *Acrophoca*
ÉPOQUE : Pliocène inférieur
RÉPARTITION : Amérique du Sud (Pérou)
TAILLE : 1,50 m de long

Acrophoca pourrait bien avoir été l'ancêtre de l'actuel léopard de mer, *Hydrurga leptonyx*. Il consommait déjà du poisson, mais était moins adapté au milieu marin que ses descendants et aurait passé une grande partie de sa vie sur les côtes ou à proximité. Ses nageoires n'étaient pas très développées. Son cou, plus long et moins fuselé que celui d'un phoque actuel, ressemblait davantage à celui des premières otaries. Enfin, son museau était relativement long.

Famille des Enaliarctidae

Les énaliarctidés ont été les premiers otaridés. Il s'agit aussi des ancêtres des otaries et des morses modernes. Ils ont vécu au Miocène inférieur, il y a 23 millions d'années et, tout comme les phocidés, sont probablement descendus des mustélidés.

Il y a 18 millions d'années, au Miocène moyen, les énaliarctidés ont donné une autre famille de pinnipèdes primitifs, qui a elle aussi disparu : les desmatophocidés. 3 millions d'années plus tard, certains énaliarctidés ont donné naissance aux odobénidés (morses). Une autre branche, qui a vécu au Miocène moyen, il y a 13 millions d'années, a donné naissance aux otaries.

NOM : *Enaliarctos*
ÉPOQUE : Miocène inférieur
RÉPARTITION : Amérique du Nord (côte Pacifique)
TAILLE : 1,50 m de long

Ce mammifère a sans doute été le premier carnivore terrestre à s'adapter à une vie aquatique. *Enaliarctos* se trouve à mi-chemin entre l'otarie et le phoque. Il possède encore des dents carnassières capables de déchiqueter la viande comme le chien. Son corps fuselé ressemble assez à celui de l'otarie, les pattes et la queue étant encore visibles, quoique les pattes arrière soient déjà palmées.

Comme l'otarie actuelle, *Enaliarctos* passait une partie de son temps sur la terre ferme et consommait surtout des poissons et des crustacés. Certaines caractéristiques propres aux otaries sont déjà présentes, notamment les grands yeux, les vibrisses (moustaches) extrêmement sensibles et la spécialisation de l'oreille interne, capable de détecter les sons sous l'eau. Ces sens très développés aidaient *Enaliarctos* à dénicher ses proies. L'odorat jouait sans doute un rôle restreint dans la chasse, tout comme chez les pinnipèdes actuels.

Famille des Desmatophocidae

Les desmatophocidés sont les ancêtres des otaries. Ces carnivores présentaient quelques similitudes avec les phocidés et s'étaient eux aussi adaptés à la vie en milieu marin.

La différence la plus évidente entre ces deux groupes se situe au niveau de la structure des membres postérieurs. Les otaries et les morses peuvent avancer sur la terre ferme, en s'aidant de leurs pattes arrière, contrairement aux phoques.

NOM : *Desmatophoca*
ÉPOQUE : Miocène moyen
RÉPARTITION : Asie (Japon) et Amérique du Nord (Californie et Oregon)
TAILLE : 1,70 m de long

C'est avec *Desmatophoca* que commence à apparaître la forme fuselée caractéristique de l'otarie actuelle. Chez cette otarie primitive, les membres antérieurs sont plus puissants que les postérieurs et les pattes arrière sont palmées : les doigts se sont allongés et sont reliés par une membrane, donnant ainsi plus d'efficacité à la nage. Les membres postérieurs se sont également raccourcis, ce qui augmente aussi la puissance de l'animal.

Si *Desmatophoca* n'a pas encore perdu sa queue, la longueur de cette dernière ne dépasse pas les dimensions du crâne. Comme chez son ancêtre *Enaliarctos*, les yeux sont immenses. On peut en déduire que la vue jouait un rôle prédominant pour la chasse. L'ouïe n'était probablement pas encore parfaitement capable de détecter les sons sous l'eau, mais elle était sans aucun doute fonctionnelle lorsque l'animal se trouvait sur la terre ferme.

Famille des Odobenidae

Les morses se distinguent des otaries par leur alimentation : les premiers consomment plutôt des coquillages et les seconds du poisson. Les canines supérieures des morses se sont allongées, formant 2 défenses lourdes, présentes chez les deux sexes, et qui servent à détacher les crustacés des fonds marins.

Au Pliocène inférieur, il y a 5 millions d'années, au moins cinq genres de morses, qui ressemblaient alors plutôt à des otaries, vivaient sur la côte nord du Pacifique. Certains des premiers parvinrent à traverser le bras de mer qui séparait l'Amérique du Nord de l'Amérique du Sud, au Miocène supérieur, il y a 8 millions d'années. Au Pliocène inférieur, 3 millions d'années plus tard, ils avaient migré vers le nord de l'Atlantique, dont ils occupaient les deux rives.

Au cours du Pliocène, les morses disparurent du Pacifique, où ils étaient apparus. Les populations du nord de l'Atlantique prospérèrent et certains groupes repartirent même vers le nord du Pacifique en traversant l'océan Arctique, il y a 1 million d'années.

Odobenus rosmarus, l'unique représentant actuel des odobénidés, vit sur les côtes de l'océan Arctique, sur une zone qui s'étend de l'est du Canada et du Groenland jusqu'au nord de l'Eurasie et l'ouest de l'Alaska. Pendant longtemps, le morse a été une source d'alimentation précieuse pour les Esquimaux des régions arctiques.

NOM : *Imagotaria*
ÉPOQUE : Miocène supérieur
RÉPARTITION : Amérique du Nord (côte Pacifique)
TAILLE : 1,80 m de long

Imagotaria a été rangé dans la famille des morses, mais il devait ressembler, par son aspect et son comportement, à une otarie. Les canines sont plus grandes que chez les otaries, qui les utilisent pour attraper le poisson, sans atteindre toutefois la taille des défenses des morses, qui servent à décrocher les mollusques. Les dents postérieures ne sont pas non plus capables de broyer les coquillages comme celles du morse actuel. Ce mammifère se nourrissait donc probablement à la fois de crustacés et de poisson.

PHOQUES, OTARIES ET MORSES SUITE

ORDRE DES DESMOSTYLA

Les desmostyliens étaient d'étranges mammifères aquatiques, qui ont parfois été baptisés « chevaux marins ». De la taille d'un poney, ils en avaient aussi un peu l'aspect. Ils vivaient sur la côte du Pacifique Nord au Miocène, il y a entre 25 et 5 millions d'années.

Découvert sur la côte de la Floride, le seul fossile attestant de l'existence de cet animal laisse à penser que, jusqu'au Pliocène, il y a 5 millions d'années, les desmostyliens provenant du Pacifique traversèrent l'étroit bras de mer qui séparait les deux Amérique pour s'établir dans l'Atlantique. L'origine, l'organisation sociale et le régime alimentaire de cette famille de mammifères demeure une énigme. De l'avis des paléontologues, ils seraient apparentés aux proboscidiens, tout comme les siréniens.

NOM : *Desmostylus*
ÉPOQUE : Miocène
RÉPARTITION : Asie (Japon) et Amérique du Nord (côte Pacifique)
TAILLE : 1,80 m de long

Desmostylus était bâti comme un hippopotame et avait probablement à peu près le même comportement. Son corps trapu reposait sur des membres corpulents. Les pieds sont larges et comptent 4 doigts terminés par des sabots.

Les os des pattes avant sont soudés, formant un pilier solide. En d'autres termes, le pied ne pouvait pas pivoter sans entraîner la patte. Dans l'eau, *Desmotylus* avançait sans doute un peu comme l'hippopotame actuel, en se servant de ses pattes comme de perches. Sur la terre ferme, ses déplacements étaient sans doute beaucoup plus difficiles.

Les mâchoires supérieure et inférieure allongées se terminent par une série de défenses pointant vers l'avant, formées par l'allongement des incisives et des canines. La tête de *Desmostylus* ressemblait probablement à celle des éléphants à défenses en forme de pelle (voir pages 239-242), ses contemporains. Les étranges dents postérieures de ce mammifère sont cylindriques et verticales.

Desmotylus menait sans doute une existence d'amphibien, barbotant dans les eaux côtières peu profondes et utilisant ses puissantes défenses pour décoller des rochers les mollusques dont il faisait son ordinaire. Selon certains paléontologues, il se nourrissait peut-être également d'algues découvertes par la marée basse.

ORDRE DES SIRENIA

Les siréniens sont les seuls mammifères marins à être devenus de purs herbivores. Aujourd'hui, ils sont représentés par trois espèces de lamantins (*Trichechus*) et une espèce de dugong (*Dugong dugong*). La rhytine de Steller, qui s'était adaptée aux températures froides du Pacifique Nord et se nourrissait de varech, a disparu en 1768.

Tous les animaux appartenant à cet ordre se caractérisent par leur corps fusiforme, leurs membres antérieurs en forme de nageoires, l'absence de membres postérieurs et une queue horizontale et aplatie qui ressemble à celle des cétacés, et grâce à laquelle ils se déplacent dans l'eau avec grâce.

Les siréniens sont apparus à l'Éocène inférieur dans ce qui est aujourd'hui la Hongrie. Leur évolution demeure un mystère, mais de nombreux paléontologues sont persuadés qu'ils descendent d'une « vache marine » proche des ongulés et qu'ils ont un ancêtre commun avec l'éléphant. Cette hypothèse a été étayée par des analyses moléculaires récentes.

Pendant toute la durée de l'Éocène, le climat était relativement chaud. De grandes étendues de végétaux marins – la principale source de nourriture des siréniens – poussaient alors dans les eaux tropicales peu profondes de la Méditerranée ainsi que dans les Caraïbes. Les lamantins, tout comme leurs ancêtres, broutaient la végétation aquatique des rivières sur les côtes d'Amérique du Sud. Leurs dents, qui s'usaient rapidement à force de mâcher ces plantes dures, étaient remplacées en permanence.

NOM : *Prorastomus*

ÉPOQUE : Éocène moyen

RÉPARTITION : Caraïbes (Jamaïque)

TAILLE : probablement 1,50 m de long

Prorastomus est le premier sirénien connu. On ne connaît que son crâne, des parties de sa colonne vertébrale et de ses côtes, on ne sait pas avec certitude à quoi il ressemblait.

Son crâne indique qu'il n'était pas totalement adapté à la vie aquatique. Il devait être probablement essentiellement terrestre. Son museau épais et ses joues plissées laissent à penser qu'il se nourrissait de végétaux tendres.

NOM : *Rytiodus*

ÉPOQUE : Miocène

RÉPARTITION : Europe (France)

TAILLE : 6 m de long

Vers l'Éocène supérieur, il y a 40 millions d'années, les dugongs étaient déjà bien implantés et, ils n'ont pas beaucoup changé.

Rytiodus est une bête gigantesque, environ deux fois plus grande que le plus grand mammifère marin actuel. Il a toutes les caractéristiques des siréniens. Son corps massif est recouvert d'une peau lisse, ses membres postérieurs ont été remplacés par une queue puissante et ses membres antérieurs se sont transformés en nageoires. Les os de *Rytiodus*, les côtes en particulier, sont larges et épais, lui donnant le lest nécessaire à sa vie sous-marine. Cet animal broutait les prairies d'algues des eaux côtières peu profondes. Ses 2 défenses en forme de sabre logées dans sa mâchoire supérieure lui permettaient de déraciner les végétaux dont il se nourrissait.

NOM : *Hydrodamalis gigas*

ÉPOQUE : du Pliocène à l'époque historique

RÉPARTITION : océans arctique et Pacifique Nord

TAILLE : 8 m de long

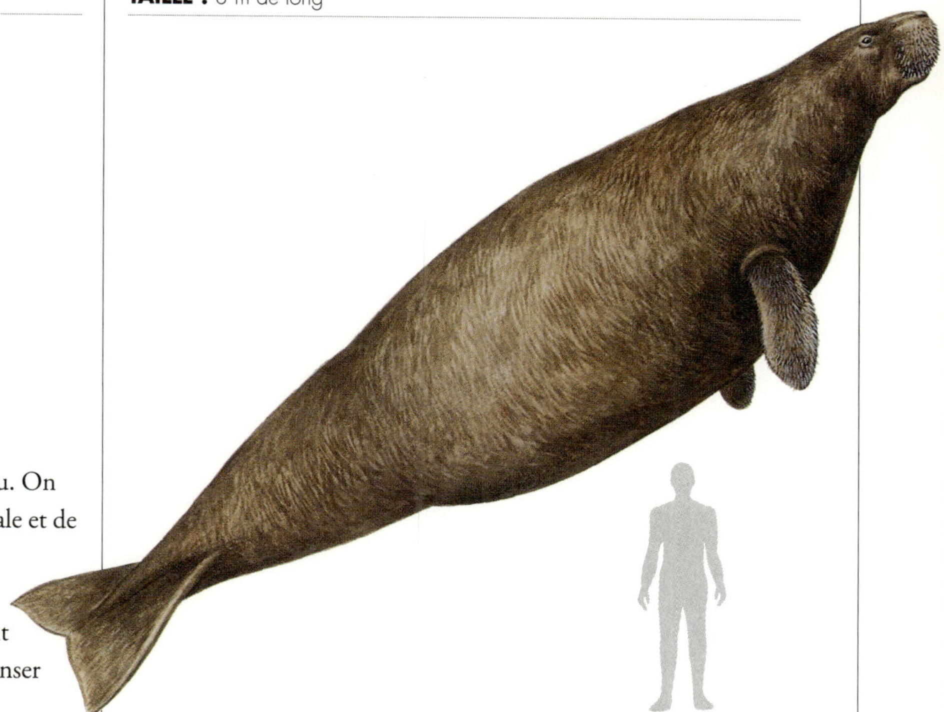

Cet énorme Sirénien, qui s'est éteint récemment, était connu sous le nom de rhytine de Steller, du nom du naturaliste allemand qui le découvrit en 1741.

Cet animal qui faisait partie de la famille des dugongs est apparu au Pléistocène supérieur, il y a 200 000 ans. Chassé par l'homme, il s'est éteint en 1768, c'est-à-dire à une époque relativement récente. Sa grande taille fut sans doute ce qui lui permit de survivre dans les eaux glaciales des régions septentrionales. En effet, un animal de grande taille conserve mieux la chaleur qu'un petit, qui présente une surface plus importante par rapport à son volume.

La rhytine de Steller n'avait plus les côtes denses de ses ancêtres. En revanche, plusieurs couches de lard et une peau épaisse et dure comme de l'écorce lui fournissaient l'isolation thermique nécessaire à la survie dans les eaux froides de son milieu naturel. L'animal flottait sans doute trop pour pouvoir plonger.

Totalement dépourvue de dents, la rhytine de Steller se nourrissait des algues qui flottaient à la surface de l'eau. Ce régime alimentaire est unique chez les mammifères.

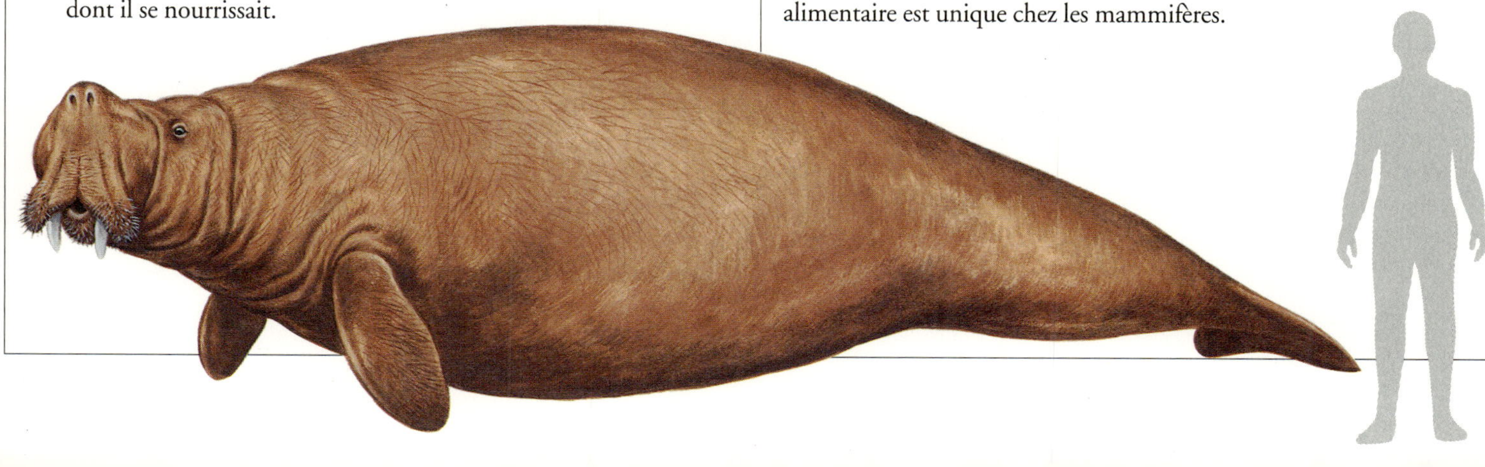

BALEINES, DAUPHINS ET MARSOUINS

ORDRE DES CETACEA

Les baleines, dauphins et marsouins, ces animaux à la taille impressionnante et à la remarquable intelligence, sont les seuls mammifères à s'être parfaitement adaptés à la vie en haute mer. Leur corps élancé et fusiforme, assez proche de celui des poissons, leur permet de nager facilement dans l'eau, mais empêche toute vie sur la terre ferme. Hautement spécialisés, ils ont malgré tout conservé certaines caractéristiques des mammifères : ce sont tous des animaux à sang chaud, qui allaitent leurs petits et sont dotés de poumons pour respirer.

Environ 140 genres de cétacés fossiles ont été identifiés. Les 40 genres actuels se répartissent entre les différents océans de la planète, sans oublier les dauphins d'eau douce qui vivent dans certains cours d'eau d'Amérique du Sud, d'Inde et de Chine. De nombreuses espèces sont maintenant menacées d'extinction.

Les cétacés ont probablement pour ancêtre un ongulé primitif terrestre (voir pages 234-254), qui serait apparu au début de l'ère tertiaire, il y a 65 millions d'années. Des analyses moléculaires récentes étayent cette hypothèse. Les cétacés ont donc été intégrés, sous l'appellation cétartiodactyles, au groupe des artiodactyles (bovidés, cervidés et porcs), qui ont un nombre pair de doigts à chaque patte. Ce grand groupe est apparenté aux carnivores et aux périssodactyles (chevaux). Un examen détaillé révèle que les cétacés sont surtout proches des ruminants aquatiques que sont les hippopotames.

Il existe trois sous-ordres de cétacés : les archéocètes primitifs, qui ont tous disparu, les odontocètes (« cétacés à dents ») modernes, (le cachalot, tous les dauphins et tous les marsouins) et enfin les mysticètes ou cétacés à fanons. C'est dans ce dernier groupe que l'on trouve le plus grand animal du monde, la magnifique baleine bleue (*Balaenoptera musculus*), qui peut atteindre 30 m de long et peser jusqu'à 130 t.

SOUS-ORDRE DES ARCHAEOCETI

Les archæocètes sont les premiers cétacés à avoir vécu dans les océans de l'Éocène inférieur, il y a 54 millions d'années. Mammifères amphibies dont la taille ne dépassait pas 3 m, ils avaient encore 4 pattes, ressemblaient à des phoques et étaient peu adaptés à la vie aquatique. À l'Éocène supérieur, c'est-à-dire à peu près 15 millions d'années plus tard, ils se sont transformés en énormes animaux allongés, hautement adaptés à la vie sous-marine.

NOM : *Pakicetus*
ÉPOQUE : Éocène inférieur
RÉPARTITION : Asie (Pakistan)
TAILLE : 1,80 m de long

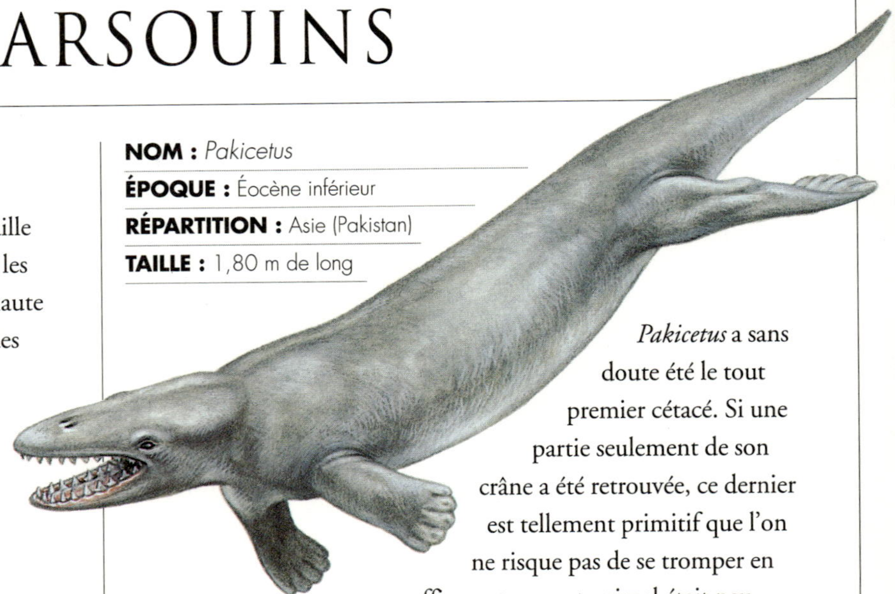

Pakicetus a sans doute été le tout premier cétacé. Si une partie seulement de son crâne a été retrouvée, ce dernier est tellement primitif que l'on ne risque pas de se tromper en affirmant que cet animal était peu adapté à la vie marine.

Pakicetus était probablement assez différent des cétacés modernes. La forme triangulaire de la pointe de ses dents est semblable à celle des mésonychidés comme *Andrewsarchus* (voir page 234). On peut donc en déduire que, peu de temps auparavant, *Pakicetus* était encore un ongulé terrestre carnivore.

Les oreilles n'étant probablement pas bien adaptées à la vie sous-marine, *Pakicetus* était sans doute essentiellement un animal terrestre. La découverte d'autres animaux terrestres dans les mêmes strates géologiques que cette baleine primitive tendent à confirmer cette hypothèse.

Pakicetus devait ressembler à un pinnipède. Ses membres avaient sans doute déjà pris la forme de nageoires, ce qui ne facilitait pas ses déplacements sur la terre ferme, mais lui permettait de se sentir parfaitement à l'aise dans les rivières et les estuaires de la mer de Téthys. Cette étendue d'eau était encore présente le long de l'extrémité sud de l'Asie au début du Tertiaire, il y a 50 millions d'années.

NOM : *Protocetus*
ÉPOQUE : Éocène moyen
RÉPARTITION : Afrique et Asie (à la latitude de la Méditerranée actuelle)
TAILLE : 2,50 m de long

Protocetus, qui a vécu seulement 8 millions d'années après *Pakicetus*, était déjà beaucoup plus proche des cétacés actuels. Son corps était plus fusiforme et semblable à celui des baleines actuelles.

Ses membres antérieurs aplatis s'étaient transformés en nageoires, tandis que les pattes arrière s'étaient considérablement raccourcies. Si elles dépassaient encore un peu du corps, elles ne servaient déjà certainement plus à la propulsion. 2 nageoires caudales horizontales étaient sans doute déjà apparues, à en juger par la structure des vertèbres dans cette zone. Leurs mouvements de haut en bas aidaient sans doute l'animal à se propulser dans la mer.

Le crâne de *Protocetus* est assez long et son museau étroit. Ses dents pointues sont en quinconce à l'avant des mâchoires. Elles servaient à immobiliser la proie qui était alors déchiquetée par les dents postérieures. *Protocetus* et d'autres cétacés primitifs chassaient le poisson dans les fonds coralliens peu profonds, à proximité des côtes.

Les narines de *Protocetus* sont remontées vers le sommet du crâne, alors qu'elles se trouvaient encore à l'extrémité du museau chez les premiers cétacés. *Protocetus* avait un bon odorat, mais il se fiait sans doute beaucoup plus à sa vision pour chasser. Contrairement à celles de *Pakicetus*, ses oreilles étaient capables de percevoir les sons sous-marins, mais il ne devait certainement pas déjà disposer du système de sonar complexe que l'on trouve chez certains cétacés actuels.

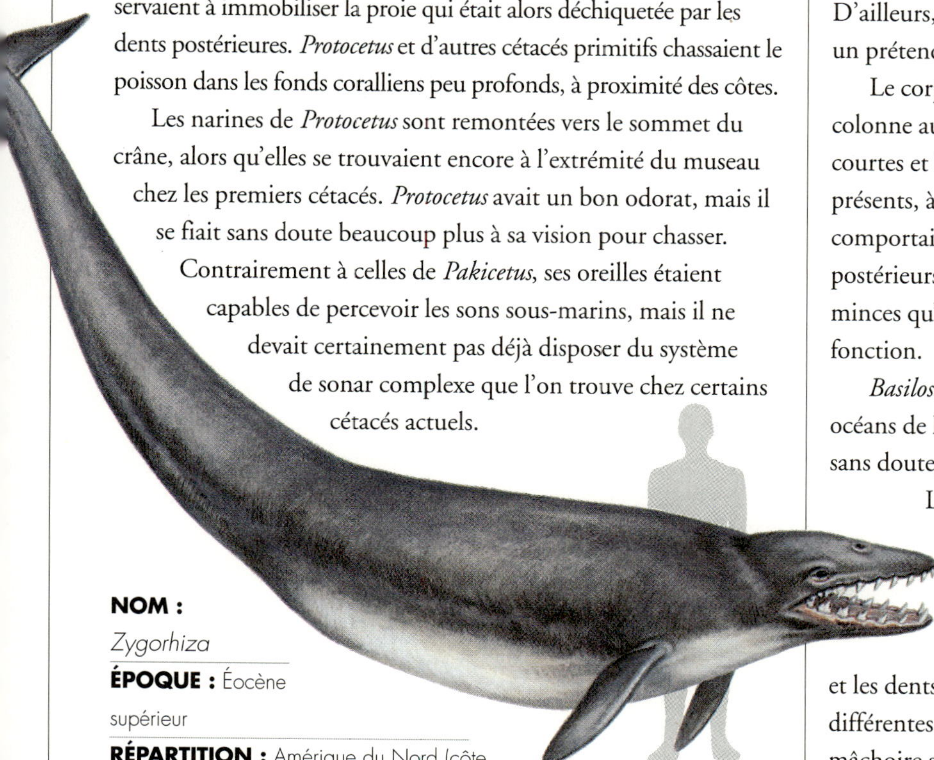

NOM : *Zygorhiza*

ÉPOQUE : Éocène supérieur

RÉPARTITION : Amérique du Nord (côte atlantique)

TAILLE : 6 m de long

Zygorhiza fait partie d'une famille de cétacés primitifs au corps extrêmement allongé, qui rappelle presque l'anguille, mais il ne s'agit pas d'un poisson. Son corps était environ six fois plus long que son crâne, comme chez les cétacés modernes. Toutefois, contrairement à ses descendants, son cou était bien marqué, quoique court, formé de 7 vertèbres, une caractéristique habituelle chez les mammifères.

Un « coude », qui a disparu chez les cétacés modernes, aurait probablement articulé ses membres antérieurs en forme de nageoires. Cette articulation lui aurait permis de se hisser hors de l'eau. Il est possible que les cétacés primitifs se soient encore reproduits sur la terre ferme, comme leurs ancêtres amphibiens.

NOM : *Basilosaurus*

ÉPOQUE : Éocène supérieur

RÉPARTITION : Amérique du Nord (côte atlantique)

TAILLE : jusqu'à 25 m de long

Lorsque les ossements de ce remarquable cétacé primitif furent découverts, vers 1830, on pensait qu'ils appartenaient à un dinosaure. L'animal, qui fait partie de la même famille que *Zygorhiza*, ressemblait sûrement à un grand serpent de mer. D'ailleurs, ses os ont même servi à monter un célèbre canular sur un prétendu serpent de mer, il y a une centaine d'années.

Le corps très allongé de *Basilosaurus* était soutenu par une colonne aux vertèbres extrêmement allongées. Les côtes étaient courtes et limitées à l'avant du corps. Les os iliaques étaient encore présents, à peu près aux 2/3 de la longueur de l'animal et ils comportaient encore une articulation avec les os des membres postérieurs. En revanche, les os des 4 membres étaient tellement minces qu'il est difficile de s'imaginer quelle pouvait être leur fonction.

Basilosaurus naviguait probablement dans les océans de l'Éocène en ondulant sa longue queue et, sans doute, en s'aidant de nageoires caudales.

La tête de *Basilosaurus* est typique des cétacés primitifs, bien qu'elle ait été de taille réduite par rapport au reste du corps. Les narines sont situées à une certaine hauteur, sur le museau, et les dents présentent des formes et des tailles différentes. Celles situées à l'avant de la mâchoire sont pointues et coniques, et celles du fond crénelées. En fait, l'un des anciens noms de cet animal est *Zeuglodon*, ce qui signifie « à dents de scie ». Cette dentition indique que cette grande baleine primitive chassait probablement le poisson et le calamar en eaux profondes, comme le cachalot moderne.

BALEINES, DAUPHINS ET MARSOUINS SUITE

Sous-ordre des Odontoceti

Les odontocètes ou cétacés à dents descendent probablement de l'archéocète, apparu à l'Éocène supérieur, il y a 40 millions d'années. La plupart des cétacés modernes – cachalots, baleines à bec, narvals et bélougas, orques, dauphins et marsouins – sont des odontocètes. Toutes ces espèces modernes sont apparues il y a environ 10 millions d'années, au Miocène supérieur.

Les dents des odontocètes sont généralement plus simples que celles de l'archéocète, les pointes s'étant arrondies ou transformées en cônes. Certains odontocètes ont plusieurs centaines de dents et d'autres pratiquement pas une seule.

NOM : *Prosqualodon*
ÉPOQUE : de l'Oligocène au Miocène inférieur
RÉPARTITION : Australie, Nouvelle-Zélande et Amérique du Sud
TAILLE : 2,30 m de long

Prosqualodon et les espèces apparentées sont peut-être les ancêtres de tous les odontocètes. Cet animal ressemblait probablement au dauphin tel que nous le connaissons aujourd'hui, son museau fin et allongé étant muni de dents pointues qui servaient à déchiqueter le poisson. Au fond de la mâchoire se trouvent des dents triangulaires comme celles de l'archéocète.

Le crâne de *Prosqualodon* est très léger, compte tenu de quelques modifications de la tête. Tout d'abord, le cou s'était considérablement raccourci et la tête, soudée au reste du corps, avait moins besoin d'être soutenue. Ensuite, cet animal avait perdu les mâchoires complexes de ses prédécesseurs, puisqu'il se nourrissait exclusivement de poisson. Enfin, étant donné qu'il utilisait l'ouïe et non plus l'odorat pour repérer ses proies, l'appareil olfactif s'est lui aussi beaucoup simplifié.

Chez *Prosqualodon,* les narines se trouvent au sommet du crâne, entre les orbites, où elles forment l'évent que l'on retrouve chez les cétacés modernes. L'air accumulé dans les poumons pendant que l'animal plonge est violemment expulsé lorsqu'il remonte à la surface.

NOM : *Eurhinodelphis*
ÉPOQUE : Miocène moyen à Miocène supérieur
RÉPARTITION : Asie et Amérique du Nord (côtes Pacifique)
TAILLE : 2 m de long

Pendant l'Oligocène, il y a 30 millions d'années, les odontocètes se diversifièrent. *Eurhinodelphis* est un représentant de la famille des rhabdostéidés, des marsouins primitifs à long museau. Ses oreilles sont beaucoup plus complexes que celles des premiers cétacés à dents. Il est donc probable qu'il disposait déjà du système complexe de sonar que l'on rencontre chez les odontocètes actuels.

Les cétacés modernes repèrent leur proie et se dirigent sous l'eau grâce à un système de sonar : ils émettent des sortes de cliquetis à haute fréquence qui « ricochent » sur les objets rencontrés. L'écho produit est analysé par le cerveau de l'animal, qui peut ainsi déterminer avec une précision étonnante la taille, la forme, la distance et la vitesse de déplacement des objets et, surtout, leur caractère comestible ou non.

Le crâne d'*Eurhinodelphis* présente la même dissymétrie que celui du dauphin moderne. Cette caractéristique aurait peut-être eu un lien avec l'adaptation de l'animal à un nouveau mode de vie reposant sur la chasse de proies se déplaçant à grande vitesse et nécessitant donc un repérage toujours plus précis.

La caractéristique la plus frappante d'*Eurhinodelphis* est la forme de son museau. Dépourvu de dents à son extrémité, il aurait peut-être eu la même fonction que la lame d'épée de l'espadon, qui sert à frapper et à étourdir la proie avant d'être happée par les mâchoires.

Sous-ordre des Mysticètes

Les premiers mysticètes – ou cétacés à fanons – sont apparus à l'Oligocène inférieur, il y a 35 millions d'années. On en a retrouvé des fossiles dans des couches sédimentaires marines de Nouvelle-Zélande, à côté de vestiges de plancton, ces animaux minuscules dont se nourrissent ces énormes mammifères. Les grandes baleines auraient pu apparaître à la suite du refroidissement général des océans de l'hémisphère Sud, à l'Oligocène inférieur, qui a favorisé la croissance de végétaux microscopiques dont se nourrissaient de minuscules animaux en suspension dans l'eau : le plancton. Cette précieuse source de nourriture, que l'on appelle aussi krill, est très abondante dans les océans de l'hémisphère Sud. Si les baleines arrivent à engloutir des quantités considérables d'eau, qu'elles filtrent ensuite à travers leurs fanons en retenant le précieux plancton, ces animaux gigantesques sont incapables d'avaler des proies de grande taille. Chez la baleine, l'œsophage ne dépasse jamais 22 cm de diamètre, y compris chez les plus grandes espèces.

Les cétacés à fanons ont mis au point une méthode unique pour attraper les crevettes minuscules qui forment le krill ou les tous petits crustacés du fond des océans. Les baleines sont dépourvues de dents. À leurs mâchoires qui se sont considérablement transformées sont suspendues de grandes lames cornées, effrangées sur leur bord interne, les fanons. Ces fanons forment une sorte de filtre naturel qui retient l'abondant plancton microscopique et les petits crustacés dont elle se nourrit.

Seuls huit genres de mysticètes existent aujourd'hui. La plupart des espèces, longtemps chassées par l'homme, sont très menacées. La baleine grise est le seul représentant des eschrichtiidés ; il existe trois espèces de la famille des balénidés ou baleines franches et six espèces de rorquals ou balénoptéridés. Les baleines franches possèdent le système de filtrage le plus développé de tous les mysticètes, les fanons pouvant atteindre 4,50 m de long. La magnifique baleine bleue, qui fait partie de la famille des rorquals, porte jusqu'à 300 fanons sur chaque côté de sa mâchoire supérieure. Atteignant 30 m de long et 130 t, il s'agit du plus grand animal de la planète. En période d'alimentation, ces mastodontes peuvent consommer tous les jours jusqu'à 4 t de crustacés planctoniques qui abondent dans les océans polaires.

On pense que les baleines modernes sont apparues au Miocène, mais il faut reconnaître que les vestiges fossiles de cette époque sont très rares. Il semblerait que les cétothériidés aient vu leurs effectifs diminuer pendant cette période et auraient été remplacés par les mysticètes actuels.

NOM : *Cetotherium*

ÉPOQUE : Miocène moyen à Miocène supérieur

RÉPARTITION : Europe (Belgique et ex-URSS)

TAILLE : 4 m de long

Cetotherium est un cétacé à fanons primitif qui serait apparu à l'Oligocène supérieur et aurait prospéré pendant le Miocène, il y a 15 millions d'années. *Cetotherium* ressemblait de façon frappante à la baleine grise du Pacifique nord, telle qu'on la connaît aujourd'hui, bien qu'elle ait été plus courte d'environ un tiers. Ses fanons étaient probablement aussi assez courts. Il est toutefois difficile de le savoir, étant donné que les fanons, qui sont en corne comme les ongles et les poils, ne se conservent pas à l'état de fossiles. Les crânes fossilisés qui ont été retrouvés conservent la trace de vaisseaux sanguins qui auraient peut-être irrigué les fanons. Leur découverte a donné lieu à de nombreuses hypothèses.

Cetotherium et ses proches parents étaient sans doute chassés par une espèce de grand requin blanc, *Carcharodon*, qui, à en juger par la taille de ses dents dont on a trouvé de nombreux vestiges fossilisés, aurait atteint la taille d'un petit cétacé.

ONGULÉS PRIMITIFS

Aujourd'hui, la plupart des ongulés (animaux à sabots) sont de grands herbivores qui se nourrissent de racines, d'herbe ou de feuilles. Les premiers représentants de cet ordre composaient une famille hétéroclite dont la plupart mangeaient des feuilles, des pousses et des racines; certains se transformèrent en charognards. Les équidés (chevaux), les bovidés et les cervidés, qui sont des herbivores très spécialisés, descendraient de ces ongulés primitifs. Ces derniers abondaient au Miocène et auraient quitté les forêts pour trouver à se nourrir dans les prairies qui commençaient à apparaître.

Certains ongulés primitifs ont été classés dans l'ordre des mammifères carnivores primitifs, les créodontes. Cette confusion témoigne de l'importance des mammifères à la fin du Cénozoïque.

Ordre des Arctocyonia

Ce groupe abondant et varié est composé de petits mammifères, pour la plupart à peine plus grands que nos chiens actuels. Ils ont un crâne long et aplati et leurs dents pratiquement indifférenciées servaient à broyer plutôt qu'à déchiqueter.

Famille des Arctocyonidae

Il s'agit de la famille la plus ancienne de cet ordre. Elle serait proche des ancêtres des ongulés modernes. Les arctocyonidés sont essentiellement des animaux un peu pataudss et courts sur pattes, dont la taille atteignait parfois celle d'un petit ours.

NOM : *Chriacus*
ÉPOQUE : du Paléocène inférieur à l'Éocène inférieur
RÉPARTITION : Amérique du Nord (Wyoming)
TAILLE : 1 m de long

Chriarus aurait gambadé dans les forêts tropicales d'Amérique du Nord au début du Tertiaire, se nourrissant d'insectes, de petits animaux et de fruits. Les membres puissants de ce plantigrade étaient dotés d'articulations souples. La queue était semi-préhensile. Les pattes avant servaient peut-être à creuser, mais les pattes arrière étaient indubitablement celles d'un bon grimpeur.

Ordre des Arcreodi

Lorsque les premiers herbivores (sauf les multituberculés) commencèrent à prospérer au Paléocène inférieur, ils n'étaient menacés par aucun carnivore. Vers le Paléocène moyen, il y a plus de 60 millions d'années, certaines races primitives et généralistes constituèrent un nouvel ordre, les arcréodes. Certains n'étaient pas plus grands qu'un loup, tandis que d'autres mesuraient 5 ou 6 m de long. Ils étaient donc beaucoup plus grands que n'importe quel autre carnivore terrestre et seuls les dinosaures auraient pu les égaler en taille. Ils auraient été apparentés aux arctocyonidés et aux cétacés.

Famille des Mesonychidae

Les mésonychidés ressemblaient au loup, à la hyène ou à l'ours. Omnivores, ils s'adaptèrent à un régime carnivore. Les plus petits avaient la taille d'un renard et le plus grand, *Andrewsarchus*, atteignait 4 m de long. Ils prospérèrent jusqu'à l'Oligocène inférieur, il y a 35 millions d'années, avant d'être supplantés par les créodontes, puis par les carnivores modernes.

Des points communs au niveau des os de la base du crâne et des dents indiquent que, malgré leur habitat et leur mode de vie radicalement différents, les mésonychidés auraient pu être les ancêtres des baleines et des dauphins (voir pages 230-233).

NOM : Andrewsarchus
ÉPOQUE : Éocène supérieur
RÉPARTITION : Asie (Mongolie)
TAILLE : 4 m de long

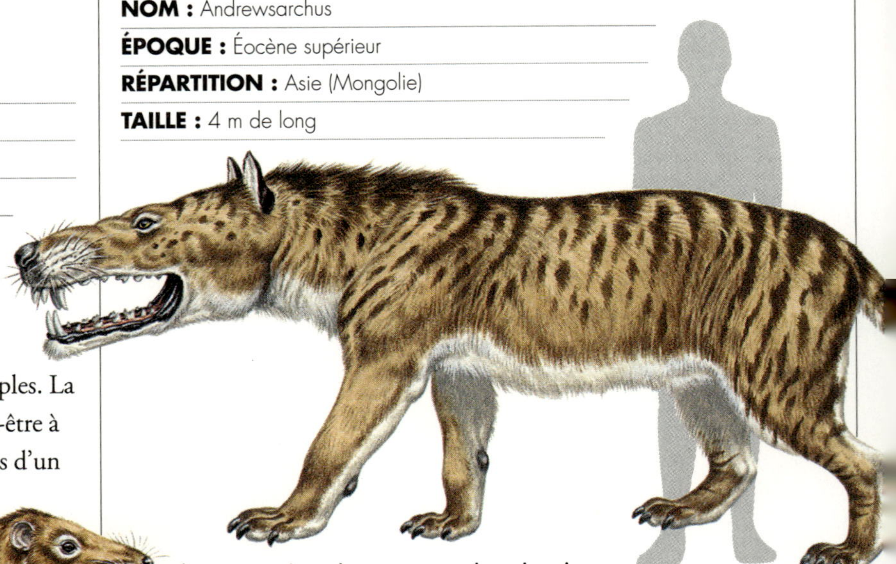

Avec son crâne gigantesque qui atteignait presque 1 m, *Andrewsarchus* est le plus grand mammifère carnivore terrestre de l'époque. Ses très grandes dents pouvaient broyer et déchiqueter. Son mode de vie demeure un mystère, des squelettes entiers n'ayant pas été retrouvés. Une comparaison avec ses proches parents permet de déduire qu'il ne chassait pas, mais qu'il était charognard, comme la plupart des hyènes actuelles.

ORDRE DES PANTODONTA

Ce groupe hétéroclite d'herbivores du début du Tertiaire a prospéré au Paléocène et à l'Éocène avant de disparaître. En Asie, quelques uns ont survécu jusqu'à l'Oligocène inférieur, il y a 35 millions d'années. Cet ordre est divisé en une dizaine de familles très dispersées en Asie et en Amérique du Nord. Elles se diversifièrent pour occuper les niches herbivores. Leurs origines et leurs relations restent mystérieuses.

Famille des Coryphodontidae

Si certaines espèces n'étaient pas plus grandes que des rats, la plupart étaient des animaux massifs, parfois de la taille d'un rhinocéros. Les coryphodontidés menaient une vie d'amphibien, se nourrissant de tubercules, de racines et d'autres végétaux.

NOM : *Coryphodon*

ÉPOQUE : du Paléocène supérieur à l'Éocène moyen

RÉPARTITION : très répandu en Amérique du Nord, en Europe et en Asie orientale

TAILLE : 2,25 m de long

Coryphodon était un grand animal dont les canines en forme de défense, particulièrement développées chez le mâle, rappellent celles de l'hippopotame moderne. Comme lui, *Coryphodon* vivait probablement dans les marécages, où il déracinait les végétaux à l'aide de ses défenses. Les 2 crêtes transversales proéminentes de ses molaires indiquent qu'il vivait dans la forêt primitive.

Ses membres, plus longs sur leur partie supérieure, soutenaient un tronc massif. En revanche, *Coryphodon* était probablement mal adapté à la course.

Le cerveau de *Coryphodon* est très petit. Pesant 90 g pour une masse totale de 500 kg, il s'agit de la proportion la plus réduite que l'on ait trouvé chez les mammifères.

ORDRE DES DINOCERATA

Les dinocérates (qui signifie « à cornes terrifiantes ») ou uintathéridés étaient les plus grands mammifères du début du Tertiaire. Le crâne de ces étranges ongulés est doté de 3 cornes de chaque côté. Les mâles portent de longues canines supérieures en forme de sabre.

Les dinocérates sont de grands mammifères ressemblant à des rhinocéros. Ils ont vécu en Amérique du Nord et en Asie entre le Paléocène supérieur et l'Éocène, il y a 55 millions d'années. Leur évolution demeure mystérieuse.

Famille des Uintatheriidae

À l'exception d'un genre de Mongolie, dépourvu de cornes et de « sabres », tous les dinocérates étaient des uintathéridés.

Ces mammifères terrestres, les plus grands de leur époque, ont des os massifs, des membres lourds et de grands pieds élargis à leur base. Leur cerveau est très petit par rapport à leur corps, les proportions étant à peu près les mêmes que chez les dinosaures. Les uintathéridés se sont éteints à l'Oligocène il y a 35 millions d'années pour être remplacés par les brontothères (voir pages 258-259), qui occupèrent la même niche écologique.

NOM : *Eobasileus*

ÉPOQUE : Éocène supérieur

RÉPARTITION : Amérique du Nord (Wyoming)

TAILLE : 3 m de long, 1,50 m au garrot

Eobasileus fait penser à un rhinocéros doté de 2 canines supérieures en forme de sabre et de 6 cornes sur le crâne. Ces protubérances osseuses étaient probablement recouvertes de peau. Il est probable que seule la paire située au-dessus du museau ait été gainée comme la corne du rhinocéros (voir pages 262-265).

Les incisives sont très petites sur la mâchoire inférieure et absentes de la mâchoire supérieure; les canines et la langue étaient donc sans doute les organes les plus importants pour l'alimentation.

ONGULÉS PRIMITIFS SUITE

ORDRE DES TILLODONTIA

Ces herbivores de la taille d'un ours ont totalement disparu.

Les tillodontes étaient peut-être apparentés aux pantodontes ou aux arctocyonidés. On ne sait pas grand-chose concernant leurs origines, leurs liens de parenté avec d'autres mammifères primitifs ou leur mode de vie. Grâce aux fossiles découverts, on sait aujourd'hui que les tillidontes étaient extrêmement répandus au Paléocène et à l'Éocène en Amérique du Nord, en Asie orientale et en Europe.

Famille des Esthonychidae

Ces grands mammifères de la taille d'un ours représenteraient la seule famille de l'ordre des tillodontes. Tout comme de nombreux autres herbivores, ils prospérèrent rapidement au début de l'ère tertiaire. Pendant la courte période qui sépare le Paléocène de l'Éocène (30 millions d'années), ils auraient investi tous les bassins continentaux au climat tempéré d'Amérique du Nord et d'Eurasie, avant de s'éteindre pour être remplacés par d'autres mammifères.

NOM : *Trogosus*
ÉPOQUE : de l'Éocène inférieur à l'Éocène moyen
RÉPARTITION : Amérique du Nord (Wyoming)
TAILLE : 1,20 m de long

De loin, le corps trapu, la petite tête et les pieds allongés de cet animal auraient fait penser à un ours. Toutefois, les énormes incisives tranchantes de *Trogosus* évoquent immédiatement un rat ou un lapin géant. Comme chez ces derniers, les incisives servaient à ronger : sur leur face antérieure, elles étaient recouvertes d'émail et leur croissance était permanente. Les dents servant à broyer, situées à l'arrière de la mâchoire, étaient usées en permanence, signifiant que *Trogosus* consommait probablement des végétaux durs, peut-être des racines et des tubercules qu'il déterrait à l'aide de ses griffes.

ORDRE DES TAENIODONTA

Un autre petit groupe d'herbivores du début du Tertiaire était confiné à l'Amérique du Nord. Comme pour les tillodontes, on ne connaît pas très bien les origines de ces animaux, ni leurs liens avec d'autres mammifères. Ils ont évolué rapidement pendant tout le Paléocène, plus vite, d'ailleurs, que n'importe quel autre groupe de mammifères. Ils se spécialisèrent dans le creusement de galeries souterraines.

Famille des Stylinodontidae

Il s'agit de la seule famille de l'ordre des taéniodontes. Comme les esthonychidés, cette famille de mammifères a vécu au début du Tertiaire (Paléocène-Éocène) en Amérique du Nord et a évolué rapidement.

NOM : *Stylinodon*
ÉPOQUE : Éocène
RÉPARTITION : Amérique du Nord (Wyoming, Colorado et Utah)
TAILLE : 1,30 m de long

Armé de membres antérieurs puissants et de griffes solides, *Stylinodon* avait sans doute la taille d'un ours, son corps ressemblant à celui de l'oryctérope et sa tête proche de celle d'un porc. Les fossiles ont permis de préciser sa dentition. Ses mâchoires massives n'ont pas d'incisives, mais les canines se sont considérablement développées et transformées en lames tranchantes et dépourvues de racines. Les dents jugales plates étaient recouvertes d'émail disposé en bande (le terme taéniodonte signifie « à dents en bandes »). Les dents jugales poussaient en permanence, ce qui indique qu'il se nourrissait de racines et de tubercules durs.

ORDRE DES HYRACOIDEA

Cet ordre de mammifères herbivores était très varié et abondant à l'Oligocène inférieur, il y a 35 millions d'années. Depuis son apparition, à l'Éocène, il aurait investi de nombreuses niches écologiques.

Certains hyracoïdés ressemblaient à des tapirs, d'autres à des chevaux, d'autres encore à des lapins, comme les damans actuels. Certaines espèces atteignaient la taille d'un porc, mais la plupart étaient plus petites. Les hyracoïdés semblent avoir décliné à mesure que les herbivores commencèrent à prospérer et ils ne sont plus représentés que par sept espèces vivant en Afrique et au Moyen-Orient, la plus connue étant le daman des rochers.

Le fait que cette espèce ait survécu jusqu'à l'époque actuelle a permis de faire des analyses moléculaires. Ces dernières ont montré que les hyracoïdes étaient liés aux proboscidiens (éléphants) et aux siréniens (phoques).

Famille des Pliohyracidae

Tous les damans éteints du début du Tertiaire font partie de cette famille. Les fossiles de damans plus récents et tous les représentants actuels de cet ordre ont été classés dans la famille procaviidae.

NOM : *Kvabebihyrax*
ÉPOQUE : Pliocène supérieur
RÉPARTITION : Europe (Caucase)
TAILLE : 1,60 m de long

Il existe de nombreuses différences entre les damans fossiles et les modernes, surtout chez *Kvabebihyrax*. Son corps trapu et ses petits yeux plutôt haut placés lui donne l'air d'un petit hippopotame. Le museau est plus court et 2 très grandes incisives pointent vers l'avant. Les 2 incisives inférieures sont aplaties et horizontales. Lorsque l'animal a la gueule fermée, les incisives du haut se logent entre les extrémités de celles du bas.

ORDRE DES EMBRITHOPODA

Les Embrithopodes étaient des herbivores ayant vécu du début au milieu de l'ère tertiaire et qui se répandirent dans toute l'Asie, l'Europe de l'Est et jusqu'en Afrique du Nord. Il est difficile de les intégrer à la chaîne de l'évolution et de leur trouver des ancêtres et des descendants. Pourtant, la structure assez simple de leur petit cerveau présente des similitudes avec celle des éléphants et des siréniens.

Famille des Arsinoitheriidae

Les arsinoïthériidés, qui ressemblaient à des rhinocéros, constituent la seule famille de l'ordre des embrithopodes.

NOM : *Arsinoitherium*
ÉPOQUE : Oligocène inférieur
RÉPARTITION : Afrique (Égypte)
TAILLE : 3,50 m de long, 1,80 m au garrot

Les 2 cornes d'*Arsinoitherium* étaient impressionnantes. Massives et coniques, elles sont fusionnées à leur base et couvrent la zone allant des naseaux jusqu'au milieu du crâne. *Arsinoitherium* ne ressemble que superficiellement au rhinocéros. En fait, ses cornes sont creuses et des traces de vaisseaux sanguins à leur surface indiquent qu'elles étaient recouvertes de peau, au moins lorsque l'animal était jeune. On trouve 2 cornes plus petites et arrondies, ressemblant à celles des girafes, situées au-dessus.

À en juger par ses 44 dents non spécialisées, qui forment un ensemble continu depuis les incisives jusqu'aux dernières molaires, *Arsinoitherium* est évidemment un herbivore, qui broutait probablement les feuilles des forêts, au bord des cours d'eau. Les crêtes de ses molaires suggèrent aussi qu'il était capable de mâcher de la végétation dure. Du point de vue écologique, *Arsinoitherium* aurait pu être l'équivalent africain des uintathères (voir page 235) et des bronthotères d'Amérique du Nord (voir pages 258-259).

ÉLÉPHANTS PRIMITIFS ET MASTODONTES

ORDRE DES PROBOSCIDEA

Des proboscidiens, groupe hétéroclite et très répandu, il ne reste que les éléphants d'Afrique et d'Asie. Ils se caractérisent surtout par le développement des dents et l'adaptation des membres pour soutenir un corps toujours plus massif.

Des analyses récentes d'ADN ont modifié les connaissances que l'on avait des liens unissant l'éléphant à ses ancêtres proboscidiens. Au départ, les données moléculaires étayaient le lien de parenté classique avec les ongulés, mais aujourd'hui, les proboscidiens figurent dans une catégorie à part, à laquelle appartiennent uniquement les phoques (siréniens) et les damans (hyracoïdes). On pense que ces trois ordres sont issus du même groupe d'animaux préhistoriques à sabots, qui ont donné naissance aux damans (voir page 237) et aux siréniens d'eau douce comme les lamantins et les dugongs (voir pages 228-229).

Les proboscidiens apparaissent en Afrique du Nord à l'Éocène. Leur premier représentant, *Moerithium*, de la taille d'un cochon, n'a ni trompe, ni défenses; au Pliocène, 50 millions d'années plus tard, ces géants ont investi tous les continents, à l'exception de l'Australie et de l'Antarctique.

Leur évolution se traduit par une augmentation progressive de la taille et par l'allongement et l'élargissement des pattes, qui soutiennent une masse considérable. Les pieds se sont élargis, pour répartir le poids de l'animal sur le sol. À cet égard, on peut dire que l'évolution a réussi : un éléphant ne laisse pratiquement aucune empreinte sur le sol, malgré son poids. L'allongement de l'appendice nasal ou proboscis (d'où le nom de cette famille d'animaux) s'est accompagné d'une croissance importante de la tête et d'un raccourcissement du cou. Par ailleurs, les dents se trouvent réduites à quelques molaires servant à broyer la nourriture. Les deuxièmes incisives supérieures s'allongent, formant les défenses de l'éléphant actuel. Les canines inférieures et les premières prémolaires sont absentes, tandis que les molaires s'élargissent et s'épaississent progressivement, afin de briser et de broyer les végétaux coriaces dont il se nourrit. Au départ, l'allongement de la trompe et des défenses était destiné à faciliter la recherche de nourriture sur le sol ou dans les arbres, mais ces organes jouent aussi un rôle dans la communication et les parades amoureuses.

Au Pléistocène, il y a 2 millions d'années, les mammouths et les mastodontes prospéraient sur tout l'hémisphère Nord. Ils se sont éteints pendant la période glaciaire. En Sibérie, on a trouvé des mammouths prisonniers de la glace : leur chair et leur fourrure étaient parfaitement conservées. Les éléphantidés, la seule famille à avoir survécu, étaient déjà apparus dans les régions plus chaudes situées plus au sud. On connaît quatre familles de proboscidiens.

Famille des Moeritheriidea

Le nom de cette famille vient de *Moeris*, le nom grec du lac où les fossiles de cet animal ont été découverts, dans la province de Fayoum, en Égypte. Les moérithéridés font partie des nombreuses familles de proboscidiens qui ont vécu peu de temps et dont l'évolution reflète la divergence initiale de ce genre au milieu du Tertiaire.

NOM : *Moeritherium*
ÉPOQUE : de l'Éocène supérieur à l'Oligocène inférieur
RÉPARTITION : Afrique (Égypte, Mali et Sénégal)
TAILLE : 60 cm de haut

Cet animal de la taille d'un cochon et assez court sur pattes ressemble davantage à un tapir ou à un hippopotame nain qu'à un éléphant. Les naseaux sont situés à l'avant du crâne, ce qui signifie qu'il ne possédait pas de trompe, bien que sa lèvre supérieure très développée l'ait probablement aidé à fouiller la végétation des marais où il vivait. *Moeritherium* pesait probablement 200 kg. Il s'agissait sans doute d'un animal aux mœurs d'amphibiens, comme l'hippopotame actuel. Tout comme chez ce dernier, les yeux et les oreilles sont situés assez haut sur le crâne, de façon à lui permettre de surveiller ses environs tout en restant immergé.

Moeritherium présente toutefois différentes caractéristiques qui le rapprochent de l'éléphant. Son crâne est long et relativement aplati, la zone d'attache des muscles du cou étant assez large. Par ailleurs, la mâchoire inférieure est relativement profonde. Les dents sont primitives – petites et presque identiques – et l'animal est dépourvu de canines inférieures. 2 incisives ressemblent déjà à des défenses.

Bien que cet animal ait possédé de nombreuses caractéristiques primitives, il ne s'agissait probablement pas de l'ancêtre des proboscidiens. Ce genre a survécu jusqu'à l'Oligocène, où il a sûrement été contemporain d'éléphants plus évolués.

Famille des Deinotheriidae

Les déinothères étaient de très grands éléphants, aux défenses recourbées vers le bas. Ils apparurent probablement au Miocène inférieur en Afrique, mais s'étendirent rapidement en Europe centrale et du Sud et en Asie du Sud.

Les déinothères n'évoluèrent pratiquement pas pendant tout le Pliocène. Leurs derniers représentants vécurent en Afrique avant de s'éteindre il y a 2 millions d'années.

NOM : *Deinotherium*

ÉPOQUE : du Miocène au Pléistocène

RÉPARTITION : Europe (Allemagne et Bohème), Asie (Inde) et Afrique (Kenya)

TAILLE : 4 m de haut

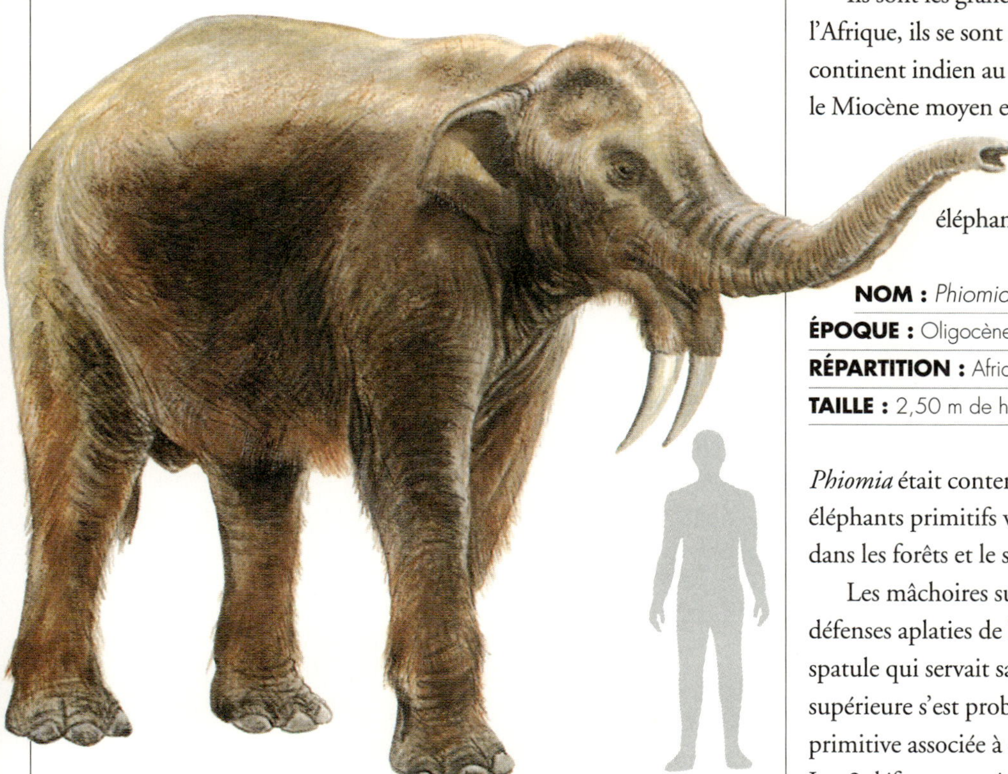

La caractéristique la plus remarquable de ce mammifère est la forme de ses défenses. Leur fonction reste encore un grand sujet de débat parmi les paléontologues.

La mâchoire inférieure, qui forme un angle droit avec la supérieure, porte 2 énormes défenses recourbées vers l'arrière. Une telle structure semblait si improbable que lorsque les scientifiques reconstituèrent pour la première fois un squelette de *Deinotherium*, vers 1820, ils assemblèrent les défenses à l'envers ! Ces dernières auraient peut-être servi à arracher l'écorce des arbres ou à déterrer des racines.

Ayant survécu pendant 20 millions d'années pratiquement sans évoluer, *Deinotherium* était sans aucun doute un animal qui avait su s'imposer dans son milieu naturel.

Famille des Gomphotheriidae

Les gomphothéridés sont l'une des trois familles du sous-ordre des éléphantoïdés. La première est celle des éléphantidés, qui regroupe les mammouths et les éléphants actuels. Les deux autres familles sont représentées par des mastodontes brouteurs : les gomphothéridés et les mammutidés, plus évolués. Les éléphantoïdés ont évolué rapidement au Miocène inférieur. Plusieurs groupes divergents et distincts sont apparus, mais tous se sont éteints au Pliocène et au Pléistocène. Les mastodontes sont apparus à l'Oligocène inférieur, il y a 35 millions d'années. Les plus anciens ont des mâchoires supérieure et inférieure assez longues. Chez les plus récents, la mâchoire supérieure s'est raccourcie ; l'inférieure très étirée porte de curieuses défenses en forme de pelle ou alors elle s'est raccourcie, se rapprochant de celle de l'éléphant moderne.

Ils sont les grands mammifères dominants du Miocène. Depuis l'Afrique, ils se sont répandus en Europe du Sud et sur le sous-continent indien au Miocène inférieur, en Amérique du Nord vers le Miocène moyen et en Amérique du Sud, avant leur extinction, au Pléistocène, il y a 3 millions d'années. Ils furent progressivement remplacés par les éléphants, apparus il y a 5 millions d'années.

NOM : *Phiomia*

ÉPOQUE : Oligocène inférieur

RÉPARTITION : Afrique (Égypte)

TAILLE : 2,50 m de haut

Phiomia était contemporain de son cousin *Moeritherium*. Ces deux éléphants primitifs vivaient dans la région de Fayoum, le premier dans les forêts et le second dans les marécages.

Les mâchoires supérieure et inférieure sont longues, les défenses aplaties de la mâchoire inférieure formant une sorte de spatule qui servait sans doute à ramasser la nourriture. La lèvre supérieure s'est probablement développée en une sorte de trompe primitive associée à cet étrange dispositif de la mâchoire inférieure. Les 2 défenses supérieures assez courtes servaient sûrement à intimider l'adversaire.

ÉLÉPHANTS PRIMITIFS ET MASTODONTES SUITE

NOM : *Gomphotherium*

ÉPOQUE : du Miocène inférieur au Pliocène inférieur

RÉPARTITION : Europe (France), Afrique (Kenya), Asie (Pakistan) et Amérique du Nord (Wyoming)

TAILLE : 3 m de haut

Ce mastodonte à 2 paires de défenses était très répandu. On en a en effet découvert des fossiles sur quatre continents : Europe, Afrique, Asie et Amérique du Nord. Compte tenu de son apparition à divers endroits, il a reçu des noms différents, notamment *Trilophodon* et *Tetrabelodon*.

La mâchoire inférieure étirée de *Gomphotherium* se termine par 2 défenses parallèles. La trompe, relativement longue elle aussi, servait sans doute à l'arrachage et à la préhension des feuilles et d'autres végétaux.

La plupart des membres du genre *Gomphotherium* consommaient les feuilles des arbustes, mais une espèce vivait dans les marais où elle se nourrissait de plantes aquatiques tendres.

Au fur et à mesure de son évolution, *Gomphotherium* perdit quelques dents, mais sur celles qui restèrent, le nombre de sillons se multiplia, augmentant la surface de broyage.

Cette adaptation de la dentition était nécessaire pour que l'animal puisse consommer les quantités énormes de plantes nécessaires à sa survie.

NOM : *Platybelodon*

ÉPOQUE : Miocène supérieur

RÉPARTITION : Europe (montagnes du Caucase), Asie (Mongolie) et Afrique (Kenya)

TAILLE : 3 m de haut

Platybelodon était un mastodonte herbivore aux défenses en forme de pelle, semblable à *Amebelodon*, qui vivait en Europe et en Asie. Ses curieuses défenses, plus courtes et plus larges que celles de *Amebelodon*, sont biseautées sur leur bord extérieur, afin de faire de la place aux défenses supérieures.

Il est clair que le mode de vie de *Platybelodon* est à peu près identique à celui de *Amebelodon*. Lui aussi arpentait, de sa démarche nonchalante, les roseaux qui longeaient les cours d'eau peu profonds. La présence de types apparentés de proboscidiens en Eurasie et en Amérique du Nord à cette époque prouve l'existence de migrations entre ces deux masses continentales : un pont terrestre où se situe actuellement le détroit de Béring.

Les proboscidiens à défenses en forme de pelle s'alimentaient d'une façon très particulière. Tout comme d'autres animaux très spécialisés, ils étaient donc très vulnérables à tout changement dans leur environnement, parce qu'ils ne pouvaient pas s'y adapter à temps. Par conséquent, ce groupe ne survécut pas très longtemps.

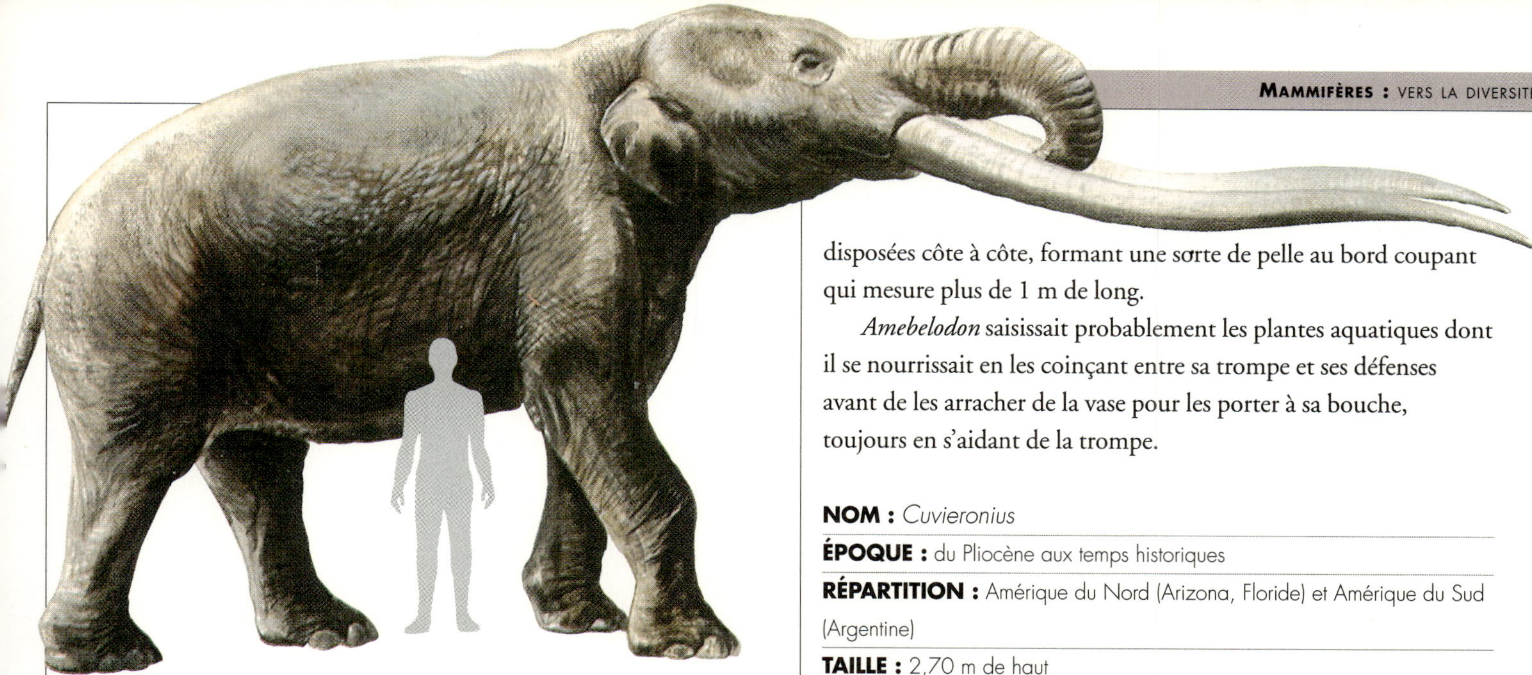

NOM : *Anancus*

ÉPOQUE : du Miocène supérieur au Pléistocène inférieur

RÉPARTITION : Europe et Asie

TAILLE : 3 m de haut

Sa mâchoire inférieure courte et sa longue trompe préhensile lui donnent l'aspect d'un éléphant moderne. Toutefois, ses pattes sont plus courtes et, surtout, ses défenses, de 3 à 4 m, sont incroyablement longues, presque autant que le reste du corps.

Anancus se serait adapté à la vie en forêt. Il aurait brouté les feuilles des grands arbres et déterré sa nourriture dans l'humus. Il s'éteignit lorsque les prairies remplacèrent la forêt.

NOM : *Amebelodon*

ÉPOQUE : Miocène supérieur

RÉPARTITION : Amérique du Nord (Colorado, Nebraska)

TAILLE : 3 m de haut

Amebelodon s'était établi dans les prairies d'Amérique du Nord, au Miocène supérieur. Il s'adapta à une alimentation à base de plantes aquatiques qui devaient pulluler dans les rivières traversant les plaines. De par sa taille et son aspect, il ressemble à l'éléphant moderne, mais ses défenses et son crâne sont assez différents. Les défenses aplaties de la mâchoire inférieure allongée sont disposées côte à côte, formant une sorte de pelle au bord coupant qui mesure plus de 1 m de long.

Amebelodon saisissait probablement les plantes aquatiques dont il se nourrissait en les coinçant entre sa trompe et ses défenses avant de les arracher de la vase pour les porter à sa bouche, toujours en s'aidant de la trompe.

NOM : *Cuvieronius*

ÉPOQUE : du Pliocène aux temps historiques

RÉPARTITION : Amérique du Nord (Arizona, Floride) et Amérique du Sud (Argentine)

TAILLE : 2,70 m de haut

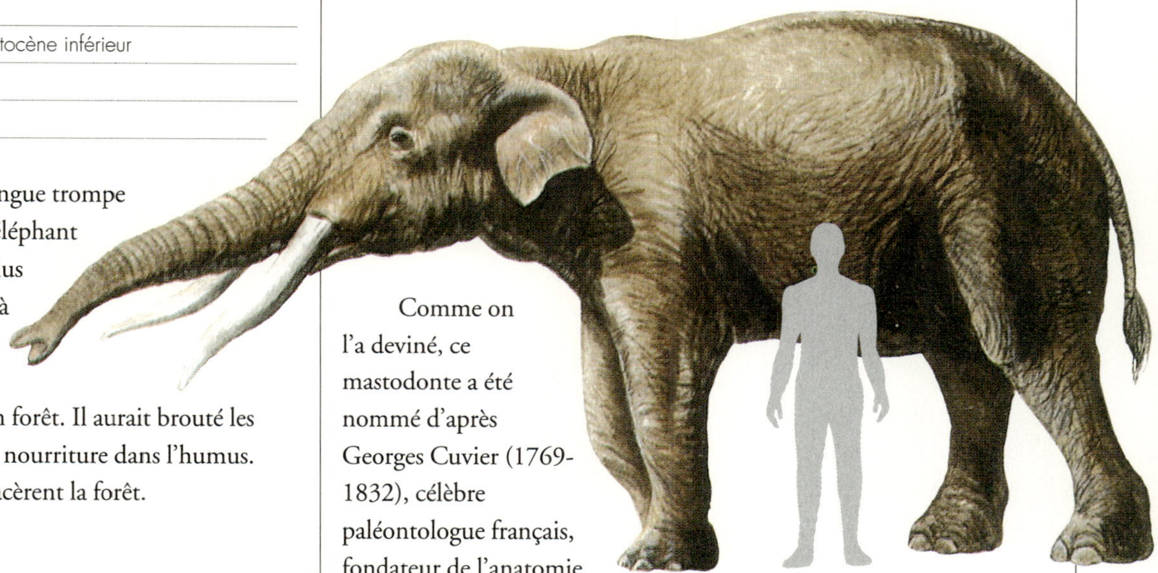

Comme on l'a deviné, ce mastodonte a été nommé d'après Georges Cuvier (1769-1832), célèbre paléontologue français, fondateur de l'anatomie comparée. Gomphothère de taille assez réduite, *Cuvieronius* possède des défenses spiralées comme le narval.

Le continent sud-américain n'est généralement pas l'endroit où l'on penserait trouver des éléphants. Pourtant, des fossiles de *Cuvieronius* ont été découverts dans des régions montagneuses d'Amérique du Nord et du Sud, ce qui se reflète dans l'un des autres noms de cette espèce, *Cordillerion* (cordillères).

Cuvieronius a vécu dans les régions occidentales d'Amérique du Nord au Miocène supérieur et il migra vers l'Amérique du Sud au Pliocène, il y a 2 millions d'années. De là, il parcourut les prairies herbeuses de l'est, atteignit la cordillère des Andes et arriva en Argentine.

Cuviorienus survécut jusqu'à l'an 400 de notre ère, avant d'être exterminé par les chasseurs.

MASTODONTES, MAMMOUTHS ET ÉLÉPHANTS ACTUELS

NOM : *Stegomastodon*
ÉPOQUE : du Pliocène supérieur au Pléistocène
RÉPARTITION : Amérique du Nord (Nebraska) et du Sud (Venezuela)
TAILLE : 2,70 m de haut

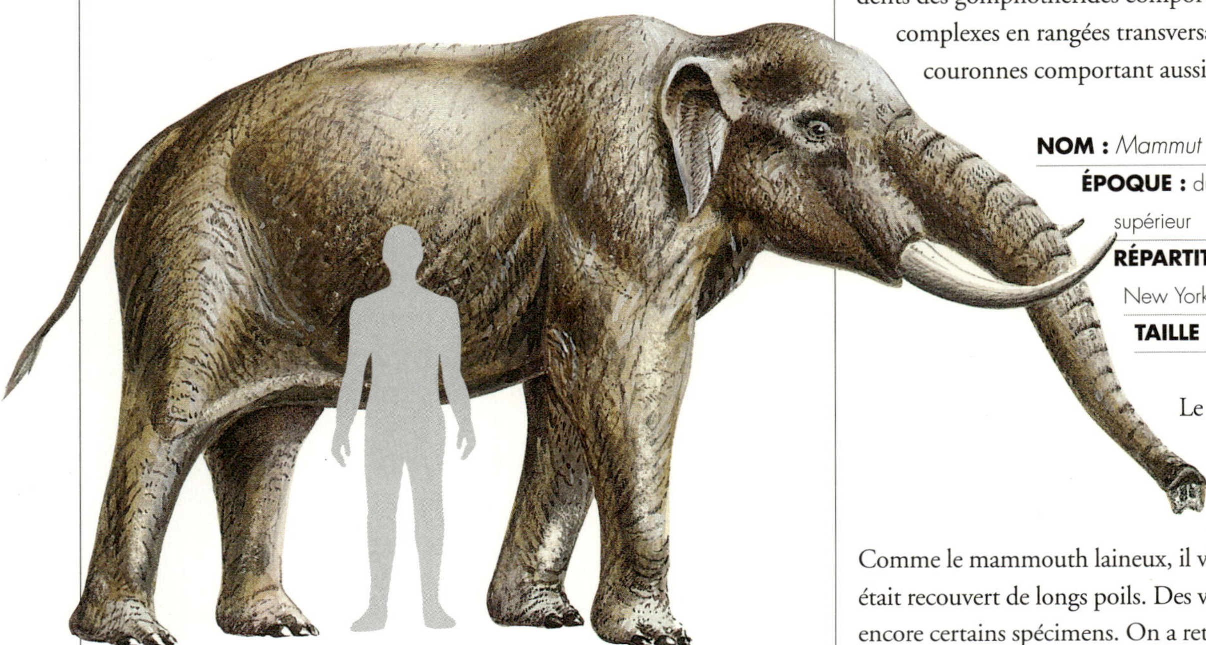

Stegomastodon était un gomphothère. Plus petit et plus court sur pattes que l'éléphant actuel, sa mâchoire inférieure est courte et dépourvue de défenses, tandis que celles du haut sont recourbées vers le ciel.

Les dents jugales de *Stegomastodon* sont plus évoluées que celles de ses prédécesseurs. Leurs circonvolutions d'émail, qui lui donnaient à la fois une large surface de mastication et une bonne efficacité de broyage, lui permettaient probablement de manger les grandes quantités d'herbe dont il avait besoin pour survivre.

Stegomastodon est l'un des rares proboscidiens à avoir atteint l'Amérique du Sud, où il aurait émigré il y a environ 3 millions d'années, lorsque le pont terrestre entre les deux Amériques fut rétabli. Cet isthme apparut et disparut à plusieurs reprises au cours de l'Éocène, avant d'atteindre ses proportions actuelles. Chaque fois qu'un ensemble de volcans et de chaînes montagneuses reliés entre eux apparaissait au-dessus de l'océan, une nouvelle voie de migration s'ouvrait pour les animaux se dirigeant vers le Sud.

Stegomastodon s'éteignit en Amérique du Nord il y a environ 1 million d'années, mais survécut au Venezuela jusqu'à l'arrivée des premiers hommes.

Famille des Mammutidae

Malgré son nom, cette famille ne regroupe pas les mammouths, mais les mastodontes. Leurs dents sont simples, plates et disposées en lames transversales séparées par des espaces. En revanche, les dents des gomphothéridés comportent des cuspides plus complexes en rangées transversales, les espaces entre les couronnes comportant aussi des cuspides plus petites.

NOM : *Mammut americanum*
ÉPOQUE : du Miocène supérieur au Pléistocène supérieur
RÉPARTITION : Amérique du Nord (Alaska, New York, Missouri)
TAILLE : 3 m de haut

Le mastodonte d'Amérique, *Mammut americanum*, est l'un des proboscidiens les plus répandus d'Amérique du Nord. Comme le mammouth laineux, il vivait dans les régions froides et était recouvert de longs poils. Des vestiges de fourrure recouvrent encore certains spécimens. On a retrouvé des fossiles de l'Alaska jusqu'en Floride.

La tête est assez longue et basse. Il a une paire de défenses massives recourbées vers le haut. L'animal broutait en troupeaux dans les forêts d'épicéa et aurait peut-être été contemporain des premiers hommes. De même que le mammouth laineux, il s'est éteint il y a moins de 10000 ans. On a aussi découvert des mastodontes en Afrique, en Europe et en Asie, mais ces derniers n'étaient pas poilus.

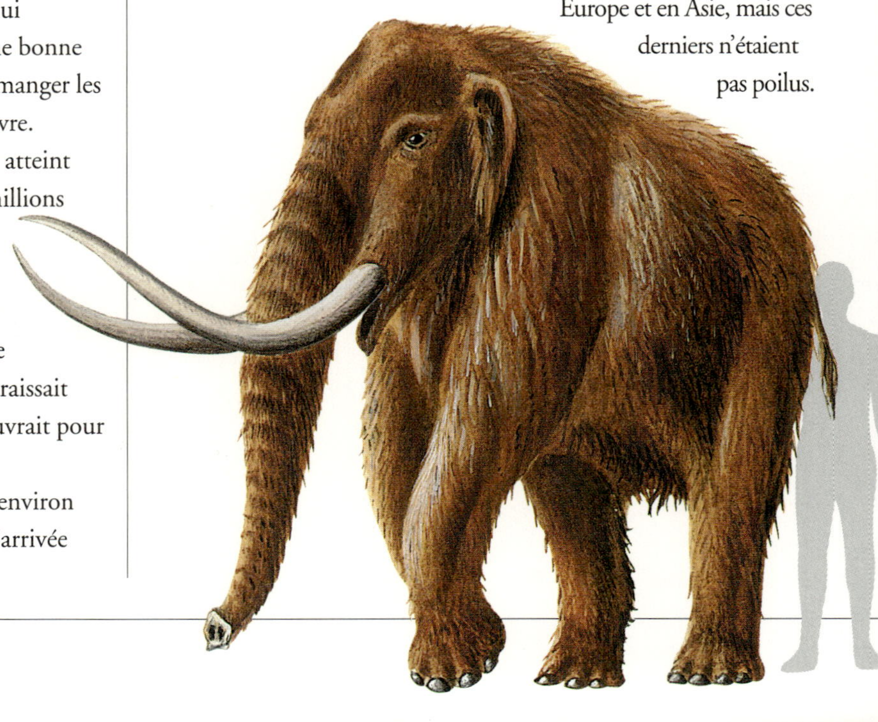

Famille des Elephantoidae

C'est à cette famille qu'appartient l'éléphant actuel. Les éléphantidés se distinguent de leurs ancêtres, les mastodontes, principalement par la forme de leurs dents. Ils ne portent plus, en effet, de défenses sur la mâchoire inférieure, ce qui leur a permis de modifier leur mode de mastication. Les mastodontes broyaient leur nourriture en opérant un mouvement rotatif complexe, tandis que les éléphantidés la coupent ou la déchirent.

Cette façon différente de mastiquer a entraîné une modification des dents devenues plus hautes avec une surface émaillée aussi plus complexe. De nombreuses espèces présentent une dent unique, qui occupe chaque moitié des 2 mâchoires.

Chacune de ces 4 dents possède jusqu'à 20 sillons transversaux de dentine plus fragile. Ces sillons sont séparés les uns des autres par de minces lames de cément, formant ainsi une sorte de lime. L'émail, la dentine et le cément ne contenant pas la même quantité de phosphate, ils ne s'usent pas avec la même rapidité. Par conséquent, chaque dent présente, de profil, une surface ridée qui assure un bon broyage des végétaux en vue de leur digestion.

Le phosphate contenu dans les dents ralentit l'usure de ces meules qui broient des quantités considérables de végétaux durs : herbes siliceuses, écorce des arbres et petites branches. Les dents finissent malgré tout par s'user et sont remplacées en permanence. Une nouvelle dent apparaît lorsque la précédente est entièrement usée.

Les défenses de l'éléphant servent à déterrer les racines ou à arracher l'écorce des arbres et peuvent aussi dissuader d'éventuels adversaires. En fait, elles sont le résultat de l'hypertrophie (le développement considérable) des incisives supérieures. Elles sont composées de dentine, de cartilage et de calcium.

Plusieurs espèces d'éléphantidés survécurent à la dernière période glaciaire, mais s'éteignirent peu après, sans doute parce que les hommes les chassèrent. Parmi ces espèces figurent l'éléphant des forêts d'Eurasie, *Elephas antiquus*, des éléphants nains : *Elephas falconeri*, qui a vécu sur quelques îles méditerranéennes, et 2 mammouths, *Mammuthus primigenius* et *M. jeffersoni*. Des populations de mammouths échouèrent aussi sur des îles au large du sud de la Californie et de la côte arctique de Sibérie. Cette isolation, accompagnée d'une concurrence accrue pour des réserves de nourriture toujours plus rares, a entraîné une diminution de la taille des individus. Leur cousin, le mastodonte d'Amérique (*Mammut americanum*), s'est éteint lui aussi à peu près à la même période.

Seules deux espèces d'éléphants ont survécu. L'éléphant d'Asie, le plus petit, vit dans les forêts du sous-continent indien, au Vietnam, en Malaisie, en Indonésie et dans le sud de la Chine. Il resterait moins de 500 000 éléphants encore à l'état sauvage en Inde. L'éléphant d'Afrique, plus grand, vit dans les forêts et les plaines au sud du Sahara. C'est le plus grand animal terrestre actuel.

NOM : *Elephas antiquus*

ÉPOQUE : du Pléistocène moyen au Pléistocène supérieur

RÉPARTITION : Europe

TAILLE : 3,70 m de long

Elephas antiquus était un éléphant très grand, aux pattes longues et aux défenses droites, longues et légèrement incurvées à leur extrémité.

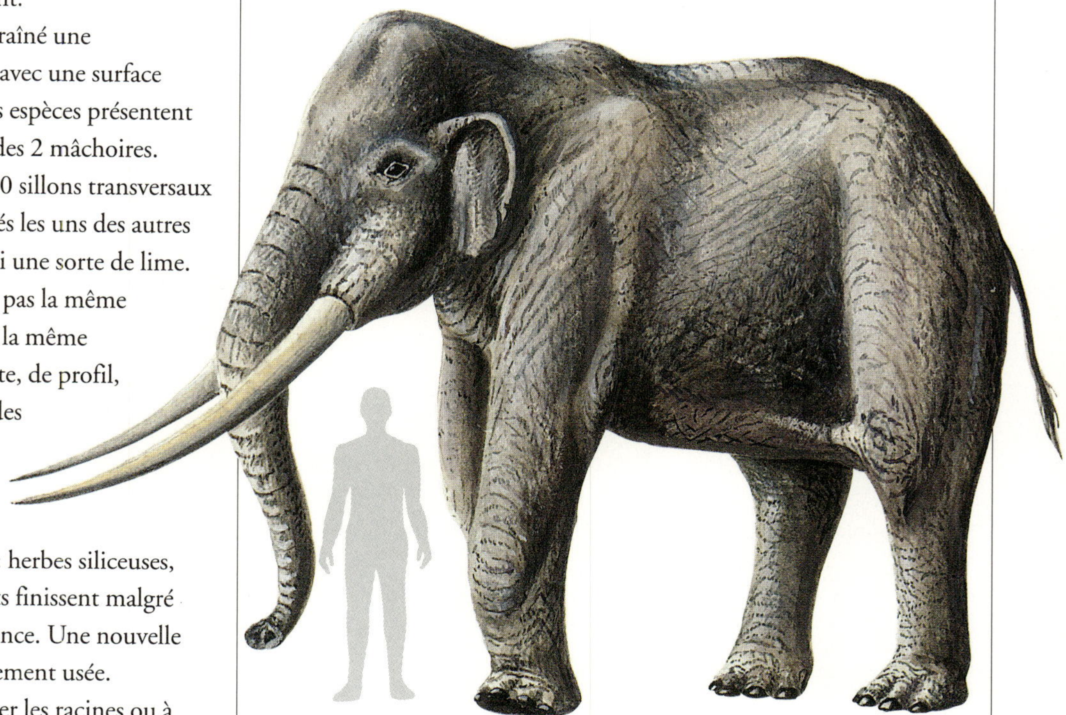

Les ossements d'*Elephas antiquus* sont relativement courants dans les strates géologiques du Pléistocène européen. Pendant les glaciations qui eurent lieu à cette époque, la calotte glaciaire avança et recula à plusieurs reprises sur l'ensemble de l'hémisphère Nord. Les périodes de recul des glaciers – on parle aussi de périodes interglaciaires –, s'accompagnaient d'une importante élévation de la température. Pendant les périodes interglaciaires, la France, par exemple, connaissait un climat tropical, malgré sa situation relativement septentrionale. *Elephas antiquus* vivait dans les forêts tropicales de ces régions. L'abondance de la végétation ont permis à de nombreuses espèces de très grands herbivores de prospérer. Outre les éléphantidés, on trouvait des rhinocéros, des hippopotames, des cerfs, des chevaux et des bisons. Les grands félins prédateurs de ces mammifères étaient aussi présents. Le paysage ressemblait très certainement à celui des réserves naturelles d'Afrique aujourd'hui.

Lorsqu'une période interglaciaire se terminait et que les glaciers progressaient à nouveau vers le Sud, *E. antiquus* descendait lui aussi vers l'équateur. Dans les territoires situés au nord, il était remplacé par un groupe d'éléphantidés mieux armés pour résister au froid : les mammouths.

MASTODONTES, MAMMOUTHS ET ÉLÉPHANTS ACTUELS SUITE

NOM : *Elephas falconeri*
ÉPOQUE : Pléistocène supérieur
RÉPARTITION : îles de la Méditerranée (Chypre, Crête, Malte, Sicile, sud de la Calabre et certaines petites îles grecques)
TAILLE : 90 cm de haut

Le genre *Elephas* comprend l'éléphant d'Asie actuel, *E. maximus*. Les premiers membres de ce groupe apparurent en Afrique au Pliocène inférieur il y a 5 millions d'années et s'implantèrent en Europe et en Asie. Certains éléphants nains maintenant disparus seraient des espèces ayant divergé dans leur évolution, par rapport à leur groupe d'origine ou groupe-souche.

Elephas falconeri mesurait moins de 1 m au garrot et vivait sur les îles de la Méditerranée. Son ancêtre, probablement l'éléphant d'Europe *E. namadicus*, aurait quitté l'Afrique au Pléistocène inférieur pour s'aventurer, à l'ouest, dans l'Europe centrale et, à l'est, vers l'Inde et la Chine. Il aurait même atteint le Japon.

Pendant les périodes glaciaires, le niveau de la mer baissait considérablement, ce qui aurait permis à cet éléphant d'atteindre Malte, Chypre, la Crète et la Sardaigne. Lorsque le niveau de la mer remonta avec la fonte des glaciers pendant les périodes interglaciaires, ses régions se transformèrent en îles. C'est sur ces îles que se développa *E. falconeri*. Des éléphants nains similaires apparurent aussi sur les péninsules de Célèbes, dans l'actuelle Indonésie.

Sur ces îles, la sélection naturelle s'opéra à la faveur des animaux qui ont eu la possibilité de survivre en consommant moins de nourriture. C'est ainsi que les espèces naines se sont développées. On pourrait comparer cette situation à celle du poney du Shetland, qui a prospéré sur les îles du nord de l'Écosse. Un parallèle pourrait aussi être fait avec l'ankylosaure nain *Struthiosaurus* (voir page 159). En revanche, des animaux très petits comme les rongeurs, connurent une évolution diamétralement opposée : ceux des îles méditerranéennes étaient plus grands que les autres. En l'absence de prédateurs, ils n'avaient plus besoin de se faufiler aussi vite dans un trou ou une crevasse et pouvaient donc, pour ainsi dire, se permettre de grossir.

NOM : *Mammuthus meridionalis*
ÉPOQUE : Pléistocène inférieur
RÉPARTITION : Europe (Espagne)
TAILLE : 4,50 m de haut

Les mammouths sont de grands herbivores qui se sont adaptés au froid. Venus d'Afrique, ils s'étendirent en Eurasie et en Amérique du Nord au Pléistocène inférieur.

Mammuthus meridionalis fut l'un des premiers mammouths adaptés au froid. Il vivait il y a 2 millions d'années dans les forêts clairsemées du sud de l'Europe, où la température était fraîche, sans être vraiment froide.

Les ancêtres de cet animal étaient très certainement originaires de régions situées plus à l'est, ou d'Afrique.

De par son aspect général, *Mammuthus meridionalis* ressemble à l'éléphant d'Asie moderne, mais ses défenses sont beaucoup plus grandes et impressionnantes. Il pourrait être l'ancêtre d'un certain nombre de mammouths plus spécialisés et apparus plus tard, notamment *M. primigenius* en Europe et *M. imperator* en Amérique du Nord.

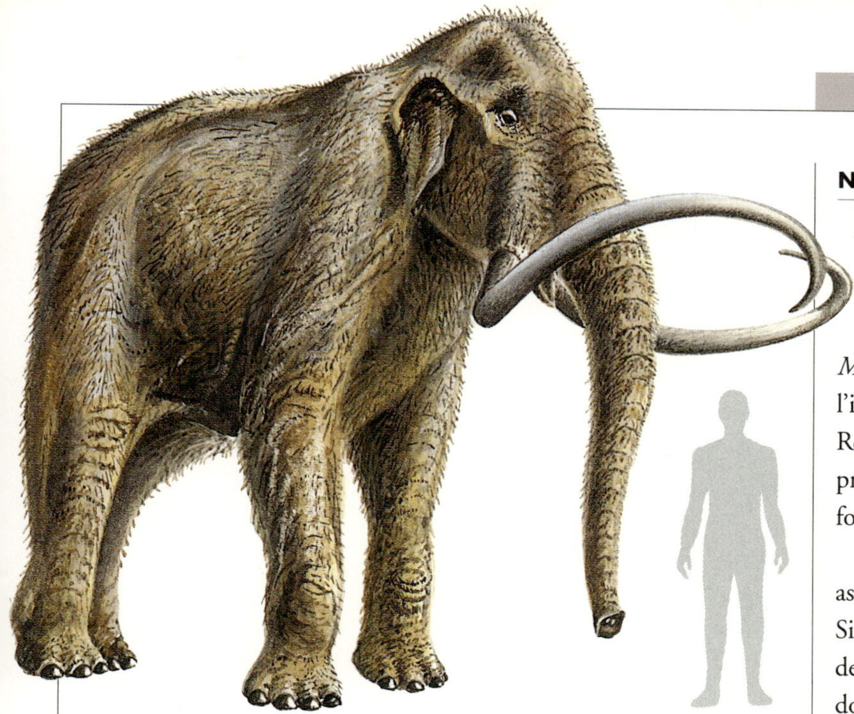

NOM : *Mammuthus columbi*

ÉPOQUE : Pléistocène supérieur

RÉPARTITION : Amérique du Nord (Caroline, Géorgie, Louisiane, Floride)

TAILLE : 3,70 m de haut

Mammuthus columbi, provenant probablement d'Asie, aurait traversé l'isthme de Béring au Pléistocène supérieur, pour s'établir en Amérique du Nord au début de la dernière période interglaciaire. Il vivait sur les prairies au climat tempéré du sud-est du continent et aurait même atteint le Mexique.

Ses défenses formant un arc de cercle tourné vers l'intérieur le distinguaient de l'autre mammouth d'Amérique, *M. imperator*, dont les protubérances d'ivoire étaient plus écartées et recourbées vers le haut. Cette seconde espèce s'était établie plus à l'ouest, comme le prouvent les fossiles découverts sur le site de La Brea, à Los Angeles.

NOM : *Mammuthus trogontherii*

ÉPOQUE : Pléistocène moyen

RÉPARTITION : Europe (Angleterre, Allemagne)

TAILLE : 4,50 m de haut

Ce mammouth des steppes a vécu en Europe centrale au Pléistocène moyen, dans un climat beaucoup plus froid que celui qu'avaient connu ses ancêtres. Cet environnement hostile explique probablement l'apparition de son épaisse fourrure. *Mammuthus trogontherii* devait se déplacer en troupeau, se nourrissant de la végétation rase poussant sur ces plaines soumises à un climat rigoureux.

M. trogontherii est l'un des plus grands mammouths. Ses défenses en arc de cercle, plus épaisses chez les mâles que chez les femelles, sont très longues, atteignant parfois 5 m de long.

NOM : *Mammuthus primigenius*

ÉPOQUE : Pléistocène supérieur

RÉPARTITION : Europe, Asie et Amérique du Nord

TAILLE : 2,70 m de haut

Mammuthus primigenius, le mammouth laineux, correspond à l'image que nous avons tous de ce mammifère préhistorique. Relativement petit pour un animal de son espèce, il était bien protégé du froid, dans la toundra où il vivait, grâce à son épaisse fourrure et à une importante couche de lard.

Les paléontologues connaissent assez bien son anatomie et son aspect grâce aux fossiles assez bien conservés dans les glaces de Sibérie. Par ailleurs, des peintures et gravures tracées sur les murs des cavernes par les premiers hommes, en France et en Espagne, donnent une idée assez précise de son apparence.

Sa fourrure laineuse est composée de longs poils noirs et non pas bruns, comme on le voit dans certaines restaurations. Cette coloration de certains spécimens est due à une réaction chimique après la mort. Il était aussi protégé du froid par un sous-poil laineux et une épaisse couche de lard. Une bosse située derrière la tête qui contenait de la graisse constituait une autre réserve d'énergie.

Des rayures sur l'ivoire des défenses à la courbure si caractéristique indiquent qu'il grattait la neige et la glace afin de brouter l'herbe de la toundra.

Mammuthus primigenius a disparu il y a 10 000 ans environ, une population naine a quant à elle survécu jusqu'à il y a 6 000 ans environ, sur l'île Wrangel dans l'océan Arctique. Le réchauffement du climat ayant accompagné la fin de la dernière glaciation aurait réduit ses effectifs. Une chasse très importante a aussi probablement accéléré son extinction.

ONGULÉS D'AMÉRIQUE DU SUD

Au cours du Tertiaire, l'Amérique du Sud a abrité un groupe de mammifères aussi étranges et uniques que ceux que l'on trouve aujourd'hui en Australie, et ce pour des raisons pratiquement identiques. Après avoir fait partie d'une masse continentale relativement homogène, l'Amérique du Sud s'est détachée de l'Amérique du Nord, puis de l'Afrique et de l'Antarctique à la suite de la dérive des continents et de l'élévation du niveau des océans. Au début du Tertiaire, il y a 50 à 60 millions d'années, une mer ouverte, que l'on peut à la rigueur s'imaginer parsemée de quelques îles, séparait les deux Amériques.

À cette époque, trois souches de mammifères primitifs vivaient sur le continent sud-américain : des marsupiaux (voir pages 202-205), des édentés primitifs (fourmiliers, paresseux et tatous à poils, voir pages 206-209) et des ongulés herbivores. Contrairement à l'Amérique du Nord, qui fut ensuite peuplée par toutes les autres espèces de mammifères de l'Ancien monde ayant traversé le détroit de Béring qui offrait alors un isthme, seuls les rongeurs et les primates atteignirent l'Amérique du Sud.

Pendant environ 50 millions d'années ou plus, du Paléocène au Pliocène, lorsque l'isthme d'Amérique centrale fut à nouveau recouvert par la mer, les mammifères d'Amérique du Sud se trouvèrent seuls sur une île à l'échelle d'un continent, sur laquelle ne vivait aucun carnivore placentaire. Les souches d'origine purent investir une quantité de niches écologiques occupées ailleurs par d'autres groupes.

Les animaux décrits dans les pages suivantes s'appellent méridongulés. Ce sont les descendants des premiers herbivores ayant atteint l'Amérique du Sud.

Ordre des Litopterna

Les litopternes ressemblent à des chevaux ou à des chameaux. Leurs dents sont plus simples que celles des ongulés du reste du monde : leur dentition demeura toujours plus ou moins complète, sans que le diastème entre les incisives et les dents postérieures ne s'élargisse trop.

Les pattes et les doigts de certains représentants de cet ordre ressemblent de façon frappante à ceux des périssodactyles (les ongulés à nombre impair de doigts : les chevaux, les tapirs et les rhinocéros, voir pages 254-265). Par ailleurs, on observe aussi que les membres antérieurs ont tendance à se raccourcir et les postérieurs à s'allonger. Les doigts munis de sabots sont réduits à 3, voire à 1, le poids du corps étant porté par le 3e doigt. En revanche, le radius et le cubitus d'une part, et le tibia et le péroné d'autre part, n'ont pas fusionné, comme chez le cheval. Les os des chevilles sont aussi moins complexes (litopterne signifie d'ailleurs « à chevilles simples »).

Famille des Didolodontidae

Il est difficile de savoir dans quelle catégorie classer cette famille qui a vécu des dizaines de millions d'années. Pour certains, ces ongulés font partie de l'ordre des arctocyoniens (page 234). Pour d'autres, ce sont des litopternes. Il s'agit sans doute d'une famille intermédiaire entre ces deux groupes. Les premiers fossiles datent du Pliocène, il y a 60 millions d'années, des spécimens datant du Miocène moyen, soit 50 millions d'années plus tard, ont aussi été retrouvés.

NOM : *Didolodus*
ÉPOQUE : Éocène inférieur
RÉPARTITION : Amérique du Sud (Argentine)
TAILLE : probablement 60 cm de long

Les dents de cet animal sont si proches de celles des premiers ongulés que, par son aspect, *Didolodus* leur ressemblait fort probablement.

Ce mammifère au pied léger – ou une espèce apparentée – qui parcourait les sous-bois, broutant les feuilles des arbustes, aurait pu être l'ancêtre de la plupart des ongulés d'Amérique du Sud.

Famille des Proterotheriidae

Les grandes plaines qui s'étendaient sur l'ensemble du continent sud-américain ont sans doute favorisé les animaux légers et bons coureurs.

Les protérothères (« premiers animaux ») ressemblaient à des chevaux. Ils ont vécu du Paléocène supérieur au Pliocène supérieur. Les protérothères semblent avoir évolué comme les chevaux primitifs d'Amérique du Nord. Il est peu probable qu'ils aient été capables de brouter de l'herbe, leur dentition indiquant qu'ils se nourrissaient de feuillages.

NOM : *Diadiaphorus*
ÉPOQUE : Miocène inférieur
RÉPARTITION : Amérique du Sud (Argentine)
TAILLE : 1,20 m

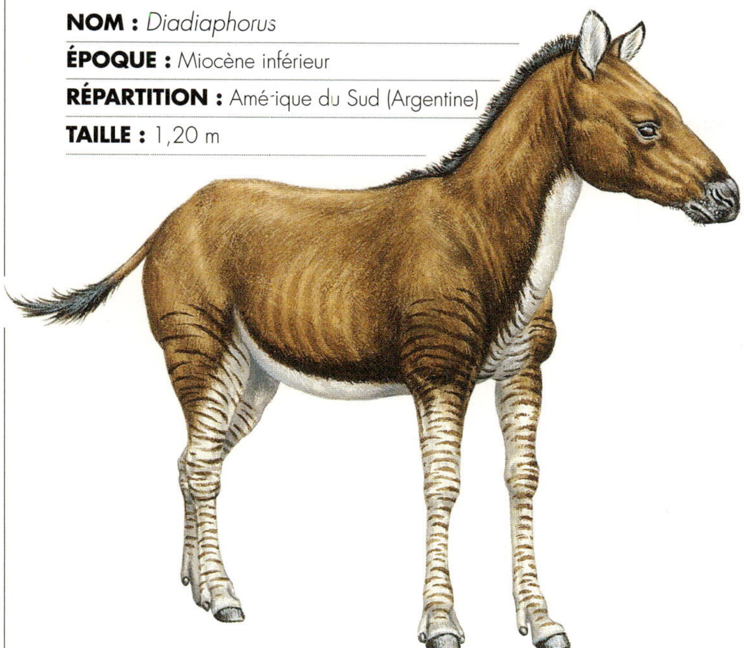

Le gracieux *Diadiaphorus* ressemblait probablement à une antilope à l'encolure assez courte ou à un poney. De la taille d'un mouton, il a des pieds à 3 doigts.

Contrairement à ce qui s'est passé chez les vrais équidés, le radius et le cubitus d'une part, et le tibia et le péroné d'autre part, n'ont pas fusionné chez *Diadiaphorus*. Ce dernier a pourtant des pattes élancées. Le 3e doigt (celui du milieu) s'est considérablement élargi pour supporter le poids de l'animal, tandis que les doigts latéraux (le 2e et le 4e) se sont atrophiés.

La tête est assez courte et la boîte crânienne plutôt grande. Les dents à couronne basse diffèrent beaucoup de celles du cheval actuel; on pense que *Diadiaphorus* se nourrissait de végétation tendre et des feuilles des arbres et des arbustes des plaines de Patagonie.

NOM : *Thoatherium*
ÉPOQUE : Miocène inférieur
RÉPARTITION : Amérique du Sud (Argentine)
TAILLE : 70 cm de long

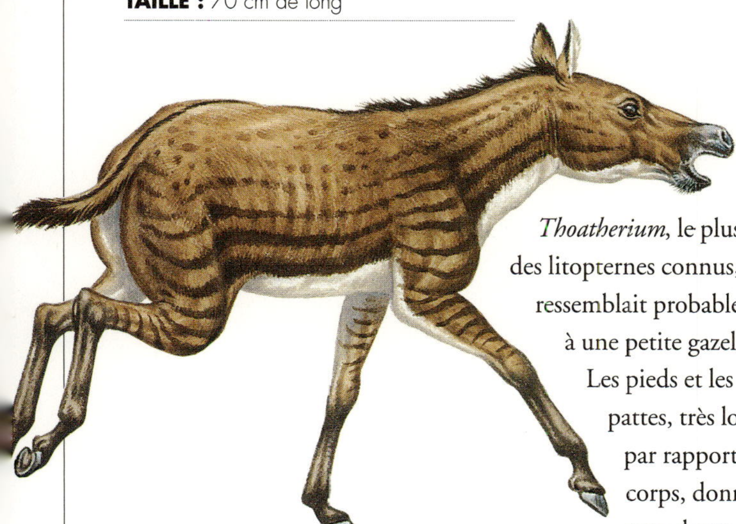

Thoatherium, le plus petit des litopternes connus, ressemblait probablement à une petite gazelle. Les pieds et les pattes, très longs par rapport au corps, donnaient sans doute une certaine élégance à sa course. Si les os de la partie inférieure des membres n'avaient pas fusionné, ils étaient très rapprochés. La diminution des doigts latéraux observée chez les vrais équidés et chez *Diadiaphorus* est poussée à l'extrême chez *Thoatherium*. En effet, les fossiles révèlent que ces doigts sont encore plus petits que ceux du cheval moderne, qui n'en a d'ailleurs plus qu'un. La dentition était elle aussi assez primitive. On peut donc en déduire que *Thoatherium* se nourrissait plutôt de feuillages que d'herbe.

Après avoir prospéré au Miocène inférieur, les protérothères s'éteignirent au Pliocène supérieur, il y a 3 millions d'années.

Famille des Macraucheniidae

Ces curieux litopternes qui ressemblent à des chameaux, aux pieds comme ceux des rhinocéros et munis d'un long cou et d'une petite trompe, furent classés à une époque dans la famille des camélidés. Ce classement se justifiait, puisque le lama et des espèces apparentées de la famille des camélidés vivent aujourd'hui sous les mêmes latitudes (voir pages 274-277). Ces similitudes sont toutefois plutôt le résultat d'une convergence de l'évolution, à savoir que des espèces de familles différentes évoluent de la même façon parce qu'elles sont soumises aux mêmes pressions de leur environnement.

Les macrauchéniidés, très disséminés, vécurent pendant l'essentiel de l'ère tertiaire et atteignirent probablement le Pléistocène, s'éteignant sur les quelques milliers d'années de la fin de cette époque.

NOM : *Thesodon*
ÉPOQUE : Miocène inférieur
RÉPARTITION : Amérique du Sud (Argentine)
TAILLE : 2 m de long

Cet animal à longue encolure se nourrissant d'herbe et de feuillages parcourait probablement la pampa sud-américaine d'un trot enlevé. S'il ressemble, par son aspect, au guanaco, il s'en différencie par ses pattes à 3 doigts, probablement plus lourdes que ce camélidé sauvage actuel. La position des narines indique la présence d'une trompe, mais cette dernière n'était peut-être pas plus proéminente que celle de l'antilope saïga actuelle.

La mâchoire inférieure, très étroite, a 44 dents, le maximum chez un mammifère placentaire et un nombre inhabituel chez un herbivore de la fin du Tertiaire.

Ongulés d'Amérique du Sud suite

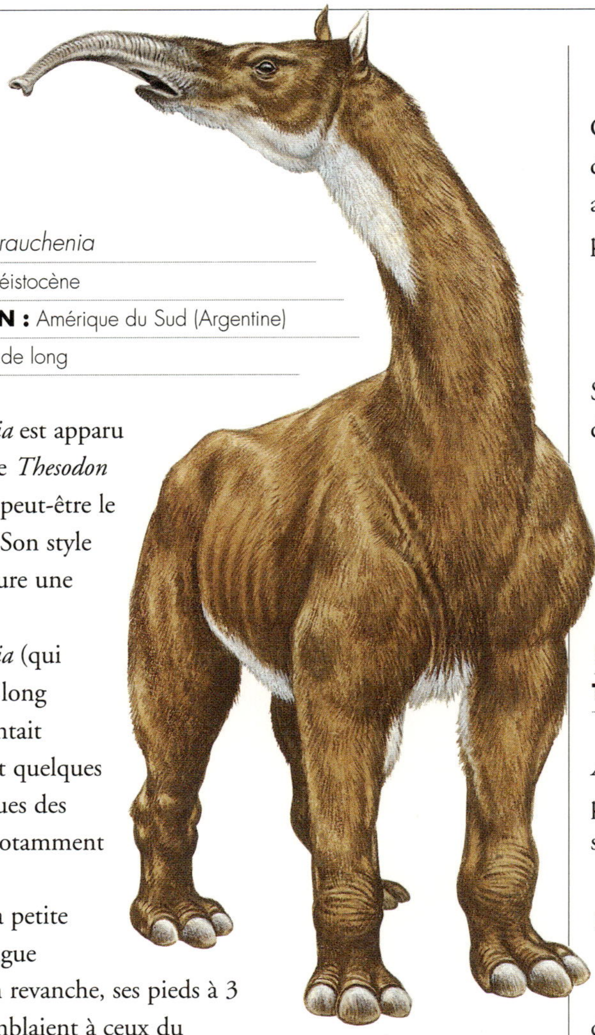

NOM : *Macrauchenia*
ÉPOQUE : Pléistocène
RÉPARTITION : Amérique du Sud (Argentine)
TAILLE : 3 m de long

Macrauchenia est apparu plus tard que *Thesodon* dont il était peut-être le descendant. Son style de vie demeure une énigme. *Macrauchenia* (qui signifie « au long cou ») présentait certainement quelques caractéristiques des camélidés, notamment la taille, la posture, la petite tête et la longue encolure. En revanche, ses pieds à 3 doigts ressemblaient à ceux du rhinocéros. Cet animal était probablement doté d'une trompe de taille respectable, comme semblent l'indiquer les os des narines, qui s'insèrent dans le crâne au niveau des orbites.

Selon certains paléontologues, *Macrauchenia* était doté d'une trompe et avait donc des mœurs amphibies. D'autres pensent que les narines étaient simplement entourées de lèvres agissant comme des clapets pour éviter que la poussière ne pénètre dans les voies respiratoires. La présence d'une trompe associée à des dents jugales à couronne relativement haute signifie également que *Macrauchenia* se nourrissait à la fois de feuillages et d'herbe.

Les membres étaient longs, notamment sur leur partie supérieure, ce qui est caractéristique d'un animal coureur. *Macrauchenia* ne courait pourtant sans doute pas très vite, étant donné que ses membres postérieurs étaient courts.

Ordre des Astrapotheria

Cet ordre peu important mais bien représenté était composé d'herbivores courts sur pattes ayant vécu du Paléocène supérieur au Miocène moyen. Certains, de la taille d'un rhinocéros, étaient pourvus de défenses et d'une petite trompe.

Famille des Astrapotheriidae

Si l'on a pu reconstituer de nombreux squelettes complets d'astrapothériidés, le mode de vie de ces mammifères et leurs liens avec les autres ongulés d'Amérique du Sud demeurent largement inexpliqués.

NOM : *Astrapotherium*
ÉPOQUE : de l'Oligocène supérieur au Miocène moyen
RÉPARTITION : Amérique du Sud (Argentine)
TAILLE : 2,50 m de long

Astrapotherium est caractéristique de cette famille, dont il était le plus grand représentant. La tête était relativement courte et renflée sur son sommet en raison de l'agrandissement des sinus.

Les canines poussaient en permanence, formant 4 défenses. La paire supérieure, plus grande, faisait ciseau avec la paire inférieure. Les incisives inférieures, larges et proéminentes reposaient sur un coussinet de corne de la mâchoire supérieure et servaient sans doute à couper les végétaux.

L'existence d'une trompe est controversée. Cette hypothèse est étayée par les os raccourcis du nez, qui s'ouvrent largement sur le crâne. D'un autre côté, l'encolure n'est pas très courte et *Astrapotherium* aurait pu facilement atteindre le sol en baissant

la tête. La « trompe » n'était peut-être tout simplement été qu'un nez hypertrophié.

Cet animal devait mener une existence aquatique, barbotant dans des eaux peu profondes et arrachant les plantes aquatiques pour se nourrir un peu à la façon des rhinocéros amynodontes (voir page 264) de l'hémisphère Nord.

Famille des Trigonostylopidae

On ne sait pas si les trigonostylopidés doivent être rattachés à la famille des astrapothériidés ou s'il s'agit d'un ordre différent. Les canines transformées en défenses rappellent les astrapothériidés, mais les autres dents rapprochent cette famille des litopternes.

NOM : *Trigonostylops*
ÉPOQUE : du Paléocène supérieur à l'Éocène inférieur
RÉPARTITION : Amérique du Sud (Argentine)
TAILLE : probablement 1,50 m de long

Seuls des crânes de *Trigonostylops* ont été retrouvés. Il est donc difficile de se faire une idée de l'aspect général et du mode de vie de cet ongulé.

Les dents sont très primitives. Si *Trigonostylops* faisait bien partie des astrapothériidés, ce qui se justifierait du fait de la taille des canines inférieures, il ressemblait alors probablement à *Astrapotherium*.

ORDRE DES PYROTHERIA

Les mammifères d'Amérique du Sud illustrent très bien la notion d'évolution convergente, à savoir le développement de structures et de caractéristiques communes entre animaux non apparentés qui subissent les mêmes pressions de leur environnement. Les pyrothères étaient les équivalents sud-américains des éléphants, mais on ne connaît pas leur groupe d'origine.

Famille des Pyrotheriidae

Il s'agit de la principale famille de cet ordre. Ces espèces, établies en Argentine, au Brésil, au Venezuela et en Colombie, auraient vécu entre l'Éocène et l'Oligocène inférieur.

NOM : *Pyrotherium*
ÉPOQUE : Oligocène inférieur
RÉPARTITION : Amérique du Sud (Argentine)
TAILLE : 3 m de long

Les premiers fossiles de *Pyrotherium* ont été découverts dans les couches de cendres volcaniques de *Deseado*, en Argentine, d'où leur nom d'« animaux de feu ». Depuis, d'autres spécimens ont été trouvés dans de nombreux sites d'Amérique latine.

Pyrotherium ressemblait probablement à l'éléphant *Barytherium*, son contemporain africain. *Pyrotherium* était un animal corpulent aux pattes massives qui reposaient sur des doigts courts et larges. Son encolure épaisse et courte était surmontée d'une tête dotée d'une trompe ; les incisives s'étaient développées en défenses aplaties, au nombre de 4 dans la mâchoire inférieure et de 2 dans la mâchoire inférieure.

ONGULÉS D'AMÉRIQUE DU SUD SUITE

ORDRE DES NOTOUNGULATA

Il s'agit du groupe principal d'ongulés d'Amérique du Sud. Il en existait une centaine de genres, répartis en quatre sous-ordres, qui auraient commencé à se différencier lorsque l'Amérique du Sud et du Nord furent séparées, au Paléocène supérieur.

L'isolation du continent sud-américain permit une évolution distincte de ces ongulés, qui investirent les mêmes niches écologiques que leurs contemporains ailleurs dans le monde.

De nombreux notoungulés étaient de petits animaux semblables à des lapins ou à des castors, dont ils partageaient le mode de vie. D'autres espèces plus grandes, ressemblaient davantage à des moutons, des phacochères, des chevaux, des rhinocéros et des hippopotames. Ce lien de parenté est confirmé par la disposition des dents et par les os des oreilles.

Si la plupart des spécimens ont été découverts en Amérique du Sud, quelques autres ont été trouvés en Amérique du Nord, dans des dépôts sédimentaires datant du Paléocène supérieur et de l'Éocène inférieur. Les groupes d'Amérique du Nord se sont éteints rapidement et les espèces d'Amérique du Sud leur ont survécu.

Les notoungulés ont prospéré à l'Oligocène, mais ils étaient encore abondants au Miocène inférieur, puis ils ont commencé à décliner. Aujourd'hui, cet ordre a entièrement disparu. Les derniers notoungulés se sont éteints en Amérique du Sud au Pléistocène, il y a 1 million d'années, peu après l'apparition de l'isthme de Panama, qui a donné lieu à l'invasion de mammifères septentrionaux.

SOUS-ORDRE DES NOTOPROGONIA

Ce sont les premiers notongulés, comme le montrent leurs 44 dents peu spécialisées à couronne basse, mais aussi l'absence de diastème entre les dents antérieures et postérieures.

Les Notoprogonés ont vécu au Paléocène et à l'Éocène. Ils se sont éteints il y a environ 45 millions d'années.

Famille des Notostylopidae

Ces animaux ressemblaient à des rongeurs. Un diastème séparait leurs prémolaires et molaires, qui servaient à broyer les aliments, de leurs incisives proéminentes biseautés et tranchantes. Ces dernières avaient des racines et ne poussaient pas en permanence comme celles des rongeurs actuels. Elles servaient à saisir et à couper et non à ronger.

NOM : *Notostylops*
ÉPOQUE : Éocène inférieur
RÉPARTITION : Amérique du Sud (Argentine)
TAILLE : probablement 75 cm de long

Notostylops ressemblait assez à un lapin. Il vivait dans les broussailles et se nourrissait de plantes herbacées et de végétation poussant près du sol. Cet animal probablement peu spécialisé n'occupait pas de niche écologique particulière.

La tête courte et large de *Notostylops*, adaptée à ses grandes dents de rongeur, est tout à fait caractéristique des animaux de cette famille.

SOUS-ORDRE DES TYPOTHERIA

Les typothères présentent de nombreux points communs avec les rongeurs. Leurs dents, par exemple, sont semblables : les incisives et les dents postérieures des membres les plus évolués des deux groupes broient la végétation et poussent en permanence de façon à compenser la forte usure due à leur régime alimentaire.

Certains typothères atteignirent peut-être la taille de l'ours noir actuel, mais la plupart étaient plus petits.

Famille des Interatheriidae

La plupart des membres de cette famille ressemblaient à des rongeurs de petite taille. Les intérathériidés ont existé très longtemps, comme on a pu s'en rendre compte avec la découverte de fossiles datant aussi bien du Paléocène supérieur que du Miocène supérieur..

NOM : *Protypotherium*
ÉPOQUE : Miocène inférieur
RÉPARTITION : Amérique du Sud (Argentine)
TAILLE : 40 cm de long

Protypotherium avait à peu près la taille d'un lapin, avec une queue et des pattes assez longues. Sa tête de rat se termine par un museau pointu. Ses 44 dents ne semblent pas s'être adaptées à une forme particulière d'alimentation. L'encolure est courte, le corps assez long et la queue épaisse. Les pattes allongées et fines se terminent par des pattes munies de griffes. *Protypotherium* se nourrissait probablement de feuilles et se déplaçait dans la pampa à la manière des rongeurs.

Sous-ordre des Hegetotheria

Comme les typothères, un sous-ordre auquel ils sont fréquemment rattachés, les hégétothères présentent des points communs avec les lagomorphes (lapins) et les rongeurs. Ils rongeaient d'ailleurs eux aussi leur nourriture. Chez les représentants plus récents, un diastème sépare les incisives et les dents jugales. Enfin, toutes les dents poussent en permanence.

Ce sous-ordre apparut à l'Éocène moyen et ne disparut qu'au Pliocène, il y a 3 millions d'années.

Famille des Hegetotheriidae

Comme les lapins, ils possédaient de longs membres postérieurs, qui leur permettaient probablement de se déplacer par bonds.

NOM : *Pachyrukhos*
ÉPOQUE : de l'Oligocène supérieur au Miocène moyen
RÉPARTITION : Amérique du Sud (Argentine)
TAILLE : 30 cm de long

Pachyrukhos présente des points communs avec le lapin, dont il occupait la niche écologique en Amérique latine. Sa queue est assez courte, ses membres postérieurs beaucoup plus longs que ses membres antérieurs. Il se déplace par bonds, comme le lapin.

La tête fait aussi penser à celle d'un lapin, avec son museau court. Les dents se sont adaptées à un régime alimentaire à base de plantes dures et de graines. Le système auditif est également bien développé, ce qui signifie que les oreilles sont probablement longues. Cet animal possède de grands yeux, comme le montre la taille de ses orbites. Il s'agit sans doute d'un animal nocturne.

Sous-ordre des Toxodonta

Ce sous-ordre était abondant et diversifié pendant l'Éocène, l'Oligocène et le Miocène, certaines espèces atteignant la taille d'un cheval ou d'un rhinocéros. Il s'éteignit lorsque le pont terrestre entre les deux Amériques fut rétabli.

Le terme « toxodonte », qui signifie « à dents en arc », fait référence à la courbure oblique des dents jugales. Comme chez d'autres sous-ordres de notoungulés, les dents basses sont au complet chez les premiers genres, la spécialisation se faisant plus tard. Les dents jugales s'élargirent et se recouvrirent de cément dur. Un diastème figure également chez de nombreuses espèces.

Famille des Isotemnidae

Cette famille correspond aux tout premiers toxodontes.

NOM : *Thomashuxleya*
ÉPOQUE : Éocène inférieur
RÉPARTITION : Amérique du Sud (Argentine)
TAILLE : 1,30 m de long

Cet animal a pris le nom du naturaliste et paléontologue britannique du XIXe siècle, Thomas Huxley.

Robuste, de la taille d'un mouton, *Thomashuxleya* semble avoir été un animal peu spécialisé sans adaptation à un mode de vie particulier. La tête est relativement grande par rapport au reste du corps et il a 44 dents.

Les canines forment des défenses. Il se serait donc agi d'un animal fouisseur, comme le phacochère. Ses pieds sont courts. Cet animal est assez léger et ressemblait de ce fait à un pécari (voir pages 268-269).

ONGULÉS D'AMÉRIQUE DU SUD SUITE

Famille des Notohippidae

Le terme notohippidé signifie « cheval du Sud ». On a longtemps cru qu'il s'agissait de l'ancêtre du cheval, mais les points communs (la forme du crâne et les incisives) sont le résultat d'une évolution convergente, à savoir l'adoption de caractéristiques communes par des espèces non apparentées mais soumises aux mêmes pressions de leur environnement. En réalité, les notohippidés ont tout des notoungulés. Tout comme d'autres groupes de notoungulés et de litopternes, cette famille a prospéré entre le début et le milieu du Tertiaire en Amérique du Sud. Les notohippidés apparurent à l'Éocène moyen (il y a 43 millions d'années) et vécurent jusque vers le Miocène moyen (il y a 14 millions d'années).

NOM : *Rhynchippus*
ÉPOQUE : Oligocène inférieur
RÉPARTITION : Amérique du Sud (Argentine)
TAILLE : 1 m de long

Rhynchippus, dont le nom signifie « à museau de cheval », illustre bien l'évolution convergente entre les ongulés sud-américains et des groupes non apparentés ailleurs dans le monde, en l'occurrence, les équidés. Son squelette qui révèle un corps massif et des doigts griffus, ne rappelle pourtant pas celui des équidés ; mais les dents sont semblables à celles d'un herbivore brouteur comme le cheval ou le rhinocéros.

Les canines ne forment pas de défenses, comme chez la plupart des autres toxodontes mais, elles ont la même taille et la même forme que les incisives qui sont longues et très adaptés pour trancher l'herbe. Les grandes dents jugales ont des circonvolutions d'émail entourées de cément, idéales pour broyer des végétaux durs.

Famille des Leontiniidae

Les liens de parenté entre cette famille et d'autres groupes de mammifères ne sont pas très clairs. À en juger par la structure des pieds, on peut classer les léontiniidés parmi les toxodontes.

Il s'agissait d'animaux robustes, dont certains portaient même une corne, comme le rhinocéros.

NOM : *Scarrittia*
ÉPOQUE : Oligocène inférieur
RÉPARTITION : Amérique du Sud (Argentine)
TAILLE : 2 m de long

Scarrittia est le seul léontiniidés dont on ait un squelette bien conservé.

Cet animal costaud ressemblait beaucoup à un rhinocéros, avec ses pieds plats et sa démarche pesante. Son corps et son cou sont relativement longs. Ses pattes massives se terminent par 3 doigts et sa queue est très courte. Le tibia et le péroné ont partiellement fusionné sur leur partie supérieure, ce qui signifie que l'animal ne pouvait pas faire pivoter ses pieds.

La tête de l'animal est courte et ses mâchoires comptent 44 dents relativement peu spécialisées à couronne assez basse.

Famille des Homalodotheriidae

Les griffes sont l'un des caractères distinctifs des homalodothériidés. Ce signe particulier rappelle beaucoup les chalicothères de l'Ancien et du Nouveau Monde (voir page 260). Tout comme les léontiniidés et les toxodontes, les homalodothériidés ont prospéré du milieu à la fin du Tertiaire, en Amérique du Sud. Ils apparurent à l'Oligocène inférieur et s'éteignirent au Miocène supérieur.

NOM : *Homalodotherium*

ÉPOQUE : Miocène inférieur et Miocène moyen

RÉPARTITION : Amérique du Sud (Argentine)

TAILLE : 2 m de long

Cet animal de la taille d'un lama est le seul genre connu de la famille des homalodothériidés.

Contrairement aux autres notoungulés, les 4 doigts de chacune de ses pattes se terminent par une griffe et non par un sabot. Les membres antérieurs sont plus longs et plus lourds que les membres postérieurs. Cet animal repose toute la surface de ses pattes arrière sur le sol, tandis que seuls les doigts soutiennent son poids sur les pattes avant. Compte tenu de cette caractéristique, *Homalodotherium* est probablement plus haut au garrot qu'à l'arrière-train.

On peut aussi en déduire que cet animal était en partie bipède. Il broutait probablement les feuilles des branches les plus basses en se dressant sur ses pattes arrière.

Famille des Toxodontidae

Chez ces animaux, la couronne des dents était exceptionnellement haute et incurvée. Les dents poussaient en permanence afin de compenser l'usure liée à la consommation des herbes dures de la pampa. Ils ressemblaient au rhinocéros, certaines espèces ayant même une corne sur le museau. Les toxodontidés apparurent à l'Oligocène, il y a 30 millions d'années et survécurent jusqu'au Pléistocène supérieur.

NOM : *Toxodon*

ÉPOQUE : Pliocène et Pléistocène

RÉPARTITION : Amérique du Sud (Argentine)

TAILLE : 2,70 m de long

Toxodon ressemblait à un rhinocéros : mêmes corps trapu et membres courts. Les pieds plantigrades à 3 doigts terminés par des sabots sont toutefois relativement petits. Les membres postérieurs étant plus longs que les membres antérieurs, l'animal devait pencher vers l'avant.

Le front est assez large et le museau comporte peut-être une lèvre charnue et préhensile. Juste au-dessus du museau, le crâne se rétrécit, puis s'élargit à nouveau, comme chez le rhinocéros. Les dents indiquent que *Toxodon* broutait probablement aussi bien de l'herbe que des feuilles.

NOM : *Adinotherium*

ÉPOQUE : Miocène inférieur

RÉPARTITION : Amérique du Sud (Argentine)

TAILLE : 1,50 m de long

Adinotherium ressemblait à *Toxodon*, en plus petit et en moins disgracieux. De la taille d'un mouton, ses membres antérieurs sont un peu plus longs que chez d'autres toxodontidés, ce qui signifie que les épaules sont placées à peu près à la même hauteur que l'arrière-train et qu'il est donc dépourvu de bosse.

Adinotherium porte une petite corne sur le crâne, qui servait probablement à intimider ses adversaires.

CHEVAUX

Les ongulés, ou animaux à sabots, représentent le groupe le plus important de grands herbivores terrestres actuels. Leurs lointains ancêtres sont les ongulés primitifs (voir pages 234 à 237), qui ont prospéré pendant le Paléocène et l'Éocène, il y a entre 60 et 50 millions d'années. Pendant ces époques, de nombreuses espèces évoluèrent afin de tirer le meilleur parti des grandes plaines herbeuses relativement sèches du Miocène, il y a 20 millions d'années.

En dehors des herbivores primitifs, les ongulés sont divisés en deux grands ordres. Les périssodactyles ou ongulés possédant un nombre impair de doigts (ci-contre) représentés par de nombreux genres au début du Tertiaire et se limitant aujourd'hui aux chevaux, aux rhinocéros et aux tapirs. L'autre grand groupe d'ongulés modernes, les artiodactyles (voir pages 266 à 281), sont de nos jours plus largement représentés, avec notamment les cerfs, les moutons, les chèvres, les bovins, les cochons et les pécaris, les hippopotames, les girafes, les chameaux et les lamas.

Contrairement aux herbivores primitifs, la plupart des ongulés sont devenus de très bons coureurs : cette évolution est cruciale pour des animaux de taille petite à moyenne tout au plus, menacés par des prédateurs rapides. Les membres antérieurs sont généralement courts et les os des chevilles et du bas des pattes ont fusionné, ce qui permet à l'animal de galoper sans risquer de se tordre les articulations. Par ailleurs, les muscles sont concentrés sur la partie haute des membres, la puissance étant transmise vers le bas grâce à une série de tendons. Les articulations des « chevilles » sont en général rigides, l'animal marchant sur ses doigts. Ces derniers sont longs et en nombre réduit – encore une caractéristique destinée à alléger le plus possible l'animal – et le sabot est, en fait, un ongle qui s'est considérablement développé.

Chez les périssodactyles, qui ont 1 ou 3 doigts, c'est celui du milieu qui supporte le poids du corps. Chez les artiodactyles, la charge est répartie entre les doigts, le plus souvent au nombre de 2 ou de 4.

Les périssodactyles se nourrissent d'herbe, comme le montre la multiplication des dents qui servent à mâcher, le développement d'un système digestif complexe, adapté à la digestion de la cellulose (un glucide complexe que l'on trouve dans les végétaux) et l'organisation en troupeaux. Chez plusieurs groupes, le crâne s'est développé, laissant apparaître des excroissances de corne ou d'os qui jouent un rôle dans les parades amoureuses et la défense.

Aucune analyse moléculaire récente ne semble réfuter l'idée selon laquelle les chevaux sont rattachés aux périssodactyles. Des analyses effectuées précédemment sur l'ADN semblaient indiquer que les périssodactyles étaient apparentés aux damans (hyracoïdés), aux éléphants (proboscidiens) et aux phoques (siréniens). Aujourd'hui, les équidés figurent dans le même groupe que les cétartiodactyles (cétacés et artiodactyles tels que les cochons et les bovins) et les carnivores. Cette classification est en effet plus fidèle aux découvertes paléontologiques.

Ordre des Perissodactyla

Cet ordre est probablement apparu au Paléocène supérieur, il y a environ 55 millions d'années.

Il se divise en trois sous-ordres : les hippomorphes, comprenant les chevaux et les brontothères (voir pages 254 à 259), les ancylopodes (voir page 260) et les cératomorphes, à savoir les tapirs (voir page 261) et les rhinocéros (voir pages 262 à 265).

NOM : *Palaeotherium*
ÉPOQUE : de l'Éocène supérieur à l'Oligocène inférieur
RÉPARTITION : Europe
TAILLE : 75 cm au garrot

Palaeotherium a été décrit pour la première fois par le paléontologue français Georges Cuvier en 1804. Cet animal a été classé dans la famille des palaéothéridés, un groupe de périssodactyles européens ayant vécu du début au milieu du Tertiaire (Éocène-Oligocène).

Palaeotherium, qui fait penser à un tapir, vivait dans les forêts tropicales européennes au début du Tertiaire. Court sur pattes, il était bien adapté à sa vie d'herbivore en forêt et sa descendance est très variée.

Avec sa tête longue et son tronc court il pouvait brouter les arbustes, tandis que le corps et les pattes allongés lui permettaient de prendre rapidement la fuite entre les arbres disposés en rangs serrés.

Contrairement à celle des chevaux, l'évolution des palaéothères ne s'est pas traduite par une diminution du nombre de doigts : tous les palaéothères avaient 4 doigts sur les pattes avant et 3 sur les pattes arrière, ce qui facilitait sans doute leurs déplacements sur le sol boueux des forêts.

Les palaéothères se déplaçaient probablement en troupeaux. En effet, on a souvent trouvé des ossements de troupes entières. Certains palaéothères étaient aussi grands que des rhinocéros.

Famille des Equidae

Les ancêtres des équidés étaient de petits trotteurs de la taille d'un renard, qui broutaient les feuilles des arbres dans les forêts de l'Éocène inférieur. L'assèchement général du climat pendant le Miocène, il y a 20 millions d'années, se traduisit par un recul de la forêt dans certaines parties du monde. En Amérique du Nord, surtout, apparurent de grandes prairies. Les équidés actuels – chevaux, zèbres et ânes – sont adaptés à ce type de végétation.

L'évolution des chevaux est souvent considérée comme assez simple : augmentation de la taille, diminution du nombre de doigts et transformation des dents. Ces mutations sont, dans une large mesure, liées à une modification des habitudes et de l'habitat, les petits animaux d'origine qui broutaient les feuilles des arbres étant devenus des coureurs rapides se nourrissant d'herbe dans de vastes prairies.

En réalité, les choses sont beaucoup plus complexes. Les périssodactyles ont évolué de façon parfois très différente pendant le Tertiaire, leur « arbre généalogique » ressemblant davantage à un buisson touffu. Jusqu'à présent, on n'a découvert que quelques rares « lignées » distinctes, mais les fossiles de chevaux étant nombreux, il est probable qu'ils nous livrent encore d'autres indications plus précises.

NOM : *Hyracotherium*
ÉPOQUE : Éocène inférieur
RÉPARTITION : très répandu en Asie, en Europe et en Amérique du Nord
TAILLE : 20 cm au garrot

Malgré son nom, *Hyracotherium* n'est pas un hyracoïde (voir daman, page 237). Il s'agit d'une erreur de classification faite au XIXe siècle. Un nom plus évocateur, *Eohippus*, qui signifie « cheval des origines », a été proposé, mais le premier terme a été conservé.

Hyracotherium, premier équidé connu, serait l'ancêtre commun de tous les équidés, et probablement des palaéothères.

Cet animal était toutefois plus petit que le cheval actuel. Il ne mesurait que 60 cm de long environ. Son crâne est allongé et sa bouche compte 44 dents, ce qui indique aussi son caractère primitif. Les couronnes des dents sont basses, il ne peut donc mâcher que les feuilles tendres des arbres et des arbustes de la forêt tropicale.

Tout comme *Palaeotherium*, *Hyracotherium* possède 4 doigts sur les membres antérieurs et 3 sur les membres postérieurs. En d'autres termes, ses pattes étaient larges, contrairement à celles des chevaux modernes. L'essentiel du poids de l'animal repose sur le 3ème doigt, qui allait prendre une importance cruciale au cours de l'évolution de ces animaux. Le corps est long et légèrement voûté.

La complexité et la taille du cerveau par rapport au reste du corps indiquent que *Hyracotherium* devait être alerte et intelligent, ce qui a sans doute contribué à la survie de la lignée des équidés.

Hyracotherium était très répandu à l'Éocène. Lorsque la lignée s'éteignit en Europe et en Asie à l'Oligocène inférieur, il y a 35 millions d'années, l'évolution se poursuivit sur le continent nord-américain.

NOM : *Mesohippus*
ÉPOQUE : Oligocène moyen
RÉPARTITION : Amérique du Nord
TAILLE : 60 cm au garrot

Lorsque la forêt se mit à reculer, laissant la place à de grands espaces découverts, les ancêtres des chevaux ne pouvaient plus trottiner dans les sous-bois et durent s'adapter à la course.

De la taille d'un lévrier, mesurant environ 1,20 m de long, *Mesohippus* était plus grand que ses prédécesseurs et ses pieds, plus légers, se terminaient par 3 doigts, celui du milieu étant plus grand que les autres.

Les prémolaires ressemblaient de plus en plus à des molaires, avec une augmentation de la surface de mastication et, par conséquent, une plus grande efficacité. En revanche, la couronne des dents était encore relativement basse. Les habitudes alimentaires de ce cheval primitif étaient semblables à celles d'*Hyracotherium*. En d'autres termes, il broutait encore probablement les feuilles des buissons et des arbres. À ce stade de l'évolution, la tête était allongée, les mâchoires ne s'étant pas encore élargies pour loger des dents plus volumineuses.

CHEVAUX suite

NOM : *Anchitherium*
ÉPOQUE : Miocène
RÉPARTITION : Amérique du Nord, puis Asie et Europe
TAILLE : 60 cm au garrot

L'évolution du cheval ne s'est pas faite en ligne droite. Plusieurs lignées divergentes ont totalement disparu aujourd'hui, comme le montre *Anchitherium*, une espèce qui a prospéré à une époque avant de disparaître, faute d'avoir su s'adapter.

Anchitherium a vécu en Amérique du Nord au Miocène inférieur, il y a 25 millions d'années. Ce cheval à 3 doigts broutait la végétation tendre de la forêt humide. Après avoir traversé le détroit de Béring, qui formait à l'époque un isthme, il rejoignit la Sibérie et colonisa l'Asie et l'Europe. Il y survécut bien après avoir été remplacé, en Amérique du Nord, par les premiers chevaux « brouteurs d'herbe », au Miocène moyen, il y a 15 millions d'années. *Anchitherium* survécut en Chine jusqu'au Miocène supérieur, il y a 5 millions d'années.

NOM : *Parahippus*
ÉPOQUE : Miocène inférieur
RÉPARTITION : Amérique du Nord
TAILLE : 1 m au garrot

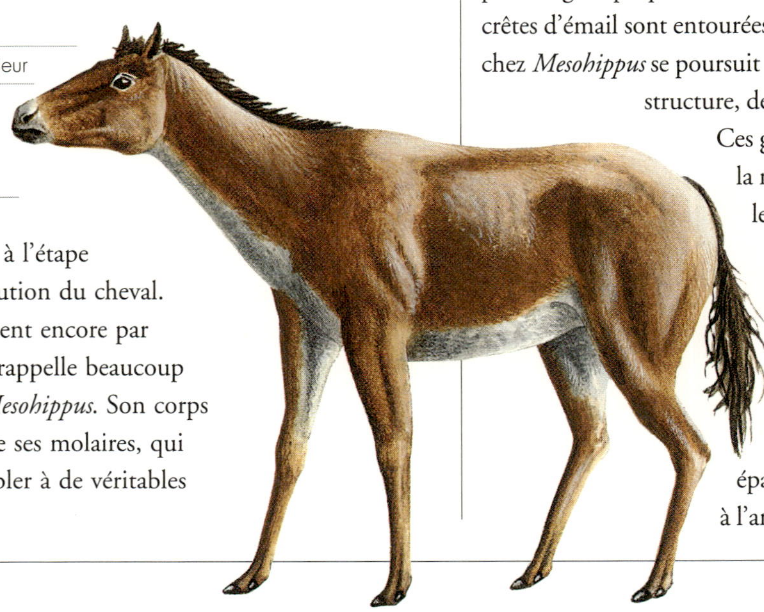

Parahippus correspond à l'étape intermédiaire de l'évolution du cheval.

Ses pieds se terminent encore par 3 doigts et son aspect rappelle beaucoup celui de son ancêtre *Mesohippus*. Son corps est plus large, ainsi que ses molaires, qui commencent à ressembler à de véritables meules.

Cette dernière modification est très importante. En effet, l'herbe des prairies nouvellement apparues était recouverte de silice, ce qui la rendait plus dure à mâcher. L'usure aurait donc été plus rapide si les crêtes d'émail et les parois externes des dents ne s'étaient pas recouverts de cément, un revêtement très résistant à l'abrasion. Il n'est pas exclu qu'à cette époque, *Parahippus* se soit aventuré hors des bois pour chercher sa nourriture dans les plaines.

NOM : *Merychippus*
ÉPOQUE : du Miocène moyen au Miocène supérieur
RÉPARTITION : Amérique du Nord (Nebraska)
TAILLE : 1 m au garrot

Merychippus, premier cheval à se nourrir exclusivement d'herbe, se déplaçait en troupeaux dans les grandes prairies du Nebraska.

Les dents de ce cheval primitif sont hautes et elles poussaient plus longtemps que chez les espèces antérieures. Par ailleurs, leurs crêtes d'émail sont entourées de cément. L'évolution commencée chez *Mesohippus* se poursuit : les prémolaires présentent la même structure, de type « meule », que les molaires. Ces grandes dents ayant besoin de place, la mâchoire du cheval s'élargit, atteignant les dimensions qu'elle a encore aujourd'hui.

Merychippus a un cou plus long que ses ancêtres « brouteurs de feuilles », parce qu'il passait le plus clair de son temps la tête penchée au-dessus de l'herbe. Par ailleurs, un ligament épais reliant le crâne à l'épaule permettait à l'animal de redresser la tête sans trop d'efforts. Ainsi, *Merychippus* pouvait rester en alerte, en cas d'attaque de prédateurs rapides comme les canidés et les félidés de cette époque.

Merychippus possède encore 3 doigts, mais seul celui du milieu supporte le poids de l'animal, les 2 doigts latéraux ne touchant pas le sol.

Par ailleurs, sur les membres, un tendon élastique entre le muscle et l'os agissait comme un ressort : l'efficacité de la foulée pu ainsi s'améliorer, tandis que le pied et la partie inférieure des membres devenaient plus légers. En se comprimant, ce tendon absorbait le choc de chaque foulée, ce qui protégeait la cheville, puis libérait l'énergie ainsi stockée pour mettre rapidement la patte en bonne position pour la foulée suivante.

NOM : *Hipparion*

ÉPOQUE : du Miocène moyen au Pléistocène

RÉPARTITION : très répandu en Amérique du Nord, Europe, Asie et Afrique

TAILLE : 1,40 m au garrot

Une fois que les chevaux se furent adaptés à brouter l'herbe des grandes plaines, les espèces se différencièrent considérablement les unes des autres. De toutes ces espèces, seul *Equus* a survécu aujourd'hui.

Hipparion est l'une des nombreuses espèces d'équidés ayant vécu au Miocène, il y a 15 millions d'années. Ce genre s'est étendu de l'Amérique du Nord à l'Asie, l'Europe et l'Afrique. *Hipparion* a d'ailleurs survécu sur le continent africain jusqu'au Pléistocène, il y a 2 millions d'années.

Cet animal élégant ressemblait au cheval actuel mais comme *Merychippus*, chacune de ses pattes était munie de 3 doigts ; les 2 doigts latéraux sont très courts et ne touchent pas le sol.

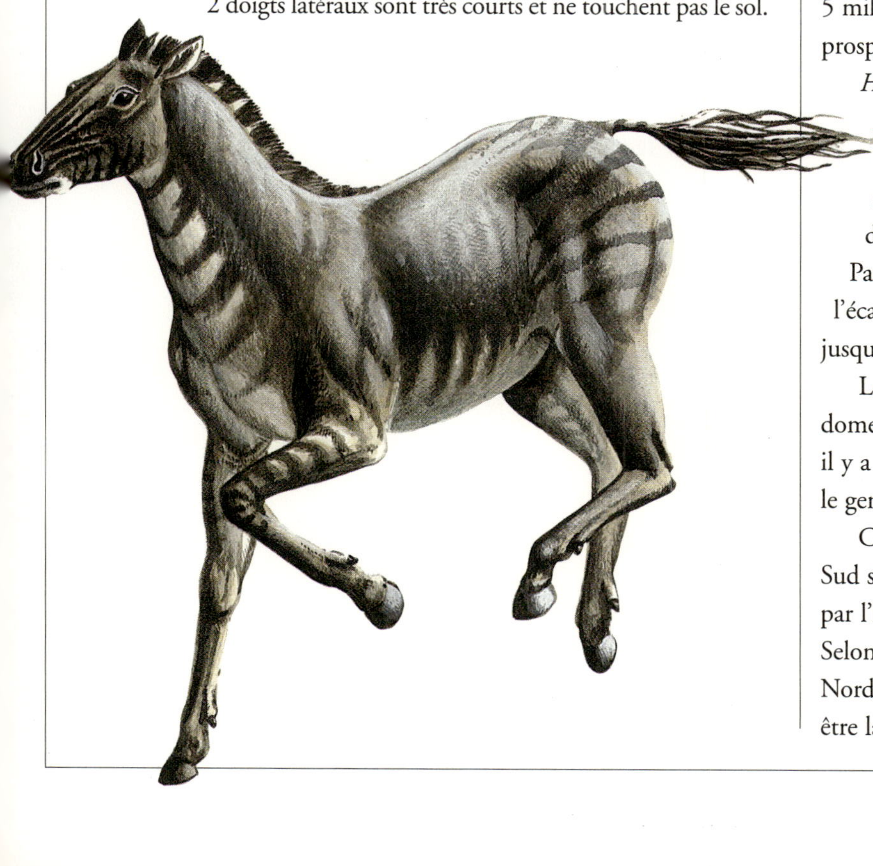

NOM : *Hippidion*

ÉPOQUE : Pléistocène

RÉPARTITION : Amérique du Sud

TAILLE : 1,40 m au garrot

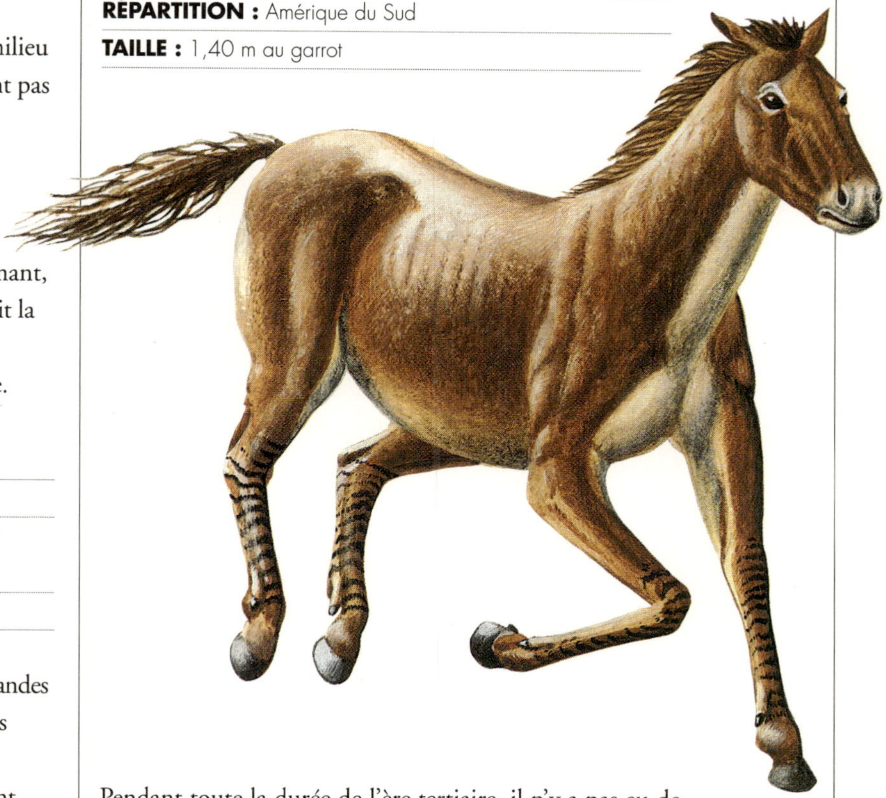

Pendant toute la durée de l'ère tertiaire, il n'y a pas eu de chevaux en Amérique du Sud. Ce n'est pourtant pas l'environnement qui aurait pu les empêcher de coloniser cette région, étant donné que l'Amérique du Sud a abrité des litopternes ressemblant à des chevaux tels que *Diadiaphorus* (voir page 247). Lorsque la liaison terrestre fut rétablie entre les deux continents américains au Pliocène inférieur, il y a 5 millions d'années, les chevaux migrèrent vers le Sud et y prospérèrent.

Hippidion, qui était probablement un descendant de *Merychippus*, est l'un de ces chevaux d'Amérique du Sud. Il ressemblait probablement à un petit âne, avec son crâne relativement grand. En revanche, les os longs et délicats de son nez sont très différents de ceux des équidés.

Par conséquent, *Hippidion* aurait poursuivi son évolution à l'écart des grandes lignées chevalines d'Amérique du Nord jusqu'à son extinction, il y a environ 8000 ans.

Le genre actuel *Equus*, qui comprend, outre les chevaux domestiques et sauvages, les zèbres et les ânes, semble être apparu il y a environ 4 millions d'années en Amérique du Nord. De là, le genre se serait étendu en Asie, en Afrique et en Europe.

Curieusement, tous les chevaux d'Amérique du Nord et du Sud s'éteignirent il y a environ 8000 ans ; ils furent réintroduits par l'homme sur ces deux continents il y a environ 400 ans. Selon certains paléontologues, les vrais chevaux d'Amérique du Nord auraient été décimés par une épidémie dévastatrice, peut-être la myxomatose.

TAPIRS ET BRONTOTHÈRES

FAMILLE DES BRONTOTHERIIDAE

L'ordre des périssodactyles comprend deux autres groupes d'herbivores étranges aujourd'hui éteints : les brontothères et les chalicothères. Les brontothères sont également appelés titanothères ou « animaux du tonnerre ». Ce groupe de mammifères ressemblant à des rhinocéros est apparu à l'Éocène inférieur, il y a environ 50 millions d'années, en Amérique du Nord et en Asie orientale; leurs ancêtres étaient de petits animaux semblables aux premiers chevaux. S'ils n'ont existé que pendant 15 millions d'années environ, une quarantaine de types différents ont été répertoriés.

Les brontothères broutaient la végétation tendre des forêts. Chez certaines formes apparurent des cornes massives et de grandes canines, et l'on observe une tendance générale à l'augmentation de la taille. Si l'on considère généralement les brontothères comme des animaux à corne, les excroissances découvertes sur les crânes de ces animaux n'étaient pas de la corne proprement dite, comme chez le rhinocéros. Elles ressemblaient davantage aux cornes des girafes, qui sont des structures osseuses recouvertes d'une peau épaisse. Ces protubérances étant plus grandes chez les mâles que chez les femelles, et devaient servir aux parades amoureuses ou à l'intimidation.

Peu après que les brontothères eurent atteint l'apogée de leur développement monstrueux, le climat devint plus sec et la forêt recula. La sélection s'opéra alors à la faveur d'animaux plus légers, capables de brouter et de vivre sur des espaces découverts. Les brontothères s'éteignirent à l'Oligocène moyen, pour être remplacés par les rhinocéros.

NOM : *Eotitanops*
ÉPOQUE : de l'Éocène inférieur à l'Éocène moyen
RÉPARTITION : Amérique du Nord et Asie
TAILLE : 45 cm au garrot

Si l'on pouvait remonter dans le temps pour observer un troupeau d'*Eotitanops* dans les sous-bois de l'Éocène inférieur, il serait impossible de les distinguer à l'œil nu de leur cousin éloigné *Hyracotherium*.

Ces deux espèces d'herbivores ont 4 doigts sur leurs membres antérieurs et 3 sur les postérieurs. *Hyracotherium* a eu pour descendant l'élégant cheval, tandis qu'*Eotitanops* a donné naissance aux énormes brontothères à petit cerveau qui n'ont pas réussi à dépasser l'Oligocène. *Eotitanops* a colonisé l'Amérique du Nord àl'Éocène inférieur ; on le trouvait en Asie jusqu'à l'Éocène moyen.

NOM : *Dolichorhinus*
ÉPOQUE : Éocène supérieur
RÉPARTITION : Amérique du Nord
TAILLE : 1,20 m au garrot

Dolichorhinus ressemblait à un petit rhinocéros sans corne et à la tête très longue. Avec ses dents à couronne basse il mâchait les feuilles tendres de la forêt et son mode de vie ressemblait à celui des rhinocéros actuels. Comme tous les brontothères, *Dolichorhinus* avait 4 et 3 doigts courts sur les membres antérieurs et postérieurs. Ses pieds étaient faits pour la course et ne se modifièrent pas.

NOM : *Brontops*
ÉPOQUE : Oligocène inférieur
RÉPARTITION : Amérique du Nord
TAILLE : 2,50 m au garrot

Pendant la période de transition entre l'Éocène et l'Oligocène, les brontothères devinrent plus grands que les rhinocéros actuels. C'est aussi à cette époque que les cornes caractéristiques firent leur apparition sur leur museau.

Un squelette de *Brontops* avec des côtes fracturées aux cicatrices très visibles laisse à penser que les cornes servaient aux combats entre mâles (voir page 259). Aucun autre animal n'aurait pu infliger des coups aussi violents. On pense aussi que si ces cicatrices étaient aussi visibles, c'est sans doute à cause du déplacement des côtes pendant la respiration, qui empêcha les os de se ressouder correctement.

L'un des plus célèbres squelettes de *Brontops* a été découvert dans ce qui était à l'époque un marécage. L'animal aurait péri enseveli par la boue.

NOM : *Embolotherium*
ÉPOQUE : Oligocène inférieur
RÉPARTITION : Asie (Mongolie)
TAILLE : 2,50 m au garrot

La tête grotesque d'*Embolotherium* est caractéristique des brontothères de l'Oligocène. Depuis le haut du crâne, une plaque descendait en creux puis remontait sur le museau, formant une corne large au-dessus des naseaux. Les yeux étaient placés très en avant, juste derrière les narines, à la base de la corne. Il ne restait donc pas beaucoup de place pour le cerveau : comme chez d'autres grands brontothères, celui d'*Embolotherium* n'était pas plus gros que le poing.

La découverte de fossiles d'*Embolotherium* dans le désert de Gobi, en Asie, montre jusqu'où les brontothères se sont aventurés à cette époque.

NOM : *Brontotherium*
ÉPOQUE : Oligocène inférieur
RÉPARTITION : Amérique du Nord
TAILLE : 2,50 m au garrot

Les ossements de ce mammifère géant sont relativement courants dans les ravins ou badlands du sud du Dakota et au Nebraska. Dans la mythologie sioux, ces immenses animaux étaient de grands destriers qui galopaient dans le ciel en faisant gronder le tonnerre, d'où leur nom d'« animaux du tonnerre ».

Brontotherium, le plus grand des brontothères, dépassait aussi le rhinocéros actuel par sa taille. Sa corne fourchue dirigée vers le ciel dépassait le sommet de son crâne.

Au niveau de l'épaule, ses vertèbres étaient dotées d'énormes épines tournées vers le haut qui servaient, à n'en pas douter, à soutenir les muscles du cou. Ces derniers étaient probablement très puissants pour pouvoir supporter le poids d'une tête dotée d'un tel nez.

Les lèvres étaient peut-être charnues et la langue préhensile, permettant ainsi à *Brontotherium* de choisir les brindilles et les feuilles les plus appétissantes des buissons. Les dents de l'animal, relativement simples, ne pouvaient broyer qu'une végétation tendre. Comme d'autres brontothères, *Brontotherium* aurait vécu en larges troupeaux dans des zones broussailleuses. Les animaux se promenaient de leur démarche pesante au pied des Rocheuses, qui étaient alors une zone volcanique très active. De temps en temps, une éruption engloutissait un troupeau entier, le réduisant en cendres. C'est dans ces dépôts volcaniques qu'ont été découverts des vestiges fossilisés de cet animal.

TAPIRS ET BRONTOTHÈRES SUITE

SOUS-ORDRE DES ANCYLOPODA

Les ancylopodes, le second sous-ordre d'ongulés à nombre impair de doigts, étaient des animaux étranges qui ont suscité bien des énigmes.

Ce sous-ordre se compose de deux familles. Les éomoropidés, les plus primitifs, ressemblaient à d'autres périssodactyles primitifs. Ils vécurent en Asie orientale et en Amérique du Nord à l'Éocène et à l'Oligocène inférieur, soit il y a entre 50 et 35 millions d'années.

La seconde famille d'ancylopodes, mais la première par son importance, est celle des chalicothères. Ces derniers apparurent probablement en Eurasie pendant l'Éocène et s'étendirent à l'Afrique et à l'Amérique du Nord au Miocène. Ils survécurent en Asie orientale et en Afrique centrale sans beaucoup évoluer et s'éteignirent il y a environ 2 millions d'années.

Famille des Chalicotheriidae

Alors que les autres ongulés, comme leur nom l'indique, ont des pieds terminés en « sabots », ces mammifères possédaient de larges griffes, qui les empêchaient sans doute de courir. La dentition et d'autres caractéristiques d'espèces plus évoluées, notamment *Chalicotherium*, qui a vécu au Miocène en Europe, indique qu'il s'agissait d'herbivores des forêts et qu'ils étaient probablement capables de se dresser sur leurs pattes arrière pour atteindre les hautes feuilles des arbres.

Si les fossiles de chalicothères sont rares, ces animaux semblent avoir constitué un groupe très prospère, qui a existé pendant pratiquement 50 millions d'années.

Des animaux ressemblant à des chalicothères ont été peints sur des tombes du Ve siècle avant J.-C. en Sibérie. Par ailleurs, dans les forêts du Kenya, des apparitions de l'« ours de Nandi » sont régulièrement rapportées : cet animal ressemblant à un gorille posséderait des membres antérieurs plus longs que les postérieurs, de longues griffes comme les Ursidés et une tête rappelant celle du cheval. Certains affirment donc que les chalicothères existent encore aujourd'hui.

NOM : *Moropus*
ÉPOQUE : du Miocène inférieur au Miocène moyen
RÉPARTITION : Amérique du Nord
TAILLE : 3 m de long

Les chalicothères ont souvent été appelés « chevaux à griffes ». Or, si la tête et le corps évoquent bien ceux d'un cheval, les membres, lourds, n'étaient sans doute pas adaptés à la course. Les couronnes des dents basses indiquent qu'il se nourrissait plutôt de feuilles tendres que d'herbe coriace.

Les pattes avant sont plus longues que les pattes arrière, le dos est incliné, reliant un arrière-train plutôt lourd à des épaules puissantes. Les pieds se terminent par de longues griffes, celles des 3 doigts des membres postérieurs étant plus courtes que celles des membres antérieurs. Lorsque ces griffes furent découvertes, indépendamment du squelette, les scientifiques pensèrent qu'elles appartenaient à un fourmilier.

La fonction de ces griffes demeure un mystère. Elles servaient peut-être à déterrer des racines et des tubercules; mais, *Moropus* ne se nourrissait sans doute pas que de ces végétaux, sinon ses dents n'auraient pas été aussi usées. Elles auraient pu lui servir pour se dresser sur les pattes arrière et attraper de hautes branches, mais l'articulation du coude ne semble pas être assez souple pour que cette technique soit habituelle. Peut-être *Moropus* mangeait-il des racines et des feuilles ou bien utilisait-il ses griffes pour se défendre.

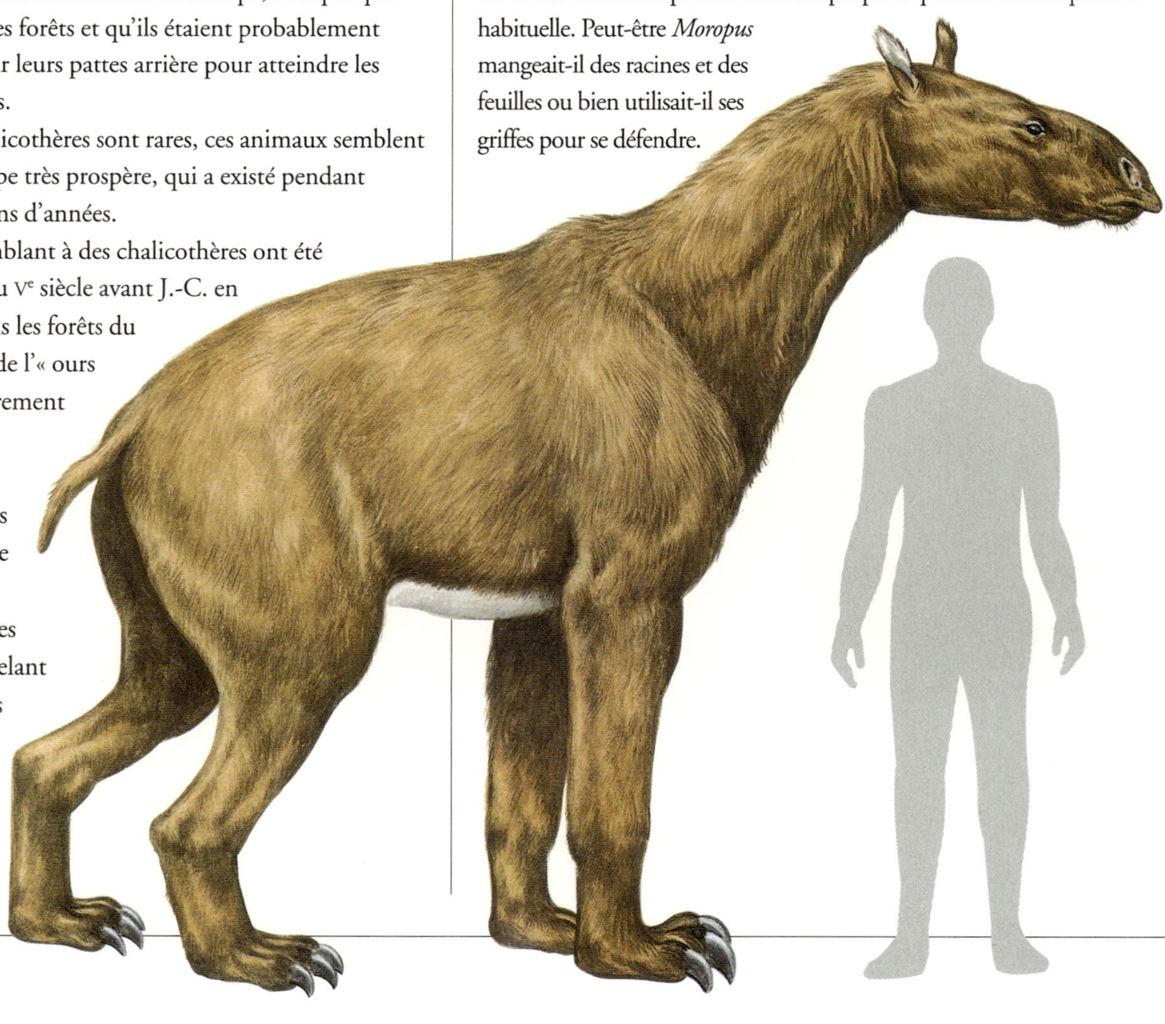

Sous-ordre des Ceratomorpha

Le dernier sous-ordre des périssodactyles comprend les tapirs et les rhinocéros (voir pages 262 à 265).

Les tapirs sont apparus à l'Éocène inférieur, il y a environ 55 millions d'années, à peu près en même temps que les premiers chalicothères (voir page 260) et que les équidés (voir pages 254 à 257).

Brouteurs de feuilles et courts sur pattes, ces animaux des climats tropicaux étaient largement répandus en Europe, en Asie et en Amérique du Nord. Ils ont été découverts à une époque relativement récente au sud de l'Équateur. Les tapirs vécurent dans les régions les plus chaudes d'Europe, d'Asie et d'Amérique du Nord jusqu'au Pléistocène supérieur, il y a environ 10000 ans.

Les tapirs figurent parmi les mammifères les plus « conservateurs » en matière d'évolution. Depuis leur apparition, il y a 55 millions d'années, leur anatomie n'a pratiquement pas changé. Comme les palaéothères (voir page 254), les tapirs ont un corps parfaitement adapté au fouissage dans les forêts tropicales denses. Des groupes différents, tels que les pécaris (voir pages 268-269) et les cabiais, ils possèdent le même corps trapu.

Famille des Helaletidae

L'une des premières familles de tapirs, les hélalétidés, ressemblaient beaucoup aux espèces actuelles, mais était plus petite et plus légère.

NOM : *Heptodon*

ÉPOQUE : Éocène inférieur

RÉPARTITION : Amérique du Nord (Wyoming)

TAILLE : 1 m de long

Heptodon, un hélalétidé primitif, possédait déjà l'anatomie caractéristique du tapir, mais était dépourvu de trompe. Cette dernière n'était qu'une excroissance charnue de la lèvre supérieure chez *Helaletes*, un cousin d'*Heptodon* ayant vécu de l'Éocène moyen à l'Éocène supérieur en Amérique du Nord et en Asie. La trompe représente une précieuse évolution. Les tapirs s'en servent pour saisir les brindilles et les feuilles dont ils se nourrissent.

Famille des Tapiridae

Les tapiridés, à savoir les tapirs actuels, sont apparus à l'Oligocène inférieur, il y a 40 millions d'années.

Les quatre espèces de tapirs actuels ont été regroupées dans le genre *Tapirus*. Deux espèces vivent en Amérique centrale et dans la région septentrionale d'Amérique du Sud, et deux autres en Asie du Sud-Est. En revanche, il ne reste plus aucun représentant de ce genre en Amérique du Nord, son fief d'origine.

Selon de nombreux scientifiques, cette distribution « reliquaire » éparse prouve que le super-continent austral, le Gondwana, a bel et bien existé. On suppose en effet que ces animaux ont commencé leur migration avant que les continents ne se séparent, ce qui expliquerait leur répartition très dispersée aujourd'hui.

NOM : *Miotapirus*

ÉPOQUE : Miocène inférieur

RÉPARTITION : Amérique du Nord

TAILLE : 2 m de long

L'ancêtre du tapir présentait déjà les caractéristiques de cette espèce : corps lourd, pattes et queue courtes, grande tête terminée par un museau flexible et cou bref.

Miotapirus était probablement un animal nocturne, comme les tapirs d'aujourd'hui. Il avait sans doute aussi la même faculté de s'adapter à des environnements différents. Des fossiles de *Miotapirus* ont en effet été retrouvés aussi bien au niveau de la mer qu'à 4500 m d'altitude.

RHINOCÉROS

Les rhinocéros et leurs proches parents sont des périssodactyles, à savoir des mammifères à nombre impair de doigts. Contrairement aux chevaux apparus plus tard et dont les doigts latéraux ont disparu, la plupart des rhinocéros ont toujours 3 doigts, le poids du corps étant supporté par celui du milieu, appelé troisième doigt.

Famille des Hyrachidae

Du point de vue de l'évolution, les hyrachidés se trouvent pour ainsi dire à mi-chemin entre les tapirs (voir page 261) et les rhinocéros. Ces derniers descendent du tapir primitif *Hyrachyus*, qui a vécu à l'Éocène supérieur, il y a environ 40 millions d'années.

NOM : *Hyrachyus*
ÉPOQUE : Éocène
RÉPARTITION : Amérique du Nord (Wyoming), Asie (Chine) et Europe (France)
TAILLE : 1,50 m de long

Hyrachyus était, pour l'essentiel, assez proche d'*Heptodon* (voir page 261), quoiqu'un peu plus grand et plus costaud. Cet animal était très répandu. La taille des nombreuses espèces découvertes variait entre celle du tapir actuel et celle du renard.

Hyrachyus semble avoir été l'ancêtre à la fois des tapirs et des rhinocéros. En fait, il ressemble tellement à l'un des ancêtres du rhinocéros qu'il est parfois rangé dans la même catégorie que ce dernier, même s'il était beaucoup plus léger.

Super-famille des Rhinocerotidae

Les rhinocératoidés, dont le nom, en grec, signifie « à corne sur le nez », forme la plus grande super-famille du sous-ordre des cératomorphes. En fait, une seule famille, celle des rhinocérotidés, possède de véritables cornes qui ne sont pas des protubérances osseuses.

Les rhinocératoidés, qui ont vécu à l'Éocène moyen, se sont adaptés au recul des forêts et à l'apparition des grandes prairies, contrairement à leurs cousins les brontothères (voir pages 258-259), voués à l'extinction. On peut dire que l'heure de gloire des rhinocéros est aujourd'hui terminée, puisque seules cinq espèces existent encore actuellement.

L'évolution des rhinocératoidés, qui ont été divisés en trois familles, est assez complexe.

Famille des Hyracodontidae

Les rhinocéros hyracodontes (dépourvus de corne), dont il existait une dizaine de genres, constituent la famille la plus ancienne du groupe. Ils avaient probablement pour ancêtre un tapiridé proche de *Hyrachyus*.

Leurs dents jugales larges et efficaces ressemblaient à celles des tapirs, quoique les incisives et les canines aient évolué différemment. Par leur aspect extérieur, les premiers hyracodontes rappelaient le cheval, notamment à cause de leurs membres longs et fins. Leurs descendants étaient plus courts sur pattes.

NOM : *Hyracodon*
ÉPOQUE : de l'Oligocène inférieur au Miocène inférieur
RÉPARTITION : Amérique du Nord (Saskatchewan, Dakota, Nebraska)
TAILLE : 1,50 m de long

Hyracodon était un animal léger et bon coureur ressemblant à un poney. Tout comme le cheval, il possédait un nombre réduit de doigts, ce qui rendait le pied plus léger et les déplacements plus rapides. De même, les muscles étaient concentrés sur le haut des pattes, dont chacune se terminait par 3 doigts.

La tête grande et lourde était disproportionnée par rapport au reste du corps. *Hyracodon* ne possédait pas de corne. La fuite

constituait probablement son seul moyen de défense contre ses prédateurs, des carnivores tels que *Hyaenodon*, le dernier créodonte, ou des chiens primitifs. Les molaires étaient typiques du rhinocéros : leurs couronnes basses étaient faites pour mâcher les feuilles.

NOM : *Indricotherium*
ÉPOQUE : Oligocène
RÉPARTITION : Asie (Pakistan et Chine)
TAILLE : 8 m de long

Il semble pratiquement impossible qu'un animal aussi petit, léger et bon coureur qu'*Hyracodon* ait eu pour descendant le plus grand mammifère terrestre connu. Pourtant, tous les indices semblent confirmer cette hypothèse.

Indricotherium, également connu sous le nom *Baluchitherium*, du nom de la région du Pakistan dans laquelle les spécimens les plus intéressants ont été trouvés, était un animal immense. Avec ses 30 t, il pesait deux fois plus que le plus grand des mammouths et quatre fois plus que l'éléphant actuel. Le crâne lui-même ne mesurait pas moins de 1,30 m de long. Pourtant, ce dernier était relativement petit par rapport au reste du corps.

Les vertèbres du dos et de la longue encolure avaient la même forme que celles des grands dinosaures, à savoir qu'elles étaient les plus légères possibles tout en donnant à l'animal un maximum de force. Les pattes ressemblaient à celles de l'éléphant, le poids de l'animal étant porté par 3 doigts, comme chez le rhinocéros. Là aussi, la corne était absente et les os du nez étaient plutôt souples.

Si les incisives des rhinocéros fossiles sont extrêmement variées, celles d'*Indricotherium* étaient particulièrement étranges. Chaque mâchoire ne portait que 2 incisives. Celles du haut étaient pointées vers le bas, comme des défenses, tandis que celles du bas étaient orientées vers l'avant. Étant donné que l'on sait désormais que cet animal avait une lèvre supérieure large et charnue, cette structure aurait permis à *Indricotherium* de brouter les feuilles situées à plus de 8 m de haut, à la manière des girafes.

Ces animaux vivaient probablement en petits groupes familiaux qui se nourrissaient sur les arbres disséminés dans la savane.

Un squelette d'*Indricotherium* a été découvert dans des roches formées dans un ancien marécage. On peut s'imaginer la difficulté qu'aurait éprouvé un animal de cette taille à s'extraire de la boue.

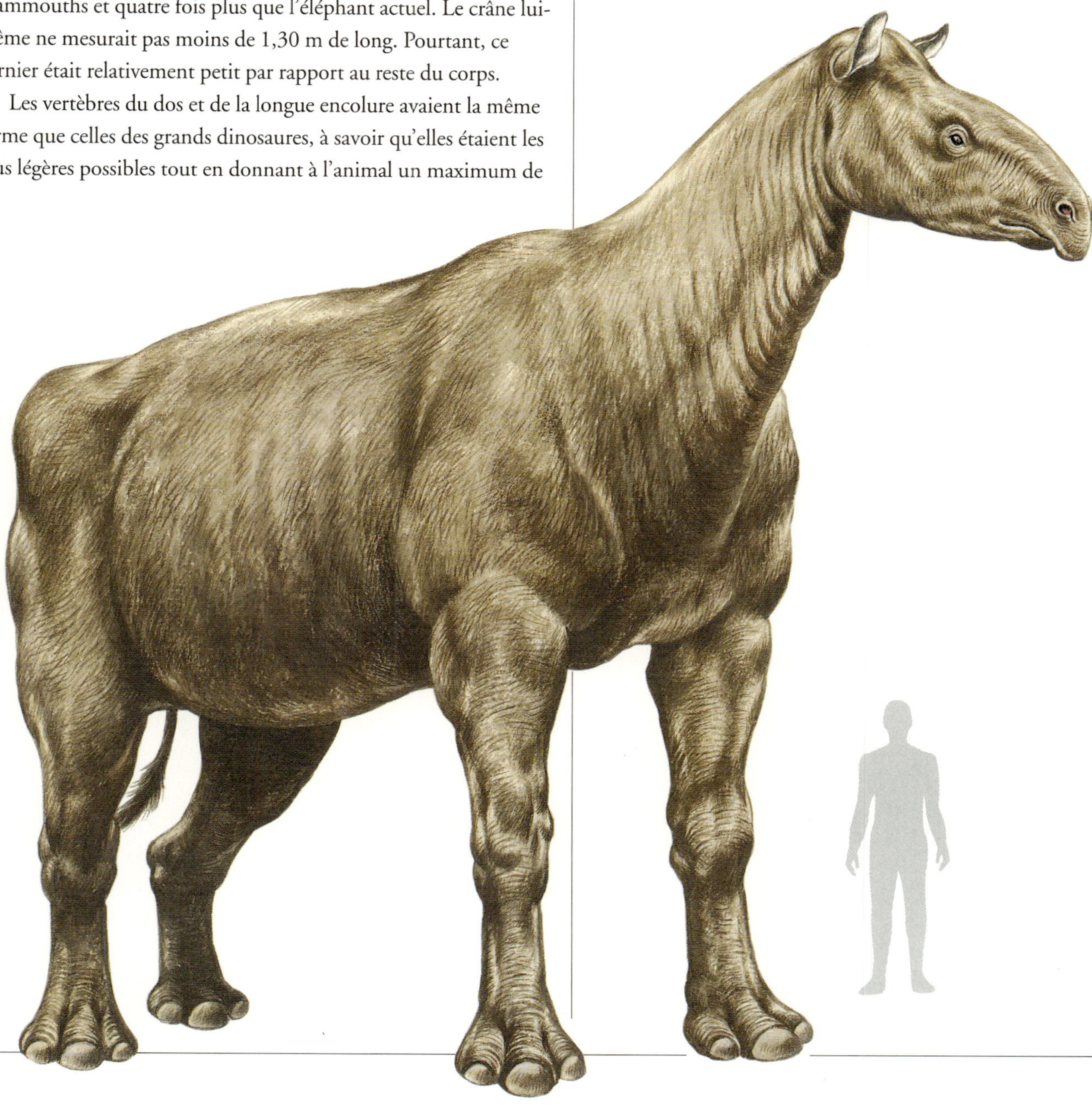

RHINOCÉROS SUITE

Famille des Amynodontidae

Les aminodontes, qui ont vécu pendant une courte période à l'Éocène et à l'Oligocène, sont représentés par 10 genres d'animaux ressemblant à des hippopotames et probablement amphibies, au corps massif et courts sur pattes. Les canines étaient réduites ou absentes chez les deux autres familles de rhinocéros. En revanche, chez les aminodontes, elles étaient énormes, recourbées, et poussaient en permanence.

Il semble probable que les aminodontes aient occupé la niche écologique aquatique de pantodontes tels que *Coryphodon* (voir page 235), avant d'être remplacés par les espèces amphibies de la famille des rhinocérotidés comme *Teleoceras* (voir page 265).

NOM : *Metamynodon*

ÉPOQUE : de l'Éocène supérieur au Miocène inférieur

RÉPARTITION : Amérique du Nord (Nebraska, Dakota du Sud) et Asie (Mongolie)

TAILLE : 4 m de long

Des ossements de *Metamynodon* et d'espèces apparentées ont été trouvés dans des couches de gravier et de sable, ce qui signifie qu'ils devaient vivre dans les cours d'eau. *Metamynodon* ressemblait à un hippopotame, comme en témoigne sa tête large et aplatie, sa brève encolure, son corps massif et rond et ses pattes courtes. Les membres antérieurs avaient 4 doigts, un cas unique chez les rhinocéros.

La crête située sur le haut du crâne servait peut-être d'attache à des muscles masticateurs puissants. *Metamynodon* se nourrissait probablement de végétaux durs et fibreux.

Les grandes canines qui évoquent celles des hippopotames servaient peut-être à ratisser la boue du fond des rivières. Il est aussi probable que *Metamynodon* ait eu des lèvres préhensiles.

Les yeux témoignent eux aussi de l'adaptation à la vie amphibie. Situés assez haut sur le crâne, ils permettaient à l'animal de surveiller ses environs tout en restant immergé.

Famille des Rhinocerotidae

C'est à cette famille qu'appartiennent les rhinocéros modernes. Les rhinocérotidés sont apparus à l'Éocène supérieur ou à l'Oligocène inférieur et ont prospéré en Amérique du Nord, en Asie, en Europe et en Afrique. Leur déclin commença au Pliocène. Ils disparurent d'Amérique du Nord au Miocène supérieur, il y a 5 millions d'années.

L'extinction s'étant produite avant la reformation de l'isthme de Panama, les rhinocéros ne colonisèrent jamais l'Amérique du Sud. Le rhinocéros laineux *Coelodonta* (voir page 265), très répandu en Eurasie, traversa le pont terrestre devenu aujourd'hui le détroit de Béring pour atteindre l'Amérique du Nord.

Les rhinocérotidés s'adaptèrent à toutes sortes d'aliments et d'habitats. Presque tous broutaient des feuilles, mais certains se spécialisèrent dans l'herbe. Certains étaient recouverts d'une épaisse toison qui leur permit de survivre pendant la période glaciaire du Pléistocène. Chez d'autres, des cornes apparurent : il ne reste cependant aucun vestige de ces appendices, la corne ne se fossilisant pas.

Le déclin de ces animaux, qui sont aujourd'hui les plus grands mammifères terrestres après les éléphants, est certainement lié à des changements climatiques, mais aussi à l'apparition de l'espèce humaine. Sur 50 genres, seules 5 espèces subsistent aujourd'hui.

NOM : *Trigonias*

ÉPOQUE : Oligocène inférieur

RÉPARTITION : Amérique du Nord (Montana) et Europe (France)

TAILLE : 2,50 m de long

Trigonias est le premier rhinocérotidé dont on ait découvert des fossiles très bien conservés. De par son aspect général, il ressemblait déjà au rhinocéros moderne, sans la corne. Par ailleurs, ses dents étaient plus nombreuses que chez ses descendants, quoique leur nombre ait varié en fonction de l'espèce.

Les membres antérieurs de *Trigonias* se terminaient par 5 doigts. Le 5ème, plus petit, ne touchait pas le sol. Il semble donc que cette lignée ait formé une branche bien distincte avant l'apparition des rhinocéros des plaines, plus légers et munis de 3 doigts.

NOM : *Teleoceras*

ÉPOQUE : du Miocène inférieur au Miocène moyen

RÉPARTITION : Amérique du Nord (Nebraska)

TAILLE : 4 m de long

Comme les amynodontidés, *Teleoceras*, au corps massif et court sur pattes, faisait penser à un hippopotame. Ses pattes étaient d'ailleurs si courtes que son ventre traînait probablement parfois par terre. Il utilisait sans doute ses membres comme des perches pour se propulser dans l'eau plutôt que pour marcher sur la terre ferme.

Ce qui distingue le plus cet extraordinaire animal de l'hippopotame actuel est la petite corne conique sur son museau. Il est possible que seuls les mâles en aient été dotés, cette corne étant peut-être utilisée pour les parades amoureuses et comme défense.

NOM : *Elasmotherium*

ÉPOQUE : Pléistocène

RÉPARTITION : Europe (sud de la Russie) et Asie (Sibérie)

TAILLE : 5 m de long

Lorsque les forêts du début du Tertiaire cédèrent la place aux prairies, de nombreuses espèces animales s'adaptèrent. Chez les rhinocéros, *Elasmotherium* illustre bien cette adaptation.

Elasmotherium n'ayant pas d'incisives, il arrachait sans doute l'herbe avec ses lèvres. Ses dents jugales ressemblaient à celles d'un cheval : à couronne haute, elles étaient recouvertes de cément et de circonvolutions d'émail; elles étaient faites pour mâcher de l'herbe dure et abrasive. À mesure qu'elles s'usaient, l'émail qui subsistait formait des crêtes qui augmentaient leur efficacité.

Les dents étaient dépourvues de racines et poussaient en permanence pour compenser cette usure.

Étant donné qu'une prairie offre peu d'abris, un animal qui veut survivre sur ces espaces dégagés doit être capable de détaler à toute vitesse ou être suffisamment imposant et armé pour décourager d'éventuels prédateurs. *Elasmotherium*, le plus grand des « vrais » rhinocéros – il était pratiquement aussi grand qu'un éléphant moderne –, avait sans doute adopté la seconde stratégie.

Avec ses 2 m de long, la « corne » d'*Elasmotherium* était vraiment impressionnante. Chez la plupart des rhinocéros, elle est un prolongement du museau, chez *Elasmotherium*, en revanche, elle avait poussé sur le front. Ce dernier présente en effet un grand dôme osseux, qui supportait cette structure massive de façon beaucoup plus stable que si elle s'était trouvée à l'extrémité des naseaux.

NOM : *Coelodonta*

ÉPOQUE : Pléistocène

RÉPARTITION : Europe (Grande-Bretagne) et Asie (Sibérie orientale)

TAILLE : 3,50 m de long

Coelodonta fait son apparition en Asie orientale au Pliocène. De là, il migre en Europe (mais pas en Amérique du Nord), où il devient le rhinocéros laineux de la période glaciaire.

Son museau est surmonté de 2 cornes impressionnantes, celle située à l'avant pouvant atteindre plus de 1 m chez les mâles âgés.

Comme le mammouth laineux (voir page 245), le corps massif et l'épaisse toison de *Coelodonta* lui permettaient de résister au climat rigoureux de la toundra et de la steppe qui bordaient les grands glaciers de l'hémisphère Nord. Bien que les poils ne fossilisent pas, on sait que cet animal était recouvert de fourrure parce que des spécimens conservés dans la glace ont été retrouvés en Sibérie. Il existe également des témoignages visuels. Les premiers hommes qui chassaient ce grand animal, l'ont peint sur les murs des cavernes du sud de la France, il y a 30000 ans.

PORCS, PÉCARIS ET HIPPOPOTAMES

ORDRE DES ARTIODACTYLA

Les artiodactyles sont des ongulés à nombre de doigts pairs. Ce sont les herbivores coureurs les plus répandus et les plus abondants aujourd'hui. Ils se distinguent de leurs lointains cousins, les périssodactyles, par le fait que leurs pattes se terminent par 2 ou 4 au lieu de 1 ou 3 doigts. À l'extrémité des doigts, un « ongle » en demi-cercle donnera ultérieurement le sabot fendu caractéristique des porcs, des cerfs et des bovins.

Les artiodactyles sont apparus à l'Éocène, il y a 50 millions d'années. Ces petits herbivores de la taille d'un lapin évoluèrent plus lentement que les périssodactyles (voir pages 254-265). La plupart des groupes s'étaient constitués vers l'Éocène supérieur, il y a 37 millions d'années, lorsqu'ils évincèrent leurs rivaux.

Au cours de ces dernières années, des analyses moléculaires ont révélé le lien étroit de parenté entre les artiodactyles et les cétacés, qui ont donc été regroupés dans l'ordre des cétartiodactyles, lui-même rattaché, avec les périssodactyles (chevaux), à l'ordre des carnivores.

À l'exception des suidés (cochons, pécaris et hippopotames), les artiodactyles sont tous des ruminants, à savoir qu'ils régurgitent la nourriture qu'ils ont déjà avalée pour la mâcher à nouveau.

Grâce à ce système complexe qui leur permettait de digérer de façon plus efficace la végétation dure du Miocène, les ruminants ont pu s'étendre sur de nombreux territoires, ce qui explique en partie leur réussite.

L'importance des ongulés en général et des artiodactyles en particulier dans l'évolution et le développement social de l'espèce humaine ne peut pas être ignorée. Ces animaux furent tout d'abord chassés avant que plusieurs espèces ne soient domestiquées. Non seulement les hommes purent se nourrir de la viande et du lait de ces animaux, mais ils utilisèrent aussi leur cuir et leur laine, ils devinrent un moyen de locomotion et aussi des animaux de trait, entraînant l'essor de l'agriculture.

SOUS-ORDRE DES SUINA

Le mot suina vient du latin *suis*, qui signifie cochon. Ce sous-ordre comprend les artiodactyles non ruminants, à savoir les hippopotames, les cochons, les pécaris et d'autres espèces aujourd'hui éteintes.

Ils sont considérés comme les ongulés à nombre pair de doigts les plus primitifs. La plupart possèdent une dentition extrêmement simple et presque complète et leur système digestif est très rudimentaire. Si leur estomac compte parfois 2 ou 3 poches, ils ne ruminent pas leur nourriture.

Famille des Diochobunidae

Cette famille de petits animaux primitifs ressemblait probablement davantage à des lapins qu'à des ongulés. Leur classification parmi les artiodactyles peut sembler erronée, étant donné que de nombreuses espèces possédaient 5 doigts à chaque pied. Certaines caractéristiques de leur squelette indiquent qu'il s'agit bien du groupe d'où sont issus tous les suiformes.

NOM : *Diacodexis*
ÉPOQUE : Éocène inférieur
RÉPARTITION : Europe (France), Amérique du Nord (Wyoming) et Asie (Pakistan)
TAILLE : 50 cm de long, queue comprise

Diacodexis possédait une dentition simple et 5 doigts quoique, comme chez la plupart des artiodactyles, le 3ème et le 4ème étaient les plus longs. Les doigts se terminaient peut-être par de minuscules sabots.

Diacodexis a probablement vécu dans les forêts, se nourrissant des feuilles des arbustes.

Par son aspect extérieur, cet artiodactyle primitif ressemblait beaucoup au cerf muntjac, mais ses oreilles étaient plus courtes et sa queue plus longue. Ses pattes étaient relativement plus fines, mais de la même longueur que celles d'un lapin. Cela signifie que *Diacodexis* se déplaçait très probablement en courant et non par bonds. Il s'agit en fait de l'animal le mieux adapté à la course de l'Éocène : les articulations ne permettaient qu'un jeu vertical des pieds et la partie inférieure des pattes était plus longue que la partie supérieure, une caractéristique que l'on retrouve chez tous les animaux coureurs.

Famille des Entelodontidae

Ces grands animaux semblables à des cochons sont probablement apparus en Asie à l'Éocène supérieur, avant de s'étendre en Europe et en Amérique du Nord. Ils eurent leur heure de gloire à l'Oligocène, mais certaines espèces survécurent en Amérique du Nord jusqu'au Miocène inférieur, il y a 20 millions d'années environ. Certaines espèces atteignaient même la taille d'un hippopotame.

L'un des signes particuliers des entélodontidés était la présence de 2 protubérances osseuses de chaque côté de la mâchoire inférieure.

NOM : *Archaeotherium*

ÉPOQUE : de l'Oligocène inférieur au Miocène inférieur

RÉPARTITION : Amérique du Nord (Colorado) et Asie (Chine, Mongolie)

TAILLE : 1,20 m de long

Archaeotherium ressemblait probablement à un sanglier, avec une tête étroite et allongée de crocodile. Son crâne était remarquablement étiré et 2 protubérances osseuses faisaient saillie, sous ses yeux, de chaque côté de la mâchoire inférieure. Ces bosses avaient peut-être une fonction décorative ou bien elles servaient d'attache à des mâchoires très puissantes, capables de broyer les tubercules et les racines dures. La dentition d'*Archaeotherium* indique que, comme le cochon actuel, il se nourrissait de tout ce qu'il trouvait, y compris de charognes.

Les épaules d'*Archaeotherium* étaient hautes, comme le montrent les longues épines de certaines vertèbres qui servaient de point d'ancrage aux muscles puissants du cou, nécessaires pour soutenir le poids conséquent de la tête.

Dans le cerveau de petite taille, les lobes olfactifs, les zones du cerveau liées à la perception des odeurs, étaient importants. *Archaeotherium* devait passer le plus clair de son temps la tête baissée, à renifler et à fouiller la terre en quête de nourriture.

NOM : *Dinohyus*

ÉPOQUE : Miocène

RÉPARTITION : Amérique du Nord (Nebraska et Dakota du Sud)

TAILLE : 3 m de long

Les entélodontes atteignirent leur taille maximale avec *Dinohyus*, un omnivore d'Amérique du Nord qui ressemblait beaucoup à *Archaeotherium*, mais était aussi grand qu'un taureau.

Cet animal à l'anatomie proche du cochon possédait un crâne long et lourd. Il n'avait pas de groin et ses narines étaient placées latéralement sur le museau et non sur la face. Comme chez *Archaeotherium*, on pense que les longues protubérances osseuses situées sur l'arc zygomatique en dessous des yeux et celles faisant saillie sous la mâchoire servaient d'attache à des muscles spécialisés. On suppose que ces muscles servaient à la mastication, mais on n'en est pas encore sûr. Ce qui l'est, en revanche, c'est que, comme *Archaeotherium*, *Dinohyus* se nourrissait à même le sol, son long museau compensant le petit cou.

PORCS, PÉCARIS ET HIPPOPOTAMES SUITE

Famille des Anthracotheriidae

Les anthracothères ou « bêtes de charbon », en raison de la nature du terrain dans lequel leurs fossiles ont été découverts, ont peut-être un lien de parenté avec les hippopotames. Il s'agit pour l'essentiel d'un groupe de l'Ancien Monde, dont de nombreux membres ont peuplé l'Asie de l'Éocène au Pléistocène. Ils migrèrent aussi vers l'Amérique du Nord, où on en a trouvé des vestiges fossilisés datant de l'Oligocène.

Comme les hippopotames, auxquels ressemblent de nombreuses espèces, les anthracothères étaient probablement des animaux amphibies. Il est possible qu'ils aient été remplacés par les hippopotames dans leur niche écologique.

NOM : *Elomeryx*
ÉPOQUE : de l'Éocène supérieur à l'Oligocène supérieur
RÉPARTITION : Europe (France) et Amérique du Nord (Dakota)
TAILLE : 1,50 m de long

Avec son corps assez long porté par des pattes épaisses et courtes, *Elomeryx* faisait penser à un hippopotame à tête de cheval. Ses dents étaient très caractéristiques : de longues canines servaient à arracher les racines des plantes aquatiques, tandis que les incisives en forme de spatule étaient idéales pour ratisser la boue.

Contrairement à d'autres artiodactyles, qui n'ont généralement plus que 2 doigts, les pattes avant d'*Elomeryx* se terminaient par 5 doigts (le premier étant une sorte d'ergot) et les pattes arrière par 4 doigts. Grâce à ses pieds larges, il n'éprouvait sans doute aucune difficulté à marcher dans la boue.

Famille des Hippopotamidae

Il s'agit d'un groupe récent, qui remonte au Miocène supérieur. Les hippopotamidés sont peut-être les descendants des anthracothères (voir ci-dessus) dont ils auraient occupé la niche écologique dans les marécages. Ils pourraient aussi être issus des pécaris fossiles.

Le nom « hippopotame » signifie « cheval de rivière » en grec. La plupart des espèces de cette famille sont en effet des animaux amphibies. Certains, comme l'hippopotame nain moderne, vivent sur la terre ferme, dans les forêts. La seule autre espèce actuelle est *Hippopotamus amphibius*, qui, comme son nom l'indique, passe le plus clair de son temps dans l'eau.

NOM : *Hippopotamus*
ÉPOQUE : du Miocène supérieur à aujourd'hui
RÉPARTITION : Asie, Afrique et Europe
TAILLE : 4,30 m de long

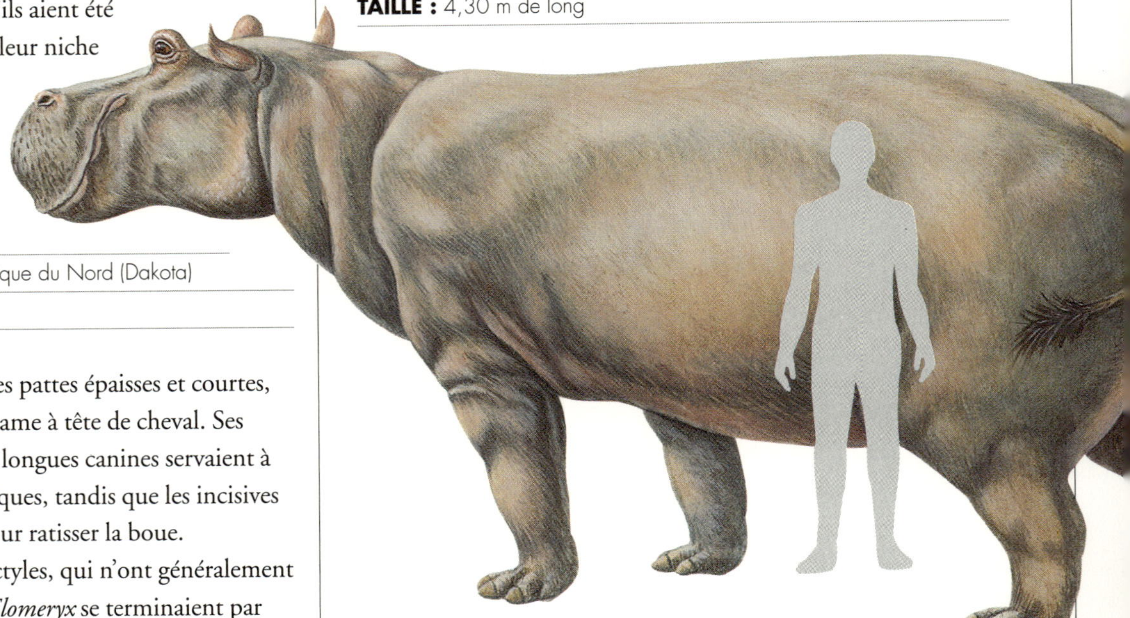

Hippopotamus gorgops, qui a vécu en Afrique de l'Est au Pléistocène se distingue d'*H. amphibius*, l'espèce actuelle, par sa plus grande taille et ses grands yeux proéminents. Ces derniers, qui ressemblaient à des périscopes sur leurs pédoncules, offraient probablement une bonne vision panoramique à l'animal, qui pouvait rester immergé, seuls les yeux, les oreilles et les narines dépassant de la surface de l'eau.

H. gorgops avait la même silhouette que l'hippopotame amphibie actuel: corps massif en forme de tonneau, avec lequel il était plus à l'aise dans l'eau que sur la terre ferme, pattes épaisses et courtes, et pieds larges faits pour marcher dans la boue. Sa bouche était large elle aussi, les canines s'étant allongées pour pouvoir arracher les plantes aquatiques dont il se nourrissait.

Famille des Tayassuidae

Les tayassuidés, ou pécaris, ressemblent tellement à leurs cousins les suidés qu'il est parfois difficile de distinguer les deux genres lorsque l'on en trouve des spécimens fossiles. Les espèces actuelles ne peuvent toutefois pas être classées parmi les suidés, leurs dents ne sortant pas de leur bouche lorsque cette dernière est fermée. Par ailleurs, les pattes des pécaris se terminent par 2 doigts (les doigts latéraux se sont raccourcis) contre 4 doigts pour les suidés, dont les doigts latéraux ne sont pas très raccourcis.

La répartition des pécaris d'aujourd'hui est limitée à l'Amérique du Sud et aux États du sud-ouest d'Amérique du Nord, où cette famille est apparue à l'Oligocène. Des fossiles de pécaris ont également été découverts en Eurasie et en Afrique.

Les tayassuidés étaient et sont encore des animaux qui se sont facilement adaptés à des environnements très divers, depuis le désert jusqu'à la forêt humide tropicale.

NOM : *Platygonus*

ÉPOQUE : du Pliocène au Pléistocène supérieur

RÉPARTITION : Amérique du Nord (Grandes Plaines) et Amérique du Sud

TAILLE : 1 m de long

Platygonus, plus grand que le pécari actuel, avait des pattes plus longues et vivait principalement dans la forêt. Il s'établit sans doute aussi dans les espaces dégagés des Grandes Plaines de l'Ouest américain, ce qui expliquerait la présence de longs membres, aptes à la course.

Le nez se prolongeait en groin, comme chez les pécaris et les cochons d'aujourd'hui. Une telle anatomie est tout à fait adaptée au mode d'alimentation de ces animaux, qui retournaient la terre en quête de racines, d'herbe ou de fruits.

Platygonus était herbivore, comme le révèle son système digestif complexe, plus proche des ruminants que des suidés. Malgré ce régime alimentaire, les canines allongées, droites et aiguisées étaient pratiquement celles d'un carnivore. Ces dents n'étant pas utiles à un herbivore, elles auraient peut-être permis à son propriétaire de se défendre face aux grands chats, par exemple.

Famille des Suidae

Les suidés ou porcs ont vécu dans l'Ancien Monde, probablement en Asie, pendant l'Oligocène. Ils sont apparus un peu plus tard en Europe, au Miocène. Cette famille n'a jamais colonisé l'Amérique du Nord.

Si les suidés sont des omnivores, ils semblent avoir investi la niche écologique occupée en Amérique par les pécaris. Leurs représentants fossiles s'étaient adaptés à toutes sortes d'environnements, puisqu'on a trouvé des ossements de ces animaux aussi bien dans la forêt tropicale humide, que dans la savane ou dans des zones marécageuses.

Les fossiles de suidés, relativement abondants, sont très utiles pour déterminer l'âge relatif des dépôts sédimentaires. Ils ont également joué un rôle très important dans la mise en correspondance et la datation de strates géologiques contenant des vestiges humains en Afrique de l'Est.

NOM : *Metridiochoerus*

ÉPOQUE : du Pliocène supérieur au Pléistocène inférieur

RÉPARTITION : Afrique (Tanzanie)

TAILLE : 1,50 m de long

Contemporain des premiers hommes, *Metridiochoerus* était un sanglier géant d'Afrique de l'Est.

Sa tête était massive et lourde. Ses canines inférieures et supérieures recourbées vers l'extérieur et vers le haut formaient des défenses. Les dents jugales avaient des couronnes hautes et présentaient un motif complexe caractéristique des omnivores.

ORÉODONTES ET CERVIDÉS PRIMITIFS

SOUS-ORDRE DES TYLOPODA

Les tylopodes (qui signifie « à membres calleux ») constituent un groupe important d'artiodactyles. Ce sous-ordre comprend les caïnothères de l'Ancien Monde, qui ressemblaient à des lapins, les mérycoïdodontes du Nouveau Monde, qui évoquent les suidés, et les camélidés.

Les tylopodes se trouvent pour ainsi dire à mi-chemin entre les suidés (cochons, pécaris et hippopotames, voir pages 268-269) et les ruminants (girafes, cervidés et bovins, voir pages 278-281).

Les tylopodes ont fait leur apparition à l'Éocène supérieur, il y a 40 millions d'années. Ils étaient très répandus pendant l'Oligocène et jusqu'au Miocène supérieur, il y a 5 millions d'années. Les camélidés – chameaux, lamas et espèces apparentées (voir page 274-277) – sont les seuls tylopodes à avoir survécu.

Famille des Cainotheriidae

Il s'agit de l'une des familles les plus primitives de ce sous-ordre. Les caïnothères étaient des animaux peu spécialisés, dont il est difficile de retracer l'évolution ultérieure.

La plupart des membres de cette famille rappellent le lapin par leur taille, leur aspect et leur mode de locomotion par bonds.

NOM : *Cainotherium*
ÉPOQUE : de l'Oligocène supérieur Miocène inférieur
RÉPARTITION : Europe (Espagne)
TAILLE : 30 cm de long

Cainotherium était un petit animal faisant penser à un lapin, dont les membres postérieurs étaient plus longs que les membres antérieurs. Les parties du cerveau associées à l'ouïe et à l'odorat étaient bien développées. Cela signifie que *Cainotherium* avait probablement de longues oreilles de lapin et un nez très sensible. Ce petit mammifère avait un mode de vie similaire à celui du lapin ; il vivait dans les sous-bois, se nourrissant d'une végétation variée.

L'appartenance de *Cainotherium* à la famille des artiodactyles ne fait cependant aucun doute. Malgré son stade d'évolution très primitif, il possédait des membres fins se terminant par 2 doigts dont les latéraux se prolongeaient en sabots.

Par ailleurs, contrairement au lapin, les dents de *Cainotherium* n'étaient pas particulièrement spécialisées. La dentition typique des mammifères était au complet, avec 44 dents. Ces dernières formaient d'ailleurs un ensemble pratiquement continu, qui n'était pas séparé par un diastème entre les dents antérieures et les dents jugales. Les dents postérieures assez larges portaient 5 cuspides. Elles étaient donc bien adaptées pour mâcher et broyer.

Cainotherium s'est peut-être fait déloger de sa niche écologique par les premiers lapins et lièvres (voir page 285). Sa répartition était limitée à l'Europe et il n'a plus eu de descendants après le Miocène inférieur.

Famille des Merycoidodontidae

Les tylopodes descendraient peut-être des suidés. Ce lien est en effet manifeste dans la famille des mérycoïdodontidés, qui semblent associer des caractéristiques du porc à celles du chameau. Il s'agissait en règle générale d'animaux robustes, courts sur pattes, ces dernières ayant chacune 4 doigts. Les mérycoïdodontes (signifiant « à dents de ruminants ») sont parfois appelés oréodontes, un mot plus facile à prononcer et qui signifie « à dents [d'animaux] de montagne », par référence au type de relief sur lequel on a découvert des vestiges de ces mammifères. L'évolution des dents évoque un lien de parenté avec les ruminants. En effet, il n'y avait pas de diastème et la dentition ne se renouvelait pas. Les 2 canines supérieures en forme de lame étaient légèrement projetées vers l'avant. Les canines inférieures n'étaient pas plus grandes que les incisives et les dents jugales spécialisées étaient de type sélénodonte à savoir qu'elles comportaient des crêtes en croissant de lune. Cette structure offrait une surface de trituration (de broyage) résistante et efficace pour ces animaux, qui mâchaient les végétaux par un mouvement transversal de leurs mâchoires.

Les mérycoïdodontes, qui broutaient l'herbe des plaines et la végétation des forêts, vécurent en Amérique du Nord à l'Éocène supérieur, il y a 35 millions d'années.

Il a été démontré que ces herbivores étaient particulièrement abondants à l'Oligocène et jusqu'au Miocène. Leur extinction remonte à environ 5 millions d'années.

Certaines espèces ont créé des lignées divergentes qui se sont adaptées à toutes sortes d'habitats. Certains fossiles de mérycoïdodontes avaient une longue queue et des griffes et ils auraient peut-être vécu dans les arbres. D'autres avaient les yeux et les narines situés à une certaine hauteur, comme chez l'hippopotame. Il pourrait donc s'agir d'animaux amphibies.

NOM : *Merycoidodon*
ÉPOQUE : Oligocène
RÉPARTITION : Amérique du Nord (Dakota du Sud)
TAILLE : 1,40 m de long

Merycoidodon, un représentant typique de sa famille, ressemblait probablement à un cochon ou à un pécari, bien qu'il ait été plus long et plus court sur pattes.

Merycoidodon n'était sans doute pas capable de courir très vite, étant donné que les os des membres avaient fusionné. Les deux moitiés des pattes avaient la même longueur et les pieds se terminaient chacun par 4 doigts.

La tête faisait penser à celle d'un suidé. La dentition était complète, avec 44 dents. Les canines inférieures ressemblaient à des incisives, un signe distinctif que l'on verra apparaître plus tard chez les chameaux et les cerfs.

Merycoidodon possédait aussi une étrange fontanelle sur le crâne, juste devant les orbites, qui aurait pu contenir une glande. En fait, les cerfs actuels possèdent à cet endroit une glande servant à marquer leur territoire de leur odeur. L'une des théories concernant la présence de cette fontanelle est que *Merycoidodon* avait lui aussi la notion de territoire.

De nombreux fossiles de *Merycoidodon* datant de l'Oligocène ont été découverts dans les zones de ravins ou badlands du Dakota du Sud. Leur concentration a permis d'en déduire que *Merycoidodon* se déplaçait en grands troupeaux dans les bois et les grandes prairies de cette région.

NOM : *Brachycrus*
ÉPOQUE : du Miocène inférieur au Miocène moyen
RÉPARTITION : Amérique du Nord (Grandes Plaines)
TAILLE : 1 m de long

Brachycrus est apparu plutôt tardivement en Amérique du Nord. S'il présente des points communs avec son cousin *Merycoidodon*, il est plus petit et, surtout, bien plus spécialisé.

Son crâne et ses mâchoires de petite taille ressemblent beaucoup à ceux des singes. Ses orbites lui offraient une vision frontale. Les narines étaient situées assez haut sur le crâne, ce qui signifie qu'il possédait probablement une petite trompe, comme les tapirs. Celle-ci lui servait peut-être à renifler et à fouiller la végétation pour y dénicher de quoi manger.

NOM : *Promerycochoerus*
ÉPOQUE : Miocène inférieur
RÉPARTITION : Amérique du Nord (Oregon)
TAILLE : 1 m de long

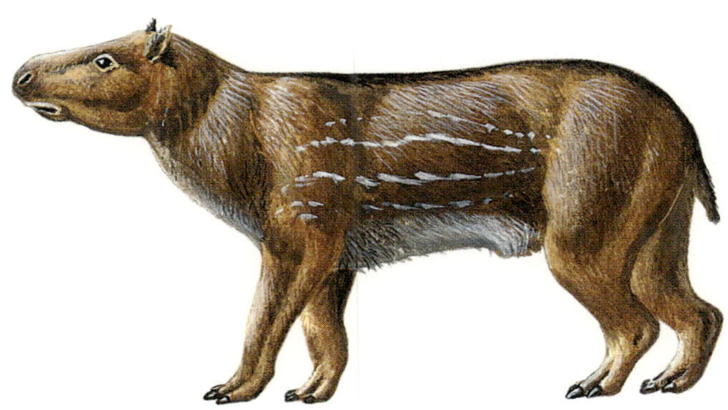

Certains mérycoïdodontes étaient certainement amphibies et vivaient un peu comme les hippopotames modernes, dans les marécages et les cours d'eau. Cela aurait pu être le cas de *Promerycochoerus*, un animal court sur pattes et au tronc particulièrement long, comme souvent chez les amphibiens. *P. superbus*, au faciès allongé, rappelant celui du tapir et *P. carrikeri*, d'allure porcine, sont les deux principales espèces.

ORÉODONTES ET CERVIDÉS PRIMITIFS SUITE

Famille des Protoceratidae

Les protocératidés (ce terme signifie « premiers animaux à cornes ») formaient une famille composée d'une dizaine de genres. Ces animaux primitifs ressemblaient aux cerfs modernes, mais présentaient des liens de parenté plus étroits avec les chameaux. Les protocératidés ont vécu dans les forêts méridionales tempérées d'Amérique du Nord pendant 35 millions d'années, de l'Éocène supérieur au Pliocène inférieur.

Les caractéristiques les plus remarquables de ces animaux étaient leurs « cornes » – en fait, il s'agissait de protubérances osseuses et non de corne. Celles-ci étaient très développées chez les mâles et atrophiées ou absentes chez les femelles.

Certaines espèces présentaient de simples bosses sur le crâne, tandis que d'autres portaient des structures complexes, les bois. Chez les femelles, ces protubérances étaient assez peu développées, ce qui signifie qu'elles servaient probablement davantage pour les parades amoureuses que comme moyen de défense. On peut toutefois affirmer sans se tromper que les protocératidés plus récents les utilisaient pour se battre, afin de défendre leur territoire ou pour attirer les femelles.

L'évolution de ces excroissances chez les artiodactyles, qu'il s'agisse de cornes, de bois ou de simples protubérances osseuses, est liée à certains changements dans la taille, les comportements sociaux et les structures territoriales de ces animaux.

Les premiers ruminants étaient de petite taille , ils se nourrissaient d'une végétation tendre, et pour cela devaient disposer d'un territoire étendu. Pour se défendre, ils n'hésitaient pas à mordre avec leurs canines hypertrophiées.

Les ruminants quittèrent la forêt pour s'établir sur les grandes étendues herbeuses qui faisaient alors leur apparition. Ils s'adaptèrent de façon à pouvoir se nourrir d'un autre type de végétation, plus coriace, mais en même temps, leur territoire se réduisit.

Plus les territoires diminuaient, plus il devenait nécessaire de les défendre. Cette pression eut pour effet d'accentuer les différences entre les sexes. Les mâles plus grands et dotés de cornes ou de bois plus imposants défendaient un harem de femelles accompagnées d'une nombreuse progéniture. C'est chez les protocératidés que ces changements commencèrent à apparaître.

Dans certaines classifications, les ruminants forment un groupe distinct et sont rangés au même niveau que les tylopodes.

NOM : *Protoceras*

ÉPOQUE : de l'Oligocène supérieur au Miocène inférieur

RÉPARTITION : Amérique du Nord (Dakota du Sud)

TAILLE : 1 m de long

Ce gracieux petit animal évoquant un cerf a colonisé les forêts d'altitude de l'ouest nord-américain. Il avait encore 4 doigts à l'extrémité des membres antérieurs et postérieurs.

Le signe particulier le plus remarquable de *Protoceras*, qui le distingue aussi des cervidés et, d'ailleurs, de tous les protocératidés, est la disposition de ses cornes. Contrairement aux cerfs actuels, il ne portait pas de bois repoussant chaque année. Il est difficile de parler de cornes, puisque ces attributs n'étaient pas en kératine, le nom scientifique de la corne. Il s'agissait de protubérances osseuses probablement recouvertes de peau, comme chez la girafe.

Protoceras était doté de 3 paires de ces protubérances : la 1ère juste derrière les naseaux, la 2ème au niveau des yeux et la 3ème au sommet du crâne. Les femelles n'avaient que la paire la plus haute et leurs cornes étaient relativement plus petites que celles des mâles. Ces attributs servaient, à n'en pas douter, aux parades amoureuses ou à l'intimidation des adversaires. Elles étaient sans doute plus impressionnantes observées de profil que de face.

Les premiers protocératidés possédaient encore leurs incisives supérieures. Ces dents disparurent, au fur et à mesure de l'évolution des espèces. Les dents de la mâchoire inférieure, qui coupaient l'herbe, butaient contre un coussinet de corne de la mâchoire supérieure, comme chez les cerfs et les bovins actuels. L'animal broyait ainsi la végétation dure qui faisait son quotidien.

NOM : *Syndyoceras*
ÉPOQUE : Miocène inférieur
RÉPARTITION : Amérique du Nord (Nebraska)
TAILLE : 1,50 m de long

Syndyoceras ressemblait davantage à un cervidé que son prédécesseur *Protoceras*, avec ses pattes élégantes faites pour la course, et dotées de 2 doigts terminés par un sabot pointu.

La taille des os du nez laisse à penser qu'il avait un museau comme celui de l'antilope saïga. Comme chez les autres protocératidés plus évolués, les incisives avaient disparu de la mâchoire supérieure. En revanche, des canines formant des défenses auraient pu servir à gratter le sol à la recherche de nourriture.

La tête avait 2 paires de cornes : la $1^{\text{ère}}$, fourchue, était située au-dessus des naseaux ; l'autre, incurvée comme celles des bovins, sur le sommet du crâne. C'était sans doute des protubérances osseuses recouvertes de peau.

Si les cornes de *Protoceras* étaient impressionnantes de profil, celles de *Syndyoceras* et des protocératidés ultérieurs devaient être spectaculaires de face. En d'autre termes, elles servaient probablement aussi bien d'armes de défense que de séduction.

NOM : *Synthetoceras*
ÉPOQUE : du Miocène supérieur au Pliocène inférieur
RÉPARTITION : Amérique du Nord (Texas)
TAILLE : 2 m de long

Synthetoceras était le dernier, mais aussi le plus grand représentant de cette lignée. Son crâne long et plat était surmonté d'une paire de cornes incurvées, semblables à celles de *Syndyoceras*. Celle située au bout de son museau était longue et fourchue. Cet ornement n'existait que chez les mâles et servait sans doute à défendre le territoire et les femelles, mais aussi dans les parades amoureuses.

Synthetoceras broutait aussi bien des herbes que des feuilles et vivait en troupeau.

Famille des Tragulidae

Cette famille ferait le lien entre le sous-ordre des tylopodes et celui des ruminants (cerfs, girafes et bovins, voir pages 278-281). Ces animaux ont en effet 4 estomacs, qui permettent la fermentation des végétaux. On ne sait pas avec certitude si les représentants fossiles de ces espèces possédaient eux aussi ce système digestif. Le débat entre paléontologues est donc loin d'être clos concernant la classification de ces animaux.

Les tragulidés, un groupe rare, étaient représentés par de petits animaux semblables à des cerfs dépourvus de cornes mais dont les canines supérieures s'étaient transformées en défenses. Seules deux espèces existent encore aujourd'hui : *Hyemoschus*, le chevrotain craintif des forêts tropicales d'Afrique centrale et orientale et *Tragulus*, que l'on trouve dans la jungle tropicale et les mangroves du sud et de l'est de l'Asie.

Les membres de cette famille sont généralement des animaux craintifs et de petite taille, qui vivent plutôt la nuit.

NOM : *Blastomeryx*
ÉPOQUE : du Miocène inférieur au Pliocène supérieur
RÉPARTITION : Amérique du Nord (Nebraska)
TAILLE : 75 cm de long

Cet animal qui rappelle un cerf, bien qu'il n'ait pas été plus grand qu'un gros lapin, ressemblait probablement au chevrotain, dont il partageait le mode de vie. *Blastomeryx*, qui se nourrissait des feuilles des forêts, était certainement très craintif. Ses canines formaient des défenses acérées en forme de sabre, utiles pour déterrer les racines ou se défendre.

Blastomeryx était dépourvu de cornes, comme tous les membres de cette lignée. Toutefois, une espèce apparue tardivement au Miocène supérieur présentait des bosses au sommet du crâne, témoignant d'une certaine évolution. Celle-ci s'accompagna aussi d'une diminution de la taille des défenses. Cette transformation est conforme à la « règle », qui veut que les cervidés ayant des défenses soient dépourvus de cornes et vice versa.

CAMÉLIDÉS

FAMILLE DES CAMÉLIDÉS

Aujourd'hui, les camélidés vivent dans des conditions climatiques difficiles. Les chameaux sont souvent baptisés « vaisseaux du désert », parce qu'ils sont capables de parcourir des distances immenses sur des terrains difficiles et sous les climats les plus inhospitaliers qui soient. Grâce à leur extraordinaire physiologie, ils peuvent vivre pendant 2 mois en broutant uniquement de l'herbe sans boire la moindre goutte d'eau; par ailleurs, ils sont très résistants aux changements importants de température. Les camélidés d'Amérique du Sud vivent aussi dans des milieux hostiles, notamment à haute altitude, dans les Andes.

Les chameaux d'aujourd'hui ont mis au point toutes sortes de mécanismes leur permettant de survivre dans un environnement chaud et sec. La plupart des autres animaux, y compris l'être humain, perdent une grande quantité d'eau lorsqu'il fait chaud et sec, par une transpiration et une respiration plus intenses. Cette perte d'eau a pour effet d'épaissir le sang qui, au bout d'un certain temps, ne parvient plus à abaisser la température du corps par la transpiration. La température corporelle augmente alors brusquement, entraînant la mort. Les chameaux échappent à ce danger parce que leur sang n'épaissit pas. Ils arrivent également à économiser l'eau de différentes façons.

Tout d'abord, leur fourrure épaisse les protège de la chaleur et limite les pertes d'eau par évaporation cutanée. Ensuite, leur température corporelle peut varier en fonction de la température extérieure, ce qui réduit également la transpiration. Par ailleurs, l'urine et les selles des chameaux contiennent très peu d'eau et ils conservent de la graisse dans leurs bosses, ce qui leur donne une réserve de nourriture lorsque cette dernière vient à manquer. La transformation de cette graisse en énergie produit également de l'eau. Enfin, les chameaux sont capables de boire des quantités d'eau étonnantes, jusqu'à 115 litres en une seule fois.

On pourrait en conclure que les camélidés d'aujourd'hui sont prédisposés aux conditions extrêmes, mais il faut savoir qu'ils sont les survivants d'un groupe autrefois très étendu et diversifié. Les camélidés sont en effet apparus à l'Éocène supérieur, il y a 40 millions d'années, non pas en Afrique ou en Asie, mais en Amérique du Nord. Ils ont atteint leur apogée au Miocène supérieur, il y a à peu près 10 millions d'années. Ce n'est qu'au Pliocène, 5 millions d'années plus tard, qu'ils ont migré vers l'Eurasie et l'Afrique, et que les lamas ont atteint l'Amérique du Sud.

Pendant la période glaciaire du Pléistocène, il y a 2 millions d'années, ils peuplaient toute l'Amérique du Nord, de la Floride à l'Alaska. À cette époque, ils avaient franchi l'isthme de Panama, le pont continental entre les deux Amériques, et s'étaient répandus en Asie par l'isthme, alors existant,de Béring.

Comme d'autres animaux ayant existé principalement en Amérique du Nord, par exemple les chevaux (voir pages 254-257), les camélidés se sont éteints sur ce continent vers le Pléistocène supérieur, il y a environ 12000 ans.

Aujourd'hui, il existe deux types de « chameaux » : *Camelus bactrianus*, le « vrai » chameau (à 2 bosses) et *Camelus dromadarius*, le dromadaire (à une bosse). Des chameaux sauvages vivent encore dans le désert de Gobi, mais l'espèce africaine a été introduite sur ce continent par l'homme il y a 2500 ans à peine. Des dromadaires ont également été introduits en Australie il y a un peu plus d'un siècle. En Amérique du Sud, les camélidés sont représentés par le lama, l'alpaga, la vigogne et le guanaco.

Les camélidés n'ont ni cornes, ni défenses, et leurs mâchoires portent un nombre limité d'incisives supérieures. Les incisives inférieures sont aplaties et projetées vers l'avant. Les os de la face étant longs, les dents antérieures sont écartées et le diastème, l'espace entre les dents antérieures et postérieures, est important. Les dents jugales sont incroyablement grandes et de type hypsodonte, à savoir que leurs racines sont courtes mais leurs couronnes très hautes, comme chez les chevaux. Les longues incisives permettent aux camélidés d'arracher une végétation coriace, tandis que leurs molaires sont faites pour broyer.

Comme de nombreuses espèces d'artiodactyles, les camélidés sont des ruminants. Ils régurgitent les végétaux avalés pour les mâcher à nouveau avant de les digérer. Leur estomac est composé de 3 poches, contrairement à celui d'autres ruminants plus évolués comme le cerf ou le mouton, qui en comptent 4. Il s'agit d'un bel exemple d'évolution distincte. C'est également à cause de cette différence que les camélidés sont rangés parmi les tylopodes et non parmi les ruminants.

Les camélidés disposaient d'un nombre réduit de doigts bien avant la plupart des autres ongulés. Chez les premiers camélidés, les membres antérieurs se terminaient par 4 doigts qui touchaient tous le sol, mais le 2ème et le 5ème doigt des membres postérieurs étaient déjà à l'état de vestige. Au Miocène supérieur, les pattes de *Protocamelus* étaient sans doute pratiquement identiques à celles des chameaux actuels. Le jarret était déjà étiré et chaque pied se terminait par 2 doigts larges. Les 2 métapodes (la « plante » du pied) s'étaient allongés et soudés à leur sommet, l'os canon formant un Y inversé.

Les camélidés plus récents que *Protocamelus* avaient adopté une démarche caractéristique. Si les artiodactyles marchent sur l'extrémité de leurs doigts munis d'un sabot, les camélidés posent toute la surface de leurs doigts élargis, qui repose sur un coussinet dur, sur le sol. C'est grâce à ces adaptations que les chameaux d'aujourd'hui se déplacent avec une telle facilité sur le sable mou du désert.

NOM : *Protylopus*

ÉPOQUE : Éocène supérieur

RÉPARTITION : Amérique du Nord (Utah et Colorado)

TAILLE : 50 cm de long

Comme la plupart des ongulés, les premiers camélidés étaient de la taille d'un lapin. Leurs dents simples à couronne basse n'étaient pas séparées par un diastème , une caractéristique indiquant que l'animal se nourrissait des feuilles tendres de la forêt.

Les membres antérieurs, plus courts que les membres postérieurs, étaient munis de 4 doigts touchant le sol. Les membres postérieurs ont aussi 4 doigts, mais seuls le 3ème et le 4ème portaient le poids de l'animal, les 2ème et 5ème étant réduits à des ergots. Les doigts fonctionnels étaient longs, ce qui indique qu'ils avaient des sabots et non de larges soles cornées, comme les chameaux actuels.

Il est peu probable que *Protylopus* ait été l'ancêtre direct des chameaux et des dromadaires actuels, mais il leur ressemblait sans doute beaucoup et il a été contemporain des premiers « vrais » chameaux.

NOM : *Poebrotherium*

ÉPOQUE : Oligocène

RÉPARTITION : Amérique du Nord (Dakota du Sud)

TAILLE : 90 cm de long

À l'Oligocène, il y a 35 millions d'années, les forêts denses du Dakota se sont clairsemées, laissant la place à un paysage plus dégagé. Les camélidés prospérèrent et se mirent à ressembler davantage à leurs descendants actuels. De la taille d'un mouton, *Poebrotherium* était plus grand que *Protylopus*. Son museau étroit et caractéristique, ressemble à celui du lama, mais en plus petit. Sans doute avait-il aussi les longues oreilles du lama.

Chez *Poebrotherium*, les pattes arrière sont encore un peu plus longues que les pattes avant et ses doigts se terminent par des sabots. Pourtant, ses pattes étaient adaptées à la course. Plus longues et plus fines que celles de *Protylopus*, elles avaient perdu leurs doigts latéraux et les doigts centraux, qui supportent le poids de l'animal, avaient commencé à se séparer. Les dents de *Poebrotherium* avaient également évolué comparées à celles de *Protylopus*. Sur la dentition, encore complète, commençait à apparaître le diastème. *Poebrotherium* est sûrement l'ancêtre de différentes lignées de camélidés.

NOM : *Procamelus*

ÉPOQUE : du Miocène supérieur au Pliocène inférieur

RÉPARTITION : Amérique du Nord (Colorado)

TAILLE : 1,50 m de long

Procamelus est l'ancêtre direct des chameaux actuels, ou un cousin très proche. Beaucoup plus grand que tous les chameaux l'ayant précédé, il atteignait pratiquement la taille du lama actuel. La tête était très longue, mais la boîte crânienne encore assez petite.

Procamelus ne possédait que 2 incisives supérieures de taille réduite. Malgré l'étirement de la mâchoire, les dents de devant (2 incisives, 2 canines et 2 prémolaires) étaient séparées par des espaces importants, indiquant une bonne adaptation à l'environnement végétal. Les couronnes des dents jugales avaient tellement poussé qu'elles étaient hypsodontes comme celles des chevaux, bien adaptées à broyer des plantes résistantes.

La structure de la patte de *Procamelus* était pratiquement celle du chameau actuel. Les métapodes avaient fusionné en partie et s'étaient allongés pour former un os canon, tandis que les flancs étaient longs et fins, et les doigts s'étaient élargis. Cet étalement des doigts laisse à penser que *Procamelus* disposait déjà d'une sole cornée lui permettant de progresser facilement sur un sol meuble.

CAMÉLIDÉS SUITE

NOM : *Titanotylopus*
ÉPOQUE : du Pliocène au Pléistocène
RÉPARTITION : Amérique du Nord (Nebraska)
TAILLE : 3,50 m au garrot

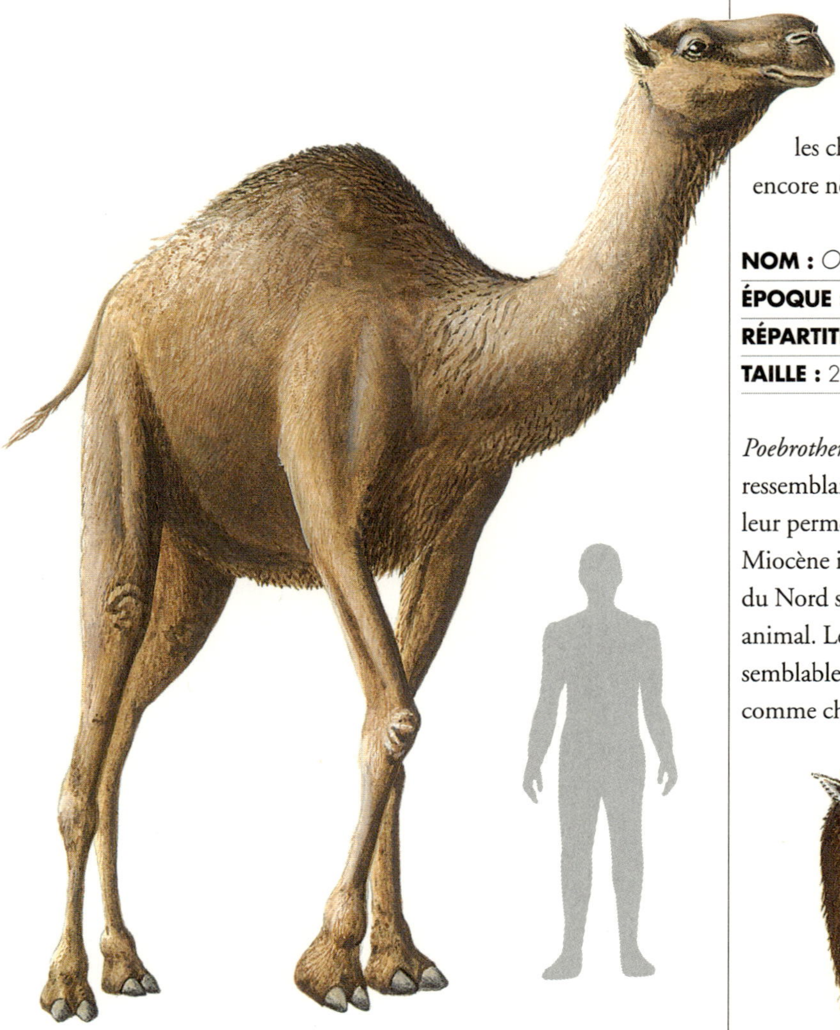

Au Pliocène, il y a entre 5 et 2 millions d'années, un certain nombre de très grands chameaux vécurent en Amérique du Nord. Ces géants étaient probablement très proches de *Procamelus*, dont ils pourraient même être les descendants.

Titanotylopus était sans doute plus grand que les éléphants de l'époque (voir pages 238-239 et 243-244). Sous bien des aspects, cet immense animal était très proche des chameaux d'aujourd'hui, avec son museau étroit dépourvu d'incisives supérieures, son long cou et ses doigts formant une sole cornée.

Malgré les points communs avec les représentants actuels des camélidés, *Titanotylopus* était dépourvu de la bosse que l'on trouve chez les chameaux actuels. Cette bosse de graisse est en effet la solution qu'ont trouvée les camélidés pour survivre dans un environnement où l'eau et la nourriture sont rares. Au Tertiaire, le climat se rafraîchissait et devenait plus sec, ces changements climatiques entraînant la disparition progressive de la forêt, au profit de la savane et des prairies. Toutefois, les conditions étaient encore suffisamment favorables au développement d'un grand nombre de mammifères différents. À cette époque, les dispositifs de stockage et les autres mécanismes anatomiques mis au point par les chameaux actuels pour retenir l'humidité n'étaient pas encore nécessaires.

NOM : *Oxydactylus*
ÉPOQUE : Miocène inférieur
RÉPARTITION : Amérique du Nord (Dakota du Sud et Nebraska)
TAILLE : 2,30 m de long

Poebrotherium a donné naissance à une lignée de chameaux ressemblant à des girafes, dotés de pattes et d'un cou très longs, leur permettant de brouter les plus hautes feuilles des arbres. Au Miocène inférieur, les prairies dégagées du centre de l'Amérique du Nord se prêtaient sans doute très bien à la survie d'un tel animal. Les doigts très étroits se terminaient par des sabots fins semblables à ceux de l'antilope, et non par des soles cornées comme chez les chameaux actuels.

NOM : *Camelops*
ÉPOQUE : Pléistocène
RÉPARTITION : Amérique du Nord (Californie et Utah)
TAILLE : 2 m au garrot

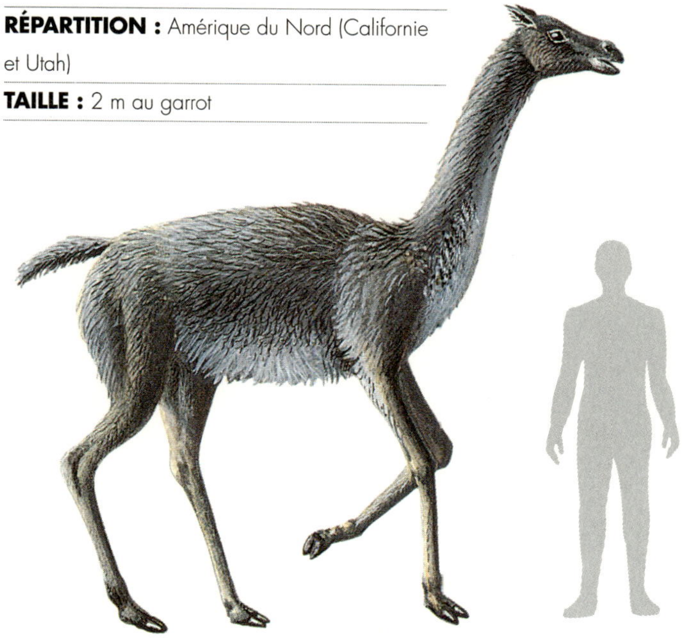

Camelops, un autre géant de la fin de l'ère Cénozoïque et contemporain des premiers hommes, semble avoir été le dernier chameau du continent nord-américain.

Il ressemblait probablement au chameau d'Asie. Toutefois, certaines caractéristiques de son anatomie le rattachent au lama d'Amérique du Sud.

NOM : *Stenomylus*
ÉPOQUE : Miocène inférieur
RÉPARTITION : Amérique du Nord (Nebraska)
TAILLE : 90 cm de long

Un certain nombre de lignées secondaires de camélidés vécurent pendant le Miocène avant de s'éteindre peu après. *Stenomylus* et ses cousins proches étaient de petits animaux ressemblant à des gazelles. Sans doute avaient-ils un mode de vie semblable à celui des gazelles africaines actuelles, broutant par troupeaux l'herbe des prairies et détalant à toute vitesse au moindre signe de danger. Sur la mâchoire inférieure, les canines et les premières prémolaires ressemblaient à des incisives. L'animal semblait donc posséder 10 incisives inférieures. Le cou était allongé et léger, et les pattes élancées. À l'extrémité des pattes, les 2 doigts se terminaient par des sabots, comme chez les cervidés.

NOM : *Aepycamelus*
ÉPOQUE : du Miocène moyen au Miocène supérieur
RÉPARTITION : Amérique du Nord (Colorado)
TAILLE : 3 m de haut

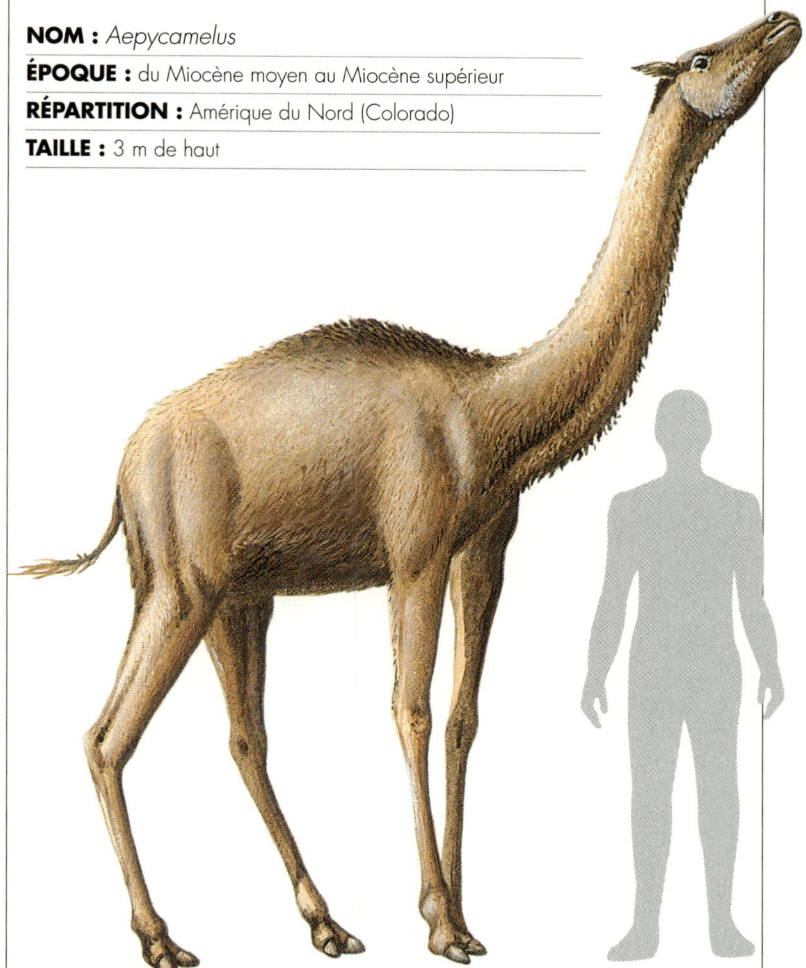

La lignée des chameaux ressemblant à des girafes atteint son apogée, au propre comme au figuré, avec *Aepycamelus*, autrefois nommé *Alticamelus* en raison de sa taille extraordinaire. Les pattes étaient longues et ressemblaient à des échasses, et les 2 doigts se terminaient par des sabots minuscules. *Aepycamelus* n'avait plus les sabots de ses ancêtres, faits pour la course, mais possédait les soles cornées que l'on retrouve chez les chameaux actuels.

Les chameaux, les dromadaires ainsi que les girafes sont les seuls animaux qui marchent l'amble, c'est-à-dire qu'ils se déplacent en levant en même temps les 2 pattes du même côté. Cette méthode est très efficace pour parcourir de grandes distances à découvert. Un animal aux pattes aussi longues qu'*Aepycamelus* avait probablement cette démarche. En fait, on en a une preuve quasi irréfutable, grâce à des traces de pas apparemment laissées par des chameaux du Miocène.

GIRAFES, CERFS ET BOVINS

FAMILLE DES GIRAFIDAE

Les girafidés, comme tous les artiodactyles à l'exception des suidés et des hippopotames (voir pages 268-269), sont des ruminants. Leur mâchoire supérieure est dépourvue d'incisives, mais comporte, à l'avant, une surface osseuse. Après avoir arraché des feuilles aux arbres et aux arbustes, l'animal les mâche une première fois, puis les avale. La nourriture passe alors dans la panse (rumen), la première poche d'un estomac complexe qui en compte 4, où elle est attaquée par des micro-organismes. Quand l'herbe est ainsi partiellement digérée, elle remonte dans la bouche. L'animal la mâche à nouveau, puis elle redescend dans le système digestif pour être, cette fois-ci, entièrement digérée.

Cette méthode de digestion est très efficace pour l'assimilation des végétaux fibreux dont se nourrissent ces animaux, mais elle présente aussi des inconvénients : l'herbe suit un circuit complexe, et l'animal doit passer du temps à ruminer sa nourriture.

Il existe deux espèces de girafidés, qui vivent en Afrique, au sud du Sahara. La plus connue est la girafe à long cou et à longues pattes, *Giraffa*, qui habite la savane et se nourrit des feuilles poussant au sommet des acacias. La seconde espèce est l'okapi, plus petit et au pelage plus sombre, qui vit dans l'ombre épaisse de la forêt tropicale.

À l'exception des camélidés, les ruminants portent généralement des protubérances au sommet du crâne. Dans le cas des girafidés, il s'agit d'excroissances osseuses recouvertes de peau, que l'on appelle malgré tout des cornes.

La girafe et l'okapi sont des herbivores à 2 doigts. Ces espèces sont apparues avant le développement des ongulés herbivores. Les fossiles révèlent qu'il en existait des formes très variées, dont la plupart étaient assez différentes des deux représentants actuels de cette famille.

NOM : *Prolibytherium*
ÉPOQUE : Miocène inférieur
RÉPARTITION : Afrique du Nord (Libye)
TAILLE : 1,80 m de long

Contrairement aux petites cornes de la girafe et de l'okapi actuels, *Prolibytherium* portait de larges excroissances en forme de feuille pouvant atteindre 35 cm de diamètre environ. Cet animal utilisait probablement ces ornements pour les parades amoureuses ou pour dissuader d'éventuels adversaires. Il est possible que ces attributs muaient une fois par an. En dehors de sa tête impressionnante, *Prolibytherium* ressemblait sans doute à l'okapi.

NOM : *Sivatherium*
ÉPOQUE : du Pliocène au Pléistocène supérieur
RÉPARTITION : Inde (Himalaya) et Afrique du Nord (Libye)
TAILLE : 2,20 m au garrot

Baptisé en l'honneur de Siva, le dieu des animaux et l'une des principales divinités de la religion hindoue, cet animal massif ressemblait probablement davantage à un élan qu'à une girafe.

Le mâle, au moins, était muni d'une paire de bois osseux énormes au sommet du crâne et d'une paire de cornes coniques plus petites au niveau des yeux. Ces attributs servaient aussi bien à parader qu'à se défendre. Le corps était assez trapu, en particulier dans la région des épaules qui comportaient sans doute des muscles puissants, capables de supporter la grande et lourde tête de l'animal.

Libytherium, un parent proche de *Sivatherium*, vivait en Afrique du Nord à la même époque. Des peintures rupestres des temps préhistoriques découvertes dans le désert du Sahara montrent un animal qui ressemble beaucoup à *Libytherium*. On peut donc tout à fait imaginer que ces animaux aient côtoyé les hommes, il y a 8000 ans à peine.

Famille des Cervidés

Si les cervidés, ou « vrais » cerfs, sont apparus assez tard, ils se sont imposés, parmi les herbivores, dans l'hémisphère Nord et en Amérique du Sud. Ils se nourrissent de feuilles, mais aussi d'herbe, de brindilles, d'écorce et de mousse.

Une caractéristique typique de cette famille est la présence de bois chez les mâles – et chez les femelles pour les rennes – dans presque toutes les espèces. Les exceptions sont le chevrotain porte-musc *Moschus* et l'hydropote de Chine (*Hydropotes*). Les bois sont des excroissances osseuses ramifiées de la tête utilisées pour les parades amoureuses et les combats rituels. Contrairement aux cornes d'autres ruminants, les bois tombent et repoussent chaque année. À chaque repousse, une nouvelle « branche » apparaît sur le bois, jusqu'au maximum propre à chaque espèce.

NOM : *Eucladoceros*
ÉPOQUE : du Pliocène au Pléistocène
RÉPARTITION : Europe (Italie)
TAILLE : 2,50 m de long

La tête d'*Eucladoceros* était surmontée d'une spectaculaire ramure. Atteignant 1,70 m de haut, les bois portaient chacun jusqu'à 12 andouillers (extrémités pointues). Un tel ornement était sans doute encombrant et devait se prendre souvent dans les branches. Comme chez *Megaloceros*, la sélection sexuelle favorisait probablement le développement de ces bois. En d'autres termes, les mâles dont les bois étaient les plus grands réussissaient sans doute à écarter un maximum d'adversaires moins bien pourvus à la saison des amours et laissaient ainsi une descendance mieux à même de poursuivre cette évolution.

NOM : *Megaloceros*
ÉPOQUE : Pléistocène supérieur
RÉPARTITION : très répandu en Europe et en Asie
TAILLE : 2,50 m de long

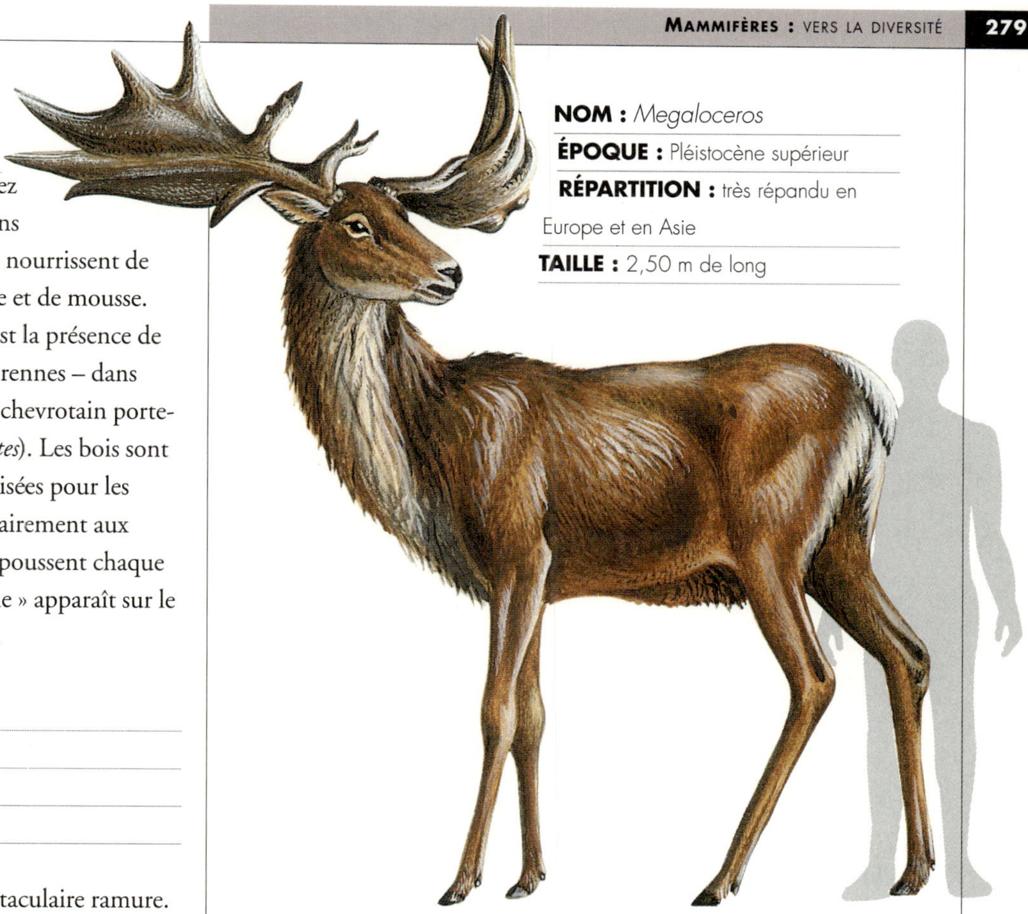

Megaloceros est parfois appelé doublement, à tort, « renne géant d'Irlande ». D'une part, il ne s'agissait pas d'un renne, mais d'une espèce plus proche du daim. D'autre part, le territoire de *Megaloceros* était loin de se limiter à l'Irlande. Si de nombreux spécimens ont été trouvés dans ce pays (plus de 80 individus ayant été découverts dans le même marécage près de Dublin), *Megaloceros* occupait toutes les régions au nord de l'Ancien Monde, depuis les îles britanniques jusqu'à la Chine, en passant par la Sibérie.

Megaloceros, le plus grand cervidé connu, est surtout célèbre pour ses bois qui étaient vraiment impressionnants avec 3,70 m d'envergure et pesant plus de 220 kg, soit environ le septième du poids total de l'animal. Ce qui est plus extraordinaire encore, c'est que cette ramure tombait et repoussait chaque année, comme chez tous les cervidés actuels. Un mâle dépensait probablement une énergie considérable à faire pousser de tels bois.

Megaloceros a sans doute atteint son apogée pendant la dernière période interglaciaire du Pléistocène supérieur. Son déclin commença il y a environ 12 000 ans. L'extinction en Irlande remonte à 11 000 ans environ et sa disparition d'Europe centrale à environ 2 500 ans.

En Europe, des peintures rupestres représentant *Megaloceros* prouvent que les premiers hommes le connaissaient et le chassaient. Sur une peinture rupestre française, il est représenté avec une petite bosse triangulaire sur le dos, comme celles des zébus actuels. C'est là, sans doute, que l'animal stockait des réserves de graisse pour traverser le long hiver de la période glaciaire. On connaît aussi des espèces naines de *Megaloceros*, établis à Malte et sur les îles anglo-normandes.

GIRAFES, CERFS ET BOVINS SUITE

Famille des Antilocapridae

Antilocapra, le pronghorn d'Amérique du Nord, est l'unique espèce actuelle de cette famille. En revanche, le Miocène et le Pliocène ont connu un grand nombre de types différents d'antilocapridés. Les autres ongulés d'Amérique du Nord – équidés et camélidés – se sont répandus en Asie et en Amérique du Sud, puis ont disparu de leur continent d'origine.

Les antilocapridés, quant à eux, n'ont jamais quitté le territoire nord-américain malgré leur nombre et leur diversité pendant le Pliocène et le Pléistocène.

Les « bois » des antilocapridés étaient formés d'os ordinaires recouverts d'un étui corné et fourchu, qui tombait et repoussait chaque année.

La plupart des espèces avaient une seule paire de bois, mais chez certaines, ils étaient au nombre de 5 ou 6, avec parfois une forme étrange. Chez les pronghorns, les bois des mâles sont relativement longs ; des andouillers pointés vers l'avant sont surmontés de « crochets » orientés vers l'arrière.

Si la plupart des artiodactyles (ongulés à nombre pair de doigts) ne possèdent que 2 doigts fonctionnels – les autres à l'état de vestiges ne touchent pas le sol –, ce n'est que chez les pronghorns que ces vestiges ont totalement disparu, y compris au niveau des os. L'apparition de longs sabots effilés à l'extrémité de pattes longues et élancées a permis à ces animaux d'être de bons coureurs : ils peuvent atteindre une vitesse de pointe de 85 km/h.

Par ailleurs, les sabots des pronghorns sont aussi dotés de coussinets qui absorbent les chocs et protègent la patte de l'animal lorsqu'il retombe sur le sol, après des bonds qui lui permettent de franchir jusqu'à 8 m.

NOM : *Ilingoceros*
ÉPOQUE : Miocène supérieur
RÉPARTITION : Amérique du Nord (Nevada)
TAILLE : 1,80 m de long

Ces différentes espèces se distinguent par la forme et la disposition de leurs bois. Chez *Ilingoceros* (un peu plus grand que le pronghorn actuel) les cornes verticales spiralées étaient fourchues. Parmi les autres sous-espèces, il convient de citer *Osbornoceros*, aux cornes lisses et légèrement recourbées, *Paracosoryx*, dont les cornes aplaties s'élargissaient à leur extrémité pour former une fourche, *Ramoceros*, aux bois en forme d'éventail, et enfin *Hayoceros*, doté d'une ramure impressionnante.

NOM : *Hayoceros*
ÉPOQUE : Pléistocène moyen
RÉPARTITION : Nebraska
TAILLE : 1,80 m de long

Hayoceros, qui vivait dans les grandes prairies du Nebraska au Pléistocène moyen, était un antilocapridé aux bois particulièrement impressionnants. Il n'en possédait en effet pas moins de 4 : une paire de cornes larges et fourchues était située au-dessus des orbites, comme chez le pronghorn, et une autre paire, beaucoup plus longue et étroite, se trouvait au sommet du crâne.

Lorsque 2 mâles se battaient pour conquérir une femelle, ils adoptaient probablement une technique semblable à celle des pronghorns actuels. Les mâles entremêlent leurs bois fourchus et poussent jusqu'à ce que le plus faible des 2 combattants se retire. Ces combats rituels peuvent paraître très violents, mais provoquent rarement des blessures à l'un ou l'autre des animaux.

Famille des Bovidae

Cette famille regroupe les « vrais » antilopes et les bovins. Chez les mâles comme chez les femelles, les cornes sont des structures osseuses recouvertes de vraie corne, et elles ne tombent pas chaque année.

Les bovidés sont apparus dans l'Ancien Monde au Miocène, il y a environ 20 millions d'années. *Hanhaicerus*, fossile le plus ancien découvert en Mongolie dans des couches géologiques datant de l'Oligocène, pourrait aussi être un bovidé. Les fossiles des premiers bovidés, qui ressemblaient à des gazelles, ont été trouvés en France, au Sahara et en Mongolie. Au Miocène supérieur, il y a 10 millions d'années, ces herbivores se sont vite diversifiés, 70 nouvelles espèces étant apparues. Au Pléistocène, il en existait plus de 100 genres, soit à peu près deux fois plus qu'aujourd'hui.

Les bovidés sont des herbivores aux dents à couronne haute faites pour mâcher l'herbe alors que la plupart des artiodactyles consomment des feuilles tendres. Les bovidés consacrent une grande partie de leur temps à se nourrir, leur système digestif s'étant adapté pour leur permettre d'extraire le plus d'éléments nutritifs de l'herbe.

Cette famille d'herbivores est restée cantonnée dans l'Ancien Monde jusqu'à une période relativement récente, à savoir le Pléistocène moyen, il y a 1 million d'années. Les bovidés ont alors franchi le pont continental qui reliait l'Amérique du Nord à l'Asie à l'endroit où se trouve aujourd'hui le détroit de Béring. Actuellement, leurs descendants nord-américains sont le bison, le mouflon (bighorn) et la chèvre des Rocheuses. La grande majorité des bovidés vivent dans l'Ancien Monde, où ils occupent des habitats très variés, depuis les forêts et les prairies jusqu'aux marécages en passant par les déserts.

NOM : *Pelorovis*

ÉPOQUE : du Pléistocène moyen au Pléistocène supérieur

RÉPARTITION : Afrique de l'Est

TAILLE : 3 m de long

Cet animal massif était un proche parent du buffle africain actuel. La grande différence entre *Pelorovis* et son descendant, en dehors du fait que le premier était beaucoup plus grand, est l'impressionnante paire de cornes de *Pelorovis*. La structure osseuse elle-même atteignait 2 m d'envergure, les cornes devaient être deux fois plus grandes. Il ne s'agit ici que d'une supposition, car la corne ne laisse aucun vestige fossilisé. *Pelorovis* a survécu en Afrique de l'Est jusqu'à il y a 12000 ans.

NOM : *Bos*

ÉPOQUE : du Pléistocène aux temps historiques

RÉPARTITION : Europe (Grande-Bretagne, Pologne), Asie (Inde) et Afrique du Nord

TAILLE : 3 m de long

Cette espèce est l'ancêtre des bovins domestiques . *Bos* descendait peut-être lui-même de *Leptobos*, un taureau plutôt élancé et proche de la gazelle, dont on a découvert des fossiles datant du Pléistocène inférieur en Eurasie. L'ancêtre de la plupart des bovins actuels était *Bos primigenius*, l'aurochs. Il était plus grand que la plupart des espèces d'aujourd'hui et a été domestiqué il y a environ 6000 ans, bien qu'il ait été connu de l'homme auparavant. Cet animal est en effet magnifiquement représenté dans les peintures rupestres de Lascaux.

Depuis son lieu d'origine, l'Asie, l'aurochs s'est étendu au reste du monde pendant le Pléistocène. À la fin de la dernière période glaciaire, il occupait un vaste territoire s'étendant de la pointe occidentale de l'Europe jusqu'aux régions les plus orientales d'Asie et des toundras de l'Arctique jusqu'à l'Afrique du Nord et à l'Inde. Chassé par l'espèce humaine, il finit par disparaître. Son extinction remonte au Xe siècle en Grande-Bretagne, tandis que le dernier aurochs a disparu de Pologne en 1627.

Le yack (*Bos grunniens*), que l'on trouve dans le nord de l'Inde, au Tibet et en Chine, est un descendant direct de l'aurochs.

RONGEURS, LAPINS ET LIÈVRES

Traditionnellement, on pensait que les rongeurs (cobayes, rats et souris) étaient des proches parents des lagomorphes (lapins, lièvres) et ochotonidés. Des analyses moléculaires récentes ont toutefois contredit cette hypothèse et établi au contraire un lien de parenté étonnamment proche entre les lagomorphes, les primates et la famille des scandentia.

Suite à cette réévaluation de leurs relations avec d'autres ordres, les rongeurs ont été séparés des lagomorphes. Il est aussi généralement admis par les spécialistes qu'ils représentent un groupe relativement ancien et primitif dans l'évolution des mammifères, et que les lagomorphes ont formé une branche séparée avant le rayonnement des primates, des artiodactyles et des carnivores.

ORDRE DES RONGEURS

Les premiers rongeurs ressemblaient à de petits écureuils. Ils sont apparus en Amérique du Nord au Paléocène supérieur, il y a 60 millions d'années environ. Peu après leur apparition, ils se sont diversifiés afin d'occuper les niches écologiques abandonnées par les multituberculés (voir page 199), d'apparence semblable mais auxquels ils ne sont pas apparentés, qui étaient alors en voie de disparition. Les rongeurs peuvent être divisés en plusieurs grands types : écureuils, castors, rats, souris, spermophiles, chinchillas, cobayes et porcs-épics.

Les rongeurs représentent aujourd'hui l'ordre de mammifères de loin le plus important, avec environ 2 000 espèces réparties en 35 familles ; ils regroupent environ 40 % de tous les mammifères actuels connus. Les espèces fossiles sont à peu près aussi nombreuses et se divisent en 12 familles.

La réussite de l'ordre des rongeurs ne fait aucun doute. Ils ont en effet envahi tous les continents, à l'exception de l'Antarctique, et ont conquis des habitats très variés, ce qui leur confère un rôle très important pour l'équilibre écologique. Ils sont présents partout, de la forêt tropicale à la toundra glacée de l'Arctique, et des déserts les plus arides jusqu'aux sommets des montagnes. Souvent, ils sont d'ailleurs étroitement associés à l'homme.

S'ils n'ont pas encore réussi à envahir les océans, il existe certains rongeurs d'eau douce, tels que les castors et les rats d'eau. Il y a aussi de nombreuses espèces arboricoles, dont l'écureuil volant. La plupart des rongeurs sont toutefois des animaux terrestres.

Compte tenu de leur facilité d'adaptation et de la rapidité à laquelle ils se reproduisent, il n'est pas surprenant que les rongeurs aient joué un rôle aussi important dans l'histoire de l'humanité. Ils consomment en effet des millions de tonnes de nourriture par an, qu'il s'agisse de plantations ou de produits conditionnés, et ils sont le vecteur de maladies graves. Les plus tristement célèbres à cet égard sont les rats, qui auraient fait plus de morts que les guerres. Au Moyen Âge, la peste transportée par le rat noir *Rattus rattus* tua environ 25 millions de personnes, soit le quart de la population européenne.

Les fossiles de rongeurs étant rares, une grande partie des connaissances que nous avons de leur évolution provient de l'étude de dents minuscules. Ils étaient abondants pendant toute l'ère tertiaire. Les vestiges de leurs dents servent à dater et à comparer les couches sédimentaires des continents, de même que les fossiles de coquillages servent souvent à dater et à comparer des sédiments marins.

La principale caractéristique des rongeurs est, comme leur nom l'indique, leur capacité à ronger au moyen d'incisives particulières. Les 2 mâchoires portent chacune une paire de longues incisives recourbées qui s'usent, mais repoussent aussi en permanence, à partir de racines profondément implantées dans le crâne et la mandibule. Les premiers rongeurs possédaient des incisives cylindriques recouvertes d'émail, mais dans les espèces ultérieures, les dents étaient plus triangulaires, l'émail n'étant plus présent que sur la face antérieure. Le bord des dents reste ainsi très coupant, la face postérieure s'usant plus rapidement et formant un biseau.

Les rongeurs ne possèdent pas de canines et chez certaines espèces, les prémolaires sont elles aussi absentes, de sorte qu'un large diastème sépare les incisives des dents jugales, qui offrent une surface de broyage très efficace.

Les rongeurs sont généralement des animaux de petite taille, le rat des moissons – 40 g – étant le plus petit mammifère. Il existe toutefois des exceptions à la règle. Le plus grand rongeur actuel est le cabiai qui pèse 50 kg et vit en Amérique du Sud, mais certaines espèces éteintes atteignaient la taille d'un rhinocéros.

Le loir géant du Pléistocène, *Leithia*, qui vivait sur plusieurs îles méditerranéennes, notamment à Malte et en Sardaigne, présente un cas intéressant de gigantisme. Il ne se distinguait du loir actuel, *Muscardinius*, que par sa taille (25 cm de long, sans la queue).

Après s'être retrouvés isolés après la montée des eaux (probablement suite à l'afflux de l'Atlantique dans le bassin méditerranéen ou à cause de changements de température dans le monde pendant les glaciations du Pléistocène), les animaux des îles méditerranéennes évoluèrent de façon surprenante. Alors que les éléphants (voir pages 238-239 et 243-244) et les hippopotames (voir page 268) eurent tendance à devenir plus petits de façon à tirer un meilleur parti des ressources limitées de nourriture, des rongeurs tels que *Leithia* grandirent. En l'absence de prédateurs potentiels, les rongeurs n'avaient, en effet, plus aucune raison de prendre la fuite pour se cacher dans les moindres interstices du sol, comme étaient encore obligés de le faire leurs congénères continentaux.

Selon la classification actuelle, les rongeurs se divisent en deux sous-ordres, qui se distinguent par la disposition des os et des muscles de la mâchoire inférieure.

Sous-ordre des Sciurognathi

Les sciurognathes (qui signifie « à mâchoire d'écureuil ») possèdent une longue mâchoire inférieure à laquelle sont attachés les muscles masticatoires. Il s'agit du plus important des deux sous-ordres de rongeurs et sans doute du plus primitif. Ce sous-ordre comprend les écureuils, les castors, les spermophiles, les hamsters, les rats et les souris.

La divergence entre sciurognathes et les autres rongeurs semble s'être produite assez tôt. En dehors de la structure caractéristique de leurs mâchoires et de leurs dents, ils ont en effet peu de points communs avec les rongeurs. La plupart des sciurognathes sont végétariens, certains étant pourtant des omnivores qui ne dédaignent pas les charognes; enfin, quelques espèces sont insectivores.

Les rats, les souris et les campagnols représentent un quart de tous les mammifères actuels. Pourtant, ce groupe qui a extrêmement bien réussi n'a commencé à se répandre qu'au Pliocène inférieur, il y a 5 millions d'années.

NOM : *Ischyromys*
ÉPOQUE : Éocène inférieur
RÉPARTITION : Amérique du Nord
TAILLE : 60 cm de long

Ischyromys est l'un des premiers « vrais » rongeurs connus. Cet animal qui ressemblait à une souris possédait une tête présentant de nombreuses caractéristiques typiques des rongeurs, notamment la paire d'incisives supérieures. Le reste du corps était également celui d'un rongeur, avec des membres antérieurs agiles, des membres postérieurs puissants et 5 doigts munis de griffes à chaque pied.

Alors que de nombreux autres mammifères du Tertiaire étaient des animaux terrestres, tout indique qu'*Ischyromys* et son proche parent *Paramys*, ressemblant à l'écureuil, vivaient dans les arbres. Ces animaux grimpeurs les plus évolués de leur époque, finirent par supplanter les primates primitifs qui occupaient la niche des rongeurs depuis le Paléocène.

NOM : *Epigaulus*
ÉPOQUE : Miocène
RÉPARTITION : Amérique du Nord (Grand Bassin)
TAILLE : 30 cm de long

Epigaulus est l'un des rongeurs les plus anciens que l'on connaisse. Il ressemblait probablement à la marmotte, malgré quelques différences : présence de 2 grosses cornes sur le crâne, petits yeux et pattes griffues et en forme de pagaies. Les griffes, puissantes et longues, étaient faites pour creuser la terre; il est donc tout à fait probable qu'*Epigaulus* creusait des terriers. D'après la taille de ses yeux, il s'agissait sans doute d'un animal vivant sous la terre, étant donné que de nombreux animaux actuels ayant adopté ce mode de vie, la taupe par exemple, ont des yeux de petite taille et une vision limitée.

Epigaulus est le seul rongeur doté de cornes, situées juste devant les yeux. La fonction de ces cornes demeure d'ailleurs un mystère. Peut-être servaient-elles de protection, dans les parades amoureuses ou pour les combats entre mâles. Une autre interprétation possible est que ces cornes auraient aidé l'animal à creuser la terre.

Epigaulus et l'ensemble du groupe des mylagaulidés primitifs s'éteignirent lorsque les forêts disparurent pour être remplacées par les grandes plaines en Amérique du Nord au Miocène supérieur, il y a environ 5 millions d'années.

RONGEURS, LAPINS ET LIÈVRES SUITE

NOM : *Steneofiber*

ÉPOQUE : Miocène inférieur

RÉPARTITION : Europe (France, Allemagne)

TAILLE : 30 cm de long

On connaît bien les ancêtres des castors grâce à des fossiles de l'Oligocène inférieur, il y a 35 millions d'années. Le premier castor du Miocène, *Steneofiber*, était de petite taille et vivait dans les lacs ou à proximité, comme la plupart des castors actuels. En revanche, il est peu probable que cet animal ait été capable d'abattre de grands arbres, comme le font ses descendants.

Parmi les espèces primitives se trouvaient de nombreux animaux terrestres, certains vivant même sous la terre. Les dépôts sédimentaires du Nebraska, qui datent du Miocène, révèlent d'étranges terriers creusés à la verticale et en hélice, d'environ 2,50 m de profondeur, qui ont été baptisés « *daimonelix* » ou « hélices du Diable ». Ces trous ont été creusés par *Palaeocastor*, un castor apparenté à *Steneofiber*.

De nombreux castors primitifs étaient des animaux géants, comme *Castoroides* (2,30 m de long), de la taille d'un ours, répandu dans toute l'Amérique du Nord au Pléistocène.

Sous-ordre des Hystricognathi

On pense qu'il s'agit du sous-ordre de rongeurs le plus évolué, bien que les premiers rongeurs aient probablement fait partie de ce groupe.

Les hystricognathes, dont le nom signifie « à mâchoire de porc-épic » présentent une bride osseuse sur la mâchoire inférieure, à laquelle sont attachés les muscles de la mastication. Si certaines espèces de l'Ancien Monde font partie de ce sous-ordre – porcs-épics et thryonomidés –, la plupart des espèces vivaient en Amérique du Sud, plus précisément à la pointe sud de la Patagonie, et datent de l'Oligocène inférieur.

Parmi les hystricognathes d'Amérique du Sud, on trouve les porcs-épics américains, les cobayes, les cabiais, les maras, les chinchillas, les agoutis et les acouchys.

NOM : *Telicomys*

ÉPOQUE : du Miocène supérieur au Pliocène inférieur

RÉPARTITION : Amérique du Sud

TAILLE : 2 m de long

Les dinomyidés (qui signifie « souris effrayante »), des animaux fouisseurs à queue épaisse de la famille des maras, étaient des proches parents du cobaye et du cabiai. La plus grande espèce, et peut-être d'ailleurs aussi le plus grand rongeur à avoir jamais existé, était *Telicomys*.

Telicomys avait la taille d'un petit rhinocéros et ressemblait sans doute à un hippopotame recouvert de poils, ou à un cabiai géant.

NOM : *Birbalomys*
ÉPOQUE : Éocène inférieur
RÉPARTITION : Asie (Pakistan)
TAILLE : 30 cm de long

Birbalomys est considéré par certains paléontologues comme le rongeur le plus primitif, voire comme l'ancêtre de tous les rongeurs.

On sait si peu de choses sur lui que l'illustration qui en est faite ci-dessus est très hypothétique. Il ressemblait peut-être au *Ctenodactylus gundis* d'Afrique du Nord, une sorte de cobayes vivant en milieu aride.

NOM : *Eocardia*
ÉPOQUE : Miocène
RÉPARTITION : Amérique du Sud
TAILLE : 30 cm de long

Les cavioidés, rongeurs caractéristiques d'Amérique du Sud, comprennent notamment les cobayes et le cabiai.

Certains cavioidés primitifs devinrent relativement grands, comme *Protohydrochoerus*, qui avait la taille d'un tapir. En revanche, *Eocardia* ne dépassait pas 30 cm et ressemblait beaucoup au cobaye actuel.

Ordre des Lagomorpha

Les lagomorphes – lièvres, lapins et pikas – étaient autrefois rangés parmi les rongeurs. Il faut dire qu'ils leur ressemblent beaucoup : ce sont aussi des animaux de petite taille possédant des dents faites pour ronger et qui poussent en permanence.

La principale différence est que les lagomorphes possèdent 4 incisives « rongeuses » sur la mâchoire supérieure, contre 2 pour les rongeurs. Par ailleurs, ces dents sont entièrement recouvertes d'émail. Les lagomorphes comptent aussi plus de dents jugales (5 ou 6, contre 5 au maximum pour les rongeurs) qui sont plus aplaties. Par ailleurs, le mouvement masticatoire est différent : les lagomorphes mâchent dans un mouvement transversal de la mandibule, alors qu'il est de l'arrière vers l'avant chez les rongeurs. Le lien de parenté entre rongeurs et lagomorphes est ambigu : le fait de « ronger » les aliments aurait pu être le résultat d'une évolution parallèle.

Si 12 genres de lagomorphes existent aujourd'hui, ils étaient quatre fois plus nombreux pendant la préhistoire. Les premiers sont probablement originaires de l'Asie orientale, où ils seraient apparus au Paléocène supérieur ou à l'Éocène inférieur. Ces herbivores se répandirent rapidement, se nourrissant d'herbe et de la végétation des arbustes dans les zones rocheuses et désertiques.

Après avoir été introduits par l'homme au XIXe siècle en Australie et en Asie où il n'y avait pas de prédateurs naturels, les lapins, avec leur immense appétit et leur taux de reproduction impressionnant, firent des dégâts considérables.

NOM : *Palaeolagus*
ÉPOQUE : Oligocène
RÉPARTITION : Amérique du Nord
TAILLE : 25 cm de long

Le premier lagomorphe est *Eurymulus*, apparu au Paléocène supérieur en Mongolie. À l'Oligocène inférieur, les pikas avaient déjà divergé, dans leur évolution, par rapport aux lapins et aux lièvres. Les pikas devinrent des animaux à la silhouette ramassée, aux pattes et aux oreilles courtes, tandis que chez les lapins et les lièvres, les pattes s'allongèrent, permettant tout d'abord la course, puis la progression par bonds qui nous est si familière.

Le squelette de *Palaeolagus* est semblable à celui d'un lapin actuel. Les pattes arrière, un peu plus courtes, montrent qu'il ne s'agissait pas encore de l'animal bondissant que l'on connaît aujourd'hui.

LÉMURIENS ET PRIMATES INFÉRIEURS

PRIMATES ET PRIMATOMORPHES

Cela fait plus de 150 ans que l'on sait que l'homme est apparenté aux grands singes. Plus récemment, ce lien de parenté s'est étendu aux primates inférieurs, aux lémuriens et aux tarsiers, qui sont les survivants d'un groupe de primates fossiles. Les preuves fossiles d'un ancêtre commun aux humains et aux primates sont très fragmentaires. Il est donc très difficile de définir les relations existant entre les nombreux groupes de primates, ce qui se reflète dans la classification complexe, changeante et prêtant à confusion.

Le terme primate, du latin *primus*, qui signifie « premier », englobait traditionnellement les lémuriens (lémuriformes), les petits et les grands singes, les êtres humains et leurs ancêtres fossiles les plus proches. Toutefois, lorsque l'on a découvert que les dermoptères (représenté par le galéopithèque, qui n'est pas un lémurien) étaient aussi des primates, on a recouru à une définition plus large, le terme « primatomorphe » correspondant au « prosimien » de l'ancienne classification. Plusieurs groupes fossiles, comme *Purgatorius*, du Crétacé inférieur, ou les plésiadapiformes, ont également été rangés dans le groupe élargi des primatomorphes.

L'analyse moléculaire a permis d'élargir le lien morphologique et paléontologique entre les vrais primates actuels, les scandentia, les galéopithèques et les chauves-souris (chiroptères).

À l'exception des chauves-souris, on a regroupé dans le superordre des archontes les primates actuels, les scandentia, les galéopithèques et leurs ancêtres fossiles. La nature exacte des relations entre ces différents groupes est encore très mal connue.

ORDRE DES DERMOPTERA

Il s'agit du galéopithèque ou « singe volant ». En réalité, ce singe ne vole pas à proprement parler, mais une membrane qui relie les membres, le tronc et la queue font une sorte de parachute qui lui permet de sauter de branche en branche. Récemment, un représentant fossile de cette espèce datant de l'Éocène a été découvert en Thaïlande. Au sens large, cet ordre englobe donc les plésiadapiformes fossiles, un groupe composé de plusieurs familles ayant rayonné au début du Tertiaire en Amérique du Nord et en Europe occidentale.

Famille des Plesiadapiae

Il s'agit de la plus connue des cinq familles qui composent l'ordre des plésiadapiformes. On a trouvé de nombreux spécimens de ces animaux datant du Paléocène et de l'Éocène en Amérique du Nord et en Europe (il y a entre 65 et 40 millions d'années), ce qui signifie d'une part que les continents étaient reliés entre eux, d'autre part, qu'à l'époque, les conditions climatiques étaient identiques dans ces deux zones. Il est possible que les plésiadapidés aient migré de l'Amérique du Nord vers l'Europe en passant par le « pont continental » du Groenland, alors soumis à un climat tempéré et planté de forêts. Les espèces de cette famille ont une longue queue, des membres agiles terminés par des griffes plutôt que des ongles, un long museau avec des mâchoires et des dents proches de celles des rongeurs et des yeux placés latéralement sur le crâne.

NOM : *Plesiadapis*
ÉPOQUE : du Paléocène supérieur à l'Éocène inférieur
RÉPARTITION : Amérique du Nord (Rocheuses) et Europe (France)
TAILLE : 80 cm de long

Les fossiles de *Plesiadapis* ayant été découverts à Cernay, étaient si nombreux que cette espèce devait être très répandue à l'époque.

Plesiadapis était bâti un peu comme un écureuil et avait la taille d'un castor. Il passait probablement une grande partie de son temps sur le sol, mais il savait aussi grimper aux arbres, ses mains et ses pieds pouvant pivoter souplement pour s'agripper aux branches, ses longs doigts étant munis de griffes.

La tête de *Plesiadapis* n'était pourtant pas caractéristique des primates. Les dents ressemblaient à celles d'un rongeur, avec de longues incisives et un diastème entre ces dernières et les molaires des joues, faites pour broyer.

ORDRE DES PRIMATES

Cet ordre compte environ 200 espèces actuelles, dont l'être humain. Les primates ont en commun plus de 30 caractères, notamment la capacité de grimper aux arbres, les soins prolongés qu'ils apportent à leur progéniture et un développement important de la vision et de l'intelligence.

Les primates semblent avoir privilégié la forêt. En fait, de nombreuses adaptations spécifiques à cet ordre sont liées aux contraintes d'une vie arboricole et à une activité diurne plutôt que nocturne. On a notamment observé les évolutions suivantes : augmentation de la taille du cerveau, devenu aussi plus complexe, perfectionnement des sens et de l'utilisation des membres et des doigts. On observe également une tendance vers la bipédie (voir page 287) ; le corps se dresse peu à peu, les pieds et les pattes se spécialisent dans la marche, tandis que les membres antérieurs s'adaptent à la préhension et à la manipulation. L'équilibre, le toucher et la préhension s'améliorent et l'on observe deux principaux changements dans la vision : l'acquisition de la vision stéréoscopique et la vision des couleurs.

Une autre évolution fondamentale dans l'environnement précaire dans lequel vivent ces animaux concerne la stratégie de reproduction : les primates ont peu de petits, mais s'en occupent beaucoup et longtemps.

L'ordre des primates regroupe de nombreuses espèces actuelles et fossiles, depuis les adapidoformes, aujourd'hui éteints, qui ressemblaient probablement à des lémuriens, jusqu'aux lémuriens eux-mêmes et aux lorisiformes, qui sont rattachés aux lémuriformes. Les tarsiers et les omomyidés, une espèce fossile, sont rattachés aux tarsiiformes. Enfin, les anthropoïdés – petits et grands singes et leurs ancêtres fossiles – sont des primates.

Famille des Adapidae

Abondante à l'Éocène, cette famille rappelant les lémuriens s'éteignit au Miocène supérieur, il y a environ 10 millions d'années. La plupart des espèces vivaient en Europe, mais certaines s'étaient établies en Asie et en Amérique du Nord.

Les adapidiformes avaient évolué par rapport aux plésiadapidés. Tout d'abord, leur dos plus souple, leurs membres plus longs et plus flexibles (dont les doigts se terminaient par des ongles et non par des griffes) et leur pouce qui s'opposait aux autres doigts facilitaient leurs déplacements dans les arbres. Leur museau était court et leurs yeux s'étaient rapprochés de leur front. Leur cerveau était aussi plus grand.

Les adapidoformes et les lémuriformes sont parfois regroupés dans la catégorie des strepsirhiniens (« à nez tordu »), en raison de leur « truffe » divisée verticalement et latéralement.

NOM : *Notharctus*
ÉPOQUE : de l'Éocène inférieur à l'Éocène moyen
RÉPARTITION : Amérique du Nord (Wyoming)
TAILLE : 40 cm de long

Cet adapidiforme d'Amérique du Nord est le dernier primate à avoir vécu sur ce continent. Par son aspect extérieur, il ressemblait probablement beaucoup aux lémuriens actuels, et il était très adapté à la vie dans les arbres. Ses yeux placés sur le front lui offraient une vision stéréoscopique. Il était donc capable d'évaluer les distances avec précision. Ses longues pattes arrière lui permettaient de bondir de branche en branche et sa queue préhensile l'aidait à garder l'équilibre dans ses acrobaties.

Le premier doigt de ses mains et de ses pieds formait une sorte de pouce, ce qui lui facilitait probablement la tâche lorsqu'il s'agissait de saisir sa nourriture ou de s'accrocher aux branchages.

Famille des Lemuridae

Les lémuridés ressemblent aux adapidés, mais leurs dents frontales inférieures sont orientées vers l'avant, formant un « peigne dentaire » qu'ils utilisent pour le toilettage.

Il y a environ 50 millions d'années, les lémuriformes et les espèces apparentées vivaient en Afrique, en Europe et en Amérique du Nord. Aujourd'hui, ils ne subsistent qu'à Madagascar, où ils sont divisés en trois grandes familles : lémuridés, indridés et mégalapidés (aye-aye).

NOM : *Megaladapis*
ÉPOQUE : historique
RÉPARTITION : Madagascar
TAILLE : 1,50 m de long

Megaladapis, le plus grand lémurien connu, était doté d'un corps massif et de membres courts et pesait probablement 50 kg. Contrairement aux espèces apparentées plus petites, il n'était sans doute pas capable de bondir de branche en branche. Il grimpait probablement dans les arbres avec une certaine lenteur, en quête de feuilles. Il a sans doute été exterminé par l'homme.

LÉMURIENS ET PRIMATES INFÉRIEURS SUITE

Famille des Omomyidae

Il s'agit de la plus grande famille de tarsiers, un groupe qui vit encore aujourd'hui, bien qu'en nombre extrêmement réduit, sur quelques îles d'Asie du Sud-Est, notamment à Sumatra et à Bornéo. Les omomyidés étaient abondants à l'Éocène. Leur déclin commença à l'Oligocène et ils avaient pratiquement disparu au Miocène inférieur.

Les tarsiers sont regroupés parmi les haplorhiniens (« à nez entier »), chez qui la « truffe » a disparu du nez.

Pour certains paléontologues, les tarsiers étaient les ancêtres des petits et des grands singes. Cela semble toutefois peu probable, compte tenu de l'extrême spécialisation de ces primates.

NOM : *Necrolemur*
ÉPOQUE : de l'Éocène moyen à l'Éocène supérieur
RÉPARTITION : Europe occidentale
TAILLE : 25 cm de long

Necrolemur est le représentant fossile le mieux préservé du groupe des tarsiers. On a ainsi appris qu'il avait de grands yeux et de grandes oreilles, ce qui lui permettait de chasser la nuit. Ses petites dents acérées étaient parfaites pour décortiquer les insectes à carapace dure qui faisaient son quotidien. *Necrolemur* ressemblait probablement aux espèces actuelles, ses longs doigts à coussinets lui permettant de s'agripper aux branches. Ses longs membres agiles et sa queue allongée l'aidaient à trouver l'équilibre pour se déplacer dans les arbres.

Sous-ordre des Anthropoidea

Ce sous-ordre se compose de deux infraordres, les platyrhiniens (« à nez plat ») ou singes du Nouveau Monde et les catarrhiniens (« à nez dirigé vers le bas ») ou singes de l'ancien Monde comprenant les grands singes et les hommes. Les anthropoïdés sont apparus en Amérique du Nord et en Eurasie il y a environ 40 millions d'années. Les deux branches ont divergé après la disparition du pont continental entre les deux Amériques.

Singes du Nouveau Monde

Ces singes se distinguent de ceux de l'Ancien Monde principalement par leurs narines séparées par une large cloison nasale et dirigées latéralement. D'autres caractéristiques anatomiques précises permettent aussi de faire la distinction, notamment les sutures du crâne et la possession de 2 prémolaires supplémentaires.

Certaines espèces disposent par ailleurs d'un « cinquième » membre, sous la forme d'une queue préhensile, c'est-à-dire capable de s'enrouler autour des branches. Curieusement, ces adaptations très utiles pour des animaux arboricoles ne sont jamais apparues chez les singes de l'Ancien Monde.

Parmi les représentants actuels de ce groupe, on trouve les délicats tamarins et marmousets au pelage de couleur parfois très vive, mais aussi les singes hurleurs et les singes-araignées. À elles seules, ces espèces représentent environ un tiers des anthropoïdés actuels.

NOM : *Branisella*
ÉPOQUE : Oligocène inférieur
RÉPARTITION : Amérique du Sud (Bolivie)
TAILLE : 40 cm de long

Il s'agit du premier singe à avoir vécu sur le continent sud-américain. En revanche, on ne connaît pas grand-chose du mode de vie de *Branisella* ni ses liens de parenté avec d'autres espèces, étant donné que les seuls fossiles attestant de son existence sont des fragments de mâchoire.

Les dents de *Branisella* étaient relativement primitives et ressemblaient à celles des tarsiers. On peut donc penser que ce singe était issu des omomyidés ayant vécu plus au Nord. En revanche, d'autres particularités physiques rattacheraient ce singe à ceux d'Afrique. On pourrait donc imaginer que ses ancêtres aient atteint l'Amérique du Sud depuis l'Afrique en voguant à la dérive sur des îles flottantes de végétation.

NOM : *Tremacebus*

ÉPOQUE : Oligocène supérieur

RÉPARTITION : Amérique du Sud (Argentine)

TAILLE : 1 m de long

À l'Oligocène supérieur, les singes du Nouveau Monde étaient presque trait pour trait identiques à ceux d'aujourd'hui. *Tremacebus*, aussi connu sous le nom *Homunculus* en raison de son air d'hominidé miniature, ressemblait probablement au seul primate nocturne qui existe encore, le douroucouli.

On ne connaît *Tremacebus* que grâce à quelques rares spécimens, dont un crâne découvert en Patagonie. La rareté des fossiles dans cette zone indique que les plaines de Patagonie étaient déjà dépourvues d'arbres et que ce n'était pas propice à la diversification des primates.

Singes de l'Ancien Monde

Ces singes, qui regroupent les grands primates et les hommes, se distinguent des singes du Nouveau Monde par leurs narines rapprochées et orientées vers le bas, la présence d'un canal osseux à l'extérieur du tympan et, en règle générale, 2 prémolaires de moins que leurs cousins du Nouveau monde.

Regroupés dans la famille des cercopithécidés, ils représentent le groupe le plus important et le plus primitif des catarrhiniens. Leurs descendants sont les babouins, les macaques, les geladas et les colobes. Jusqu'à une période récente, on n'avait pas réussi à retracer l'origine de ces singes au-delà de 10 millions d'années. Aujourd'hui, un ancêtre possible des cercopithécidés, *Victoriapithecus*, a été découvert au Kenya. Cette espèce fossile serait le chaînon manquant entre ces catarrhiniens et *Aegyptopithecus* (voir page 291), beaucoup plus ancien.

Chez les singes de l'Ancien Monde, la queue n'est jamais préhensile. Elle est parfois réduite à sa plus simple expression, voire absente, en particulier chez les espèces terrestres. Elle est un attribut utile pour les singes arboricoles, parce qu'elle améliore l'équilibre et permet de modifier la trajectoire en plein bond.

NOM : *Mesopithecus*

ÉPOQUE : du Miocène supérieur au Pliocène supérieur

RÉPARTITION : Europe (Grèce) et Asie (Asie mineure)

TAILLE : 40 cm de long

Mesopithecus est caractéristique des premiers cercopithécidés. Il ressemblait au macaque actuel et il s'agit là très probablement de l'ancêtre du genre *Presbytis*.

Élancé, il avait de longs membres musclés et des doigts allongés et agiles. Comme le macaque actuel, il était très à l'aise aussi bien sur le sol que dans les arbres, ce qui signifie qu'il était adapté à un environnement relativement varié.

Mesopithecus était probablement plutôt un animal diurne que nocturne.

Il se nourrissait vraisemblablement de fruits mûrs et de feuilles.

NOM : *Theropithecus*

ÉPOQUE : du Pliocène moyen aux temps historiques

RÉPARTITION : Afrique australe et de l'Est

TAILLE : 1,20 m de long

Les babouins sont des singes terrestres qui voyagent par groupes familiaux dans les plaines. Leur faciès ressemble à celui d'un chien et ils se nourrissent de toutes sortes d'aliments. S'ils marchent à 4 pattes, ce sont également de bons grimpeurs et ils escaladent les rochers avec une grande facilité.

Theropithecus était un grand babouin dont on a découvert des fossiles dans la gorge d'Olduvai, en Tanzanie.

Pour un babouin, son visage était plutôt court et une crête osseuse située au sommet de son crâne servait très certainement d'attache à des muscles masticateurs puissants.

Il se nourrissait sans doute de la végétation dure qui poussait sous ce climat sec.

GRANDS SINGES

FAMILLE DES OREOPITHECIDAE

Il est difficile de savoir où classer les oréopithèques. Selon certains paléontologues, il s'agit de singes de l'Ancien Monde descendant de *Mesopithecus*; pour d'autres, ils ressemblent à de grands singes, voire à des hominidés, dans leur aptitude à se balancer de branche en branche en s'aidant de leurs bras, voire à marcher sur 2 pattes. Ils représentent toutefois indubitablement une impasse, en matière d'évolution, et leurs caractéristiques évoluées sont celles d'une convergence. Un seul genre existe.

NOM : *Oreopithecus*
ÉPOQUE : Miocène supérieur
RÉPARTITION : Europe (Italie)
TAILLE : 1,20 m de haut

Oreopithecus ou « singe des montagnes » a parfois été appelé « l'abominable homme du charbon », parce que des vestiges de cet animal remontant à 14 millions d'années ont été retrouvés dans des couches de lignite en Toscane, et parce que certains de ses caractères sont presque humains.

Le museau et les os des chevilles d'*Oreopithecus* sont ceux d'un petit singe. En revanche, ses arcades sourcilières sont celles d'un grand singe. La face est petite et plane, les canines coniques et la structure des molaires proche de celles des hominidés. Ce mélange propre aux primates et aux humains signifie que les oréopithèques représenteraient une lignée indépendante.

Ses ossements ayant été conservés dans des couches de charbon meuble, on pense qu'il vivait dans les marécages longeant les rivières des forêts. Il est probable qu'il se nourrissait de feuilles, de jeunes pousses, de fruits et de diverses plantes.

Les bras étaient plus longs que les pattes, ce qui laisse à penser qu'*Oreopithecus* passait le plus clair de son temps dans les arbres et se déplaçait en se balançant de branche en branche à l'aide de ses bras. La forme de la colonne vertébrale et des os des hanches indique aussi que cet animal pouvait marcher ou du moins avancer en bondissant, dressé sur ses pattes arrière.

SUPER-FAMILLE DES HOMINOIDAE

Les hominidés actuels – le mot signifie « qui ressemblent à des humains » – sont les grands singes et notre propre espèce, *Homo sapiens.* Les hominidés se distinguent des singes de l'Ancien Monde dans la mesure où leur queue tend à disparaître et où leurs bras et leurs épaules se développent de façon à leur permettre la brachiation, à savoir le fait de se balancer de branche en branche.

Outre les gibbons (hylobatidés) et les hominidés (êtres humains et grands singes), on trouve dans cette super-famille les pliopithécidés, une espèce éteinte qu'il faut rattacher aux hylobatidés, comme les gibbons.

SOUS-FAMILLE DES PLIOPITHECIDEA

Si les pliopithécidés avaient conservé certaines caractéristiques primitives, notamment un museau long, une petite boîte crânienne et, parfois, une queue, il s'agit de la première famille de « véritables » grands singes. On trouve en effet chez eux la forme des dents et la vision stéréoscopique des grands primates. Les pliopithécidés sont sans doute apparus en Afrique, vers l'Oligocène inférieur, il y a 35 millions d'années. Ils se sont éteints au Miocène, il y a 10 millions d'années.

NOM : *Propliopithecus*
ÉPOQUE : Oligocène moyen
RÉPARTITION : Afrique (Égypte)
TAILLE : 40 cm de long

À l'Oligocène moyen, il y a plus de 27 millions d'années, la région de Fayoum, à l'est du Caire, n'était pas le désert poussiéreux qu'elle est devenue. Le Nil formait un delta marécageux, près de la côte de la mer de Thétys, aujourd'hui disparue. Dans ce delta, la forêt abritait de nombreuses espèces tropicales, notamment plusieurs singes primitifs comme

Propliopithecus et *Aegyptopithecus*. (Si ces deux noms s'appliquent à la même espèce, il faut utiliser le premier en priorité.).

Propliopithecus était essentiellement quadrupède. De la taille d'un petit gibbon, il courait à 4 pattes sur les branches des arbres comme les macaques actuels.

Les yeux étaient logés dans des orbites bien développées et leur orientation frontale permettait la vision stéréoscopique. La dentition, adaptée à un régime alimentaire frugivore, est celle des grands singes. *Propliopithecus* mangeait aussi des insectes, voire de petits vertébrés.

NOM : *Pliopithecus*
ÉPOQUE : du Miocène moyen au Miocène supérieur
RÉPARTITION : Europe (France et Tchécoslovaquie)
TAILLE : 1,20 m de haut

Il est peu probable que *Pliopithecus* ait été l'ancêtre des gibbons, comme on le croyait autrefois. Il existe toutefois des points communs entre ces espèces, qui ont probablement un ancêtre commun au Miocène inférieur. La lignée des gibbons pourrait remonter jusqu'à *Propliopithecus*, il y a plus de 30 millions d'années. *Pliopithecus* a vécu entre 16 et 10 millions d'années, lorsque la Terre était la « planète des singes » : 30 espèces différentes, pour la plupart aujourd'hui éteintes, se partageaient le globe.

Pliopithecus, de la taille d'un gibbon, avait un petit visage, de grands yeux et des canines acérées. Le tronc était long et les membres se terminaient par de longues mains et de longs pieds. Cette espèce aurait même pu être capable de se déplacer de branche en branche en balançant les bras. Par ailleurs, les bras et les pattes avaient à peu près les mêmes proportions (alors que les bras sont démesurément plus allongés que les pattes chez le gibbon). Il avait aussi une queue, composée de 10 vertèbres ou plus. La vision stéréoscopique n'était sans doute pas parfaite, parce que les orbites ne sont pas entièrement orientées vers l'avant.

NOM : *Dendropithecus*
ÉPOQUE : du Miocène inférieur au Miocène moyen
RÉPARTITION : Afrique de l'Est (Kenya)
TAILLE : 60 cm de haut

Il est désormais reconnu que l'ancêtre du gibbon n'était pas *Pliopithecus* mais l'un de ses ascendants, *Micropithecus*, *Limnopithecus* ou *Dendropithecus*, tous des grands singes d'Afrique de l'Est, mais de petite taille. Des ossements de *Dendropithecus* (« singe des arbres ») remontent au Miocène moyen et au Miocène inférieur, c'est-à-dire qu'ils auraient entre 15 et 20 millions d'années. Si ses bras s'étaient raccourcis et sa queue allongée par rapport à *Pliopithecus*, et s'il n'était probablement pas plus adapté à la brachiation, *Dendropithecus* ressemblait au gibbon, en matière de régime alimentaire. *Dendropithecus* vivait probablement dans les forêts denses, se nourrissant de fruits, de feuilles et de fleurs, comme le gibbon moderne.

Famille des Hominidés

Cette famille fait le lien entre les êtres humains (sous-famille des hominidés) et les grands singes actuels (sous-famille des pongidés) et leurs nombreux ancêtres fossiles. Les relations au sein de ce grand groupe sont redéfinies en permanence et font encore l'objet de nombreux débats. À mesure que de nouveaux fossiles sont découverts, on en apprend un peu plus sur l'histoire encore très fragmentaire aussi bien de l'espèce humaine que des grands singes.

Les hominidés comprennent les plus grands primates connus à l'heure actuelle, même si certaines espèces éteintes, *Gigantopithecus*, par exemple, les égalaient en taille. Les découvertes fossiles et le principe de l'horloge moléculaire, un système de datation reposant sur la vitesse des transformations génétiques, ont permis d'affirmer que les hominidés étaient apparus en Afrique il y a au moins 17 millions d'années.

Cette famille s'est ensuite scindée en deux groupes. Les pongidés ont quitté l'Afrique assez vite pour migrer vers l'Asie, où ils sont aujourd'hui représenté par les orangs-outangs, une espèce en danger. Les hominidés sont restés en Afrique jusqu'à une période plus récente.

GRANDS SINGES SUITE

SOUS-FAMILLE DES PONGINAE

Cette famille comprend les grands singes actuels et fossiles. Ces animaux sont presque bipèdes, à savoir qu'ils marchent à 4 pattes et parfois debout sur leurs 2 pattes arrière. Ils n'ont plus de queue. Aujourd'hui, le territoire des pongidés se limite à l'Afrique équatoriale et à l'Asie du Sud-Est, où l'on trouve deux espèces de chimpanzés et une seule espèce de gorille et d'orang-outang.

Les pongidés était autrefois une famille beaucoup plus riche, aussi bien par le nombre de ses espèces que par son importante répartition géographique. Les premières espèces sont apparues au Miocène inférieur, il y a 25 millions d'années.

Autrefois, pratiquement chaque nouveau spécimen d'hominidé était considéré comme représentant un genre à part, auquel on donnait un nouveau nom. Cette méthode prêtait à confusion et a sans aucun doute contribué à freiner la compréhension des grandes lignées de l'évolution des hominidés. Aujourd'hui, il est toujours plus largement reconnu que ces espèces « quasi-humaines » étaient étroitement liées malgré les différences subtiles de leur anatomie et qu'elles devraient peut-être être considérées comme les membres d'un seul genre. Après tout, il existe des différences anatomiques parfois très importantes entre les êtres humains et pourtant, nous appartenons tous à la même espèce.

Il y a encore quelques années, on supposait que les grands singes avaient divergé de la lignée ayant donné naissance aux australopithèques et aux êtres humains, il y a entre 15 et 20 millions d'années. Toutefois, selon des études biochimiques, cette période serait beaucoup trop longue.

Des études ont été réalisées dans les systèmes immunitaires humains et simiens, et dans les différences structurelles de l'ADN et de protéines complexes telles que l'hémoglobine contenue dans les cellules sanguines. Compte tenu de certaines hypothèses raisonnables relatives à la vitesse de transformation spontanée de ces molécules, il semble que les gibbons aient divergé de leur lignée ancestrale il y a 10 millions d'années et les orangs-outangs un peu plus tard.

Ces études ont surtout surpris par les relations qu'elles ont révélées entre les hommes d'aujourd'hui et les grands singes que sont les chimpanzés et les gorilles. Si, à la surface, nous nous distinguons facilement de ces singes, en fait, nos systèmes biochimiques sont beaucoup trop semblables pour que la divergence dans l'évolution soit supérieure à 5 à 8 millions d'années.

Cette théorie sur les liens de parenté entre les grands singes et l'homme reste controversée, principalement à cause de la découverte d'australopithèques fossiles vieux de 3,5, voire 4 ou 5 millions d'années. Or, ces fossiles ressemblent beaucoup trop à des humains et pas assez à des singes pour avoir pu évoluer de la sorte en quelques millions d'années seulement.

NOM : *Dryopithecus*

ÉPOQUE : Miocène

RÉPARTITION : Europe (France et Grèce), Asie (Caucase) et Afrique (Kenya)

TAILLE : 60 cm de long

Les lignées évolutives ayant donné naissance aux grands singes actuels et à *Homo sapiens* remontent peut-être à *Dryopithecus* (« singe des arbres »), qui a vécu il y a entre 12 et 9 millions d'années.

Dryopithecus est apparu en Afrique de l'Est, où les fossiles les plus anciens ont été découverts. De là, il a migré vers l'Europe et l'Asie (en particulier sur la rive orientale de la Méditerranée) lorsque le continent africain a fusionné avec l'Eurasie.

Les membres de *Dryopithecus*, qui rappellent ceux du chimpanzé, montrent qu'il était probablement quadrupède, mais savait aussi marcher debout. Son poignet ressemblait plus à celui d'un petit singe qu'à celui d'un grand singe. Il s'appuyait donc sur le plat de la main, et non sur les phalanges comme le chimpanzé. Sa tête aussi rappelait celle d'un chimpanzé, bien qu'elle soit dépourvue des arcades sourcilières basses caractéristiques.

Dryopithecus était, à n'en pas douter, un bon grimpeur vivant dans les arbres et mangeant des fruits, car l'émail qui recouvrait ses dents était beaucoup trop mince pour mâcher des aliments plus durs. Toutefois, à l'époque, les forêts s'éclaircissaient, laissant apparaître de grandes prairies. On peut donc en déduire que *Dryopithecus* se déplaçait aussi sur les prairies, sans doute en groupe.

NOM : *Sivapithecus*

ÉPOQUE : du Miocène moyen au Miocène supérieur

RÉPARTITION : Europe du Sud-Est, Asie et Afrique (Kenya)

TAILLE : 1,50 m de haut

Avec son visage d'orang-outang, ses pieds de chimpanzé et ses poignets pouvant faire des rotations, *Sivapithecus* est le représentant de la période transitoire entre la vie arboricole et la vie terrestre. La présence d'une queue est hypothétique. En revanche, celle de *Ramapithecus*, plus petit (possibilité de quelques différences physiques en fonction du sexe), est aussi plus réaliste.

La dentition révèle le mode de vie de *Sivapithecus*. Les grandes canines et les molaires recouvertes d'une épaisse couche d'émail prouvent qu'il consommait surtout des graines, des tiges et des racines. On pense donc qu'il vivait plutôt dans les prairies que dans la forêt, plus riches en fruits et en feuilles.

Il est évident que *Sivapithecus* consommait des végétaux plus secs et plus durs que *Dryopithecus*. On sait que des changements climatiques se produisirent à cette époque (entre 15 et 7 millions d'années). Les forêts reculaient, et les grandes prairies gagnaient du terrain, favorisant ainsi les animaux les plus adaptés à ce nouvel environnement.

Du fait des découvertes importantes de fossiles en Inde, on l'a appelé *Sivapithecus* en l'honneur de Siva, parfois appelée « dieu des bêtes ».

NOM : *Gigantopithecus*

ÉPOQUE : du Miocène supérieur au Pléistocène moyen

RÉPARTITION : Asie (Chine, Inde, Pakistan)

TAILLE : 3 m de haut

Cet animal immense était en quelque sorte le King Kong de la préhistoire. Il devait peser 300 kg. Proche parent de *Sivapithecus*, on le connaît surtout grâce aux fragments de mâchoires et de dents, deux fois plus grands que celles d'un gorille actuel. On s'intéressa à cette espèce lorsqu'un paléontologue trouva 4 de ses molaires dans un magasin de Hongkong, dans les années 1930. Vers 1950, des mâchoires inférieures complètes furent découvertes.

Gigantopithecus était un animal terrestre, qui ressemblait sans doute à un gorille malgré une mâchoire plus courte et des incisives et des canines relativement petites. Il se nourrissait probablement de racines, de tubercules et de graines, mais aussi de petits vertébrés.

Gigantopithecus a certainement survécu jusqu'au Pléistocène, il y a environ un million d'années, peut-être même jusqu'à une époque plus récente. Certains pensent qu'il existe encore aujourd'hui. Ce serait le mystérieux yeti qui vivrait dans les cols rocheux et les versants inaccessibles de l'Himalaya, où il aurait parfois été observé.

NOM : *Ramapithecus*

ÉPOQUE : du Miocène moyen au Miocène supérieur

RÉPARTITION : Asie (Pakistan) et Afrique (Kenya)

TAILLE : 1,20 m de haut

Ramapithecus, du nom de Rama, le dieu hindou de la chevalerie et de la vertu, était considéré à l'origine comme un parent proche de *Sivapithecus*; on sait désormais qu'il s'agit d'une espèce bien distincte. Les squelettes que l'on a retrouvés révèlent un animal plus petit que *Sivapithecus*. Aujourd'hui, on pense qu'il s'agit d'un dimorphisme sexuel, à savoir qu'il se serait agi de femelles *Sivapithecus* ou d'espèces similaires.

Si les coudes de *Ramapithecus* ressemblaient à ceux des grands singes actuels, les os des bras étaient assez primitifs. On pense notamment que ce singe ne se balançait pas de branche en branche. Le visage et le crâne présentent des points communs avec ceux de l'orang-outang. Le développement de ces deux espèces serait donc lié. Dans ce cas, cette lignée pourrait donner des indications précieuses concernant l'évolution des grands singes.

Les fossiles les plus anciens des hominoïdés eurasiens du Miocène supérieur (notamment *Sivapithecus* et *Dryopithecus*) remontant à 12,5 millions d'années ont été trouvés dans les couches sédimentaires de Siwalik, au Pakistan. Des couches plus anciennes ne révèlent pas la présence d'hominidés. On estime donc que la lignée des orangs-outangs a divergé des hominidés bipèdes africains et des grands singes il y a 12,5 millions d'années. Cette information permet de « calibrer » l'horloge moléculaire et d'établir ainsi la distance génétique séparant les orangs-outangs des lignées africaines des grands singes et des hommes.

HOMMES

Les principales caractéristiques de l'évolution humaine ou de cette « hominisation » qui a fait tellement couler d'encre, intègre des éléments physiques et culturels. Au fur et à mesure de cette « transformation » du singe en homme, les différences anatomiques ont perdu de l'importance par rapport aux modes de vie, à l'exploitation de l'environnement et aux relations interpersonnelles. Les principaux changements physiques sont les suivants : acquisition de la station debout, de la bipédie, allongement des jambes par rapport aux bras et réduction de la taille du gros orteil; élargissement du bassin et des voies génitales autorisant la naissance de bébés au cerveau plus gros, amélioration de la dextérité du fait de l'allongement du pouce et acquisition de la « préhension fine », permettant de tenir des objets entre le pouce et l'index, enfin, modifications de la tête.

Par rapport à des primates moins évolués, les hominidés ont des mâchoires et des dents plus petites, un visage plus plat et des dents à l'émail plus épais. L'os épais de l'arcade sourcilière a disparu, ainsi que la crête au sommet du crâne. Le cerveau, plus grand par rapport au reste du corps, présente aussi une structure plus complexe.

Parmi les évolutions culturelles, il faut noter la formation de groupes, la collaboration, la fabrication d'outils, la maîtrise du feu, la création de sculptures, de peintures et l'apparition de rites funéraires.

Chacun de ces développements doit être pris dans un ensemble relationnel complexe. Ainsi, la libération des mains utilisées avant pour la locomotion permet de fabriquer plus facilement des outils, ce qui favorise une meilleure coordination des yeux et de la main et donc le développement du cerveau. L'utilisation d'outils contribue beaucoup à améliorer les soins apportés à la progéniture, l'organisation sociale et la communication. Un groupe social uni à long terme, qui s'occupe plus longtemps de sa progéniture et soutient ses membres pendant toute leur vie est plus capable d'acquérir, de partager et d'accumuler de l'expérience. Des groupes qui coopèrent étroitement peuvent améliorer la conception et la fabrication de leurs outils.

De nombreux développements culturels fondamentaux, notamment le langage et les structures sociales, ne fossilisent pas. Les paléontologues sont donc obligés de procéder à des déductions en se fondant sur des activités qui ont laissé des traces, par exemple les rites funéraires. C'est justement parce que ces preuves ont été sélectionnées avec autant de soin qu'il faut être très vigilant en ce qui concerne leur interprétation. Il est facile de se laisser envahir par ses préjugés lorsque l'on cherche à se faire une image précise du passé. On sait beaucoup de choses sur les outils en pierre, mais pratiquement rien sur ceux qui auraient été fabriqués avec des matériaux d'origine végétale ou animale, sacs ou porte-bébés en cuir ou en fibres tressées par exemple. Ces préjugés peuvent nous induire en erreur, aussi bien pour le régime alimentaire de nos ancêtres que sur leur vie sociale : si l'on pense que la chasse était une activité importante, par exemple, on ne s'interrogera pas sur le rôle que pouvait avoir la cueillette.

SOUS-FAMILLE DES HOMININAE

Cette sous-famille regroupe les hommes, leurs ancêtres fossiles et l'espèce éteinte des australopithèques ou « singes du Sud », ainsi nommés parce que leurs restes fossilisés ont été découverts en Afrique australe. Depuis la découverte du premier australopithèque dans les années 1920 par Raymond Dart, de nombreux autres vestiges datant du Pliocène et du Pléistocène inférieur ont été trouvés en Afrique australe et orientale. C'est aussi dans cette région qu'a été découvert le premier « homme », *Australopithecus ramidus*, âgé de 4,4 millions d'années.

NOM : *Australopithecus afarensis*

ÉPOQUE : Pliocène moyen

RÉPARTITION : Afrique (Éthiopie et Tanzanie)

TAILLE : 1,20 m environ

Australopithecus afarensis, dont le nom signifie « singe austral d'Afar », est âgé de 3,5 millions d'années. Les squelettes partiels de cet être humain, trouvés dans le Triangle d'Afar, au nord de l'Éthiopie, correspondent à des empreintes de pieds légèrement plus anciennes, découvertes dans des cendres volcaniques près de Laetoli, en Tanzanie. Lorsque ces ossements furent dégagés, en 1974, ce premier squelette fut baptisé « Lucy », du nom d'une chanson des Beatles.

Les adultes étaient petits et ne dépassaient pas, en taille et en poids, les mensurations d'un enfant contemporain de 6 ans. Le crâne et la face ressemblaient à ceux d'un chimpanzé, avec des arcades sourcilières proéminentes, mais le cerveau était relativement plus volumineux (environ 400 cm³). Les incisives de Lucy étaient cassées, ce qui signifie qu'elle s'en servait probablement pour saisir des objets.

Les hanches étaient assez étroites, ce qui signifie que les bébés avaient sans doute une tête plus petite que ceux d'aujourd'hui, mais l'anatomie était tout à fait « humaine ». La structure des jambes a révélé que Lucy était parfaitement bipède. Elle marchait debout, le dos légèrement voûté, mais avait perdu le balancement caractéristique des chimpanzés. Les traces de pas confirment que les pieds étaient pratiquement les mêmes que les nôtres. Ils étaient cependant dépourvus du coussinet que l'on trouve sous le gros orteil, ce qui donnait sans doute à Lucy une démarche un peu claudicante.

En raison de ses caractéristiques simiesques et humaines, Lucy pourrait être l'ancêtre des hommes d'aujourd'hui comme des australopithèques. Selon des découvertes récentes, *A. afarensis* serait le plus ancien australopithèque. En 1995, deux autres espèces, *A. anamensis* et *A. ramidus*, étaient découverts dans la région de Turkana, en Afrique de l'Est, dans des gisements datant respectivement de 4 et de 4,5 millions d'années.

NOM : *Australopithecus africanus*

ÉPOQUE : Pliocène supérieur

RÉPARTITION : Afrique (Éthiopie, Kenya, Afrique du Sud, Tanzanie)

TAILLE : 1,30 m

La découverte du crâne d'un enfant d'*Australopithecus africanus* (« singe austral d'Afrique »), dans le Transvaal, en 1924, n'avait pas suscité beaucoup d'intérêt à l'époque, les anthropologues pensant alors qu'un fossile découvert quelques années plus tôt à Piltdown, dans le sud de l'Angleterre, dévoilerait le secret des origines de l'homme. Or, il s'avéra plus tard que ce fossile était un faux.

Aujourd'hui, *Australopithecus africanus* est considéré comme un homme à part entière, qui descendait probablement d'*A. afarensis* et était l'ancêtre d'*A. robustus.*

Cet hominidé a vécu il y a entre 3 et 2,5 millions d'années. Si nous ne descendons pas en droite ligne d'*A. africanus*, il est pourtant l'un de nos ancêtres indirects. Le cerveau est petit par rapport aux normes actuelles, puisqu'il ne dépassait pas le volume de celui d'un chimpanzé (400 cm^3 au plus) et le visage est encore muni de mâchoires lourdes et simiesques. Si les canines sont relativement grandes, le reste de la dentition est assez « humaine ».

Comme *Australopithecus afarensis*, *A. africanus* était une créature menue, pesant environ 30 kg et ayant adopté la bipédie. Son mode de vie mérite toutefois plus d'attention que son anatomie. Selon certains spécialistes, *A. africanus* aurait quitté les forêts pour s'établir dans la savane. Capable de fabriquer des outils, il aurait également adopté des techniques de chasse reposant sur la collaboration : un groupe d'individus pourchassait, puis tuait un animal ou bien éloignait d'autres prédateurs. Certains experts remettent en question ces théories. Les « outils » en os semblent tellement mal formés qu'il ne s'agirait peut-être que des reliefs du repas d'une hyène.

NOM : *Australopithecus robustus*

ÉPOQUE : du Pliocène supérieur au Pléistocène inférieur

RÉPARTITION : Afrique (Afrique du Sud et Tanzanie)

TAILLE : 1,60 m

Australopithecus robustus, qui représente une branche de l'évolution humaine, était, comme son nom l'indique, un australopithèque massif ayant vécu il y a entre 2,5 et 1 millions d'années. S'il est très probable qu'il soit descendu de *A. africanus*, ses liens de parenté avec d'autres australopithèques contemporains tels que *A. boisei* et *A. aethiopicus* demeurent une énigme.

En dehors de sa constitution assez massive (il ne pesait pourtant que 50 kg), *A. robustus* se distinguait des autres australopithèques par sa face simiesque, ses mâchoires massives et son cerveau plus gros (environ 500 cm^3).

Comme les espèces apparentées, *Australopithecus robustus* semble avoir quitté les forêts pour s'établir dans les plaines. Probablement végétarien, il était plutôt la proie que le prédateur dans l'écosystème de l'époque. En effet, la plupart des squelettes les mieux conservés proviennent de spécimens tués par des carnivores. Ainsi, un crâne brisé de *A. robustus* porte des marques de dents dont les dimensions correspondent exactement à celles d'un guépard.

Les très grandes mâchoires d'*Australopithecus robustus* étaient actionnées par des muscles puissants, attachés à une crête osseuse située au sommet du crâne, une caractéristique physique ayant donné lieu à l'un de ses surnoms : casse-noisettes.

HOMMES SUITE

Genre *Homo*

Des fossiles découverts en Afrique montrent que les « vrais » êtres humains, classés dans le genre *Homo*, sont apparus il y a plus de 2 millions d'années et descendaient soit de *Australopithecus afarensis*, soit de *A. africanus*. Ces premiers hommes, qui se sont distingués par la fabrication d'outils en pierre, étaient représentés par au moins trois espèces distinctes et contemporaines en Afrique, à l'époque : *H. rudolfensis*, *H. ergaster*, *H. habilis* et probablement *H. erectus*. L'apparition de l'homme moderne remonte à 500 000 ans, avec *H. heidelbergensis*, dont descend l'homme de Néandertal, puis *H. sapiens*, il y a environ 40 000 ans.

Les analyses d'ADN sur tous les groupes d'hommes actuels montrent que nous faisons partie de la même espèce et que nous avons tous le même ancêtre, peut-être un *H. heidelbergensis* africain.

NOM : *Homo habilis*

ÉPOQUE : Pléistocène inférieur

RÉPARTITION : Afrique (Éthiopie, Kenya, Tanzanie, probablement Afrique du Sud) et probablement Asie du Sud-Est

TAILLE : 1,20 à 1,50 m

Il y a entre 2 et 1,5 millions d'années, plusieurs espèces d'hominidés vivaient en Afrique de l'Est. Certaines étaient suffisamment proches de l'homme moderne pour être rattachées au genre *Homo*. Le lien de parenté entre *H. habilis* et les autres espèces du genre *Homo* n'est toutefois pas très clair.

Homo habilis était encore relativement menu. Ses mâchoires et ses arcades sourcilières se sont affinées. Sa tête est également plus grande que celle de ses prédécesseurs, tout comme son cerveau (environ 800 cm^3 au maximum). Le cerveau a d'ailleurs une structure plus complexe. En l'analysant, on a découvert que *H. habilis* était peut-être doué de la parole.

La caractéristique de *Homo habilis*, comme l'indique son nom d'« homme habile », était sa capacité à fabriquer et à utiliser des outils dans la pierre dont il enlevait des éclats pour la rendre coupante. Certains indices laissent à penser que ce premier homme aurait construit des huttes rudimentaires, consommé des charognes et chassé du gibier.

NOM : *Homo erectus*

ÉPOQUE : du Pléistocène inférieur au Pléistocène moyen

RÉPARTITION : Afrique (Tanzanie, Afrique du Sud et Algérie), Europe (Allemagne, Espagne, France, Grèce et Hongrie) et Asie (Java et Chine)

TAILLE : environ 1,60 m

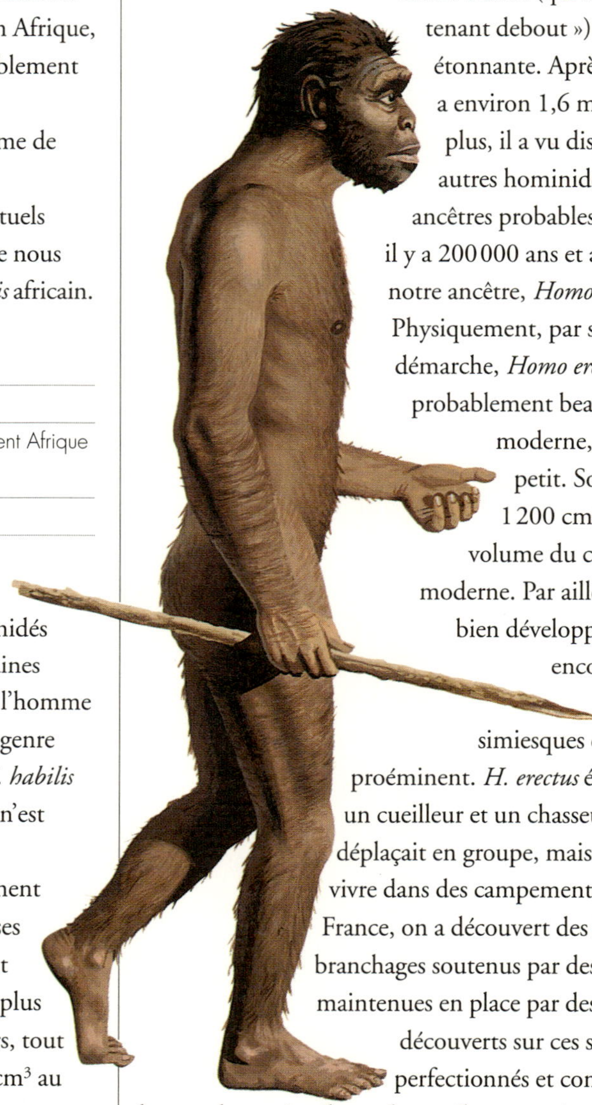

Homo erectus (qui signifie « homme se tenant debout ») a connu une réussite étonnante. Après son apparition, il y a environ 1,6 millions d'années ou plus, il a vu disparaître tous les autres hominidés, y compris ses ancêtres probables. Il a survécu jusqu'à il y a 200 000 ans et a donné naissance à notre ancêtre, *Homo heidelbergensis*. Physiquement, par sa posture et sa démarche, *Homo erectus* ressemblait probablement beaucoup à l'homme moderne, quoiqu'un peu plus petit. Son cerveau de 950 à 1 200 cm^3 atteignait presque le volume du cerveau de l'homme moderne. Par ailleurs, le langage était bien développé. La tête portait encore les lourdes arcades sourcilières simiesques et le maxillaire proéminent. *H. erectus* était à n'en pas douter un cueilleur et un chasseur nomade qui se déplaçait en groupe, mais il lui arrivait aussi de vivre dans des campements. Dans le sud de la France, on a découvert des huttes faites de branchages soutenus par des bâtons et maintenues en place par des pierres. Les outils découverts sur ces sites étaient perfectionnés et comprenaient des lances, des projectiles et des outils servant à couper, à gratter et à hacher, faits aussi bien en bois, en pierre, en corne, qu'en os. *H. erectus* les aurait utilisés pour cuire sa nourriture et pour se défendre.

Il y environ 500 000 ans, *H. erectus* quittait son lieu de naissance en Afrique pour s'établir dans toutes les zones tropicales, subtropicales et tempérées de l'Ancien Monde. Des vestiges de cet hominidé ont été découverts à des endroits si différents que des noms scientifiques très variés lui ont été donnés : homme de Java et de Pékin, picanthrope (« homme-singe »), sinanthrope (« homme de Chine ») et paléanthrope (« homme ancien »).

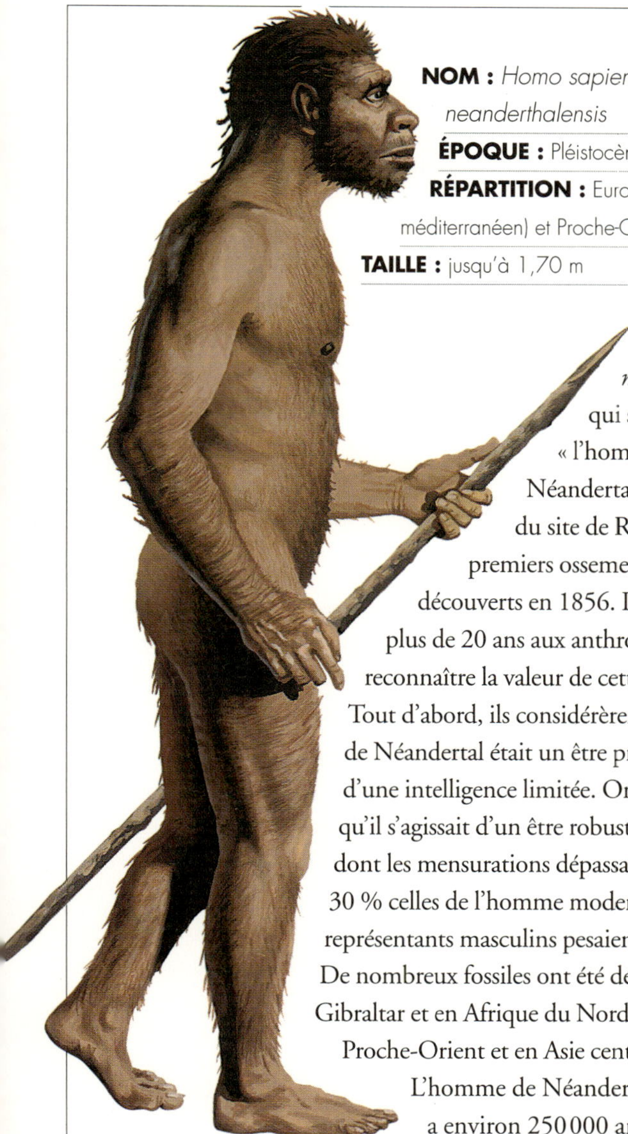

NOM : *Homo sapiens neanderthalensis*
ÉPOQUE : Pléistocène supérieur
RÉPARTITION : Europe (bassin méditerranéen) et Proche-Orient (Israël)
TAILLE : jusqu'à 1,70 m

Homo sapiens neanderthalensis, qui signifie « l'homme sage de Néandertal » tire son nom du site de Rhénanie, où les premiers ossements ont été découverts en 1856. Il a toutefois fallu plus de 20 ans aux anthropologues pour reconnaître la valeur de cette découverte. Tout d'abord, ils considérèrent que l'homme de Néandertal était un être primitif doté d'une intelligence limitée. On sait aujourd'hui qu'il s'agissait d'un être robuste et intelligent, dont les mensurations dépassaient d'environ 30 % celles de l'homme moderne. Les représentants masculins pesaient environ 90 kg. De nombreux fossiles ont été découverts à Gibraltar et en Afrique du Nord, mais aussi au Proche-Orient et en Asie centrale.

L'homme de Néandertal, apparu il y a environ 250 000 ans, a prospéré pendant le réchauffement de la planète à la fin de la période glaciaire du Pléistocène. Il s'est éteint il y a 30 000 ans environ. Jusqu'à une période récente, on pensait que les néandertaliens s'étaient mélangés aux peuplades plus avancées venues d'Afrique du Nord. Il semble plus plausible que cette famille corresponde à une branche latérale éteinte du genre ayant donné naissance à l'homme moderne. Des échantillons d'ADN prélevés sur des fossiles néandertaliens ont révélé que les hommes modernes n'en ont hérité aucun trait génétique. Apparemment, les hommes de Néandertal et ceux de Cro-Magnon remplacés ensuite par l'homme moderne ne se mélangèrent pas alors qu'ils furent contemporains dans certaines zones pendant environ 10 000 ans. L'ADN analysé a aussi révélé que les néandertaliens et l'homme moderne avaient un ancêtre commun, *Homo heidelbergensis*, il y a environ 500 000 ans.

Au nord des Pyrénées, les populations néandertaliennes ont adopté des comportements « perfectionnés » de l'homme de Cro-Magnon, contrairement à ceux restés au sud de cette chaîne montagneuse. L'homme de Néandertal s'est éteint il y a entre 34 000 et 3 000 ans, pour des raisons qui demeurent obscures. L'homme de Néandertal était petit et robuste. Ses mains et ses articulations sont grandes, sa tête aplatie, son nez bulbeux ou plat et ses arcades sourcilières proéminentes. Le cerveau dépassant généralement 1 400 cm^3 était plus gros que celui de l'homme moderne.

Il n'était pas aussi « primitif » que ce que l'on pensait autrefois, ses outils étant très perfectionnés. Les néandertaliens auraient eu un embryon de culture religieuse. Ainsi, ils ensevelissaient leurs morts et vouaient un culte à l'ours des cavernes *Ursus spelaeus* (voir page 217).

NOM : *Homo sapiens « Cro-Magnon »*
ÉPOQUE : du Pléistocène supérieur aux temps historiques
RÉPARTITION : mondiale
TAILLE : 1,50 m à 1,80 m

La sous-espèce moderne de *Homo sapiens* est présente dans le monde entier depuis son apparition, il y a environ 35 000 ans. Des objets et des peintures rupestres découverts dans le centre de la France, qui remontent à 30 000 ans environ, témoignent de sa sophistication culturelle. Les vestiges de l'« homme de Cro-Magnon » révèlent l'existence d'un système tribal et montrent qu'ils fabriquaient des outils, pratiquaient la cueillette, la chasse, la pêche et avaient peut-être commencé à domestiquer certains animaux. Ils construisaient des abris et fabriquaient des vêtements pour résister à la dernière période glaciaire du Pléistocène. Il y a environ 10 000 ans, les populations dispersées sur l'ensemble de la planète se fixèrent et commencèrent à pratiquer l'agriculture. Des animaux – cochons et moutons notamment – furent domestiqués, des semences plantées, la sédentarisation apparut et les populations augmentèrent. C'est la capacité d'*Homo sapiens* à modifier son environnement qui lui a permis d'occuper sa position dominante dans la nature.

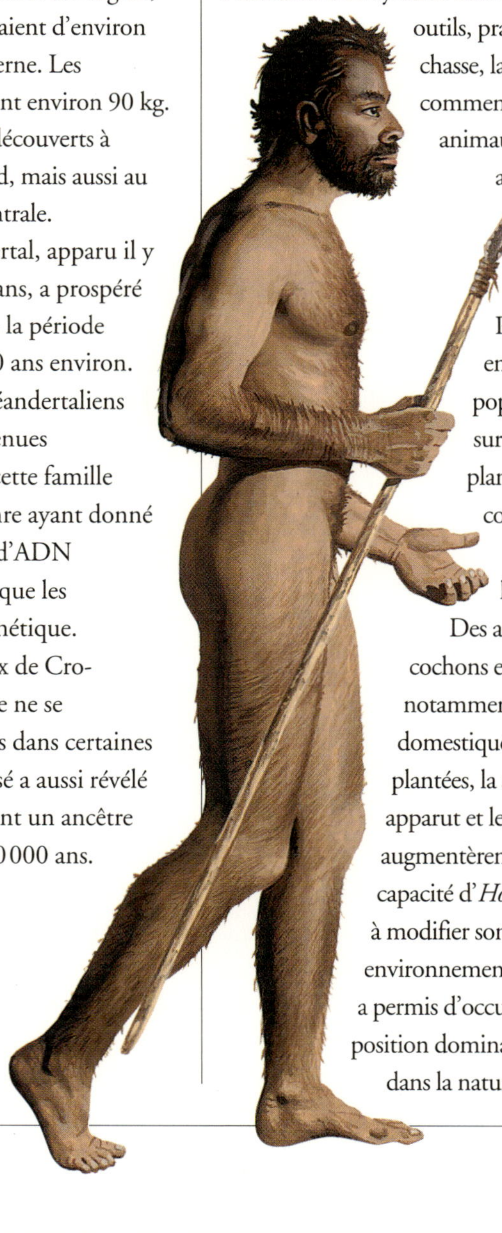

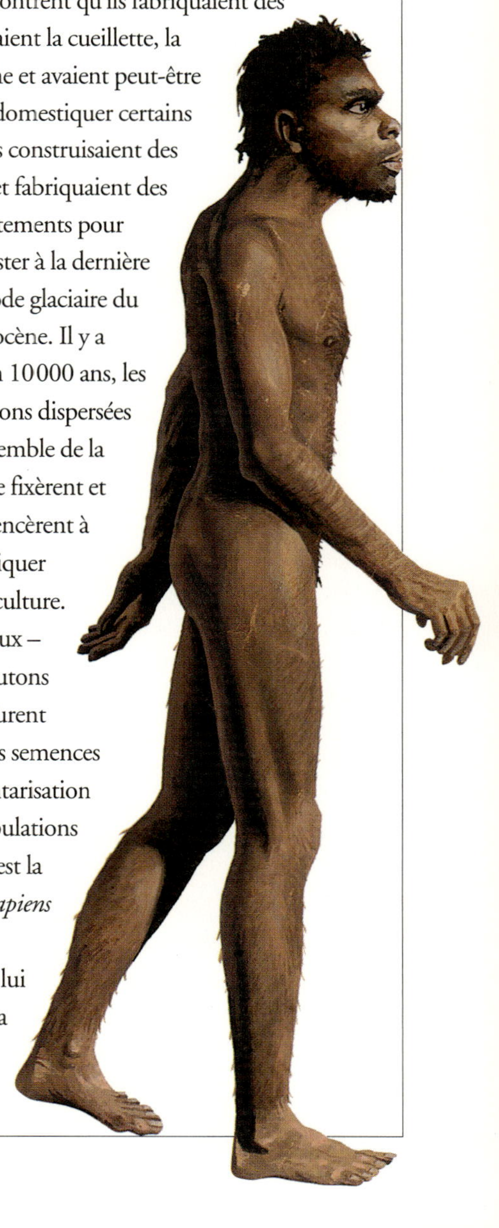

GLOSSAIRE

ADAPTATION : modification d'un organisme ou de son mode de vie afin de mieux s'intégrer dans son environnement.
ÂGE GLACIAIRE : période de refroidissement des climats pendant lequel les surfaces terrestres sont recouvertes de glace et de neige. La dernière période glaciaire eut lieu au Pléistocène - il y a 2 millions d'années environ, mais il y en eut bien d'autres à travers les âges. Ces périodes étaient généralement interrompues par des périodes plus chaudes, appelées époques interglaciaires.
ATROPHIE : dépérissement, évolution vers le statut de vestige inutile.

BENTHIQUE : vivant sur les fonds, en eau douce ou salée.
BIPÈDE : animal ayant la capacité de se tenir, marcher et courir sur deux pattes.
BRACHIATION : action de se déplacer de branche en branche à l'aide des mains.

CALCAIRE LITHOGRAPHIQUE : roche sédimentaire du Jurassique. On la trouve principalement dans le sud de l'Allemagne. Les fossiles qui y sont conservés présentent généralement beaucoup de détails.
CALCIFICATION : action du phosphate de calcium sur les cartilages au cours du processus d'ossification.
CANINE : dents pointues des mammifères situées entre les prémolaires et les incisives.
CARNIVORE : animal se nourrissant de chair.
CARPIEN : voir *Membre pentadactyle.*
CARTILAGE : matière souple constituant le squelette chez de nombreux poissons. On le trouve également dans les articulations des vertébrés. Il peut être renforcé par le processus de la *calcification.*
CAUDAL : se rapportant à la queue.
CERVICAL : se rapportant au cou.
CHAROGNARD : animal se nourrissant de la chair d'animaux morts qu'il n'a pas tué.
CLASSE : groupe d'animaux à la morphologie similaire. Une classe contient plusieurs *ordres.* Des classes voisines constituent un *Embranchement.*
COLONISATION : invasion d'une nouvelle *niche écologique.*
COLONNE VERTÉBRALE : groupe d'os et de cartilage entourant l'épine dorsale.
COPROLITE : déjection animale fossilisée.
CORNE : matière solide constituée de *kératine* protéique. Se dit d'une excroissance osseuse sur le crâne lorsque celle-ci est recouverte de corne (la vache). Si cette excroissance ne possède pas de couche cornée, on parle d'andouillers (par exemple chez le cerf) ou d'ossicônes (chez la girafe).
COURONNE : partie de la dent sortant de la gencive, normalement couverte d'émail.
CRANIEN : se rapportant au crâne.
CUSPIDE : pointe de la dent d'un mammifère.

DENTICULE : écaille en forme de pointe chez de nombreux poissons. Peut être recouvert d'émail.
DENTS CARNASSIÈRES : *dents jugales* ayant pris une forme tranchante.
DENTS JUGALES : dents situées au niveaux des joues, notamment les *prémolaires* et les *molaires* des mammifères.
DÉRIVE DES CONTINENTS : voir *Tectonique des plaques.*
DIAPHRAGME : ensemble de muscles et de tendons séparant le thorax de l'abdomen et dont le mouvement aide à la respiration. On ne le trouve que chez les mammifères.
DIASTÈME : écart entre deux dents. Sert notamment à différencier les fonctions de morsures et de mastications chez les herbivores.
DIGITIGRADE : possibilité qu'a un animal de marcher en s'appuyant sur ses doigts, sans poser la plante du pied au sol. Voir aussi *Plantigrade* et *Onguligrade.*
DULCICOLE : vivant en eau douce. Synonyme de dulçaquicole.

ÉMAIL : surface solide recouvrant les *couronnes,* composée de sels de calcium.
EMBRANCHEMENT : voir *Phylum.*
ENVIRONNEMENT : ensemble des conditions naturelles susceptible d'agir sur les organismes vivants.
ESPÈCE : groupe d'individus viables pouvant se croiser. Des espèces similaires forment un genre.
EURAMÉRIQUE : continent primitif. Voir également *Tectonique des plaques.*
ÉVOLUÉ (structure d'un animal) : s'oppose à primitif. Se dit d'un état plus avancé.
ÉVOLUTION CONVERGENTE : phénomène de l'évolution où deux groupes sans lien de parenté aucun évoluent de manière identique pour faire face à un environnement spécifique. Voir aussi *Évolution parallèle.*
ÉVOLUTION PARALLÈLE : comparaison des développements chez des organismes similaires soumis aux influences du même milieu.
Voir aussi *Évolution convergente.*

FAMILLE : groupement d'individus similaires. Elle comprend un ou plusieurs *genres.* Des familles proches forment un *ordre.*
FÉMUR : voir *Membre pendactyle.*

GÉNÉRALISTE (organisme) : individu ne présentant quasiment aucune évolution par rapport à ses ancêtres. Voir aussi *Primitif* et *Évolué.*
GENRE : groupement d'organismes similaires. Le genre contient une ou plusieurs espèces. Les noms scientifiques sont constitués du genre, en premier, et de l'espèce ensuite.
GLACIATION : voir *Âge glaciaire.*
GLANDE MAMMAIRE : glandes des mammifères femelles produisant du lait.
GONDWANA : voir *Tectonique des plaques.*

HERBIVORE : animal se nourrissant de substances végétales.
HYPERDACTYLIE : phénomène où un individu présente un nombre de doigts supérieur à la normale.
HYPERPHALANGIE : phénomène où un individu présente un nombre de phalanges supérieur à la normale.

ICHTHYOPHAGE : animal mangeant des poissons. Voir aussi *Piscivore.*
IGNÉE : roche formée par des matériaux en fusion provenant de couches terrestres éloignées.
INCISIVES : dents tranchantes placées sur le devant de la mâchoire.
INSECTIVORE : animal mangeant des insectes.

KÉRATINE : substance protéique formant les ongles, les sabots, les poils, les plumes et la couche externe de la corne.

LACERTIFORME : qui a une forme de lézard.
LATÉRAL : fait référence à l'un des côtés d'un individu.
LAURASIE : voir *Tectonique des plaques.*
LIGAMENT : fibres reliant les os et les articulations.
LIMIVORE : individus se nourrissant de débris organiques contenus dans le limon tapissant les cours d'eau.

MAMMIFÈRE PLACENTAIRE : se dit des femelles qui nourrissent leur fœtus par le placenta. Rassemble tous les mammifères actuels sauf les marsupiaux et les monotrèmes.

MANDIBULE : mâchoire inférieure.
MAXILLAIRE : plus grand os denté de la mâchoire supérieure.
MEMBRANE : fine couche de tissus.
MEMBRE PENTADACTYLE : membre à 5 doigts, structure basique des membres des *tétrapodes*. Est composé d'un os unique dans les parties supérieures (fémur, humérus), de 2 dans les parties inférieures (radius et cubitus, tibia et péroné) et de 5 dans les articulations du poignet et de la cheville (carpe, tarse). On trouve ensuite 5 os allongés dans les mains et les pieds (métacarpe et métatarse) ainsi que des doigts, constitués de phalanges mises bout à bout.
MICROPHAGE : individu se nourrissant de petites proies.
MOLAIRES : dents situées sur l'arrière des mâchoires des mammifères, servant à broyer.

NÉCROPHAGE : individu se nourrissant de la chair d'animaux qu'il n'a pas tué lui-même.
NEUROCRÂNE : boîte crânienne des poissons osseux, divisée en deux parties bien distinctes.
NICHE ÉCOLOGIQUE : position d'un individu dans son environnement. Est définie par plusieurs facteurs : l'alimentation, la prédation et la résistance aux changements climatiques. Elles sont exclusives ; deux espèces proches ne pouvant occuper la même niche écologique dans des régions similaires. Cependant une même niche pourra être occupée, dans des régions diverses, par des espèces différentes.

OMNIVORE : individu capable de se nourrir de substances d'origine animale ou végétale.
ONGULIGRADE : animal marchant avec des sabots.
OPPOSABLE (pouce) : capacité à toucher l'extrémité des autres doigts.
ORBITE : cavité du crâne renfermant le globe oculaire.
ORDRE : regroupement d'organismes similaires. Un ordre regroupe une ou plusieurs *familles*. Des ordres voisins constituent une *classe*.
OSSICÔNE : type de corne que l'on retrouve chez les girafes et certaines espèces fossiles. Composée d'os et recouverte en permanence d'une couche de peau. Voir aussi *corne*.
OSSIFICATION : processus de formation des os. Voir aussi *calcification*.
OVIPARE : individu pondant des œufs.

PALAIS : plaque osseuse qui se trouve dans la partie supérieure de la bouche.
PALAIS SECONDAIRE : plaque osseuse qui sépare la bouche du conduit nasal.
PALÉONTOLOGUE : scientifique étudiant la vie des écosystèmes fossiles.
PANGÉE : voir *Tectonique des plaques*.
PECTORAL : se rapportant aux épaules.
PÉLAGIQUE : individu vivant en mer mais ne restant pas sur les fonds. S'oppose à *benthique*.
PELVIEN : se rapportant aux hanches.
PENTADACTYLE : voir *Membre pentadactyle*.
PÉRONÉ : voir *Membre pendactyle*.
PHALANGES : voir *Membre pendactyle*.
PHYLUM (pluriel : phyla) : groupement d'organismes similaires. Un phylum contient une ou plusieurs classes. Des phyla forment un règne. Synonyme de *embranchement*.
PISCIVORE : individu se nourrissant de poisson. Synonyme de *ichthyophage*.
PLANCTONIVORE : individu se nourrissant de plancton.
PLANTIGRADE : possibilité qu'a un animal de marcher sur la plante des pieds. Voir aussi *Digitigrade* et *Onguligrade*.
PRÉMOLAIRE : dent des mammifères située entre les *molaires* et les *canines*. À la différence des molaires, on trouve des prémolaires de la première dentition (dents de lait).
PRIMITIF (structure d'un animal) : individu présentant peu ou pas de changements par rapport à ses ancêtres. Opposé à *évolué*.
PROBOSCIS : muscles prolongeant les narines. Par exemple, la trompe d'un éléphant.

QUADRUPÈDE : animal se déplaçant sur quatre pattes. Voir également *Bipède*.

RÉSIDUEL (organe) : petit organe n'ayant pas de fonction précise. Par exemple l'appendice des humains.
ROCHE MÉTAMORPHIQUE : type de roche ayant subi une transformation du fait de la chaleur ou d'une forte pression.
ROCHE SÉDIMENTAIRE : dépôts rocheux que l'on trouve généralement dans l'eau et constitués de petites particules rocheuses provenant de l'érosion. Voir *Calcaire lithographique*.

SABOT : ongle élargi d'un orteil chez les ongulés. Est composé de *kératine*.
SCAPULAIRE (ceinture) : qui se rapporte aux épaules. La ceinture scapulaire est composée des omoplates et des clavicules.
SCUTUM : plaque osseuse incrustée dans la peau.
SÉLECTION NATURELLE : mécanisme principal de l'évolution d'après Charles Darwin. Démontre l'importance des mutations génétiques dans le taux de survie des espèces. Une caractéristique résultant d'une mutation héréditaire et permettant la survie d'un organisme. Aura tendance à se généraliser au sein de l'espèce.
SERRATE : dents en « dents de scies ».
SPÉCIALISATION : mode de vie particulier, se limitant à une seule *niche écologique*.
STERNUM : os de la poitrine rattachant les côtes.
STRATE : couche de minéraux. S'oppose aux couches contiguës.
SUPERCONTINENT : voir *Tectonique des plaques*.

TARSE : voir *Membre pendactyle*.
TECTONIQUE DES PLAQUES (aussi appelée dérive des continents) : mouvements de la surface de la Terre liés au liquide en fusion constituant le noyau terrestre. Ce phénomène est la cause de la fragmentation des continents. Il y 250 millions d'années, la Pangée se brisa pour donner naissance à l'Euramérique (ou Laurasie) et au Gondwana. Suite à différents mouvements de l'écorce terrestre, nos continents actuels se formèrent. Ceux-ci sont encore en mouvement et peuvent s'entrechoquer. C'est lors de chocs entre plaques que les chaînes de montagnes se sont formées.
TENDON : corde rattachant deux os entre eux ou un os et un muscle.
TÉTRADACTYLE : individu doté de quatre doigts. Voir aussi *Membre pendactyle*.
TÉTRAPODE : animal doté de quatre *membres pendactyles*. Regroupe les amphibiens, certains reptiles, les oiseaux et les mammifères.
THORAX, THORACIQUE (cage) : zone du corps regroupant le cœur et les poumons.
TRIDACTYLE : individu doté de trois doigts. Voir aussi *Membre pendactyle*.

UBIQUISTE : universel.

VENTRAL : désigne la partie inférieure du corps.
VERTÈBRES SACRÉES : vertèbres rattachant les hanches et la colonne vertébrale.
VISION STÉRÉOSCOPIQUE : faculté à apprécier les distances et la profondeur.
VIVIPARE : individu donnant naissance à des jeunes ayant été nourris par un placenta. Voir aussi *Mammifère placentaire*.

CLASSIFICATION DES VERTÉBRÉS

Les fossiles d'animaux vertébrés présentés dans ce livre sont regroupés dans la classification suivante. Ils ne sont pas classés par ordre d'évolution. Consultez les tableaux d'évolution au début de chaque chapitre pour voir les relations entre les différents groupes. Cette classification vous permettra de voir à quel groupe chaque animal correspond. Dans la plupart des cas, les animaux seront classés par famille.

POISSONS (voir pages 18 à 45)

PHYLUM CHORDATA (ancêtre des vertébrés)
SUBPHYLUM CEPHALOCHORDATA
(Acraniata) : *Pikaia*
SUBPHYLUM CRANIATA
CLASSE DES AGNATHA
ORDRE DES HYPEROTRETI (myxines)
Infra-phylum des Vertebrata
ORDRE DES HYPEROARTIA (lamproies)
SOUS-CLASSE DES CONODONTA : *Promissum*
ORDRE DES HETEROSTRACI : *Arandaspis, Drepanaspis, Doryaspis, Pteraspis*
ORDRE DES THELODONTIDA : *Thelodus*
ORDRE DES GALEASPIDA
ORDRE DES OSTEOSTRACI : *Boreaspis, Dartmuthia, Hemicyclaspis, Tremataspis*
ORDRE DES ANASPIDA : *Jamoytius, Pharyngolepis*
SUPER-CLASSE DES GNATHOSTOMATA
Classe des Chondrichthyes
(poissons cartilagineux)
ORDRE DES CLADOSELACHIDA : *Cladoselache*
ORDRE DES SYMMORIIDA : *Cobelodus, Stethacanthus*
SOUS-CLASSE DES ELASMOBRANCHII (requins, raies et torpilles)
ORDRE DES XENACANTHIFORMES : *Xenacanthus*
ORDRE DES EUSELACHII : *Hybodus, Tristychius*
ORDRE DES NEOSELACHII : *Scapanorhynchus, Sclerorhynchus, Spathobathis*
SOUS-CLASSE DES HOLOCEPHALI (chimères)
ORDRE DES CHIMAERIDA : *Deltoptychius, Ischyodus*

CLASSE DES ACANTHODII (requins épineux)
ORDRE DES CLIMATIIFORMES : *Climatius*
ORDRE DES ACANTHODIFORMES : *Acanthodes*
CLASSE DES PLACODERMI (poissons cuirassés)
ORDRE DES RHENANIDA : *Gemuendina*
ORDRE DES PTYCTODONTIDA : *Ctenurella*
ORDRE DES ARTHRODIRA : *Coccosteus, Dunkleosteus, Groenlandaspis*
ORDRE DES ANTIARCHI : *Bothriolepis*
ORDRE INCERTAIN : *Palaeospondylus*
ORDRE DES ACANTHOTHORACI
CLASSE DES OSTEICHTHYES (poissons osseux)
SOUS-CLASSE DES ACTINOPTERYGII (poissons à nageoires rayonnées)
ORDRE DES PALAEONISCIFORMES : *Canobius, Platysomus, Cheirolepis, Moythomasia, Palaeoniscum, Saurichthys*
ORDRE DES PERLEIDIFORMES : *Perleidus*
ORDRE DES SEMIONOTIFORMES : *Dapedium, Lepidotes*
ORDRE DES PYCNODONTIFORMES : *Pycnodus*
ORDRE DES ASPIDORHYNCHIFORMES : *Aspidorhynchus*
ORDRE DES TELEOSTEI : *Berycopsis, Enchodus, Eobothus, Hypsidoris, Hypsocormus, Leptolepis, Pholidophorus, Protobrama, Sphenocephalus, Thrissops*
SOUS-CLASSE DES SARCOPTERYGII (poissons à nageoires charnues)
ORDRE DES ONYCHODONTIFORMES : *Strunius*
INFRA-CLASSE DES ACTINISTIA (cœlacanthes) : *Macropoma*
INFRA-CLASSE DES RHIPIDISTIA
Super-Ordre des Dipnomorpha
ORDRE DES POROLEPIFORMES : *Gyroptychius, Holoptychius*
INFRA-CLASSE DES DIPNOIFORMES
ORDRE DES DIPNOI (poissons pulmonés) : *Dipnorhynchus, Dipterus, Griphognathus*
ORDRE DES OSTEOLEPIFORMES (rhipidistiens) : *Eusthenopteron, Osteolepis*

AMPHIBIENS (voir pages 46 à 57)

CLASSE DES AMPHIBIA
Famille des Acanthostegidae : *Acanthostega*
Famille des Ichthyostegidae : *Ichthyostega*
Famille des Baphetidae : *Eucritta*
Famille des Crassigyrinidae : *Crassigyrinus, Greererpeton*
ORDRE DES TEMNOSPONDYLI
Famille des Colosteidae
Famille des Eryopidae : *Eryops*
Famille des Dissorophidae : *Cacops, Platyhystrix*
Famille des Peltobatrachidae : *Peltobatrachus*
Famille des Capitosauridae : *Paracyclotosaurus*
Famille des Plagiosauridae : *Gerrothorax*
ORDRE DES ANTHRACOSAURIA
Famille des Eogyrinidae : *Eogyrinus*
ORDRE DES SEYMOURIAMORPHA
Famille des Seymouridae : *Seymouria*
SOUS-CLASSE LEPOSPONDYLI
ORDRE DES AISTOPODA
Famille des Ophiderpetontidae : *Ophiderpeton*
Famille des Phlegethontiidae : *Phlegethontia*
ORDRE DES NECTRIDEA
Famille des Keraterpetontidae : *Diplocaulus, Keraterpeton*
ORDRE DES MICROSAURIA
Famille des Pantylidae : *Pantylus*
Famille des Microbrachidae : *Microbrachis*
INFRA-CLASSE DES LISSAMPHIBIENS
ORDRE DES PROANURA (premières grenouilles et crapauds)
Famille des Protobatrachidae : *Triadobatrachus*
ORDRE DES ANURA (grenouilles et crapauds actuels)
Famille des Ascaphidae : *Vieraella*
Famille des Palaeobatrachidae : *Palaeobatrachus*
ORDRE DES URODELA (tritons et salamandres)
Famille des Karauridae : *Karaurus*
ORDRE DES GYMNOPHIONA (caeciliens)
Famille incertaine : *Westlothiana*
ORDRE DES DIADECTOMORPHA
Famille des Diadectidae : *Diadectes*

REPTILES (voir pages 58 à 87)

CLASSE DES REPTILIA
Famille des Procolophonidae : *Hypsognathus*
Famille des Pareiasauridae : *Elginia, Pareiasaurus, Scutosaurus*
Famille des Millerettidae : *Milleretta*
ORDRE DES MESOSAURIA
Famille des Mesosauridae : *Mesosaurus*
SOUS-CLASSE DES ANAPSIDA
ORDRE DES CAPTORHINA
Famille des Protorothyrididae : *Hylonomus*
Famille des Captorhinidae : *Labidosaurus*
ORDRE DES TESTUDINES [CHELONII] (tortues de mer et d'eau douce)
SOUS-ORDRE DES PROGANOCHELYDIA
Famille des Proganochelyidae : *Proganochelys*
SOUS-ORDRE DES PLEURODIRA
Famille des Pelomedusidae : *Stupendemys*
INFRA-ORDRE DES CRYPTODIRA
Famille des Meiolaniidae : *Meiolania*
Famille des Testudinidae : *Testudo*
Famille des Protostegidae : *Archelon*
Famille des Trionychidae : *Paleotrionyx*
SOUS-CLASSE DES EURYAPSIDA
ORDRE DES PLACODONTIA
Famille des Placodontidae : *Placodus*
Famille des Cyamodontidae : *Placochelys*
Famille des Henodontidae : *Henodus*
ORDRE DES ICHTHYOPTERYGIA
SOUS-ORDRE DES MIXOSAURIA
Famille des Mixosauridae : *Mixosaurus*
SOUS-ORDRE DES ICHTHYOSAURIA

Famille des Shastasauridae : *Cymbospondylus,*
Famille des Shonisauridae : *Shonisaurus*
Famille des Ichthyosauridae : *Ichthyosaurus, Ophthalmosaurus*
Famille des Stenopterygiidae : *Stenopterygius*
Famille des Leptopterygiidae : *Eurhinosaurus, Temnodontosaurus*
SOUS-CLASSE DES DIAPSIDA
Famille des Petrolacosauridae : *Petrolacosaurus*
Famille des Araeoscelididae : *Araeoscelis*
Famille des Weigeltisauridae : *Coelurosauravus*
INFRA-CLASSE DES LEPIDOSAUROMORPHA
ORDRE DES THALATTOSAURIA
Famille des Askeptosauridae : *Askeptosaurus*
ORDRE DES CHORISTODERA
Famille des Champsosauridae : *Champsosaurus*
ORDRE DES EOSUCHIA
Famille des Tangasauridae : *Hovasaurus, Thadeosaurus*
Famille des Claudiosauridae : *Claudiosaurus*
SUPER-ORDRE DES LEPIDOSAURIA
ORDRE DES SPHENODONTIDA (tuataras)
Famille des Sphenodontidae : *Planocephalosaurus*
Famille des Pleurosauridae : *Pleurosaurus*
ORDRE DES SQUAMATA (serpents et lézards)
SOUS-ORDRE DES LACERTILIA [Sauria] (lézards)
Famille des Kuehneosauridae : *Kuehneosaurus*
Famille des Ardeosauridae : *Ardeosaurus*
Famille des Varanidae : *Megalania*
Famille des Mosasauridae : *Platecarpus, Plotosaurus*
SOUS-ORDRE DES SERPENTES (snakes)
Famille des Dolichosauridae : *Pachyrhachis*
SUPER-ORDRE DES SAUROPTERYGIA
ORDRE DES NOTHOSAURIA
Famille des Nothosauridae : *Ceresiosaurus, Lariosaurus, Nothosaurus*
Famille des Pachyleurosauridae : Pachypleurosaurus
ORDRE DES PLESIOSAURIA
SUPER-FAMILLE DES PLESIOSAURIDEA
Famille des Pistosauridae : *Pistosaurus*
Famille des Plesiosauridae : *Plesiosaurus*
Famille des Cryptocleididae : *Cryptoclidus*
Famille des Elasmosauridae : *Elasmosaurus, Muraenosaurus*
SUPER-FAMILLE DES PLIOSAUROIDEA
Famille des Pliosauridae : *Kronosaurus, Liopleurodon, Macroplata, Peloneustes*

REPTILES DOMINANTS

(voir pages 88 à 169)

INFRA-CLASSE DES ARCHOSAUROMORPHA
ORDRE DES RHYNCHOSAURIA
Famille des Rhynchosauridae : *Hyperodapedon*
ORDRE DES PROLACERTIFORMES
Famille des Protorosauridae : *Protorosaurus*
Famille des Tanystropheidae : *Tanystropheus*
SUPER-ORDRE DES ARCHOSAURIA
Famille des Proterosuchidae : *Chasmatosaurus*
Famille des Erythrosuchidae : *Erythrosuchus*
Famille des Rauisuchidae : *Ticinosuchus*
Famille des Phytosauridae : *Rutiodon*
Famille des Stagonolepididae : *Stagonolepis*
Famille des Euparkertidae : *Euparkeria*
Famille des Ornithosuchidae : *Ornithosuchus*
Famille des Lagosuchidae : *Lagosuchus*
Famille incertaine : *Longisquama*
SUPER-ORDRE DES CROCODYLOMORPHA
ORDRE DES CROCODYLIA (crocodiles)
Famille des Sphenosuchidae : *Gracilisuchus*
Famille des Saltoposuchidae : *Terrestrisuchus*
Famille des Protosuchidae : *Protosuchus*
SOUS-ORDRE DES MESOSUCHIA
Famille des Teleosauridae : *Teleosaurus*
Famille des Metriorhynchidae : *Metriorhynchus*
Famille des Bernissartiidae : *Bernissartia*
SOUS-ORDRE DES EUSUCHIA
Famille des Crocodylidae : *Deinosuchus, Pristichampsus*
ORDRE DES PTEROSAURIA (ptérosaures)
SOUS-ORDRE DES RHAMPHORHYNCHOIDEA
Famille des Dimorphodontidae : *Dimorphodon*
Famille des Eudimorphodontidae : *Eudimorphodon*
Famille des Rhamphorhynchidae : *Anurognathus, Rhamphorhynchus, Scaphognathus, Sordes*
SOUS-ORDRE DES PTERODACTYLOIDEA
Famille des Dsungaripteridae : *Dsungaripterus*
Famille des Pterodaustriidae : *Pterodaustro*
Famille des Pterodactylidae : *Cearadactylus, Pterodactylus*
Famille des Ornithocheiridae : *Pteranodon, Quetzalcoatlus*
ORDRE DES SAURUSCHIA (dinosaures sauripelviens)
SOUS-ORDRE DES THEROPODA
INFRA-ORDRE DES CERATOSAURIA
Famille des Ceratosauridae : *Ceratosaurus*
Famille des Coelophysidae : *Procompsognathus, Saltopus, Coelophysis*
INFRA-ORDRE DES TETANURAE
Famille des Spinosauroidea : *Acrocanthosaurus, Spinosaurus, Baryonyx*
DIVISION MANIRAPTORA
Famille des Coeluridae : *Coelurus*
Famille des Compsognathidae : *Compsognathus, Sinosauropteryx*
Famille des Ornithomimidae : *Dromiceiomimus, Elaphrosaurus, Gallimimus, Ornithomimus, Struthiomimus*
Famille des Tyrannosauridae : *Albertosaurus, Alioramus, Daspletosaurus, Tarbosaurus, Tyrannosaurus*
Famille des Oviraptoridae : *Oviraptor*
Famille des Dromaeosauridae : *Deinonychus, Dromaeosaurus, Saurornitholestes, Velociraptor*
Famille des Saurornithoididae : *Saurornithoides, Stenonychosaurus*
INFRA-ORDRE DES CARNOSAURIA
Famille des Megalosauridae : *Dilophosaurus, Eustreptospondylus, Megalosaurus, Proceratosaurus, Teratosaurus*
Famille des Allosauridae : *Allosaurus,*
Famille des Spinosauridae : *Yangchuanosaurus*
SOUS-ORDRE DES SAUROPODOMORPHA
INFRA-ORDRE DES PROSAUROPODA
Famille des Anchisauridae : *Anchisaurus, Efraasia, Thecodontosaurus*
Famille des Plateosauridae : *Massospondylus, Mussaurus, Plateosaurus*
Famille des Melanorosauridae : *Riojasaurus*
INFRA-ORDRE DES SAUROPODA
Famille des Cetiosauridae : *Barapasaurus, Cetiosaurus*
Famille des Brachiosauridae : *Brachiosaurus*
Famille des Camarasauridae : *Camarasaurus, Euhelopus, Ophistocoelicaudia*
Famille des Diplodocidae : *Apatosaurus (ou Brontosaurus), Dicraeosaurus, Diplodocus, Mamenchisaurus*
Famille des Titanosauridae : *Alamosaurus, Saltasaurus*
ORDRE DES ORNITHISCHIA (dinosaures avipelviens)
Famille des Fabrosauridae : *Echinodon, Lesothosaurus, Scutellosaurus*
Famille des Heterodontosauridae : *Heterodontosaurus, Pisanosaurus*
SOUS-ORDRE DES PACHYCEPHALOSAURIA
Famille des Pachycephalosauridae : *Homalocephale, Pachycephalosaurus, Prenocephale, Stegoceras*
Famille des Homalocephalidae : *Homalocephale*
Famille des Hysilophodontidae : *Dryosaurus, Hypsilophodon, Othnielia, Parksosaurus, Tenontosaurus, Thescelosaurus*
Famille des Iguanodontidae : *Callovosaurus, Camptosaurus, Iguanodon, Muttaburrasaurus, Ouranosaurus, Probactrosaurus, Vectisaurus*
Famille des Hadrosauridae : *Anatosaurus, Bactrosaurus, Corythosaurus, Edmontosaurus, Hadrosaurus, Hypacrosaurus, Kritosaurus, Lambeosaurus, Maiasaura, Parasaurolophus, Prosaurolophus, Saurolophus, Shantungosaurus, Tsintaosaurus*
SOUS-ORDRE DES THYREOPHORA
Famille des Scelidosauridae : *Scelidosaurus*
INFRA-ORDRE DES STEGOSAURIA
Famille des Stegosauridae : *Kentrosaurus, Stegosaurus, Tuojiangosaurus, Wuerhosaurus*
INFRA-ORDRE DES ANKYLOSAURIA
Famille des Nodosauridae : *Hylaeosaurus, Panoplosaurus, Nodosaurus, Polacanthus, Sauropelta, Silvisaurus, Struthiosaurus*
Famille des Ankylosauridae : *Ankylosaurus, Euoplocephalus, Saichania, Talarurus*
SOUS-ORDRE DES CERAPODA
INFRAORDER CERATOPSIA
Famille des Psittacosauridae : *Psittacosaurus*
Famille des Protoceratopidae : *Bagaceratops, Leptoceratops, Microceratops, Montanoceratops,*

Protoceratops
Famille des Ceratopsidae : *Anchiceratops, Arrhinoceratops, Centrosaurus, Chasmosaurus, Pachyrhinosaurus, Pentaceratops, Styracosaurus, Torosaurus, Triceratops*

OISEAUX (voir pages 170 à 181)

CLASSE DES AVES
SOUS-CLASSE DES ARCHAEORNITHES
Famille des Archaeopterygidae : *Archaeopteryx*
Famille des Alvarezsauridae
Famille des Iberomesomithidae
SOUS-CLASSE DES ENANTIORNITHES
SOUS-CLASSE DES ODONTORNITHES
ORDRE DES ICHTHYORNITHIFORMES : *Ichthyornis*
ORDRE DES HESPERORNITHIFORMES : *Hesperornis*
SOUS-CLASSE DES NEORNITHES
DIVISION DES PALAEOGNATHAE
DIVISION DES NEOGNATHES
ORDRE DES STRUTHIORNITHIFORMES : *Aepyornis, Dinornis, Emeus*
ORDRE DES COLUMBIFORMES : *Raphus*
ORDRE DES CICONIIFORMES : *Argentavis, Harpagornis, Limnofregata, Osteodontornis, Palaelodus, Pinguinus*
ORDRE DES GRUIFORMES : *Diatryma, Neocathartes, Phorusrhacus*
ORDRE DES ANSERIFORMES : *Presbyornis*

REPTILES MAMMALIENS (voir pages 182 à 193)

SOUS-CLASSE SYNAPSIDA
ORDRE DES PELYCOSAURIA
Famille des Ophiacodontidae : *Archaeothyris, Ophiacodon*
Famille des Caseidae : *Casea*
Famille des Edaphosauridae : *Edaphosaurus*
Famille des Sphenacodontidae : *Sphenacodon, Dimetrodon*
Famille des Varanopseidae : *Varanosaurus*
Famille des Eothyrididae
ORDRE DES THERAPSIDA
SOUS-ORDRE DES EOTITANOSUCHIA
Famille des Phthinosuchidae : *Phthinosuchus*
SOUS-ORDRE DES DINOCEPHALIA
Famille des Titanosuchidae : *Titanosuchus*
Famille des Tapinocephalidae : *Moschops*
SOUS-ORDRE DES GORGONOPSIA
Famille des Gorgonopsidae : *Lycaenops*
SOUS-ORDRE DES DICYNODONTIA
Famille des Galeopsidae : *Galechirus*
Famille des Cistecephalidae : *Cistecephalus*
Famille des Robertiidae : *Robertia*
Famille des Dicynodontidae : *Dicynodon*
Famille des Kannemeyeriidae : *Kannemeyeria*
Famille des Lystrosauridae : *Lystrosaurus*
SOUS-ORDRE DES THEROCEPHALIA
Famille des Ericiolacertidae : *Ericiolacerta*
SOUS-ORDRE DES CYNODONTIA
Famille des Procynosuchidae : *Procynosuchus*
Famille des Galesauridae : *Thrinaxodon*
Famille des Cynognathidae : *Cynognathus*
Famille des Traversodontidae : *Massetognathus*
Famille des Tritylodontidae : *Oligokyphus*
SOUS-ORDRE DES BIARMOSUCHIA

MAMMIFÈRES (voir pages 194 à 297)

CLASSE DES MAMMALIA
SOUS-CLASSE DES PROTOTHERIA
Famille des Morganucodontidae : *Megazostrodon*
Famille des Haramiyidae : *Haramiya*
ORDRE DES MULTITUBERCULATA
Famille des Ptilodontidae : *Ptilodus*
ORDRE DES MONOTREMATA (ornithorynque, échidnés)
ORDRE DES DOCODONTA
ORDRE DES TRICONODONTA
ORDRE DES SYMMETRODONTA
Famille des Dryolestidae : *Crusafontia*
SOUS-CLASSE DES THERIA
INFRA-CLASSE DES METATHERIA
ORDRE DES MARSUPIALIA (marsupiaux)
SOUS-ORDRE DES DIDELPHOIDEA
Famille des Didelphidae : *Alphadon*
Famille des Borhyaenidae : *Borhyaena, Cladosictis*
Famille des Thylacosmilidae : *Thylacosmilus*
Famille des Argyrolagidae : *Argyrolagus*
Famille des Necrolestidae : *Necrolestes*
Famille des Thylacoleonidae : *Thylacoleo*
Famille des Macropodidae : *Procoptodon*
Famille des Diprotodontidae : *Diprotodon*
Famille des Palorchestidae : *Palorchestes*
INFRA-CLASSE DES EUTHERIA
Famille des Zalambdalestidae : *Zalambdalestes*
COHORTE DES EDENTATA
Famille des Metacheiromyidae : *Metacheiromys*
ORDRE DES XENARTHRA (tatous, parresseux, fourmilliers)
Famille des Dasypodidae : *Peltephilus*
Famille des Glyptodontidae : *Doedicurus*
Famille des Megalonychidae : *Hapalops*
Famille des Megatheriidae : *Megatherium*
Famille des Mylodontidae : *Glossotherium*
Famille des Myrmecophagidae : *Eurotamandua*
ORDRE DES PHOLIDOTA
Famille des Manidae : *Eomanis*
COHORTE DES EPITHERIA
ORDRE DES INSECTIVORA (hérissons, musaraignes et taupes)
ORDRE DES LEPTICTIDA
Famille des Pseudorhyncocyonidae : *Leptictidium*
ORDRE DES LIPOTYPHLA
Famille des Palaeoryctidae : *Palaeoryctes*
SUPER-ORDRE DES ANAGALIDA
ORDRE DES ANAGALIDA
Famille des Anagalidae : *Anagale*
SUPER-ORDRE DES GLIRES
ORDRE DES LAGOMORPHA (lapins, lièvres)
Famille des Leporidae : *Palaeolagus*
ORDRE DES RODENTIA (écureuils, rats, castors)
SOUS-ORDRE DES SCIUROGNATHI
Famille des Paramyidae : *Ischyromys*
Famille des Mylagaulidae : *Epigaulus*
Famille des Castoridae : *Steneofiber*
SOUS-ORDRE DES HYSTRICOGNATHI
Famille des Ctenodactylidae : *Birbalomys*
Famille des Dinomyidae : *Telicomys*
Famille des Eocardiidae : *Eocardia*
SUPER-ORDRE DES ARCHONTA
ORDRE DES CHIROPTERA (chauve-souris)
Famille des Icaronycteridae : *Icaronycteris*
« PRIMATOMORPHES »
Famille des Paromomyidae : *Pargartorius*
ORDRE DES DERMOPTERA (LÉMURIENS VOLANTS)
Famille des Flagiomenidae : *Planetetherium*
SOUS-ORDRE DES PLESIADAPIFORMES
Famille des Plesiadapiae : *Plesiadapis*
ORDRE DES PRIMATES (LÉMURIENS, HUMAINS ET SINGES)
INFRA-ORDRE DES ADAPIFORMES
Famille des Adapidae : *Notharctus*
INFRA-ORDRE DES LEMURIFORMES
Famille des Lemuridae : *Megaladapis*
Famille des Lorisidae
DIVISION DES HAPLORHINI
Famille des Omomyidae : *Necrolemur*
Famille des Tarsiidae
SOUS-ORDRE DES ANTHROPOIDEA
INFRA-ORDRE DES PLATYRRHINI
Famille des Cebidae : *Branisella*
Famille des Atelidae : *Tremacebus*
INFRA-ORDRE DES CATARRHINI
SUPER-FAMILLE DES CERCOPITHECOIDEA
Famille des Cercopithecidae : *Mesopithecus, Theropithecus*
Famille des Oreopithecidae : *Oreopithecus*
SUPER-FAMILLE DES HOMINOIDEA
Famille des Hylobatidae (gibbons)
Famille des Pliopithecidae : *Dendropithecus, Pliopithecus, Propliopithecus*
Sous-famille des Ponginae (singes vivants et fossilisés) : *Dryopithecus, Gigantopithecus, Ramapithecus, Sivapithecus*
Famille des Hominidae (humains et grands singes) : *Australopithecus, Homo*
Sous-famille des Homininae (humains et ancêtres fossilisés)
SUPER-ORDRE DES FERAE
ORDRE DES CREODONTA (créodontes)
Famille des Hyaenodontidae : *Hyaenadon*
Famille des Oxyaenidae : *Sarkastodon*
ORDRE DES CARNIVORA
Super-famille des Miacoidea
Famille des Miacidae : *Miacis*
Super-famille des Feloidea (félins, mangoustes)
Famille des Viverridae : *Kanuites*
Famille des Hyaenidae : *Ictitherium, Percrocuta*
Famille des Nimravidae : *Nimravus*
Famille des Felidae : *Dinofelis, Eusmilus, Homotherium, Megantereon, Panthera, Smilodon*

Super-famille des Canoidea (chiens, ours, pandas)
Famille des Mustelidae : *Potamotherium*
Famille des Canidae : *Canis, Cerdocyon, Cynodesmus, Hesperocyon, Osteoborus, Phlaocyon*
Famille des Procyonidae : *Chapalmalania, Plesictis*
Famille des Amphicyonidae : *Amphicyon*
Famille des Ursidae : *Agriotherium, Hemicyon, Ursus*
SOUS-ORDRE DES PINNIPEDIA (phoques, otaries, éléphants de mer)
Super-famille des Phocoidea
Famille des Phocidae : *Acrophoca*
Super-famille des Otarioidea (otaries)
Famille des Enaliarctidae : *Enaliarctos*
Famille des Desmatophocidae : *Desmatophoca*
Famille des Odobenidae (éléphants de mer) : *Imagotaria*
Famille des Otariidae
SUPER-ORDRE DES UNGULATA (mammifères à sabots ou ongulés)
ORDRE DES ARCTOCYONIA (condylarths)
Famille des Arctocyonidae : *Chriacus*
ORDRE DES ACREODI
Famille des Mesonychidae : *Andrewsarchus*
ORDRE DES TAENIODONTA
Famille des Stylinodontidae : *Stylinodon*
ORDRE DES PANTODONTA
Famille des Coryphodontidae : *Coryphodon*
ORDRE DES TILLODONTIA
Famille des Esthonychidae : *Trogosus*
ORDRE DES DINOCERATA
Famille des Uintatheriidae : *Eobasileus*
ORDRE DES ARTIODACTYLA
SOUS-ORDRE DES SUINA (cochons, pécaris, hippopotames)
Famille des Dichobunidae : *Diacodexis*
Famille des Entelodontidae : *Archaeotherium, Dinohyus*
Famille des Suidae : *Metridiochoerus*
Famille des Tayassuidae : *Platygonus*
Famille des Anthracotheriidae : *Elomeryx*
Famille des Hippopotamidae : *Hippopotamus*
SOUS-ORDRE DES TYLOPODA (oréodontes, chameaux)
Famille des Merycoidodontidae : *Brachycrus, Merycoidodon, Promerycochoerus*
Famille des Cainotheriidae : *Cainotherium*
Famille des Protoceratidae : *Protoceras, Syndyoceras, Synthetoceras*
Famille des Camelidae : *Aepycamelus, Camelops, Oxydactylus, Poebrotherium, Procamelus, Protylopus, Stenomylus, Titanotylopus*
SOUS-ORDRE DES RUMINANTIA (cerfs, girafes, bovins)
Famille des Tragul : *Blastomeryx*
Famille des Cervidae : *Eucladoceros, Megaloceros*
Famille des Giraffidae : *Prolibytherium, Sivatherium*
Famille des Antilocapridae : *Hayoceros, Illingoceros*
Famille des Bovidae : *Bos, Pelorovis*
ORDRE DES CETACEA (baleines, dauphins, marsouins)
SOUS-ORDRE DES ARCHAEOCETI
Famille des Protocetidae : *Pakicetus, Protocetus*
Famille des Basilosauridae : *Basilosaurus, Zygorhiza*
SOUS-ORDRE DES ODONTOCETI (cachalots, orques)
Famille des Squalodontidae : *Prosqualodon*
Famille des Eurhinodelphidae : *Eurhinodelphis*
SOUS-ORDRE DES MYSTICETI (baleines)
Famille des Cetotheriidae : *Cetotherium*
ORDRE DES TUBULIDENTATA (oryctérops)
ORDRE DES PERISSODACTYLA
SOUS-ORDRE DES CERATOMORPHA (tapirs, rhinocéros)
Famille des Helaletidae : *Heptodon*
Famille des Hyrachyidae : *Hyrachyus*
Famille des Tapiridae : *Miotapirus*
Famille des Hyracodontidae : *Hyracodon, Indricotherium*
Famille des Amynodontidae : *Metamynodon*
Famille des Rhinocerotidae : *Coelodonta, Elasmotherium, Teleoceras, Trigonias*
SOUS-ORDRE DES ANCYLOPODA
Famille des Chalicotheriidae : *Moropus*
SOUS-ORDRE DES HIPPOMORPHA (chevaux, brontothériens)
Famille des Palaeotheriidae : *Palaeotherium*
Famille des Equidae : *Anchitherium, Hipparion, Hippidion, Hyracotherium, Merychippus, Mesohippus, Parahippus*
Famille des Brontotheriidae : *Brontotherium, Brontops, Dolichorhinus, Embolotherium, Eotitanops*
SUPER-ORDRE DES MERIDIUNGULATA
ORDRE DES LITOPTERNA
Famille des Didolodontidae : *Didolodus*
Famille des Proterotheriidae : *Diadiaphorus, Thoatherium*
Famille des Macraucheniidae : *Macrauchenia, Theosodon*
ORDRE DES NOTOUNGULATA
SOUS-ORDRE DES NOTIOPROGONIA
Famille des Notostylopidae : *Notostylops*
SOUS-ORDRE DES TOXODONTA
Famille des Isotemnidae : *Thomashuxleya*
Famille des Homalodotheriidae : *Homalodotherium*
Famille des Leontiniidae : *Scarrittia*
Famille des Notohippidae : *Rhynchippus*
Famille des Toxodontidae : *Adinotherium, Toxodon*
SOUS-ORDRE DES TYPOTHERIA
Famille des Interatheriidae : *Protypotherium*
SOUS-ORDRE DES HEGETOTHERIA
Famille des Hegetotheriidae : *Pachyrukhos*
ORDRE DES ASTRAPOTHERIA
Famille des Astrapotheriidae : *Astrapotherium*
Famille des Trigonostylopidae : *Trigonostylops*
ORDRE DES PYROTHERIA
Famille des Pyrotheriidae : *Pyrotherium*
ORDRE DES HYRACOIDEA
Famille des Pliohyracidae : *Kvabebihyrax*
SUPER-ORDRE DES TETHYTHERIA
ORDRE DES EMBRITHOPODA
Famille des Arsinoitheriidae : *Arsinoitherium*
ORDRE DES PROBOSCIDEA
Famille des Moeritheriidae : *Moeritherium*
Famille des Deinotheriidae : *Deinotherium*
SOUS-ORDRE DES ELEPHANTIODEA (éléphants, mastodontes, mammouths)
Famille des Gomphotheriidae : *Amebelodon, Anancus, Cuvieronius, Gomphotherium, Phiomia, Platybelodon, Stegomastodon*
Famille des Mammutidae : *Mammut*
Famille des Elephantidae : *Elephas, Mammuthus*
ORDRE DES SIRENIA (dugongs, lamantins)
Famille des Prorastomidae : *Prorastomus*
Famille des Dugongidae : *Rytiodus, Hydrodamalis*
ORDRE DES DESMOSTYLA
Famille des Desmostylidae : *Desmostylus*

BIBLIOGRAPHIE

GÉNÉRALITÉS

Alvarez, W. :
La fin tragique des dinosaures.
Hachette Littératures, 1998

Bakker, Robert T. :
Le Ptérodactyle rose : écologie et phylogénie des dinosaures.
Armand Colin, 1990

Benton, M. :
L'atlas historique des dinosaures : 1000 espèces, 160 millions d'années.
Autrement, 1998

Buffetaut, E. :
Les Dinosaures.
P.U.F. - Que sais-je ? n° 2827, 1994

Courtney, R. :
Les Mammifères préhistoriques après les dinosaures.
Ouest-France, 1990

Depéret, C. et Donnezan, A. :
Les Animaux pliocènes du Roussillon : Mémoires de la Société Géologique de France, paléontologie, mémoire n° 3.
Trabucaire, 1995

Desmond, A. :
Les Dinosaures au sang chaud.
Stock, 1993

Dixon, D :
Le Temps des dinosaures.
Seghers, 1985

Ferrari M. et Pratesi, F. :
Les Animaux préhistoriques du XXe siècle.
Grund, 1992

Frankel, C. :
La mort des dinosaures : l'hypothèse cosmique. Seuil, 1999

Gmira, S. :
Étude des chéloniens fossiles du Maroc : anatomie, systématique, phylogénie.
Éditions du CNRS, 1995

Leglu, D. et Mallaval, C. :
Dinosaures story.
Calmann-Lévy, 1997

Riou, B. :
Les Fossiles, empreintes du vivant : toute la faune et la flore milieu par milieu.
Delachaux et Niestlé, 1999

Robert, Y. :
Dinosaures : sur les traces des iguanodons de Bernissart. La Renaissance du livre, 1998

Stout W. :
Les Dinosaures.
Albin Michel, 1982

Whitfield, P. :
Guide des dinosaures et des autres animaux préhistoriques. Delachaux et Niestlé, 1994

OUVRAGES COLLECTIFS

Éditon sous la direction de Léonard Ginsburg :
La Faune miocène de Sansan et son environnement. Muséum d'Histoire Naturelle, 2000

Dictionnaire de la préhistoire. - Encyclopedia universalis - Albin Michel 1999

Dictionnaire de la préhistoire, dirigé par A. et A. Leroi-Gourhan. P.U.F., 1997

Colloque international de paléontologie (Toulouse 1985) ;
Les Dinosaures de la Chine à la France. Muséum d'Histoire Naturelle de Toulouse, 1986

Exposition : Muséum d'Histoire Naturelle de Toulouse (1985) : Les Dinosaures chinois du Sichuan. Muséum d'Histoire Naturelle de Toulouse, 1986

Rencontres d'Archéo-Ichthyologie de Sophia Antipolis-Valbonne : Deuxième rencontre de 1983. Éditions du CNRS, 1984

POISSONS

Janvier, P. :
Early Vertebrates
Oxford, 1996

Goujet, D. :
Les Poissons placodermes du Spitzberg : Arthodires dolichothoraci de la formation de Wood Bay (dévonien inférieur).
Éditions du CNRS, 1984

REPTILES

King, G. :
Reptiles and Herbivory Chapman & Hall, 1996 (Royaume Uni)

Wellnhofer, P. :
The Illustrated Encyclopedia of Pterosaurs Crescent, 1991 (États-Unis)

REPTILES DOMINANTS

Currie, P. J. et K. :
Encyclopedia of Dinosaurs
Academic Press Padian editors, 1997
(Royaume Uni et États-Unis)

Norman, D.:
Dinosaur ! Boxtree, 1991 (Royaume Uni)

REPTILES MAMMALIENS

Hotton, N. III, P. D. :
The Ecology and Biology of Mammal-like Reptiles Maclean, J. J. Roth et E. C. Roth editors, 1986 Smithsonian Institution Press, (États-Unis)

Kemp, T. S. :
Mammal-like Reptiles and the Origin of Mammals Academic Press, 1982 (Royaume Uni et États-Unis)

King, G. :
The Dicynodonts : A Study in Palaeobiology Chapman & Hall, 1990 (Royaume Uni)

OISEAUX

Feduccia, A. :
The Origin and Evolution of Birds Yale University Press, 1996 (États-Unis)

Mourer-Chauviré, C. :
L'évolution des oiseaux d'après le témoignage des fossiles.
Université Claude Bernard, Département des sciences de la terre, 1987

PRIMATES

Thomas, H. et Senut, B. :
Les Primates, ancêtres de l'homme.
Artcom', 1999

MAMMIFÈRES

Burton, R. :
Les Mammifères.
Bibliothèque de la Nature, Bordas.

Coppens, Y. :
Le Singe, l'Afrique et l'Homme Fayard, 1983

Lambert, D. :
The Cambridge Guide to Prehistoric Man Cambridge University Press, 1987

MacFadden. B. J. :
Fossil Horses Cambridge University Press, 1992

Szalay, F. S., M.J.:
Mammal Phylogeny Novacek, and M. C. McKenna 1993 Springer-Verlag, (Allemagne et États-Unis)

Tattersall, I., E. :
Encyclopedia of Human Evolution and Prehistory Garland, Delson et J. Van Couvering editors, 1988 (États-Unis)

Vallois, H.-V. :
Les Races humaines
P.U.F. - Que sais-je ?, 1976

MUSÉES INTERNATIONAUX

La liste ci-dessous correspond aux musées qui contiennent les collections de fossiles et de créatures préhistoiriques citées dans cet ouvrage.

AFRIQUE DU SUD Le Cap : Musée d'Afrique du Sud
Johannesbourg : Institut Bernard Price de Paléontologie

ALLEMAGNE Berlin : Musée d'Histoire naturelle de l'université de Humboldt
Darmstadt : Musée de l'état de Hesse
Francfort-sur-le-Main : Musée d'Histoire naturelle Senckenberg
Munich : Institut national bavarois de Paléontologie et de géographie historique
Stuttgart : Musée d'État d'Histoire naturelle
Tübingen : Institut et Musée de Géologie et de Paléontologie

ARGENTINE - Buenos Aires : Musée argentin des Sciences naturelles
La Plata : Musée de l'université de La Plata

AUSTRALIE - Brisbane, (Queensland) : Musée du Queensland
Sydney, (Nouvelle-Galles-du-Sud) : Musée australien

AUTRICHE - Vienne : Musée d'Histoire naturelle

BELGIQUE - Bruxelles : Institut royal des Sciences naturelles

BRÉSIL - Rio de Janeiro : Musée national

CANADA - Calgary, (Alberta) : Jardin zoologique
Drumheller, (Alberta) : Musée Tyrrell de Paléontologie
Edmonton, (Alberta) : Musée provincial de l'Alberta
Ottawa, (Ontario) : Musée national des Sciences naturelles
Patricia, (Alberta) : Parc provincial des dinosaures
Québec : Musée Redpath
Toronto, (Ontario) : Musée royal de l'Ontario
CHINE Beijing (Pékin) : Musée d'Histoire naturelle de Pékin; Institut de Palaéontologie et de Palaéoanthropologie
Beipei, (Sichuan) : Musée de Beipei

ÉTATS UNIS Boulder, (Colorado) : Musée d'Histoire naturelle de l'université
Buffalo, (New York) : Musée des Sciences
Cambridge, (Massachusetts) : Musée de Zoologie comparée – Université de Harvard
Chicago, (Illinois) : Musée Field d'Histoire naturelle
Cleveland, (Ohio) : Musée d'Histoire naturelle
Denver, (Colorado) : Musée d'Histoire naturelle
Jensen, (Utah) : Monument national des dinosaures
Los Angeles, (Californie) : Musée d'Histoire naturelle du comté de Los Angeles
New Haven, (Connecticut) : Musée Peabody d'Histoire naturelle – université de Yale
New York, (New York) : Musée américain d'Histoire naturelle
Pittsburg, (Pennsylvanie) : Musée Carnegie d'Histoire naturelle
Princeton, (New Jersey) : Musée d'Histoire naturelle - université de Princeton
Salt Lake City, (Utah) : Musée d'Histoire naturelle de l'Utah
Washington DC : Musée national d'Histoire Naturelle - Smithsonian Institute

FRANCE Paris : Muséum national d'Histoire Naturelle

GRÈCE Athènes : Département de Géologie et de Paléontologie de l'université d'Athènes

INDE Calcutta : Musée de Géologie de l'Institut indien des Statistiques

ITALIE Bologne : Musée Q. Capellini
Gênes : Musée municipal d'Histoire naturelle
Milan : Musée municipal d'Histoire naturelle
Padoue : Musée de l'Institut de Geologie
Rome : Musée de Paléontologie; Institut de Géologie
Venise : Musée municipal d'Histoire naturelle
JAPON Osaka : Musée d'Histoire naturelle
Tokyo : Musée national des Sciences

KENYA Nairobi : Musée national du Kenya

MEXICO Mexico City : Musée d'Histoire naturelle

MONGOLIE Oulan-Bator : Musée central d'État

MAROC Rabat : Musée des Sciences de la Terre

NIGER Niamey : Musée national

POLOGNE Chorzow, Silésie : Dinosaur Park
Varsovie : Institut de Palaéobiologie

ROYAUME-UNI Birmingham : Musée de Birmingham
Cambridge : Musée Sedgwick à l'université
Cardiff, (Pays-de-Galles) : Musée national du Pays-de-Galles
Édinbourg (Écosse) : Musée royal écossais
Elgin, (Écosse) : Musée d'Elgin
Leicester : Musée du Leicestershire
Londres : British Museum (section Histoire naturelle); Crystal Palace
Maidstone : Musée de Maidstone
Oxford : Musée de l'université
Sandown, (Ile de Wight) : Musée de l'île de Wight – section Géologie

RUSSIE Leningrad : Musée central de Géologie et de Prospections
Moscou : Musée de Paléontologie

SUÈDE Uppsala : Musée de Paléontologie de l'université d'Uppsala

ZIMBABWE Harare : Musée national de Harare

INDEX

A

abominable homme du charbon 290
Acanthodes 30 – 31
acanthodiens (Acanthodii) 30 – 31
Acanthostega 48, 50
Acanthostegidae 50
acraniates (Acraniata) 22
Acrocanthosaurus 118
actinistiens (Actinistia) 44
actinoptérygiens (Actinopterygii) 19, 34 – 41, 42
adapidés (Adapidae) 287
Adinotherium 253
ADN 14, 197
Aegyptopithecus 291
Aepycamelus 277
Aepyornis titan 176
ætosaures 96
agnathes (Agnatha) 10, 16, 18, 22 – 25
Agriotherium 217
aïstopodes (Aïstopoda) 54
Alamosaurus 133
Albertosaurus 90, 119
Alioramus 120
allosauridés (Allosauridae) 116 – 117
Allosaurus 90, 117
Alphadon 200 – 201
Ambelodon 241
amphibiens 46 – 57
  évolution 16, 46 – 49
  lépospondyles 54 – 57
  tétrapodes primitifs 10, 16, 46 – 49, 50 – 53
Amphicyon 216
amphicyonidés (Amphicyonidae) 216
amynodontidés (Amynodontidae) 264
Anagale 210
anagalidés (Anagalida) 210
analyse génétique 14 – 15
Anancus 241
anapsidés (Anapsida) 62 – 69
anaspides (Anaspida) 25
Anatosaurus 148 – 149
Anchiceratops 168
anchisauridés (Anchisauridae) 122 – 123
Anchisaurus 122 – 123
Anchitherium 256
ancylopodes (Ancylopoda) 260
Andrewsarchus 234
anguimorphes 86 – 87
animaux à sabots 254 – 265
animaux à sang chaud, régulation de la température 59, 91, 185, 194
animaux à sang froid, régulation de la température 59, 91, 182 – 183, 185
ankylosaures (Ankylosauria) 157 – 161
ankylosauridés (Ankylosauridae) 160 – 161
Ankylosaurus 161
Anseriformes 181
anthracosaures (Anthracosauria) 53
anthracothères (Anthracotheriidae) 268
anthropoïdés (Anthropoidea) 288
antiarche 33
antilocapridés (Antilocapridae) 280
anoures (Anura) 56
Anurognathus 104
Apatosaurus 17, 90, 131
aræoscelidés (Araeoscelidia) 82
Araeoscelis 82
Arandaspis 23
archæocètes (Archaeoceti) 230 – 231
Archaeopterygidae 174
Archaeopteryx (*A. lithographica*) 10, 171, 172 – 173, 174
Archaeotherium 267
Archaeothyris 182, 184, 186
Archelon 69
Archontes 286
archosaures (Archosauria) 92, 93
  voir aussi référence individuelle
archosauromorphes (Archosauromorpha) 92 – 93
Arcophoca 226
Arcreodi 234
Arctocyonia 234
arctocyonidés (Arctocyonidae) 234
Ardeosauridae 86
Ardeosaurus 86
Argentavis magnificens 179
Argyrolagidae 203
Argyrolagus 203
Arrhinoceratops 168
arsinoïthériidés (Arsinotheriidae) 237
Arsinoitherium 237
arthrodires 32 – 33
artiodactyles (Artiodactyla) 266 – 281
Asiamérique 11, 91
Askeptosaurus 83
Aspidorhynchus 37
astéroïde 12 – 13
astrapothères (Astrapotheria) 248 – 249
astrapotheriidés (Astrapotheriidae) 248
Astrapotherium 248
aurochs 281
Australopithecus
  A. aethiopicus 295
  A. afarensis 294 – 295
  A. africanus 295
  A. boisei 295
  A. ramidus 294
  A. robustus 295
australopithèques 294 – 295
Aves 170 – 181

B

Bactrosaurus 146
Bagaceratops 163
Baluchitherium voir *Indricotherium*
Baphetidae 51
Barapasaurus 126
Baryonychidae 113
Baryonyx 113
Basilosaurus 231
bathornithidés 181
batrachomorphes 48, 54 – 55
batrachosaures *voir* anthracosaures
Bernissartia 100
Berycopsis 41
Birbalomys 285
Blastomeryx 273
Boreaspis 25
Borhyaena 203
borhyaenidés (Borhyaenidae) 202 – 203
Bos (*B. primigenius*) 281
Bothriolepis 33
bovidés (Bovidae) 281
bovins 281
brachiosaures (Brachiosauridae) 127 – 128
Brachiosaurus 17, 127 – 128
Brachycrus 271
Branchiostoma 22
Branisella 288
Brontops 258 – 259
Brontosaurus voir *Apatosaurus*
brontothères (Brontotheriidae) 258 – 259
Brontotherium 259

C

Cacops 52
caïnothères (Cainotheriidae) 270
Cainotherium 270
Callovosaurus 142
camarasaures (Camarasauridae) 128 – 129
Camarasaurus 90, 128 – 129, 130
camélidés (Camelidae) 274 – 277
Camelops 277
Camptosaurus 90, 142
canidés (Canidae) 218 – 220
Canis dirus 219
Canobius 35
capitosaures 53
captorhinides (Captorhinida) 62 – 65
captorhinidés (Captorhinidae) 63
Carcharodontosaurus 90
Carnivores 214
  voir aussi référence individuelle
carnosaures (Carnosauria) 114 – 121
Casea 188
caséidés (Caseidae) 188
Castoroides 284
castors 284
catarrhiniens 288, 289
Caudipteryx 10
cavioidés 285
Cearadactylus 104
Centrosaurus 165
céphalaspidés *voir* ostéostracés
céphalocordés (Cephalochordata) 19, 22
Cérapodes 162
  voir aussi référence individuelle
Ceratomorpha 261 – 265
cératopsidés ou cératopidés (Ceratopsidae) 164 – 169
cératopsiens ou cératopiens (Ceratopsia) 162 – 169

Ceratosauridae 106
cératosaures (Ceratosauria) 106 – 107
Ceratosaurus 90, 106
cercopithécidés (Cercopithecidae) 289
Cerdocyon 219
Ceresiosaurus 73
cerf 279
cervidés (Cervidae) 279
primitifs 272 – 273
cétacés (Cetacea) 230 – 233
à fanons 233
Cétartiodactyles 266
voir aussi référence individuelle
cétiosaures (Cetiosauridae) 126 – 127
Cetiosaurus 126 – 127
Cetotherium 233
chalicothères (Chalicotheriidae) 260
Chalicotherium 260
chameaux 274 – 277
Champsosaurus 84
Chapalmalania 215
Chasmatosaurus 94
Chasmosaurus 167
chauve-souris 211
Cheirolepis 34
chéloniens (Chelonia) 66 – 69
chevaux 10, 254 – 257
Chicxulub, météorite de 12, 91
chien ours 216
chimères *voir* holocéphaliens
chiroptérans (Chiroptera) 211
chondrichthyens (Chondrichthyes) 19, 26 – 29
chordés (Chordata) 16, 22
voir aussi référence individuelle
Choristodera 84
Chriacus 234
Ciconiiformes 177 – 180
Cistecephalus 190
cladisme 13 – 14
cladogrammes 13 – 14
Cladoselache 26
Cladosictis 202 – 203
classification
dinosaures 89
évidence génétique 14 – 15, 197
mammifères 197
systèmes 13 – 14
unités 13, 15
vertébrés 300 – 303
Claudiosauridae 72
Claudiosaurus 72
Climatius 30
Cobelodus 27
Coccosteus 32
cœlacanthes 44
Coelodonta 265
Coelophysis 107
cœluridés (Coeluridae) 107
Coelurosauravus 83
Coelurus 107
Colaradisaurus 125
Coloradia 124
Colossochelys voir *Testudo atlas*
Columbiformes 177
Compsognathidae 108
Compsognathus 10, 108, 172, 173
conodontes (Conodonta) 16, 18 – 19, 22 – 23
continents et dérive des, 11, 48, 90 – 91, 299
Cordillerion voir *Cuvieronius*
corps, température du 59, 91, 182 – 183, 185, 194
Coryphodon 235
coryphodontidés (Coryphodontidae) 235
Corythosaurus 90, 151
cotylosaures *voir* captorhinides
craniates (Craniata) 22
voir aussi vertébrés
crapauds et grenouilles 56
Crassigyrinus 51
créodontes (Creodonta) 213
crétacé, période du 10
Cro-Magnon 297
crocodiles 98 – 101
Crocodylia 99 – 101
Crocodylomorpha 98 – 101
crossoptérygiens 42 – 44
Crusafontia 200
cryptoclididés (Cryptoclididae) 75
Cryptoclidus 75
cryptodires (Cryptodira) 67 – 69
Ctenurella 31
Cuvieronius 241
Cyamodontidae 71
Cymbospondylus 78
Cynodesmus 219
cynodontes (Cynodontia) 185, 192 – 193
Cynognathus 193

D

Dapedium 37
Darwin, révolution et interprétation 10
Daspletosaurus 121
Dasypodidae 208 – 209
dauphins 230 – 233
Deinocheirus 109
Deinonychus 110 – 111, 140
Deinosuchus 101
deinothères (Deinotheriidae) 239
Deinotherium 239
Deltoptychius 29
Dendropithecus 291
dents de sabre, félins à 223
dents, développement et évolution
mammifères 196 – 197
reptiles mammaliens 183 – 184
dermoptères (Dermoptera) 210, 286
Desmatophoca 227
desmatophocidés (Desmatophocidae) 227
Desmatosuchus 96
desmostyliens (Desmostyla) 228
Desmostylus 228
Diacodexis 266
Diadectes 57
Diadiaphorus 247
diapsides (Diapsida)
crâne, structure du 61
primitifs 82 – 85
voir aussi référence individuelle
Diatryma gigantea 181
dichobunids (Dichobunidae) 266
Dicraeosaurus 132
Dicynodon 190
dicynodontes (Dicynodontia) 189, 190 – 191
didelphidés 202
Didolodontidae 246
Didolodus 246
Dilophosaurus 115
Dimetrodon 184, 187
Dimorphodon 102 – 103
dinocéphaliens 189
dinocérates (Dinocerata) 235
Dinofelis 225
Dinohyus 267
dinomyidés 284
Dinornis maximus 176
dinosaures 16 – 17, 106 – 169
à armure 154 – 161
à « bassin de lézard » 89, 90, 91, 106
à « bassin d'oiseau » 89, 90, 91, 134 – 169
à cornes 162 – 169
à plumes 10, 172
voir aussi *Caudipteryx*; *Protarcheopteryx*; *Sinosauropteryx*
à « tête osseuse » 136 – 137
brouteurs à long cou 126 – 133
carnivores 106 – 121
classification 89
débat sur le sang chaud 91
découvertes 10, 17, 88, 89 – 90
évolution 88 – 89
extinction 12 – 13, 91, 172 – 173
fabrosaures 134 – 135
herbivores primitifs 122 – 125
hétérodontosaures 135 – 136
hypsilophodontes 138 – 141
iguanodons 142 – 145
« imitant les oiseaux » 108 – 109
« lézards oiseaux » 112 – 113
origine du nom 17, 88
pachycéphalosaures 136 – 137
« perroquet » 162
relations oiseau/dinosaure 10, 172, 173, 184
variations du bassin (pelvis) 89, 90
Diplocaulus 55
Diplodicus 90, 130 – 131
diplodocidés (Diplodocidae) 130 – 132
dipneustes (Dipnoi) 21, 45, 47
Dipnorhynchus 45
Diprotodon 204 – 205
diprotodontes (Diprotodontidae) 204 – 205
Dipterus 45
dissorophidés 52
divergence génétique 14 – 15
dodo 177
Doedicurus 208
Dolichorhinus 258
Doryaspis 24
Dravidosaurus 156
Drepanaspis 24
dromaeosauridés (Dromaeosauridae) 110 – 112
Dromaeosaurus 111
Dromiceiomimus 109
dryolestidés (Dryolestidae) 200
Dryopithecus 292

Dsungaripterus 105
Dunkleosteus 33
E
Echinodon 135
ectothermes 59, 91, 182 – 183, 185
Edaphosauridae 188
Edaphosaurus 188
édentés (Edentata) 206 – 209
Edmontosaurus 149
Efraasia 123
élan 279
Elaphrosaurus 108
élasmobranches (Elasmobranchii) 26 – 29
élasmosaures (Elasmosauridae) 75 – 76
Elasmosaurus 76
Elasmotherium 265
Elephantidae 243 – 245
éléphants 238 – 239, 243 – 244
primitifs 238 – 239
Elephas
E. antiquus 243
E. falconeri 244
E. namadicus 244
Elginia 64
Elomeryx 268
Embolotherium 259
embrithopodes (Embrithopoda) 237
Emeus crassus 176
énaliarctidés (Enaliarctidae) 226
Enaliarctos 226
Enchodus 40
endothermes 59, 91, 182 – 183, 185, 194
entélodontidés (Entelodontidae) 267
Eobasileus 235
Eobothus 41
Eocardia 285
Eogyrinus 53
Eohippus voir Hyracotherium
Eomanis 209
éomoropidés 260
éosuchiens (Eosuchia) 84 – 85
Eotitanops 258
Epigaulus 283
équidés (Equidae) 255 – 257
ère cénozoïque 12
ère mésozoïque 12
ère paléozoïque 12
ères géologiques 10, 12
Ericiolacerta 191
éryopidés 52
Eryops 52
Erythrosuchus 94
esthonychidés (Esthonychidae) 236
Eucladoceros 279
Eucritta 16, 51
Eudimorphodon 102
Euhelopus 129
Euparkeria 93, 96
Euplocephalus 160
Euramérique 11, 48, 90 – 91
Eurhinodelphis 232
Eurhinosaurus 81
Eurotamandua 209
euryapside, sturcture du crâne 61
Eusmilus 223
Eusthenopteron 44, 49
Eustreptospondylus 115
eusuchiens (Eusuchia) 100 – 101
euthériens (Eutheria) 197, 201
voir aussi référence individuelle
évolution
amphibiens 16, 46 – 49
analyse génétique 14 – 15
convergente 14
dinosaures 88 – 89
ère géologique 10, 12
espèces terrestres 10, 16, 48
fossiles 10
invertébrés 10, 15
mammifères 12, 16, 194 – 197
oiseaux 170 – 173
poissons 18 – 21
reptiles 16, 58 – 61
reptiles mammaliens 182 – 185
sélection naturelle 299
vertébrés 15 – 16
extinction des dinosaures 12 – 13, 91, 172 – 173
extra-terrestres, impacts 12 – 13, 91
F
fabrosaures (Fabrosauridae) 134 – 135
Fabrosaurus 134
félidés (Felidae) 222 – 225
félins 222 – 225
fissipèdes 214
fossiles et fossilisation 7, 8 – 9
analyse génétique 14 – 15
ère geologique 10, 12
formes intermédiaires 10
interprétation 9 – 10
fourmiliers 209
G
Galechirus 189
Gallimimus 109
ganoïdes *voir* palaéoniscides
geckos 86
gekkonidés (Gekkonidae) 86
Gemuendina 31
Geosaurus 100
Gerrothorax 46, 53
Gigantopithecus 293
girafes (Giraffidae) 278
Glossotherium 207
Glyptodon 208
glyptodontes (Glyptodontidae) 208
gnathostomes 19
gomphothères (Gomphotheriidae) 239 – 242
Gomphotherium 240
Gondwana 11, 48, 299
gorgonopsiens 189
Gracilisuchus 98
grand pingouin 178
grands singes 290 – 293
Greererpeton 51
grenouilles et crapauds 56
Griphognathus 45
Groenlandaspis 32
Gruiformes 180 – 181
Gyroptychius 43
H
hadrosauridés (Hadrosauridae) 146 – 153
Hadrosaurus 89, 147
Haeckel, système de classification de 13
Hapalops 207
Haplocanthosaurus 126
Haplorhiniens 288
Haramiya 199
Haramiyidae 198 – 199
Harpagornis Moorei 177
Hayoceros 280
hégétothères (Hegetotheria) 251
hégétotheriidés (Hegetotheriidae) 251
hélaletidés (Helaletidae) 261
Hemicyclaspis 25
Hemicyon 217
hénodontidés (Henodontidae) 71
Henodus 71
Heptodon 261
herbivores, dinosaures 122 – 169
long cou 126 – 133
primitifs 122 – 125
Herrerasaurus 122
Hesperocyon 218 – 219
Hesperornis regalis 175
Hespérornithiformes 175
hétérodontosauridés (Heterodontosauridae) 135 – 136
Heterodontosaurus 135
hétérostracés (Heterostrachi) 23 – 24
Hipparion 257
Hippidion 257
Hippomorphes 254 – 259
hippopotamidés (Hippopotamidae) 268
Hippopotamus (*H. gorgops*) 268
holocéphaliens (Holocephali) 19, 29
Holoptychius 43
Homalocephale 137
homalocéphalidés (Homalocephalidae) 137
homalodotheriidés (Homalodotheriidae) 252 – 253
Homalodotherium 253
hominidés (Hominidae) 291 – 297
Homininae 294 – 297
Homo
H. erectus 296
H. ergaster 296
H. habilis 296
H. heidelbergensis 296, 297
H. rudofensis 296
H. sapiens 'Cro-Magnon' 297
H. sapiens neanderthalensis 297
Homotherium 224
Homunculus voir *Tremacebus*
horloge moléculaire 14
Hovasaurus 85
humains 294 – 297
Hyaenodon 213
hyaénodontes 213
hybodontoïdes 27 – 28
Hybodus 28
Hydrodamalis gigas 229
hyènes (Hyaenidae) 221
Hylaeosaurus 157
Hylobatidés 290 – 291
Hylonomus 60, 62, 182
Hypacrosaurus 152
Hyperodapedon 92
Hypsidoris 40
Hypsilophodon 139
hypsilophodontes (Hypsilophodontidae) 138 – 141
Hypsocormus 38

Hypsognathus 63
hyrachyidés (Hyrachidae) 262
Hyrachyus 262
Hyracodon 262 – 263
hyracodontes (Hyracodontidae) 262 – 263
hyracoïdés (Hyracoidea) 237
Hyracotherium 255
hystricognathes (Hystricognathi) 284 – 285

I
Iberomesornis 172
Icaronycteris 211
Ichthyornis dispar 175
Ichthyornithiformes 175
ichthyosaures (Ichthyosauria) 12, 17, 78 – 81
ichthyosauridés (Ichthyosauridae) 79 – 80
Ichthyosaurus 80
Ichthyostega 48, 50
ichthyostégidés (Ichthyostegidae) 50
Ictitherium 221
Iguanodon 17, 88, 143
iguanodontidés (Iguanodontidae) 142 – 145
Ilingoceros 280
Imagotaria 227
Indricotherium 263
insectivores (Insectivora) 210, 212
intératheriidés (Interatheriidae) 250 – 251
interprétation des fossiles 9 – 10
invertébrés, évolution 10, 15
Ischyodus 29
Ischyromys 283
Isotemnidae 251

J
Jamoytius 25

K
kangourous 205
Kannemeyeria 191
Kanuites 225
Karaurus 57
Kentrosaurus 156
Keraterpeton 54 – 55
Kritosaurus 147
Kronosaurus 77
Kuehneosauridae 86
Kvabebihyrax 237

L
Labidosaurus 63
Lacertilia 86 – 87
lagomorphes (Lagomorpha) 285
Lagosuchus 97
Lambeosaurus 152
lapins et lièvres 285
Lariosaurus 73
Laurasie 299
Leithia 282
lémuridés (Lemuridae) 287
lémuriens volants 210, 286
léontiniidés (Leontiniidae) 252
lépidosaures (Lepidosauria) 85 – 88
Lepidotes 37
lépospondyles 54 – 57
Leptictidium 212
leptictides (Leptictida) 212
Leptobos 281
Leptoceratops 163
leptolépidés 39
Leptolepis 39
leptoptérygiidés (Leptopterygiidae) 81
Leptopterygius voir Temnodontosaurus
Lesothosaurus 134
lézards et serpents 86 – 87
lièvres et lapins 285
Limnofregata azygosternum 179
Limnopithecus 291
Linnée, classification de 13
lions 225
Liopleurodon 77
Lipotyphla 212
litopternes (Litopterna) 246 – 248
long cou, dinosaures à 126 – 133
Longisquama (*L. insignis*) 97
loup terrible 220
loutres 215
Lufengosaurus 124
Lycaenops 189
Lyktaspis voir Doryaspis
Lystrosaurus 191

M
mâchoires, développement et évolution
poissons 19, 21
poissons sans 10, 16, 18, 22 – 25
reptiles mammaliens 184, 185
Macrauchenia 248
macraucheniidés (Macraucheniidae) 247 – 248
Macroplata 76
macropodidés (Macropodidae) 205
Macropoma 44
Maiasaura 148
Mamenchisaurus 132
mammifères 194 – 297
baleines, dauphins et marsouins 230 – 233
bovins 281
brontothères 258 – 259
castors 284
cerf 279
cervidés primitifs 272 – 273
cétacés 230 – 233
chameaux 274 – 277
chevaux 10, 254 – 257
chiens 218 – 220
classification 197
créodontes 213
édentés 206 – 209
éléphants 238 – 239, 243 – 244
évolution 12, 16, 194 – 197
félins 222 – 225
fourmiliers 209
girafes 278
glyptodontes 208
grands singes 290 – 293
hippopotames 268
hommes 294 – 297
hyènes 221
insectivores 210, 212
lapins et lièvres 285
lémuridés 287
lémuriens volants 210, 286
mammouths 244 – 245
mangoustes 225
marsupiaux 195, 197, 202 – 205
mastodontes 239 – 242
mustélidés 214 – 215
ongulés d'Amérique du Sud 246 – 253
ongulés primitifs 234 – 237
oréodontes 270 – 271
ours 216 – 217
pangolins 209
paresseux 206 – 207
pécaris 266 – 269
phoques, otaries et morses 226 – 229
placentaires 195, 197, 201
primitifs 185, 198 – 201
pronghorns 280
reproduction 197
rhinocéros 262 – 265
rongeurs 282 – 285
ruminants 272 – 281
tapirs 261
tatous 208
singes 288 – 289
mammouths 244 – 245
laineux 245
Mammut americanum 242
Mammuthus
classification 13
M. columbi 245
M. imperator 244, 245
M. meridionalis 244
M. primigenius 245
M. trogontherii 245
Mammutidae 242
mangoustes 225
manidés (Manidae) 209
Maniraptora 107 – 113
marsouins 230 – 233
marsupiaux (Marsupialia) 195, 197, 202 – 205
Massetognathus 193
Massospondylus 124
mastodontes 239 – 242
Megaladapis 287
Megalania 87
Megaloceros 279
Megalonychidae 206 – 207
mégalosaures (Megalosauridae) 114 – 116
Megalosaurus 17, 88, 116
Megantereon 223
Megatheriidae 206 – 207
Megatherium 207
Megazostrodon 185, 198
Meiolania 67
Meiolaniidae 67
mélanorosaures (Melanorosauridae) 125
Merychippus 256 – 257
Merycoidodon 271
merycoidodontes (Merycoidodontidae) 270 – 271
Mesoeucrocodylia 99 – 101
Mesohippus 255
mésonychidés (Mesonychidae) 234
Mesopithecus 289
mésosaures (Mesosauria) 65
Mesosauridae 65
Mesosaurus 65
Metacheiromyidae 206
Metacheiromys 206
Metamynodon 264
métathériens (Metatheria) 200 – 201 *voir aussi* marsupiaux
météorite 12 – 13, 91
Metridiochoerus 269

Metriorhynchus 100
miacidés (Miacidae) 214
Miacis 214
Microbrachis 55
Microceratops 163
Micropithecus 291
microsaures (Microsauria) 55
Milleretta 65
millerettidés (Millerettidae) 64 – 65
Miotapirus 261
mixosaures (Mixosauridae) 79
Mixosaurus 79
moas 173, 176
moerithères (Moeritheridae) 238
Moeritherium 238
monitors 86 – 87
Monoclonius voir Centrosaurus
Montanoceratops 164
morganucodontes (Morganucodontidae) 198
Moropus 260
mosasauridés (Mosasauridae) 87
Moschops 189
Moythomasia 35
multituberculés (Multituberculata) 199
Muraenosaurus 75
musées 305
Mussaurus 125
mustélidés (Mustelidae) 214 – 215
Muttaburrasaurus 145
Mylodontidae 206 – 207
myrmécophagidés (Myrmecophagidae) 209
mysticètes (Mysticeti) 233

N

Nanosaurus voir Othnielia
Néanderthal, homme de 297
Necrolemur 288
Necrolestes 204
Necrolestidae 204
nectridiens (Nectridea) 54 – 55
Neocathartes grallator 181
néoptérygiens 37
Néornithes 172, 175 – 181
néosélachiens 28
nimravidés (Nimravidae) 222
Nimravus 222
nodosauridés (Nodosauridae) 157 – 159
Nodosaurus 90, 158 – 159
Notharctus 287
nothosaures (Nothosauria) 72 – 73
Nothosaurus 72
notochorde 16, 19, 22
notohippidés (Notohippidae) 252
notongulés (Notoungulata) 250 – 253
Notoprogonia 250
Notostylops 250
notostylopidés (Notostylopidae) 250

O

odobénidés (Odobenidae) 227
odontocètes (Odontoceti) 232
Odontornithes 173, 175
œufs de reptiles 58 – 59, 60
oiseaux 170 – 181
  aquatiques et terrestres 178 – 181
  évolution 170 – 173
  primitifs et coureurs 174 – 177
  relation oiseau/dinosaure 10, 172, 173, 184
oiseaux-éléphant 173, 176
Oligokyphus 193
Omomyidae 288
ongulés 234, 254
  primitifs 234 – 237
  voir aussi référence individuelle
onychodontiformes 42
Ophiacodon 186
ophiacodontes (Ophiacodontidae) 186
Ophiderpeton 54
Ophthalmosaurus 80
Opisthocoelicaudia 129
oréodontes 270 – 271
oréopithécidés (Oreopithecidae) 290
ornithischiens (Ornithischia) 89, 90, 91, 134 – 169
ornithomimidés (Ornithomimidae) 108 – 109
Ornithomimus 90, 109
ornithopodes (Ornithopoda) 134 – 153
ornithosuchidés (Ornithosuchidae) 96 – 97
Ornithosuchus 97
Ostariophysi 40
osteichthyens (Osteichthyes) 19, 34 – 45
Osteoborus 219
Osteodontornis orri 180
ostéoglossoformes 39
ostéolépiformes 43 – 44
Osteolepis 43
ostracodermes 20 – 21
otaries 226 – 229
Othnielia 140
Ouranosaurus 144 – 145
ours 216 – 217
Oviraptor 90, 110
Oviraptoridae 110
oxyénidés (Oxyaenidae) 213
Oxydactylus 276

P

pachycéphalosaures (Pachycephalosauria) 136 – 137
pachycéphalosauridés (Pachycephalosauridae) 136 – 137
Pachycephalosaurus 137
Pachyrhachis 87
Pachyrhinosaurus 165
Pachyrukhus 251
Pakicetus 230
Palaeanthropus voir *Homo erectus*
Palaelodus ambiguus 178
Palaeobatrachus 56
Palaeolagus 285
palaéoniscidés 34 – 36
Palaeoniscum 36
Palaeoryctes 212
Palaeospondylus 33
palaeothères (Palaeotheriidae) 254
Palaeotherium 254
Palaeotrionyx 69
paléontologie 7, 8
Palorchestes 205
Palorchestidae 205
Pangée 11, 48, 299
pangolins 209
Panoplosaurus 159
Panthera (P. leo spelaea et P. leo atrox) 225
Pantodonte 235
Pantylus 55
Paracyclotosaurus 53
Parahippus 256
Paramys 283
Parasaurolophus 153
Paratosuchus 49
paréiasauridés (Pareiasauridae) 63 – 64
Pareiasaurus 63
paresseux 206 – 207
Parksosaurus 141
paromomyidés 201
pécaris 268 – 269
pecorans 278 – 281
Peloneustes 76
Pelorovis 281
Peltephilus 208 – 209
Peltobatrachus 52
pélycosaures (Pelycosauria) 182, 183, 186 – 188
Pentaceratops 169
Percocruta (P. gigantea) 221
période glaciaire 13
périssodactyles (Perissodactyla) 254 – 265
Perleidus 36
Petrolacosaurus 82
Pharyngolepis 25
Phiomia 239
Phlacyon 218
Phlegethontia 54
phocidés (Phocidae) 226
pholidophoridés 38 – 39
Pholidophorus 38 – 39
Pholidota 209
phoques 226 – 229
phorusrhacidés 180
Phorusrhacus inflatus 180
Phthinosuchus 189
phylogénétique, classification 13
phytosaures (Phytosauridae) 95
Pikaia 16, 19, 22
pingouin, grand 178
Pinguinus impennis 178
pinnipèdes (Pinnipedia) 226 – 229
Pisanosaurus 136
Pistosauridae 73
Pistosaurus 73
Pithecanthropus voir Homo erectus
Placochelys 71
placodermes (Placodermi) 31 – 33
placodontes (Placodontia) 70 – 71
Placodontidae 70
Placodus 70
plagiosaures 53
Planetetherium 210
Planocephalosaurus 85
plaques tectoniques 11, 48, 90 – 91, 299
Platecarpus 87
Plateosauridae 124 – 125
Plateosaurus 124
Platybelodon 240
Platygonus 269
Platyhystrix 52
platyrrhiniens 288 – 289
Platysomus 35

Plesiadapis 286
Plesictis 215
plésiosaures (Plesiosauria) 12, 17, 74 – 77
Plesiosauridae 74 – 75
Plesiosauroidea 74 – 76
Plesiosaurus 75
pleurodirés (Pleurodira) 67
pleurosauridés 85
Pleurosaurus 85
Pliohyracidae 237
pliopithécidés (Pliopithecinea) 290 – 291
Pliopithecus 291
pliosaures (Pliosauroidea) 76 – 77
Plotosaurus 87
podokésauridés (Podokesauridae) 106 – 107
Poebrotherium 275
poissons 19, 20, 18 – 45, 49
  à nageoires charnues 19, 20, 42 – 45, 49
  à nageoires rayonnées modernes 19, 20, 21, 38 – 41
  à nageoires rayonnées primitifs 19, 21, 34 – 36
  cartilagineux 26 – 29
  cuirassés 31 – 33
  évolution 18 – 21
  osseux 19, 21, 34 – 45
  plats 41
  requins épineux 30 – 31
  sans mâchoires 10, 16, 18, 22 – 25
Polacanthus 157
pongidés (Ponginae) 292 – 293
porc 266 – 269
porolépiformes 43
Portheus voir *Xiphactinus*
Potamotherium 215
Prenocephale 137
Presbyornis pervetus 181
primates (Primates) 201, 286, 286 – 287
  voir aussi référence individuelle
primatomorphes (Primatomorpha) 201, 286
  voir aussi référence individuelle
Pristichampsus 101
Probactrosaurus 145
proboscidés (Proboscidea) 238 – 245
Procamelus 275
Proceratosaurus 114
Procheneosaurus 151
Procompsognathus 106
Procoptodon 205
Procynosuchus 192
procyonidés (Procyonidae) 215
Proganochelidae 66 – 67
proganochélides (Proganochelydia) 66 – 67
Proganochelys 66 – 67
Prolacertiformes 92 – 93
Prolibytherium 278
Promerycochoerus (P. superbus et P. carrikeri) 271
Promissum 23
pronghorns 280
Propliopithecus 290 – 291
Prorastomus 229
Prosaurolophus 150
prosauropodes (Prosauropoda) 122 – 125
Prosqualodon 232
Protarcheopteryx 10, 107
Proteceras 272
protérosuchiens (Proterosuchidae) 94
protérothères (Proterotheriidae) 246 – 247
Protobrama 40
protocératidés (Protoceratidae) 272 – 273
protocératopidés (Protoceratopsidae) 162 – 164
Protoceratops 90, 164
Protocetus 230 – 231
protorosaures 92, 93
Protorosaurus 93
protorothyrididés (Protorothyridae) 62
protostegidés (Protostegidae) 68 – 69
protosuchiens (Protosuchidae) 99
Protosuchus 99
protothériens (Prototheria) 198 – 200
Protylopus 275
Protypotherium 251
Psittacosauridae 162
Psittacosaurus 162
Pteranodon 105
ptéraspides 23 – 24
Pteraspis 23
ptérodactyles (Ptérodactyloidea) 104 – 105
Pterodactylus (P. kochi) 104
Pterodaustro 104
ptérosaures (Pterosauria) 12,
Ptilodontidae 199
Ptilodus 199
ptyctodontidés 31
Purgatorius 201, 286
pycnodontidés 37
Pycnodus 37
pyrothères (Pyrotheria) 249
Pyrotheriidae 249
Pyrotherium 249

Q
Quetzalcoatlus 105

R
Ramapithecus 293
Raphus cucullatus 177
Ratites 173, 175 – 176
ratons laveurs 215
rauisuchidés (Rauisuchidae) 95
reproduction des mammifères 197
reptiles 58 – 87
  crocodiles 98 – 101
  diapsides primitifs 82 – 85
  dominants 88 – 169
  dominants primitifs 92 – 97
  évolution 16, 58 – 61
  mammaliens 182 – 193
  marins 72 – 81
  œufs 58 – 59, 60
  primitifs 16, 62 – 65
  semi-aquatiques 70 – 72
  serpents et lézards 86 – 87
  volants 102 – 105
  tortues 66 – 69
  voir aussi dinosaures
reptilomorphes 48, 57, 62
requins 19, 20, 26 – 29
  épineux 30 – 31
respiration,
    amphibiens 47
    poissons 21
    reptiles 59
    reptiles mammaliens 185
rhabdostéidés 232
Rhamphorhynchus 103
rhamphorhynques (Rhamphorhynchoidea) 102 – 104
Rhamphosuchus 101
rhenanides 31
rhinocératoidés (Rhinoceratoidea) 262 – 265
rhinocéros 262 – 265
rhinocérotidés (Rhinocerotidae) 264 – 265
Rhynchippus 252
rhynchocéphalidés *voir* sphénodontes
rhynchosaures 92
Rhytine de Steller 229
Riojasaurus 125
Robertia 190
Roccosaurus 125
rongeurs (Rodentia) 282 – 285
roussettes et raies 19, 26 – 29
ruminants 272 – 281
Rutiodon 95
Rytiodus 229

S
Saichania 161
salamandres et tritons 56 – 57
saltoposuchidés (Saltoposuchidae) 98
Saltopus 106
Saltosaurus 133
sarcoptérygiens (Sarcopterygii) 19, 20, 42 – 45
Sarkastodon 213
Saurichthys 36
saurischiens (Saurischia) 89, 90, 91, 106
  voir aussi référence individuelle
Saurolophus 150
Saurornitholestes 111
Sauropelta 158
sauropodomorphes (Sauropodomorpha) 122 – 133
sauropodes (Sauropoda) 126 – 133
Saurornithoides 90, 112
saurornithoïdidés (Saurornithoididae) 112 – 113
Scapanorhynchus 28
Scaphognathus 103
Scarrittia 252
scélidosaures (Scelidosauridae) 154
Scelidosaurus 154
sciurognathes (Sciurognathi) 283 – 284
Sclerorhynchus 29
Scutellosaurus 134 – 135
Scutosaurus 64

semi-aquatiques, reptiles 70 – 72
semionotidés 37
serpentes 87
serpents et lézards 86 – 87
Seymouria 46, 53
Shantungosaurus 148
shastasauridés (Shastasauridae)

Shonisaurus 78 – 79
Silvatherium 278
Silvisaurus 158
Sinanthropus voir Homo erectus
singes 288 – 289
de l'Ancien Monde 289
des montagnes 290
du Nouveau Monde 288 – 289
Sinosauropteryx 10, 108
siréniens (Sirenia) 228 – 229
Sivapithecus 292 – 293
Smilodon 224
Sordes (S. pilosus) 103
Spathobathis 28 – 29
Sphenacodon 187
sphénacodontes (Sphenacodontidae) 187
Sphenocephalus 41
sphénodontes (Sphenodontida) 85
sphénosuchiens (Sphenosuchidae) 98
spinosaures (Spinosauridae) 118 – 119
Spinosaurus 118 – 119
Squamata 86 – 87
squelette et membres,
dinosaures 90
mammifères 195 – 196, 197
poisson 19
reptiles 59 – 60, 61
reptiles mammaliens 184
stagénolépididés (Stagenolepididae) 96
Stagonolepis 96
Staurikosaurus 122
Stegoceras 136
Stegomastodon 242
stégosaures (Stegosauria) 154 – 156
Stegosauridae 154 – 156
Stegosaurus (S. stenops et *S. ungulatus)* 90, 154 – 155
Steneofiber 284
Stenomylus 277
Stenonychosaurus 112 – 113
sténoptérygiidés (Stenopterygiidae) 81
Stenopterygius 81
Stethacanthus 27
strepsirhiniens 287
structure du crâne
paresseux 206 – 207
reptiles 61
reptiles mammaliens 184, 185
Strunius 42
Struthiomimus 109
Struthiornithoformes 175 – 176
Struthiosaurus 159
Stupendemys 67
Stylinodon 236
stylinodontidés (Stylinodontidae) 236
Styracosaurus 90, 166
subdivisions, temps géologique 10, 12 – 13
suidés (Suidae) 269
Suina 266 – 269
synapomorphies 13 – 14
synapsides (Synapsida) 182, 186 – 193
Syndyoceras 273
Synthetoceras 273

T
Taeniodonta 236
Talarurus 160
Tangasauridés 84 – 85
Tanystropheus 93
Tapiridae 261
tapirs 261
Tarbosaurus 120
tarsiers 288
tatous 208
tayassuidés (Tayassuidae) 268 – 269
Teleoceras 265
téléosaures 99
Teleosaurus 99
téléostiens (Telostei) 20, 21, 38 – 41
Telicomys 284
Temnodontosaurus 81
temnospondyles (Temnospondyli) 51 – 53
température régulation,
ectothermes et endothermes 59, 91, 182 – 183, 185
temps géologique 10, 12 – 13
Tenontosaurus 140
Teratosaurus 114
Terrestrisuchus 98
Testudines 66 – 69
Testudinidae 68
Testudo atlas 68
tétrapodes
primitifs 10, 16, 46 – 49, 50 – 53
voir aussi référence individuelle
Thadeosaurus 84
thalattosaures (Thalattosauria) 83
thécodontosauridés 123
Thecodontosaurus 123
thélodontes (Thelodonti) 24
Thelodus 24
thérapsides (Therapsida) 182, 188 – 193
thériens (Theria) 200
voir aussi référence individuelle
thérocéphaliens (Therocephalia) 191
Theropithecus 289
théropodes (Theropoda) 106 – 121
Thescelosaurus 141
Thesodon 247
Thoatherium 247
Thomashuxleya 251
Thotobolosaurus 125
Thrinaxodon 185, 192
Thrissops 39
Thylacoleo 204
Thylacoleonidae 204
Thylacosmilidae 203
Thylacosmilus 203
thyréophoriens (Thyreophora) 154 – 161
Ticinosuchus 95
tillodontes (Tillodontia) 236
titanosaures (Titanosauridae) 133
Titanosuchus 189
titanothères *voir* brontothères
Titanotylopus 276
Torosaurus 169
tortues 66 – 69
Toxodon 253
toxodontes (Toxodonta) 251 – 253
toxodontidés (Toxodontidae) 253
Tragulidae 273
traversodontes 193
Tremacebus 289
Tremataspis 25
Triadobatrachus 49, 56
Triceratops 90, 166 – 167
Trigonias 264
trigonostylopidés (Trigonostylopidae) 249
Trigonostylops 249
trionychidés (Trionychidae) 69
Tristychius 27
tritons et salamandres 56 – 57
tritylodontes 193
Trogosus 236
Tsintaosaurus 150
Tulerpeton 48
Tuojiangosaurus 156
tylopodes (Tylopoda) 270 – 277
typothères (Typotheria) 250 – 251
tyrannosaures (Tyrannosauridae) 119 – 121
Tyrannosaurus (T. rex) 17, 121

U
uintathères (Uintatheridae) 235
unités, classification 13, 15
urodèles (Urodela) 56 – 57
ursidés (Ursidae) 216 – 217
Ursus spelaeus 217

V
Varanidae 86 – 87
Varanopseidae 187
Varanosaurus 187
Vectisaurus 144
Velociraptor 90, 111
vertébrés (Vertebrata) 22
classification 300 – 303
évolution 15 – 16
voir aussi référence individuelle
vessies natatoires 21
Victoriapithecus 289
Vieraella 56
viverridés (Viverridae) 225
vol 170 – 171
Vulcanodon 125, 126

W
weigeltisauridés (Weigeltisauridae) 83
Westlothiana 60, 62
Wuerhosaurus 156

X
xénacanthidés 27
Xenacanthus 27
xénarthres (Xenarthra) 206 – 209
Xiphactinus 39

Y
Yangchuanosaurus 116

Z
Zalambdalestes 201
Zalambdalestidae 201
Zeuglodon voir